臺灣通史

原文＋白話文注譯

下

連橫 著

五南圖書出版公司 印行

下冊 目錄

卷三十三列傳五

卷三十四列傳六

卷三十五列傳七

卷三十六列傳八

卷三十七附錄

卷二十九　列傳一

顏、鄭列傳

連橫曰：臺灣固海上荒島，我先民入而拓之，以長育子姓（子姓，子孫），至於今是賴。故自開闢以來，我族我宗之衣食於茲者，不知其幾何年。而史文零落，碩德無聞，余甚憾之。間嘗陟高山、臨深谷，攬懷古跡，憑弔興亡，徘徊而不能去。又嘗過諸羅之野，游三界之埔，田夫故老，往往道顏思齊之事。而墓門已圮（ㄆㄧˇ，毀壞），宿草芾焉。嗚呼！是豈非手拓臺灣之壯士也歟！而今何如哉！故余敘列傳，以思齊為首，而鄭芝龍附焉。

思齊，福建海澄人，字振泉。雄健，精武藝。遭宦家之辱，憤殺其僕，逃日本為縫工。數年，家漸富，仗義疏財，眾信倚之。天啓四年夏，華船多至長崎貿易，有船主楊天生亦福建晉江人，桀黠（ㄐㄧㄝˊ ㄒㄧㄚˊ，凶惡奸詐）多智，與思齊相友善。當是時，德川幕府秉政，文恬武嬉（文武官員安於逸樂嬉遊）；思齊謀起事，天生助之。游說李德、洪陞、陳衷紀、鄭芝龍等二十有六人，皆豪士也。六月望日，會於思齊所，禮告皇天后土，以次為兄弟。芝龍最少，年十八，材略過人，思齊重之。

芝龍南安石井人，少名一官，字飛黃。父紹祖，為泉州太守葉善繼吏。芝龍方十歲，常戲投石子，誤中太守額。太守擒治之，見其狀貌，笑而釋焉。居無何，落魄之日本，娶平戶士人女田川氏，生成功。

思齊既謀起事，事洩，幕吏將捕之，各駕船逃。及出海，皇皇（徬徨不安）無所之。衷紀進曰：「吾聞臺灣為海上荒島，勢控東南，地肥饒可霸。今當先取其地，然後侵略四方，則扶餘之業可成也。」從之。航行八日夜，至臺灣。入北港，築寨以居，鎮撫土番，分汛所部耕獵。未幾而紹祖死。芝龍昆仲多入臺，漳、泉無業之民亦先後至，凡三千餘人。

五年秋九月，思齊率健兒入諸羅山打獵，歡飲大醉，傷寒病數日篤，召芝龍諸人而告曰：「不佞（自己的謙稱）與公等共事二載，本期建立功業，揚中國聲名。今壯志未遂，中道夭折，公等其繼起。」言罷而泣，眾亦泣。思齊死，葬於諸羅東南三界埔山，其墓猶存。卒哭之日，天生議舉一人為主，眾曰可。乃奉盤鍉（ㄉㄧ，歃血器）割牲而盟，以劍插米，各當劍拜，共約拜而劍躍起者為主。至芝龍而劍躍出地，眾乃服，推為魁。然大權仍歸衷紀。衷紀亦海澄人，最桀驁（ㄠˊ。桀驁，性情暴戾），芝龍猶陽奉焉。

六年春二月，芝龍謀出軍。召諸部計議曰：「夫人惰則弱，眾合則強。今臺灣庶事略備，勢可自守，宜為進取之計。吾欲自領師船十艘，前赴金、廈，若乘其虛而據之，則可為臺之外府。公等以為如何？」衷紀曰：「善。」乃命諸部。以芝虎、芝豹為先鋒，芝鴞、芝豸次之，芝彪、張泓為左軍，芝獬、李明為右軍，芝鵠、芝蛟為衝鋒，芝莞、芝蟒、芝燕、衷紀為護衛，芝麟、陳勳為游哨，芝麒、吳化龍為監督，楊天生、洪陞為參謀。每船戰士六十，皆漳、泉習水者。既定，以林翼、楊經、李英、方勝、何斌等十餘人留守。三月初十日伐金門，十八日伐廈門，官軍莫能戰。已而薄（迫近）

粵東，沿海戒嚴。朝議招撫，以蔡善繼習（熟悉）芝龍，為書招之。芝龍感激，歸命。及降，善繼坐軍門，令芝龍兄弟泥首（泥首，叩首至地而泥汙額頭，引申為謝罪）。芝龍屈意下之，而一軍皆譁，竟叛去，復居臺灣，劫截商民，往來閩、粵之間。

崇禎元年春正月，泊於漳浦之白鎮。巡撫朱之馮遣都司洪先春擊之。鏖戰自晨及晡（ㄅㄨ，泛指下午或黃昏），未有所敗。會海潮夜生，先春漂泊失道。芝龍陰度前山，繞先春後。先春腹背受敵，身被數刃。芝龍故有求撫意，乃佚先春。又趣（趣，通「趨」）中左所。中左所者，廈門也。督師俞咨皋與戰敗，又佚之。中左人開門納之。於是芝龍威名震於南海。七月，泉州太守王猷遣人招撫，芝龍從之，率所部降於督師熊文燦，授海防游擊。

當是時，衷紀在澎湖，勢稍弱，為海寇李魁奇所殺。魁奇惠安人，素習水，力舉千斤，集漁舟，劫商舶。既殺衷紀，遂據之。二年夏四月，魁奇犯金門，泊遼羅。芝龍擊之。魁奇亦善戰，終被殺。三年，以平粵盜、征生黎、焚荷蘭、收劉香功，遷都督。於是成功在日本已七歲矣，芝龍屢遣人請歸，不能得。乃使使者齎（ㄐㄧ，持）金幣，圖寫芝龍為大將秉鉞（ㄩㄝˋ，似斧的武器）軍容烜赫（烜音ㄒㄩㄢˇ。烜赫，名聲或威望盛大）之狀，幕吏受賄歸之。

北京破，福王立江左，改元弘光，封芝龍南安伯。二年，鄭鴻逵、黃道周共迎唐王，即位福州，改元隆武，晉同安侯，加太師。昆仲亦多封。芝龍幼習海，群盜多故盟，或在門下。就撫後，海船不得鄭氏令旗，不能往來。每舶例入二千金，歲入以千萬計，以此富敵國。自築城於安平，舳艫（ㄓㄡˊㄌㄨˊ，船艦）直通臥內。所部兵自給餉，不取於官。凡賊遁入海者，檄（ㄒㄧˊ，文書通報）付芝龍，取之如寄。以故鄭氏威權振於七閩。

既而成功陛見，帝奇之，賜姓朱，改名成功，封御營中軍都督。芝龍以擁立非本意，日與文臣忤。又以偏安一偶，不足以拒清師，密有反顧意。時招撫江南者內院洪承疇，招撫福建者御史黃熙胤，皆晉江人，與芝龍通音問。及兩浙敗，關門不戒，帝議親征，芝龍亦以不出關無以壓民望。十二月，命水師先鋒副將崔芝齎書至日本請兵，別以書貿甲二百領。日本幕府不從。

當是時，清軍已迫福建上游。芝龍乃分兵為二，聲言萬人，實不滿千。以鴻逵為元帥，出浙東；鄭彩為副，出江右。帝倣淮陰故事，築壇郊送之。既出關，疏稱餉缺，駐不發，詔書切責。不得已踰關，行四、五里而還。二年春三月，帝親征。六月，晉芝龍平國公、鴻逵定國公、成功忠孝伯。芝龍疏請航海，拜疏即行，遣使止之，不及。武毅伯施福撤關兵歸，駕陷汀州，成功走金門。方清軍之未至也，芝豹入泉州，大索富民餉，不應，立梟之。抵暮，得數萬金。俄而貝勒博洛及韓固山猝至，乃走，田川氏不去，伏劍死，成功大號，悲不自勝。

芝龍退保安平，軍容甚盛。以洪、黃之信未通，猶豫未敢迎師。博洛命泉紳郭必昌招之，芝龍曰：「我非不忠於清，恐以立主為罪爾。」會固山兵迫安平，芝龍曰：「既招我，何相逼也？」博洛乃檄固山，離三十里而軍，以書邀之曰：「吾所以重將軍者，以將軍能立唐藩也。人臣事主，苟有可為，必竭其力。力不勝天，則投明主而事，乘時建不世之功，此士之一時也。若將軍不輔立，吾何愛將軍哉？且兩粵未平，今鑄閩、粵提督印以相待。吾所以冀將軍來者，欲商地方人才故也。」芝龍得書大喜，召成功計事。成功泣諫曰：「父教子忠，不聞以貳。且北朝何信之有？」芝龍曰：「喪亂之天，一彼一此，誰能常之？若幼惡識人事。」鴻逵亦力諫，不聽。遂進降表。過泉州，大張文告，艷投誠之勳。至福州，見博洛，握手甚歡，折矢為誓，命飲酒三日夜。博洛知成功雄，俟以俱行，久而不至。芝龍嘆曰：「此子不來，清朝其道敝乎！」夜半，忽拔砦（ㄓㄞˋ，同「寨」），挾芝龍以北。成功遂起師，清人莫敢侮。永曆八年，清廷遣使至泉州，欲封成功海澄公、芝龍同安侯。成功不從。於是置芝龍於高俎（「置高俎」的典故出自《史記．項羽本紀》，項羽將劉邦父親放到高桌上的砧板威脅劉邦投降，此處引此典故表示清廷用鄭芝龍的生命來威脅鄭成功），成功不顧。十五年，克臺灣。十月，清廷棄芝龍於柴市，子孫在北京者皆被殺。成功聞之，大慟曰：「吾固知有今日也！」令諸部舉喪，設位以祭。

連橫曰：西人有言，中國人無冒險進取之心。嗚呼！如思齊者，豈非非常不羈之士哉？成則王而敗則寇，固猶不失為男子。若夫芝龍以一游俠少年，倔起而至通侯，亦足豪矣。而末節不彰，稽首再拜於異族之馬下，抑足羞焉！始如脫兔，終如處女，人之度量何自反也？孟子曰：「富貴不能淫，貧賤不能移，威武不能屈。」此之謂大丈夫。

寧靖王列傳

寧靖王，名術桂，字天球，別號一元子，明太祖九世孫遼王後也。始授輔國將軍。崇禎十五年，寇破荊州，術桂偕惠王及宗室避湖中。十七年，北京破，帝殉社稷；福王立南京，改元宏光。術桂與兄長陽王入朝，晉鎮國將軍，令隨長陽守寧海；翌年夏，浙西復亡，長陽率眷入閩。時鄭遵謙從紹興迎魯王監國，未知長陽存沒，乃以術桂襲封。既而鄭芝龍保閩，尊唐王為帝，改元隆武，術桂奉表賀。帝亦如監國封。嗣聞其兄尚在，已襲封遼王，乃具疏請以長陽之號讓兄子，不許，改封寧靖王。仍依監國，督方國安軍。五月，清軍渡錢塘，術桂奔寧海，乘海船出石浦。監國亦自海門來會，同至舟山。十一月，鄭彩率舟師迎，偕監國南下。歲暮抵廈門，而帝已陷汀州，芝龍亦降清去矣。

當是時，芝龍之子成功起師安平，進泊鼓浪嶼，勢頗振。鄭鴻逵亦迎淮王於軍，請術桂監其師。遂會成功，伐泉州，不克而還。鴻逵載淮王至南澳，術桂從焉。先是粵東故將李成棟奉桂王之子即位肇慶，改元永曆。術桂入揭陽，帝令居鴻逵軍中。二年春，復命兼督成功師。四年冬，粵事又潰。越年春，與鴻逵旋閩，取金門。是時成功已開府思明，禮待避亂宗室，術桂遂居兩島，成功待以王禮。

十八年春三月，經奉術桂渡臺，築宮西定坊，供歲祿。術桂見臺灣初闢，土壤肥美，就萬年縣竹滬墾田數十甲，歲入頗豐，有餘則賜諸佃。已而元妃羅氏薨，葬焉。術桂狀貌魁偉，美鬚眉，善文學，書尤瘦勁，承天廟宇匾額多所題，至今寶之。三十二年，聞降將施琅請伐臺，鄭氏諸將無設備，輒暗自痛哭。

三十七年夏六月，清軍破澎湖，克塽議降。術桂自以天潢貴冑（天潢貴冑，皇族宗室的子孫），義不可辱，召姬妾而告曰：「孤不德，顛沛海外，冀保餘年，以見先帝先王於地下。今大事已去，孤死有日。若輩幼艾（幼艾，幼者與長者），可自計也。」皆泣對曰：「殿下既能全節，妾等寧甘失身？王生俱生，王死俱死。請先驅狐狸於地下。」遂冠笄被服，同縊於室，是月二十有六日也。於是術桂大書於壁曰：「自壬午流寇陷荊州，攜家南下，甲申避亂閩海，總為幾莖頭髮，保全遺體，遠潛外國。今已四十餘年，六十有六歲。時逢大難，全髮冠裳而死，不負高皇，不負父母。生事畢矣，無愧無怍（ㄗㄨㄛˋ，慚愧）。」次日，冠裳束帶，佩印綬，以寧靖王印交克塽，再拜天地、列祖、列宗之靈，招耆舊（耆舊，年高而有才德的人）從容飲別。附近老幼皆入拜，各以家財贈之。又書絕命詞曰：「艱辛避海外，總為數莖髮。於今事畢矣，祖宗應容納。」遂自縊死。侍宦二人亦從死。臺人哀之曰：「王孫與北地爭烈矣！」自是明朔遂亡。越十日，葬於竹滬，與元妃合，不封不樹。而姬妾別葬於承天郊外桂子山，臺人稱為五妃墓。五妃者，袁氏、王氏、荷姑、梅姑、秀姐也。術桂無子，以益王之後儼鉁為嗣，方七歲。清人入臺，遷於河南杞縣。

初，成功克臺，優禮宗室。魯王世子朱桓、瀘溪王朱慈曠、巴東王朱江、樂安王朱俊、舒城王朱著、奉南王朱熺、益王朱鎬等，皆先後入臺，待之如制。及施琅至，奪其冊印，遷於各省。

連橫曰：余如竹滬，竹滬人多朱氏子孫。每年六月，祭寧靖王甚哀。余又謁其墓，徘徊而不忍去。悲哉！夫王以天潢之貴，躬逢亂世，避地東都，終至國破家亡，毅然抱大節以隕。明社雖墟，而王之英靈永存天壤矣。

諸臣列傳

連橫曰：明亡久矣，我延平郡王之威靈，尚存天壤。而一時忠義之士，奔走疏附，間關跋涉，以保存故國者若而人。以吾所聞諮議參軍陳永華，尤其佼佼者也。永華以王佐之才，當艱危之局，其行事若諸葛武侯，而不能輔佐英主，以光復舊物，天也。然而開物成務，締造海邦，至今猶受其賜，偉矣。顧吾觀舊《志》，每巇（ㄇㄧㄝˋ，捏造罪名，陷害他人）延平大義；而諸臣姓名，且無有道者。嗚呼！天下傷心之事，孰甚於此？清同治十三年冬十月，福建將軍文煜、總督李鶴年、巡撫王凱泰、船政大臣沈葆楨始從臺灣紳民之請，奏建專祠，春秋俎豆，以明季諸臣配。詔曰：「可。」於是從祀者百十有四人。而潛德幽光，乃揚東海矣。是篇所載，僅舉其名。而林圯之開拓番地，林鳳之戰沒海隅，竟不列於祀典，豈一時之失歟？若夫沈、徐諸公，禮為上客，分屬寓賢，故別傳之。

太子太保文淵閣大學士路振飛。
東閣大學士曾櫻。
尚書唐顯說。
都察院左副都御史徐孚遠。
兵部侍郎總督軍務王忠孝。
太僕寺卿沈光文。
兵科給事中辜朝薦。
兵科給事中謝元忭。

御史沈佺期。
南京主事郭符甲。
諮議參軍陳永華。
舉人李茂春。
定西侯張名振。
定南伯徐仁爵。
仁武伯姚志倬。
閩安侯周瑞。
懷安侯沈瑞。
平西伯吳淑。
興明伯趙得勝。
崇明伯甘煇。
中書舍人陳駿音。
浙江巡撫盧若騰。
監紀推官諸葛斌。
內監劉九皋。
內監劉之清。
戶官楊英。
惠來縣知縣汪匯。

吏部主事攝同安縣知事葉翼雲。
同安縣教諭陳鼎。
參軍柯宸樞。
參軍潘賡鍾。
建安伯張萬禮。
建威伯馬信。
忠振伯洪旭。
慶都伯郝興。
五軍都督張英。
五軍戎政陳六御。
征北將軍曾瑞。
總練使王起鳳。
督理江防柯平。
戎旗鎮林勝。
義武鎮邱輝。
智武鎮陳侃。
智武鎮藍衍。
殿兵鎮林文燦。
進兵鎮吳世珍。

正兵鎮盧爵。
正兵鎮韓英。
中權鎮李泌。
侍衛陳堯策。
前鋒鎮張鴻德。
參宿鎮謝貴。
斗宿鎮施廷。
大武鎮魏其志。
同安守將林壯猷。
同安守將金縉。
同安守將金作裕。
以上從祀東廡。
副將洪復。
副將林世用。
副將蔡參。
副將魏標。
副將楊忠。
副將黃明。

江南殉難楊標。
江南殉難張廷臣。
江南殉難魏雄。
江南殉難吳賜。
水師三鎮林衛。
中提督中鎮洪邦柱。
折衝左鎮林順。
中提督前鋒鎮陳營。
中提督後鎮楊文炳。
右提督後鎮王受。
後勁鎮黃國助。
總兵沈誠。
戎旗二鎮吳潛。
戎旗五鎮陳時雨。
火攻營曾大用。
援勦後鎮劉獻。
援勦後鎮萬宏。
援勦後鎮陳魁。
援勦後鎮金漢臣。

右先鋒鎮楊祖。
右先鋒鎮後協康忠。
水師四鎮陳陞。
水師後鎮施舉。
侍衛中鎮黃德。
潮州守將馬興隆。
左鎮衛江勝。
右提督右鎮余程。
宣毅左鎮黃安。
宣毅左鎮巴臣興。
護衛右鎮鄭仁。
援勦右鎮黃勝。
親隨一營王一豹。
親隨一營黃經邦。
龍驤左鎮莊用。
奇兵鎮部將呂勝。
定海守將章元勳。
銅山守將張進。
廈門守將吳渤。

澎湖殉難張顯。
澎湖殉難廖義。
澎湖殉難林德。
澎湖殉難陳士勳。
海澄殉難葉章。
定海殉難阮駿。
東石殉難施廷。
東石殉難陳中。
祖山殉難張鳳。
懷安侯弟沈珽（ㄊㄧㄥˇ）。
殉難世子裕。
殉難世子溫。
殉難世子睿。

以上從祀西廡。

連橫曰：吾讀野史，載鄭氏故將事，心為之痛。以彼其才，足建旗鼓，以樹立功名，而乃國破家亡，竄身流俗，至隱其名而不道，亦足悲矣！夫敗軍之將，不足言勇。然世之秉節鉞（節鉞，符節及斧鉞。古代出兵征討時，天子授給大將以示威信的信物）寄封疆者，豈皆豪傑之士哉？際會風雲，乘時起爾。嗚呼！成敗論人，吾所不忍。屠釣（操賤業之人）之中，儘多奇才，亦遇之與不遇而已。

豈以此而衡其得失哉？東寧既亡之後，江蘇無錫有華氏者，居於蕩口。一日至某里，見眾環堵。一賣卜者儀容俊偉，顏色微赬（ㄔㄥ，淺紅），似久歷患難者。聞其語，精奧若不可解。異之。日暮眾散，賣卜者行，華尾之，至一古廟，入焉。華問曰：「先生何許人？」曰：「賣卜者。」又問之，答如前。華曰：「敝廬在邇，先生能一過乎？」不答。乃要之行。至家，略坐，即欲去，舉止傲岸（傲岸，高傲而不屑隨俗）。強之坐，呼子弟出拜，請受業門下。顧而嘻曰：「賣卜人能為臯比（臯比，虎皮的座席。後指教師的講席）師乎？」華曰：「先生道貌岑古，必非常人。如不棄寒微，請設帳於此，俾子弟得受益也。」不可，良久乃許之。

初，里中有巨盜，劫人越貨，莫敢攖（觸犯）。一日，華戚某持盜刺（名片）來，言「夜將被劫，今事急，可奈何？」盜刺者，盜欲劫某家，先以刺來，以寓先禮後兵之意，且示勇。受者不敢報官，報亦無益。故盜愈無忌。華曰：「家有子弟師，異人也，請詢之。若可，當無害。」乃偕入，告以故。其人俯首，自循其髮曰：「事亦易易。然使人慮不勝任，必親往。」某曰：「先生與若（代詞，此指盜匪）有故耶？」喈（ㄐㄧㄝˋ，嘆息）曰：「彼盜安得故我？我豈與盜故哉？」怒欲止。某跪而謝，華亦代請。乃曰：「勉為若一行。」既至，環相居宅，曰：「盜當從此來。取磚甓（ㄆㄧˋ，一種磚）列門外，為數壘。誡家人閉戶寢，勿聲。」彼亦就寢。久之，聞有人馬聲自遠至，火炬照耀如白晝。家人潛起窺之，盜眾數百，劍戟有聲，勢張甚。及壘而騁，旋繞不息。自初更至於黎明，竟不知其何為。其人亦寤，問：「盜來乎？」曰：「來矣。」「來何在？」曰：「在門外旋繞。」曰：「然則吾當遣之去。」眾於門外設坐，俟之出。坐定，以麈尾麾盜，若寐盡仆（ㄆㄨ，跌倒伏地）。顧曰：「縛之。」眾次第反接其手，驅之前跪。其人大言曰：「男子負膂力（膂音ㄌㄩˇ。膂力，體力），不能為國家效命，乃棄身匪類，以污辱鄉里。罪當死！吾今且貸（寬恕）汝，須改過，勿妄動。」顧某取百金來，命解其縛，叱之去。

賣卜者既居華家，賓主甚相得。課授之餘，獨處一室，不與人士往來。歲暮饋修贄（饋修贄，攜帶禮物求見），亦不受。強之，曰「吾今固無事此也。」華氏兄弟與談文史，應答如流。而每至玄黃（玄黃，天地）之際，君亡國破之慘，則悲中從來，潸然欲涕，乃強為歡笑。一日趣華治具，作飯四斛，曰：「明旦有客至。」如其言。至則兩僧，儀狀雄偉，操閩南音。始見皆伏拜，起而肅立。命之坐，不敢坐。有問則跪答。賣卜者曰：「止。今豈可以昔禮比（比照、依照）耶？吾之在此，而具知之。而之行止，吾亦無不知。自今各以心喻，毋瑣瑣（瑣瑣，鄙陋）。顧而可即去，勿再來，吾已為而治飯矣。」出具食之。二僧袒衣（袒音ㄊㄢˇ。袒衣，脫衣而有所裸露）大啖，俄頃而盡。撫腹曰：「逕飽。自此至彼，可免再餐也。」再拜告別，出門逕去。賣卜者亦黯然。後值重九，生徒散學。華氏兄弟邀出游，逍遙隴畔，意甚得也。已而指一地問誰氏有，具答之。曰：「後日可葬我於是。」華訝不祥。笑曰：「修短（命數長短）有命，吾已盡於明日矣。」華氏兄弟驚而泣曰：「自得先生，親承杖履，十有二年矣，尚未識里居姓氏。固知先生有隱痛者，是以未敢強問。今日月淹迫（淹迫，時間緊迫），先生寧終忍無一言乎？」賣卜者亦泣曰：「薄命人何足言？必欲識吾者，吾腰帶中藏有小佩囊，沒後可取視。」翌日竟卒。啓之，果有寸帛，字模糊不可讀。略得一、二，蓋鄭氏故將。臺灣亡後，隱憫遁世，而兩僧則為其舊部，故在播遷（播遷，遷徙，流離），猶不失禮。乃葬於其地，建一室以祀，惜仍不識其姓名爾。

嗚呼！懷忠蹈義之士，豈僅一賣卜也哉？吾撰《通史》，吾甚望為之表彰也。

諸老列傳

連橫曰：正氣之存天壤也大矣。《論語》誌逸民，而冠以伯夷、叔齊。孔子稱之曰：「不降其志，不辱其身。」嗚呼！此則孔子之微意也。當殷之衰，武王伐紂，會於牧野，一戎衣（戎衣，軍裝）而天下定，八百諸侯罔不臣服，而伯夷、叔齊獨恥其行，義不食周粟，隱於首陽山，及餓且死；此則所謂求仁得仁者也。明亡之季，大盜竊國，客帝移權，縉紳稽顙（ㄑㄧˇ ㄙㄤˇ，屈膝下拜，以額觸地，以示恭敬），若崩厥角（像野獸折斷了頭角一樣。比喻危懼不安的樣子），民彝（ㄧˊ。民彝，人倫）蕩盡，恬不知恥。而我延平郡王獨伸大義於天下，開府思明，經略閩、粵。一時熊羆之士（羆音ㄆㄧˊ。熊羆之士，勇敢善戰的將士）、不二心之臣，奔走疏附，爭趨國難。雖北伐無績，師沮（ㄐㄩˇ，停止）金陵，而闢地東都，以綿明朔，謂非正氣之存乎？吾聞延平入臺後，士大夫之東渡者蓋八百餘人，而姓氏遺落，碩德無聞；此則史氏之罪也。承天之郊，有閒散石虎之墓者，不知何時人，亦不詳其邑里。余以為明之遺民也。墓在法華寺畔，石碣（ㄐㄧㄝ。石碣，石碑）尚存，而舊《志》不載。巖穴之士趨舍有時，若此類湮沒而不彰者，悲夫！漢司馬遷曰：「伯夷、叔齊雖賢，得夫子而名益顯。」余感沈、盧諸賢之不泯，而臺灣之多隱君子也，故訪其逸事，發其潛光，以為當世之範。《詩》曰：「雖無老成人，尚有典型」；有以哉！

沈光文，字文開，號斯庵，浙江鄞人也。少以明經貢太學。福王元年，預於畫江之師，授太常博士。明年，浮海至長垣，再預琅江諸軍務，晉工部郎。隆武二年秋八月，閩師潰，扈從不及。聞桂王立粵中，乃走肇慶，累遷太僕少卿。永曆三年，由潮陽航海至金門。閩督李率泰方招徠故國遺賢，密遣使以書幣聘，光文焚書返幣。而是時粵事亦不可支，乃留閩中，思卜居泉州之海口。浮家泛宅，忽遭颶飄至臺灣。時臺為荷人所踞，受一廛（ㄔㄢˊ，宅地）以居，極旅人之困，弗恤也，遂與中土音耗絕，亦無以知其生死者。十五年，延平郡王克臺灣，知光文在，大喜，以客禮見。而遺老亦多入臺，各得相見為幸。王令麾下致餼（ㄒㄧˋ，送人的穀糧），且以田宅贍之。亡何（沒多久）王薨，子經嗣，頗改父之臣與政。光文作賦有所諷。或譏之，幾至不測。乃變服為僧，逃入北鄙，結茅羅漢門山中。或以言解之於經，乃免。山外有目加溜灣者，番社也。光文於其間教授生徒，不足則濟以醫。常嘆曰：「吾二十載飄零絕島，棄墳墓不顧者，不過欲完髮以見先皇帝於地下爾。而卒不克，命也夫！」已而經薨，諸鄭復禮之如故。三十七年，清人得臺灣，諸遺臣皆物故，光文亦老矣。閩督姚啓聖招之，辭。又貽書問訊，曰：「管寧無恙。」欲遣人送歸鄞，會啓聖卒，不果。諸羅知縣季麒光，賢者也，為粟肉之繼，旬日一候門下。時寓公漸集，乃與宛陵韓又琦、關中趙行可、無錫華袞、鄭廷桂、榕城林奕、丹霞吳蕖（ㄑㄩˊ）、輪山楊宗城、螺陽王際慧等結詩社，所稱「福臺新詠」者也。尋卒於諸羅，葬焉。

光文居臺三十餘年，自荷蘭以至鄭氏盛衰，皆目擊其事。前此寓公著述，多佚於兵火，唯光文獨保天年，以傳斯世。海東文獻，推為初祖。著有《臺灣輿圖考》一卷，《草木雜記》一卷，《流寓考》一卷，《臺灣賦》一卷，《文開詩文集》三卷。邑人全祖望為訪而刊之，志臺灣者多取資焉。同時居臺者有徐孚遠、王忠孝、辜朝薦、沈佺期等，亦一國之賢者。

徐孚遠，字闇公，江蘇華亭人。崇禎十五年舉於鄉，與邑人夏允彝、陳子龍結幾社，以道義文章名於時。會寇亂亟，陰求健兒劍客而部署之，蓄為他日用。子龍為紹興推官，引東陽許都見之，使募義勇，西行殺賊。又請何剛薦之。既而東陽激變，子龍單騎入都營，許以不死，招之降。大吏持不可，竟殺之。孚遠貽書曰：「彼以吾故降，今負之。天下誰復敢交子龍哉？」故子龍以功遷給事中，辭不赴。弘光時，馬、阮亂政，養晦不出。及南都亡，允彜起兵，而為之輔，授福州推官，進兵科給事中。閩亡，浮海入浙。是時義旅（義旅，起兵抗清）雲興，不相統屬；孚遠周旋其間，說以國恤（以國難為考量），而悍將鄭彩、周瑞之徒咸不聽，乃返浙東，入蛟關，結寨定海之柴樓。比監國（魯王朱以海）入舟山，往賀，以勸輸貢賦，遷左僉都御史。及舟山破，監國入閩，航海從之。當是時，招討大將軍鄭成功開府思明，禮待朝士，搢紳耆德之避地者皆歸之。而孚遠領袖其間，軍國大事，時諮問焉。永曆十二年，帝在滇中，遣漳平伯周金湯晉成功延平郡王，遷孚遠左副都御史，餘各授爵。冬，隨金湯入覲，失道越南。越王要以臣禮，不從，曰：「我為中朝大臣，何可辱？」越王嘉之，乃歸。克臺之歲，從入東都，禮之尤厚。常自嘆曰：「司馬相如入夜郎，教盛覽，此平世事也。以吾亡國大夫當之，傷如之何！」十月，清廷詔遷沿海居民，各省騷動。兵部尚書張煌言寓書成功，以乘勢取福建；並遺孚遠書，勸其代請出師。時東都初奠，休兵息民，故未行。久之卒。或曰：永曆十七年，清軍破思明，孚遠遁入饒平山中，提督吳六奇匿之，完髮以死。居臺生一子，扶櫬（ㄔㄣˋ，棺）至松江，未葬，子亦死。

張煌言字元箸，浙之鄞人也。崇禎時登賢書。從魯監國。監國敗，率殘兵數百，飄蕩海上。延平郡王招之，至思明，表為兵部左侍郎。永曆十四年，北伐至金陵。王謂煌言曰：「蕪湖為上游門戶可，倘留都不旦夕下，則江楚之援日至；控扼要害，非先生不可。」七月初七日，煌言率師至蕪湖，馳檄郡邑，江南北相來附。未幾鄭師敗績，煌言走銅陵，與楚師遇，兵潰。變姓名，從建德、祁門山中，出走天臺，入海，仍與王同定臺灣。當是時，東都初建，軍旅未精。煌言見王無西意，為詩刺之曰：「中原方逐鹿，何暇問虹梁？」又曰：「祇恐幼安肥遯老，藜床皀帽亦徒然。」（此句用管寧隱世的典故）」王一笑而已。無何王薨，子經嗣，知不足與謀，益鬱鬱不樂。乃散其部曲，拂衣竟去。浮海涉江，至杭州西湖，覓山僻小庵，隱焉。瞻望藩籬，猶有所冀。為杭守吏所偵，與健僕楊貫玉、愛將羅自牧同被執，二人皆勇絕群倫者。煌言烏巾葛衣，不言不食，啜水而已。臨刑，二卒以竹輿舁（ㄩˊ，扛抬）至江口。煌言出，見青山夾岸，江水如澄，始一言曰：「絕好江山。」索紙筆賦絕命辭三首，付刑者，端坐受刃。貫玉、自牧同斬，略一振臂，綁索俱斷。立而受刃，死不仆，刑者唯跪拜而已。時永曆十八年中秋之日也。煌言所著詩詞，貯一布囊，悉為邏卒所焚，唯絕命辭在。

王忠孝，字長孺，號愧兩，福建惠安人。崇禎元年登進士，以戶部主事榷關，劾太監，忤旨，廷杖下獄，復戍邊，士卒千餘赴都送留。三年免。福王立，授紹興知府，擢副都御史。隆武元年，召見，陳光復策。帝大喜，授兵部左侍郎，總督軍務，賜尚方劍，便宜行事。已而福京破，家居，杜門（閉門）不出。延平郡王在廈門，設儲賢館，禮待避亂搢紳。忠孝往見，欲官之，辭，乃待以賓禮。時遺老多往來廈門，而忠孝與辜朝薦、沈佺期、盧若騰等均為幕上客。軍國大事，時詢問焉。永曆十八年，偕若騰入臺，經厚待之，日與諸寓公肆意詩酒。居四年卒。

辜朝薦，字在公，廣東揭陽人，崇禎元年進士。始任江南安慶推官，歷掌諫垣，晉京卿。北京破，南歸，居金門。既為延平郡王上客。後入臺卒。子文麟，及長回鄉。

沈佺期字雲又，福建南安人。崇禎十六年登進士，授吏部郎中。隆武立福京，擢右都副御史。及帝陷汀州，佺期南下，隨延平郡王起兵於泉州桃花山，為幕府上客。後入臺灣，以醫藥濟人。永曆三十六年卒。

盧若騰，字閑之，號牧洲，福建同安金門人。崇禎八年舉於鄉，十二年成進士。帝以天下多故，御文華殿，簡用新進士三十人，觀政兵部，若騰與焉。時督師楊嗣昌奪情起用（奪情起用，遭父母之喪，但喪期未滿政府強使出仕），玩寇（消極抗敵）佞佛（迷信佛教），若騰劾其罪，下旨切責，天下壯之。累遷武選司郎中，總京衛武學。三上疏彈定西侯蔣維祿。有惡其太直者，遷寧紹巡海道。瀕行，又劾內臣田國興諸不法事。帝納之，逮國興抵法。至浙，潔己愛民，興利除弊，勢豪屏跡，莫敢逞。蕩平劇寇（劇寇，強悍的賊寇）胡乘龍等，閭里晏然（晏然，安寧）。浙人建祠祀之。

福王立南京，擢鳳陽巡撫。若騰以馬、阮當國，綱紀大壞，辭不赴。及唐王立福京，下旨徵辟，單騎赴召。授浙東巡撫，駐溫州，督師北伐。特薦宿將賀君堯為水師總兵，募靖海水兵，扼守要害。以族弟游擊將軍若驥守盤山溪，為藩衛。奏簡學臣考試，以取人才、收士望。從之。是歲溫州大饑，捐資賑濟，得旨嘉獎，加兵部尚書銜。魯王起兵紹興，號監國，其臣不奉福京之命，以兵窺溫州，有兼併意。賀君堯勒兵拒之。而于穎亦有撫浙之命。若騰疏言十羊九牧，號令不一，恐誤封疆，請自撤。不許。鄭彩之殺熊汝霖也，眾畏其勢，莫敢言；若騰直揭其罪，朝士振悚。帝英明果斷，有知人鑒；而鄭芝龍專權，日事驕奢，大學士黃道周嫉之，奏請出師，窺江西，途次以門生為託。若騰復書相勉許。已而道周殉難，紹興之師亦潰，清軍迫溫州。若騰與君堯力守，糧絕不繼，七上疏請援，不報。城民議款，拒之，願以身殉。城破，率親兵巷戰，背中三矢，為靖海營水師所救，乃由海回閩，上疏自劾。而關兵已撤，芝龍降矣。若騰歸里後，與同志傅某等結社，舉兵圖恢復，所謂望山之師也。既以糧盡而罷。桂王立肇慶，改元永曆，若騰上表賀。溫諭下答。方是時招討大將軍鄭成功開府思明，招徠（ㄌㄞˊ。招徠，招納）遺老，若騰依之。禮為上客，軍國大事，時諮問焉。永曆十八年春三月，與沈佺期、許吉燝等同舟入臺。至澎湖，疾作，遂寓太武山下。臨終，命題其墓曰：「有明自許先生盧公之墓」。年六十有六。嗣王經臨其喪，以禮葬於太武山南，今猶存。生平著述甚富，有《留庵文集》二十六卷、《方輿互考》三十餘卷與《耕堂隨筆》、《島噫詩》、《島居隨錄》、《浯洲節烈傳》、《印譜》各若干卷，後多散佚。邑人林樹梅求數種刊之。

許吉燝，福建晉江人，崇禎十六年登進士，以知縣擢刑部主事。國變後，歸里，杜門不出。及延平郡王克臺灣，遺老多依之。永曆十八年春三月，與盧若騰同舟入臺，卒於東寧。

李茂春字正青，福建龍溪人。隆武二年舉孝廉。性恬淡，風神整秀，善屬文（屬文，寫文章）。時往來廈門，與諸名士游。永曆十八年春，嗣王經將入臺，邀避亂搢紳東渡，茂春從之。卜居永康里，築草廬曰「夢蝶」，諮議參軍陳永華為記。手植梅竹，日誦佛經自娛，人稱「李菩薩」。卒葬新昌里。

郭貞一，字元侯，福建同安人。崇禎十三年進士，授御史，巡撫浙東。福王立，擢右都御史。有內監不遵朝班（朝班，朝見帝王時，按官品分班排列的位次），疏糾之，宦寺（宦、寺皆指太監）屏息。貞一所交多吉士，疏薦夏允彝、陳子龍、徐石麟、徐汧、沈延嘉、葉廷秀、熊開元等，具忠愛之誠，乞召用。又言憲長王夢錫以賄遷官，選郎劉應家黷貨（黷貨，貪財），乞正罪。一時風采凜然。南都破，入閩。已而延平郡王開府廈門，禮之。後隨入臺灣，居數年卒。

諸葛倬，字士年，福建晉江貢生。隆武時，以薦授翰林院侍詔，加御史，監鄭鴻逵軍，出浙東。已而福京破，從延平郡王於廈門。永曆時，晉光祿寺卿。同學某降清，以書來招，謂惠然肯來（惠然肯來，歡迎他人賞光蒞臨），監司可立致，且怵（懼）以危語。倬復書曰：「聖主隆唐虞之德，小臣守箕山之操（箕山之操，許由不受堯之傳位，指不慕虛榮），代有其人。新朝政尚寬大，須彌大千，何問微塵？必欲相強，便當刳（ㄎㄨ，剖開）胸著地，勿問是肝是肉也。」某得書憫然。倬後入臺卒。

黃事忠，字臣以，佚其里居，官兵部職方司。隆武時，崎嶇（處境艱難）閩、粵，疊起兵，謀光復。兵敗，母妻俱被難，事忠走廈門，依延平郡王。永曆十二年冬，偕御史徐孚遠、都督張自新奉使入滇。途經越南，與國王爭禮，全命而歸。後入臺灣。

林英，字雲又，福建福清人。崇禎中，以歲貢知昆明縣事，有惠政，縣人稱之。永曆立滇中，官兵部司務。及帝北狩，英亦流離凄愴，祝髮（削髮）為僧，間道至廈門。嗣入臺灣。

張士椰（ㄧㄡ），福建惠安人。崇禎六年，中副榜。明亡，入山，數年不出。耿精忠之變，避亂金門。嗣入臺，居東安坊。持齋念佛，悠然塵外。辟穀（道教修練的一種，不吃五穀以求成仙）三年，唯食茶果。卒年九十有九。

黃驤陛，字陟甫，福建漳浦人，大學士道周之從子也。天資醇篤，讀書數百回乃成誦，誦即焚之，終身不忘。天啓四年舉於鄉，設教里中，及門多成材。北都陷，與里人林蘭友合糾義旅抗賊。及福建破，浮海入臺，與徐孚遠諸人放浪憑弔。久之卒。

張灝，字為三，福建同安人，巡撫廷拱子也。萬曆朝，登進士，官兵部職方司郎中。明亡，隱大嶝。後入臺灣，居於承天府之郊。清人得臺時，施琅聞其賢，具舟送回故里，至澎湖病卒，葬焉，年九十有五。弟瀛字洽五，崇禎十五年，舉孝廉，隨兄居臺。耦耕壟畔，怡怡如也。後卒於臺，年八十有四。

葉后詔，福建廈門人。崇禎十七年，以明經貢太學。猝遭國變，即南歸。與徐孚遠、鄭郊輩為方外七友，縱情詩酒。後渡臺灣，著《鵝草五經講義》，行世。

連橫曰：我始祖興位公生於永曆三十有五年。越二載，而明朔亡矣。少遭憫凶，長懷隱遯，遂去龍溪，遠移鯤海，處於鄭氏故壘。迨余已七世矣。守璞抱貞，代有潛德。稽古讀書，不應科試。蓋猶有左衽（左衽，指為異族統治同化）之痛也。故自興位公以至我祖、我父，皆遺命以明服殮。故國之思，悠然遠矣！橫不肖，懼隕先人之懿德，兢兢業業，覃（ㄊㄢˊ，深）思文史，其葆揚國光，亦唯種性之昏庸是儆。緬懷高蹈，淑慎其身，以無慙於君子焉。

陳永華列傳

陳永華，字復甫，福建同安人。父鼎，以教諭殉國難。永華方舞象（舞象之年，男子十五至二十歲），試冠軍，已補弟子員。聞喪歸，即棄儒生業，究心天下事。當是時，招討大將軍鄭成功開府思明，謀恢復，延攬天下士。兵部侍郎王忠孝薦之。成功接見，與談時事，終日不倦。大喜曰：「復甫今之臥龍也。」授參軍，待以賓禮。

永華為人，淵沖靜穆，語訥訥（言語遲鈍）如不能出。而指論大局，慷慨雄談，悉中肯要。遇事果斷，有識力，定計決疑，不為群議所動。與人交，務盡誠。平居燕（平常）處，無惰容。布衣疏飯，澹（ㄉㄢˋ，恬靜而寡欲）如也。永曆十二年，成功議北征，諸將或言不可，永華獨排之。成功說，命留思明，輔世子。嘗語經曰：「陳先生當世名士，吾遺以佐汝。汝其師事之！」

十五年，克臺灣，授諮議參軍。經立，軍國大事，必諮問焉。十八年八月，晉勇衛，親歷南北各社，相度地勢。既歸，復頒屯田之制，分諸鎮開墾。插竹為籬，斬茅為屋，以藝（種植）五穀。土田初闢，一歲三熟，戍守之兵，衣食豐足。又於農隙以講武事，故人皆有勇知方，先公而後私。東寧初建，制度簡陋。永華築圍柵，起衙署；教匠燒瓦，伐木造廬舍，以奠民居。分都中為東安、西定、寧南、鎮北四坊，坊置簽首，理庶事。制鄙為三十四里，里有社，社置鄉長；十戶為牌，牌有首；十牌為甲，甲有首；十甲為保，保有長；理戶籍之事。勸農桑，禁淫賭，詰盜賊。於是地無游民，番地漸拓，田疇日啓。其高燥者，教民植蔗。製糖之利，販運國外，歲得數十萬金。當是時，閩、粵逐利之氓（人民），輻輳（人物的聚集和稠密）而至，歲率數萬人。成功立法嚴，永華以寬持之。險阻集，物土方，臺灣之人，以是大治。十二月，請建聖廟，立學校。經從之。擇地寧南坊，二十年春正月成，經行釋菜（釋菜，初入學時，用芹藻之類的植物禮敬先師）之禮。三月，為學院，以葉亨為國子助教，聘中土之儒，以教秀士。各社皆設小學，教之養之。臺灣文學始日進。永華既教民造士，歲又大熟，比戶殷富，猶恐不足國用，請經令一旅駐思明，與邊將交驩（ㄏㄨㄢ，歡心），彼往此來，以博貿易之利。而臺灣物價大平。二十八年春，耿精忠據福建，請會師。經以克𡒉為監國，命永華為東寧總制使。克𡒉，永華婿也，事無大小，皆聽之。永華為政儒雅，轉粟餽餉，軍無缺乏。及經歸後，頗事偷息，而馮錫範、劉國軒忌之。三十四年春三月，請解兵。經不聽，既而許之，以所部歸國軒。永華見經無西志，諸將又燕安相處，鬱鬱不樂。一日齋沐，入室拜禱，願以身代民命。或曰：「君秉國鈞，民之望也。」已復嘆曰：「鄭氏之祚不永矣。」越數日逝。經臨其喪，謚文正，贈資政大夫正治上卿。臺人聞之，莫不痛哭，馳弔於家。

初，經知永華貧，以海船（大船）遺之。商賈僦（ㄐㄧㄡˋ，租賃）此貿易，歲可得數千金。不受。而自募民闢田，歲收穀數千石。比穫，遍遺親舊之窮困者，計其所存，僅供歲食而已。妻洪氏，小字端舍，賦質幽閒，善屬文。晨興，盥沐畢，夫婦衣冠斂衽（斂衽，整理衣服頭飾）揖而後語。一家之內，熙皞（ㄏㄠˋ。熙、皞皆是光明之意）如也。合葬於天興州赤山堡大潭山。清人得臺後，歸葬同安。子夢緯、夢球居臺蕃衍，至今為邑望族。

連橫曰：漢相諸葛武侯，抱王佐之才，逢世季之亂，君臣比德，建宅蜀都，以保存漢祚，奕世（累代）稱之。永華器識功業與武侯等，而不能輔英主以光復明室，傍徨於絕海之上，天也。然而開鎮成務，體仁長人，至今猶受其賜。澤深哉！

林圯、林鳳列傳

林圯（ㄧˊ），福建同安人，為延平郡王部將。歷戰有功，至參軍，從入臺。及經之時，布屯田制，圯率所部赴斗六門開墾。其地為土番游獵，土沃泉甘，形勢險要。圯至，築柵以居，日與番戰，拓地至水沙連。久之，番來襲，力戰不勝，終被圍。食漸盡，眾議出，圯不可，誓曰：「此吾與公等所困苦而得之土也，寧死不棄。」眾從之。又數日，食盡，被殺，所部死者數十人。番去，居民合葬之，以時祭祀，名其地為林圯埔。

連橫曰：開闢之功大矣哉！林圯埔在嘉義東北，背倚層巒，右控濁水，居民數萬，大都林氏子孫。讀書力田，饒有堅毅不拔之氣。是豈非圯之所遺歟？光緒十四年，始建縣治於此，名曰雲林，志圯功也。越五年，從知縣李烇（ㄑㄩㄢˊ）之議，移斗六，而林圯埔之繁盛猶故。夫天下無失敗之事，而千古有必成之業。圯之初拓斗六門也，斬荊棘、逐豺狼，經營慘淡，未嘗一日安處。乃又為番所迫，身死眾亡，則圯亦自怨其敗矣。然圯沒未久，黨徒繼進，前茅後勁（前後呼應），再接再厲。而昔日跋扈之番，竟降伏於我族之下。日月也由我而光明，山川也由我而亭毒（亭毒，化育），草木也由我而發揚，則圯應又嘆其成矣。〈大雅〉之詩曰：「立我蒸民，莫非爾極。」（當出自《詩經．周頌．思文》，原文作「立我烝民，莫匪爾極」）我同胞其念哉！

林鳳，福建龍溪人，為延平郡王部將，從入臺。永曆十五年，率所部赴曾文溪北屯田，則今之林鳳營也。初，福建總督李率泰約合荷蘭、攻臺灣。十九年，荷人據雞籠。報至，延平郡王經命勇衛黃安督水陸諸軍逐之，以鳳為先鋒，陣沒，荷人亦敗去，經念其功。至今所墾之地已成都聚。

連橫曰：吾過曾文溪，輒臨流感嘆。追懷鄭氏興亡之跡，未嘗不扼腕也。溪源自內山，水大勢急，奔流而西，以達於海。其旁平疇萬畝，禾麥芃芃（ㄆㄥˊ，草木茂盛），皆我族所資以衣食長子孫者。苟非鄭氏開創之功，則猶是豺狼之域也。渡溪北行十里，為番仔田，有碑立田中，荷文也，剝落不可讀。又十里為林鳳營，十里為新營，北為舊營，東為五軍營，西為查畝營，是皆鄭氏屯田之地，以強兵保國者，至今猶見其威稜。而一變再變，衣冠文物，蕩然無存，唯使弔古者徘徊於落日寒村之中而已。

劉國軒列傳

劉國軒，福建汀州府人也。狀貌雄偉，懷材未遇，為漳州城門把總。永曆八年冬十月，招討大將軍鄭成功伐漳州，國軒開門迎。參軍馮澄世奇之，為語成功，擢為護衛後鎮。十年秋，從中提督甘輝伐閩安，克之。十二年，從伐南京。十五年，從克臺灣。成功薨，子經嗣，分汛東寧，以國軒守雞籠山，勦撫諸番，拓地日廣。二十年，晉右武衛，駐半線。二十四年秋八月，斗尾龍岸番反，經自將討之，國軒從，遂破其社。十月，沙轆番亂，平之。大肚番恐，遷其族於埔裏社，追之至北港溪，乃班師歸。自是北番皆服。二十八年，靖南王耿精忠據福建，使如東寧約會師。經率侍衛馮錫範及六官等渡海而西，國軒從。精忠調趙得勝之兵，得勝不從，邀國軒於海澄，議奉經。經說精忠，借漳、泉二府為召募，精忠難之。於是耿、鄭交惡。六月，經入泉州。精忠之將王進來攻，國軒及右虎衛許耀敗之於塗嶺，追至興化而還。七月，清軍圍潮州，精忠不能救，總兵劉進忠納款。經遣援勦左鎮金漢臣率師援之，潮圍解，以進忠為中提督，國軒副之。二十九年春二月，左虎衛何祐伐饒平；五月，國軒入潮，與何祐、劉進忠兵數千人，狥（狥，通「徇」，攻掠）屬邑之未下者。平南王尚可喜兵十餘萬，盡銳來攻；相持久，國軒食盡，議退於潮。尚之信麾騎，晨掩祐軍，戰於鱟母山下。祐以身先旗，矯尾厲角（逞強好勝、趾高氣揚），直貫中堅，出其左右；國軒繼之，大敗尚軍，追奔四十餘里，斬首二萬有奇（ㄐㄧ，餘），捕鹵（俘虜）七千，轔籍（車輪輾過，相互踐踏）死者滿山谷。由是國軒、何祐威名震於南粵。十月，經入漳州。三十年春二月，吳三桂兵至肇慶、韶州，碣石總兵苗之秀、東莞守將張國勳詣國軒降。尚之信降於三桂，三桂檄讓惠州於經，國軒入守之。五月，精忠守將劉應麟以汀州降，後提督吳淑入守之。七月，經調進忠於潮，不至。九月，清軍入福建，擒精忠，其將馬成龍以興化降，許耀入守之。十月，耀與清軍戰於烏龍江，敗歸，調趙得勝、何祐代之。十一月，精忠守將楊德以邵武降，吳淑入守之。十二月，淑與清軍戰於邵武城下，敗歸。三十一年春正月，清軍攻興化，祐與得勝禦之。清軍縱反間，得勝戰沒，祐亦敗歸，興化遂陷，漳、泉俱潰，經歸思明。六月，進忠降於三桂，尋歸清，被殺。國軒亦棄惠州，惠州之人送之。凡十府一時俱失，經不知所為。見國軒至，大喜，軍事盡委國軒。國軒為將，愛士卒，信賞必罰，而出奇制勝，眾莫能測，故每戰得捷，敗亦能完，諸將皆莫及也。三十二年春正月，晉正總督，吳淑為副。經表賜尚方劍，專征伐，諸將咸聽命焉。二月，伐漳州，下玉州、三叉河、福河、下許等堡，斷江東橋，以遮餉道。援軍適至，分兵擊之，夜取石碼，數戰皆捷。遂揚帆直入鎮門，取灣腰樹、馬洲、丹洲諸堡。軍聲日震。

當是時，清軍之援漳者，福建總督郎廷相、海澄公黃芳世、都統胡克按兵不前，提督段應舉自泉州、寧遠將軍喇哈達、都統穆黑林自福州、平南將軍賴塔自潮州，後先至。國軒及吳淑諸將，兵僅數千，飄驟馳突，略倣成功。當事者萎腇（ㄋㄟˇ。萎腇，軟弱）咋舌（嚼咬舌頭，意指說不出話的樣子），莫敢支吾。由是國軒、吳淑威名復震於閩南。閏三月，與黃芳世、穆黑林戰於灣腰樹，敗之。

胡克率副將朱志麟、趙得壽來戰於鎮北山，又敗之。姚公子、李阿哥來援，亦敗之。段應舉戰於祖山頭，復敗之，逸入海澄。遂取平和、漳平，圍海澄三帀（ㄗㄚ，圈）。六月，清廷以隨軍布政姚啓聖為福建總督、吳興祚為巡撫，趣（趣，通「趨」）諸軍援澄，次（駐留）葛布山。三次隔帶水，高壘自完（自完，自保、自全），相望而已。城中食盡，破之。段應舉自經於敵樓，總兵黃藍巷戰死，殺滿、漢兵數萬，捕鹵數千，馬萬餘匹。晉國軒武平伯征北將軍、吳淑定西伯平北將軍、何祐左武衛、林陞右武衛、江勝左虎衛。士氣大振，幾五萬人。遂取長泰、同安，乘勝圍泉州，下南安、永春、安溪、德化諸縣。八月，清軍水陸援泉。大學士李光地、寧海將軍喇哈達、平南將軍賴塔自安溪出同安，巡撫吳興祚自仙遊出永春，提督楊捷自興化下惠安，總兵林賢、黃鎬、林子威以舟師自閩安出定海，剋期俱至。樓船中鎮蕭琛與林賢遇，未戰敗。經以宣毅後鎮陳諒、援勦後鎮陳啓隆禦之於海山。國軒帥二十八鎮還漳州，築十九寨。九月，以吳淑、何祐、江勝等十一鎮，可二萬人軍浦南，而自率林陞、林應、吳潛、陳昌等十七鎮，可三萬人軍溪西，直逼漳城之北，軍容烜赫（烜音ㄒㄩㄢˇ。烜赫，盛大）。翼日，決勝於龍虎山。耿精忠為左拒，賴塔為右拒，啓聖在前，胡克又在啓聖之前，揮兵二萬先合。國軒敗之。啓聖亦敗。精忠親督戰，斬退縮者三人，大呼而馳，賴塔尾之，兩軍酣戰。海澄鎮鄭英、吳正璽皆沒，國軒麾軍退，收拾餘兵，以保灣頭。亢宿鎮施明良受啓聖賄，謀獻思明。經嬖（ㄅㄧˋ，寵愛）之，常在左右。國軒入告曰：「今軍破國殘，蹙（ㄘㄨˋ，縮減）地千里。殿下宜效先王之志，臥薪嘗膽，親君子，遠小人。中興之業，乃可圖也。」經納其言，而明良謀之益急，國軒殺之。及施世澤，琅之長子也，為女宿鎮，再叛再降，又與其謀，故誅之。三十四年春正月，清軍大舉伐思明。經以左武衛林陞為督師，率諸鎮禦之。方戰而潰，國軒亦全師歸，遂入東寧。

三十五年春正月，經薨，子克壧嗣，晉武平侯。十月，清廷以萬正色為陸路提督、施琅為水師提督，將以伐臺。克塽命國軒駐澎湖，拜正總督，假節行事。以征北將軍曾瑞、定北將軍王順為副。擢林亮為右虎衛，改名豪。以援勦左鎮陳諒為右先鋒，提調陸師。右武衛林陞為水師提調，左虎衛江勝副之。援勦右鎮邱輝、援勦後鎮陳啓明各為先鋒。修戰艦，築炮壘，討軍實，以待清師。三十七年夏六月，清軍發銅山，窺澎湖。國軒知八罩嶼惡，望間當有颶至。自督精兵，強逾二萬。以戎旗一鎮吳潛守風櫃尾；果毅中鎮楊德守雞籠嶼；後提督中鎮張顯守中灣；游兵鎮陳明守四角山，中提督前鎮黃球佐之；果毅後鎮吳祿守內塹，侍衛後鎮顏國祥佐之；壁宿鎮楊章守外塹，右先鋒鎮李錫佐之；右虎衛領兵江高守東峙，侍衛殫忠營王鯉佐之。沿海巨舟，星羅棋布。環設炮城，凌師以守。邱輝請曰：「彼兵遠來，乘其未定而擊之，可破也。」建威中鎮黃良驥曰：「先人有奪人之心，擊之便。」國軒不從。已而清軍萃至，環泊花、貓二嶼。輝復請襲之，不許。十六日黎明，微風振枻（ㄧˋ，船槳），鉦鼓（行軍時，擊鼓表前進，敲鉦表停止）傳喧。兩軍將合，琅以七船突入鄭。國軒以林陞、江勝、邱輝、曾瑞、王順各船迎之，焚殺過當，濺血聲騰。時南潮正發，琅舟為急流分散。國軒師合，兩翼齊攻。琅困不得出，其先鋒藍理突圍救之，炮中其胸；琅亦集矢而卻。林陞幾得琅，連中三矢，不退；炮傷其股，乃退。邱輝、江勝欲逐之，國軒不可；請宵戰，又不可。越六日。琅分為八隊，每隊七船，皆三其疊。將戰，有風從西北來，渰浥（ㄧㄢˇ ㄧˋ，雲氣興盛）蓬勃，逢迎清軍，士皆股栗（股栗，恐懼）。鄭艦居上風，國軒麾之。琅大驚禱天，須臾雷發，立轉南飆，軍乃復起。國軒聞之，掀案而呼曰：「天也！」遂決戰。發火矢噴筒，燔（焚燒）焰怒張，水為之赤。宣毅左鎮邱輝與總兵朱天貴遇，炮沉其船，往來衝突。琅督諸舟環攻。輝兩足俱傷，負痛苦戰，而勢迫，遂投火藥桶，燬船死。左虎衛江勝之船，突入陣中，殺傷過當。諸船萃攻，亦自沉死。征北將軍曾瑞、定北將軍王順、水師副總督江欽、右先鋒陳諒、援勦右鎮鄭仁、援勦後鎮陳啓明、護衛鎮黃聯、後勁鎮劉明、折衝左鎮林順、斗宿鎮施廷、水師一鎮蕭武、水師二鎮陳政、水師三鎮薛衡、水師四鎮陳立、中提督中鎮洪邦柱、中提督右鎮尤俊、中提督後鎮楊文炳、中提督親隨一鎮陳士勛、龍驤左鎮中協黃國助、龍驤右鎮左協莊用、侍衛中鎮黃德、侍衛右鎮蔡智、侍衛驍翊協蔡添、侍衛領旗協林亮、侍衛左總轄毛興、勇衛中協張顯、勇衛左協林德、勇衛右協陳士勳、勇衛前協曾遂、中提督領兵協吳略、中提督左協林德、中提督前協曾瑞、中提督領旗協吳福、中提督前鋒協陳陞、中提督總理協陳國俊、右武衛右協吳遜、右武衛隨征二營梁麟、水師二鎮前鋒副將李富、水師二鎮左營副將張欽、水師三鎮左營副將許端、水師三鎮右營副將林耀、援勦右鎮右營廖義、援勦前鎮前鋒營莊超、折衝鎮左營陳勇、左提督後鎮左營王受等，皆戰死。損兵一萬二千有奇，沉失大小師船一百九十四艘。戎旗一鎮吳潛守西嶼頭，遙望眾師漸沒，趣左右欲赴援而無舟，拔劍嘆曰：「大丈夫既不能為國馳驅，豈可偷生苟活，為世所笑乎？」遂自刎死。國軒見師敗勢蹙（緊迫），乘走舸（ㄍㄜˇ。走舸，行駛快捷的戰船），從吼門而入東寧，與文武議奉克塽以降。琅至，歸克塽於北京，封漢軍公。國軒授天津總兵。

連橫曰：古之所謂良將者，若白起、王翦之徒，皆能闢地強兵，以輔其國，世稱功伐，彼蓋有得於時也。不然，以國軒之武略，使乘風雲而建旗鼓，豈不足烜赫一世？而終為敗軍之將者，何哉？語曰：「大廈將傾，非一木所能支。」吳淑、何祐皆負驍勇，而亦無名，時之不得假（上天不借予時勢）也。悲夫！

譯文

張崑將、張溪南、李文容、吳昆財、黃美玲．注譯

顏、鄭列傳／張崑將、張溪南

連橫說：臺灣原是滄海裡一座荒島，我們的祖先渡海來到這裡開墾拓荒，培育繁衍子孫，到如今成爲我們生存倚靠的重要地方。所以從開拓闢建以來，我們世代相傳的宗族在這裡吃穿用度，已經不知有多少年了，但是歷史文化的記錄疏漏不全，德行高尚的人不爲人所知，我覺得很遺憾。曾多次攀登高山、前往幽深的山谷，採集、懷想古人的遺跡，追念歷代興盛敗亡的往事，每每流連久久不忍離去。又曾經去過「諸羅」（嘉義舊稱）的鄉野間，到「三界埔」（今嘉義縣水上鄉三界村、國姓村一帶）踏查，那裡的農夫和老一輩的人，經常會談論到顏思齊的事蹟。而如今通往顏思齊的墓道已經毀壞（顏思齊墓塚遺址在今嘉義縣水上鄉與中埔鄉交界的牛稠埔山裡，該處在三界埔山附近），經年累月的雜草未清理致行走不便。唉！這不就是一手開拓臺灣那個豪壯勇敢的人！如今淪落到這般荒涼冷清！所以我撰述列傳這篇章，將顏思齊列在第一位，鄭芝龍的列傳也合併在本章裡。

顏思齊（一五八六—一六二五），福建省海澄縣人，字振泉。身體雄壯威武，精通武藝。曾經遭受官宦人家的侮辱，憤而殺了那官宦家的僕人，逃到日本當縫衣匠。幾年後，家境逐漸富裕起來，爲人重義理、常贈人財物救濟貧苦，許多人都很信賴倚仗他。明朝天啓（明熹宗年號）四年（一六二四）夏天，不少華人的船隻會到日本長崎（今日本九州長崎縣長崎市）買賣往來，有位船主人楊天生也是福建省晉江（今福建省晉江市）人，爲人凶惡狡詐但很機靈，和顏思齊交情不錯。當

時，日本是德川幕府（由德川家康於一六〇三在江戶—今東京創設的幕府政權，於一八六七還政天皇後終止）掌管政權，文武官員只知貪圖安逸享受、吃喝玩樂，顏思齊便計畫要舉兵起義，楊天生願意支助他。顏思齊便說服李德、洪陞、陳衷紀和鄭芝龍（一六〇四—一六六一）等二十六人一起起義，他們都是豪爽的俠義人士。六月十五日，他們在顏思齊的家聚集，一同拜祭天地神明，按照年齡大小結拜爲兄弟，鄭芝龍最年輕，雖然當時才十八歲，但是才能超越一般人，顏思齊很倚重他。

鄭芝龍是福建省南安縣石井鄉（現為南安市石井鎮）的人，小時候的名字叫「一官」，字飛黃，父親是鄭紹祖，是泉州太守（明代之前地方行政長官稱為太守，明清之後稱為知府或知州）蔡善繼屬下小官。鄭芝龍十歲時，曾經在玩耍時投擲石塊，不小心擊中蔡太守的額頭，蔡太守命人要捉他來治罪，但見到他長得俊秀，告誡後笑笑的將他釋放。鄭芝龍離開故鄉後居無定所，窮困潦倒來到了日本，娶了平戶（今日本長崎縣平戶市）一名武士的女兒「田川氏」（一六〇一—一六四七，田川氏的父親是名武士，名字為「田川七左衛門」，後來她母親改嫁給華僑翁翊皇，她也隨繼父改姓翁，所以後來被尊稱為「翁太妃」），生下鄭成功。

顏思齊既已計畫要舉兵起義，不料事蹟敗露，幕府的官吏要逮捕他，參與的人員分別乘船出逃。等到出海以後，徬徨不安不知何去何從。陳衷紀（？—一六二八）建議說：「我聽說臺灣是海上的荒島，形勢上可以掌控大陸東南沿海一帶，而且土地肥沃豐饒可以獨霸一方。現今可以先占領那個地方，然後向四方擴張掠奪，那麼在海外建立『扶餘國』（《 髯客傳》中描寫隋末豪俠 髯客不與李世民爭天下後，慨然退避海上，另外建立扶餘國，此處應是用此小說的典故來借喻）的大業便可成功了。」顏思齊聽從其意見，航行八天八夜後終於到了臺灣，從北港（今雲林縣北港鎮，現鎮上民主路與文化路交叉口圓環立有「顏思齊先生開拓臺灣登陸紀念碑」）登陸，建造營寨居住，壓制並安撫島上的原住民，將帶來的部屬分開駐防並自行種田、打獵爲生。沒多久鄭芝龍父親鄭紹祖過世，鄭芝龍兄弟多人也來到臺灣，福建漳州、泉州一帶沒有固定工作的百姓也陸續來到臺灣開墾，總共有三千多人。

五年（明朝天啓五年〔一六二五〕），秋天九月，顏思齊帶領一批健壯的年輕人到諸羅山（今嘉義）打獵，飲酒作樂酩酊大醉，受了風寒，幾天後病情加重，召見鄭芝龍等人於病榻前囑咐：「不佞（古人自謙語，就是「我」的意思）和你們共同相處已有二年了，本來期待要建功立業，顯揚我中國人的聲望和榮耀，現在我這偉大的志願尚未實現，卻將死去半途而廢，你們要繼續奮鬥啊。」說完便低聲哭泣，大家也跟著一起哭。顏思齊死後，埋葬在諸羅東南方的「三界埔山」，他的墓塚至今還存在。大家停止哭泣悲傷的那天，楊天生提議得再推舉一人爲首領，大家都認同，於是割取家畜的血裝在器皿裡一起歃血爲盟，將劍插在米堆上，每個人輪流對著劍揖拜，大家約定能將劍拜跳動起來的那個人便是首領，輪到鄭芝龍拜時那劍竟然跳起離開地面，這讓大家驚訝折服，便推舉鄭芝龍爲首領。（據江日昇《臺灣外記》書中所載，當時有一八位兄弟結拜，並以「芝」字依序排輩，號稱十八芝：鄭芝龍、鄭芝虎、鄭芝豹、鄭芝莞、鄭芝鵬、鄭芝燕、鄭芝鳳、鄭芝彪、鄭芝麟、鄭芝豸、鄭芝獬、鄭芝鵠、鄭芝熊、鄭芝蛟、鄭芝蟒、鄭芝鸞、鄭芝麟、鄭芝鶚）但是重大的支配權力仍然是陳衷紀在掌管。陳衷紀也是福建省海澄縣人，性情非常凶暴倔強，連鄭芝龍表面上都還得尊重他。

六年（明朝天啓六年〔一六二六〕），春天二月，鄭芝龍籌劃要出兵，便召集所有部將開會商討，他說：「人往往懶散以後就會衰敗，大家團結合作勢力便會強大起來。現今臺灣各項事物大致完備，情勢上不但能夠自我防衛，還應該有對外發展快張勢力的計畫。我想親自率領戰船十艘，開航到金門、廈門，如果能夠趁他們守備空虛而占領那地方，這就可以作爲臺灣島外的附屬州縣，你們認爲如何呢？」陳衷紀說：「很好。」鄭芝龍便下令所有部將，命鄭芝虎（一六〇六—一六三五）、鄭芝豹（？—一六五三）爲先鋒，鄭芝鶚、鄭芝豸爲副先鋒，鄭芝彪、張泓爲左側艦隊，鄭芝獬、李明爲右側艦隊，鄭芝鵠、鄭芝蛟爲衝鋒艦隊，鄭芝莞、鄭芝蟒、鄭芝燕、陳衷紀爲主力艦隊的護衛艦隊，鄭芝麟、陳勳爲機動的哨船，鄭芝麒、吳化龍爲整個軍事行動的監督，楊天生和洪陞爲參謀。每艘戰艦上有六十名戰士，都是漳州、泉州一帶熟悉水性的人。安排妥當後，命令林翼、楊經、李英、方勝、何斌等十多人留守。三月十日攻打金門，十八日攻打廈門，明朝官兵無法抵擋，很快的便逼近廣東省東部，沿海地區採取非常時期的軍事管制措施。明朝朝廷決定要招撫鄭芝龍，因蔡善繼和鄭芝龍熟識，命他寫信向鄭芝龍招降，鄭芝龍感激蔡善繼的恩情，便答應歸附官兵。投降後，蔡善繼端坐在軍營大門內，命令鄭芝龍兄弟叩首謝罪，鄭芝龍只好委屈的放下身段跪拜，但是這動作引起全體部屬不滿而喧鬧，最後叛離而去，再回到臺灣定居，在海上攔截搶奪商船，活動範圍在福建、廣東沿海之間。

明崇禎元年（一六二八）春天正月，鄭芝龍船隊停泊在漳浦（今福建省漳州市漳浦縣）的白鎮（應為今漳浦縣霞美鎮港灣）。巡撫朱之凴派遣都司（明朝中低級武官職稱）洪先春前往襲擊，雙方激烈戰鬥從早上直到下午，未分勝負，等到晚上潮水上漲，洪先春的艦隊在海上漂流迷失方向。鄭芝龍暗中登陸「前山」（今漳浦縣霞美鎮前山），繞到洪先春艦隊的後方，洪先春前後都受到攻擊，戰鬥中身中數刀，鄭芝龍因有接受招撫的意圖，便放走洪先春，又前往「中左所」（明代為防備倭寇設在廈門島上的城池，全名為「中左守禦千 所」）；中左所，就在廈門島上。福浙副總兵俞咨皋也曾被他打敗，鄭芝龍又將他放走。中左所（今廈門）的百姓開城門迎接鄭芝龍。於是鄭芝龍的威名在南中國海非常轟動。七月，泉州太守王猷派人向鄭芝龍招撫，鄭芝龍答應歸順，便率領所有部屬向福建巡撫熊文燦（一五七五—一六四〇）投降，朝廷授以海防遊擊的職務。

就在那時候，陳衷紀人在澎湖，他的勢力已略爲減弱，被海盜李魁奇殺害。李魁奇是福建惠安（今福建省泉州市惠安縣）人，一向很熟水性，力氣大到可舉起千斤重的東西，常聚集漁船搶奪海上貿易往來的商船，殺了陳衷紀後，便占據了澎湖。二年（明崇禎二年〔一六二九〕）夏天四月，李魁奇進犯金門，船隊停泊在「遼羅」（即料羅灣，金門島東南部面向臺灣海峽的一個港灣），鄭芝龍前往襲擊，李魁奇雖然也善於作戰，最後還是被鄭芝龍消滅。三年（明崇禎三年〔一六三〇〕），鄭芝龍因平定廣東沿海海盜、討伐「生黎」（居住在海南島和廣東沿海的原住民）、焚毀荷蘭戰艦、消滅海盜劉香（？—一六三五，原是鄭芝龍一八芝的結拜兄弟，因鄭芝龍接受招降後反目，最終和鄭芝虎在海戰中同歸於盡）等功勞，升爲「都督」（明代高階武官職稱，在明中葉以後逐漸成為虛職官銜）。那時鄭成功在日本已經七歲了，鄭芝龍多次派人向日本幕府請求將他帶回福建，始終沒有得到允許。鄭芝龍便派遣使者攜帶著金幣，並獻上一幅畫有鄭芝龍在軍容盛大前手執斧鉞的大將軍模樣的畫像，幕府的官員接受賄賂後便允許鄭成功被接回福建。

北京被清兵攻破後，福王（朱由崧，一六〇七—一六四六）在江南的南京即位（一六四四），改年號爲「弘光」，封鄭芝龍爲南安伯。弘光二年（一六四五），鄭鴻逵、黃道周等人又迎唐王（朱聿鍵，一六〇二—一六四六）在福州即位（一六四五年八月間，當時福王已失敗被殺），改年號爲「隆武」，又晉封鄭芝龍爲同安侯，並加太師的職銜。鄭芝龍兄弟也多被封官加爵。鄭芝龍自小就在海上打滾，當時沿海的海盜大多是他的老朋友或結拜兄弟，或者曾經是他的手下。鄭芝龍接受招撫後，在海上航行的船隻如果沒有懸掛鄭家的令旗，便無法暢通往來。每艘船依例要繳交二千銀兩，每年收入至少有千萬銀兩，所以鄭芝龍個人擁有的財富可與國家的資產相比。鄭芝龍便在安平故鄉修築城堡，甚至船艦可以直接通達他的臥房。所有軍隊士兵的糧餉都是由他自己發放，沒有取之於官府。凡是有盜匪逃出海的，緝捕任務交給鄭芝龍，鄭芝龍收服這些盜匪就如同寄放東西，隨時可以拿取那般簡單容易，所以鄭芝龍家族在「七閩」之地有相當大的威權（「七閩」原指遠古時期生活在福建及鄰近地區的七個閩越部落，後泛指福建、浙江、廣東一帶）。

不久鄭成功謁見隆武帝，隆武帝對其相貌及才能感到很驚奇，特別賜給國姓「朱」，並改其名爲「成功」，封爲「御營中軍都督」（相當於守衛皇帝御林軍的最高長官）。鄭芝龍因爲當初擁立隆武帝時並非是他的本意，便逐漸和隆武朝的文臣們時有摩擦，又認爲失去中原地區領土而偏安於福建這部分領土，並無法抗拒滿清的大軍，便暗自對降不降清反覆不定。當時滿清負責招撫江南的是內閣大臣洪承疇（一五九三—一六六五），負責招撫福建的人是御史黃熙胤，都是福建晉江人，和鄭芝龍私底下有互通音訊。直到南明義軍在浙東和浙西陸續戰敗，鄭芝龍命守在福建北方仙霞關的部屬故意放鬆警備，隆武帝在朝議上提出要御駕北征，鄭芝龍也明白若不再出兵關外北征便無法壓制大家對他的不滿。（隆武元年（一六四五））一二月，鄭芝龍派水師先鋒副將崔芝攜帶書信到日本請求出兵相助，另外又寫說要買戰士穿的護甲二百件，但日本幕府都沒有答應。

就在那時候，清朝大軍已進逼福建省北方，鄭芝龍便兵分兩路北征，號稱有一萬人之多，實在是連一千人都不到。鄭芝龍命鄭鴻逵（一六一三—一六五七，鄭成功四叔）爲元帥，出兵征討浙江省東部；命鄭彩（一六〇五—一六五九）爲副元帥，出兵征討江西，隆武帝效法古代劉邦拜韓信爲大將軍的作法，築設壇場舉行拜將儀式還親送到城郊。兩路兵馬既已前進到福建省的關口後，竟呈遞奏章說因糧餉不足，所以軍隊無法前進，隆武帝氣得下詔書嚴厲責備。兩路兵馬接到詔書後不得已只好跨出關口再往前挺進，不過才走了四、五里路後便又折還。二年（隆武二年（一六四六））春天三月，隆武帝御駕親征。六月，再晉封鄭芝龍爲平國公、鄭鴻逵定國公、鄭成功爲忠孝伯。鄭芝龍突然上奏章說要出海航行，在朝議上拜呈奏章後竟馬上離去，隆武帝立即派遣使者前往阻擋，卻已來不及了（鄭芝龍此時已決定降清才會有此舉動）。武毅伯施福（一六一二—？，鄭芝龍部將）（接獲鄭芝龍密令）竟將駐守仙霞關的士兵撤回，隆武帝在汀州（今福建省長汀縣）蒙難，鄭成功離開福州到了金門。當清兵還沒進到福建時，鄭芝豹到泉州，竟大肆向當地富有人家搜刮糧餉，不給的，當下便被斬殺，到黃昏時刻，強徵有數萬銀兩之多。不久，「貝勒」（滿語，清代皇室爵位名稱，皇室爵位依序為親王、郡王、貝勒、貝子等十多等級）博洛（一六一三—一六五二）和韓固山突然率軍攻到泉州，鄭芝豹才離開，但鄭成功母親田川氏不肯離去，用劍自刎而死，鄭成功聽到噩耗後放聲大哭，極度悲傷幾乎不能承受。

鄭芝龍將軍隊撤退回到故鄉「安平鎮」（今福建省晉江市安海鎮）自保，所擁有的軍隊還很壯大。他等待的洪承疇和黃熙胤的音信遲遲未到，便猶豫著不敢公開迎接清兵。博洛派泉州的仕紳郭必昌（曾擔任南明隆武朝的兵部尚書）前往招撫，鄭芝龍對郭必昌說：「我並非不想對大清表態忠誠，我怕他們會將我擁立唐王的事拿來治罪。」等到韓固山率領大軍進逼安平鎮時，鄭芝龍不滿說：「既然要向我招安，爲何大軍壓境苦苦相逼？」博洛便傳軍令給韓固山，要他將大軍撤離安平鎮三十里外，並再寫信邀請他說：「我之所以會這麼器重將軍，是因爲將軍有輔立唐王的實力。明朝的臣子，輔立明朝的藩主，天經地義，能有所爲就盡力，但既然朱明氣數已盡，就不該違背天意，轉而爲賢明的君主效命，要能掌握時機建立世上罕有的功績，這是爲官者難得的機會啊。如果當初將軍沒有輔立明朝藩主展現實力，我又如何能明白要愛惜將軍呢？而且廣東、廣西兩省尚未平定，如今朝廷已鑄造閩、粵提督的關防大印等待你來接任。我之所以希望將軍來相見，是因爲想和你商討如何選用地方人才。」鄭芝龍收到這書信後非常高興，找來鄭成功商量（投降滿清）這事，鄭成功不禁難過的低聲哭著勸諫說：「父親應該教導兒子要忠君愛國，從沒聽過有要兒子背叛君主的，何況那北方來的民族會講信用嗎？」鄭芝龍說：「局勢動亂災禍死傷不斷的時代，一下這樣一下那樣，誰能保證永恆不變？（意即朝代更迭也是順應局勢演變）你年紀太輕不懂世間事。」鄭鴻逵也盡力勸諫鄭芝龍不要降清，鄭芝龍始終不聽勸。於是獻上願意降服的表章，博洛在鄭芝龍經過泉州時，大肆張貼表彰鄭芝龍的論文告示，渲染鄭芝龍投誠的功勛。鄭芝龍到了福州（今福建省福州市，是福建省省城），晉見博洛，博洛熱烈歡迎，兩人握手言歡，並折箭誓言堅定的盟約（如有違背將如此箭），博洛命人熱情款待連續三天三夜飲酒作樂。博洛知道鄭成功很傑出，一直等他一同到來，卻久候不見鄭成功蹤影。鄭芝龍自覺不妙感嘆說：「這孩子不來，我投降清朝後的未來恐怕要毀壞了！」半夜，博洛忽然拔營撤兵，挾持鄭芝龍北上。鄭成功隨後便在金門起兵反清，清廷有所忌憚不敢對鄭芝龍無禮。明永曆八年（一六五四），清廷派遣使者來到泉州，想用晉封鄭成功爲海澄公、鄭芝龍爲同安侯的手段勸降鄭成功，鄭成功沒有答應，便用鄭芝龍的生命威脅鄭成功，鄭成功也不理會。永曆十五年（一六六一），鄭成功攻占臺灣。十月，清廷將鄭芝龍處斬並將屍首棄置街頭示眾，鄭芝龍在北京的所有子孫都被殺。鄭成功獲知這壞消息，悲痛至極說：「我早知道會有今天啊！」下令各將領舉辦喪事，設立靈位奠祭。

連橫說：西方人曾經批評，中國人欠缺那種不顧危險、拚命求取的企圖心，唉！像顏思齊那樣的人，不就是那種不受拘束、勇敢進取的人嗎？（誰說中國人欠缺冒險進取者）只是成功的人往往稱王稱帝，失敗的人就被稱爲寇賊，顏思齊雖然沒有起義成功但仍然是男子漢大丈夫。再說像鄭芝龍以一個好交遊、重義氣的少年，逐漸展露頭角到最後封侯，也可說是能勇敢進取的英雄。只是他晚節不保，跪拜稱臣於外族的鐵蹄馬下，這就很丟臉了！他的人生一開始像敏捷的兔子到處闖蕩，最後卻像未出嫁的女子那般拘束，他的胸襟和視野爲何會有如此的翻轉？答案就在孟子的這句話：「人在富貴時，必須要能自我節制而不揮霍；遭遇貧苦卑微時不會動搖心志；面對強權武嚇時不會屈服並堅定意志，能做到這樣才算是大丈夫。」

寧靖王列傳／李文容

寧靖王（一六一七—一六八三），名爲「術桂」，字爲「天球」，別號是「一元子」，乃是明太祖朱元璋的九世孫，爲遼簡王朱植一系的後裔。封爵之初由朝廷授予輔國將軍之位。

崇禎十五年（一六四二），流寇李自成（一六〇六—一六四五）攻破荊州府，朱術桂跟隨惠王朱常潤、皇室宗親逃往洞庭湖一帶避難。

崇禎十七年（一六四四），北京城遭李自成攻破，明思宗朱由檢（一六一一—一六四四）自縊殉國；福王朱由崧（一六〇七—一六四六）在南京登基爲皇帝，改年號爲「弘光」。朱術桂與兄長長陽王朱術雅（？—一六四六）一同前往朝見皇帝，晉封爵位爲鎮國將軍，皇帝下令他與長陽王一同駐守浙江寧海。

隔年（一六四五）夏季，浙西地區又遭清軍攻陷，長陽王攜同家眷遷入福建。此時鄭遵謙從紹興迎請魯王朱以海（一六一八—一六六二）宣布監國，因無從得知長陽王生死去向，於是就以朱術桂襲封長陽王爵位。

不久之後，鄭芝龍勢力守住福建，尊奉唐王朱聿鍵（一六〇二—一六四六）稱帝，改年號爲

「隆武」，朱術桂呈表傳達賀忱，隆武帝也如魯王授封朱術桂長陽王爵位。後來術桂聽聞兄長術雅仍在人世，且已襲封遼王爵位，於是備好疏文陳請將長陽王爵位讓給兄長的兒子，隆武帝不准朱術桂推讓爵位的陳請，而改封他爲寧靖王。仍且依照魯王原本的任命，由他督察鎮東侯方國安的軍隊。

五月時，清軍跨越錢塘江南下，朱術桂逃往寧海，搭乘外國船舶從石浦出海，魯王朱以海也從臺州海門衛趕來會合，一同逃奔到舟山。

十一月時，鄭彩率領水軍前往迎請，朱術桂跟隨魯王南下。年末時抵達福建廈門，而當時隆武帝已經在汀州遭清軍所害，鄭芝龍也投降清廷北上。

正當此時，鄭芝龍之子鄭成功從福建泉州安平鎮起兵，軍隊進駐停泊在鼓浪嶼，勢力頗爲盛大。成功之叔鄭鴻逵同時迎請淮王朱常清到自己軍中，同時請朱術桂擔任監軍。於是會同鄭成功的部隊，進軍攻打泉州，未能成功而退兵。鄭鴻逵率船承載淮王前往廣東南澳島，朱術桂隨同前往。

在此之前，占領廣東一帶的明朝舊將李成棟（？—一六四九），尊奉桂端王朱常瀛之子朱由榔（一六二三—一六六二）在廣東肇慶即位稱帝，改年號爲永曆。朱術桂準備前往拜謁時渡海到揭陽，永曆帝命他停駐在鄭鴻逵軍中督軍。永曆二年（一六四八）春天，又命他同時督察鄭成功軍隊。永曆四年（一六五〇）冬日，廣東的戰事再度敗潰。朱術桂與鄭鴻逵轉向往福建，攻下金門。此時鄭成功已經在廈門開立延平王府，改稱「思明」，對於逃難而來的朱明宗室相當禮遇，朱術桂便在廈門、金門兩島之間往來居留，鄭成功也以藩王的禮儀善加尊奉。

永曆十八年（一六六四），鄭經（一六四二—一六八一）迎奉朱術桂渡海至臺灣，在承天府府城內西定坊爲其營築宮室，供給歲例俸祿。朱術桂見臺灣初經開闢，土地肥沃豐美，往萬年縣竹滬一帶墾植田園數十甲地，每年的收入相當豐厚，財用如果有所富餘，便賞賜給耕種名下土地的佃戶。不久，寧靖王嫡妃羅氏過世，便葬在此地。朱術桂形貌魁梧偉岸，鬚眉俊秀，擅長文辭，書法特別清瘦剛勁，承天府內廟宇的匾額上常見他的墨跡題款，直到今日後人視爲難得的珍寶。永曆三十二年（一六七八），聽聞降清將領施琅（一六二一—一六九六）奏請清廷攻討臺灣，而明鄭眾將領卻毫無防守的籌備，私底下經常悲傷流涕。

永曆三十七年（一六八三）夏季六月，清軍攻破澎湖，鄭克塽（一六七〇—一七〇七）商議投降。朱術桂自認身爲朱明皇室宗親，在操守倫理上，不願受敵對異族踐踏，召集家中服侍他的姬妾，表明心志說：「我沒有什麼值得蒼天庇佑的德行，流離失所奔逃於故土之外，只希望在剩餘的年歲中保全節操，在黃泉之下見到明朝的先帝、先王等祖宗時，能不感到愧欠無臉。如今亡國之勢已經完全無法挽回，我的死期屈指可數。你們正値青春年華，可以各自謀求生路。」姬妾全都流淚回應：「君王您既然能保全節操，我們難道會甘願淪入敵人手中？君王您若倖活，我們全都跟隨您求生，君王若殉命，我們也全將追隨而死。請讓我們先赴黃泉底下，在前頭爲您驅趕擋路的狐狸。」於是全身穿戴齊整的冠帽、首飾、服裝，一同在居室內懸梁自盡，時間是這月的二十六日。

此時，朱術桂以大字在壁上題寫：「從壬午年（一六四二）李自成攻陷荊州府，我攜帶家眷往南方奔逃，甲申年（一六四四）逃往福建沿海避難，總歸是要保全身爲漢族人頭頂的這些頭髮，讓死去時全部的身體髮膚都能保全，不辱祖宗、父母，因而奔逃遠離故土。如今已歷經四十餘年，壽數達六十六歲。遭遇到亡國覆土的時局，能夠保全頭髮，身著大明皇室的冠帽服飾而死去，總算不愧對我明朝開國的太祖高皇帝的功業，不辜負父母的生養之恩。此生應盡的本分已經周全，面對天地、人群都無所愧怍了。」

第二日，穿著王爵齊整的冠帽、服飾、裝束、腰帶，佩戴著藩王的印信，將寧靖王印信交付給鄭克塽，反覆跪拜天地、宗室祖宗的靈位，召集熟識的長老、親舊，態度坦然飲酒訣別。鄰近的老幼鄉人都入王府拜謁告別，朱術桂將家財各自分贈眾人。

接著寫下絕命詩：「艱難奔逃至故土之外，全因想保全漢人的頭髮式樣。到今日應盡的本分已然周全，列祖列宗應該會接納盡孝的子孫。」接著便懸梁而死。貼身服侍的兩名宦官也跟隨殉死。臺灣百姓悲憫其遭遇說：「寧靖王的氣節，可與蜀漢北地王劉諶共相爭輝！」明朝宗室的統緒從此正式斷絕了。

朱術桂自盡後過了十日，在竹滬安葬，與嫡妃羅氏同葬一穴，不留下土堆、墓樹等一絲一毫的標誌。而殉命的姬妾另外安葬在承天府城郊外的桂子山，臺灣百姓稱爲「五妃墓」。所謂五妃，就是袁氏、王氏、荷姑、梅姑、秀姐。朱術桂沒有親生之子，將益王的後裔朱儼鈐（原名怡鎬）立爲子嗣，當時才七歲。清朝入據臺灣後，將朱儼鈐遷徙到河南省杞縣安置。

早先，當鄭成功攻克臺灣時，善待禮遇明朝宗室，魯王世子朱弘桓、瀘溪王朱慈曠、巴東王朱尊江、樂安王朱議浚、舒城王朱慈𤉣、奉南王朱和睦、益王朱怡鎬等，都先後遷徙入臺灣，鄭成功都依循明代禮制善待。到了施琅入臺之後，削除他們王爵的身分，遷往中國各省安置。

連橫說：我前去竹滬，竹滬百姓多是朱家子孫。每年六月時，祭祀寧靖王極其悲戚懇切。我更去拜謁寧靖王的陵墓，在墓地停留而不忍離去。悲痛啊！寧靖王以皇室後裔的身分，一身遭遇動盪之時，逃到東都避難，最終仍面臨國破家亡的結局，堅毅果決在生死之際懷抱節操而犧牲。明朝社稷雖已覆亡頹敗，然而寧靖王英偉的魂靈，永遠存留在天地之間。

諸臣列傳／吳昆財

連橫說：明朝滅亡已非常久遠了，我延平郡王的威靈，仍然存在天地間。而一時忠孝節義之士，迅速地奔跑使疏遠者親附，跋山涉水旅途艱辛，以求保存國家歷史之人有若干人。以我所知諮議參軍陳永華（一六三四—一六八〇），尤其是佼佼者。永華以輔佐君主成就王業之人，當在艱困危急之時，他辦事如同諸葛亮，但不能輔佐英主，以便恢復舊日的典章制度，這是天意啊。然而他開通萬物之理，使人各得其宜，而所締造的海外邦城，至今仍然是受到他的恩澤，實在偉大。回顧我所觀看的舊《志》，每每誣衊延平郡王的正道；而且延平王諸位臣子的姓名，也無人提及。悲哀啊！天下令人傷心的事，還有超越過它的？清同治十三年（一八七四）十月，福建將軍文煜（一八〇八—一八八四）、總督李鶴年（一八二七—一八九〇）、巡撫王凱泰（一八二三—一八七五）（一八二〇—一八七九）、船政大臣沈葆楨方才同意臺灣紳士與民眾的請求，上奏朝廷建立祠宇，每年春秋兩季舉行奉祠典禮，並以明朝末年諸位臣子配享。朝廷下旨同意。於是配享的人共有一百十四人。而鮮爲人知的美德，才能夠揚名於東海。該篇所記載，僅是列舉姓名。然而林圯（？—一六六八）開拓原住民土地，林鳳（？—一六六二）在偏遠的海上戰歿，竟然不列入祭祀的典籍，這豈是一時的失誤？此外沈光文（一六一二—一六八八）、徐孚遠（一六〇〇—一六六五）等人，在禮制規範上雖是尊客，不過也是屬於隱士，所以另外列傳記載。

太子太保文淵閣大學士路振飛。

東閣大學士曾櫻。

尚書唐顯說。

都察院左副都御史徐孚遠。
兵部侍郎總督軍務王忠孝。
太僕寺卿沈光文。
兵科給事中辜朝薦。
兵科給事中謝元忭。
御史沈佺期。
南京主事郭符申。
諮議參軍陳永華。
舉人李茂春。
定西侯張名振。
定南伯徐仁爵。
仁武伯姚志倬。
閩安侯周瑞。
懷安侯沈瑞。
平西伯吳淑。
興明伯趙得勝。
崇明伯甘煇。
中書舍人陳駿音。
浙江巡撫盧若騰。

監紀推官諸葛斌。
內監劉九皋。
內監劉之清。
戶官楊英。
惠來縣知縣汪匯。
吏部主事攝同安縣知事葉翼雲。
同安縣教諭陳鼎。
參軍柯宸樞。
參軍潘賡鍾。
建安伯張萬禮。
建威伯馬信。
忠振伯洪旭。
慶都伯郝興。
五軍都督張英。
五軍戎政陳六御。
征北將軍曾瑞。
總練使王起鳳。
督理江防柯平。
戎旗鎮林勝。

義武鎮邱輝。
智武鎮陳侃。
智武鎮藍衍。
殿兵鎮林文燦。
進兵鎮吳世珍。
正兵鎮盧爵。
正兵鎮韓英。
中權鎮李泌。
侍衛陳堯策。
前鋒鎮張鴻德。
參宿鎮謝貴。
斗宿鎮施廷。
大武鎮魏其志。
同安守將林壯猷。
同安將金縉。
同安守將金作裕。
以上配享在東側廂房。
副將洪復。

副將林世用。
副將蔡參。
副將魏標。
副將楊忠。
副將黃明。
江南殉難楊標。
江南殉難張廷臣。
江南殉難魏雄。
江南殉難吳賜。
水師三鎮林衛。
中提督中鎮洪邦柱。
折衝左鎮林順。
中提督前鋒鎮陳營。
中提督後鎮楊文炳。
右提督後鎮王受
後勁鎮黃國助。
總兵沈誠。
戎旗二鎮吳潛。
戎旗五鎮陳時雨。

火攻營曾大用。
援剿後鎮劉獻。
援剿後鎮萬宏。
援剿後鎮陳魁。
援剿後鎮金漢臣。
右先鋒鎮楊祖。
右先鋒鎮後協康忠。
水師四鎮陳陞。
水師後鎮施舉。
侍衛中鎮黃德。
潮州守將馬興隆。
左鎮衛江勝。
右提督右鎮余程。
宣毅左鎮黃安。
宣毅左鎮巴臣興。
護衛右鎮鄭仁。
援剿右鎮黃勝。
親隨一營王一豹。
親隨一營黃經邦。

龍驤左鎮莊用。
奇兵鎮部將呂勝。
定海守將章元勳。
銅山守將張進。
廈門守將吳渤。
澎湖殉難張顯。
澎湖殉難廖義。
澎湖殉難林德。
澎湖殉難陳士勳。
海澄殉難葉章。
定海殉難阮駿。
東石殉難施廷。
東石殉難陳中。
祖山殉難張鳳。
懷安侯弟沈斑。
殉難世子裕。
殉難世子溫。
殉難世子睿。
以上配享在西側廂房。

連横說：我所讀的野史，記載鄭氏已故的將軍，內心非常的傷痛。以他們的才情，是足以創建聲勢與規模，並樹立功名，不過國破家亡，接著改換身分成爲世間平庸之人，最後隱沒姓名而不爲人所知，也是足以悲嘆啊！戰敗的將軍，沒有資格談勇敢。然而世上曾在一方土地上掌握兵權的人，又豈會都是豪傑之人？有能力的人遇上好機會，趁著勢時一躍而起。悲哀啊！以成敗勝負評論他人，這是我所不忍心。操持賤業之輩，也有許多是奇人異士，只在於他們是否能遭遇到時機而已。豈能用這種標準衡量他們的得失？東寧王府滅亡之後，江蘇無錫有位華姓者，居住在蕩口（今江蘇省無錫市）。有一天來到某個里，看見眾人圍堵成圈子。有位算命的人儀態英俊雄偉，皮膚略呈赤紅，似乎是經歷長久的苦難。聽到他的話語，感覺精密深奧無法理解。令人訝異。傍晚眾人散去時，算命的人也離開，華氏尾隨其後，進到了一間古廟。華氏問他：「先生是何許人？」答說：「算命的人。」又問他，還是相同的回答。華氏說：「寒舍非常近，先生能否一起過來？」算命的人不回答。於是華氏邀他同行。回到家中，略爲一坐，就想告辭，行爲舉止高傲不屑隨俗。華氏強留他請坐，並呼喚家中子弟出來參拜，請算命的人納爲門下教導他們讀書。他轉頭笑說：「算命的人能傳頌講習？」華氏說：「先生面貌神態高而古樸，必定是不尋常的人。如果不嫌棄家裡寒酸貧微，請就在此建教館教導學生，以便讓子弟能受到益處。」最初不同意，經許久後方才首肯答應。

當初，鄉里中有個大盜賊，劫持人質搶奪財貨，沒有人敢觸怒他的鋒芒。有一天，華氏的親戚拿著該大盜的名帖而來，說：「晚上將會被搶劫，現在事情緊急，眞是無可奈何？」所謂盜賊的名帖，就是盜匪想要搶劫某一家，先送來名帖，意味著先禮後兵，而且展示勇敢。接受盜賊名帖的人也不敢報官府，就算報了官府也無作用。所盜匪肆無忌憚。華氏說：「我家中有一位子弟的老師，他是奇特人士，可以請先詢問他。若可行的話，會沒什麼事情。」於是陪同見先生，並告以原委。先生低頭，撫摸自己的頭髮說：「事情非常容易。不過若指派人處理恐怕也不能勝任，必須親自前往。」華氏親戚說：「先生是否與盜賊認識？」先生大聲說：「我豈會與盜匪熟識？」憤怒不已。華氏親戚跪地謝罪，華氏也代爲請求見諒。先生乃說：「勉強爲之一行。」既到了華氏親戚家，環繞宅第觀察，說：「盜匪必當從這裡來。必須拿取石頭磚塊置於門外，做成了幾層的石壘。並告誡家人緊閉門戶寢室，不可出聲。」先生接著也就寢了。許久之後，聽到從遠方而至的人馬聲響，火炬照耀如同白晝。家人們紛紛偷偷地窺探，約有數百名的盜匪，刀劍聲聲作響，架勢甚爲張揚。在石壘旁繞行奔馳，久久不停息。從晚上七點的初更，到黎明時刻，竟然不知道盜匪們在做何事。此時先生也剛睡醒，問說：「盜匪來了嗎？」有人回說：「來過了。」「在那裡？」「在門外旋轉環繞。」「如此我必當把他們差遣派發。」眾人在門外設置坐墊，等待先生出來。一坐定後，就以拂塵指揮盜匪，全部臥倒在地猶如睡覺。先生回頭說：「捆綁起來。」眾人依次將盜臥雙手反綁，跪在先生前面。先生大聲說：「男子身強力壯，不能爲國家效命，竟然不顧自身的聲譽幹起了匪類，讓鄉里蒙羞。罪該萬死！我今天且寬恕你們，必須改過，不能再輕舉妄動。」回頭看著華氏親戚取來百金，下令鬆綁，喝斥盜匪離開。

算命的人回到華氏家，賓客與主人相得甚歡。教書授課之餘，他獨自居住一間房室，並不與其他人士來往。歲末年終主人準備贈送禮物，他也不接受。再三強迫，算命的人說：「我目前暫時沒有需要。」華氏兄弟與他談論文章，對答如流。而每次談到戰亂之際，君亡國破的慘狀，先生總是悲從中來，快要掉下眼淚，但仍強顏歡笑。有一天他拿了些烹煮的器具，做了四百升的米飯，說：「明天早上有客人來到。」果然如他所說的。來了兩位僧人，儀態雄壯崇偉，操著閩南口音。一見到先生都伏地叩拜，起後恭敬站立。命令他們坐下，也不敢接受。一有詢問則又下跪對答。算命的人說：「好了吧。如今豈能和往昔再比較禮儀？我在這裡，你們都已知道。你們的舉動，我也無所不知。從今以後各自心裡琢磨，不要再疑慮不定。回頭你們就可以離開，不要再來，我已經爲你們做好飯菜了。」拿出飯具食用。兩位僧人袒開衣服大吃一頓，片刻即吃光。摸著肚子說：「太飽了。從這裡到那裡，就可以不再用餐了。」再拜告辭而別，出門直接離去。算命的人也顯得心神沮喪。其後正值九九重陽日，學子們放學。華氏兄弟邀請出外遊玩，田野間悠閒，心情甚爲得意。過了不久手指一地問是誰家所有，算命的人一一陳述回答。算命的人說：「日後可將我葬在此地。」華氏驚訝感覺到不祥。笑說：「人的壽命是上天註定，我的壽命將結束於明日。」華氏兄弟驚慌地流淚說：「自從認識先生，追隨在您的左右，已經十二年了，但仍然不知您所居與姓名。固然知道先生必定有隱痛，所以不敢強行追問。今日時間緊迫，先生難道還要隱忍一句話都不肯說？」算命的人也流淚說：「薄命的人如何能夠說？如果眞的想要認識我，我的腰帶中藏有的小佩囊，我死後可以拿出來看。」隔天終於去世。華氏兄弟打開，果然有一小塊布帛，字跡模糊無法辨識。僅能識得一、二，大蓋是鄭氏的舊部大將。臺灣滅亡後，隱遁於世間，兩位僧人則是他的老部屬，所以在流離遷徙時，仍然不失禮節。於是下葬在那塊土地，並建立一間屋宇當作祭祀之用，可惜的是仍然不知道他的姓名。

悲哀啊！心懷忠貞堅守正義，豈止僅是一位算命的人而已？我撰寫《通史》，我非常期望表彰他們。

諸老列傳／李文容

連橫說：正氣長存於天地之間，可謂宏大壯盛。《論語》記載了隱士逸民，而以伯夷、叔齊爲代表。孔子稱許他們說：「不改變、扭曲心志，不使自身遭受侮辱。」唉！這正是孔子所寄託的深微意旨。當殷商衰亡，周武王興兵討伐紂王，在牧野會戰，一旦身著軍裝登上戰場就使天下歸於太平，天下八百名諸侯無不臣服歸順，伯夷、叔齊卻獨獨爲周武王的舉措感到羞恥，持守大義而不願食用周朝治下的顆粒糧食，隱居在首陽山上，終至餓餒而將死亡的境地；這就是人所說追求仁德而終能收得仁德之名。明代亡國末年，外來的巨盜竊奪國家，異族帝王移轉天下權柄，官宦士族屈膝降服額叩至地，順服叩頭聲響如同山崩，民族的氣節蕩然無存，卻淡然而不知羞恥。而唯有我朝延平郡王向天下人標舉民族大義，在思明州設立王府，在福建、廣東經營籌謀復國大業。一時間驍勇善戰之士、忠誠不二之臣，投奔親附效命，爭相共赴國族大難。雖然北上征伐滿清未能功成，兵敗於南京，而後轉往東都開闢疆土，用以延續明朝政權統緒，難道這不正是正氣的延續展現嗎？吾聽聞延平郡王入駐臺灣後，明朝士大夫渡海東來的人大約有八百多人，然而姓名消逝無存，深厚節操無法爲後人所知曉；這正是後代撰史知人的罪過。在舊日承天府的郊野，有座銘刻「開散石虎」名號的墳墓，不知墓主是何時代的人，也不知曉其原鄉故里。余認爲應是明亡後堅貞效忠前朝的士民。墳墓坐落在法華寺旁，碑石至今依然留存，然而舊日志書卻未有紀錄。那些隱逸山林的節操之士，出仕爲官或隱居不仕，本就有時運遭逢的限制，而這類生平事蹟消失，而無法於後世彰顯的人，實在令人悲傷！漢代司馬遷說：「伯夷、叔齊雖然本就有賢德，因得孔子的稱揚而名聲益加顯揚。」我對沈光文、盧若騰（一六〇〇—一六六四）等諸位賢士事蹟尚未泯除，有所感觸，而臺灣更有眾多隱逸君子，所以查訪未刊載於史冊的生平，發掘他們不爲人所知的德行，用以作爲當代人效法的典範。《詩經》說：「雖然已沒有存世的耆宿，尚有流傳於後的典型」；實在是很有深意啊！

沈光文，字文開，號斯庵，浙江鄞縣人。年少時以貢生身分入國子監讀書。福王弘光元年（一六四五），在同鄉錢肅樂劃錢塘江抗清的軍隊參贊事務，由魯王授予太常博士官職。隔年，乘船渡海到連江縣長垣（今福建省閩江口長門鎮），又參贊琅江（今福建省福州市琅岐鎮）魯王政權的各種軍務，升任爲工部侍郎。唐王隆武二年（一六四六）秋季八月，福建抗清軍隊潰敗，沈光文來不及跟隨魯王移駐浙江。聽聞桂王於廣東及位稱帝，於是投奔肇慶，幾度遷官至太僕少卿。桂王永曆三年（一六四九），沈光文由潮陽出海航行到金門。清朝閩浙總督李率泰（？—一六六六）正在招攬亡明遺民賢士，祕密派遣使者攜帶書信、禮物前往延請，沈光文當場焚燒書信退回禮物。而此時廣東抗清的戰局也難以撐持，於是就羈留在福建，想要擇居在泉州出海一帶。暫時棲身在船舶之上，往來漂泊，突然遭颱風吹襲漂流到臺灣。當時臺灣正由荷蘭人所占領，沈光文守著一處宅子居住，受盡漂泊異鄉之客的困頓，不曾爲此惶惶不安，就此與中原斷絕了音訊，也無從知道他的生死存亡。

桂王永曆十五年（一六六一），延平郡王攻下臺灣，知曉沈光文在此地，大爲欣喜，以禮遇賓客之禮善加對待。而效忠明朝的遺老也有不少人來到臺灣，爲彼此相逢而各自感到幸運。延平郡王命令部屬餽贈糧食，並且提供田產、宅舍供養。不久延平郡王鄭成功薨逝，其子鄭經嗣立王位，大幅更替父親原所任命的臣屬，並改變政務措施。沈光文寫了辭賦寄託諷刺的意涵。有人便生造了讒言毀謗，讓沈光文幾乎遭受意外。於是改換裝扮爲僧人，潛逃往北方鄙遠邊地，在羅漢門山中結草廬藏身。有人傳話向鄭經緩頰解釋，才免除這場禍害。在羅漢門山外有名爲目加溜灣的地方，是番社之地。沈光文在當地教導學生，收入不足供給生計就以行醫補貼。經常感嘆說：「我二十年來在海外孤島漂泊，拋棄祖宗墳墓而難以顧及，不過想要保全頭上漢人髮式，將來能在黃泉地下面見明朝先帝而已。而若終究無法如願，或許是我的命限！」不久鄭經薨逝，鄭氏宗族恢復對沈光文的禮遇，一如舊日鄭成功在世時。永曆三十七年（一六八三），清廷攻占臺灣時，明鄭諸位遺臣都早已逝世，沈光文也屆老年。福建總督姚啓聖想要延攬他，沈光文推辭。於是姚啓聖又致送書信問候，說：「當年隱居山野的管寧是否一切都安好。」想要派遣人護送沈光文返回鄞縣故鄉，正好遇到姚啓聖過世，沒有成行。諸羅知縣季麒光，乃是賢士，持續周濟沈光文糧米肉食，每十日前往沈家拜會。當時寄寓臺灣的官宦、士人也就逐漸聚集在一起，於是就與宛陵韓又琦、關中趙行可、無錫華袞、鄭廷桂、榕城林奕、丹霞吳蕖、輪山楊宗城、螺陽王際慧等人結盟組織詩社，就是所謂「福臺新詠」。不久在諸羅過世，就葬於當地。

沈光文在臺灣居留三十多年，從荷蘭統治到鄭氏家族興衰，都曾親眼目睹這些史事。在他之前流寓臺灣諸老的著作，多半散失在戰火之中，唯獨沈光文保全於世得以享有天年，而能將著作流傳至這個世代。在臺灣熟知典籍掌故的前賢中，受推崇爲開創者。著作有《臺灣輿圖考》一卷，《草木雜記》一卷，《流寓考》一卷，《臺灣賦》一卷，《文開詩文集》三卷。同鄉人全祖望爲此尋訪查找，並將這些著作刊刻付印，後世撰述臺灣史籍方志的人，多所引用、參考。與沈光文同時期在臺灣寄居的遺老有徐孚遠、王忠孝（一五九三—一六六六）、辜朝薦（一五九八—一六六八）、沈佺期（一六〇八—一六八二）等人，也都是明代舉國的大賢人。

徐孚遠，字闇公，江蘇華亭縣人。崇禎十五年（一六四二）在鄉試中舉，與同鄉之人夏允彝（一五九六—一六四五）、陳子龍（一六〇八—一六四七）結盟組織「幾社」，因人格修養、文章著作在當時享有盛名。正逢匪寇作亂嚴重，暗中徵集壯士、擅長劍術刺擊的人而預作安排，供給贍養留作將來所用。陳子龍擔任紹興府推官時，引薦東陽許都（？—一六四四）拜見徐孚遠，讓許都召募民間義勇民兵，向西征戰殺滅賊寇。再請託何剛向官方舉薦許多。不久後東陽當地義勇民兵激發變亂，陳子龍孤身騎馬闖入許都率領的兵營，許諾將來能保全性命，招撫許都投降官府。地方大吏不認可陳子龍原先的許諾，最終殺了許都。徐孚遠致書信給陳子龍說：「他許都因爲我的緣故而投降官府，今日官府卻背信辜負了他。全天下誰還敢與你陳子龍結交來往呢？」陳子龍原本因平定民變的功績，升遷為給事中官職，因而辭命沒有赴任。福王弘光年間，馬士英（一五九六—一六四七）、阮大鋮（一五八七—一六四六）當朝危亂國事，徐孚遠隱居不願出任官職。到南京弘光朝覆滅時，夏允彝招兵抵抗清軍，徐孚遠承擔起輔佐工作，被授予福州府推官一直，又升任兵科給事中官職。福建唐王政權敗亡，徐氏乘船由海路前往浙江。當時起義抗清軍隊紛紛興起，彼此間互不統領轄管；徐孚遠在各勢力間往來聯絡溝通，遊說共赴國難，而自恃兵力的驕悍將領鄭彩、周瑞等人全都不願聽從，於是徐孚遠返回浙江東部，前往東海蛟關，在定海柴樓安紮兵營。直到監國魯王朱以海進駐舟山群島，徐孚遠前往拜謁祝賀，因為在民間勸募捐輸進獻財稅的功勞，升遷為左僉都御史。直到舟山遭清軍攻破，監國魯王逃往福建，徐孚遠經由海路前往跟隨。

正當此時，招討大將軍鄭成功在思明州樹立郡王衙署，禮遇善待明朝官吏，當時官宦、耆老、有德賢士，大凡逃躲清軍戰禍遷居外地的人都前來依附。而徐孚遠在這群人中身居領袖，軍務國政等大事，鄭成功時時向他諮詢請教。永曆十二年（一六五八），永曆帝在雲南停駐，派遣漳平伯周金湯攜帶詔令宣達，晉升成功為延平郡王，將徐孚遠升遷為左副都御史，其餘人等各自授予官爵。當年冬季，徐孚遠跟隨周金湯前往覲見永曆帝，在越南迷失路途。在越南黎朝號稱鄭主的鄭柞，要求徐孚遠依照臣子禮儀跪拜，徐氏不肯屈服，表示：「我為中原天朝大臣，怎可遭受凌辱？」越南鄭主對此嘉許，於是得以歸返明鄭。鄭成功攻克臺灣那年，徐孚遠跟隨鄭軍入駐東都，鄭氏對他特別禮遇厚重。徐孚遠經常自我感嘆：「漢代司馬相如出使夜郎等地，教導葉榆（雲南省大理市）人盛覽，這乃是太平盛世的事蹟。而我以亡國的士大夫承擔教化，讓人是何等的感傷啊！」康熙元年（一六六二）十月，清廷下詔將沿海百姓遷徙入內，各省分紛擾震動。南明兵部尚書張煌言（一六二〇—一六六四）

致書信給鄭成功，建議趁此局勢攻取福建；同時寄給徐孚遠書信，勸他代為請求鄭氏出兵。當時東都剛剛奠立基礎，暫停戰事使百姓得以休養，所以未能出兵。時日經久，徐孚遠便過世了。有人傳言，永曆十七年（一六六三），清軍攻破思明州時，徐孚遠逃匿進入廣東饒平縣山區，廣東水陸師提督吳六奇（一六〇七—一六六五）收容藏匿了他，徐孚遠得以保全漢人髮式服儀而到壽終。徐孚遠停留臺灣時生下一個兒子，後來扶持護送徐士棺木返回江蘇松江（在今上海市），尚未安葬完成，兒子也就離世了。

張煌言，字元箸，浙江鄞縣人。崇禎年間考取舉人。跟隨監國魯王出任官職。魯王兵敗後，張氏率領殘敗數百名兵士，在海上飄泊流蕩。延平郡王鄭成功招攬張氏前去，到了思明州後，鄭成功上表奏請任命張煌言任職兵部左侍郎。永曆十四年（一六六〇），鄭軍向北征伐到南京。延平郡王鄭成功對張煌言說：「蕪湖可以作為南京一帶長江上游處的防守門戶，假使南京無法立即攻下，那麼長江、湖廣的清軍奧援一、兩日內便會抵達；掌握扼守這個利害緊要之處，非仰仗張先生您不可。」七月七日，張煌言率領軍隊到蕪湖，馳送發布征伐的檄文到各地州縣，長江南北各地抗清勢力都前來歸附。沒幾時，鄭成功軍隊戰敗，張煌言逃往銅陵，遭遇長江一帶前來支援的清軍，兵敗。改換姓名，順著浙江建德、安徽祁門山路，逃出奔往浙江天臺，進入海上，仍跟隨延平郡王鄭成功一同平定臺灣。

正當此時，東都剛剛闢建，軍隊訓練尚未精良。張煌言觀察延平郡王鄭成功並無向西反攻的想法，作詩諷刺說：「中原大陸尚在征戰、競逐政權，此時怎會有餘暇講究房梁的規格、雕飾呢？」又曰：「只恐胸懷復國壯志的辛棄疾，在隱遁的歲月中漸漸老朽，像管寧一樣睡著簡陋草床，帶著黑色布帽，避居遼東，最終對變亂的天下也是徒勞無補。」鄭成功對此一笑置之而已。不久後延平郡王薨逝，其子鄭經繼承王位，張煌言心知鄭經難以共謀大業，更加鬱悶不歡喜。於是將部屬解散，終至怒甩衣袖而離去。乘船渡過大海、錢塘江，直達杭州西湖，尋覓山中僻靜處的狹小居所，隱居其間。在隱居的圍籬內仍遠眺盼望，對於復國大業依然有所期待。遭杭州把守城關的官吏所搜查，連同家中健壯奴僕楊貫玉、親近部將羅自牧一同遭受逮捕，兩人都是勇猛超越尋常的人。張煌言頭戴烏黑頭巾，身著葛布衣衫，不言語也不進食，單單喝水而已。臨到行刑前，兩位隨從用竹轎抬著張煌言到錢塘江口。煌言出了竹轎，見到兩岸青山，江水澄淨，才說了一句話：「極好的江山。」索要紙筆寫下三首絕命詩，交付給行刑的人，端正危坐接受刑刃。楊貫玉、羅自牧也一同遭斬，只略為舉起手臂，身上綁縛的繩索便全部斷裂。兩人站立而接受刑刃，到死身軀仍未倒下，行刑者唯能跪下拜倒而已。當時正值永曆十八年（一六六四）中秋日。張煌言所寫詩詞，儲存於一口布袋中，全遭巡察的士卒所焚毀，只餘絕命詩留存。

王忠孝，字長孺，號愧兩，是福建惠安人。崇禎元年（一六二八）考取進士，以戶部主事的官職掌理關卡徵稅業務，彈劾太監，違抗朝廷旨意，遭受廷杖懲處，關入了詔獄，進而流放邊境戍守時，一千多位兵卒前往都城送別挽留。崇禎三年（一六三一）免除其刑。福王登基時，授予王忠孝紹興知府職務，並擢任為副都御史。隆武元年（一六四五），唐王召見王忠孝，當面呈上光復方略的對策。隆武帝大為欣喜，授予他兵部左侍郎一職，總責督辦軍事事務，賜予尚方劍，得以不經請奏自行裁斷殺伐。不久福州城破，在家潛居，緊閉門戶不與他人往來。延平郡王鄭成功在廈門，設置「儲賢館」，禮遇善待逃躲戰亂的官員。王忠孝趕往拜見，鄭成功想要任命其官職，王忠孝與以推辭，於是用賓客之禮加以禮遇。當時明末遺老多在廈門來往，王忠孝與辜朝薦、沈佺期、盧若騰等人都成為延平王府的幕中賓客。舉凡軍務國政大事，時時諮詢諸位。永曆十八年（一六六四），偕同盧若騰抵達臺灣，鄭經禮遇對待相當厚重，每日與流寓臺灣的諸位遺老率意縱情於詩酒。在臺灣居留四年之後逝世。

辜朝薦，字在公，廣東揭陽縣人，崇禎元年（一六二八）戊辰科進士。最初擔任江南安慶推官，歷任掌理諫議的御史，升任京城官員。北京城破之後，返回南方，在金門居留。不久成爲延平郡王鄭成功府中的上等賓客。後來前來臺灣後過世。其子辜文麟，到了成年後返回故鄉揭陽。

沈佺期，字雲又，福建南安人。崇禎十六（一六四三）年考取進士，朝廷授予吏部郎中職務。隆武帝在福州登基，擢升他爲右都副御史。直到隆武帝在汀州陷入敵手，沈佺期南下，跟隨延平郡王鄭成功在泉州桃花山起兵，成爲王府幕內上等賓客。而後前來臺灣，以醫術、藥石助人。永曆三十六年（一六八二）過世。

盧若騰，字閑之，號牧洲，福建同安金門人。崇禎八年（一六三五）在鄉試中舉，崇禎十二年（一六三九）考取進士。崇禎帝認爲當時天下正逢多有變故之時，親自駕臨文華殿，提拔晉用三十名新科進士，擔任兵部觀政，盧若騰便在其中。正當此時總督湖廣剿寇軍務的楊嗣昌（一五八八—一六四一）在守喪期間由朝廷任用，把持軍權消極抗匪又迷信佛教，盧若騰上書彈劾其罪過，崇禎皇帝下旨激切問責，天下都稱讚盧氏壯舉。累次升遷擔任兵部武選司郎中，負責京衛武學事務。三度上書彈劾定西侯蔣維祿。朝中有人厭惡盧氏過於剛直，令他遷調寧波、紹興巡海道官職。在臨行之際，又彈劾內廷太監田國興各項不法事蹟。皇帝採納他的奏章，逮捕田國興受審抵償罪責。到浙江任上，修身廉潔愛惜百姓，興辦公利排除弊害，地方權勢豪族逃躲消聲，沒有再敢放縱囂張。掃蕩平定大盜匪胡乘龍等人，鄉里城邑太平安定。浙江百姓建立生祠祀奉表彰功績。

福王在南京登基，提拔盧若騰擔任鳳陽巡撫。盧若騰因爲馬士英、阮大鋮執掌國政，朝廷綱常秩序大爲崩壞，於是推辭不願就任。到了唐王在福州登基，降下旨意任用，他孤身馳往赴任。唐王授予盧氏浙東巡撫之職，駐守在溫州一帶，總督軍對向北征伐清軍。盧若騰特別推薦經驗豐富的老將賀君堯擔任水師總兵，召募籌組靖海營水兵，防守軍事險要重地。舉用同宗族弟遊擊將軍盧若驥把守盤山溪，作爲屏障護衛。奏請任用學官舉行科考，用以選拔人才、收攬士子人心。唐王聽從建議。那一年溫州饑荒嚴重，捐輸資財，賑糧救助百姓，獲朝廷降旨獎勵，加授兵部尚書職銜。魯王在紹興起兵，標舉監國的名號，所任用的臣屬不願接受福州的號令，更派遣部隊窺伺溫州，懷抱吞併的企圖。賀君堯指揮部隊抗衡。而當時于穎亦領有魯王授予按察使行巡撫浙江的任命旨意。盧若騰上奏表示一省之地插手的官職繁多，所下指令無法一致，恐怕反而耽誤浙江事務，請求自行撤去浙東巡府的職銜。唐王不同意此項奏請。

鄭彩殺害熊汝霖（一五九七－一六四八）一事，因眾人畏懼其勢力，沒有人敢上奏建言處置；盧若騰直接上書揭露其罪責，朝廷官員衛之震動驚駭。隆武帝賢明有遠見，決斷果決，具有知人善任之明；而鄭芝龍手握權勢形式專斷，逐漸趨於驕縱奢靡，大學士黃道周（一五八五－一六四六）對此極爲痛恨，奏請領軍出行，準備攻取江西，行軍途中將請託盧若騰將來保全門下學生。盧若騰回信相互勉勵，加以許諾。不久黃道周兵敗殉命，紹興軍隊也不敵潰敗，清軍逼近溫州。盧若騰偕同賀君堯全力防守，軍糧斷絕無法接濟，七度上奏表請求援救，全都毫無回音。城中百姓商議投降，盧氏拒絕，誓願以自身性命殉國。平陽城破後，率領隨身護衛兵士在街巷中近身交戰，背部中了三箭，被靖海水軍營救，才經由海路回到福建，上表自我彈劾。而當時城關守兵已經撤守，鄭芝龍已投降清廷。盧若騰歸返故鄉，與同樣懷抱復國之志的傅某（傅象晉）等人結盟，舉兵希圖恢復明朝，便是人所說的望山之師。不久後因爲兵糧竭盡而罷兵。

桂王在廣東肇慶登基，改年號爲永曆，盧若騰上表恭賀。皇帝特下諭旨答覆。正當此時招討大將軍鄭成功在思明州廈門開設王府，招攬效忠明朝的遺老，盧若騰前往依附。鄭成功禮遇爲上等賓客，軍政國務大事，時時加以諮詢。永曆十八年（一六六四）春季三月，偕同沈佺期、許吉燝（一六一八—一六九五）等人同船前往臺灣。抵達澎湖時，疾病發作，於是寄居在澎湖太武山下（今澎湖縣湖西鄉太武村）。將死之時，囑咐身旁的人在墓上題名爲：「有明自許先生盧公之墓」。享壽六十六歲。繼任延平郡王鄭經親自前來喪禮，按照禮制將盧氏安葬在太武山南側，今日尚且留存。盧氏生平著作非常繁多，有《留庵文集》二十六卷、《方輿互考》三十幾卷、《與耕堂隨筆》、《島噫詩》、《島居隨錄》、《浯洲節烈傳》、《印譜》各有數卷，後來多數散失。同鄉人林樹梅徵求幾種刊印。

許吉燝，福建晉江縣人，崇禎十六年（一六四三）考取進士，以知縣身分受拔擢擔任刑部主事。明朝覆亡後，回歸鄉里，關門不與人來往。到了延平郡王鄭成功攻克臺灣，明朝遺老多往依附。永曆十八年（一六六四）春季三月，偕同盧若騰同船前往臺，最終在東寧過世。

李茂春（？—一六七五），字正青，福建龍溪縣人。隆武二年（一六四六）考取秀才。性格隨遇而安，淡泊名利，風采端莊，神韻秀雅，善於寫作文章。當時在廈門一帶往來，與眾多倜儻不羈的士人交往。永曆十八年（一六六四）春季，繼承延平郡王爵位的鄭經將前往臺灣，邀請躲避戰亂的官吏仕紳渡海向東到臺灣，李茂春跟隨鄭軍前往。擇定居住於永康里，營築草屋，稱爲「夢蝶園」，諮議參軍陳永華寫下了〈夢蝶園紀〉。李氏親手栽植梅樹、竹子，每日誦讀佛經，自得其樂，人稱呼他爲「李菩薩」。過世後葬在新昌里（今臺南市南區一帶）。

郭貞一，字元侯，福建同安縣人。崇禎十三年（一六四〇）庚辰科進士進士，授予監察御史官職，掌理浙東巡撫。福王登基，提拔爲右都御史。有內廷太監不依循上朝排列應守的品級次序，上奏糾彈，宦官因此而警懼。貞一所交往的多是賢能士子，上書舉薦了夏允彝、陳子龍、徐石麟、徐汧（？—一六四五）、沈延嘉、葉廷秀、熊開元（一五九五—一六七六）等人，各自抱有忠信仁愛的心志，祈求朝廷召集任用。又諫議都察院長官王夢錫以賄賂的手段升官，吏部郎中劉應家貪汙受賄，祈求朝廷予以治罪。當時神情容儀眞是端肅正直。南京城破後，前往福建。不久延平郡王鄭成功在廈門開設王府衙門，對郭貞一相當禮遇。後隨鄭軍前往臺灣，居住幾年後過世。

諸葛倬，字士年，福建晉江縣恩科貢生。隆武帝在位時，因薦舉授予翰林院侍詔職務，加授御史職銜，負責監督鄭鴻逵部隊，前往浙東任職。不久福州遭攻破，到廈門跟隨延平郡王鄭成功。永曆年間，晉升光祿寺卿。曾一同在官學受業的某人投降清廷，寫了書信前來招攬，說如果欣悅歸順，立即可獲得布政使職務，並用駭人的言語恫嚇。歐陽倬回信說：「聖明的君主，應該提升自身具備唐堯虞舜一般的恩德，而我等微臣，應該謹守許由隱居不出的節操，世世代代都有這樣的人。新立的王朝施政崇尚寬廣宏大，如同須彌山一般高遠，大千世界一般廣漠無際，何須在意纖小微末的塵粒？如果一定要勉強逼迫，我就只有剖開胸膛，使臟腑落在大地，究竟是肝腑還是血肉再也難以分別。」勸降的某人收到書信後，超乎意料，若有所失。歐陽倬而後前來臺灣，在此過世。

黃事忠，字臣以，其家鄉住所紀錄已經散佚，任職兵部職方司。隆武帝在位時，在福建、廣東一帶際遇多舛，屢次起兵，籌謀光復明朝。征戰失利，母親、髮妻均受難，黃事忠逃往廈門，依附延平郡王鄭成功。永曆十二年（一六五八）冬季，與御史徐孚遠、都督張自新偕同奉延平郡王派遣前往雲南。半途經過越南，與執越國大權的鄭主爭執君臣賓主的對待禮儀，堅守尊嚴完成使命後而歸來。後來前來臺灣。

林英，字雲又，福建福清縣人。崇禎年間，以歲貢生身分掌理昆明縣政務，施行仁政，受縣裡百姓稱譽。永曆在雲南登基，林英任職兵部司務。當永曆帝自緬甸遭吳三桂（一六一二—一六七八）俘虜回昆明時，林英同樣陷入漂泊悲慘的遭遇，削髮爲僧人，循著小路投往廈門。最後前往臺灣。

張士椰，福建惠安縣人。崇禎六年（一六三三），考取癸酉科鄉試副榜。明朝覆亡，入山中隱居，接連幾年不出山中。耿精忠（？—一六八二）舉兵變亂時，張士椰前去金門躲避戰禍。後來前往臺灣，在東安坊居住。茹素齋戒誦念佛號，閒適如同在塵俗之外。不食平常米糧三年之久，只食用茶水、果實。逝世時年壽九十九歲。

黃驤陛，字陟甫，福建漳浦縣人，大學士黃道周的姪兒。天性醇厚篤實，讀書時每讀誦幾百次才熟讀默誦，能默誦後就焚毀書稿，一輩子都不會再遺忘。天啓四年（一六二四）在鄉試中舉，便在鄉里中教導學生，在門下受業的人有許多都成就爲人才。北京淪陷李自成之手時，與同鄉林蘭友一同糾集義軍抵抗匪寇。直到福建遭清軍攻破，乘船渡海前往臺，與徐孚遠等眾人放縱形骸追懷舊朝。多年後離世。

張灝，字爲三，福建同安縣人，乃是以僉都御史巡撫大同張廷拱的子嗣。萬曆一朝時，考取進士榜，任職兵部職方司郎中。明朝滅亡，在廈門島外大嶝島隱居。後來前往臺灣，在承天府城郊居住。清朝統治臺灣時，施琅聽聞張灝的賢明，準備船舶送他回返故里，到澎湖時生病而離世，便葬在當地，享壽九十五歲。其弟張瀛，字洽五，崇禎十五年（一六四二），考取秀才，後隨兄長在臺灣居住。一同在田間耕種，兄弟十分和睦。後來在臺灣過世，享壽八十四歲。

葉後詔，福建廈門人。崇禎十七年（一六四四），以以貢生資格入國子監讀書。突然遭逢國家覆亡，當下就返回南方。與徐孚遠、鄭郊這群人並稱爲「方外七友」，在吟詩飲酒中放縱情懷。後來渡海前來臺灣，著有《鵜草五經講義》，刊行流通於世上。

連横說：我連家來臺始祖連興位先生，生在永曆三十五年（一六八一）。過了二年，明朝年號正朔就斷絕了。少年時遭逢憂患困阨，一直懷抱隱逸的心志，於是便離開龍溪，遠途遷徙渡海到臺灣，落腳在明鄭舊日城壘中。到我已經七代了。堅持內修德性，懷抱貞潔操守，每代父祖輩都具有潛藏的品德。考證古籍攻讀書冊，不參加滿清科舉。實在是尙懷藏著遭異族統治的悲痛。所以從興位公兒到我祖父、我父親，都遺言囑咐用明朝人的服飾入殮。緬懷舊朝的心思，漫漫悠遠，我不如祖先賢能，擔憂傷害先祖美好的德性教養，謹愼戒懼，認眞自律，深入查考文化史籍，希望能守護發揚國族盛榮，一心只儆惕族群特性淪爲昏昧平庸。遠懷這些隱逸高潔的人格舉止，謹愼修養自身的品格，以求不會愧對祖先。

陳永華列傳／吳昆財

陳永華，字復甫，福建同安人。父親陳鼎，以縣學老師爲國殉難。當時永華只是青少年，但縣學考試第一名，已是縣裡秀才。接聞父喪後返家，從此放棄儒生科舉事業，專心研究天下局勢。當時，招討大將軍鄭成功在福建思明地區，建立據點，謀劃恢復大明之事，積極延攬天下人才。兵部侍郎王忠孝推薦永華，成功接見，和他談論時事，竟然一整天都毫不厭倦。成功大喜過望地說：「復甫眞是當今的臥龍啊！」決定授永華參軍一職，且以賓禮相待。

永華爲人，淵深謙沖、安靜莊嚴，說話木訥。但在分析大局時，則是慷慨雄論，均能切中要點。遇事果斷，有識見力，謀定計議及決斷疑慮時，不受眾人異見撼動。完全以赤誠和他人交往。平日生活，從不怠惰。粗衣淡飯，異常恬泊。永曆十二年（一六五八），成功倡議北征，遭到許多將領反對，永華卻獨排眾議。成功非常高興，令永華留守思明，輔助世子鄭經。成功曾告訴鄭經說：「陳先生乃當代名士，我留下他來輔佐你。希望你以師禮侍奉他！」

永曆十五年（一六六一），成功攻克臺灣，授永華爲諮議參軍。鄭經繼位後，有關軍國大事，必會詢問永華。十八年（一六六四）八月，晉升爲勇衛一職，永華親自走探臺灣南北各社，觀察地勢。回府後，又頒布了屯田制，以鎮的形式開墾。以竹子做籬，用茅草蓋屋，教導百姓種植五穀。土地剛開墾時，一年收成三次，士兵們均能豐衣足食。且在農閒之時，研習訓練軍事，所以百姓都能有戰鬥力且了解努力方向，也總能先公而後私。東寧府初建時，規模格局非常簡陋。永華乃建圍欄，蓋衙門；教導工人如何燒瓦，伐木建造廬舍，以供百姓居住。東寧府分爲東安、西定、寧南、鎮北四個坊，每個坊設置簽首爲長官，處理一般行政事務。東寧府外則規畫三十四個里，里內有社，每社設置鄉長；十戶爲一牌，每牌設置首；十牌爲一甲，每甲設置首；十甲爲一保，每保設置長；處理戶籍事務。鼓勵農耕種桑之事，禁止奸淫賭博，捉拿盜賊。這時各地方就都沒有無業遊民，原住民土地漸漸被拓展，農地也漸次開發了。地勢較高且較爲乾旱的土地，就教導農民種植甘蔗。所製蔗糖則外銷海外，每年獲利數十萬金。當時，福建、廣東地區追逐利益之徒，紛紛來臺，每年竟都達數萬人之眾。成功法制嚴格，永華則執行寬厚。於是原孤懸海外，地處一隅，險阻畢集的臺灣，有了大大的發展。十二月，永華請建置孔廟，設立學校，鄭經同意，選擇在寧南坊興建孔廟，二十年（一六六六）春正月完工，並以蘋藻爲祭品的釋菜之禮祭祀先師。三月，設立學院，邀請葉亨爲國子助教一職，另聘中原儒士，以教導本地優秀學生。各社都設小學，教養子弟。於是臺灣的文化學問才開始日有進展。永華在教育民眾、培養人才之後，又使物產年年豐收，百姓家家富足，但他仍擔心國用不夠，再請鄭經派遣軍隊駐紮於思明，和清廷守邊將士交好，彼此來往，以獲取貿易利益，此時，臺灣物價非常平穩。二十八年（一六七四）春天，耿精忠占據福建，邀請臺灣會師。鄭經以克壓（一六六二—一六八一）爲監國，任命永華爲東寧總制使。克壓是永華的女婿，無論大小事，都聽從永華。永華以儒雅之風執政，運籌帷幄，軍中從不缺糧。鄭經歸來後，頗有偷安歇息的樣貌，再加上馮錫範（？—一六八三）、劉國軒（一六二九—一六九三）嫉妒永華，三十四年（一六八〇）三月，他們奏請解除永華兵權，鄭經起初不同意，後來卻答應，並將永華部隊撥歸國軒。永華眼看鄭經沒有西征復國的大志，諸將又只想過著太平日子，於是鬱鬱不樂。有一天，齋戒沐浴後，進入內室拜禱，想以自身生命代替百姓請命。有人說：「先生是國家棟梁，百姓的寄望。」不久永華傷感嘆說：「鄭氏政權不長了。」數天後，永華去世。鄭經親臨弔喪，諡號爲文正，贈銜資政大夫正治上卿。臺灣百姓聽到消息，無不痛哭，紛紛趕赴永華家弔唁。

早先，鄭經知道永華家貧，想要餽贈海船給他。當時商賈租船進行貿易，每年可獲利數千兩。但永華未接受，自己召募民眾開闢農田，每年收穀物幾千石。到收成之日，普遍餽贈親朋舊屬中的窮困者，估計他僅自留供一年分的糧食而已。永華妻子洪氏，小名端舍，天質靜穆閒淡，頗通曉文章。每日早起，盥洗完畢，夫婦梳洗整理衣冠後，相互作揖，而後交談。一家和樂融融。兩人合葬在天興州赤山堡大潭山（今臺南市柳營區）。廷取得臺灣後，再歸葬於同安。永華子夢緯、夢球則定居臺灣，至今已成爲家鄉望族。

連橫說：漢朝諸葛武侯，懷抱輔佐帝王的才能，恰逢末世之亂，君臣俱存德誼，在四川建都，用以保存大漢命脈，爲後世稱頌。永華識器功業與武侯不相上下，卻不能幫助英主光復大明王室，漂流在此絕遠荒僻的大海，這是天意啊！但永華在臺灣開發的事業創建的制度，體現仁道養育子民，百姓至今仍然蒙受其恩惠。蔭澤實在深厚啊！

林圮、林鳳列傳／黃美玲

林圮是福建同安人，爲延平郡王鄭成功統率的武官，經歷多次戰爭立下不少功勞，官至參軍，跟隨鄭成功到臺灣。鄭經時代發布官兵屯田自給的屯田制度，林圮率領部下到斗六門開墾，這是原住民出遊打獵的地方，土地肥沃泉水甘美，形勢險要。林圮到這地方後圍起柵欄居住其中，常常跟原住民作戰，把土地拓展到水沙連（今日月潭一帶）。過一段時間，原住民來襲，林圮等人奮力反擊而無法戰勝，最後被圍困，糧食漸漸吃完，大家提議殺出重圍，林圮不答應，發誓說：「這是我跟各位歷經艱苦而得到的土地，寧願死都不放棄。」大家答應再撐下去。又過了幾天，所有糧食都吃完，林圮被殺死，部下也死了數十人。等到原住民離開，居民把犧牲者一起埋葬，按時節祭祀，把這個地方命名爲林圮埔。

連橫說：「開闢土地的功勞非常偉大！林圮埔在嘉義東北邊，後面倚靠著層層山巒，右邊控制濁水溪，居民有數萬人，大多是林氏的後代子孫，不管是讀書人或種田的農民，都非常具有堅毅不拔的氣質，難道不是林圮遺留下來的風氣嗎？光緒十四年（一八八八），雲林縣縣治所在地就是林圮埔，用以紀念林圮的功勞。過了五年，採納知縣李烇的建議，把縣治移到斗六，但林圮埔還是一樣繁榮興盛。天下沒有從不失敗的事，但堅持下去千古一定有可以成功的事業。林圮當初拓展斗六門，披荊斬棘、驅逐豺狼，克服種種困難，費盡心思辛辛苦苦地經營籌劃，沒有一天能夠安定閒適的生活。然後又被原住民所迫害，自己犧牲大家也死亡，即使連林圮自己也怨嘆拓墾失敗。但林圮去世沒多久，他的同黨繼續前進，有持茅旌在前偵察的，也有殿後守備的，大家準備周全再接再厲。於是過去粗暴強橫的原住民，竟然向我漢族降伏，日月因我漢族而光明，山川因我漢族而化育，草木因我漢族而發揚，林圮地下有知也應該感嘆是他成就了這番事業。《詩經．大雅》曰：「立我烝民，莫非爾極。」

我們豐衣足食，無非是您做得好到極點，我們同胞都感念林圯的拓墾之功！

林鳳，福建龍溪人，爲延平郡王鄭成功統率的武官，跟隨鄭成功到臺灣。永曆十五年（一六六一），率領部下到曾文溪北屯田，就是今天的林鳳營一帶。那時福建總督李率泰約荷蘭人一起進攻臺灣，十九年（一六六五）荷蘭人占據基隆，戰報傳來，鄭經命勇衛黃安（？—一六六五）督導水陸軍隊驅趕荷蘭人，叫林鳳當先鋒，在對戰當中林鳳戰死，荷蘭人也戰敗離開。鄭經爲了紀念林鳳的功勞，所以把他屯墾的地方命名爲林鳳營。到今天他所開墾的土地已經成爲聚落。

連橫說：「我經過曾文溪時，都會對著溪流感嘆，追懷鄭氏王朝興起又滅亡的事蹟，每每以手握腕心中嘆息。曾文溪源自深山，水勢盛大湍急，奔流到西，最後流入海中。溪旁平原田地萬畝，穀麥繁盛，都是我漢族用來生產衣食養育子孫的資產。要不是鄭氏王朝開墾創建，現在還是豺狼縱橫的荒野之地。過曾文溪向北走十里，就是原住民的土地，有寫荷蘭文的碑立在田中，剝蝕脫落已經無法辨讀。再十里是林鳳營，再十里是新營，北邊是舊營，東邊是五軍營，西邊是查畝營，都是鄭氏王朝屯田的地方，用來增強兵力保衛國家，現在還可以看出王朝當年的威望聲勢。而時勢一變再變，人物事蹟與風俗、制度已經完全毀損，讓感念過往人事的弔古者只能在落日黃昏的偏僻村莊中徘徊低吟而已。

劉國軒列傳／張崑將、張溪南

劉國軒，是福建省汀州府（今福建省長汀縣）人，身材雄壯高大，頗有才能卻際遇不佳、不受重用，在漳州城當個守城門的把總（明清時低階的武官職稱）。明永曆八年（一六五四）冬天十月，

「招討大將軍」（鄭成功起義時用「大明招討大將軍」的名號號召反清復明）鄭成功攻打漳州，劉國軒開城門迎接並歸附鄭成功。「參軍」（明清時代武官幕僚職稱）馮澄世（？—一六六四年）很賞識他，特別向鄭成功推薦，鄭成功便提拔他爲「護衛後鎮」（鄭成功初期的軍隊組織編制名稱）。永曆十年（一六五六）秋天，跟隨「中提督」（鄭成功的陸師高階軍官職稱，分有前、後、左、中、右等五個提督）甘輝（？—一六五九年）征伐閩安（今福建省福州市馬尾區的古鎮），攻破該城。十二年（一六五八），跟隨鄭成功北伐南京。十五年（一六六一），隨鄭成功攻占臺灣。鄭成功死後，兒子鄭經繼位，駐防「東寧」（鄭經即位後，將「東都」改稱「東寧」，號稱東寧王國，都城設在熱蘭遮城—今安平古堡），派劉國軒駐守雞籠山（今基隆山），征剿、招撫各地原住民，開拓的土地日漸廣大。二十年（一六六六），晉升右武衛（明鄭王朝軍職最高官職有六衛：勇衛、侍衛、左武衛、右武衛、左虎衛、右虎衛），駐防「半線」（今彰化市光南里一帶）。二十四年（一六七〇）秋天八月，斗尾龍岸社（斗尾龍岸社是拍瀑拉平埔族之一支，原居地在今臺中市后里區，大甲溪北岸，後南移至潭子、豐原、神岡一帶）的原住民反叛作亂，鄭經親自率領士兵前往征伐，劉國軒隨從，最後攻破戰勝斗尾龍岸社。十月，沙轆社（沙轆社為拍瀑拉平埔族的一支，分布區域在今臺中市沙鹿區一帶）原住民作亂，劉國軒前往平定。大肚社（大肚社也是拍瀑拉平埔族之一支，分布在今臺中市大肚區一帶）原住民相當恐慌，將族人遷移到埔裏社（今埔里盆地），劉國軒率領部隊一路追趕，追到北港溪（烏溪上游，流貫南投縣北部及臺中市一小部分）後才將部隊遣回，從此臺灣北路原住民都歸順臣服。二十八年（一六七四），靖南王耿精忠（一六四四—一六八二）攻占福建（清朝康熙初年，以吳三桂為首的平西、靖南、平南三藩，因朝廷撤藩之議而發動「三藩之亂」，從一六七三到一六八一，戰亂長達八年），派使者來到東寧向鄭經約定聯合軍事行動。鄭經親自率領「侍衛」馮錫範和六官

（明鄭王朝中央政務機關分設工、兵、吏、户、禮、刑等六官）官員等人渡海西征，劉國軒也有隨從。耿精忠要調派趙得勝的部隊，趙得勝不想遵從，便邀請劉國軒到海澄（今福建省漳州市龍海區海澄鎮）商議歸順鄭經的事。鄭經要求耿精忠將漳州、泉州二府的領地借給他招兵買馬，耿精忠猶豫不想答應，於是耿精忠和鄭經雙方撕破臉互相敵對。（永曆二十八年（一六七四））六月，鄭經攻占泉州，耿精忠的部將王進便來攻打，劉國軒及右虎衛許耀在塗嶺（今福建省泉州市泉港區）打敗王進，追到興化（福建省舊縣名，後被廢除，其轄區分別併入今莆田縣與仙遊縣）才回頭。七月，清兵圍攻潮州（今廣東省潮州市），耿精忠無法救援，潮州總兵劉進忠（？－一六八二）便投靠鄭經，鄭經派遣「援剿左鎮」（明鄭陸師營鎮名稱，共有援剿前、後、左、右、中五鎮）金漢臣率領部隊前往救援，解除了潮州的圍困，鄭經便任命劉進忠爲中提督，劉國軒擔任他的副手。二十九年（一六七五）春天二月，左虎衛何祐（一六四三－一七一八）率兵攻下饒平（今廣東省潮州市饒平縣）；五月，劉國軒到潮州，聯合何祐、劉進忠的士兵有數千人之多，攻掠潮州轄下及附近還沒有平定的區域。平南王尚可喜（一六〇四－一六七六）擁兵十多萬人，集合所有精鋭部隊前來攻打潮州城，雙方激戰僵持很久，劉國軒困守在城內糧食已用盡，計畫要退出潮州城。尚之信（一六三六－一六八〇，尚可喜長子）指揮騎兵部隊，在清晨埋伏偷襲何祐的部隊，在鱟母山（又名鱟門山，在漳州城西三十里）激戰，何祐身先士卒，勇猛向前、鋭氣逼人，直接衝殺穿通尚之信率領的中軍主力，再從其左右突圍；劉國軒隨後殺到，兩人大敗尚之信的大軍，還緊緊奔走追殺四十多里路，斬首敵軍二萬多人，俘虜七千人，戰亂中死於車輪下的士兵屍體堆滿山谷。這一仗讓劉國軒和何祐的威名傳遍整個廣東省南部。十月，鄭經攻占漳州。三十年（一六七六）春天二月，吳三桂（一六一二－一六七八）率兵來到肇慶（今廣東省肇慶市）、韶州（今廣東省韶關市），碣石（今廣東省汕尾市碣石鎮）總兵苗之秀和東莞（今廣東省東莞市）守將張國勳聯袂拜訪劉國軒勸他投降吳三桂。尚之信歸附了吳三桂，吳三桂下令讓出惠州城（今廣東省惠州市）給鄭經，劉國軒奉命前往駐守。五月，耿精忠的部將劉應麟（應為「馬」應麟）獻汀州城歸附鄭經，「後提督」（鄭成功的陸師高階軍官職稱）吳淑奉命前往駐守。七月，鄭經調派劉進忠到潮州，劉進忠竟抗命沒有前往。九月，清兵攻進福建，活捉耿精忠，耿精忠的部將馬成龍獻興化城歸附鄭經，鄭經派許耀入城駐守。十月，許耀和清兵在烏龍江（今福建省福州市南臺島南側閩江下游河段）會戰，許耀戰敗而返，鄭經緊急調派趙得勝和何祐取代許耀。十一月，耿精忠的部將楊德獻邵武城（今福建省西北部南平市轄管的邵武市）歸附鄭經，鄭經派吳淑入城駐守。十二月，吳淑和清兵交戰於邵武城下，吳淑戰敗而返。三十一年（一六七七）春天正月，清兵大舉進攻興化城，何祐和趙得勝抵擋迎戰。清兵用反間計散播謠言使鄭經陣營內鬨，趙得勝在戰鬥中陣亡，何祐也戰敗而返，興化城便落入清兵手裡，漳州、泉州一帶的城池接連都潰敗失守，鄭經回到思明州。六月，劉進忠歸附吳三桂，不久又向清兵投降，便被處死。劉國軒也棄守惠州城，惠州城百姓依依不捨送他出城。總計有十個府城一下子全部失守被攻占，鄭經不知如何是好，見到劉國軒率兵來會，非常高興，便將所有軍隊的事務全權委託劉國軒處理。劉國軒擔任將帥後，很愛護部下，有功必賞、有過必罰，行軍打仗經常能發奇兵或用奇計制敵獲勝，讓人無法預料，所以每次都能打勝仗，即使戰敗了還能有所保全，大部分將領都比不上。三十二年（一六七八）春天正月，劉國軒升任正式的軍務總督，吳淑擔任副總督，鄭經公開宣布賜給「尚方寶劍」（古代天子及皇室使用寶劍由少府尚方監鑄造，尚方劍可用以代表皇帝旨意，是一種權力和榮譽的象徵），專責調度軍隊征戰討伐的事務，所有將領都得聽其命令。二月，劉國軒攻打漳州，接連攻占玉州（疑為九龍江口的玉枕州）、三叉河、福河、下滸（以上三區都在今漳州龍海市內）等據點，阻斷江東橋（今福建省漳州市龍文區境內跨越九龍江分支北溪的古橋，舊時是南北的交通要道），以截斷清兵運補糧餉的通路。鄭經的援兵剛好來到，兵分兩路合擊，趁夜晚攻占「石碼鎮」（在今福建省漳州市龍海市石碼鎮），幾次戰役連戰皆捷，便直接將戰船直接開入「鎮門」（鎮門位於福建省漳州市九龍江分支西溪近海口的南北兩側），攻占灣腰樹、馬洲和丹洲（以上三處都在今福建省漳州市九龍江分支西溪南岸的聚落）等據點，劉國軒部隊的聲威日漸響亮。

就在這時候，前來漳州支援的清兵，有福建總督郎廷相（？—一六八八）、海澄公黃芳世（？—一六七八）和都統（清代高階武官職稱，僅次於駐防將軍）胡克，三人都按兵不動，提督（清代高階武官職稱，屬省級的軍事首長）段應舉（？—一六七八）從泉州，寧遠將軍喇哈達、都統穆黑林（應為「穆赫林」，？—一六七八）從福州，平南將軍賴塔（？—一六八四）從潮州，先後分別趕到漳州救援。劉國軒和吳淑等將領，率領士卒才數千人，卻像突來的急暴風雨疾奔猛衝，仿效鄭成功的戰鬥策略，敵人委靡軟弱嚇到說不出話，不敢抵抗，因此劉國軒、吳淑的軍威再度名震福建南部。閏三月，劉國軒和黃芳世、穆黑林交戰於灣腰樹，將他們擊敗。清將胡克率領副將朱志麟、趙得壽等來攻打，雙方在鎮北山交戰，劉國軒又擊敗他們。姚公子、李阿哥（皆為清兵副將）率兵前來救援，也被劉國軒打敗。段應舉和劉國軒激戰於祖山頭（今福建省漳州市石碼鎮南側的紫雲公園所在的山嶺），再度被劉國軒擊敗，逃進海澄城內。劉國軒於是攻取平和（今福建省漳州市平和縣）、漳平（今福建省漳州市轄下漳平市），圍攻海澄城逼進了三層。六月，清廷派隨軍布政使姚啓聖（一六二三—一六八三）擔任福建總督、吳興祚（一六三二—一六九八）擔任巡撫，驅策各路兵馬援救海澄，駐紮「葛布山」（應為福建省漳州市海澄鎮南邊的筆架山），三次前進到僅隔著狹窄的河流處和劉國軒部隊對峙，卻築起高高的壘堡自我保全，只遙遙相望沒有進一步行動。海澄城內糧食用盡，被攻破，段應舉在瞭望敵情的城樓上（應為海澄城西門樓）自縊身亡，總兵黃藍在街巷間短兵交戰中陣亡，劉國軒斬殺八旗兵和歸降滿清的漢兵數萬人，俘虜數千人，奪得一萬多匹馬。這次戰功讓鄭經再晉封劉國軒爲武平伯兼征北將軍、晉封吳淑爲定西伯兼平北將軍、晉封何祐爲左武衛、林陞（？—一六八三）爲右武衛、江勝（？—一六八三）爲左虎衛，劉國軒部隊士氣大振，差不多有五萬人，於是長驅直入攻取長泰（今福建省漳州市長泰區）、同安（今福建省廈門市同安區），乘勝追擊圍攻泉州，陸續攻占南安（今福建省泉州市南安市）、永春（今福建省泉州市永春縣）、安溪（今福建省泉州市安溪縣）、德化（今福建省泉州市德化縣）等縣城。八月，清兵調派水路和陸路支援泉州。清廷派大學士李光地（一六四二—一七一八）、寧海將軍喇哈達、平南將軍賴塔從安溪到同安，巡撫吳興祚從仙遊（今福建省莆田市仙遊縣）到永春，提督楊捷（一六一六—一六九〇）從興化南下惠安（今福建省泉州市惠安縣），總兵林賢、黃鎬、林子威乘戰艦從閩安（今福建省福州市馬尾區的古鎮）出定海灣（今福建省連江縣定海村附近港灣，位於閩江口北岸），每一支部隊都在限定期限內趕到。鄭經調樓船中鎮（樓船鎮為明鄭水師營鎮名稱，又分前、中、後、左、右五鎮）蕭琛回防與清將林賢海上交戰，蕭深沒有戰敗。鄭經再派宣毅後鎮（宣毅鎮為明鄭陸師營鎮名稱，又分前、中、後、左、右五鎮）陳諒、援剿後鎮陳啓隆在海山抵擋防守。劉國軒率領二八鎮的兵馬返回漳州，建造一九個營寨。九月，劉國軒派吳淑、何祐、和江勝等率領一一鎮的兵馬，大約二萬人出兵浦南（今福建省漳州市浦南鎮），自己率領林陞、林應、吳潛（？—一六八三）和陳昌十七鎮的兵馬，大約三萬人列陣在溪西（九龍江支流北溪西側一帶），兩支部隊快速逼近漳州城的北邊，軍威壯盛聲勢浩大。隔天，雙方在「龍虎山」（應為今福建省漳州市浦南鎮溪園村「龍峙山」，該處傳說有「渴馬飲泉」靈穴，此戰役在江日昇《臺灣外記》書中也有記載）一決勝負。耿精忠爲清兵左側迎戰主力，賴塔爲右側迎戰主力，姚啓聖在前軍督戰，胡克的部隊又在姚啓聖的前方，清兵先出動二萬兵馬聯合攻擊，被劉國軒擊敗，後繼的姚啓聖也戰敗。耿精忠親自在前線督戰，有畏戰想退縮不前的三個人被他當場下令處斬，他策馬往前急衝並大聲呼喊「殺」，賴塔見狀也奮勇緊跟在後，劉國軒和清兵僵持激戰，部將海澄鎮鄭英、吳正璽相繼陣亡，劉國軒只好指揮大軍撤退，重新整頓殘兵，以守衛「灣頭」（應為「澳頭」，位處九龍江北溪、西溪和北港三個水系匯流處）這個重要據點。亢宿鎮（明鄭陸師營鎮名稱，屬「二十八宿營」，乃依二十八星宿名稱命名的營鎮）的施明良暗中接受姚啓聖的賄賂，正計畫要出賣「思明州」（今福建省廈門市，鄭經駐紮地）。鄭經很寵信他，經常隨侍在他身邊，劉國軒便晉見鄭經建議說：「現今軍隊退敗國家被殘害，被侵占的國土大到千里，殿下應該效法先王的抱負，學習越國君主句踐勵精圖治以圖復國，要親近重用正直的人，並疏遠奸邪的小人，這樣振興國家的偉大功業，才能達成。」鄭經接納他的建議，施明良謀叛之心更加急切，劉國軒便斬殺他。施世澤，是施琅的大兒子，在「女宿鎮」（明鄭陸師營鎮名稱，屬「二十八宿營」）當部將，經常叛了又降、降了又叛，如今又和施明良暗中勾結密謀，所以也被劉國軒誅殺。三十四年（一六八〇）春天正月，清兵大規模進攻思明州，鄭經派左武衛林陞督辦軍務，率領所有營鎮將領抵擋防守，才剛交戰便潰敗，劉國軒也只好率領所有部隊歸返，回到東寧（臺灣）。

三十五年（一六八一）春天正月，鄭經過世，兒子鄭克塽繼位，晉封劉國軒爲武平侯。十月，清廷任命萬正色（一六三七—一六九一）爲福建陸路提督、施琅爲福建水師提督，準備攻打臺灣。鄭克塽派劉國軒駐防澎湖，授以正總督職銜，並持「符節」（古時候調兵遣將時所用的憑證）可隨意調遣軍隊，派征北將軍曾瑞、定北將軍王順（？—一六八三）爲副總督，擢升林亮爲右虎衛，並將他的名字改爲「豪」。派援剿左鎮陳諒爲右先鋒，負責陸路部隊的指揮調度，右武衛林陞負責水路艦隊的指揮調度，左虎衛江勝擔任副提調。援剿右鎮邱輝（？—一六八三）、援剿後鎮陳啓明分別擔任先鋒。整修戰艦，建造炮臺，充實軍隊的武器和糧食，隨時準備清兵的進攻。三十七年（一六八三）夏天六月，清兵從「銅山」（今福建省漳州市東山縣）出發，觀察準備進犯澎湖，劉國軒明白「八罩嶼」（今澎湖縣望安島）情勢危急，農曆十五日前後應當會有颱風來襲，便親自率領精銳部隊，超過二萬人，派遣戎旗一鎮（明鄭陸師營鎮名稱）吳潛駐防「風櫃尾」（今澎湖縣風櫃里），果毅中鎮（明鄭陸師營鎮名稱，又分前、後、中、左、右五鎮）楊德駐防「雞籠嶼」（位於風櫃里西方約八百公尺處的海上小島），後提督中鎮張顯駐防中灣，遊兵鎮（明鄭陸師營鎮名稱）陳明駐防「四角山」（即四角嶼，位於風櫃尾半島西北約三百五十公尺的海上小島）、中提督前鎮黃球負責協防。派果毅後鎮吳祿駐防「內塹」（今澎湖縣西嶼鄉東南部的內垵村）、侍衛後鎮顏國祥負責協防，壁宿鎮（明鄭陸師營鎮名稱，屬「二十八宿營」）楊章駐防「外塹」（今澎湖縣西嶼鄉西南部的外垵村）、右先鋒鎮（明鄭陸師營鎮名稱」）李錫負責協防，右虎衛統領江高駐防「東峙」（今馬公港東側）、侍衛殫忠營王鯉負責協防。澎湖沿海大型戰船如天上的星星和棋盤上的棋子那般繁密布列，四周臨海的地方建造炮城，各部隊緊急動員嚴密防守。先鋒邱輝向劉國軒建議說：「敵軍遠道而來，應趁其陣腳尚未穩固時出其不意襲擊，便可打敗他們。」建威中鎮黃良驥也附和說：「能先發制人便可以聲勢壓倒對方讓其心生害怕，要打敗他們就很容易。」但是劉國軒卻沒有聽從他們的建議。不久清兵大舉來到，戰船環繞花嶼（今澎湖縣望安鄉花嶼村，位於望安島西北側，是澎湖縣最西方的島嶼）、貓嶼（位於望安島西南方，有大貓嶼和小貓嶼，無人居住）兩座小島停泊。邱輝再請求襲擊清兵，劉國軒仍然不准。十六日清晨天剛亮時，微風徐吹船槳微微震動，敲鉦擊鼓的戰鬥號令響徹雲霄，清兵和鄭軍將要接近時，施琅突然派七艘戰船快速衝進鄭軍船隊中，劉國軒派林陞、江勝、邱輝、曾瑞和王順各隊的戰船迎擊，由於戰鬥相當激烈燒殺程度令人無法想像，鮮血四濺殺聲震天，這時南方的潮水湧了上來，施琅的船隊被急流衝散，劉國軒將戰船合整，分從兩側包抄夾攻，施琅被圍困在中間無法突圍，其先鋒藍理（一六四七—一七一九，藍廷珍叔公）突破重圍搭救施琅，腹部卻被炮彈擊中（藍理雖中彈腹破腸流，仍奮戰到底，此事後來頗受康熙帝讚揚）；施琅雖然中了許多箭但也安全逃出。林陞差一點就擒獲施琅，雖然激戰連中三箭，仍奮勇殺敵不退卻，後來大腿被炮擊中，不得已才撤退。邱輝、江勝想追擊施琅，劉國軒下令不准；邱輝等將領又請求夜戰，劉國軒也沒有允許。

過了六日，施琅將戰船分成八隊，每隊七艘戰船，每一小隊都再分為三層。到了要會戰的時候，突然西北方有暴風襲來，風雲變色下起大雨，正面衝擊清兵的艦隊，船上清兵個個嚇得發抖。鄭軍的戰船藉著風勢暫居上風，劉國軒指揮進攻。施琅見狀大驚，急忙向天禱告，沒多久天空突然雷鳴，暴風竟然轉為南向，原被暴風摧殘的施琅船艦重新整合再戰。劉國軒見此景象，氣得掀翻桌子大叫：「天意啊！」雙方便進行決戰，一時之間火槍、炮彈齊發，船艦中彈焚燒的火焰在海上蔓延，連海水都被染成紅色。鄭軍的宣毅左鎮邱輝與清總兵朱天貴相遇而戰，邱輝用炮擊沉朱天貴的船，雙方一來一往激烈交戰，施琅率領所有戰船包圍進攻，邱輝兩腳都中彈受傷，仍然負傷奮勇苦戰，但情勢越來越不利，便引爆火藥桶，連人帶船炸死、炸毀。左虎衛江勝的戰船，突然衝進圍陣中，因戰鬥激烈而死傷慘重。鄭軍的艦隊群集搶攻，也大多被迫自行炸船陪葬（因風向不利鄭軍）。征北將軍曾瑞、定北將軍王順、水師副總督江欽、右先鋒陳諒、援剿右鎮鄭仁、援剿後鎮陳啓明、護衛鎮黃聯、後勁鎮劉明、折衝左鎮林順、斗宿鎮施廷、水師一鎮蕭武、水師二鎮陳政、水師三鎮薛衡、水師四鎮陳立、中提督中鎮洪邦柱、中提督右鎮尤俊、中提督後鎮楊文炳、中提督親隨一鎮陳士勛、龍驤左鎮中協黃國助、龍驤右鎮左協莊用、侍衛中鎮黃德、侍衛右鎮蔡智、侍衛驍翊協蔡添、侍衛領旗協林亮、侍衛左總轄毛興、勇衛中協張顯、勇衛左協林德、勇衛右協陳士勳、勇衛前協曾遂、中提督領兵協吳略、中提督左協林德、中提督前協曾瑞、中提督領旗協吳福、中提督前鋒協陳陞、中提督總理協陳國俊、右武衛右協吳遜、右武衛隨征二營梁麟、水師二鎮前鋒副將李富、水師二鎮左營副將張欽、水師三鎮左營副將許端、水師三鎮右營副將林耀、援剿右鎮右營廖義、援剿前鎮前鋒營莊超、折衝鎮左營陳勇、左提督後鎮左營王受等鄭軍將領，全部戰死，士兵戰死一萬二千多人，炸沉或被毀大小戰船有一百九十四艘。守「西嶼頭」（今澎湖縣西嶼鄉，澎湖第二大島）的戎旗一鎮吳潛，遙遙望見鄭軍的戰船逐漸沉沒，連忙催促左右想前往援救卻找不到半艘船，便拔劍長嘆說：「大丈夫既然不能爲國奔馳效命，怎麼能夠貪生怕死忍辱偷生，被世人取笑？」於是用劍割斷喉嚨結束自己的生命。劉國軒望見艦隊大敗情勢危急，搭乘速度較快的輕便戰船，從吼門（今澎湖白沙鄉跨海大橋處的海灣）逃回東寧（臺灣），和臺灣的文武官員商議後決定請鄭克塽獻臺灣投降。施琅到臺灣，將鄭克塽送回北京，朝廷封爲漢軍公，劉國軒授予天津總兵的官職。

連橫說：古代稱得上是良將的，像白起（前三三二—前二五七）、王翦這樣的將領，都能開拓領土壯大軍隊，以輔助國家，世人莫不讚賞他們征戰的功績，他們都能夠運用時勢創造新局面。而劉國軒卻不是這樣，以他領兵征戰的才能，在動盪的時代裡能夠壯大軍威發號施令馳騁沙場，照理說他的名聲威望豈不是可以顯揚一生？但他最終淪爲敗軍之將，原因何在？俗話說：「高大的房屋將要倒塌時，即使有一根堅硬木頭也是很難支撐的。」吳淑、何祐也都很驍勇善戰，到最後也都沒沒無聞，主要還是時運不濟。可悲啊！

卷三十　列傳二

施琅列傳

施琅字琢公，福建晉江人。少從戎。唐王立福州，授左先鋒，為平西侯鄭芝龍部將。已而芝龍降清，子成功起兵安平，琅及弟顯從之，收兵南澳，得數千人，遂略有金、廈。琅年少，號知兵，恃才而倨。有標兵得罪逃於成功，琅禽（擒）治；馳令勿殺，竟殺之。成功怒捕琅，逮其家，殺琅父及顯；顯時為援勦左鎮。琅夜佚，顧四寨環海，無可問渡，匿荒谷中三日，餓且死。適佃兵鋤園，見之，告以故。佃兵聞其才也，飯之。成功購（懸賞）琅急，曰：「此子不來，必貽吾患」；令國中匿者族（親屬連帶受刑）。琅乃偕佃兵之所部蘇茂家。茂大驚失色，留二日，捕者跡至。茂伏諸臥內，幸無事。顧不可久留，乃假以一舟、一劍、一豎子，夜渡五通，入安平。久之降清，授同安副將，遷總兵。康熙元年，擢水師提督。二年，從伐兩島，以功加右都督。四年，掛靖海將軍印，疏請攻臺。夏四月，軍出銅山，至外洋，為颶飄散而還。六年，清廷命孔元章至臺議款，延平郡王經不從。琅聞之，上疏。七年，復上，略曰：「鄭經竄逃臺灣，負嵎（ㄩˊ。負嵎，依恃地勢險要之處）恃固。去歲朝廷遣官招撫，未見實意歸誠。伏思天下一統，胡為一鄭經餘孽盤踞絕島，而析（分開、劃分）五省邊海地方畫為界外，以避其患？況東南膏腴（膏腴，物產豐富）田園及所產魚鹽，最為財賦之藪（ㄙㄡˇ，聚集之處），可資中國之潤，不可以塞外風土為比也。倘不討平臺灣，匪特賦稅缺減、民困日蹙（ㄘㄨˋ，緊迫），即邊防若永為定例，錢糧動費加倍，是輸外省有限之餉，年年協濟兵食，何所底止（止境）。萬一有懼罪弁（軍官）兵、冒死窮民，以為逃逋（ㄅㄨ，逃亡）之窟，似非長久之計。且鄭成功之子有十，遲之數年，並皆長成。若有一、二機智才能，收拾黨類、結連外島、聯絡土番，羽翼復張，終為後患。我邊海水師雖布設周密，以臣觀之，僅能自守；若欲使之出海征勦，實亦無幾。況此精銳者老、習熟者疏，何可長恃？查自故明時，原住澎湖百姓有五、六千人，原住臺灣者有二、三萬，俱係耕漁為生。至順治十八年，鄭成功挈（ㄑㄧㄝˋ，帶領）去水陸官兵眷口計三萬有奇（ㄐㄧ，餘），為伍操戈者不滿二萬。康熙三年，鄭經復挈去官兵眷口約六、七千，為伍操戈者不過四千。然此數年，彼處不服水土，病故及傷亡者五、六千人。歷年渡海窺伺，被我水師擒殺者亦有數千，相繼投誠者復有數百人。雖稱三十餘鎮，皆係新拔，並非夙練之才。或轄五、六百兵，或二、三百，計之不滿二萬；船隻大小不及二百，散在南北二路，墾耕而食，相去千有餘里。鄭經承父餘業，智勇不足，戰爭匪長（匪長，非其擅長），各鎮亦皆碌碌之流，不相聯屬；而中無家眷者十有五、六，豈無故土之思乎？鄭經之得馭數萬之眾，非有威德制服，實賴汪洋大海，為之禁錮。如一意招撫，則操縱之權在乎鄭經；若大師壓境，則去就之機在於賊眾。是為因勦寓撫（因勦寓撫，討伐時同時進行招撫）之法。夫大師進勦，先取澎湖，以扼其要，則形勢可見，聲息可通。然後遣員往宣德意。若鄭經勢窮向化，可收全績。倘頑梗不悟，俟風信調順，即率舟師聯䑸，直抵臺灣，據泊港口，以牽制之。一往南路打鼓港，一往北路蚊港、海翁港。或用招誘，或圖襲取，使其首尾不得相顧，自相疑慮。彼若分則力薄，合則勢蹙。於以用正用奇，相機調度，次第攻擊，可取萬全之勝。倘彼踞城固守，則先清勦其村落黨羽，撫輯其各社土番，狹隘孤城，僅容二千餘眾。以得勝之卒，攻無援之城，即使不破，亦將有垓下之變（垓下之變，項羽最後被圍攻於垓下，陣中軍士思鄉而喪失戰意），固可計日而平矣。夫興師所慮，募兵措餉。今沿邊防守經制及駐紮投誠閒曠官兵，皆為臺灣而設。如聽臣會同督提諸臣，挑選精銳，用充征旅，無事徵募動費之煩。此等兵餉，征亦用，守亦用。與其束手坐食於本汛（軍隊駐防處），何如簡練東征於行間？至修整船隻，就於應給大修銀兩領收，可無額外動支。若不足用，則浙、粵二省水師，亦為防海設立，均可選用。仍行該省督提，選配官兵，各舉總兵一員，領駕協勦，安配定妥。毋論時日，風信（因應季節而來的風）可渡，立即長驅。利便之舉，誠莫過於此者。」詔琅入京，詢方略，授內大臣，裁水師提督，盡焚戰船，示無南顧之意。

二十年，大學士李光地奏言：「經死，克塽幼，諸部爭權，攻之必克。」因言琅習海，可專任。閩浙總督姚啓聖亦薦之。再授福建水師提督，加太子太保。琅至軍，簡練舟楫，籌出師。二十一年秋七月，彗星見，給事中孫蕙疏請緩伐臺灣，尚書梁清標亦以為言。詔且止軍。琅意銳，復奏曰：「我皇上御極以來，宇內廓清，無思不服。唯鄭氏抗逆顏行，深費南顧之憂。臣復荷起用，重臣以水師提督之任，責臣以平定臺灣之患，面奉天語，溫諭諄諄（ㄓㄨㄣ。諄諄，叮嚀告諭，教誨不倦）。銜命以來，兼程疾走，抵廈視事。至本年四月終，方得船堅兵練，事事俱備，移請寧海將軍臣喇哈達、侍郎臣吳努春閱看。臣即於五月初三日，會同督臣姚啓聖統率舟師至銅山，以俟夏至南風當令，聯䑸（ㄗㄨㄥ，帆船。聯䑸，集合船隻一起出發）進發。第督臣以五月初一日，准部咨以進勦臺灣關係重大之旨，隨轉意不前。三軍側聽，並盡解體。臣自初七日，與督臣決計進取，力爭十餘日。至十六日，將軍二臣抵銅山營所，臣又面懇將軍，而督臣終執旨意，臣不便抗違，姑聽主疏展期，實非臣之本意。本月初七，承准兵部劄付，以寧海將軍喇哈達等疏，稱督臣、提臣謂南風不如北風，臣深為駭異。竊思臣在銅山，與將軍二臣言，並無此語。且日與督臣爭執南風進勦，不唯三軍皆悉其情，通省士庶亦無不知。且督臣日遣各總兵分道勸臣，權依督臣之議。今將軍二臣具疏，竟不分晳明白，陷臣推諉（推諉，推託不負責）不前。若非皇上寬置不究，則臣先後具疏，自相矛盾，罪當萬死。夫南風之信，風輕浪平，將士無暈眩之患；且居上風上流，勢如破竹。豈不一鼓而收全勝？臣見督臣意堅，難以挽回，故聊遣趕繒快船（趕繒快船，趕繒船為大型的帆船，可以用作戰、捕魚和運送木材）三十二號，令隨征總兵臣董義、投誠總兵臣曾成等領駕前往澎湖，瞭探消息。據其回報，來去無阻，見有明徵矣。臣年六十有二，血氣未衰，尚堪報稱。今若不使臣乘機撲滅，再加數年，將老無能，是以臣鰓鰓（ㄒㄧˇ。鰓鰓，憂愁恐懼）必滅此朝食（等消滅了敵人再吃早飯。指急欲破敵）。如蒙皇上信臣愚忠，獨任臣以軍事；令督、撫二臣催載糧餉接應，俾臣整頓官兵，時常操演，勿限時日，風利可行，則出其不意，攻其無備，何難一皷（皷，通「鼓」）而平。若事不效，治臣之罪。伏乞皇上大賜乾斷，決策嚴旨，事必見效。民生幸甚，封疆幸甚。」許之。

二十二年春，治兵於海。光地假歸，邂逅逆旅，詢以眾言南風不利行軍之故。琅曰：「非也。北風猛烈，入夜更甚。自此至澎，魚貫而行，幸而不散；然島嶼悉為敵踞，未能一鼓奪之，無可泊舟。風濤振撼，軍不能合，將何以戰？若夏至前後二十餘日，風微夜靜，海水如練，可以碇泊（碇泊，停泊）。聚而觀釁，舉之必矣。故用北風者邀倖於萬一，而南風則十全之算也。」光地韙（ㄨㄟˇ，是）之。六月十四日，發銅山，會於八罩嶼，以窺澎湖。鄭將劉國軒守之。知八罩嶼惡，六月望間，當有颶至。自督精兵，強逾二萬，蜂擁於風櫃尾、牛心灣等處。又率林陞、邱輝、江勝、陳起明、王隆、吳潛等將，集於雞籠嶼。環設炮城，凌師守之。琅令大小戰艦，於風帆大書將帥姓名，知進退、定賞罰也。十六日黎明，微風振枻（ㄧˋ，船槳），鉦鼓傳喧，兩軍將合。琅令藍理、曾誠、吳啓爵、張勝、許吳、阮欽為、趙邦式等七船，突入鄭䑸，焚殺過當，濺血聲喧。時南潮正發，前鋒數船為急流分散。鄭師復合，兩翼齊攻。琅望藍理之船，度其不能強出。自將坐船，突圍赴援。理傷炮還，琅亦集矢於目。夜收八罩。十八日，以甲裳裹首，集諸將，申軍令。自總兵以下，皆按以失律罪，將斬之。諸將匍匐祈請，許以立功自贖。兵氣復振，取虎井嶼。明日，琅獨駕小舟，潛偵諸砦（ㄓㄞˋ，通「寨」），還令諸軍鑿井。澎水多鹹，泉竟甘出，眾大喜。二十二日，誓師。分為八隊，每隊七船，皆三其疊。自統一隊，居中調度。以八十餘舟為後援。五十舟從東畔嶼綴（連結）其歸路，五十舟從西畔牛心灣、內外塹為疑兵牽制。將戰，有風從西北來，渰浥（ㄧㄢˇ ㄧˋ，雲氣興盛）蓬勃，逢迎清軍，士皆股栗（腿部發抖，極為恐懼）。琅循師大呼曰：「唯天唯皇上之靈，尚克相余。」天乃反風，軍復大喜。兩軍大戰，水為之赤。總兵朱天貴戰死，總兵林賢亦重傷。自辰至於日中，未有勝負。琅策勵諸將，奮勇爭先。鄭將林陞、邱輝、江勝、陳起明、吳潛、王隆等皆沒，焚燬大小戰艦幾二百艘，軍萬餘人。國軒知勢蹙，乘走舸（ㄍㄜˇ。走舸，行駛快速的戰船）自吼門出，以入東寧。澎湖既破，克塽遂降。琅命二等侍衛吳啓爵先入臺灣，諭官民薙髮。八月十八日，琅至，克塽迎之。越數日，刑牲（宰殺牲畜）奉幣（獻上禮物），告於成功之廟曰：「自同安侯入臺，臺地始有居民。逮賜姓啓土，世為巖疆，莫可誰何？今琅賴天子之靈、將帥之力，克有茲土。不辭滅國之罪，所以忠朝廷而報父兄之職分也。但琅起卒伍，於賜姓有魚水之歡，中間微嫌，釀成大戾，琅於賜姓（指鄭成功），剪為讎敵，情猶臣主。蘆中窮士（蘆中窮士為伍子胥，此指其為報仇而掘楚平王墓），義所不為。公義私恩，如是則已。」言畢淚下。臺人聞之，為嗟嘆曰：「父仇一也，隕（隕，當為「鄖」之誤）公辛賢於伍員矣（春秋典故，楚平王對鄖公與伍子胥皆有殺父之仇，鄖公選擇不報仇）。」捷書至闕（京城），上大喜，解御袍賜之，封靖海侯，世襲罔替，仍管水師提督事。命侍郎蘇拜至福建，與督撫及琅議善後。廷議以臺灣險遠，欲墟其地（荒廢不治理）。琅疏言不可。旨下議政王大臣會議，仍未決。復詢廷臣。大學士李霨請從琅議。啓聖亦言收臺之利。乃設府一、縣三，駐巡道，隸福建。調水陸兵，以總兵鎮之。已又奏減臺灣地租，許之。二十四年，請申嚴海禁。二十七年，入覲，優旨嘉錫（嘉錫，嘉賞）。三十五年三月，薨（ㄏㄨㄥ，貴族過世稱薨）於位，年七十有六，贈太子少傅，賜祭葬，謚襄壯。雍正十年，詔祀賢良祠，子世範襲爵。六子世驃亦有名。

世驃，以行伍出身，為守備。從父伐澎湖，有功，累遷至總兵。康熙四十七年，陞廣東陸路提督。五十一年，調福建水師提督。六十年夏五月，朱一貴起兵臺灣，攻陷府縣，號中興王。世驃聞報，集諸將議，以廈門為閩南門戶，而避亂者踵至（踵至，相繼而來），慮有變，嚴兵防堵。自率師船赴澎湖；而總督滿保已檄（文書通報）南澳鎮總兵藍廷珍會師矣。六月十三日，以林亮、董方為先鋒，進攻鹿耳門，克之。又破安平，迫府治。一貴凌（逼近）師以拒，大戰於二鯤身。廷珍亦率所部助戰。一貴北走，追之，入府治。而世驃已先一日傳令水陸合擊，駐南較場。閏六月，一貴被擒，檻（囚禁）致北京，餘黨亦次第平。八月十三日，怪風暴雨，相逼為災，兵民多死。世驃終夜露立，遂病。九月，卒於軍中。下旨悼恤，贈太子太保，賜祭葬，謚勇果。

藍理，字義甫，又號義山，福建漳浦人。少桀驁（ㄐㄧㄝˊ ㄠˊ，凶悍暴戾）自大，不屑與群兒伍。偉軀幹，力可舉八百斤。以事下獄論斬。耿精忠之變，縱之，令赴藩下效力，不從。聞康親王伐閩，間道出仙霞關，謁軍前。王嘉其勇，命從軍。以功授松溪營游擊，未幾遷參將。又以罪下獄。康熙二十三年，清軍伐臺灣，靖海將軍施琅聞其勇武，奏赦之，署提標右營游擊，為先鋒。有二卒市薪，為提標噶叭什所毆，且詆（誣賴詆毀）理，理擒斬之。齎文飛報曰：「今日上吉，先鋒啟行。」琅聞之不說（悅），既而曰：「虎將也，必成功。」率師隨之，戰於澎湖。理入鄭，中炮，腸流出。族子法侍側，裂帛以裹。理猶奮鬥，鄭師復合，殺傷過當。琅度其船終不能強出，自駕救之。夜收八罩。上其功，至舟慰勞。其後再戰，戒左右勿使理知。琅舟遇險，不能出。諜者（通報情報之人）飛報，理負創起，趣（趣，通「趨」）救之，獲勝。臺灣平，紀功第一。乞歸省。越二載入京，過趙北口，遇鹵薄（鹵薄，皇帝儀仗），舍騎入梁園中。上遣侍衛問：「誰騎？」理出伏地，奏曰：「臣藍理從福建來者。」曰：「是征澎湖拖腸血戰之藍理否？」對曰：「是。」問血戰狀，解衣視之。復召至行宮，授陝西神木副將。未行，改授宣化府總兵官，掛鎮朔將軍印。數年移鎮天津，遷福建陸路提督。後以罪入旗，越數載賜還。卒於家。

吳英，字為高，泉州人，寄籍莆田。康熙二年，以金廈戰功，授都司。耿精忠之變，為浙江提督左軍游擊。會寧海將軍視師，問誰可膺大任者。提督以英對，遂授先鋒。歷戰有功，擢副將，任浙、閩總督中軍，尋鎮同安。時沿海遷界，民失其業。值歲凶，請總督姚啓聖許民出海採捕，全活甚眾。移興化鎮。二十二年夏六月，清軍伐臺灣，遂統陸師為副。克澎湖，駐師東寧數月。禁暴詰奸（詰奸，究辦奸盜），市肆不擾。凱旋入覲，溫旨嘉褒。調舟山，尋擢四川提督。凡十一年，授福建陸路提督，嗣改水師。後以年老乞休，加威略將軍，卒贈太子少保。臺人建祠郡治，今圮。

朱天貴，福建莆田人，為延平郡王部將，任樓船左鎮。康熙十九年，清軍伐思明，從督師林陞禦之。及戰而降，授總兵，歷任至平陽鎮。二十年，總督姚啓聖奏調福建。明年夏六月，靖海將軍施琅伐臺，天貴從之。大戰於澎湖，中炮死。啓聖上其功，詔贈太子太保，謚忠壯。是時平臺立功者，有海壇總兵林賢、金門總兵陳龍、銅山總兵陳昌、廈門總兵楊嘉瑞、副將蔣懋勛、林葵、詹六奇、參將羅士珍、游擊林瀚、王朝俊、許毅、張勝、何應元、曾成功、吳輝、趙邦式，二等侍衛吳啓爵，各晉封有差。

連橫曰：施琅為鄭氏部將，得罪歸清，遂藉滿人以覆明社，忍矣！琅有伍員之怨，而為滅楚之謀，吾又何誅？獨惜臺無申胥，不能為復楚之舉也。悲夫！

吳球、劉卻列傳

臺灣歸清以後，人思故國，時謀光復。民變之役凡十數起，而吳球為首。球，明之遺民也，居於諸羅之新港。素有志，與草澤豪傑圖舉大事而未發也。朱祐龍者，明裔也，國變後，居村落，與球素往來；祐龍亦有志者。康熙三十五年秋七月朔，球家設蘭盆會，演劇，至者十數人。其妹婿陳樞適來訪；樞為鳳山縣糧吏，方侵呑官穀，慮事覺而罪也。是夜球留宴，眾歡呼狂飲。席間有言官吏暴狀者，皆嘆息。球曰：「吾輩亡國之人，賤於豚犬。生死宰割，權操自彼。亦唯自怨其不辰爾。夫何言！」樞聞之憤，起曰：「諸君豈皆無血氣哉？大丈夫亦好自為爾。」球曰：「弟固有心者，特患少同志爾。」眾皆曰：「吳大哥苟有所命，生死以之。」時悉被酒（被酒，帶有幾分酒意）。球復言曰：「吾輩久遭殘暴，全臺憤怨。今若舉大事，推祐龍兄為首，以復明之旨，號召四方，則我臺同志必有助我者。」舉杯為誓，約期起兵。各散去。樞匿球家，招募漸眾。其黨余金聲與保長林盛友，約相助。盛佯許之，夜奔郡告變。郡吏聞，檄北路參將陳貴往捕。球謀拒之。初八日，集眾列械以待。分告南北，而召募未成，諸人疑懼不敢應。兵至，球力戰不敵，被捕。樞等六人亦同俘，燬其居。下郡訊，乃悉其謀，皆戮之。祐龍走入山，越五年而有劉卻之變。

劉卻亦諸羅人，為管事。精技擊，以武力雄一鄉，四方無賴群附之。歃血為盟，集健兒數百。所居村，盜無敢入者。眾中有謀起事者，慮卻不許，乃夜燃樟腦瓦上，火光熊熊，上灼雲漢（雲漢，天際）。卻見之大驚，眾相聚語，以為吉兆。卻頗自負，遂謀起事。當是時，明室雖亡，而種性（民族之性）之念，尚濡（ㄖㄨˊ，感染）人心。且臺自歸清後，視之亦不甚惜，守土官又無能為，卻輕之。穴地於舍，佯置田器，治軍械，約日舉兵。康熙四十年冬十二月初七日，遍召其黨，揚旗擊鼓，攻下茄苳營，燬之。襲茅港尾，入市中，汛兵見而走。附近熟番亦為亂，掠劫民家。卻退次急水溪。北路參將白通隆整軍以禦，鎮、道兩標亦發兵援之。十二日，官兵大集，戰於急水溪，殺傷相當。已而卻敗，黨人陳華、何正等十餘人皆死。卻入山，眾各散去。越二年，又謀起事，往來北港，密集其徒。二月上旬，至秀水莊，為官兵偵知。卻執棒立門外，上下飛擊，當者莫不辟易（辟易，退避）。乃火其居，奪圍出，中彈仆，禽之。解郡，戮於市。長子某亦杖斃，妻孥（ㄋㄨˊ，兒女）皆發配。

連橫曰：吳球、劉卻以編戶之細民，抱宗邦之隱痛，奮身而起，前後就屠。人笑其愚，我欽其勇。嗚呼！此豈有激而為者歟？

朱一貴列傳

朱一貴，少名祖，漳之長泰人，或言鄭氏部將也。明亡後，居羅漢內門，飼鴨為生。地遼遠，政令莫及，性任俠，所往來多故國遺民、草澤壯士，以至奇僧劍客；留宿其家，宰鴨煮酒，痛譚（談）亡國事，每至悲歔不已。當是時，昇平日久，守土恬嬉（安於逸樂嬉遊），絕不以吏治民生為意。一貴心易之。康熙六十年春，鳳山知縣缺，知府王珍攝縣篆，委政次子，事苞苴（收受賄賂），徵稅苛刻。縣民怨之。又以風聞治盟歃者數十人，違禁入山伐竹數百人，眾莫可訴。黃殿者，亦羅漢門人，與一貴善，謀起兵，誅貪吏，集眾數百人。三月，李勇、吳外、鄭定瑞等相率至一貴家。聚謀曰：「今地方長官但知沉湎（沉湎，沉迷）樗蒲（樗音ㄕㄨ。樗蒲，賭博）爾，政亂刑繁，兵民瓦解，欲舉大事，此其時矣。」一貴曰：「我姓朱，若以明朝後裔光復舊物，以號召鄉里，則歸者必眾。」僉（ㄑㄧㄢ，皆）曰：「可。」四月十九日，李勇、吳外、鄭定瑞、王玉全、陳印等五十有二人，就黃殿家奉一貴為主，焚表（道教儀式，焚燒表文）結盟，椎牛饗士，至者千數百人。樹紅旗，書大元帥朱。夜攻岡山汛，克之。報至，總兵歐陽凱議出師。中營游擊劉得紫請行，弗許。命右營游擊周應龍率兵四百往；又白道府，遣臺灣縣丞馮迪調新港、目加溜灣、蕭壟、麻豆四社番隨行。是日小雨，應龍行五里，駐半路店。翌日，復行十五里，屯角帶圍。一貴出槺榔林，敗把總張文學，多獲軍裝。應龍隔一溪，不能救。遂略（攻略）大湖而去。粵人杜君英居鳳山之下淡水，聞一貴起兵，揭旗應，有眾數百人。而郭國正、翁義起草潭，戴穆、江國論起下埤頭，林曹、林騫、林璉起新園，王忠起小琉球，皆願從君英，約一貴共事。於是一貴移屯岡山之麓。應龍至小岡山，兩軍遇戰。一貴退駐袁交友莊，應龍亦收兵回二濫，縱焚掠。土番乘勢多殺人，所在騷動。進紮楠梓坑（ㄒㄩㄣ），而君英已破下淡水汛矣。南路營參將苗景龍請援。應龍至赤山，一貴、君英合擊之，踉蹌（ㄌㄧㄤˋ ㄑㄧㄤˋ，狼狽）走。千總陳元戰死，把總周應遂被禽。一貴逐之，迫府治。君英亦別破鳳山，殺把總林富；守備馬定國戰敗自刎死。苗景龍走萬丹，為郭國正所殺，以其頭獻一貴。郡中驟聞赤山之敗，譁然大震，文武各遣眷窅遁，先後駕舟出鹿耳門。士民亦相率逃竄。總兵歐陽凱率兵千餘，出駐春牛埔；水師副將許雲亦率兵五百來會，時尚未有城也。軍中夜驚，鎮兵四散，黎明稍集。四月晦，一貴兵至。許雲拒戰，水師奮勇，陸師繼之。一貴稍卻，屯芊蓁林。五月朔，一貴復至，君英亦率所部來，眾可數萬。鎮兵未戰而潰，把總楊泰刺歐陽凱墜馬，眾馘（ㄍㄨㄛˊ，割取）其首。守備胡忠義、千總蔣子龍、把總林彥、石琳皆死，游擊劉得紫、守備張成俱被禽，許雲力戰，與游擊游崇功、千總林文煌、趙奇奉、把總李茂吉，皆陣沒，餘各駕舟逃。巡道梁文煊、知府王珍、同知王禮、臺灣知縣吳觀域、縣丞馮迪、典史王定國、諸羅知縣朱夔、典史張青遠偕走澎湖。君英先入，駐鎮署；一貴繼至，駐道署。出示安民，禁殺掠。開赤崁樓，鄭氏以貯軍器，四十年來莫有啓者，得大炮、刀鎗、硝磺、彈藥甚多。是日，諸羅縣人賴池、張岳、鄭唯晃、賴元改、萬和尚、林泰、蕭春等起兵應。越三日，破縣治。北路營參將羅萬倉戰死，賴池、張岳以其首來獻。眾見全臺俱得，奉一貴為中興王。一貴冠通天冠，黃袍玉帶，築壇受賀，祭天地列祖列宗及延平郡王，遵故明，建元永和。布告中外曰：「在昔胡元猾（ㄏㄨㄚˊ，擾亂）夏（指中原正統），竊號（僭稱天子的尊號）神州，穢德彰聞，毒逋（ㄅㄨ，逃散，此指散播）四海。我太祖高皇帝提劍而起，群士景從（景音ㄧㄥˇ。景從，緊相追隨，如影隨形），以恢復區宇（區宇，疆土），日月重光，傳之萬禩。逆闖不道，弄兵潢池（人不自量力而興兵作亂），震動京師，帝、后殉國。地坼（ㄔㄜˋ，裂開）天崩，椎心泣血。東南忠義，再造邦基，秣馬厲兵（完成作戰的準備），方謀討賊。何圖建虜（建虜，女真人），乘隙而入，藉言仗義，肆其窮凶。竊據我都邑，奴僇（ㄌㄨˋ，汙辱）我人民，顛覆我邦家，殄滅（殄音ㄊㄧㄢˇ。殄滅，滅絕）我制度。長蛇封豕（有如各種凶殘的猛獸），搏噬（拍擊啃咬，指暴力侵害）無遺。遂使神明胄子，降為輿臺（輿臺，服賤役、地位低微的人）；錦繡江山，淪於左衽（左衽，代指胡人文化）。嗚呼痛哉！延平郡王精忠大義，應運而生，開府思明，經略閩、粵。旌旗所指，喋血關河，使彼建虜，疲於奔命。則有熊羆之士（羆音ㄆㄧˊ。熊羆之士，勇敢善戰的將士），不二心之臣，戮力（戮音ㄌㄨˋ。戮力，合力）同仇，效命宗國。南京之役，大勳未集，移師東下，用啓臺灣。率我先民，以造新邑，遙奉正朔，永戴本朝。蓄銳養精，俟時而動。雖張堅之王扶餘、田橫之居海島，史策所載，猶未若斯之烈也。天未厭禍，大星遽殞（指鄭成功逝世），興王之氣，猝爾銷沉。然東都片壤，猶足以抗衡海上焉。嗣王沖幼，輔政非人，大廈將傾，一木難柱。以故權奸竊柄，偷事宴安，叛將稱戈，甘為罪首。滄海橫流，載胥及溺，茫茫九州，無復我子孫託足之所矣。哀哉！夫盛衰者時也，強弱者勢也，成敗者人也，興亡者天也。古人有言，炎炎之火，可焚崑岡（崑岡，崑崙山，此取其山巨大高聳之意）。

是以夏后一成，能復故國，楚人三戶，足以亡秦；況以中國之大，人民之眾，忠臣義士之眷懷本朝，而謂不足以誅建虜者乎？不佞（我的謙稱）世受國恩，痛心異族。竄逃荒谷，莫敢自遑（閒暇）。佇苦停辛（備受艱苦），垂四十載。今天啓其衷，人思其舊，揆（揣測）時度勢，否極泰來。爰（於是）舉義旗，為天下倡。群賢霞蔚（霞蔚，雲霧彩霞升騰聚集。群賢霞蔚，指人才聚集），多士雲興；一鼓功成，克有全土。此則列聖在天之靈實式（式，發語詞）以憑，而中興之運可操左券（操左券，有把握成功）也。夫臺灣雖小，固延郡平王肇（起始）造之土也。絕長補短，猶方千里。重以山河之固、風濤之險、物產之饒、甲兵之足，進則可以克敵，退則可以自存。博我皇道，宏我漢京，此其時矣。唯是新邦初建，庶事待興，引企英豪，同襄治理。然後獎師三軍，橫渡大海，會師北伐，飲馬長城；擣（攻破）彼虜庭，殲其醜類，使胡元之轍（轍，覆轍。胡元之轍，蒙古失敗的覆轍），復見於今，斯為快爾。所望江東耆艾（耆艾，老幼）、河朔健兒，嶺表孤忠，中原舊曲，各整義師，以匡諸夏。則齊桓攘夷之業，晉文勤王之勞，赫赫宗盟，於今為烈。其或甘心事敵，以抗顏（抗顏，原指面色嚴正不屈，此指不理他人眼光）行，斧鉞之誅，罪在不赦。夫非常之原，黎民所懼，救國之志，人有同心。敢布區區，咸知大義。二三君子，尚克圖之。」於是大封諸將：以王玉全為國師，王君彩、洪陳為太師，杜君英、陳福壽、李勇、吳外、翁飛虎、陳印、戴穆、鄭定瑞、郭國正、顏子京、楊來、黃殿、劉國基、黃日昇、江國論、王忠、林曹、薛菊、林騫、林璉、陳正達、張秀、賴池、賴元改、鄭唯晃、鄭文苑、陳成等為國公，張岳不受公爵，為將軍，陳燦、蘇天威等為侯，張阿山、卓敬、陳國進等為都督，蕭斌、詹遴為尚書，內閣辦事，蔴恩、林玉為輔弼大將軍。文自部科以下，武自副參以下，凡數十人。鄭定瑞、蘇天威尤驍勇，命率兵三千，守鹿耳門。飭（ㄔˋ，誡令）兵民蓄髮，復明制。

初，君英入府時，欲立其子會三為王，眾不服。君英恚（ㄏㄨㄟˋ，怨恨）甚，每事驕蹇（ㄐㄧㄢˇ。驕蹇，傲慢），掠婦女七人，閉署中。一貴出令禁淫掠。戴穆強娶民女，一貴殺之。洪陣私鬻官劄（ㄓㄚˊ，文書。官劄，代指官位），亦殺之。眾震悚。君英所掠女，有吳外戚屬。外請釋，不聽，怒欲相攻。一貴曰：「立國之初，宜嚴法典，如此妄舉，何以長民？」遣楊來、林璉讓之，君英不從，且拘使。一貴怒，命李勇、郭國正討之。君英敗，率粵人數萬，北走虎尾溪，駐貓兒干。淡水營守備陳策聞變，勒兵守要害。有范景文者潛入境，謀起事，被殺。策急遣人渡廈門請救。方是時，閩浙總督覺羅滿保既接臺變之報。兼程赴廈，檄南澳鎮總兵藍廷珍出師，而水師提督施世驃已先赴澎湖矣。六月十六日黎明，清軍抵鹿耳門。天威率兵據險，炮臺亦發炮以拒，別以小舟往來奮擊。清軍前鋒林亮、董方以六巨舟冒死進，發炮還攻。兩軍合戰，血濺聲喧，迄未勝負。亮望炮臺火藥堆積，彈中其中，轟然大震，烈焰燔（焚燒）空。天威退安平，清軍復至，與定瑞列兵迎。鏖戰數時，亮方陷陣，廷珍率大隊繼之，眾可五千。天威退駐東都。翌日，一貴遣楊來、顏子京、張阿山、翁飛虎率兵八千餘人，取安平。清軍拒戰，別以一隊會戰於四鯤身，及暮始息。越日，復戰於塗墼（ㄐㄧˊ）埕。其明日，一貴以李勇、吳外、張阿山、翁飛虎、陳印、楊來、郭國正等統兵數萬，駕牛車，列盾為陣，復取安平，大戰於二鯤身。飛虎氣銳，率所部烏龍旗為先鋒，驅車擁盾，冒炮火衝突而至。大隊繼之，頗殺傷。清軍不能當，䀛（ㄜˋ，通「愕」）眙（ㄔˋ，張大眼睛）相視。廷珍見勢迫，親督大炮，連環齊發，盾不能禦，飛虎棄車而走，短兵接戰，死傷枕籍（縱橫交錯躺在一起）。清軍援至，又以炮船附岸夾擊。飛虎猶力戰，終不敵，乃退保東都。一貴議戰守之計，王玉全曰：「東都之險，在於安平。安平已失，無險可據。不如退守諸羅，扼財賦之區，用民番之眾，表裏山河，猶無害也。」江國論曰：「古人有言，臥榻之側，豈容鼾睡？今清軍在安平，戰勝而驕，臣願率一旅，從西港仔偏襲之。邀天之幸，乃為後圖。」一貴曰：「將軍為國效命，忠勇可嘉。」命林曹、黃殿、林騫、林璉等偕往。世驃接報，密遣林亮、董方、魏大猷、洪平以兵千二百名來拒。翌早，廷珍知其事，急晤世驃曰：「謀必出於萬全，豈可怙（ㄏㄨˋ，依靠）勝輕舉？聞敵多在蕭壠、麻豆之間，西港仔乃其肘下，距府不遠，呼應立至；又多竹林可埋伏。彼如以數千人分布要害，四面掩擊，則我軍危矣。」世驃瞿然（瞿然，驚恐）曰：「如何？」廷珍曰：「我當親往。」二十一日初昏，留所部三分之一會攻府治，率舟師五千五百餘人而進。而國論已與林亮、董方大戰於蘇厝甲，清軍將敗。廷珍分兵八隊，自領麾下五百為中軍。國論邀戰，呼聲動地，無不奮勇突擊，死傷相當。然清軍勢盛，乃收軍而退。薄（接近）暮至犁頭店，夜往劫營，廷珍有備，不利。翌日，復戰於木柵。世驃亦率軍以攻府治之南，一貴自率諸將拒戰。自晨至於日旰（ㄍㄢˋ，日落），營壘盡失，乃率所部而北。世驃、廷珍以次入郡。捷報廈門，總督滿保以廷珍署臺灣總兵，命興泉道陶範賫（ㄐㄧ，持）上諭至臺，並署臺廈道事。汀州知府高鐸知臺灣府，建寧通判孫魯署臺灣府同知，兼攝縣事。海澄知縣劉光泗署鳳山，漳浦知縣汪紳文署諸羅。一貴之北去也，駐大穆降。廷珍以參將王萬化、林政等南下，收鳳山縣。顏子京、鄭定瑞等拒戰不利，遂被殺。以游擊林秀、薄有成等攻大穆降。一貴走灣裏溪。清軍追之。走下茄苳。

初，漳浦人王仁和往來溝尾莊，與莊人楊石善。知其族楊旭、楊雄等為一方巨擘，可與謀。以言餂（ㄊㄧㄢˇ，試探）之，石許焉。仁和密告廷珍，各與以守備、千總銜劄，令禽一貴。而蘇山、黃遵為、李祖賣書於楊旭，亦與謀。於是密糾溝尾等莊鄉壯以待。閏月初五日，一貴率千數百人至。旭、雄椎牛饗之，許號召六莊子弟以助。一貴曰：「能如是，豈唯孤受其賜；其自太祖以下實嘉賚（ㄌㄞˋ，賜與。嘉賚，嘉賞）之。」翌日，赴月眉潭莊，雄邀其歸。薄暮大雨，分所部居，集六莊鄉壯佯為守護，潛以水灌所帶之炮。夜闌（夜深）大呼，一貴驚起，伏者盡出，遂被禽。王玉全、翁飛虎、張阿山在焉，吳外、陳卻率眾突圍出，餘多走。旭縛一貴置牛車，赴八掌溪，交游擊林秀解赴世驃營。廷珍會訊。一貴岸然立。廷珍叱之跪，不從。廷珍罵曰：「朝廷深仁厚澤，待汝不薄。汝何反？速自陳。」一貴曰：「孤為大明臣子，興師光復。何言反？汝等堂堂漢人，甘心事虜，乃真反爾。」廷珍怒，命捶其足，至不能立，伏地而號。顧飛虎曰：「大丈夫死忠義爾。事之不成，天也。卿其無懟（ㄉㄨㄟˋ，怨恨）。」對曰：「君有所命，敢不勉從。」於是檻送廈門，滿保命解赴北京。

初，賴池、張岳既據諸羅，北路營千總陳徽、把總鄭高遯（ㄉㄨㄣˋ，逃遁）入山，已而起兵來奪，殺賴元改，以其頭祭參將羅萬倉。一貴聞報，檄翁飛虎、江國論救之，復得諸羅。至是廷珍命游擊朱文福、謝希賢等率兵至，萬和尚被殺，楊來亦為大排竹人所戮。於是吳外、陳印、李勇、陳正達、林曹、林騫、林璉、鄭唯晃、張看等次第被禽。淡水營守備陳策已引兵南下半線，謝希賢亦以兵北上，與援淡之軍合。先是一貴起兵時，下淡水莊粵族侯觀德、李直三等不從，獨建大清義民旗，聯絡各莊，籌戰守。一貴遣陳福壽、劉國基、薛菊、王忠、劉育等率眾數萬攻之。六月十九日，大戰於下淡水溪。劉育陣歿。福壽敗自刎，為左右所救，乃入山。劉國基、薛菊、王忠俱奔琅璚。外委陳章聞之，與林尚、蘇庚駕船往，說以投誠。三人皆首肯。有提督差官至，舉動傲岸，責以拜跪。王忠曰：「今若此，至郡可知」，遂遁去。章以劉國基、薛菊見廷珍。七月，江國論、鄭元長集餘黨，樹旗於阿猴林。廷珍發兵往，國論、元長俱竄北路。差員張騰霄邀之俱至。杜君英之去也，久處羅漢門山中。及聞陳福壽就撫，心稍動。廷珍檄守備施恩、陳祥說降。君英恐被紿（ㄉㄞˋ，欺騙），欲見福壽，詢情實。廷珍即命福壽往。君英果出。越三日，其子會三亦出，皆留署中。居有頃，廷珍呼君英等至幕下，紿之曰：「頃得制府來書，欲授若輩備弁（武官）。今有船可速赴廈考驗。」國論不可。廷珍叱曰：「汝福薄，固知非有官相者。」君英許諾；國論知不可留，亦請行。遂與陳福壽、鄭元長、杜會三俱赴廈門。清保奏解北京，與一貴對質。訊之日，刑官問一貴曰：「汝一匹夫，敢謀大逆，果何為者？」一貴曰：「欲復大明爾。」於是與李勇、吳外、陳印、王玉全、翁飛虎、張阿山俱被磔（ㄓㄜˊ，分裂肢體），親屬同坐。杜君英、杜會三、陳福壽以就撫故，斬於市。黃殿、江國論、鄭元長等亦先後就戮。唯王忠竄入後山卑南覓，數年乃獲。詔以臺變文武諸員，令總督、提督會審。十二月十八日，悉斬於臺灣。而一貴之役次第平。

連橫曰：朱一貴之役，漳浦藍鼎元從軍，著《平臺紀略》，其言多有可採。而曰：「臺人平居好亂，既平復起。」此則誣衊臺人也。吾聞延平郡王入臺之後，深慮部曲之忘宗國也，自倡天地會而為之首，其義以光復為歸。延平既沒，會章猶存。數傳之後，遍及南北，且橫渡大陸，浸淫於禹域人心，今之閩、粵尤昌大焉。婆娑之洋，美麗之島，唯王在天之靈，實式憑之。然則臺灣之人固當以王之心為心也。顧吾觀舊《志》，每衊延平大義，而以一貴為盜賊者矣。夫中國史家，原無定見，成則王而敗則寇。漢高、唐太亦自幸爾，被豈能賢於陳涉、李密哉？然則一貴特不幸爾。追翻前案，直筆昭彰，公道在人，千秋不泯。鼎元之言，固未足以為信也。

歐陽凱列傳

歐陽凱，福建漳浦人。康熙五十七年，任臺灣鎮總兵，加左都督。

六十年春，朱一貴謀起事。有粵人高永壽者，負販（擔貨販賣）為生，途次見一病人，餓且死，救之，亦不問其姓名。一日至南路，遇之，欷歔感泣。引入山，置酒待，皆見一貴，刀鎗森列，具言起兵事。邀入黨。佯許之，乘間走赴南路營告變。弗信。至府，復告鎮署，凱亦弗信，且以為狂。會巡道梁文煊鞫（ㄐㄩˊ，訊問）問，坐妖言惑眾論死，從寬遞回原籍。

方是時，文恬武嬉，固不以治亂為意。已而一貴果起事，破岡山汛。報至，中營游擊劉得紫請行，不許。右營游擊周應龍，龐然魁偉，議論風生。令以兵四百人往。大敗而逃。一貴逐之，迫府治。凱率鎮兵出駐春牛埔，軍中夜驚，黎明稍集。五月朔，一貴來攻。鎮兵內亂，把總楊泰刺凱墜馬，馘首去。右營守備胡忠義、千總蔣子龍、把總林彥、石琳皆戰沒。府治遂陷。事平，詔贈太子少保，賜祭葬，廕一子以守備用。

忠義，陝西長安人。子龍、林彥皆福建閩縣人。琳，永定人，為汀州鎮標中營把總，適帶班兵渡臺，赴戰死。馬定國陝西人，為臺灣南路營守備，死於鳳山。陳元，福建侯官人，為鎮標左營千總。林富，福建長汀人，為南路營把總。皆死於赤山，各予卹，賜祭葬，廕一子以衛千總用。孫文元，雲南人，康熙五十七年任臺灣鎮左營游擊，及是兵敗，走鹿耳門，投海死，贈拖沙拉哈番（拖沙拉哈番，清朝爵名，即舊所謂外所千總），予卹，賜祭葬，廕一子以守備用。俱祀忠義祠。

許雲，福建海澄人，康熙五十七年，任臺灣水師副將。朱一貴之役，南路既失，總兵歐陽凱出駐春牛埔，雲率水師援之。五月朔，一貴攻府治。鎮兵敗，凱死，雲衝突血戰，與游擊游崇功、千總林文煌、趙奇奉、把總李茂吉奮臂大呼，所向披靡。自黎明至於日中，矢窮炮盡，雲重創，墜馬步行，猶手刃數十人；弁兵俱沒。次子方度在旁，顧之曰：「吾為副將，義當死。汝其速突圍出，將安平、鹿耳門各炮封釘，無畀（ㄅㄧˋ，給予）敵。」方度從之。雲遂陣沒。事聞，贈他拉布勒哈番（拉布勒哈番，清朝爵名，即騎都尉）世襲，賜祭葬，廕一子以守備用。方度後隨參將王萬化攻鹿耳門、安平鎮，有功，補臺灣鎮中營游擊。

崇功，漳浦人，康熙六十年春，任水師左營游擊，巡哨笨港。聞報，以兵還至鹿耳門，見文武眷舟逃出，嘆曰：「官者，兵民之望。官眷逃，則人心散，大事去矣！」登岸赴敵。婿叩馬請區處（區處，分別處置）家屬，叱之曰：「今日遑知有家哉！」麾軍至春牛埔，手持大刀，左右馳突。遂戰死。贈拖沙拉哈番，賜祭葬，廕一子以守備用。奇逢廣東人，文煌候官人，茂吉漳浦人，俱賜祭葬，廕一子，以衛千總用，入祀忠義祠。安平人士憫其死，別建五忠祠以祀。

羅萬倉陝西寧夏人。康熙五十八年，任臺灣北路營參將，駐諸羅。朱一貴之役，府治既失，萬倉驟籌戰備。五月初四日，賴池、張岳、鄭維晃等率眾來攻。萬倉與千總陳徽、把總鄭高、葉旺分門拒之，而自當其南，奮戰尤烈。顧無援，所部略盡。陳碧以鎗刺其喉，顛，張岳、賴元改揮刀斬之，其頭獻一貴。妾蔣氏見乘馬逃歸，濺血被體，大呼曰：「吾夫其死矣！」遂自縊。事聞，贈拖沙拉哈番世襲，賜祭葬，廕一子以守備用。蔣氏，下旨旌表（旌音ㄐㄧㄥ。旌表，表彰），祀節烈祠。

藍廷珍列傳

藍廷珍，字荊璞，福建漳浦人。少勤恪力田，忽有所懷，喟然嘆曰：「吾其為持戟之士乎！」族祖理鎮舟山，釋耒（農具）從之。康熙三十四年，擢把總，累遷至溫州鎮右營游擊。獲海寇有功，五十八年春，遷澎湖副將，尋授南澳鎮總兵。六十年夏五月，臺灣朱一貴起兵據府治。聞警，簡師徒，治軍實，上書總督滿保請行，並陳進兵事宜。滿保赴廈，途次得書大喜，命統水陸軍萬二千名、戰船四百餘艘伐臺。而水師提督施世驃已先至澎湖矣。會議軍略，部署既定，以林亮、董方為先鋒。六月十六日，進攻鹿耳門，克之。復攻安平，再克之，逼府治。一貴敗不敢出。世驃用降者計，夜遣林亮、董方率兵千二百從西港仔暗渡，以出府治之背。廷珍見曰：「此誠奇計。顧彼眾我寡，脫有失，將奈何？」世驃曰：「然則何如？」曰：「公宜速遣將弁至瀨口、塗墼埕等處分道夾擊。某當親率大軍，以繼林、董二將之後，方可萬全。府治恢復，在此數日間爾。」平明，大戰於蘇厝甲，一貴稍卻；復戰，追之至木柵，又敗之蔦（ㄋㄧㄠˇ）松溪。一貴北去。遂入府治，而世驃至。閏八月，一貴被禽，地方漸平。署臺灣鎮總兵，仍統諸軍。九月，世驃卒，署理提督印務，遂撫杜君英父子而械之，餘黨悉平。

滿保以經理臺疆，擬畫沿山之界，禁出入。廷珍復之，略曰：「人情安土重遷，既有田疇廬舍、室家婦子環聚耕鑿，一旦驅逐搬移，不能遍給以資生之藉，則無屋可住、無田可耕，失業流離，必為盜賊，一可慮也。其地既廣且饒，宜田宜宅，可以容民畜眾，而置之空虛，無人鎮壓，則是棄為賊巢，使奸宄（ㄍㄨㄟˇ，歹徒）便於出沒，二可慮也。前此臺地何人非賊，國公、將軍而外，偽鎮（明鄭的遺民）不止千餘，今誅之不可勝誅，俱仍安居樂業；而獨於附近賊里之人，田宅盡傾，驅村眾而流離之，鄰賊之罪，重於作賊，三可慮也。臺寇雖起山間，在郡十居其九，若欲因賊棄地，則府治先不可言；況郎嶠（郎嶠，即「瑯嶠」）並無起賊，雖處極邊，廣饒十倍於羅漢，現在耕鑿數百人，番黎（黎，此指漢人）相安，已成樂土，今無故欲蕩其居，盡絕人跡往來，則官兵斷不肯履險涉遠而巡入百餘里無人之地；脫有匪類聚眾出沒，更無他人可以報信，四可慮也。鋸板抽籐、貧民衣食所係，兼以採取木料、修理戰船，為軍務所必需，而砍柴燒炭、尤人生日用所不可少，暫時清山則可，若欲永永禁絕，則流離失業之眾，又將不下千百家，勢必違誤船工，而全臺且有不火食之患，五可慮也。疆土既開，有日闢，無日蹙，臺地宋、元以前，並無人知，至明中葉，太監王三保舟下西洋，遭風至此，始知有此一地，未幾而海寇林道乾據之，顏思齊、鄭芝龍與倭據之，荷蘭據之，鄭成功又據之，國家初設郡縣，管轄不過百餘里，距今未四十年，而開墾流移之眾，延袤（ㄇㄠˋ。延袤，連亙）二千餘里，糖、穀之利甲天下，過此再四、五十年，連內山山後野番不到之境皆將為良田美宅，萬萬不可遏抑，今乃欲令現成村社，廢為坵墟，厲禁不能，六可慮也。曩（ㄋㄤˇ，昔）者諸羅令周鍾瑄有清革流民以大甲溪為界之請，鳳山令宋永清有議棄郎嬌之詳，今北至淡水、雞籠，南盡沙馬磯頭，皆欣然樂郊，爭趨若鶩，雖欲限之，惡得而限之？職等愚見，以為人無良匪，教化則馴，地無美惡，經理則善。莫如添兵設防，廣聽開墾。地利盡，人力齊，雞鳴狗吠相聞，而徹乎山中。雖有盜賊，將無逋逃之藪（逋逃之藪，逃亡時躲藏的巢窟）。何必因噎廢食，乃為全身遠害哉？今竊議於羅漢內門中埔莊設汛防兵三百名，以千總一員駐劄（駐劄，駐留外地，處理事務）其地，郎嬌亦設千總一員、兵三百，控扼極邊一帶。三、六、九期操演之外，准其自備牛種，就地屯田，以為餘資，雖險遠而弁兵便焉。槺榔林在平原曠土之中，杜君英出沒莊屋，久被焚毀。附近村社，人煙稠密，星羅棋布，離下淡水營內埔莊汛防不遠，無庸更議。至各處鄉民欲入深山，採取樹木，或令家甲鄰右互結，給與腰牌，毋許胥役需索牌費一分一釐，聽從其便。伏讀憲檄（憲檄，長官所發檄文），添防之制，宜速議定，以便題覆。夫今所宜更議者，唯羅漢門、郎嬌而已矣。外此則移八里坌（ㄅㄣˋ）汛千總駐劄後壠，為半線、淡水適中之地，及添設文員諸事，尚未舉行。其餘俱經遵照憲檄，於南路添設下淡水營守備，帶兵五百駐新園；設岡山守備，帶兵五百，駐劄淡水溪埔，扼羅漢門諸山出沒竇徑（竇徑，各種旁門支徑）；北路添設半線守備一營，帶兵五百，居諸羅、淡水之中，上下控扼，聯絡聲援；以諸羅山守備駐劄笨港，增兵二百名；添設下茄苳守備一營，兵五百；郡治添設城守游擊一營，兵八百，與鎮標三營相埒（ㄌㄜˋ，相等）；再加羅漢門、郎嬌各添設汛防兵三百，則全臺共計增兵三千六百名，較憲檄前指之數，止多一百。但此三千六百之兵，不須請旨額外添設，就內地各標營分額招募，按班來臺，如往例三年一換。然後內地不至空虛，無顧子失母之病。諸羅地方遼闊，鞭長不及，應劃虎尾溪以上，另設一縣，駐箚半線，管轄六、七百里。鹿子港雖口岸扼要，離半線僅十五里，不用再設巡檢。將巡檢設在淡水八里坌，兼顧雞籠山後。笨港設巡檢一員，駐箚笨港。佳里興巡檢仍還佳里興駐箚，兼管目加溜灣。移典史歸諸羅縣治。南路鳳山營縣，雖僻處海邊，不如下埤頭孔道衝要，然控扼海口，打鼓、眉螺諸港乃匪類出沒要區，當仍其舊，不可移易。添設鳳山縣丞一員，駐箚搭樓，稽察阿猴林、篤佳等處，彈壓東南一帶山莊。下淡水巡檢一員，不許留郡，仍令駐箚下淡水，稽察淡水以南各莊及諸海口。臺、鳳、諸各縣各練鄉壯五百名，在外縣丞巡檢各練鄉壯三百名，無事則散之隴畝（隴畝，田畝），有役則修我戈予，鄉自為守，人自為兵，此萬全之道也。」滿保韙（ㄨㄟˇ，是）之，乃罷議。

六十一年，廷議以兩次平臺，皆先駐軍澎湖，而後進兵，將移總兵官於此，而府治僅設陸路副將。廷珍以為不可，上書論之，語在〈軍備志〉。而提督姚堂亦上奏，仍以總兵官駐臺灣。廷珍乃籌善後之策，論築城，增戍兵，行保甲，辦團練，語多可採。以次班師。雍正元年冬十月，授福建水師提督，加左都督，世襲三等阿達哈哈番。既至，整飭軍務，信賞必罰，愛惜賢才，所汲引者，多位至節鉞（節鉞，掌握調度的將領），軍民皆歡戴之。七年冬十一月，卒於任，年六十有六，賜帑治喪，贈太子少保，諡襄毅。孫元枚亦有名。

元枚，字簡侯，乾隆三十三年，以世職補廣東參將，尋擢副將。三十八年，遷臺灣鎮總兵，調金門鎮。四十九年，授江南提督。五十二年，臺灣林爽文起兵，南北遏絕，諸將無功。廷議以元枚熟悉情形，命馳驛泉州，署陸路提督。時水師提督黃仕簡、陸路提督任承恩擁兵不進，詔奪承恩職，以元枚代之。四月，參贊軍務。督福建兵二千，由蚶（ㄏㄢ）江渡鹿港，進規彰化。後至浙兵，亦歸節制。六月，會總兵普吉保攻柴坑，獲勝，下旨嘉獎，賞戴雙眼花翎（花翎，清代官員的冠飾）。尋奏約會柴大紀夾攻斗六門，未平。八月，卒於軍，下旨憫悼，贈太子太保，發帑治喪，賜祭如禮，謚襄毅。易名之典，與乃祖同，亦佳話也。

林亮，字漢侯，福建漳浦人。生四歲喪母，伶丁孤苦，然性不羈，好結納當世賢豪。嘗曰：「男子桑弧四方（桑弧四方，以桑木製弓，蓬草作矢，射向天地四方，義取男兒長成亦必如蓬矢般雄飛四方），安能屈守鄉閭（ㄌㄩˊ。鄉閭，鄉里），長為農夫沒世哉？」屬濱海多事，決意從戎。習騎射刺擊，留心海務。島澳險夷，舟航利鈍，營陣戰伐，靡不講求熟悉。識者覘（ㄓㄢ，觀察）其有將材矣。康熙四十五年，擢臺灣水師右營把總，累遷至澎湖右營守備。六十年夏，朱一貴起事，全臺俱陷，文武守臣，或死、或逃澎湖。澎、臺隔一水，居民洶洶。澎協將弁以孤島難守，僉議撤歸廈門，各出屬登舟。亮力排眾議，按劍厲聲曰：「朝廷封疆，尺寸不可棄。我等享昇平、食祿廩，捐軀報國，正在今日。焉有鋒刃未血，而相率委去耶？大丈夫死忠義耳，寧能駢首（駢首，駢首就戮之省，一併被刑殺）市曹，為法吏所辱？請整兵配船，守禦要害，決一死戰。戰不捷而亮死，公等歸亦未遲。」皆曰：「諾，願死守。」亮馳出江干，申主將號令，驅官民家屬各登岸，敢言退廈者斬。眾心始固。又以臺米弗至，慮行間乏食，捐家財，買穀碾米給軍，製造攻戰器械及諸軍需，以俟進討。既而水師提督施世驃、南澳總兵藍廷珍統兵至澎，以亮與千總董方為先鋒，領舟師五百七十人自澎進發。六月十六日黎明，至鹿耳門，奮勇爭先，以六艦冒死直進。遙望炮臺火藥堆積，命施巨炮攻之。火起，即奪炮臺。乘勢攻安平，又克之。鹿耳、安平皆天險，臺之要害；一日兩捷，清軍大振。十七、十九兩日，又戰於鯤身。亮駕舟夾擊，橫衝敵陣；朱軍又敗，退保府治。已而世驃命亮與董方、魏大猷、洪平率兵千二百人，由間道（間道，捷徑）暗渡西港，以出府治之背；廷珍復統大軍繼之。二十二日黎明，大戰於蘇厝甲，連戰連捷，遂復府治，紀功第一。

總督滿保以軍前諸將，問誰可當大任。廷珍復曰：「水師提標營游擊林秀、南澳鎮左營守備呂瑞麟，皆剛愎傲上，有好大飛揚之氣，然膽略並優，勇敢出群，實國家之驍將也。秀矜誇，瑞麟沉鷙（ㄓˋ，凶狠勇猛）。秀不拘細謹，瑞麟凜於操持。弗擁節旄（ㄇㄠˊ。節旄，繫於竿首的犛牛尾，為天子賜給使者的信物），二人俱弗肯已，但瑞麟似較遠大爾。閩安協左營游擊朱文，小心謹慎，雖剛毅不足，而可當一面藩籬（藩籬，駐守以防禦）之寄。汀州鎮左營游擊王紹緒，整飭營伍，有輕裘緩帶（輕裘緩帶，態度閒適從容）之風。福寧鎮右營游擊郭祺，老成練達。海壇鎮左營游擊謝希賢，簡易果敢，雖不無鹵莽之處，要自瑕不掩瑜。撫標左營游擊邊士偉，曉暢軍務。金門鎮右營游擊薄有成，質直嚴肅。陸路提標右營守備康陵，壯猷（偉大的謀略）沉厚。漳浦營守備蘇明良，謙和謹飭。烽火營守備蔡勇，雄偉樸實。興化協左營守備劉永貴，剛勁端嚴。諸人氣度，似與偏裨（ㄆㄧˊ。偏裨，副將）稍別，皆太平之良帥也。澎湖協右營守備林亮，平臺首功，且有抗守澎湖之大節，人品將略，在軍前諸將以上，提鎮之任，靡所不宜。將軍標右營游擊魏天錫、海壇鎮右營守備魏大猷，係同胞兄弟，皆奇諳水性，能頂盔束甲游海面，又能赤身入海底，潛行一、二百里。如安平鎮至臺灣府水程五十里，大猷、天錫入海中潛行，頃刻即至。同安營守備葉應龍，銅筋鐵骨，刀棍不能傷，以石擊其頭，石反碎。三人皆奇傑卓犖（ㄌㄨㄛˋ。卓犖，卓絕超群），非尋常將弁可比，畀以封疆，誰曰過分？但魏天錫已病，恐不及待節鉞爾。千總董方、胡廣、王郡、林君卿，皆將帥才。董方好大矜功（矜功，自誇功績），恐未免為人所嫉。胡廣勇銳英發，王郡厚重精明，殊不可量。林君卿果敢質實，罔憚（ㄉㄢˋ，畏懼）勤勞。四人皆志切上進，不願以偏裨自擬。雖現居下弁，勃勃有封疆之氣，未可以名位微末少之。」滿保得書大喜，以白金四百兩勞亮，手書褒揚。嗣陞安平水師副將。而瑞麟等多官至提鎮，如廷珍言。

劉得紫，字樹公，直隸文安人，寄寓遼陽，遂家焉。父朝英，為江夏知縣，卒於官。少孤苦，好讀書，尤工騎射。康熙四十七年，由步軍校累遷至侍衛。五十九年，調臺灣鎮中軍游擊。六十年夏四月，朱一貴起事，得紫請討。總兵歐陽凱不許。遣右軍游擊周應龍往，敗績。一貴進攻府治。凱率所部駐春牛埔，得紫從。五月朔日，大戰於中路口。鎮兵覆，還救不克，遂被禽，羈之學宮朱子祠，以禮待之，不得死。一貫聞其義，遣人進食，不食。數日，同難陳士珍貽紫陽綱目三卷，旦夕讀，幾忘饑渴。七日仍不死。把總張文學、贊禮生陳時遇知其意，親為煮粥勸進。得紫流涕曰：「食祿不分憂，乘馬不濟難，縱彼憐我而生，吾何面目見東寧父老乎？」當是時，一貴與杜君英謀相併，不和，諸生林皋、劉化鯉言其事，始少食。眾醜金錢衣物相繼。有舊兵見其臥地，移一榻與之，泥水匠亦贈一氈，皆不識其名。六月十六日，官軍克鹿耳門，復安平鎮。得紫聞之大喜。越數日，一貴敗，守者盡去，乃得出。叩統帥麾下，請立功贖罪，募壯丁百五十人隨征北路，歷戰有功。閏月初七日，溝尾莊人以計禽一貴，得紫領兵應之。事平，臺人士以其守節白於總帥，請旌之。

楊、殷、阮、王列傳

楊文魁，字子偉，號逸齋，奉天人。康熙二十三年，以都督僉事任臺灣鎮總兵。時臺方歸清，疆域初定。文魁分布營汛，講求軍務。又立義塾，延內地名儒為師，置學田，資膏火。以是來者愈眾。始，文魁為大學士巴泰所舉。及藍理入覲，上問：「臺灣總兵若何？」對曰：「練兵馬，興學校，潔己奉公，兵民相安。每日唯食腐菜。」翌日，上謂巴泰曰：「楊文魁為封疆大臣，唯食腐菜，可謂清矣。」時藍理奏言臺灣屯田，可省兵餉。欲於臺兵萬人之中，以四千發屯。事下督撫提鎮議奏。文魁疏言：「臺灣之田皆民業，奪為兵田，已萬不可；況兵皆內地調徙，父母妻子，隔海相望，誰肯舉家渡海，以事屯田乎？」從之。兵民皆喜。及舉軍政，被劾者無怨言，而所拔將弁，多至鎮帥有聲。二十六年，陞本旗副都統。民兵念其德，繪像立祠。未至京，擢都統。

殷化行，字熙如，陝西咸寧人。年二十，中武科。康熙八年，成進士。二十六年，任臺灣鎮總兵。臺為海外奧區（奧區，腹地），閩、粵分處，民俗尚武，而生熟番又居其間，號為難治。化行既至，宣布德教，軍民無猜。時方議築城，化行以地多浮沙，易震動，不可築。而孤懸海外，唯仗中國威靈，軍民一心，以屏藩之。議遂止。乃僅建鎮署木城，繕甲厲兵，時其訓練，以壯軍容。

初，鄭氏行永曆錢。及歸隸（歸隸，歸清朝治理）後，有司請更鑄。部頒臺字錢式，臺錢較小，不能行於各省。商旅得錢，必降價易銀歸。鑄日多而錢日賤，每銀一兩至易錢三、四千文。而給兵餉則銀七、錢三；以官值市物，民多閉匿弗與，幾激變。化行嚴防剴（ㄎㄞˇ，規過勸善）諭，屢請停鑄，督撫不聽。及調鎮襄陽，入覲，乃言其弊。上愕然曰：「此大有關係，若在任時，胡不言？」對曰：「武臣不敢與錢穀事。」命具疏，果格於通政司。再上，並以上旨白之，始得達。下戶部議，不行。又下福建督撫議，乃停鑄。兵民咸便。越數年，移鎮寧夏。後以從征厄魯特有功，事在《清史》。

阮蔡文，字子章，號鶴石，福建漳浦人。父賈江西，遂寄籍新喻。年十一，能屬文，而性剛猛，好弄刀槊（ㄕㄨㄛˋ，一種長矛），鄰兒畏之。十三補諸生，越十二年乃舉於鄉，數應春官不第。巡撫張伯行邀入鰲峰書院，以講洛閩之學，分纂先儒書。五載，乃歸葬母。康熙五十一年，以說海賊陳尚義投誠，召見便殿。上問曰：「書生此行良苦。頗驚怖否？」對曰：「臣仰仗威靈，頑梗（固執不通）革面（改過遷善）。無所怖。」議功為知府，授陸涼。未行，改授廈門水師中營參將。明年，調北路營。諸羅知縣周鍾瑄，循吏也，一見如舊。戢（收聚）吏卒，撫番黎，飭部伍，躬歷沿海，增置營汛。北路地方千里，半線以上，民少番多。大肚、牛罵、吞霄、竹塹諸處，山川奧鬱，水土苦惡。南崁、淡水窮年陰霧，罕晴霽，硫磺所產，毒氣薰蒸，戍卒多病死，巡哨未至。文擬往視，左右諫止，不聽。自賫（ㄐㄧ，持）帳落，具脯糒（ㄅㄟˋ，乾飯），日或於馬上賦詩，夜燃燭紀所歷地里、山溪、風候、土俗。為文祭戍亡將士，悽愴激烈，聞者感泣。山谷諸番具牛酒迎，一一拊循（拊循，慰撫）。召社學童番坐幕下，與之語，曰：「吾，汝師也，毋懼。」能背誦四子書（《論語》、《孟子》、《大學》、《中庸》）者，旌以銀布。為講孝弟、力田之道。諸番咸喜。竟中瘴病，遷福州城守營副將，赴京道劇，卒於宿遷，年五十。

王郡，字建侯，陝西乾州人。康熙六十年，以千總從軍，收復臺灣有功，後為南路營參將。雍正六年，陸臺灣鎮總兵。七年，平鳳山山豬毛番之亂。九年，彰化大甲西番林武力反，北路騷動，而鳳山吳福生亦乘勢起事。總兵呂瑞麟方討番，府治空虛。時郡已授水師提督，聞報，急遣游擊李榮率兵往。已而諜告福生攻陴頭甚急，即自統兵夜發，與參將侯元勳、守備張玉三路會攻。福生敗走，越日就擒，鳳山平。瑞麟無功，且被圍，徵兵府中。總督郝玉麟檄郡討番。郡至鹿港，遣參將李蔭樾、游擊黃貴等合兵攻阿束社，參將靳光瀚、游擊林黃彩等各扼隘口，遂渡大甲溪，直抵其地，屢有斬獲。林武力敗走南日山，地絕險，僅有樵徑。郡督師而上，躬冒矢石，開炮以攻，聲震山谷，進搗其巢穴，焚積聚，群番驚慴，各乞降，遂縛林武力以獻，斬之，北路平。乃就水師提督之任。

奎林，滿州人。乾隆五十八年，任臺灣鎮總兵。臺灣之兵皆調自福建，各分氣類（氣類，氣味相投之人），私立公廳，以為聚議之所。提標之兵據寧南坊，同安之兵據東安坊，而漳鎮、詔安、雲霄則據鎮北坊，本地募兵亦據西定坊，各擁一隅，包娼聚賭，眾莫敢犯。小則虜人越貨，大則挾械以爭，有司畏葸（ㄒㄧˇ。畏葸，懼怯）莫敢治，將弁亦隱忍聽之，懼其變也。林至，聞其事，嚴治之。諸兵挾眾繳刀銃，林許之。示期，令五人為一牌，以次入繳。林乃張軍幄，置令箭，傳五人入。久之不出。又傳五人，亦不出。如是者三。諸兵在外待。頃之，擲五頭出。眾驚走。其已入者叩頭求免，乃杖而革之，一軍肅然。

連橫曰：臺灣為海疆重鎮。水陸之士，號稱萬人。而寄其權於總兵。給方印，建旗鼓，以節制民番。其任大矣。文魁清操，不奪民田；化行惠民，能言錢害；王郡嚴明，威加醜虜（醜虜，眾多敵人）；奎林沉毅，法勒驕兵：是皆干城之選也。若文之循循儒雅，馬上賦詩，尤有投壺（投壺，宴會時的娛樂，賓主依次投矢於壺中，以投中次數決定勝負）之概焉。

譯文

吳昆財、黃美玲、張崑將、張溪南・注譯

施琅列傳／吳昆財

施琅（一六二一－一六九六）字琢公，福建晉江人。少年從軍，唐王（一六〇二－一六四六）在福州登基，授官左先鋒，是平西侯鄭芝龍（一六〇四－一六六一）部將。不久，芝龍投降滿清，兒子成功（一六二四－一六六二）在臺南安平起兵，施琅和弟弟施顯追隨，在南澳收集數千士兵，之後攻占金門和廈門。施琅年紀輕，號稱懂兵法，所以恃才而倔強。曾有標兵犯了罪，從鄭成功處逃出，被施琅逮到欲治罪。成功緊急發令勿殺，竟仍遭到殺害。成功憤怒逮捕施琅和其全家，甚至殺了施琅的父親和施顯；顯當時正支援清剿左鎮。施琅當夜出逃，但環視四周都是海水，無法渡逃，於是在荒山野谷藏匿三天，幾乎餓死。正巧遇到一位佃兵在清理田園，施琅向他說明這事。佃兵聽過施琅的才華，惜才，提供飯食。成功急著捉拿施琅，表示：「不捉回這個人，必成後患。」下令國內若有藏匿者，誅其全族。於是琅偕同佃兵前往部將蘇茂家裡。茂大驚失色，收留施琅二天，官兵追跡而來。茂把施琅藏於臥室內，僥倖躲過一劫。但認爲不可久留，蘇茂乃借了施琅一艘船、一把劍、一個童僕，趁夜渡水過五通再入安平。之後，施琅降清，授同安副將，再遷升爲總兵。康熙元年（一六六二），再拔擢爲水師提督。二年（一六六三），跟著討伐兩島，因功加右都督一職。四年（一六六五），再掛靖海將軍印，上疏奏請攻打臺灣。夏四月，從銅山率軍而出，到了外海，因受颱風阻撓而回。六年（一六六七），清廷命令孔元章來臺商議條約，延平郡王鄭經不同意。施琅聽聞後，上奏。七年（一六六八），再上奏：「鄭經逃竄到臺灣，負嵎頑抗。去年朝廷派官員招撫他，卻未見鄭經誠心歸服之意。臣思索統一天下，豈能讓這餘孽鄭經盤踞在絕遠的臺灣之島，而將五省邊海地區劃爲境外，以躲避患害？況且東南地區田園豐腴，魚鹽之鄉，最是財賦豐富之地，頗有助於使中國更富裕，不可拿它和塞外風土苦寒之地相比。倘若不討伐平定臺灣，非但賦稅減少、百姓日漸困窘，就這種邊防業務長期成爲定例，經常性的錢糧軍費支出必定加倍，這是輸送其他外省有限的糧餉，年年協防助養邊境之兵，哪裡是盡頭之地。萬一有犯罪害怕的小兵、冒死行險的窮民，把臺島作爲竄逃藏匿的巢穴，似乎也不是長治久安之計。而且鄭成功有十個兒子，再晚不過數年，都將長大成人。如果其中出現一、二個才智機敏者，他們再重整黨羽朋類、勾結外島勢力，聯合原住民，其實力、側翼再次恢復並擴張，終將成爲後患。我們邊境海防水師雖然布署周密，以臣觀察，只能自守而已；若想派軍出海征剿臺灣，實在不太可行。況且這些精通習熟海戰的將官越趨老化和稀少，如何能夠長久憑恃？查知從前明時，澎湖百姓有五、六千人，原來住在臺灣的則有二、三萬人，都從事捕漁農耕。到了順治十八年（一六六一），鄭成功帶去三萬多個水陸官兵和眷屬中，其中軍伍士兵不滿二萬。康熙三年（一六六四），鄭經再帶去官兵眷屬約六、七千人，當兵者不過四千。然而數年來，在那裡因不服水土，病故和傷亡的有五、六千人。加上歷年企圖偷渡，被我水師擒殺的也有數千人，陸續投誠的也有數百人。所以全臺雖號稱三十餘鎮，都是重新拔選而出的，並非訓練有素的人才。他們有的下轄五、六百士兵，有的管理二、三百，估計也不滿二萬；大小船隻不到二百艘，分散在南北二路，開墾耕種而食，彼此相距一千多里。鄭經接替父業，智勇不及，打仗不是他的長才，各鎮也都是庸庸之輩，不互相連繫隸屬；況且其中沒有家眷的十個占有五、六位，他們怎會不思念故鄉呢？鄭經之所以能駕馭數萬士兵，並不是有何威德可控制壓服他們，實在是靠著汪洋大海，爲他禁錮了這些人，如果朝廷只是一意招撫，那麼操縱權就在鄭經手上；若大軍壓境，則其手下的賊眾就必須選擇去留。這是藉追剿動作寄託安撫之意的策略。大軍進剿，可先取澎湖，以控制住險要，如此可掌握形勢，前後方消息可通。如此，再派人赴臺宣導朝廷德意。若鄭經因情勢困蹙而接受宣化，就可收到全面成功之效。若他冥頑固執不醒悟，等到風向適合之際，我軍可立即率舟師直抵臺灣，占據港口，作爲牽制。一路往南攻鼓港，一路向北打蚊港、海翁港。有的運用招降引誘，有的暗中進攻，讓鄭軍首尾無法照應，自相懷疑。他們分頭則力量薄弱，想聯合也形勢窘迫。我們交替應用正面和奇襲的攻勢，看狀況彈性調度，依次攻擊，可以取得萬全的勝利。倘若他們盤踞城頭固守，就先清剿村落的黨羽，安撫各社原住民，把城孤立起來，城中只能容納二千多人。用一路得勝的士卒，攻打絕援孤立的城池，就算不破，城中也必會發生如項羽垓下被圍的變局，討平全島之日就可計算而得了。發動軍隊所要考慮的是兵源糧草的籌措。如今沿海邊境的守軍經常性編制，和投誠後駐紮近海卻閒散無用的官兵，都是爲臺灣所設置。如果聽任臣會同多位提督大人一起，從中挑選精壯士卒，以之補充出征軍旅，就沒有再另外徵兵籌餉耗費的麻煩。這樣一來，兵餉等資源，在徵討時可用，防守時也可用。與其束手吃閒食，不如訓練他們以備東征行伍之用？至於修補船艦，近於原應大修的銀兩預算，不必再額外動支費用。若還不足，浙江、廣東兩省的水師，也是爲海防而設立，都可選用。接著請朝廷仍舊行文該省總督提督，選派分配官兵，各推總兵一人，領導協助進剿行動，如此計畫妥定了。無論時日，只要風向可行，立即長驅渡海。最佳時刻，莫過於此。」於是，康熙下詔施琅進京，當面詢問他的戰略內容，授予內政大臣，裁掉他水師提督職位，並且完全焚毀戰船，以無意南下攻臺。

康熙二十年（一六八一），大學士李光地（一六四二—一七一八）上奏書：「鄭經已死，克塽年幼，內部爭權，此時攻臺必定成功。」接著指出施琅了解海戰，可委以專任。閩浙總督姚啓聖（一六二三—一六八三）也推薦他。再授予福建水師提督一職，加太子太保。施琅重回軍中，調集訓練船艦，籌劃出師。二十一年（一六八二）秋七月，出現彗星，給事中孫蕙上書建請暫緩出兵臺灣，尚書梁清標（一六二〇—一六九一）也同意這項建議。康熙遂下詔暫停軍事行動。此時，施琅意志堅定，再上奏：「我皇上登基以來，國內安定，無人不服。只有鄭氏還在頑抗，對南方形成了憂患。臣今日又再度被啓用，委以水師提督的重責，要求臣平定臺灣的禍患，甚至當面承奉天子之語，諄諄溫言教諭。受皇命以來，日夜趕路奔走，抵達廈門親自擘畫處理。直到本年四月底，才訓練成軍，船艦堅穩，兵精卒銳，萬事俱備，並曾移請寧海將軍喇哈達、侍郎吳努春檢閱察看。臣就在五月三日，會同總督姚啓聖率領海師來到銅山，等待夏至南風起，船艦聯合出發。但總督姚啓聖在五月一日，因聖上同意兵部所持關於進剿臺灣關係重大的意見，變得躊躇不前。此時，三軍將士旁聽到消息，鬥志澈底解體。臣從初七，與總督商討決意攻取戰略，力辯了十多天。到了十六日，將軍二臣抵達銅山營部，臣又向將軍當面懇談，不過總督仍然堅持聖上旨意，臣不便再違抗，姑且聽從展延出兵日期，這實在不是臣的本意。本月七日，承蒙準兵部下了公文，表示寧海將軍喇哈達等上書，說總督、提督認爲南風不如北風，臣深感驚駭異常。臣思索在銅山與將軍二臣對話，並未說出此語。而且臣天天與總督爭執要趁南風進剿，不但三軍官兵都知曉情況，全福建省士人庶民也無人不知。總督甚至還派遣各個總兵來勸臣，希望臣依照總督的建議。今天將軍二臣所上奏書，竟然不清楚分析，構陷臣推諉不進。若不是皇上寬大不予追究，那麼臣先後奏書，自相矛盾，眞是罪該萬死。南風的優點，是風緩浪穩，將士們不會有暈船的問題；而且居於上風上流之利，將勢如破竹。哪不能一鼓作氣，取得全勝？臣見總督意志堅定，難以挽回，故只略派三十二艘快船，由總兵董義、投誠總兵曾成等領駕前往澎湖，瞭望查探消息。根據他們回報，來去毫無阻攔，已經證明先前的預估了。臣年六十二，血氣尚未衰減，還可報效稱職。現若不讓臣趁機撲滅，再等數年，將軍可就老邁無用，這正是臣憂愁恐懼急欲滅敵的原因。若是蒙皇上信任臣的愚忠，單獨委授臣軍事；下令督、撫二臣催促運送糧餉接應，讓臣整頓官兵，時常操練，不限時日，只要風向有利可行，那麼出其不意，攻其不備，一舉成功有什麼困難。若事不成，請治臣的罪。伏請皇上能乾綱獨斷，嚴下決策旨意，事情必然見效。這是人民之幸，邦域之幸。」康熙同意。

康熙二十二年（一六八三）春，施琅海上練兵。光地告假返鄉，兩人在客舍中相遇，他詢問施琅眾人認爲南風不利於行軍的原委。琅回答：「不是的。北風猛烈，入夜後更甚。從此地到澎湖，一個接一個而行，若是萬幸可以不被吹散；然而島嶼皆爲敵所盤踞，不能一鼓作氣奪下，無法停泊船隻。波濤洶湧，軍隊不能會合，如何作戰？假若夏至前後二十多天，風平夜靜，海水像白練，可以泊船。聚集觀察敵人的破綻，如此作戰必能成功。所以用北風是萬中之一的僥倖，而南風則是萬無一失。」光地認同。六月十四日，由銅山出發，會合於八罩嶼，以窺探明鄭將軍劉國軒（一六二九－一六九三）防守的澎湖。劉國軒了解八罩嶼非常險惡，六月必有颱風。所以自己督導二萬多名精兵，全力駐紮在風櫃尾、牛心灣等地。又率領林陞（？－一六八三）、邱輝（？－一六八三）、江勝（？－一六八三）、陳起明、王隆、吳潛（？－一六八三）等將，集中在雞籠嶼。周圍設置炮城，率軍防守。施琅則下令大小戰艦，在風帆上寫下將帥姓名，以便知其進退，確立賞罰。十六日黎明，微風吹動著船槳，戰鼓喧天，兩軍將正面遭遇。施琅命令藍理（一六四七－一七一九）、曾誠、吳啓爵、張勝、許吳、阮欽爲、趙邦式等七船，猛闖鄭軍，血花四濺，殺聲震地。此時，正值南方潮汐，前鋒的數艘船艦被急流沖散。鄭師復合，從由兩翼合攻。施琅看見藍理的船，了解他已不能強行出來。於是自己率著坐船，突圍趕赴援救。接著，藍理因被炮擊傷而退還，施琅眼睛也遭到箭所傷。晚上施琅收兵回八罩。十八日，以戰袍包住頭，集合將軍，明申軍令。自總兵以下，皆以失律之罪，準備斬首。諸將們跪拜於地請求原諒。施琅同意代罪立功。兵將士氣大振，攻取了虎井嶼。隔天，施琅自己駕著小船，潛伏在幾個寨偵察，並下令軍隊鑿井。澎湖的水多鹹味，卻竟然湧出甘泉，眾人非常高興。二十二日，誓師。分爲八隊，每隊七船，並分爲三路。施琅自統中路，居中調度。並將八十多艘船做後援。五十艘從東側做連結。五十艘在西側牛心灣作爲疑兵牽制。將戰之時，強烈的西北風朝著清軍吹起，士兵深感恐懼。施琅乃對大軍大聲呼喊：「上天有靈，必能顯威幫助我。」於是風向反轉，軍隊又大大歡喜。兩軍大戰，海水都染成紅色。總兵朱天貴（一六四七—一六八三）戰死，總兵林賢也受重傷。從早上七點至中午，不分勝負。施琅鼓勵將士們，奮勇爭先。鄭氏將軍林陞、邱輝、陳起明、吳潛、王隆等皆戰亡，折損了近二百艘大小戰艦，和一萬多士兵。劉國軒發現情勢不妙，乘小船從吼門水道逃出，回到東寧府。澎湖既已被破，於是鄭克塽（一六七〇—一七〇七）投降。施琅命令二等侍衛吳啓爵先行進入臺灣，曉諭臺灣官民剃髮。八月十八，施琅來到臺灣，克塽迎接他。過了數天，宰殺牲禮獻禮奠祭鄭成功：「自同安侯鄭芝龍進入臺灣，臺灣才有居民。等到鄭成功開啓土地，世世代代作爲強固的疆土，誰能奈何？今天琅有賴天子之靈、將帥之力，攻克這塊土地。不在乎滅國之罪，就是因忠於朝廷且報答父兄的職分。但琅起於軍伍，和成功有魚水之歡，既然因爲一點小嫌隙，竟然釀成了大罪過，琅和成功，雖爲仇敵，但情份猶如臣主。蘆中窮士（指伍子胥，窮苦人士），在大義上本不應做的。公義私恩分明，如此而已。」言畢眼淚落下。臺灣人民聽到這件事，不禁嘆息地說：「父仇都是相同的。不過楚國鄖公鬬辛對待國君的態度，就比伍員賢德了。」捷報傳回清廷後，康熙脫下自己的龍袍賞給施琅，並封他爲靖海侯，世襲不更替，仍然管有水師提督一職。下令侍郎蘇拜到福建，與督撫和施琅共商如何善後。朝廷建議因爲臺灣遙遠且險惡，想要廢掉該地。施琅上奏萬萬不可如此。康熙則下令議政王與大臣們討論，仍然未有定論。再詢問群臣。此時，大學士李霨（一六二五—一六八四）建議支持施琅。姚啓聖也同意收復臺灣有利之處。最後設立了一府、三縣，派駐巡道，隸屬福建省。派調水陸士兵，以總兵統領。之後施琅又上奏請減少臺灣的地租，也得到同意。康熙二十四年（一六八五），施琅建請嚴申海禁。二十七年（一六八八），入覲朝廷，接受康熙的嘉勉。三十五年（一六九六），去世，享年七十六歲，受贈太子少傅，賜葬，謚號襄壯。雍正十年（一七三二），下詔入賢良祠，子世範繼承施琅爵位。六子世驃（一六六七—一七二一）也是有名氣的。

世驃，以軍伍出身，爲守備一職。跟著父親討伐澎湖，有功，升遷到總兵。康熙四十七年（一七〇八），晉陞到廣東陸路提督。五十一年（一七一二），調福建水師提督。六十年（一七二一）夏天五月，朱一貴（一六九〇—一七二二）在臺灣起兵，攻陷了府縣，號爲中興王。世驃接到消息，集合將領商議，決定以廈門作爲閩南門戶，避亂者紛紛到來，世驃害怕有變，派重兵防堵。自己率領師船前往澎湖；而總督滿保（一六七三—一七二五）下令南澳鎮總兵藍廷珍（一六六四—一七三〇）與他會師。六月十三，以林亮、董方做前鋒，進攻鹿耳門，攻克了。又破了安平，逼近府城。朱一貴率軍隊抵抗，大戰於二鯤身。廷珍也率領部隊協助世驃。一貴敗走，廷珍追擊，並進入府城。世驃已在前一日傳令水陸合擊，駐守在南較場。閏六月，一貴被擒，逮送到北京，其餘黨徒也依次掃平。八月十三，發生一場詭異的暴風雨，造成災害，死了許多兵民。世驃一整夜站立於外，因而得病。九月，去世於軍中。清廷下旨撫恤，贈太子太保，賜葬，謚號勇果。

藍理，字義甫，又號義山，福建漳浦人。少年時性情倔強且自大，不喜歡和小孩子們爲伍。身材高大強健，可以力舉八百斤。因犯罪入獄判處斬刑。因耿精忠（一六四四—一六八二）之變而獲釋，被要求爲耿藩效力，但藍理不從。當聽到康親王（一六四六—一六九七）攻取福建，他抄小路出了仙霞關，晉見康親王。親王嘉勉他的勇氣，命令他從軍。之後，因有戰功被授松溪營遊擊，不久又晉升爲參將。其後，因罪入了監牢。康熙二十三年（一六八四），清軍攻伐臺灣，靖海將軍施琅聽到他的勇武事蹟，上奏赦免，任用藍理爲提標右營遊擊，做先鋒。有二位士卒買柴火，爲提標噶叭什毆打，而且詆毀藍理，理即將他擒拿斬殺。之後，飛書傳文：「今天大吉，先鋒啓航。」施琅了解後不悅，不過隨既表示：「此乃虎將，必定成功。」接著施琅率軍追隨其後，在澎湖作戰。藍理衝入鄭氏艦隊之中，被炮所傷，腸子流出，他的族姪藍法在一旁照應，撕下衣服裹住傷口。藍理仍然奮戰，鄭氏船隊再復合，殺傷慘烈。施琅認爲藍理無法強行突圍，自行駕馭船艦營救他。晚間返回八罩。施琅讚賞藍理的戰功，親至登船慰勞藍理。接著再戰時，施告誡屬下不可讓藍理知道。琅的船艦遭遇危險，無法突圍。情報急傳回營，藍理帶著傷勢再出，以營救施琅，最後取得勝利，平定臺灣，記第一功勞。藍理向朝廷請求反鄉省親。再過二年入北京，經過趙北口時，遇到皇帝的儀仗隊伍，藍理放下坐騎進入皇帝林園裡。康熙派遣侍衛問：「誰的馬？」藍理出來且趴在地上，奏說：「臣藍理從福建來的。」康熙說：「可是征討澎湖拖著腸子作戰的藍理？」藍理對說：「是。」康熙詢問血戰情況，藍理脫下衣服讓康熙看視。又召藍理至行宮，授予陝西神木副將，還未上任時，改授宣化府總兵官，掛鎮朔將軍印。數年之後移往天津，再晉升爲福建陸路提督。後來藍理因罪編入八旗，過數年再被賜返鄉，去世於家中。

吳英（一六三七—一七一二），字爲高，泉州人，寄籍在莆田。康熙二年（一六六三），因金廈戰功，被授都司一職。耿精忠之變，是爲浙江提督左軍遊擊。正好寧海將軍視察軍營，問誰可以擔當大任者。提督推薦吳英，乃授予先鋒。屢戰都有戰功，被拔擢爲副將，任浙、閩總督中軍，鎮守同安。當時因實施海禁，沿海遷界，百姓失業。又遇到水旱等災害，吳英建請總督姚啓聖允許百姓出海採捕，從而讓民眾找出活路。後移守興化鎮。二十二年（一六八三）夏六月，清軍攻取臺灣，吳英爲陸軍副統。攻克澎湖後，駐軍東寧府數個月。禁止暴行究辦奸盜，街道安全不受干擾。凱旋回到北京覲見，受到康熙嘉獎。其後改調舟山，再被拔擢爲四川提督。如此十一年後，再被授予福建陸路提督，接著改爲水師。最後以年老請求退休，加封威略將軍，去世後受贈太子少保。臺灣人建祠奉祀，但如今已毀壞。

朱天貴，福建莆田人，爲延平郡王的部將，擔任樓船左鎮一職。康熙十九年（一六八〇），清軍攻打思明，追隨督師林陞抵禦清軍。等到兩軍對陣時，朱天貴投降清軍，被授予總兵，歷任平陽鎮。二十年（一六八一），總督姚啓聖奏請調福建。隔年夏六月，靖海將軍施琅攻臺，天貴跟隨。在澎湖大戰，天貴中炮而亡。啓聖上奏他的戰功，受贈爲太子太保，謚號忠壯。當時平臺有功者，包括海壇總兵林賢、金門總兵陳龍、銅山總兵陳昌、廈門總兵楊嘉瑞、副將蔣懋勛、林葵、詹六奇、參將羅士珍、遊擊林瀚、王朝俊、許發、張勝、何應元、曾成功、吳輝、趙邦式，二等侍衛吳啓爵，分別晉封職位。

連橫說：施琅爲鄭氏部將，因爲得罪了鄭成功而歸降清廷，並藉著滿洲人滅亡了明朝的社稷，眞是狠心啊！施琅有著如同伍子胥的怨恨，而做出了消滅楚國的計謀，我又要如何誅滅他呢？獨獨可惜臺灣卻也缺乏申包胥，不能有恢復楚國的行動，令人悲哀啊！

吳球、劉卻列傳／黃美玲

臺灣歸清朝統治後，人民還是思念明朝，時常圖謀光復，人民變亂的戰役大約有十多起，吳球就是開啓變亂的人。他自認是明朝百姓，住在嘉義新港，平常就有反清復明的志向，跟江湖豪傑圖謀起義而尚未發動。朱祐龍，明朝後裔，國家發生變故後就居住在村落，與吳球平常就有往來，他也有反清復明的志向。康熙三十五年（一六九六）秋七月一日，吳球家裡舉辦蘭盆會，用豐盛的供品供養三寶以解救祖先或餓鬼道眾的地獄生活，並請人來演戲，參與者有十多人。吳球的妹婿陳樞剛好來拜訪，他是鳳山縣糧吏，剛剛侵吞了官方收稅的米糧，憂心這事被發覺而獲罪。那晚吳球留下陳樞一起宴會，大家歡呼痛飲，席中說到清朝官吏的惡形惡狀，都深深嘆息。陳球說：「我們是亡國之人，比豬狗都不如，生死任人宰割，權力操縱在別人手上，只有自己怨恨生不逢時，還有什麼好說的！」陳樞聽了很生氣，站起來說：「大家難道都沒有勇氣嗎？大丈夫也是要自己妥善安排，小心行事。」吳球說：「弟弟我本來就有心想反抗，只擔心缺少同志而已。」大家都說：「吳大哥如果有命令，我們生死相隨。」當時眾人都帶有幾分酒意。吳球又說：「我們長久以來被殘暴對待，全臺人士都憤怒怨恨，現在如果起義，推祐龍兄爲首領，以復明爲宗旨，號召四方群眾，那麼我臺灣的同志一定會幫助我們。」於是大家舉起酒杯發誓，約定日期出兵，然後各自散去。陳樞躲在吳球家裡，召募的人越來越多，他們的同黨余金聲跟保長林盛是好朋友，所以約林盛來幫忙。林盛假裝答應，晚上就跑到郡裡說有人要起義，郡吏聽聞消息後，發公文給北路參將陳貴去捕捉吳球，吳球圖謀反抗。八日，集合眾人陳列兵械等待清軍，而且分頭轉告南北夥伴，但召募人員還沒有完全準備好，大家都懷疑害怕不敢回應。等清軍來，吳球奮力作戰卻無法抵抗而被捕，陳樞等六人也都被俘虜。清軍燒掉他們的居處，送到郡裡偵訊，於是知道他們的圖謀，把他們都殺死，朱祐龍逃入深山中。過五年又有劉卻之變。

劉卻（？—一七〇三）也是嘉義人，負責管理雜事庶務，擅長拳腳工夫，因武術好而傲視鄉里，四方無所事事的無賴都來依附他，彼此用牲血塗在嘴邊歃血爲盟表示忠誠，聚集了數百名健壯的男子，他所居住的村落，沒有盜賊敢進入。眾人中有圖謀起義的，擔心劉卻不答應，於是夜晚在屋瓦上燃燒樟腦，火光強烈旺盛直達雲霄。劉卻看到大爲驚訝，大家聚集互相討論，認爲是吉兆，劉卻本來就自以爲了不起，於是圖謀起義。那時明朝雖已滅亡，但維繫漢族血統的想法，還能感動人心。而且臺灣自從歸清朝統治後，朝廷認爲此地並不值得珍惜，戍守的官員又沒有作爲，劉卻很看輕他們。於是在屋內地下挖洞，假裝放置種田的器具，其實是整理兵械，約定日期舉義。康熙四十年（一七〇一）冬十二月初七，到處號召黨徒，揚起兵旗擊起戰鼓，攻下茄苳營，燒毀營帳，攻擊茅港尾，進入市集中，駐防巡邏的汛兵看到他們就逃走，附近的熟番也來作亂，搶劫民家。劉卻前進駐紮在急水溪，北路參將白通隆整頓軍隊準備防禦，鎮標（總兵）跟道標（河道總督）也發兵援助，十二日官兵大集合，兩軍在急水溪交戰，傷亡的人數相當。不久劉卻戰敗，同黨陳華、何正等十多人也都戰死，劉卻逃入山中，群眾各自散去。過二年，又圖謀起義，在北港往來，祕密聚集徒眾，二月上旬到秀水莊，被官兵暗中探知，劉卻拿著棒子站在門外，上下揮擊把刀箭彈回去，抵擋的士兵都趕緊閃避。於是劉卻把房子燒掉，殺出重圍，結果中彈跌倒被捉。押解到郡裡，於市集中行刑殺死。長子某也被用杖活活打死。妻子兒女都充軍或流放。

連橫說：「吳球、劉卻只是平民，卻懷抱家國滅亡的隱痛，奮身起義，先後被屠殺。別人笑他們愚笨，我則欽佩他們的勇敢。嗚呼！這難道是被激發而有所作爲的嗎？」

朱一貴列傳/張崑將、張溪南

朱一貴，小時候的名字爲「祖」，漳州府長泰縣（今漳州市長泰區）人，也有人說他是鄭成功的部將。明鄭王朝滅亡後，居住在「羅漢內門」（今高雄市內門區），靠養鴨維持生計，由於他所居住的地區偏僻遙遠，官府的管轄鞭長莫及，朱一貴生性俠義樂於助人，和他交往的大多是不仕新（清）朝的前（明）朝志士、鄉野間豪勇人士，甚至還有奇特的高僧和精於劍術的人；這些人經常留宿在他家，朱一貴都會宰殺雞鴨溫酒暢飲熱情招待，席中經常悲切的述說明朝之所以亡國的往事，每每都會哀痛悲嘆不已。那時候，臺灣太平日子已很久了，守護疆土的官吏只知貪圖安逸享受、吃喝玩樂，官員們並沒有將治事績效和百姓的生計放在心上，朱一貴看不慣想有一番改變。清康熙六十年（一七二一）春天，鳳山知縣出缺，由臺灣知府王珍兼任鳳山知縣，王珍竟將縣政交給次子管理，政風敗壞，事事得靠賄賂，向百姓強行徵收稅捐、嚴厲苛薄，縣民怨聲載道。捕風捉影，竟以「殺牲歃血結拜」（用宰殺動物鮮血塗抹在身體互相立誓結拜）的罪名逮捕數十人，又以違反禁令爲由逮捕了數百名入山砍竹的人，百姓投訴無門。黃殿，也是羅漢門的人，和朱一貴頗有交情，暗中計畫要出兵，鏟除貪官汙吏，召集了數百群眾。三月，李勇、吳外和鄭定瑞等人相約來到朱一貴家中，一起籌劃說：「現今地方官員只知道沉迷賭博嬉玩（「樗蒲」是一種古代賭博的遊戲，以投擲有顏色的五顆木子決勝負，類似今日的擲骰子），政事紊亂濫施刑罰，軍隊或百姓人心潰散，如果想舉兵成就大事，現在正是時機。」朱一貴說：「我姓朱，如果用明朝後代子孫要光復先人的舊江山作爲號召，那麼前來歸附支持的鄉親必然會很多。」大家都贊成說：「好！」四月十九日，李勇、吳外、鄭定瑞、王玉全和陳印等五十二人，聚集到黃殿家中，大家一起拱捧朱一貴爲領導者，焚燒表文結爲同盟（「焚表」原為道教祭拜儀式，後流行於民間，舊時凡民間好友結拜時會將名字抄列於表上後焚燒，表示已向天掛號註冊），殺牛犒賞兵士，當場有一千數百多人，立紅旗，寫上「大元帥朱」，當夜就向「岡山汛」（此軍事據點在今高雄市阿蓮區崗山里，並非在今岡山區內，「汛」為清代最基層的軍事單位或駐地）發動攻擊，順利占領。消息傳來，臺灣鎮總兵歐陽凱（？—一七二一）召集部屬討論出兵的事，中營遊擊（清朝中階武官職稱）劉得紫請求出兵，沒被准許，卻派右營遊擊周應龍率領四百士兵前往征伐；並向臺灣道、臺灣知府衙門稟報，命令臺灣縣丞（縣丞為清代地方官職名，位階僅次於縣令，相當今之副縣長）馮迪徵調新港社（分布在今臺南市新市區一帶的平埔族）、目加溜灣社（分布在今臺南市新化區一帶的平埔族）、蕭壟社（分布在今臺南市佳里區一帶的平埔族）、麻豆社（分布在今臺南市麻豆區一帶的平埔族）的四社平埔原住民隨同征戰，當天下著小雨，周應龍行走了五里路，駐紮在「半路店」（應為今臺南市新市區境內的傳統聚落名），隔天，又前行了十五里，在「角帶圍」（應為今二仁溪以北臺南市仁德區境內的傳統聚落名，二仁溪中下游舊時稱為「角帶圍溪」）駐紮，朱一貴出兵「楝榔林」（今高雄市路竹區甲北里、甲南里一帶），打敗把總（清朝下階武官職稱）張文學，擄獲不少軍事裝備。周應龍隔著溪流（應為今臺南市和高雄的界河二仁溪），無法救援，便攻占「大湖」（今高雄市路竹區和湖內區交界處的傳統聚落名，臺鐵設有大湖車站）後離去。廣東籍的杜君英（一六六七—一七二一）居住在鳳山縣的「下淡水莊」（原為原住民下淡水社盤踞的地區，後來漢人逐漸入墾，範圍約在今屏東縣萬丹鄉和內埔鄉一帶，下淡水溪為今之高屏溪），聽說朱一貴舉兵起義，便高舉（寫有「清天奪國」字樣的）大旗響應，追隨的群眾有數百人，之後陸續有郭國正、翁義在「草潭」（今高雄市鳥松區澄清湖附近傳統聚落名）起義，戴穆、江國論在「下埤頭」（今高雄市鳳山區舊稱）起義，林曹、林騫和林璉在「新園」（今屏東縣新園鄉）起義，王忠在「小琉球」（今屏東縣琉球鄉）起義，他們都願意追隨杜君英，杜君英便邀請朱一貴一起圖謀反清大業。於是朱一貴便轉移駐地到「岡山」（應指今高雄市岡山區東北側的大岡山山嶺）山腳下，周應龍率兵來到「小岡山」（今高雄市岡山區東側的山嶺），朱一貴和周應龍兩軍遭遇激戰，朱一貴敗退到山裡的「袁交友莊」（疑在今高雄市田寮區內的傳統聚落名，在烏山和大崗山之間）藏匿，周應龍也將部隊撤退到「二濫」（今高雄市路竹區內一處傳統聚落名，範圍約在今三爺里和鴨寮里交界處），竟放縱手下士兵燒殺掠奪，徵調來的平埔族原住民也趁亂殺了不少人，所經之地擾亂不安，最後到「楠梓坑」（今高雄市楠梓區）駐紮。而此時杜君英已攻破下淡水汛了，南路營「參將」（清朝中階武官職稱）苗景龍向周應龍求救，周應龍率兵來到「赤山」（今高雄市鳥松區南側傳統聚落名），朱一貴、杜君英便聯合襲擊周應龍的部隊，周應龍狼狽而逃，千總（清朝低階武官職稱）陳元戰死，把總（清朝低階武官職稱）周應遂被活捉，朱一貴一路追趕周應龍，進逼臺南府城。杜君英也分兵攻破鳳山縣城，殺了把總林富，守備（清朝中階武官職稱）馬定國戰敗割喉自殺。苗景龍逃到「萬丹」（今屏東縣萬丹鄉），被郭國正所殺，並割下他的頭顱獻給朱一貴。臺南府城很快接獲周應龍在赤山打敗仗的消息，大受震驚一片喧嘩，文武官員在晚上各自將家眷偷偷送走，陸續搭乘小船從鹿耳門（今臺南市安南區臨海的一個地名，鄭成功曾由此進入收復臺灣）出海，當地百姓也紛紛一起逃竄，總兵歐陽凱率領一千多名士兵，出城駐守「春牛埔」（今臺南市勝利國小、光華女中東側一帶），水師副將許雲也率領五百士兵前來會合支援，當時春牛埔附近尚未建城牆，夜裡軍營突然傳出敵軍偷襲受到驚嚇，駐防的士兵竟四處逃散，到了天將亮的時候才稍稍聚集回來。四月晦（三十）日，朱一貴率兵來到，許雲抵擋力戰，所率領的海軍奮勇作戰，陸地的守軍也接續奮戰，朱一貴被擊退，駐防在「竿蓁林」（今高雄市岡山區，岡山舊稱竿蓁林街）。五月朔（一）日，朱一貴又來攻打府城，杜君英也率領部隊前來合攻，匯聚的兵力有數萬人之多，防守的清兵還沒出戰就已逃散，把總楊泰已被收買爲內應竟在陣中刺殺歐陽凱，歐陽凱摔下馬，被朱一貴的士兵一擁而上割下頭顱，守備胡忠義、千總蔣子龍、把總林彥、石琳都戰死，遊擊劉得紫、守備張成也被活捉，許雲仍然奮力拚戰，和遊擊游崇功、千總林文煌、趙奇奉、把總李茂吉等人全部戰死，沒有戰死的各自乘船逃命去，福建分巡臺灣道梁文煊（？—一七二二）、臺灣知府王珍、海防同知王禮、臺灣知縣吳觀域（？—一七二二）、縣丞馮迪、典史王定國、諸羅縣知縣朱夔（？—一七二二）、典史張青遠等大小官員一同搭船出逃到澎湖避難。杜君英先攻進臺南府城，進駐臺灣鎮衙門（位置大約在今臺南公園西側一帶）；朱一貴接著入城，進駐臺灣道衙門（位置大約在今臺南市永福國小），張貼告示，嚴禁殺人搶奪以安定民心。打開赤崁樓，那裡是明鄭王朝時代用來儲藏軍械武器的地方，四十年來沒有被打開過，找出大炮、刀槍、硝磺和彈藥等很多武器。當天，諸羅縣人賴池、張岳、鄭惟晃、賴元改、萬和尚、林泰和蕭春等人也出兵起義響應，過了三天，也攻破諸羅縣城，北路營參將羅萬倉（？—一七二一）戰死，賴池、張岳將他的頭顱獻給朱一貴，大家認爲全臺灣既然已經全部攻占下來了，便擁護朱一貴爲「中興王」。朱一貴頭戴「通天冠」（明朝遇有重大祭典，皇帝會戴上通天冠，高九寸，方正直立，帽頂稍微傾斜後捲，帽子前沿高高突出一個金角，形狀如山），身穿黃袍腰繫玉帶，架設祭祀的高臺接受萬民朝賀，祭拜天地、列祖列宗及延平郡王，承襲明朝的制度，國號「大明」，建國年號立爲「永和」，向全世界布達公告稱：「以前有來自北方胡族的元朝擾亂華夏，竊奪中原土地僭用帝王尊號，敗德亂行廣爲流傳，禍害天下。我太祖高皇帝（即明太祖朱元璋）手提寶劍奮勇力戰起義，各路英雄緊相追隨，光復疆土，日月重放光芒，薪火相傳煙祀萬年。逆賊闖王李自成胡作非爲，不自量力興兵作亂，撼動京城，先帝、后相繼爲國犧牲，這重大的變故如同天崩地裂，令人哀痛到捶胸脯、哭到眼睛流出血來。在中原東南方的忠義志士，想要重建家邦，招兵買馬完成作戰的準備，正計畫要討伐賊寇之際，哪裡想到滿清韃虜（「建虜」是指明代在中國東北方的建州女真族，即今俗稱的「滿清」）會趁虛而入，藉口說要主持正義，卻殘暴惡毒的到處橫行，還竊占我們的城鎮，奴役侮辱我們的百姓，擾亂滅亡了我們的國家，滅絕了我們的制定的法度。他們貪婪如大豬、殘暴如大蛇，侵略吞併到毫無餘地，於是讓我炎黃子孫，淪落爲奴僕及下等之人；美好壯麗的河山，淪陷被異族統治（「左衽」乃古代部分少數民族的服裝，衣襟向左扣扣子，借喻為被異族統治）。令人哀痛啊！延平郡王（鄭成功）忠於國家民族、深明大義，順應天命而降生，在「思明州」（廈門）設立官署延續明朝命脈，經營治理福建、廣東兩省，軍隊所到之處，即使在艱困的關山河阻中也能殺敵無數、踏血而行，使得滿清韃虜疲於奔命，就是有這麼一批勇敢善戰的將士，忠誠專一的臣子，合力對付仇敵，爲大明祖國效命。鄭成功北伐南京的戰役，復國大業未能成功，於是將大軍向東挺進，收復並建設臺灣，率領我們的祖先，建造新城鎮，雖然地處遙遠但仍遵奉大明國號與年號，永遠擁護大明朝；養精蓄銳，等待時機而動。隋朝末年俠士張仲堅（張堅應為「張仲堅」）不願與李世民爭天下遁入扶餘國當王、秦朝末年秦國將領田橫流亡海島（今山東省青島市外的田橫島）寧死不降漢，史書所記載的這些事蹟，都還沒有如此的壯烈。但是上天並沒有停止降下災禍，如閃亮明星般的傑出人物卻忽然死亡，中興王業的氣勢突然衰退沒落。然而東都（明鄭王朝初期稱臺灣為東都）這一小片土地，還能夠在中國沿海和滿清相抗衡。但承繼的延平王（指鄭克塽）年紀幼小，匡輔政事的大臣也不可靠；將倒塌的高大建築物，是無法靠一根梁柱來支撐的。因此弄權作惡的奸臣竊取權位，苟且偷安吃喝玩樂，叛變的將領（指反叛鄭成功投降清朝的施琅）領兵來攻打，甘心當攻打臺灣的罪魁禍首。局勢紛亂動盪如海水溢流，百姓相繼沉溺，廣大無邊的中國，竟然沒有我子孫立足之地。可嘆啊！世上萬物的興盛或衰敗都有其機運，強與弱之變化也有其運勢，成功或失敗必須靠人自己努力，國家興起或敗亡有其天命。古人曾說：猛烈的火苗，可以燒毀整座崑崙山。所以夏朝後裔少康只以一成（長寬各十里）的領土，就能光復中興夏朝；楚國就算只剩下三個氏族，也一樣可以將秦國滅亡，況且以中國廣大的領土、眾多的百姓，還有許多關心緬懷本（明）朝的忠臣義士，爲何還認爲無法消滅滿清韃虜呢？不才（自謙之語）向來蒙受國（明）朝的恩惠，對異族統治感到悲痛，逃匿到荒山野谷，不敢放鬆懈怠，備受艱苦，將近四十年。今天開展我眞誠的心意，緬懷前朝舊事，考量時局情勢的發展變化，發現情勢已從最壞之處逐漸好轉，於是高舉義旗，爲天下領導反清大業。眾多有才德者和能人志士像彩霞升騰雲霧繚繞般聚集；希望能一鼓作氣成就功業，收復所有國土，這是歷代帝王在天之靈所依託，也讓中興的命運勝算在握。臺灣雖然土地很小，卻是之前延平郡王開基的根據地，取有餘以補不足，長寬還能各有一千里之大，加上堅固的自然地形、臺灣海峽艱險的風浪、豐富的物產和充足的武器和軍隊，往前進擊可以戰勝敵人，退而守之也能自保。宣揚我聖皇的大道，弘揚我漢人都城的光輝，現在正是時候了！只是新國家剛建立，各項事務亟待創立，殷切期盼各路英雄豪傑，共同合力治理。然後鼓舞並率領「三軍」（舊時將軍隊分為左、中、右三軍，非今日所稱的陸、海、空三軍）橫渡大海，匯集各路軍隊向北方出兵，打到長城餵馬飲水；攻破韃虜他們所建立的政權所在，消滅這些惡人，讓胡人建立的元朝覆亡的歷史軌跡，再度重現於今日，這是多麼大快人心的事啊。期望長江以東的長輩們、黃河以北的強壯青年們，嶺南（大約今廣東省一帶）忠心耿直但孤立無援的志士們、中原一帶還有懷念故國曲調的老朋友們，大家分別召募爲維護正義而戰的軍隊，以扶助華夏蒼生。那麼春秋時代齊桓公（？—西元前六四三）爲維護周王的統治而號召抵擋外族侵略的霸業，晉文公（西元前六九七—六二八）勤勉輔佐周天子的勛勞，那種天子與諸侯間聯盟所開創的顯赫功勛，現在更應該強烈彰顯。如果還有人甘心爲敵人服務，不理會別人異樣眼光一意孤行，必遭斬刑處死，罪行惡大不容赦免。大抵不尋常的事情剛開始發生時，百姓們會有所戒愼恐懼，但拯救國家的抱負和決心，大家要能齊心合力。之所以斗膽布告『區區在下』（自謙之詞）的心意，是希望大家都能明白正義的道理，期待諸位有才德的人克服萬難全力進取。」於是盛大封賞諸位將領：封王玉全爲國師，封王君彩、洪陳爲太師，封杜君英、陳福壽、李勇、吳外、翁飛虎、陳印、戴穆、鄭定瑞、郭國正、顏子京、楊來、黃殿、劉國基、黃日昇、江國論、王忠、林曹、薛菊、林騫、林璉、陳正達、張秀、賴池、賴元改、鄭惟晃、鄭文苑和陳成等人爲國公，張岳不領受公爵的封號，便封爲將軍，封陳燦、蘇天威人爲侯，封張阿山、卓敬和陳國進等人爲都督，封蕭斌、詹遴爲尙書，並爲內閣大臣，負責國家政策的擬訂及推展，封厤恩、林玉爲輔弼大將軍。文臣從部會品級以下，武官從副將參將以下，共封賞有數十人之多。鄭定瑞和蘇天威兩人因特別勇猛善戰，命令他們率領士兵三千人，駐守鹿耳門。通令士兵和百姓留頭髮，恢復明朝的制度。

　之前，杜君英攻入臺南府城時，想要擁立他的兒子杜會三爲王，因眾人不服而作罷，杜君英對此頗爲怨恨，因此經常傲慢、不服從，還強搶七名婦女，關在府衙內。朱一貴公布禁止姦淫搶劫的命令，戴穆因強娶民女，被朱一貴斬殺。洪陣私賣官位（「官劄」為古代官員就職文憑，喻為官位），也被斬殺，大家才有所害怕恐懼。杜君英所搶的婦女，有吳外的親戚家屬，吳外請杜君英把她放了，杜君英不答應，吳外氣急敗壞想攻打杜君英，朱一貴說：「國家新建立的時候，應該執法從嚴，這般胡亂的行爲，如何能護佑百姓？」便派楊來、林璉前往譴責，杜君英不但不聽從，還將傳話的的人拘留起來。朱一貴大怒，命令李勇和郭國正前往征伐，杜君英被打敗，率領客家籍的數萬群眾，向北逃到「虎尾溪」（今流經雲林縣四湖鄉、東勢鄉、臺西鄉等地的舊虎尾溪）北岸，駐紮在「貓兒干」（今雲林縣崙背鄉豐榮村附近）一帶。淡水營（駐守北方的清軍）守備陳策接到臺灣南路的動亂消息，指揮軍隊防守重要的地方，有叫范景文的人暗中來到陳策轄管的地區，謀劃要舉兵作亂，沒有成功被捕殺，陳策緊急派人渡海到廈門求救。同樣在那時候，閩浙總督覺羅滿保也已經接獲臺灣動亂的消息，火速趕到廈門，傳軍令調南澳鎮（今廣東省汕頭市南澳島上的駐軍）總兵藍廷珍出兵，而水師提督施世驃早已先率兵趕到澎湖了。（康熙六十年（一七二一））六月十六日天將亮時刻，清軍抵達「鹿耳門」。蘇天威率領士兵占據險要地形抵擋，炮臺也發炮攻擊，另外派小船來回奮戰，清軍前鋒林亮、董方派六艘大船冒死進攻，也發炮還擊，兩軍正面交戰，鮮血四濺廝殺聲不斷，久久不分勝負。林亮望見岸上炮臺有堆積火藥，發炮擊中該處，頓時爆炸聲轟然震天嘎響，猛烈的火焰燒向天空。蘇天威敗退回到「安平」（今臺南市安平區），清軍很快追擊來到，蘇天威和鄭定瑞擺好陣仗迎戰，激烈交戰數個時辰，藍廷珍見林亮、董方陷入重圍，便率領大隊兵馬隨後支援，人數多達五千人，蘇天威再敗退到東都（即臺南府城）駐守。隔天，朱一貴派楊來、顏子京、張阿山和翁飛虎等人率領士兵八千多人，想奪回安平，清軍據守奮戰，另外派一小隊人馬在「四鯤身」（臺南地區在清中葉以前，赤崁樓和安平之間有臺江內海，南側有七座沙洲相連，以一到七「鯤鯓」命名，四鯤鯓在今臺南市南區「鯤鯓里」）聯合作戰，到傍晚時才平息。第二天，又激戰於「塗墼埕」（今臺南市中西區西門路電信局東側新光三越新天地百貨公司一帶）。又隔一天，朱一貴再派李勇、吳外、張阿山、翁飛虎、陳印、楊來、和郭國正等人率領數萬士兵，駕著牛車，以盾牌兵排列陣勢，再度攻取安平，在「二鯤身」（今臺南市安平區億載金城炮臺附近）發生激戰，翁飛虎鬥志高昂，率領所屬烏龍旗部隊當先鋒，駕牛車拿盾牌，在激烈炮火下冒死衝殺突圍前進，大軍隨後擁上，清軍傷亡慘重，抵擋不住，驚訝得你看我我看不知如何是好，藍廷珍眼見情勢危急，親自督促發射大炮，連環齊發，翁飛虎的盾牌軍無法抵擋，丟下牛車走避，兩軍面對面搏鬥激戰，屍橫遍野互相枕臥。清軍的援兵來到，又調派炮船靠岸夾攻炮擊，翁飛虎仍然奮勇戰鬥，但最後還是無法抵擋，便退回東都保衛。朱一貴緊急召開會議商討戰鬥和防守的策略，王玉全說：「保護東都的險阻要塞就在安平港，安平既然已經失守，就沒有險阻的要塞可供占據抵抗，不如就退守到諸羅城（今嘉義市），還能控制有財貨與賦稅的地區，並有許多漢人和原住民可用，外有大河、內有高山作爲屏障，還不至於受到損傷。」江國論提議：「古人說過，睡覺的床邊，哪裡容得下別人打呼熟睡（這是宋太祖趙匡胤將出兵消滅南唐時向南唐使者說的話）？現今清軍已來到安平，因打了勝戰而高傲自滿，臣願率領一旅士兵（古時五百人為一旅），從「西港仔」（今臺南市西港區，舊時為臺江內海北方汊港）出其不意襲擊他們，或許能得到意外的好運，再作日後的安排和打算。」朱一貴讚許說：「將軍爲國效命的決心，忠誠和勇氣值得嘉許。」於是便命令林曹、黃殿、林騫和林璉等人一同前往。施世驃接獲消息，暗中調派林亮、董方、魏大猷和洪平率領一千二百名士兵前往防禦。隔天早上，藍廷珍得知這件事，急忙和世驃會面說：「出兵謀劃一定要有萬全的準備，怎麼可以憑恃打了個勝仗就隨意行事？我聽說敵人的主力在蕭壠（今臺南市佳里區）、麻豆（今臺南市麻豆區）之間，西港仔非常靠近那裡，又離府城不遠，兵力支援照應很快就可趕到；那地方又有很多竹林可供埋伏，敵人如果派數千人分布在險要的地方，從四面八方偷襲衝殺，那麼我們的部隊就危險了。」施世驃聽了驚恐的說：「那怎麼辦？」藍廷珍說：「我會親自前往督戰。」（六月）二十一日黃昏時，藍廷珍留三分之一的所屬部隊聯合進攻府城，親自率領五千五百多人的艦隊由水路進擊。而江國論已經和林亮、董方在「蘇厝甲」（今臺南市安定區東北方的曾文溪畔一帶）激戰，清軍即將潰敗之際，藍廷珍兵分八隊趕到支援，自己率領旗下五百親兵爲中軍指揮作戰，江國論叫陣挑釁，呼喊聲勢浩大，士氣高昂人人奮勇發動猛烈而急速的攻擊，雙方死傷差不多。但是清軍整個調度和兵力較占優勢，江國論只好收兵而退，太陽將下山時刻退到「犁頭店」（犁頭店應為「犁頭標」，是今臺南市安定區安定里一帶的舊地名），趁黑夜向清軍營地發動偷襲，藍廷珍早有防備，沒有成功。隔天，又交戰於「木柵」（今臺南市安定區安定里領寄庄，清朝初期此地為臺江內海繁榮的港埠，稱「木柵港」）。施世驃也率領大軍向臺南府城的南邊進攻，朱一貴親自率領眾將領抵擋迎戰，從早上戰鬥到天黑，所有防守據點全被攻占，朱一貴只好率領殘餘的部隊朝北而去。施世驃、藍廷珍先後進入臺南府城，傳捷報到廈門，總督覺羅滿保任命藍廷珍接掌臺灣鎮總兵，任命「興泉道」（清代福建省轄內的行政區，轄管興化府、泉州府等地）陶範傳達朝廷旨意到臺灣，並接掌福建分巡臺灣道一職。汀州（清代福建省轄內行政區，轄管今福建省武夷山脈以東，三明、永安、漳平、龍巖、永定等市縣）知府高鐸接任臺灣知府，建寧（今福建省三明市轄下的建寧縣）通判孫魯接任臺灣府同知，兼任臺灣知縣。海澄（清代福建省轄內行政區，轄管區域約今漳州市龍海區和廈門市海滄區）知縣劉光泗接任鳳山縣知縣，漳浦（今福建省漳州市南部）知縣汪紳文接任諸羅縣知縣。朱一貴向北逃竄後，駐紮在「大穆降」（今臺南市新化區）。藍廷珍派參將王萬化、林政等率兵南下，收復鳳山縣，顏子京和鄭定瑞等人抵抗迎戰失敗，被殺。藍廷珍再派遊擊林秀和薄有成等人攻打大穆降，朱一貴敗走灣裏溪（今曾文溪上游舊稱），清軍再緊追不捨，朱一貴逃到下茄苳（今臺南市後壁區嘉苳里）。

之前，有來自福建漳浦的王仁和常常到「溝尾莊」（今嘉義縣太保市）走動，和當地莊民楊石交情不錯，王仁和探知他的族人楊旭、楊雄等人是地方的有名望的人，可以和他密謀對付朱一貴的事，便用話試探，楊石便答應了。仁和向藍廷珍密告，藍廷珍分別答應給予守備、千總的職銜，責令他們捉拿朱一貴。而蘇山、黃遵爲和李祖等人也傳書信給楊旭，共同參與此事的謀劃，於是他們暗中集結溝尾莊附近幾個村莊的壯丁等著朱一貴的到來。閏六月五日，朱一貴率領一千數百多人來到，楊旭、楊雄特別宰牛盛宴款待他們，並騙說願意號召六莊的子弟協助朱一貴，朱一貴感動的說：「能夠這樣做，何止是我個人（朱一貴因已稱王，故以帝王的自稱「孤」來表述自己）受到你們的恩惠，從開國明太祖以下列祖列宗也都會對你們的恩惠嘉許。」隔天，朱一貴到「月眉潭莊」（今嘉義縣新港鄉南部的舊稱，約在今月眉村、中洋村一帶），楊雄熱情邀請朱一貴回到溝尾莊，傍晚時刻大雨滂沱，便將部隊分開宿營，楊雄等人召集六莊壯丁假意說要守護，卻暗中把朱一貴部隊所攜帶的大炮用水灌溼，深夜時突然大聲呼喊，朱一貴驚嚇起身，這時埋伏的莊民全部出動，朱一貴就這樣被活捉，王玉全、翁飛虎和張阿山等人也一起被捉，吳外、陳卻率領部分徒眾突破包圍逃出，其他的人一哄而散全逃光。楊旭綁住朱一貴用牛車載到八掌溪，交給遊擊林秀押解到施世驃的營地，藍廷珍一起審訊。朱一貴一臉嚴正的站立著，藍廷珍吆喝他下跪，朱一貴不跪，藍廷珍大罵說：「朝廷有深厚的仁愛和恩惠，且對待你也還不錯，你爲何造反？趕快從實招來。」朱一貴回答說：「我身爲大明的臣子，起兵光復大明，如何能說是造反呢？倒是你們這些堂堂的漢家兒女，卻甘心聽命於滿清韃虜，才是眞正的造反。」藍廷珍被激怒，命人用杖搥打朱一貴的腳，讓他無法站立，趴伏在地上哀嚎，朱一貴回頭看著翁飛虎說：「男子漢大丈夫爲忠義死而無憾，復國大事沒有成功，天意啊，你（因朱一貴已稱王，對翁飛虎用「卿」呼之）不要有所怨恨。」翁飛虎回答說：「君上如此指示，定當遵從。」於是朱一貴被用囚車押送到廈門，閩浙總督決羅滿保命令押解到北京受審。

之前，賴池、張岳等人占據諸羅城之後，北路營千總陳徽、把總鄭高逃入山區，不久又發兵奪取諸羅城，殺了賴元改，並用他的頭來祭拜參將羅萬倉。朱一貴接獲消息，傳軍令要翁飛虎、江國論前往諸羅城援助，又收復諸羅城。直到藍廷珍派遊擊朱文福、謝希賢等人率領大軍來攻諸羅城，萬和尚被殺，楊來也被「大排竹」（今臺南市白河區大竹里舊稱）的人所殺，吳外、陳印、李勇、陳正達、林曹、林騫、林璉、鄭惟晃和張看等人陸續被擒拿，淡水營守備陳策也已引兵南下「半線」（今彰化市舊稱），謝希賢也率兵北上，和救援淡水的部隊會合。之前朱一貴剛起義發兵時，下淡水莊廣東客家籍的侯觀德、李直三等人並不響應，另外製作大清義民旗，連繫附近村莊，謀劃攻戰和防守的策略。朱一貴派遣陳福壽、劉國基、薛菊、王忠和劉育等人率領數萬群眾攻打他們。六月十九日，大戰於下淡水溪（今高屏溪），劉育陣亡，陳福壽戰敗要割喉自殺，被隨從所救，於是逃入山區。劉國基、薛菊和王忠也都逃往琅璚（今屏東縣恆春鎮舊稱），外委（清代加額的低級武官職稱）陳章聽說後，和林尙、蘇庚乘坐船隻前往琅璚，向他們勸說投誠，三人都答應了，但有提督府的差役來到，行爲舉止高傲不屑，還要求他們跪拜，王忠說：「現在就這樣，到了臺南府城可想而知。」於是便逃走，陳章便帶劉國基和薛菊去見藍廷珍。七月，江國論和鄭元長召集殘餘黨徒，在「阿猴林」（今屏東縣屏東市）又立起反清大旗，藍廷珍派兵前往征伐，江國論和鄭元長都往北路逃亡，派遣張騰霄前往招撫，並邀請他們一同去見藍廷珍。杜君英自從離開府城後，很長一段時間藏匿在羅漢門山中，直到聽說陳福壽等人接受招撫後，有些心動，藍廷珍傳令守備施恩和陳祥前往勸降，杜君英怕被騙，想和陳福壽會面，當面詢問實際情形。藍廷珍就命令陳福壽前去相見，杜君英果然出面接受招降，過了三天，他的兒子杜會三也出來受降，藍廷珍都將他們留置在府衙中。住了一段時間，藍廷珍招喚杜君英等人到府中，騙他們說：「最近收到總督府來信，想要頒授武官職務給你們。現今有船可盡快送你們前往廈門接受考評。」江國論不想去，藍廷珍大聲責罵他說：「你太沒有福氣了，早知道你不是個有官命的人。」杜君英答應前往，江國論知道無法留下，也要求前往，於是便和陳福壽、鄭元長、杜會三等人一起到了廈門，總督覺羅滿保便將他們一行人進獻押送到北京，和朱一貴對質。審訊那天，掌刑的官吏問朱一貴說：「你一個平民百姓，竟敢做這大逆不軌的事，到底爲的是什麼？」朱一貴回答：「只是想光復大明而已。」於是和李勇、吳外、陳印、王玉全、翁飛虎和張阿山等人都被判以分裂肢體的酷刑，所有親屬也一併連坐同罪處死。杜君英、杜會三和陳福壽等人因有接受招撫的緣故，判於菜市口斬刑。黃殿、江國論和鄭元長等人也先後被殺，只有王忠因逃入後山（臺灣東部）「卑南覓」（今臺東縣臺東市）躲藏，幾年後乃然被捉到。朝廷下詔將此次臺灣動亂失職的文武官員，命令閩浙總督和提督們聯合審訊，（康熙六十年〔一七二一〕）十二月十八日，全部於臺灣處斬，朱一貴事變就這樣很快平定下來。

連橫說：朱一貴事變，出身漳州府漳浦縣的藍鼎元（一六八〇—一七三三，為藍廷珍堂弟）參加軍旅，著有《平臺紀略》一書，書中內容有不少可供採用，但書中說：「臺灣人一向喜好作亂，平定之後又會再亂。」這句話是在造謠詆毀臺灣人。我聽說延平郡王（鄭成功）收復臺灣之後，深怕軍隊和部屬們忘了大明祖國，自己創立天地會且爲領袖，創立的宗旨便是以光復大明爲依歸。延平郡王雖然不在了，但天地會的規章依然流傳後世，輾轉相傳之後，便傳遍臺灣南北，甚至還飄洋過海到大陸去，深深滲入每一個中國人的心中，尤其在現今福建、廣東一帶更爲昌盛。委婉舒展的大海，美麗的寶島，便是延平郡王在天之靈所依託的地方，那麼臺灣人就應當將延平郡王的遺願作爲努力的心志。但我回頭去閱覽以前的歷史著作，經常詆毀延平郡王的遠大志向，也將朱一貴貶爲盜賊。歷來中國編寫歷史的人，本來就不會有自己的主張，成功了就什麼都是合法正確的，稱帝稱王；失敗了就什麼都是非法錯誤的，淪爲賊寇。漢高祖劉邦、唐太宗李世民也就是這般幸運的人罷了，他們又怎麼會比陳涉（？—前二〇八，即陳勝，和吳廣揭竿反秦，曾占領陳縣自立為王，後被害身亡）、李密（五八二—六一九，隋末義軍領袖，為人好學，曾把書掛在牛角上，騎著牛讀書，人稱「牛角掛書」，曾和唐王李淵結義，後被唐將盛彥師所殺）還賢能呢？朱一貴就如同他們這般特別的不幸罷了。要探尋並推翻以前的歷史記載，並根據事實書寫不作假彰顯正義，讓公道永存人心，千年不滅。藍鼎元的那句話，當然不能採信。

歐陽凱列傳／黃美玲

歐陽凱，福建漳浦人，康熙五十七年（一七一八）擔任臺灣鎮總兵兼左都督。六十年（一七二一）春天，朱一貴圖謀起義，有廣東人高永壽，背東西販賣以維持生活，路上看到一個病人，飢餓而且快死掉了，趕緊救活他，也沒問病人的姓名。有天至南路又碰見這病人，他看到恩人悲泣抽噎，把他帶到山中，擺酒席招待，並一起去見朱一貴，旁邊刀槍排列緊密森嚴，朱一貴詳細跟他說明起義的事情，邀請他入黨。高永壽假裝答應，趁機走到南路軍營稟告起義之事，沒有人相信。至府治，又去鎮署稟告，歐陽凱也不相信，並認爲高永壽瘋了。巡道梁文煊審問後，斷定高永壽妖言惑眾，論處死刑，但依循較寬鬆的標準把他遣送回廣東故鄉。

當時文武官員安於逸樂嬉遊，本來就不在乎治理動亂。不久朱一貴果然起義，攻破岡山的防守。戰報傳來時，中營遊擊劉得紫請求前往，不被允許。右營遊擊周應龍，身材龐然魁偉，論析事理極爲生動，命他率領四百名士兵前往，大敗而逃亡。朱一貴追趕他，已接近府治，歐陽凱率領鎮兵駐紮在春牛埔，夜晚軍中一片驚恐，天亮時才稍微把士兵集合好。五月一日，朱一貴進攻，鎮兵內亂，把總楊泰刺殺歐陽凱，凱從馬上跌落，楊泰把凱的頭割走。右營守備胡忠義、把總蔣子龍、把總林彥、石琳都戰死，府治就落入朱一貴手中。亂事平定後，下詔封歐陽凱爲太子少保，皇帝賜給喪葬費用並遣官致祭，一子承襲官位並繼續守備臺灣。

胡忠義，陝西長安人；蔣子龍、林彥都是福建閩縣人；石琳是福建永定人，他們都是汀州鎮標中營把總，正好帶部下渡海來臺，而在戰亂中去世。馬定國，陝西人，是臺灣南路營守備，在鳳山去世。陳元，福建侯官人，是鎮標左營千總；林富，福建長汀人，是南路營把總，都在赤山去世。各給予家屬撫卹金，賜給喪葬費用並遣官致祭，一子承襲千總官位。孫文元，雲南人，康熙五十七年（一七一八）擔任臺灣鎮左營遊擊，戰敗後逃到鹿耳門，投海自盡，贈沙拉哈番官位，給予家屬撫卹金，賜給喪葬費用並遣官致祭，一子承襲官位並繼續守備臺灣。都祭祀在忠義祠。

許雲，福建海澄人，康熙五十七年（一七一八）擔任臺灣水師副將。朱一貴之役，南路戰敗，總兵歐陽凱駐紮在春牛埔，許雲率領水軍援助。五月一日，朱一貴進攻府治，鎮兵戰敗，歐陽凱死亡，許雲深入敵軍而拚命作戰，跟遊擊游崇功、千總林文煌、趙奇逢、把總李茂吉張開手臂大聲呼喊，所到之處敵人紛紛潰退。從黎明奮戰到中午，箭矢槍炮都用完，許雲身受重傷，自馬上跌落而步行，還親手砍殺數十人，身邊的軍官和士兵都戰死。次子方度在身旁，許雲回頭跟方度說：「我是副將，道義上應當赴死。你趕快突破重圍出去，把安平、鹿耳門的炮封死，不要給敵人機會。」方度聽父親的話照做。許雲則在戰亂中去世。後來這件事被傳揚，朝廷贈予他拉布勒哈番官位並可世襲，賜喪葬費用並遣官致祭，一子承襲官位並繼續守備臺灣。許方度後來跟隨參將王萬化進攻鹿耳門、安平鎮，立下戰功，遞補爲臺灣鎮中營遊擊。

游崇功，漳浦人，康熙六十年（一七二一）春天擔任水師左營遊擊，巡行偵察笨港。聽到朱一貴作亂的戰報，帶領士兵回到鹿耳門，看到文武官員眷屬乘船逃亡，嘆息道：「所謂官員，是士兵人民的希望。官員的眷屬逃亡，那麼人心也就潰散，大勢去矣！」崇功登上岸邊迎接敵人，他女婿拉住馬請崇功安排家屬的去留，崇功大聲責罵說：「今天如何還能顧及家人啊！」揮軍直到春牛埔，手拿大刀，左右疾奔猛衝，於是戰死。贈拖沙拉哈番官位，賜喪葬費用並遣官致祭，一子承襲官位並繼續守備臺灣。

趙奇逢，廣東人；林文煌，福建侯官人；李茂吉，福建漳浦人，都賜喪葬費用並遣官致祭，一子承襲千總官位，祭祀在忠義祠。安平人哀憐他們為捍衛地方而死亡，另外建造五忠祠祭祀他們。

羅萬倉，陝西寧夏人，康熙五十八年（一七一九）擔任臺灣北路營參將，駐紮在嘉義。朱一貴之役，府治被攻陷，萬倉立刻籌備作戰。五月四日，賴池、張岳、鄭維晃等率領眾人前來進攻，萬倉跟千總陳徽、把總鄭高、葉旺分別在不同城門據守，萬倉自己在南門抵擋，尤其奮力的對戰。但回顧四周沒有援軍，屬下也快犧牲殆盡，陳碧用槍刺萬倉的喉嚨，萬倉從馬上跌落，張岳、賴元揮刀斬殺萬倉，把他的頭獻給朱一貴。萬倉的妾蔣氏看到他的坐騎逃回家裡，鮮血濺滿馬身，於是大聲呼喊：「我的丈夫死了啊！」也用繩索上吊自盡。這件事傳揚開來後，朝廷贈予拖沙拉哈番官位並可世襲，賜喪葬費用並遣官致祭，一子承襲官位並繼續守備臺灣。蔣氏，下旨表揚並入祀節烈祠。

藍廷珍列傳／張崑將、張溪南

藍廷珍，字荊璞，漳浦縣（今福建省漳州市漳浦縣）人。年少時勤奮純樸努力耕作，有一天忽然心中有所感悟，搖頭嘆息說：「我應該拿起武器去當戰士的！」叔公藍理在舟山（今浙江省轄下的舟山群島）擔任軍職，放下農具跟隨叔公去從軍。康熙三十四年（一六九五），被提拔為「把總」（清代武官職稱由高至低分別為提督、總兵、副將、參將、遊擊、都司、守備、千總及把總，把總屬最低階武官），接著連續升到溫州鎮右營「遊擊」（清代中階武官職稱），因打擊海盜有功，康熙五十八年（一七一九）春天，再升為澎湖副將，不久便被授予南澳鎮（清代轄管廣東潮州府汕頭及南澳島一帶的營鎮，衙署設在汕頭）總兵一職。康熙六十年（一七二一）夏天五月，臺灣發生朱一貴（一六九〇—一七二二）起義舉兵占領臺南府城的動亂。藍廷珍聽到這緊急的訊息，挑選軍中士卒，訓練軍隊充實武備，寫信給閩浙總督覺羅滿保請求讓他前往臺灣平亂，信中還陳述派兵前往的事務和策略，覺羅滿保正趕到廈門，途中收到藍廷珍的信非常高興，便派他統領水師、陸師總共一萬二千名士兵、戰艦四百多艘進攻臺灣。這時水師提督施世驃已經先趕到澎湖了。藍廷珍和施世驃商討進攻臺灣的軍事策略，做好相關安排，派林亮和董方為先鋒，六月十六日，進攻「鹿耳門」，馬上攻占下來，再攻打安平，又攻占下來，進逼臺南府城。朱一貴戰敗不敢出城，施世驃想採用前來投降的人的計謀，在夜晚時派遣林亮、董方率領一千二百名士兵從西港仔暗中渡海前進，出其不意攻擊臺南府城的背面，藍廷珍知道後趕緊對施世驃說：「這誠然是讓敵人料想不到的計謀，但是敵眾我寡，這當中萬一出了差錯，將如何是好？」施世驃說：「如果這樣要如何是好？」藍廷珍回答說：「你應當趕快調遣將士到『瀨口』（今臺南市鹽埕永成路一段與二段附近）、塗墼埕等地方兵分兩路兩面攻擊府城。我會親自率領大軍，跟在林亮、董方兩位將領的後面支援進攻，這樣才是萬無一失的策略。臺南府城能不能收復，就在這幾天之間。」隔天天剛亮時刻，兩軍便在「蘇厝甲」大戰，朱一貴大軍稍稍退敗；不久又再交戰，清兵一路追擊到「木柵」，又在「蔦松溪」（今流經臺南市永康地區的鹽水溪）擊敗朱一貴的大軍。朱一貴於是向北敗逃。藍廷珍揮兵進入臺南府城，施世驃也率兵來到。閏八月，朱一貴被活捉，臺灣地區逐漸平定，藍廷珍接任臺灣鎮總兵，仍然繼續在臺灣統領各地軍隊。九月，施世驃病逝，藍廷珍升任福建水師提督，接著又假意招撫杜君英（和朱一貴一同起義）父子再扣押他們，朱一貴殘餘黨羽便全部被平定。

覺羅滿保認爲要治理經營臺灣地區，打算沿著山區劃出一條界線，禁止原住民或漢人進出，藍廷珍認爲不妥曾給予回覆和建議，內容大致這樣：「長久居住在熟悉的環境滋生情感後不肯隨便搬遷是人之常情，在原有的田地和農舍，妻子兒女全家團聚和樂拓墾耕種，忽然有一天要將他們趕走搬離，且無法全部給予營生的依靠，這樣他們沒有房屋可住、沒有田地可耕種，將會失去工作、流離失所，必然會被逼淪爲盜賊，這是第一點令人擔憂處。原來的耕田不但廣大而且肥沃，適合耕種也適合建屋居住，能容納百姓供養大家，假如拋棄任其荒廢，又沒有人前往壓制安定，無非是捨棄這些地方讓它們淪爲賊窩，讓犯法作亂的人更容易在那出入聚集，這是第二點令人擔憂處。之前臺灣地區到處是盜匪，除受國家封爵、官員和將士以外，明鄭僞王朝的遺民不只一千多人，現今殺也殺不完，且都依然在這片土地上安居樂業；卻針對住在盜匪居住地附近的百姓，要他們將田地和房舍都捨棄，全村都被驅離導致四處離散沒有安定處所，這樣做讓住在賊匪居住地附近的百姓們所受的罪過，不就比當盜匪的還要嚴重了，這是第三點令人擔憂處。臺灣的盜匪雖然都來自山區，但已大部分定居在府縣轄區內，如果是因盜匪的緣故而要捨棄山裡的土地，那麼府城所在地的臺南不就要首當其衝；何況『郎嬌』（應為「琅璚」，今屏東縣恆春鎮）並沒有滋生盜匪，該地雖然在很偏遠的邊陲，卻比羅漢門廣大肥沃十倍，現在在那地方開墾耕種的百姓有數百人，原住民和漢人相處融洽，早已是和平安樂的美好地方。如今如果無緣無故要清除他們的住所，澈底斷絕人跡的往來，那麼官兵絕對不肯跋涉千里甚至走危險的路來巡察這廣達百多里的無人居住的土地；或者有盜匪聚集往來活動，更沒有人可以通風報信，這是第四點令人擔憂處。砍伐樹木、抽取藤皮，是山裡貧窮百姓賴以爲生的工作，不但如此，採集加工後的木材，用以修整戰船，乃是充實軍備必須要做的事；而砍柴所燻製的木炭更是每個人不可缺少的日常用品，假如暫時要整頓清理山區還勉強可行，若要永久禁絕出入，那麼沒有工作、四處離散的百姓，到時候將不只百戶千家，勢必會連帶延誤修整戰船的事務，而且全臺灣將會沒有木炭可燒煮的危機，這是第五點令人擔憂處。國家的領土既然已經開拓，只有日漸開發、沒有日漸縮減的道理，臺灣地區在宋朝、元朝以前，並沒有人知曉這地方，一直到明朝中期，太監王三保（應是王景弘，又名王貴通，明朝太監，曾多次與鄭和率船隊下西洋）的船隊下西洋（明代對中國西南方的南洋群島一帶的稱呼，甚至擴及到印度、波斯、阿拉伯等地），遭遇暴風漂泊到臺灣，才知道有這麼一個地方。不久海盜林道乾占據此地，接著顏思齊（一五八六—一六二五）、鄭芝龍（一六〇四—一六六一）和日本海盜曾占領過，荷蘭也占領過，鄭成功又來占領，我朝開始在此設立郡、縣治理，管轄的區域也才百多里，到現在也還不到四十年，但是來臺開墾流亡遷徙的百姓，綿延二千多里，糖、稻米的生產利潤居天下第一，如此再經過四、五十年，連西部深山和東部山野原住民都還沒去過的地方都將變爲物產豐盛的農地和漂亮的房舍，千萬不要壓制禁止。現今卻想下令已經形成的村社，將其棄置爲荒地廢墟，即使嚴格禁制也已經不太可能做到，這是第六點令人擔憂處。之前諸羅知縣周鍾瑄（一六七一—一七六三）曾有要清理消除四處流浪遷徙的百姓的建議，但是卻要以大甲溪（今臺中市北部流灌清水區和大甲區間的河流）作爲界線（即是將大甲溪以北地區視為流民可流竄的化外之地），鳳山縣知縣宋永清也有建議將『郎嬌』這地方棄置的言論，反觀現今臺灣地區北到淡水（今新北市淡水區）、雞籠（今基隆市），即使是最南端的「沙馬磯頭」（今屏東縣最南端的貓鼻頭或鵝鑾鼻，許多文史學者對這兩個地點尚有爭論），都是一片欣欣向榮的樂土，前往拓墾的百姓成群結隊，想要去限制他們，哪裡能夠限制得了？依屬下們的「愚見」（自謙用語），人不會一直甘願當盜匪的，若能給予教導感化就能變得順服善良；田地沒有好壞之分，若能善加經營管理就會有好收成。不如增加兵力加強防禦保衛的設施，任由百姓擴大開墾，這樣以最有效方式經營土地便可獲致最大的利益，需要的勞動力也充足，人群聚居到處雞啼狗叫，聲音響徹山野間。這樣雖然出現了盜賊，他們也將沒有可逃亡聚集的地方。何必為了怕噎著就不吃東西，甚至為了保全自身性命作出遠離禍源的事？今私下建議可在羅漢內門中埔莊（今高雄市內門區西南部中埔里和內東里一帶）設立駐防的士兵三百名，派置一員千總駐留管理那個地區，郎嬌也派置一員千總、三百士兵，據守控制臺灣最邊陲地帶，每年固定在三、六、九月作定期的操練演習之外，特別准許這些士兵可自行豢養牛隻，在駐地邊駐防邊耕種，作為他們額外的收入，這樣即使是危險又偏遠的地方，官兵也會樂意前往。檳榔林此處雖屬平原但土地荒蕪，杜君英曾經在這活動的莊舍很久之前就被焚燒毀壞，但是附近村社，居民眾多、人口密集，如星星、棋子般繁密而廣泛分布，離設在內埔莊的下淡水營（「下淡水營」管轄下淡水莊一帶的村社，下淡水莊原為原住民下淡水社盤踞的地區，後來漢人逐漸入墾，範圍涵蓋內埔莊，約在今屏東縣萬丹鄉和內埔鄉一帶）駐防地不遠，這個駐防地點可以不用更動。至於各地鄉民想要進入深山砍伐收集樹木，或許可以讓左鄰右舍幾戶人家互相具結作保，配給可以通行的腰牌，任由他們自由出入，不准小吏衙役們藉通行腰牌向百姓敲詐勒索一分一毫的錢。拜讀官長下達的文書，有關要增加駐防的規畫，還請盡速做出決議，以便屬下向朝廷上呈奏本回覆。大概要更動的規畫，就只有增設羅漢門和郎嬌（瑯璚）這兩個駐點而已。此外，要將設置在八里坌（今新北市八里區）駐防的千總遷移到後壟（今苗栗縣後龍鎮），因後壟地處半線（今彰化市光南里一帶）到淡水間適中的位置，及要增加文職人員等事務，目前還沒有辦理外，其他的事項都遵照官長的指示辦理完成：在臺灣南路增設下淡水營的『守備』（守備為清代中階武官職稱，在都司之下，千總之上，此處應指設有守備將軍的軍隊），統領五百名兵員駐防新園（今屏東縣新園鄉）；設岡山駐防地（此軍事據點在今高雄市阿蓮區崗山里，並非在今岡山區內）守備營，統領五百名兵員駐防「淡水溪」（此淡水溪應指下淡水溪，即今高屏溪）畔的平地，管控羅漢門附近山地容易被忽略的小路的進出；臺灣北路在半線增設守備一營，統領五百兵員，介於諸羅和淡水的中間，南北據守控制，互相連繫援助；調諸羅山守備營駐防笨港（今雲林的北港鎮到嘉義縣新港鄉間的南港村一帶），增加兵員二百名；增設下茄苳守備一營，統領五百兵員；臺南府城增設守城遊擊一營（遊擊為清代中階武官職稱，在參將之下、都司之上），統領八百兵員，地位等同總兵轄下的三營綠營兵（清代漢人組成的正規軍）；再加上羅漢門、郎嬌（琅璚）各新增駐防三百名兵員，那麼全臺總共需增加兵員三千六百名，這個數目較官長下達命令指示要增加的員額，只多出一百名。但這三千六百名兵員，不需要呈請朝廷下旨額外增設，可就大陸內地各正規兵營中分出一小部分召集募徵，按照順序輪流到臺灣，依往例每三年更換一次，這樣大陸內地也不至於因兵員流失太多導致防衛薄弱，不會有照顧了孩子卻失去母親的弊端。諸羅縣因管轄區域太過遼遠廣闊，力量有所不及，應該要將虎尾溪（今流經雲林縣四湖鄉、東勢鄉、臺西鄉等地的舊虎尾溪）以北區域劃出，另外設置一個縣（即後來的彰化縣），縣治所在地可設在半線，管轄區域廣達六、七百里。鹿子港（今彰化縣鹿港鎮）雖然是重要的通商港埠，因離半線才十五里，不必再設置巡檢署（清代縣級衙門以下的基層組織），可將巡檢署設在淡水廳的八里坌，這樣還可同時照應雞籠山（今基隆山）後。笨港可設巡檢（按：清代最基層官員，輔佐知縣巡防地方、稽查緝捕盜匪等工作）一員，令其在笨港駐防。佳里興（今臺南市佳里區佳化里和佳興里）巡檢仍舊在佳里興駐防，並兼管理目加溜灣（今臺南市善化區）將典史署（典史是協助知縣緝捕、稽查獄囚等職務的文職官員，諸羅縣典史署原設在目加溜灣）移回諸羅縣城內。臺灣南路的鳳山縣縣治（即在今高雄市左營區蓮池潭旁的鳳山縣舊城），雖然地處偏僻又靠近海邊，沒有下埤頭街四通八達的交通要道，但是可掌控海邊港口，打鼓（今高雄市港區一帶）、眉螺（今高雄市彌陀區南寮漁港）等港口是盜匪經常出入的重要地區，所以鳳山縣治應當還是在舊城即可，不要遷移改變（藍廷珍當時雖建議不要將鳳山縣城移往埤頭街，但清廷還是在乾隆五十三年〔一七八八〕將鳳山縣城遷移到埤頭街新城，即今高雄市鳳山區曹公國小附近），應增設一員鳳山縣丞（縣丞為清代地方官職名，位階僅次於縣令，相當今之副縣長）駐防搭樓（今屏東縣里港鄉二重溪南岸的塔樓村），巡查阿猴林（今屏東市）、篤佳（今屏東縣里港鄉二重溪北岸的三　村附近）等地區，鎮壓鳳山縣東南部沿山一帶的村莊。下淡水莊的一員巡檢，不能留在臺南府城，必須下令他駐防下淡水莊，巡查下淡水溪以南各莊社及各海邊港口。臺灣縣、鳳山縣、諸羅縣等各縣要分別召募團練鄉勇五百名以協助防衛地方，分駐在縣城外的縣丞、巡檢等也必須分別訓練鄉勇三百名，沒有戰事時就分散各地種田，有戰役時就必須整理武器，為守衛家鄉而戰，讓人人都成為戰士，這才是周密而安全的謀劃。」覺羅滿保覺得他分析得很正確，便停止沿山劃界線禁出入的規畫。

康熙六十一年（一七二二），朝廷群臣討論到因兩次平定臺灣亂事，都是先在澎湖駐紮整頓後再向臺灣進兵，所以打算將臺灣鎮總兵移駐到澎湖，而臺南府城治只設置福建陸路副將，藍廷珍認為不可行，呈上奏本陳述反對意見，相關言論可參見本書卷十三〈軍備志〉。而福建水師提督姚堂（？—一七二三）也向朝廷呈上奏本，也主張應將臺灣鎮總兵繼續留駐在臺灣。藍廷珍便謀劃臺灣鎮總兵留駐後所應該要進行的事務，談論到修築城壘，增加防禦兵力，實施基層保甲自治組織、教導戰術自我防衛，挑選壯丁組團教練兵法以保衛地方等等，所陳述意見大部分都被採納施行。勝利平亂後將軍隊按照次序調回福建，雍正元年（一七二三）冬天十月，升任福建水師提督，加封為「左都督」（清初對軍事首長的加銜，一種虛銜的官位），世襲三等「阿達哈哈番」（滿語，名號源於漢朝「輕車都衛」職稱，後來清代演變為對有軍功者加銜的爵位，又分三等）。上任後，大力整頓軍中事務，有功必賞、有過必罰，對有才德的人相當愛惜，所引進提拔的人才，大多都能升任到持符節及斧鉞的將軍，士兵和百姓都敬愛擁護他。雍正七年（一七二九）冬天十一月，在任內病死，享年六十六歲，皇帝恩賜經費辦理喪事，並加贈太子少保（太子少保原為負責教習太子的官職，有太師、太傅、太保，少師、少傅、少保則分別是他們的副職，後來演變為只是一個榮譽的官職），賜給「襄毅」的稱號（「諡號」乃古代君主、諸侯、大臣、后妃、權貴、僧道等死後，朝廷依其生平功過與品德修養，另起稱號，作為其一生的評斷）。

藍廷珍的孫子藍元枚（一七三六—一七八七）也頗有聲望。藍元枚，字簡侯，清乾隆三十三年（一七六八），以世襲的爵位（即藍廷珍的三等「阿達哈哈番」）遞補廣東參將（清代高階武官職稱，在副將之下）一職，不久便被提拔升爲副將。乾隆三十八年（一七七三），晉升爲臺灣鎮總兵，後又調金門鎮總兵。乾隆四十九年（一七八四），升任江南提督。乾隆五十二年（一七八七），臺灣林爽文起義舉兵，臺灣南北路往來要道都被阻隔切斷，所有將領束手無策。因藍元枚熟悉臺灣情況，朝廷決議派他快馬加鞭趕到泉州（今福建省泉州市），接任福建陸路提督，當時福建水師提督黃仕簡（一七二二—一七八九）、陸路提督任承恩（？—一七八七）統領部隊卻不敢進攻，朝廷下詔將任承恩撤職，派藍元枚取代他。乾隆五十二年（一七八七）四月，以參贊大臣（清代武官職稱，層級略低於將軍，由皇帝特旨簡派）督辦軍中事務，率領福建二千士兵，從蚶江（今福建省泉州市轄下石獅市蚶江鎮）乘船渡海到臺灣鹿港，圖謀收復彰化城，後來浙江來的部隊到了臺灣，也歸藍元枚指揮管轄。六月，聯合總兵普吉保（？—一八〇〇，當時應為福建汀州鎮總兵，亂事平定後任臺灣鎮總兵）攻打「柴坑」（今彰化市國聖里），獲得勝利，朝廷下旨讚許獎勵，賞戴「雙眼花翎」（清代花翎分一眼、雙眼、三眼，三眼最尊貴；「眼」指的是孔雀翎上像眼睛的圓，一圈稱一眼，通常被封為鎮國公或輔國公之類的親貴才能被賞戴雙眼花翎，象徵極高榮耀）。不久再和柴大紀（一七三二—一七八八）約定要在斗六門夾攻林爽文，亂事還沒有平定，便在八月間病逝於軍中，朝廷哀憐下旨追悼，追贈太子太保，撥給經費辦理喪事，皇帝還派特使前往祭奠，賜給「襄毅」的稱號。朝廷恩賜的稱號和他的祖父（藍廷珍）相同，也成為流傳的一樁美事。

林亮（一六六四—一七二七），字漢侯，福建省漳浦縣人。四歲時喪母，孤單貧苦、無依無靠，但是他才識不凡不受拘束，喜好結交那時代的賢士豪傑，曾經說：「男子漢大丈夫應當如弓箭那般飛射四方，哪能夠委屈自己窩在這鄉下，永遠當個農夫而沒沒無聞過一輩子？」家鄉位處海邊經常有亂事發生，便決定要投身軍旅。平時勤練騎馬射箭、刺槍擊劍的武術，常關心船隻航行的消息，舉凡附近島嶼和港灣何處較險阻或較安全的，或是船隻航行如何加速或遲緩，以及軍隊的結營布陣和征戰攻防，沒有不去精心研究和熟練精通的，了解他的人都看得出他是塊當將軍的材料。康熙四十五年（一七〇六），被提拔擔任臺灣水師右營把總（低階武官），多次因戰功升到澎湖右營守備（中階武官）。康熙六十年（一七二一）夏天，朱一貴起義舉兵，全臺都被他攻占，當時在臺灣任職的清朝文武官員，有的死、有的逃到澎湖，澎湖和臺灣僅一水之隔，當時在島上的百姓們喧鬧動盪、人心惶惶，駐防的武將們認為這孤島很難防守，共同商議後決定要撤退到廈門，分別要親屬家眷們登船，林亮卻極力反對撤軍，手按著劍大聲且嚴肅的說：「朝廷的疆域和領土，一尺一寸都不能退讓捨棄。我們平時吃國家給的俸祿、過慣太平日子，現在有機會犧牲性命來報效國家，這個機會就在今天。哪有銳利的刀劍還沒拔出拚搏見血，大家就一個個要放棄離開呢？大丈夫應該為忠義戰死，難道到最後要頭靠著頭被綁赴處決的菜市場，讓那執行刑獄的官吏羞辱嗎？請求讓我即刻整頓兵馬發配船隻，在險要的地方布署防守，和敵人拚個你死我活，如果打不贏而亮戰死，到時你們要撤退還不遲。」各將領聽了都說：「好，我們也都願意留下拚死防守。」林亮便飛快的來到港邊，發布主帥的命令，將官員和百姓的親屬家眷都趕下船回到岸上，下令再說要退回廈門的人立即處斬，大家浮動慌亂的心才算安定下來。又因臺灣米糧沒有運補來到，擔心部隊裡沒有糧食可吃，捐出自己的錢財，買稻穀去殼碾成米分給軍中士兵食用，並製造攻戰所需的武器和各種軍需用品，準備進攻臺灣時所用。不久福建水師提督施世驃、南澳總兵藍廷珍率領兵馬來到澎湖，任命林亮和千總董方爲先鋒，率領五百七十人的艦隊從澎湖出發向臺灣進攻。康熙六十年（一七二一）六月十六日天快亮的時候，艦隊已來到鹿耳門，士兵們個個奮勇向前，林亮率領六艘船艦冒死往前直攻，遠遠望見岸邊炮臺有火藥堆積，便緊急下令用船上大炮轟擊，瞬間爆炸燃燒，很快奪下炮臺，聲勢大好轉攻安平，再度攻下。鹿耳門和安平都是地勢險要的港口，是臺灣重要且致命的據點；一天當中兩次勝戰，清兵士氣受到莫大的鼓舞大振。十七、十九日這兩天，雙方又在「鯤身」（即「二鯤鯓」，今臺南市安平區億載金城炮臺附近）激戰，林亮乘船夾攻，朝敵方陣營胡亂衝撞，朱一貴大軍又戰敗，撤退回到臺南府城守衛。不久，施世驃命令林亮和董方、魏大猷、洪平等將領率領一千二百士兵，抄捷徑暗中渡海來到西港，打算從府城的背面偷襲，藍廷珍也率領大軍趕來支援。二十二日清晨，雙方在蘇厝甲大戰，清兵接連數次都打勝仗，於是收復了臺南府城，林亮被列爲最大戰功的將領。

總督覺羅滿保向藍廷珍詢問這些在前線征戰的將領們，有誰可承擔重責大任的，藍廷珍答覆說：「福建水師提標營遊擊林秀（一六六九—？）、南澳鎮左營守備呂瑞麟，個性剛強固執、對上司倨傲不馴，作風比較好大喜功、飛揚跋扈，但兩人在勇氣和謀略上都很優秀，勇猛果敢超越常人，確實是國家難得的猛將。林秀驕矜誇大，呂瑞麟陰沉凶猛；林秀較不拘小節，瑞麟立身處世較嚴謹。二人目前都還沒掌握兵權、當上統帥，是因爲他們都沒有積極爭取（並非他們沒有才幹），但呂瑞麟似乎比較有長遠、宏觀的志向。閩安協（清代布防在今福建省福州市馬尾區的軍隊）左營遊擊朱文（一六六六－一七二八），爲人小心謹慎，雖然不夠剛強堅毅，還是能獨當一面，可以放心交付任務。汀州鎮（清代布防在今福建省長汀縣的軍隊）左營遊擊王紹緒，大力整頓軍隊紀律，卻還能有態度從容、輕鬆自在的樣子。福寧鎮（清代布防在福建省寧德市一帶的軍隊）右營遊擊郭祺，老練穩重、通達事理。海壇鎮（清代布防在今福建省福州市平潭縣的軍隊）左營遊擊謝希賢，生活簡樸但爲人勇敢果決，雖難免會有粗魯、莽撞的時候，但這個小缺點無損其整體的完美。撫標左營遊擊邊士偉，對於軍中的事物了解透澈。金門鎮右營遊擊薄有成，爲人樸實正直、嚴謹認眞。陸路提標右營守備康陵，深沉穩重頗有謀略。漳浦營守備蘇明良，爲人謙虛和藹、言行檢點有節制。烽火營守備蔡勇，雄壯高大、樸直誠實。興化協（「興化」為福建省舊縣名，其轄區在莆田縣與仙遊縣，興化協為清代布防在此地的軍隊）左營守備劉永貴，爲人剛強堅勁、端正嚴謹。這些人的氣勢度量，似乎和他們現在擔任的低階偏將不相襯，都應該是安寧時代的好將領。澎湖協右營守備林亮，平定臺灣第一功臣，且有堅決死守澎湖抗敵的偉大節操，人品和用兵的謀略，都在這批曾在前線征戰的將領們之上，任命爲提督或總兵，非常合適。將軍標右營遊擊魏天錫、海壇鎮右營守備魏大猷，他們是兄弟，兩人都特別熟悉水性，能戴上頭盔、穿上戰甲全副武裝在海面上泅游，又能全身一絲不掛沉入海面下，在水中游泳一、二百里，如安平鎮到臺南府城間（即舊時安平到赤崁樓間的臺江內海）大約有五十里長的海面，魏大猷和魏天錫可以潛入海中泅泳，很短的時間內便可到達。同安營（清代布防在今廈門市同安區一帶的軍隊）守備葉應龍，身體如銅鐵般強壯，刀棍傷不了他，用石塊敲打他的頭，頭沒事石塊反倒碎了。以上三人都卓絕超群非常傑出，不是普通的將領可以比擬，賜給鎮守邊疆的總兵的職位，誰敢說過分？但魏天錫已生病，恐怕等不到升任（可持符節及斧鉞的）將軍。千總董方、胡廣、王郡和林君卿等人，都是足以擔任將帥的人才。董方處事浮誇、愛自誇功績，恐難免會被人妒忌。胡廣勇敢剽悍、英氣風發；王郡敦厚穩重、聰敏仔細，這兩人前途不可限量。林君卿勇敢果斷、樸實敦厚不浮華，勤勞不怕苦。以上四人都立志力求上進，不會只擔任低階偏將就自滿，雖然現在屈居低階軍官，但旺盛的鬥志有鎮守邊疆大將軍的氣勢，不能只委派低微的職位來輕視他們。」覺羅滿保收到藍廷珍這信非常高興，賞給四百兩白銀慰勞林亮，還親自寫信讚美表揚他，並提拔他升任福建臺灣水師協副將（駐臺南安平）。而呂瑞麟等人也大多能升任到提督或總兵的官職，誠如藍廷珍所言。

劉得紫，字樹公，直隸文安縣（今河北省廊坊市文安縣）人，曾暫時寓居遼陽（今遼寧省遼陽市），後來便在那定居下來。父親劉朝英，曾擔任江夏縣（湖北省舊縣名，在今武漢市江夏區等地）知縣，在任內病死。劉得紫年少時貧苦無依靠，但很喜愛讀書，尤其擅長騎馬射箭。康熙四十七年（一七〇八），由步軍校（清代八旗步軍營低階武官職稱）逐漸升到侍衛（清代從八旗軍中挑選出來的一支軍隊，負責保衛北京的紫禁城、皇帝及其家人）。康熙五十九年（一七二〇），調任臺灣鎮中軍遊擊。康熙六十年（一七二一）夏天四月，朱一貴起義舉兵，劉得紫請求前往征討，臺灣鎮總兵歐陽凱不准，卻派遣右軍遊擊周應龍前往征討，結果打了敗戰。朱一貴進攻臺南府城，歐陽凱率領部隊進駐「春牛埔」，劉得紫隨同征戰。五月一日，在中路口大戰，清兵戰敗覆滅，想回頭救總兵歐陽凱已來不及（歐陽凱在此役中被叛變的把總楊泰刺殺），於是被活捉，被關在書院內的朱子祠（原文為「學宮」，學宮即是府學，今孔廟，但府學內沒有朱子祠，只有書院才有朱子祠，故關押劉得紫的地方應是臺南知府府署旁的崇文書院），叛軍將領以禮相待，劉得紫想死卻死不了。朱一貴聽聞劉得紫忠義的行徑，便派人餵他吃東西，他就是不吃不喝。幾天後，同樣被一起關押的陳士珍送給他三卷的《紫陽綱目》（即《資治通鑑綱目》，是南宋儒者朱熹和其學生趙師淵修撰，又稱《紫陽綱目》），早晚不停的閱讀，幾乎忘記飢餓和口渴，這樣經過七日還沒死。把總張文學、贊禮生（舊時儒家祭祀時的典禮司儀）陳時遇知道他不想吃叛軍的食物，便親自為他煮稀飯並勸他食用，劉得紫流淚哭說：「我享用朝廷俸祿卻無法替朝廷解決困難，乘坐朝廷給的馬匹卻無法救助朝廷的災禍，即使他們憐憫我讓我活了下來，我又有何面目去見臺灣的父老呢？」就在這時候，朱一貴和杜君英商議要將兩邊的兵馬整併在一起，卻不歡而散，書院內的生員林皋、劉化鯉告知他這事，才開始少量進食，大家陸續送他金錢和衣物。有一個曾經當過兵的人見他睡在地上，搬來一張矮床給他，有一個泥水匠也送他一件被褥，都不知道他們的姓名。康熙六十年（一七二一）六月一六日，官兵攻下鹿耳門，收復安平鎮，劉得紫聽到這消息很高興。過幾天，朱一貴潰敗，守衛的叛軍也全部離去，才重見天日。劉得紫出來後便叩拜在當時平亂指揮官（應為藍廷珍）的旗下，請求戴罪立功，於是召募一百五十名壯丁隨同（藍廷珍）征戰臺灣北路，多次建立戰功。閏六月七日，溝尾莊（今嘉義縣太保市）人用計謀活捉朱一貴，劉得紫率領士兵前往接應。事件平息後，臺灣民眾將他堅守節操的事向總兵藍廷珍稟告，請求表彰他的義行。

楊、殷、阮、王列傳／張崑將、張溪南

楊文魁字子偉，別號逸齋，奉天（今遼寧省瀋陽市）人。康熙二十三年（一六八四），以都督僉事（清代官名，督軍副手）兼任臺灣總兵（清代臺灣最高軍事武官）。當時大清朝廷將臺灣納入版圖，疆域剛被確定。文魁分布戍防軍隊、操辦軍務。又設立不收學費的義塾，延請內地的名儒來臺擔任講師，又設置學田（朝廷或地方政府撥予學校的田地），以資助建學的費用，於是來義塾就

學之人日漸增多。起初，文魁被大學士（輔佐皇帝治理朝政之祕書官職）巴泰（？—一六九〇，為中和殿大學士）所舉薦，和藍理入朝覲見時，皇帝（康熙帝，愛新覺羅玄燁，一六五四—一七二二）問文魁：「臺灣總兵這職務如何？」文魁回答：「操練兵馬、興辦學校，端正自身作爲，尊奉公事，不徇私情，士兵與百姓均能和平相處，只不過每天都吃腐爛的菜餚。」隔天，皇帝告訴巴泰：「楊文魁身爲封疆大臣，但只吃腐爛的菜餚，可說得上爲官清廉啊！」當時藍理奏請朝廷可在臺灣施行屯田制度，以節省軍費開銷。藍理想在駐臺灣防守的萬名兵力當中選出四千名發往屯田。將此事讓總督和巡撫、提督與總兵紛紛議奏。文魁則上奏章提到：「臺灣之田地都是百姓的產業，侵奪而爲軍隊屯田之用，已是萬萬不可；何況士兵皆是從內地調來駐防，他們和父母、妻子都隔海相望，有誰肯舉家渡海遷徙來臺灣從事屯田？」朝廷批准文魁的奏疏，士兵和百姓均甚爲歡喜。論及軍政檢舉之事，被文魁彈劾者均無怨言；至於被文魁所提拔的將卒，多能升遷鎭帥階級且常有軍功之名譽。康熙二十六年（一六八七），文魁升任八旗副都統（清代駐防各地八旗之軍事長官副手），離任總兵職位時臺灣百姓和士兵皆感念其德行，於是爲文魁繪製畫像，設立祠堂加以祭拜。文魁還沒到京城（今北京市）敘職，即被擢升爲都統（清代駐防各地八旗之軍事長官）。

殷化行（一六四三—一七一〇），字熙如，陝西咸寧（今陝西省西安市長安區）人。年紀剛滿二十，武科中舉。康熙八年（一六六九），成爲武科進士（通過朝廷中央考試者稱之）。康熙二十六年（一六八七），任臺灣總兵。當時臺灣爲朝廷海外腹地，閩籍（今福建省）、粵籍（今廣東省）人士分別居住於島上，民風崇尙武鬥，且生番（未經教化、未納稅、未服勞役的原住民）或熟番（已經教化、納稅、服勞役的原住民）又雜居其間，甚難治理。化行一到臺灣，隨即宣揚德行、教化，使軍士、百姓之間沒有猜忌。當時，當地官員正討論將在臺灣修築城牆，化行指出臺灣地處沿海、多浮沙，容易因震動而導致地基不穩，不可於此築城。但又指出臺灣孤懸於海外，須仰仗清朝廷的聲勢威儀，加上軍士、百姓一心，始能捍衛臺灣。於是，朝廷議論方停止，僅在臺灣修築木造城牆、整治武備，加強訓練以壯大軍隊陣容。

起初，鄭氏政權發行的貨幣爲永曆錢（永曆通寶）。等到臺灣劃入清廷統治後，有官員即請奏朝廷更換、鑄造新的貨幣。後來朝廷頒行臺字的錢幣形式，只是臺錢較小，不能通行於各省分。商人如果拿到臺錢，必然會降價兌換銀兩而歸鄉。但是臺錢越鑄越多，則其價值日漸貶值，每一兩銀子可兌換三到四千文臺錢。朝廷發給軍士的薪水則是以銀兩七、臺錢三的比例；官方以此一比例來進行交易，百姓多選擇隱蔽，不與軍士交易，幾番下來，情況略顯嚴重。化行規過勸善，屢次請奏督撫（官職名，對總督和巡撫的統稱），但督撫卻不聽化行進諫。等到化行調任鎮戍襄陽（今湖北省襄陽市），入朝覲見聖上，才上奏臺錢之弊端，皇帝（康熙帝）感到十分訝異地說：「這大有關係，你在任內時爲何不說？」化行回皇帝說：「身爲武將不敢議論錢穀之事。」於是皇帝命他上奏章，分條陳述，結果被阻擋於通政司。再次上奏，以皇帝旨意陳述此事，始將聖意下達。但聖意傳達到戶部（清代官署名，執掌疆土、田地、户籍、賦稅、繇役、俸餉等事），仍無法遏止臺錢鑄造，直到聖意下達福建督撫商議處置，才使臺錢停止鑄造。於是軍士和百姓皆能恢復往昔便捷的交易模式。幾年過後，化行移防鎮戍寧夏（今寧夏回族自治區）。其後又以征討尼魯特（準噶爾之役，一六八八—一七五八）有功，相關事蹟可見《清史稿》。

阮蔡文（？—一七一六），字子章，號鶴石，福建漳浦人。蔡文的父親因爲在江西行商，所以將戶籍遷往江西新喻縣（今江西省新餘市）。蔡文十一歲時已能寫作文章，其性格剛強勇猛，好使刀、槊（古代兵器，形狀相類似矛，長度較長），鄰居的孩童都懼怕他。蔡文十三歲時被推薦入縣學生就讀，十二年後中鄉舉，後來數次赴禮部（清代官署名，執掌國家考試、祭祀、外交、軍禮等事宜）考試，都沒有成功。巡撫張伯行（一六五一—一七二五，時任福建巡撫）邀請蔡文至鰲峰書院（今福建省福州市）講授洛閩之學（洛學係指北宋儒者程顥、程頤兄弟的學術思想；閩學則係指南宋儒者朱熹的學術思想。洛學、閩學合稱即指宋明理學），分別修纂先儒著作。過了五年，蔡文歸回鄉里送葬母親。康熙五十一年（一七一二），說服海賊陳尚義投降清廷，皇上於是在便殿（正殿以外之宮殿）召見蔡文。皇上問道：「書生此行費盡心思，覺得驚訝、恐怖嗎？」蔡文回道：「臣子仰仗朝廷威靈，使愚頑之人（陳尚義）能夠改過遷善，並無任何畏懼。」朝廷論軍功，蔡文被拔擢為知府，管理陸涼之地（今雲南省曲靖市陸良縣）。還未及赴任，朝廷隨即改授予蔡文廈門（今福建省廈門市）水師中營參將（清代武官職名，位處總兵官、副將之下）。等到明年（康熙五十二年〔一七一三〕），蔡文被調往北路營（今臺南市佳里區）。與諸羅知縣（掌管縣級行政區的最高官員）周鍾瑄這位清廉賢能的官吏一見如故。蔡文使胥吏與衙役行為收斂，安撫原住民部落，整飭軍隊，又親自到沿海巡視，並增設駐防的戍守部隊。北路地方有千里之闊，但半線以北地區漢人少，原住民為多。大肚（今臺中市大肚區）、牛罵（今臺中市清水區）、吞霄（今苗栗縣通霄鎮）、竹塹（今新竹市）等地，山林茂密與川流幽深，常苦於水土不服染上惡疾。南崁（今桃園市蘆竹區）、淡水（今新北市淡水區）整年天氣多陰晦、昏暗，難見晴朗，地方所產硫磺，其毒氣蔓延，駐防的軍士多病死，亦不在此處設置巡哨點。蔡文打算前往視察，下屬都勸諫，但蔡文仍執意前去。於是，自己攜帶帷帳落腳休息，備齊肉乾和乾糧，白天或在馬上賦詩，夜晚則點燃蠟燭記錄下白天所遊歷之地理、山林野溪、風物氣候、地方民俗。並寫作祭文追悼死去的駐防軍士，內容悽涼悲傷，聽到的人莫不感動流淚。居住山谷間的原住民準備牛肉與水酒歡迎蔡文一行人到來，蔡文則一一慰撫來迎的原住民。蔡文到了社學（清代專為原住民設置讀書識字的義塾）招來原住民當中的學童，並與他們說：「別怕，我是你們的老師。」學童中有能夠背誦四子書（即四書，《論語》、《孟子》、《大學》、《中庸》的合稱）的人，即贈與銀兩或布匹以示表揚。又為學童講授孝順父母、友愛兄弟以及勤農耕作的道理，使這些原住民皆能歡喜受教。蔡文在開山之行後竟得了瘴病（因山林間溼熱環境下所致的疾病），後被調往福州（今福建省福州市）城擔任守營副將（清代武官職名，位處總兵官之下），瘴病在奔赴京城（今北京市）的路上加劇，於宿遷（今江蘇省宿遷縣）過世，得年五十。

王郡（？—一七五六），字建侯，陝西乾州（今陝西省乾縣）人。康熙六十年（一七二一）以千總官職從軍，在收復臺灣有功（來臺灣鎮壓朱一貴事件）後，授予南路營（今高雄市鳳山區）的參將（位於總兵之下的中階軍官）。雍正六年（一七二八），王郡升任臺灣鎮（清領時期臺灣地區最高的軍事單位）總兵。雍正七年（一七二九），平定鳳山縣（今高雄市、屏東縣）山豬毛等社（今屏東縣三地門鄉）原住民（排灣族）的叛亂。雍正九年（一七三一），彰化大甲（今臺中市大甲區）西邊之平埔族林武力（漢化之道卡斯族人）叛亂，北路（今嘉義縣、臺南縣一帶）擾亂不安，鳳山吳福生（？—一七三二）亦趁機響應叛亂。總兵呂瑞麟（時任臺灣鎮總兵）才剛征討完原住民，行政官署正缺乏軍士和錢糧。當時王郡已被頒授水師提督（清代水軍最高將領），聽聞此一訊息，未及赴任便立刻派遣遊擊（清代武官職名，位處總兵官、副將、參將之下）李榮率領兵馬前往。不久，探子回報吳福生加緊攻擊陴頭（今高雄市鳳山區陴頭街），王郡則親自領兵從夜間出發，與參將侯元勳、守備（清代武官職名，位處總兵官、副將、參將、遊擊、都司之下）張玉等三路人馬會師，合力攻擊吳福生。吳福生潰敗，隔日被擒獲，鳳山之亂被平定。瑞麟此役並無軍功，且曾被圍困城中，亂平後被命令留在府（臺灣府，今臺南市）中徵兵。福建總督郝玉麟（？—一七四五）則徵召王郡持續討伐叛亂的原住民部落。王郡到了鹿港（今彰化縣鹿港鎮），派遣參將李蔭樾、遊擊黃貴等將領集合兵力攻打阿東社（今彰化市香山里、牛埔里一帶），參將靳光瀚、遊擊林黃彩防守重要的關隘，於是率軍渡過大甲溪，直接抵達林武力盤踞之地，幾番交戰下來皆有所斬獲。林武力敗走南日山，其地勢險峻，僅有上山砍柴樵夫所開闢之小路可供通行。王郡統率軍隊迎擊，親身冒著箭雨、滾石攻擊，操作炮火反擊，炮擊聲響震撼整個山谷，後王郡趁勢直接搗毀林武力的巢穴，焚毀其積聚的物資。眾多原住民部落因清軍猛烈的攻擊皆趕到震驚，紛紛乞求投降，於是便將林武力捆綁獻給王郡，王郡命人將林武力斬首，北路營之亂遂平定。王郡在此之後才赴水師提督就任。

奎林（？—一七九二），滿州（今遼寧省、吉林省、黑龍江省）人，乾隆五十八年（一七八八），就任臺灣鎮總兵。當時臺灣的軍士都是從福建調任而來，氣質同類者則沆瀣一氣，私自設立廳堂以爲聚眾或議事的場所。提標（各省提督直轄的綠營官兵）的士兵占據臺南府城的寧南坊；同安（今福建省廈門市同安區）的士兵占據東安坊，至於漳鎮（今福建省漳州市）、詔安（今福建省漳州市詔安縣）、雲霄（今福建省漳州市雲霄縣）等地來臺的士兵則占據鎮北坊；臺灣本地戍守的士兵也占據在西定坊。這些軍士各自擁有據點，包庇娼妓、聚眾賭博，百姓都不敢得罪。軍士之惡行，小則強奪百姓、掠取貨物，大則持刀械鬥爭，官員因畏懼軍士勢大，都不敢依法律處置，帶頭的武官得知這些惡行也得過且過，不動聲色，唯恐對其處置將滋長成兵變。奎林赴任臺灣鎮總兵，聽聞軍紀渙散，便嚴格加以治理。兵士們乃倚仗眾人說要繳獲刀銃（一種結合短柄刀與火銃的武器）以示抗議，奎林乃准許其建議。後規定呈繳日期，命令兵士五人爲一牌，依順序呈交繳獲的刀銃。奎林則布置軍帳幕、設置令旗，傳兵士五人入軍帳。兵士五人入帳後許久未出，又再傳五人，卻不見兵士走出軍帳，反覆幾次後，眾兵士於是都在軍帳外等候。不久，軍帳內扔出五顆頭顱，眾兵士都驚慌失措而逃散，已進入帳內的兵士們則叩頭求情免許其死罪，奎林乃改以杖刑並革去其職位，從此軍紀嚴謹。

連橫說：「臺灣是沿海地區的邊疆重鎮，水軍加上陸軍，號稱有萬餘人。領兵權責託付給總兵，朝廷授予印信、建置軍隊，用以節制當地的百姓與原住民，他們的責任著實重大。楊文魁清廉且具備高尚節操，不強奪百姓田產；殷化行施惠於百姓，又能直指臺錢之弊害；王郡治理軍隊賞罰分明，以軍威施加於眾多敵人；奎林沉著剛毅，以法律約束驕橫之軍士：這些人都是保疆衛國一時之選的良將。像他們雖是武將，但看他們的文章也都能循然順暢、儒文風雅，特別還有能在馬上賦詩者（指阮蔡文），頗有古代文人雅士投壺之禮（古代射禮之一種，寄寓禮之意義於遊戲當中）的豪邁氣概。

卷三十一　列傳三

王世傑列傳

新竹固土番之地，勢控北鄙，文物典章，燦然美備。跡其發揚，可以媲嘉義而抗彰化。然當二百數十年之前，猶是荒昧（ㄇㄟˋ，昏暗）之域也；鹿豕所游，猿猴所宅。我先民入而啓之，剪除其荊棘，驅其猿猴鹿豕，以長育子姓，至於今是賴。初，永曆三十有六年春，北番亂，新港、竹塹等社應之。延平郡王克塽命左協理陳絳師師討，諸番皆竄。時有王世傑者，運餉有功。師旋，許其開墾，而竹塹乃為我族處矣。

世傑泉州同安人，來臺為賈。既得墾田之令，集泉人百數十人至，斬茅為屋，先墾竹塹社地，就番田而耕之，引水以溉，歲乃大稔（ㄖㄣˇ，收成）。其地即今縣治之東門大街以至暗仔街也。已又墾西門大街至外棘腳，治田數百甲。來者日眾。縣治一帶，皆為鋤耰（ㄧㄡ，整土農具）所及矣。世傑以力田起家，又與番約互市，歲餽（ㄎㄨㄟˋ，贈送）牛、酒。竹番自創後，力微眾寡，不敢抗，而墾務乃日進。康熙五十餘年，始墾海濱之地：曰大小南勢，曰上下羊寮，曰虎仔山，曰油車港，曰南莊，凡二十有四社，為田數千甲，歲入穀數萬石。既又墾迤南之地：曰樹林頭，曰後湖莊，曰八卦厝，曰南雅，曰金門厝，曰姜寮，曰北莊，凡十有三社。儼然一方之雄矣。

當是時，新竹尚未設治，諸羅政令僅及半線。大肚、吞霄諸處，山川奧鬱，水土苦惡。南崁、淡水，窮年陰霧，罕晴霽（ㄐㄧˋ，晴朗）。鄭氏以投罪人。康熙四十有九年，始設淡水防兵，及期生還，歲不能三之一，巡哨未有至者。而世傑獨苦心孤詣，蒙（冒著）苫蓋（苫音ㄕㄢ。苫蓋，茅草編的覆蓋物如草衣、茅屋，代指環境艱辛），暴霜露，胼手胝足，與佃農共甘苦。故來者日眾，而富巨萬矣。族人王列自泉來，世傑命種苧（ㄓㄨˋ，苧麻）而給其資，用以織褐，故新竹產苧特盛，即今之苧仔園也。世傑既死，其子不睦，拆產以居。乾隆初，又與鄭氏搆訟（搆訟，造成訴訟），案懸府署，累年不決，家乃中落。然世傑以一匹夫，憑其毅力，鼓其勇氣，以拓大國家版圖，功亦偉矣！世傑既沒，從其後者又若而人，雖微不足道，而亦有功於墾土者也。故附傳之。

徐立鵬，廣東陸豐人。雍正三年，開墾新莊仔之地。越二年，有徐裏壽、黃君泰，亦陸豐人，合墾員山頂、崁頭厝等莊。而同安人曾國詰與拓之。

郭青山，廣東海豐人。雍正八年，開墾員山仔之福興莊。而陸豐之黃海元、張阿春亦以其時合墾槺榔仔之福興莊及東勢之地。

李尚，福建同安人。以雍正六年，往墾後湖、田九厝、車路頭，至是告成。

郭奕榮，福建惠安人。雍正九年，往墾上山腳、下山腳、山邊等地。其縣人范善成亦墾成竹圍仔之田。

徐錦宗，亦陸豐人。以雍正十年，墾成茄苳坑之地。

歐天送，亦同安人。以雍正十年，與南安曾六偕拓大莊、崁頂厝之地。而惠安楊夢樵亦墾頂樹林。至是告成。

羅朝宗，亦陸豐人。來臺之後，聞竹塹地曠人稀，農功未啓，雍正十一年，偕其縣人黃魁興、官阿笑合墾十一股之福興莊及中崙、大竹圍、下崁頭厝等地。翌年告成。其時有鎮平巫阿政往墾青埔仔，同安許判生、溫明鼎合墾後面坡仔頭、下崁仔腳、拔仔窟，南安張春始亦墾大眉莊，各建村落，以棲佃農。而竹塹之墾務愈盛。

陳仁愿，福建晉江人。謀墾番地，與中港社番約，歲納其租。招集佃農，以拓香山之地。初，香山原在界外，給與屯番。番不知耕稼，仁愿乃墾成之。鹽水港亦中港社番之地，與香山對峙，為泉人所拓，凡十數社。

周家，亦晉江人。乾隆二年，始來竹塹。往拓治東六張犁之地，則昔之霧崙毛毛也。

姜朝鳳，亦陸豐人。以乾隆二年，往墾紅毛港附近。港在治之西北，濱海。西班牙人據北時，曾艤舟（艤音ㄧˇ。艤舟，把船停靠在岸邊）於此，故名，其後為竹邑互市之埠。

林耳須，泉人也。以乾隆四年，集閩、粵之人三十餘，與中港社番約，從事墾田。數年之間，遂建蟠桃、菁埔等十二社，多者百數十人，少亦二、三十人，各闢田廬，開溝洫，為久住計。十六年，鎮平人林洪、吳永忠、溫殿玉、黃日新、羅德達等，共募流氓（民），以開上下田寮，而頭份一帶之地，皆為漢人有矣。

許山河，福建漳浦人。乾隆三十餘年來臺，與社番約墾中港之地。而彰化張徽揚者，先拓其海口。已而泉屬之人後先戾止，遂成一大聚落，以與泉州互市。為竹邑通海之埠。

連橫曰：朱一貴之役，漳浦藍鼎元從軍來臺，著《東征集》。其論竹塹也，曰：「其地平坦，極膏腴，野水縱橫，處處病涉，俗所謂九十九溪者，以為溝澮，闢田疇，可得良田數千頃，歲增民穀數十萬。臺北民生之大利，又無以加於此。然地廣無人，野番出沒，必棋置村落，設營汛（ㄒㄩㄣˋ，軍隊駐紮所），奠民居，而後及農畝。當事者往往難之，是以至今棄為民害。不知此地終不可棄。恢恢郡邑之規模，當半線、淡水之中間，又為往來孔道衝要。即使半線設縣，距竹塹尚二百四十里。不二十年，此處又將作縣。氣運將開，非人力所能遏（ㄜˋ，阻止）抑。必當因其勢而利導之。以百里膏腴天地自然之樂利，而憚（ㄉㄢˋ，畏懼）煩棄置，為百姓首額疾蹙（首額疾蹙，即「疾首蹙頞」），痛恨厭惡的樣子）之區，不知當事者於心安否也。有官吏，有兵防，則民就墾如歸市，立致萬家，不召自來，而番害亦不待驅而自息矣。」連橫曰：善乎鼎元之言也。天下氣運所趨，每每自北而南；而臺灣則自南而北。鄭氏之時，僅有承天。濁水以北，羈縻（名義上從屬明鄭，實際由當地首領自行統治）而已。及朱一貴平後，半線作縣，而竹塹置淡水廳，戍兵保民，以啓北鄙，駸駸（ㄑㄧㄣ。駸駸，日益進步強大）乎且日進矣。光緒元年，臺北建府，而新竹為縣；北鄙之富庶幾邁臺南。前之所謂番地者，無往而不為漢人拓矣。經營締造，以迄於今，是誰之力歟？語曰：「作始也簡，成功也巨。」嗚呼！可不念哉！

吳鳳列傳

士有殺身成仁，大則為一國，次為一鄉，又次則為友而死。若荊軻、聶政（二人皆戰國時期著名刺客，見《史記．刺客列傳》）之徒，感恩知己，激憤舍生，亦足以振懦夫之氣，成俠客之名，歷百世而不泯也。嗚呼！如吳鳳者，則為漢族而死爾。迄今過阿里山者，莫不談之嘖嘖。然則如鳳者，漢族豈可少哉？頂禮而祝之，范金而祀之，而後可以報我先民之德也。

吳鳳，諸羅打貓東堡番仔潭莊人，今隸雲林，字元輝。少讀書，知大義，以任俠聞里中。康熙中，諸番內附，守土官募識番語者為通事。鳳素知番情，又勇敢，諸番畏之。五十一年，為阿里山通事。阿里山者，諸羅之大山也；大小四十八社，社各有酋，所部或數百人、數十人。性凶猛，射獵為生，嗜殺人，漢人無敢至者。前時通事與番約，歲以漢人男女二人與番，番秋收時殺以祭，謂之作饗，猶報賽（報賽，謝神祭典）也。屠牛宰羊，聚飲歡呼，以歌頌其祖若宗之雄武。然猶不守約束，時有殺人，而官軍未敢討。鳳至，聞其事，嘆曰：「彼番也，吾漢族也，吾必使彼不敢殺我人。」或曰：「有約在，彼不從奈何？且歲與二人，公固無害也。」鳳怒叱曰：「而何卑耶，夫無罪而殺人，不仁也。殺同胞以求利，不義也。彼欲殺我，而我則與之，不智也。且我輩皆漢族之健者，不能威而制之，已非男子；而又奴顏婢膝，以媚彼番人，不武也。有一於是，乃公（傲慢自稱之語，猶今言你老子）不為也。」其年番至，請如約。鳳饗之，告曰：「今歲大熟，人難購。吾且與若（你）牛，明年償之。」番諾而去。明年至，又紿（ㄉㄞˋ，欺騙）之。如是五年。番知鳳之終紿己也，群聚謀曰：「今歲不與人，則殺鳳以祭。」聞者告鳳。鳳曰：「吾固不得去。且吾去，公等將奈何？彼番果敢殺我，吾死為厲鬼，必殲之無遺。」鳳居固近山，伐木抽籐之輩百數十人，皆矯健有力者，編為四隊，伏隘待。戒曰：「番逃時，則起擊。」又作紙人肖己狀，弩目（弩目，當作「努目」，兩眼睜大）散髮，提長刀，騎怒馬，面山立。約家人曰：「番至，吾必決鬥。若聞吾大呼，則亦呼。趣（趨向）火相放煤竹，以佐威。」越數日，番酋至，從數十人，奔鳳家。鳳危坐堂上，神氣飛越。酋告曰：「公許我以人，何背約？今不與，我等不歸矣。」鳳叱曰：「蠢奴，吾死亦不與若人。」番怒刃鳳，鳳亦格（抵抗）之，終被誅。大呼曰：「吳鳳殺番去矣！」聞者亦呼曰：「吳鳳殺番去矣！」鳴金伐鼓，聲震山谷。番驚竄。鳳所部起擊之，死傷略盡。一、二走入山者，又見鳳逐之，多悸死。婦女懼，匿室中，無所得食，亦槁餓死（乾癟瘦餓而死）。已而疫作，四十八社番莫不見鳳之馳逐山中也。於是群聚語曰：「此必吾族殺鳳之罪。今當求鳳恕我！」各社舉一長老，匍匐至家，跪禱曰：「公靈在上，吾族從今不敢殺漢人。殺則滅！」埋石為誓。自是乃安。尊鳳為阿里山神，立祠禱祀。至今入山者皆無害。

連橫曰：鳳之死也，或言康熙五十七年，或言乾隆三十四年八月十日，相距竟五十二年。余以後說確也。朱一貴既平之後，阿里山番始內附，則鳳為通事，當在乾隆時也。鳳生於康熙三十八年正月十八日，歿時年七十有一，配陳氏，生二子，曰汀援，曰汀巽。光緒中，其後嗣請列祀典，嘉人士亦以為言，未成而遭割臺之役。然鳳之威稜，至今猶在阿里山也。君子疾歿世而名不稱，如鳳者豈有死哉？

施、楊、吳、張列傳

施世榜，字文標，初居鳳山。性嗜古，善楷書。康熙三十六年拔貢（拔貢，由學政選拔人才貢入京師），選壽寧教諭，嗣遷兵馬司副指揮。好行善事，宗姻戚黨多周恤（周恤，體恤、幫助）。後居郡中，建敬聖樓。又捐金二百，以修鳳邑學宮，置田千畝，為海東書院膏火，士多賴之。子五人，均以文顯。少子士膺亦拔貢，授古田教諭。嘗遵父命，捐社倉穀千石。臺灣縣志稱其義行。

初，半線初闢，平原萬頃，溪流分注，而農功未啓，荒穢於鹿豕之鄉。五十八年，世榜集流民，以開東螺之野，並引濁水歧流以溉。工竣，而流不通；世榜慮之，募有能通者予千金。一日，有林先生見，曰：「聞子欲興水利，而苦無策。吾為子成之。」問其名，不答。於是相度形勢，指示開鑿之法，曰：「某也邱高宜平之，某也坡低宜浮之，某也流急宜道之，某也溝狹宜疏之。」世榜從其言，流果通。眾以世榜力，名施厝圳，又曰八堡圳，以彰邑十三堡半之田，而此圳足灌八堡也。歲徵水租數萬石。施氏子孫累世富厚，食其澤。當圳之成也，世榜張盛宴，奉千金為壽。辭不受，亡何竟去，亦不知所終。佃農念林先生功德，祀為神，至今不替。

楊志申，字燕夫，臺邑人，居東安坊。少孤，事母孝。昆仲（兄弟）六人，志申其次也。善視諸弟，勗（ㄒㄩˋ，勉勵）以立身齊家之本。康熙二十四年，知府蔣毓英將拓建學宮，志中父墓在焉，告之，請徙而獻其地。毓英嘉之，為擇穴於魁斗山麓，平坦如掌，大可二、三畝，臺人謂之金盤搖珠。既葬，復告之曰：「子素行孝義，子孫必有昌者。雖然，子當遠徙，十稔（年）之後，可致巨富。」當是時，半線初啓，草萊未墾，志中遂適焉。居於柴坑仔莊，貸番田而耕之。督率諸弟，盡力農功。數年，家漸富，闢田亦愈廣，遂鑿二八圳，引貓羅之水以溉，潤田千數百甲，歲入穀萬石。已又鑿福馬、鑿深圳，線東、西兩堡之田，皆楊氏有也。又以其餘力，開墾淡水之佳臘埔、金包里，歲亦入穀數千石。家畜佃農數千人，鋤耰（平整田土或擊碎土塊的農具）並進。半線景象，以是日興。雍正元年，遂建縣治，移居東門街。志中既富，好行其德。睦宗族，恤鄉里，賑貧乏，治橋梁，邑人莫不稱之。初，臺邑學租歲用不敷，首捐彰田以充，歲可入粟百六十有六石。又以文廟燈油諸費無出，言於臺學訓導，願續捐，未行而病且革。命其子割鳳邑之田百九十有六石，曰：「聊踐吾言，非為子孫求福應。女曹但能讀書為人，毋負吾志可矣。」卒，葬彰化。後循眾議，祀臺邑孝悌祠。以長子振文貴，追封中憲大夫。

振文，少讀書，識大體，入郡庠（ㄒㄧㄤˊ，學校），納資（捐款買官）為知府銜。林爽文之役，陷彰治，殺守吏，進略南北，勢張甚。聞振文名，具幣（禮物）聘。不從，遂遁入海。購（懸賞）以千金，不得。爽文怒，毀其父墳。振文入泉州。時大將軍福康安帥師平臺，駐廈門，募有能悉臺中情事者。有司以振文對。康安遣使招之。振文入謁，歷陳形勢。康安大喜，命先率一軍入臺，以中營把總二、外委六、戰兵三百供驅策。振文至泉州，自募勇三百，飛渡鹿港。檄（ㄒㄧˊ，文書通報）令莊眾，備迎大軍。凡投誠者，給以盛世良民之旗，止勿殺。又募鄉導百人，分置各軍。以是城中虛實，山谷險夷，皆瞭如指掌。康安既復彰化，振文隨軍出征，備諮詢。事平，以振文原註知府，將奏請即用。辭以未諳吏治，乃賞戴花翎（花翎，清代官員品級的冠飾）。子應選亦有名。

吳洛，字懷書，泉州晉江人。父家槐為漳州鎮標千總。兄弟三人，伯仲無祿。洛性孝友，侍膝下，撫諸姪如己出。雍正十七年，以軍功咨部（咨部，提報吏部），加衛守府，召受札（札指調派任官的文書）。以親老辭。設教於里，究心經世之事。乾隆十五年，舉明經。已而父終。服闋（三年守喪期滿除服），游臺郡，入某公幕。

當是時，彰化初設，曠土荒蕪。沿山一帶，地尤肥沃，洛募佃以墾。築圳灌田，親董（監理）其役。先拓丁臺之野，次及阿罩霧、萬斗六，皆番地也。草萊既闢，至者日多。遠至南北投莊，暫成都聚。歲可入穀萬石，遂家於邑治。洛既富，建宗祠，刊家乘，置祭田，割租千五百石以與諸姪。追念故鄉，捐資以修泉郡學宮。又購良田為清源書院之費。在臺亦分捐海東、白沙兩書院之租各數百石。凡有義舉，罔不贊襄。當道嘉之，累贈匾額：曰「儒林模楷」，曰「清時碩彥」。卒後，追封中憲大夫。有子十三人：曰南金，納資為州同；曰南輝，乾隆十八年拔貢；曰道東，六十年歲貢；餘子亦多入庠（ㄒㄧㄤˊ。入庠，考試及格入官學成為生員），書香不替。

張振萬，彰化人，居貓霧拺之葫蘆墩。力田起家，擁資巨萬。附近之地皆番有，土厚泉甘，而不能耕。前時岸裏社番曾請墾，諸羅知縣周鍾瑄許之。顧其地絕廣，久置荒蕪。乾隆初，振萬乃邀藍、秦兩姓，募佃合墾。厥田上上，產稻豐，一歲兩熟。然苦旱。引大甲溪水，自罩蘭內山流出，鑿圳以通。遍溉岸裏、阿里史等社，凡千餘甲。歲入穀數萬石，家愈富。子孫猶食其利。至今葫蘆墩米尚冠全臺。

林詳，泉州人，居彰化之鹿港。聞內山土廣而肥，足以致富。遂鳩集資本、募佃農，以嘉慶十六年，至牛轀轆，開墾竹仔腳山之南麓。鑿渠導水，以溉其田，凡百數十甲，越數年，為大水所沒，僅存二十餘甲。先是乾隆四十五年，有泉人楊東興者入墾集集，亦番地也。至者絕少。

連橫曰：墾土之功大矣！天下之富在農，而臺灣又農業之國也。世榜、志申皆以務農起家，為邑望族，好行其德，固非斤斤於私蓄也。夫上富惜時，中富役智，下富任力；而今之鄙夫，乃忘遠大之謀，而為儌倖（僥倖）之計，欲以追武（媲美）陶、猗（范蠡、猗頓，春秋時期著名的富豪），坐致萬金，抑亦愚矣。

林、胡、張、郭列傳

林成祖、福建漳浦人，世業農，慨然有遠大之志。當是時，淡水初啓，地利未興，欲謀墾田，苦無資。朋輩助之，得數百金。以雍正十二年來臺，居大甲，貸番田而耕之。厥土黑墳（土壤肥沃），一歲兩熟。成祖能耐勞，傭佃課耕，家乃日殖。於是鑿大甲圳，引水以溉，歲入穀萬石，拓地漸廣。乾隆十五年，復墾擺接、興直二堡，給與佃戶，每甲徵租八石。顧常苦旱，乃鑿大安圳，引內山之水以入。圳寬二丈四尺，長十餘里，過旱溪，埋土管於下，以相接續。而一遇洪水，輒壞。經營數年，糜財十餘萬，始成。灌田千餘甲，歲入穀萬餘石。既復鑿永豐圳，穿山導流，亦灌數百甲。當是時，南勢角、中坑一帶，野番出沒，諸佃患之。成祖稟准淡防廳，自備餉糈（ㄒㄩˇ。餉、糈皆為糧食），設隘寮，東至秀朗溪，西至擺接溪，南達擺突突，北及武勝灣，早夜巡防，害稍戢（止息）。而成祖亦移深坵莊，為今枋橋城外。所墾之田：曰新莊，曰新埔，曰後埔，曰枋寮，曰大佳臘，歲入穀十數萬石。

林爽文之役，彰、淡林姓多株連，成祖亦逮京訊問。次子海門素有才，攜巨金，入京謀救。漳浦蔡新為太子太傅，方重用。海門以鄉人禮見。新嘉其孝，留之家，妻以女。成祖得免，還其產。途次海門溺水死。成祖既歸，年老，猶日課農事，與眾同甘苦，復墾里族之野。或勸其少息，曰：「我生長農家，義當食力，何可坐而燕安？況此為國家之地，久置荒蕪，開之亦足生利。」故能以一人之力，擁田數千甲，一時稱巨富焉。卒年七十有二。長子海籌以大安圳崩，傾資修之，產稍折。三子海廟。海廟之子登選，亦開暗坑圳，能世其家。

胡焯猷，字攀林，永定人，以生員納捐例貢（生員援例捐納銀米而成貢生）。乾隆初來臺，居於淡水之新莊山腳。時新莊方駐巡檢，而興直堡一帶多未闢。焯猷赴淡水廳請墾，出資募佃，建村落，築陂圳，盡力農功。不十數年，啓田數千甲，歲入租穀數萬石，翹然為一方之豪矣。焯猷固讀書，念淡水文風未啓，鄉里子弟無可就傳，二十八年，自設義塾，名曰「明志」，捐置水田八十甲餘，以其所入供膏火，又延名師教之，肄業者常數十人。淡水同知胡邦翰聞其事，詳請改為書院。總督楊廷璋嘉之，立碑以紀，則今之明志書院也。觀音山在八里坌（ㄅㄣˋ）堡內，東瞰平原，西臨大海，危峰古木，境絕幽邃。焯猷登其上，建佛寺，置香田，至今遂為名剎。焯猷既富，遂居於此，而舊《志》不傳其人，故不詳。

張必榮，淡水海山堡人，力田致富。乾隆三十一年，與族人沛世合築永安圳，引擺接溪之水，造大陂以瀦（ㄓㄨ，蓄積）之，度梘（ㄐㄧㄢˇ，通「筧」，引水的竹、木管子）通流，長三十里。前時海山多旱田，及成，足資灌溉。而擺接堡之西盛、柏仔林、興直堡之新莊頭、二三重埔等，皆仰其水，凡六百餘甲，故又稱張厝圳。而必榮復與吳際盛合築福安陂，亦引擺接溪之水，以溉堡內之田三百餘甲。上自石頭溪，下至三角埔。後以大水沖壞，業戶林弼益乃集佃修之。先是有劉承纘者，亦海山堡人，以乾隆二十六年，築萬安陂，引擺接溪之水而入，至興直堡之新莊，以灌中港厝之田，亦數百甲。

郭元汾，字錫瑠，漳人也。乾隆間來臺，居淡水大佳臘堡。墾田樹穀，擁資厚。時拳山一帶多荒土，而水利未興。乃傭工鑿圳，引新店溪之水，自大坪林築陂蓄之，穿山度梘，至溪仔口，又引至挖仔內，過公館街，抵內埔，分為三。溝澮（ㄎㄨㄞˋ，細小水流）縱橫，長數十里。臺北近附之田皆資灌溉，凡千數百甲。既成，名金合川圳，而佃人念其功，稱瑠公圳。

連橫曰：今之臺北，古之所謂荒土也，鄭氏以投罪人（投罪人，流放罪犯）。康熙四十七年，泉人陳賴章始墾大佳臘之野，為今府治近附，而舊《志》不載，故老又不能言，惜哉！成祖、焯猷皆以豪農而勤稼穡，鑿渠引水，利澤孔長，至今猶受其賜，是咸有功於墾土者也。夫以臺北今日之富庶，文物典章，燦然美備，苟非我先民之締造艱難，詎能一至於此？而居是邦者，乃忘華路藍縷之功，而為奢華淫靡之行，何其昧（糊塗）耶？

臺東拓殖列傳

連橫曰：臺東，天府之國也。平原萬畝，可農可工，而森林之富，礦產之豐，久為世人所稱道。顧開闢二百餘載，而少有經營之者。嘉慶元年，漳人吳沙募三籍之氓（三籍之氓，漳州、泉州、廣東三地之民），入墾蛤仔難，闢地數百里，乃建噶瑪蘭廳，語在〈吳沙傳〉。自是臺東之北稍有至者。光緒元年，牡丹之役既平，欽差大臣沈葆楨奏設恆春縣，劃鳳山絕南以擴其地，而臺東之南亦有至者。當是時，開山撫番之議既行，以總兵吳光亮帥中軍，同知袁聞柝帥南軍，提督羅大春帥北軍，三道而入，募商工隨行，設招墾局，獎勵移民，建卑南廳以理之。於是至者日多，漸有闢田廬長子孫之計。十一年，建省，陞卑南廳為臺東直隸州，而臺東之局勢一展。然當荒昧之時，天氣瘴毒，野獸猖獗，生番出沒。而我先民如陳文、賴科、吳全輩，入其地、闢其土、利用其物產，勇往不屈，險阻備嘗，用能以成今日之富庶。其功業豈可泯哉？今列其行事，舉其壯志，亦足以為後生之策勵也。

陳文，彰化人，居淡水。年少豪俠，與友林侃合賈，往來沿海。康熙三十二年，遭風，舟至歧萊。其地為生番所處，未嘗與漢人通。文至與互市。居經年，略通番語，始能悉其港道。漢人之至臺東者自文始。

賴科亦居淡水，為雞籠番通事。素勇敢，每出入番社。聞後山有番，欲通之。康熙三十四年秋八月，率壯者七人，度高山，晝伏夜行，歷數十番社，達崇爻。番喜，導遊各社。禾黍芃芃（ㄆㄥˊ，茂盛），比戶（家家戶戶）殷富。語科曰：「吾族聚居此地，已數百年；而野番時來掠劫，殺人為害。欲約西番夾擊，間阻不得通。若（你）歸，寄語長官，若能以兵相助，則山東萬人，亦將鑿山刊（砍除）道，和睦往來，共為天朝之民矣。」科既與番狎，撫之歸附，附阿里山番輸餉，凡九社：曰均榔，曰斗難，曰竹腳宣，曰薄薄，曰芝蘭武，曰機密，曰貓丹，曰丹朗，曰水輦，計有四百八十戶，男女可二千人。每歲贌社（贌音ㄆㄨˊ。贌社，可以和原住民通商貿易的商賈）者以小舟載煙布、鹽糖、農具與易，歲一往返。同行潘冬，亦勇士也。

林漢生，淡水人。以乾隆三十三年，召眾入墾蛤仔難。地在臺之北東，三面負山，東臨海，土壤肥饒，而番性悍，輒出殺人。漢生竟被害，眾亦散去。其後吳沙乃繼成之。

吳全，亦淡水人，力田起家。聞臺東之富，與其友吳伯玉合謀開墾。道光八年，全募噶瑪蘭人二千八百餘，至其地，築土城以居。劃田畝，興水利，數年漸成。而瘴氣所侵，居者多病死，土番復時出沒。全百計防備，莫能濟，憂勞以死。伯玉亦率眾去。其地則今吳全城，為臺東之一大市鎮。

黃阿鳳，亦淡水人。咸豐元年，集資數萬圓，募窮氓二千二百餘，往墾歧萊之野。其地距大南澳之南七十里，港口稍狹，內則可容巨船。水極陡，每年三、四月，漢人往與互市，番以繩牽舟進，各與鹽一、二合（盒），歡躍而去。已而各挾鹿茸、獸皮來易物，不事金錢，無所用也。阿鳳既至，自為總頭人（總頭人，地保，地方首領），狀若官府。其餘數十人，各受約束，分地而治。然瘴氣尚盛，阿鳳以不服水土，數月病死。各頭人復不相能。越五年，資漸罄，又與番相仇殺，墾田遂廢，佃人咸去。餘亦移於璞石閣。在秀孤巒之麓，或作樸實閣，番語也。地平而腴，有水可溉。前時漢人已至其地，居者千家，遂成一大都聚。

鄭尚，鳳山水底寮人。咸豐五年，至卑南，與土番貿易，且授耕耘之法。番喜，以師事之。土地日闢，尚亦富，乃募佃入墾。卑南處臺東之右，山與鳳山接，陸路可通。康熙六十一年，朱一貴之變，餘黨王忠竄入卑南，有眾千人，聚處大湖，蓄髮持械，耕田自給。總兵藍廷珍慮其復亂，檄千總鄭維嵩往諭土目文結搜捕，凡漢人皆逐之。文結之祖亦漢人，避難，竄於卑南，踞地為長，能以漢法變番俗。子孫凜祖訓，不殺人，不抗官。其後女土目寶珠、盛飾若中華貴婦，治家有法，或奉官長命，遵行唯謹，故漢人至者日多，而臺東愈闢矣。

連橫曰：麥禮荷斯奇之事，舊《志》不載，而西史言之，危矣。當是時，西力東漸，已張其機。荷據爪哇，西營呂宋，而英略印度，其策果行，則臺東非我有矣。而臺之士夫乃瞠乎無聞，何其昧也！麥禮荷斯奇者，波蘭伯爵也。乾隆三十四年俄波之戰，被俘，竄於勘察加。三十六年，與其黨二十八人越獄逃，奪俄艦而乘之，出北太平洋，航日本海。八月二十有六日，至臺灣東岸，即今之秀孤巒溪口也。上岸探險，遭生番襲擊。走艦中，備戰鬥，漸征服之。而他番又乘虛而來，時掠器物，輒擊退之。解纜北行，黎明至東北海岸。二十有八日，上陸，漢人見之，愕眙（ㄜˋ ㄔˋ，驚訝而視）相視，言語不通，末由問訊。薄暮，遇兩西班牙人，喜為奇遇。西班牙人者，為逃亡武弁，久寓是地，深得鄉人之心。家在西方附近，漢人之村落也。二十有九日，西班牙人導至其家，為陳此地狀況。麥禮荷斯奇乃以己名名其港，考察地理，籌殖民。當是時，臺東雖隸中國版圖，而野番出沒，瘴氣披猖，政令不至，天然寶藏置之化外。麥禮荷斯奇既抱開拓之志，自以撫番為要。其番之強者為富亞波族，有眾二萬五千餘，固一方之雄也；然與他族爭地，每相鬥。麥禮荷斯奇欲用之以為羽翼。乘舟至其社，與酋相見，說以同盟，即以所略之地為用。酋許之。其明日，築室，移器，置炮四門，以漢人八名守之。是夜開宴，以西班牙人米優魯尼摩為參軍。十一月朔，率富亞波族而進。山路崎嶇，炎熱如火，備嘗辛苦。初二日夜半，至一大谷，行三小時始出。尋至一湖，旁有小社，撫之。初三日，將至馬波奧時科族之地，部署戰略，命富亞波番先發。初五日黎明，兩軍相見，發炮擊，敵人大敗，逐北數里，遂據其地，俘男女二十有四人。酋請成，以富亞波族統之，立誓而還。酋獻黃金二十斤、銀八百斤，皆土產也。麥禮荷斯奇詳察一切，以為他日拓殖之地。歸艦，草殖民之策十二條。略曰：「臺灣拓殖之策，以人民自任其事，而請本國保護，編為屬地。先借國帑以振興之。派兵駐守，以衛人民。將來事業既成，勢力充裕，則可以握東洋互市之航權。若其所借國帑，應於三年之後，歸還母利。」又念將來拓殖，必熟番語，留一少年於此。十一日，歸歐洲，說法政府，不聽。又說墺皇（墺皇，奧地利皇帝），亦不聽。乃至倫敦，日鼓其說，欲以聳動英國之富人，或可得成其志，而終無應者。越數年，卒於法國，而歐人始有謀拓臺灣之議。

吳福生、黃教列傳

吳福生，鳳山人，往來南北。或曰：朱一貴之黨也。一貴敗後，福生謀復之。雍正九年冬，大中西社番亂，總兵呂瑞麟率軍討，郡中空虛。越年春三月，福生以番亂未靖，圖起事，其友商大概等從之。且議曰：「今若潛集黨羽，乘不意，襲陴頭，則一鼓可得。」陴頭距鳳治十餘里，商賈輻輳（輻輳，聚集），為今縣城。二十八日，福生樹旗於家，至者百十數人，夜襲岡山汛，焚之。翌日，復焚舊社汛。鳳屬（鳳山一帶）震動。虎頭山、赤山皆樹旗應。四月初三夜，福生率眾攻陴頭。守備張玉、把總黃陞拒守，不得入。別遣一軍燬萬丹巡檢署。巡檢秦輝適在郡，故不及難。時鎮標各軍多北征，郡中兵少。原任總兵王郡聞變，命中營游擊黃貴留守。初四日，率軍夜發。晨至陴頭，分兵進攻。以參將侯元勳、守備張玉、林如錦各帶兵行。福生亦併眾以待。官軍火炮齊發，殺傷甚夥。福生卻而復集。自晨戰至日中，狂呼震撼。守備張玉、外委徐學聖、千總鄭光宏皆死。已而官軍援至，郡亦嚴號令，各兵奮鬥。福生不敵，各散去，俘蕭田、蕭夷、蕭詔、李三、許舉、李成等。初六日歸郡，戮之。又數日，福生、大概等三十餘人悉被捕，解省訊，亦戮之。六月，番亂平。越三十九年而有黃教之變。

黃教臺邑人，居大穆降，距城東十數里。內倚層巒，萑苻（ㄏㄨㄢˊ ㄈㄨˊ，盜匪藏匿之地，此代指盜匪）魁桀（首領）之輩，出沒其間，而教為首，亡命多歸之。見時以一牛為贄（ㄓˋ，禮物），必擇肥而獻。既居門下，則衣食遊宴皆供之。不數年，客至愈多。族人黃弼與教枝梧（枝梧，抵拒），教客辱之。弼訴諸官。臺灣知縣飭（ㄔˋ，令）差捕，差不敢往。詰之，曰：「教客多健者，偵及（查探消息所及）城市。今聞差往，則半途被殺矣。」知縣嗤其怯，別命兩差。行五、六里，遇一壯者自林樾（林樾，林間）出，問：「何之？」囁嚅（吞吞吐吐）不敢告。曰：「余固知女行也，而為令所命，殺而無益；然女輩倚官勢，虐小民，罪當死。今先斷一指，歸報而令，頭顱須自重也！」知縣懼，不敢捕。弼控於總督，飭守吏嚴緝。而近村以盜牛告者月十數起。乾隆三十五年冬十月，教遂集徒起事，陳宗寶、鄭純等應之。夜襲岡山，殺汛兵，遂踞之。臺灣府知府鄒應元接報，會鎮兵合勦。攻圍數日，互殺傷。事聞，下旨嚴譴，限四月蕩平。於是教黨多逮，而教竟入山。巡道張珽被議奪職，繼之者又不能獲，佯以教死亂軍具報，事始息。

林爽文列傳

林爽文，漳之平和人。來臺，居彰化大里杙（ㄧˋ）莊。墾田治產，家頗饒。莊距治二十餘里，逼近內山，溪流交錯，植竹為藩。近鄉多巨族，時起械鬥，蔓延數十村落。爽文亦集眾自衛。乾隆四十八年，有嚴煙者自平和來，傳天地會，爽文客之。天地會者，相傳為延平郡王所創，以光復明室者也。於是彰化之劉升、陳泮、王芬、諸羅之楊光勳、黃鍾、張烈、淡水之王作、林小文，遠至鳳山，多入會，立盟約，有事相救援。群不逞之徒（不逞之徒，心懷不滿而鬧事的人），亦出入其間，眾至萬人。有司畏葸（ㄒㄧˇ。畏葸，畏懼）莫敢治。五十一年秋七月，臺灣道永福、知府孫景燧聞之，密飭所屬會營緝捕。石榴班汛把總陳和獲黃鍾，解諸羅。而楊光勳與其弟媽世不睦，媽世亦設雷光會，結黨以抗，父文麟不能止。攝縣事董啓埏逮文麟，索其子。陳和又獲張烈，夜宿斗六門，為黨人所殺。總兵柴大紀接報，偕永福赴諸羅，縱兵捕數十人。欲小其事，改「天地會」為「添弟會」，以光勳兄弟不睦，故為此會以相勝，歸罪於文麟一家，擬置諸法，財產入官。按察使李永祺來臺勘審，亦以此入奏。獄定。黨人紛紛入大里杙，謀起事。莊人林石謂不可；爽文欲止，而勢莫可遏。十一月初旬，大紀北巡，至彰化。理番同知長庚請駐壓，不從，倉皇歸郡。遣游擊耿世文率兵三百，偕知府孫景燧赴彰化。而近山一帶已前後起矣。二十五日，知縣俞峻與北路營副將赫生額、游擊耿世文至大墩，嚴飭莊人禽捕，先焚數小村以怵（ㄔㄨˋ，恐懼）之。大墩距大里杙僅七里，無辜婦孺，號泣於道。爽文因民之怨，二十七夜襲大墩。軍覆，文武俱沒。進攻彰化。城兵才八十，不足守。二十九日陷之，殺知府孫景燧、理番同知長庚、攝縣事劉亨基、都司王宗武、署典史馮啓宗。護淡水同知程峻偕守備董得魁巡防至中港，聞警，趣（急速）回竹塹。王作、李同等要（截擊）之，峻自殺。十二月朔，陷廳治，殺竹塹巡檢張芝馨。眾擁爽文為盟主，遵故明，建元順天，駐彰化縣署。以劉懷清為知縣，劉士賢為北路海防同知，王作為征北大元帥，王芬為平海大將軍。爽文以玄緞為冠，盤兩金龍，結黃纓，自頂垂背，衣袞服，高坐堂上。眾呼萬歲。初六日，破諸羅，殺攝縣事董啓埏、原署縣事唐鎰、典史鍾燕超、左營游擊李中揚及臺灣道幕友沈謙、沈七等。諸羅為府治右臂，財賦之區也。諸羅破則府治垂危，故急籌防禦。而是時各處響應，斗六門、南投、貓霧捒俱破，殺縣丞周大綸、陳聖傳、巡檢渠永湜，郡中大震。未幾而鳳山莊大田起焉。

大田亦平和人，隨父渡臺，寄籍諸羅。父沒，遷鳳山竹仔港莊，盡力農功，擁資厚。鄉里有急，輒周恤之，以是義俠聞南路。既入天地會，與爽文通書訊，稱莫逆。及爽文起事，大田族弟大韭、大麥號召莊人，推大田為首，宰牛歃血，至者二十有餘人。莊錫舍、王阮郭、簡天德、許光來、李惠亦各以眾至。大田出資造軍器，樹大旗，自稱「南路輔國大元帥」，或曰「定南將軍」，或曰「開南將軍」。數日之間，眾至數千。十三日，攻縣治。南路營參將胡圖里以兵三百禦諸北門，未戰而逃，千總丁得秋、把總許得陞、外委唐宗保、王朝桂俱沒。遂入城，殺知縣湯大紳、典史史謙。教諭葉夢苓、訓導陳龍池走陴頭，集義民，謀規復。

爽文、大田合攻府治。海防同知楊廷理兼府事，募義勇，修城柵，日夜籌戰守，遣員渡海告急。總兵柴大紀拒戰於鹽埕橋，檄游擊蔡攀龍率澎湖兵七百，駐桶盤淺（又作「桶盤棧」）；而爽文之軍已據大穆降，距城二十里，循山行，可達南路。廷理偕守備王天植伐之。千總沈瑞先行，戰於大灣而沒。廷理、天植突圍出。爽文之軍逐之，遂圍府治。

福建總督常青聞變，急調水陸兵赴泉州，居中策應。五十二年春正月，水師提督黃仕簡率金門、銅山之兵二千入鹿耳門，陸路提督任承恩統提標長福、興化之兵二千至鹿港，海壇鎮總兵郝壯猷、副將徐鼎士各以兵至。仕簡檄大紀取諸羅。而壯猷南出二十里即阻止；頓（駐紮）兵五十日，始達鳳山。鳳山城已空。招民復業，黨人混入，吏不之覺。三月初十日，城復陷，福寧游擊延山、安平游擊鄭嵩、同知王雋均死，壯猷逃府治，承恩至鹿港，距大里杙不遠，亦不敢進。爽文之起也，適漳、泉人械鬥後，鹿港為泉人互市之埠，故不從。兩提督既至，爭效命，而不知驅策，逡巡（逡音ㄑㄩㄣ。逡巡，徘徊不前）觀望。詔以常青為將軍往督師，李侍堯為閩浙總督。調廣東兵四千、浙江兵三千、駐防滿兵千，以江南提督藍元枚赴軍，與福州將軍恆瑞均為參贊。誅壯猷，逮承恩，以大紀代之。元枚至師，未久卒於鹿港。常青之至也，統兵萬人，勢頗振，及見事亟，固壘自完，請濟師。二十四日，大田復攻府治，官軍禦之，退駐中洲。翌日，陳靈光、謝檜掠東郊，逼草店尾；許尚、陳聘亦攻小北門，屯柴頭港：皆大田之黨也。爽文之弟永率所部千人至大穆降。大田約會師。二十七日，自擊桶盤淺，以莊錫舍攻小南，謝檜攻大東，林永攻大北，許尚攻小北，四路合圍，號稱十萬。常青亦分所部，以游擊邱維揚、守備黃象新守柴頭港，守備曾紹龍守草店尾，守備王天植守小東，都司羅光照守小南，參將宋鼎守大北，參將左淵守小北，檄蔡攀龍固守桶盤淺，而自佩弓矢至大東門督戰，義民數萬出城助。自黎明至於日中，戰愈烈。官軍槍炮併發，退而復進。蔡攀龍之拒桶盤淺也，大田引軍東，攀龍隨之，伏兵盡起，不能脫，乘馬被創，徒步更戰。常青在城上望之，令參將特克什布馳救。攀龍回擊，始出，把總余典、王澤高俱死，兵丁沒者百數十人。而謝檜等又迫小東門之下，縱火焚敵樓，王天植撲之。義民饑不得食，退入城。城人大譁，爭走海口，一時俶擾（俶音ㄔㄨˋ。俶擾，騷亂）。乃無何而莊錫舍倒戈降，單騎入見。常青大喜，立與六品頂戴，賞帑二百兩，令出城助戰。大田聞之大駭，慮有變，急收軍回南潭，林永亦去。圍始解。

錫舍，泉之晉江人，居陴頭莊。大田之起也，糾漳人，而錫舍亦集泉人，勢相埒（ㄌㄜˋ，相等）。眾推大田為長，錫舍屈意下之。及再破鳳山，建功多，益自負。錫舍有親屬為道署胥吏，時通尺素（尺素，書信）。大田疑之，使人諷錫舍，互易所部。錫舍恚（ㄏㄨㄟˋ，憤怒）。巡道永福知其意，令親屬以書招之。錫舍諾，至是果降。請赴竹滬募義民，以絕大田歸路。常青未許。知府楊廷理以為無害，縱之去。途次為大田所得，欲殺之。許光來諫曰：「錫舍之降，非屬本心。今既歸來，仍當重用，不宜自傷手足，以啓離叛。」光來亦泉人，故為錫舍地。大田從之，置左右，出入必偕。及大田分兵攻諸羅，防範稍弛；使人潛載其孥（ㄋㄨˊ，兒女）入郡，約內應。五月十二日，常青將兵三千，自伐南潭。大田已去。錫舍執林紅、金娘以獻。金娘，下淡水番婦也，習符咒，能治病，大田信之，軍中咸呼「仙姑」，爽文亦封為柱國夫人。林紅，其男妾也。皆戮於北京。十三日，參贊恆瑞領侍衛八人、兵一千至府治，總兵梁朝桂、魏大斌亦率兵先後至。常青議出師，而爽文已久圍諸羅矣。

爽文之南下也，北莊粵監生李安善復彰化，獲楊振國、高文麟、陳高、楊軒，檻（囚車）送福州。淡水同知幕友壽同春亦復竹塹，磔王作，斬鄭加，集義民一萬三千人以守。及柴大紀北上，鹿仔草武舉人陳宗器、雙溪口武舉人黃奠邦各率泉人從。正月二十三日復諸羅，殺侯元。爽文回軍破彰化，又圍諸羅。大紀竭力守，疊請援。五月十五日，常青令出師。以總兵梁朝桂、魏大斌為前鋒，副將謝廷選、蔡攀龍為左右翼，率各營將弁四百三十七員、滿漢兵五千五百人出大北門較場，祭纛（ㄉㄠˋ，軍中大旗）啓行，以莊錫舍為嚮導。聞大田又在南潭，遣梁朝桂伐之，不利。自駐關帝廟，軍中夜譁，達旦始息。翌日，諜報大田集諸部，據濠樹柵，為久住計。常青悉師攻之，又不利，守備林士春、千總謝元、把總劉茂貴皆戰沒。飛章入告，再請師。下旨嚴責，且命舍南就北。六月二十四日，以魏大斌率兵千五百援諸羅，至鹿仔草而敗。又以參將特克什布、游擊藍玉田、副將蔡攀龍等三次往援，皆被截，損兵大半，僅得入城。詔以柴大紀為參贊大臣，然諸羅被圍愈密，無可得食，掘樹根、煮豆粕以充饑；而守志益堅。八月，廣東副都督傅清額、江寧將軍永慶各以兵至。常青仍頓兵府城，恆瑞及總兵普吉保兩路援兵各五、六千，亦不敢進，反張皇事勢，請兵六萬。詔解常青、恆瑞之任，以協辦大學士陝甘總督福康安領侍衛內大臣參贊海蘭察代之。並飭大紀捍民出城，再圖進取。大紀不從。下旨嘉獎，改諸羅為嘉義。

康安途次，亦奏請增兵而進；下旨嚴飭。十月二十九日，統侍衛巴圖魯一百二十餘員、滿漢兵九千至鹿港。爽文聞報，遣所部拒之。十一月初四日，戰於八卦山。索倫佐領阿木勒塔先登，爽文之軍敗走，彰化又復。康安南下，遇戰於崙仔頂。海蘭察率侍衛巴圖魯分兵為五，以義民千餘為左右翼；再戰於牛稠山，爽文復敗。初六日，入嘉義城。次日，康安至。初九日，爽文率眾數萬，再攻西北隅，海蘭察出戰，殺傷甚多。爽文退守斗六門。康安命海蘭察、普爾普、鄂輝等自十四甲而北，自與恆瑞策其後，大戰於興化店。護軍統領舒亮亦受策自鹿港而進，伐中寮，破大肚溪而南，以通海口之路。十八日，攻斗六門。爽文據壘守，決水以阻。別屯所部於大埔林及中林大埔尾，復東屯菴古坑以為援。康安分軍進。隘口悉布竹釘，不良於行，乃斬竹圍而入。爽文遁大里杙，築土城高壘，列巨炮，內設木柵兩層，沿溪置卡，以拒清軍。二十四日，康安至丁臺莊。爽文乘夜攻，列炬如白晝。清軍寂然，既迫而戰，矢炮齊發，互有死傷。翌日，康安分諸將，自西南、西北兩路進，併力搏戰。爽文不敵，挈孥（ㄋㄨˊ，兒女）走集集。清軍入莊，殺林素、林成、林快、江近、許三江、劉懷清二百餘人，獲大小炮百六十餘尊，器械糧食無算，遂燬之。十二月初五日，清軍至集集。爽文築壘溪磡，斷木塞道，列營山上。康安遣普爾普繞山行，海蘭察亦率侍衛涉溪進，四川練兵攀援而上。爽文走小半天，匿孥番社。社丁杜敷縛其父林勸、弟林壘、母曾氏、妻黃氏以獻。清軍復逐之，爽文竄埔裏社山中。康安分汛諸軍，檄歸化土番入山搜索。五十三年春正月初四日，爽文至老衢崎，自知無可免，投於所善高振家曰：「吾使若富貴。」振縛以獻，並其弟躍。康安統師而南，駐灣裏溪，肅清中路。二十四日克鳳山，大田走琅璚，地極險，乃駐軍柴城。二月初五日，康安以侍衛烏什哈達自海進，海蘭察、鄂輝自山行，而自統師至風港，越菁穿林，深入三十里。大田悉眾以拒。三軍會攻，自辰至午，死者二千餘人，遂被禽，及弟大韮、母黃氏等四十餘人。大田至郡，病亟，磔之。而爽文、嚴煙、劉升等皆檻致北京，餘斬於市。南北俱平。十七日，康安至郡，海蘭察、普爾普班師歸。常青、恆瑞入京。柴大紀以詒誤軍機處斬。黃仕簡、任承恩罪均，貸其一死。李永祺、永福亦被議。以蔡攀龍為水師提督，梁朝桂為陸路提督，普吉保為臺灣鎮總兵，知府楊廷理署臺灣兵備道，徐夢麟署知府，餘各擢用。命福州將軍魁倫渡臺，協辦善後事宜。

連橫曰：林爽文之役，南北俱應，俶擾三年，至調四省之兵，乃克平之。較之一貴，為尤烈矣。夫臺灣之變，非民自變也，蓋有激之而變也。一貴之起，始於王珍之淫刑，繼由周應龍之濫殺；從之者眾，而禍乃不可收拾。若夫爽文固一方之豪也，力田致富，結會自全。乃以莊民之怨，起而誅殘，渫血郊原，竄身荒谷，揣其心固有不忍人之心也。善乎鄭兼才之言曰：「林爽文之變，實激之使起。」則此後張丙之變、戴潮春之變，又孰非激之使起哉？而論者乃輒為臺人好亂，何其傎（ㄉㄧㄢ，顛倒）也！

孫景燧列傳

孫景燧，浙江海鹽人，進士。乾隆四十九年春正月，任臺灣府知府。五十一年冬十一月，彰化天地會謀起事，兵備道永福命偕游擊耿世文領兵往辦。及林爽文攻縣城，城兵僅八十，不足守，即與都司王宗武、原任知縣張貞生、署典史馮啓宗等分門禦。城破被執，不屈死。

俞峻，浙江臨安人，舉人。乾隆五十一年冬十月，任彰化知縣。時天地會已謀起事，偕北路營副將赫生額率兵赴大墩勦辦。林爽文攻之，軍覆，被殺。

馮啓宗，浙江山陰人。乾隆五十一年，任鹿港巡檢，兼彰化典史。林爽文之役，城破，被殺。

周大綸，忘（ㄊㄨㄤˊ失）其籍。乾隆五十一年，任南投縣丞。及林爽文陷彰化，以南投無城可守，赴諸羅，與知縣董啓埏合籌備戰。城破，巷戰死。

渠永湜，忘其籍。前任斗六門巡檢，調署貓霧捒。林爽文之役，既破大墩，途經犁頭店，執之，不屈死。

陳聖傳，浙江山陰人。乾隆二十七年舉於鄉，為鹽場大使，候補福建，兩充同考官，例轉知縣。以忤上官意，授羅漢門縣丞。乾隆五十一年，調守斗六門。斗六門為諸、彰衝要，用兵必爭之地也。聖傳既至，急募鄉勇百餘人守衛；分兩隊，詰奸宄（ㄍㄨㄟˇ，壞人）。五十二年正月二十一日，林爽文來攻，勢甚張。鄉勇多走，聖傳猶力戰。或勸其去，不聽，騎馬略陣，大呼曰：「吾斗六門縣丞也，來諭爾輩降。」遂被殺。從僕顧景亦死。

程峻，安徽六安州人。乾隆五十一年，護淡水同知。林爽文既起事，破彰化，將略淡水，其黨林小文謀應之。峻至中港防堵，被攻不敵，創重至柯仔坑而死。

張芝馨，直隸南皮人。乾隆五十一年，任竹塹巡檢。林小文以眾來攻，驟募義勇防禦。城破被獲，不屈死。

湯大紳，江蘇武進人，任鳳山知縣。林爽文之役，莊大田起兵應，破縣治，大紳被創。子荀業左右翼蔽，俱被殺。常州人以其父子忠孝，建祠祀。荀業著有《竹居詩》，僅存半卷。

王雋，浙江仁和人，舉人。前任北路理番同知，卸事晉省。適林爽文起事，巡撫徐嗣曾命赴臺，巡道永福檄運糧鳳山，以濟郝壯猷。及鳳山再破，被殺。

劉亨基，湖南湘潭人。乾隆四十九年，任北路理番同知。及林爽文起事，彰化知縣俞峻赴大墩勦辦，以亨基攝縣事。城破，遇害。女滿姑年十七，侍父在旁，懼被辱，挺身投池水，水淺不能沒，枕藉（躺）泥淖中。一家死者十二人。自景燧以下，皆予卹襲職，祀昭忠祠。而滿姑特旨優褒，賜祭葬，建坊原籍。

壽同春，浙江諸暨人。佐淡水同知程峻之幕，時年已七十有二，矍鑠（ㄐㄩㄝˊ ㄕㄨㄛˋ，老而強健）能任事。乾隆五十一年冬，林爽文起事，破彰化，陷竹塹，峻死焉。同春亦被擄。王作聞其名，以禮相待，願受教。同春佯許之，而潛遣人揚言內地大兵已至，黨人聞之，頗張惶。遂約原任竹塹巡檢李生椿、明志書院掌教孫讓，糾合義民萬三千人，以十二月十三日並起，復竹塹，禽（擒）王作、許律、陳覺、鄭加等，斬之以狥（狥，通「殉」）。上書省吏，陳其事。先是巡撫徐嗣曾聞變，奏調閩安副將徐鼎士率兵援淡水，阻風月餘始至，駐軍艋舺。時閩粵各莊洶洶欲動，同春撫之始輯。而新任淡水同知徐夢麟亦至。大甲各莊毗鄰彰化，同春慮有變，親赴鹿港，謁提督任承恩，請合攻大里杙。不許。而白石湖、金包里等處閩、粵又鬥，漳人半屯白石湖山上。夢麟撫之，歸者少。同春往陳利害，眾始從。翌年冬十月，率義民駐烏牛欄，至三十張犁莊遇戰，馬蹶（ㄐㄩㄝˊ，跌倒）被禽，不屈死。事聞，賜知府銜，予恤，廕一子以知縣用，祀昭忠祠。

胡遠山，浙江某縣人。歲貢生，主彰化白沙書院講席。范琪耀，浙江會稽人，王某、俞某，亦浙江人，均為彰化知縣俞峻幕賓。城破，皆死。各附祀昭忠祠。

福康安列傳

福康安，字瑤林，號敬齋，姓富察氏，滿州鑲黃旗人，大學士一等忠勇公傅恆之第四子也。乾隆三十二年，授三等侍衛，洊（ㄐㄧㄢˋ，再）擢至一等。金川之役，以功封三等嘉勇男，嗣晉侯爵，協辦大學士，總督陝甘兩省。五十一年冬，彰化林爽文起事，鳳山莊大田應之，南北俱擾。先後命福建總督常青、將軍恆瑞、陸路提督任承恩、水師提督黃仕簡率兵往，皆無功。詔書切責，仍觀望，疊請濟師。五十二年秋八月，詔以康安為大將軍，領侍衛內大臣超勇侯海蘭察為參贊，率領隊大臣普爾普、護軍統領舒亮、浙江提督許世亨、四川松潘鎮總兵穆克登阿、江南狼山鎮總兵袁國璜、四川副將張芝元、頭等侍衛穆塔爾及巴圖魯侍衛等一百二十餘員，調湖南兵二千、廣西兵三千、貴州兵二千、四川屯練兵二千往平之。康安入京，面授機宜。是時爽文已久圍諸羅，臺灣鎮總兵柴大紀與民堅守，效死勿去，城中無所得食。掘樹根、煮豆粕以啖。詔命諸將趣救，遲疑不前。又命大紀捍民出城，再圖進取。大紀奏言：「諸羅為府城北障，諸羅失，則府城亦危。且半載以來，深濠增壘，守禦甚固。一朝棄去，克復為難。唯有竭力固守，以待援師。」高宗覽奏墜淚，詔曰：「大紀當糧盡勢急之時，唯以國事民生為重。雖古名將，何以加茲？其封為義勇伯，世襲罔替。」令浙江巡撫以萬金賞其家。俟大兵克復，與福康安同來瞻覲。康安途中亦請增兵，下旨嚴飭。頒內庫大吉祥右旋螺，以利渡海。冬十月，至泉州，徵進士鄭光策、舉人曾大源入見，詢以臺灣亂故。光策對曰：「守土好侈，民生日削，為亂之階（緣由）。夫臺灣固殷富之地，然官貪則民貧，民貧則亂作，固自然之勢也。」康安曰：「然。」即撤行轅（行轅，大吏出行時所駐的地方）供具，令所司辦事毋近侈華。有獻地圖言機事者，皆納之。十月二十一日，發大擔門，守風崇武。二十八日，諸軍畢集。遂進鹿港。遣舉人曾大源、監生陳文會、職員楊振文等登岸，招撫近莊，分發露布（露布，告示），脅從（被迫跟隨造反）罔治，其來歸者給以盛世良民之旗，令樹鄉中，師至不討。以是頗多分散。

方是時，爽文久圍諸羅，而自駐營於牛稠山之上。十一月初四日，康安令海蘭察率巴圖魯攻八卦山，克之，遂復彰化。乘勢救諸羅。爽文拒戰於崙仔頂而敗，再戰於牛稠山復敗，遂解諸羅之圍；進破斗六門，燬大里杙。爽文走集集，逐之至小半天，竄老衢崎，遂縛之，檻送北京。捷聞，封一等嘉勇公。移師而南，戰於楠梓坑，復鳳山。莊大田竄琅璚。水陸併進，禽之，磔於府治。餘黨悉平。其右旋螺命存福建藩庫，凡將軍、總督渡臺及冊封琉球，佩之行。

當諸羅解圍之時，柴大紀出迎。自以參贊伯爵，不執櫜鞬之儀（櫜鞬之儀，武將晉見上司時的禮儀）。康安啣（懷藏在心中）之。至是劾其前後奏報不實。詔以「大紀固守孤城，時逾半載，非得兵民死力，豈能不陷？若謂詭譎取巧，則當時何不遵旨出城？其言糧食垂盡，原所以速外援。若不危急其詞，豈不益緩救兵？大紀屢蒙褒獎，或稍涉自滿，於康安禮節不謹，致為所憎，遂直揭其短，殊失大臣休容之度。又福康安抵諸羅後，凡有攻勦，皆不派大紀、蔡攀龍。而於擁兵不救之恆瑞，非唯不劾，且屢敘其戰功，曲為庇護。恆瑞本應軍前正法，恐駭聽聞，其逮交刑部治罪。」尋遣戍伊犁。會侍郎德成自浙江歸，高宗以康安所劾大紀事詢之。德成奏言：「大紀在任貪黷，令兵私回內地貿易。及事起倉卒，不早撲滅，以致猖獗。」又逮問提督任承恩，供亦同。乃命康安與閩浙總督李侍堯查奏。五十三年春正月，詔曰：「柴大紀前此久困孤城，不肯退兵。奏至時，朕披閱墜淚。即在廷諸臣凡有人心者，無不嘆其義勇。用人者當錄其大功，而宥其小過，豈能據福康安虛詞一劾，遽治以無名之罪？前詢李侍堯之旨，至今尚未復奏，殆亦難於措詞乎？」尋李侍堯奏至，略如福康安指。福康安奏言：「大紀鹽埕橋之戰，尚能出力。守禦諸羅，亦有微勞。唯以專閫大員（閫音ㄎㄨㄣˇ。專閫大員，主京城以外權事的大臣），既不能整飭於平日，又不能撲滅於臨時，皆紀律不明所致。請即解京正法。」七月，大紀逮至京，命軍機大臣會同大學士九卿覆訊。大紀再三稱冤。及廷訊，始引咎，仍微訴其枉。詔曰：「福康安等擬大紀斬決。朕念其守城微勞，原欲從寬末減，改為監候。乃展轉狡辯取死，豈可復從寬典？其即依所擬正法。」於是大紀處斬，時論冤之。

臺灣既平，康安上善後策十六事，其要在習戎備、除奸民、清吏治、速郵政。下旨允行。又以歸化番人效力軍前，請援四川屯練之制，設置屯丁；語在〈軍備志〉。八月，命於臺灣府城及嘉義縣各建生祠，御製詩文以紀其事，再圖形紫光閣。凱旋之時，適駕幸熱河，賜宴賦詩，並立碑熱河文廟告成，而繫以辭曰：「瀛壖（海濱）外郡，閩嶠（指山區）全區，厥名臺灣，古不入圖。神禹（大禹）末略，章亥（大章和豎亥，古代傳說中善走的人）所無，本非扼要，棄之海隅。朱明之世，始聞中國。紅毛初據，鄭氏旋得。恃其險遠，難窮兵力。每為閩患，訖無寧息。皇祖一怒，遂荒南東。郡之縣之，闢我提封。一年三熟，蔗藷收豐。漸興學校，頗進生童。始之畏途，今之樂土。大吏忽之，恣其貪取。既嬉其文，復恬（安逸）其武。匪今伊昔，叛亂屢睹。向辛丑年，昨丙午歲，一貴爽文，其亂為最。水陸提督，發兵於外，奈相觀望，賊益張大。天啓予衷，更遣重臣。百巴圖魯，勇皆絕倫。川湖黔粵，精兵萬人。水陸併進，至海之濱。至海之濱，崇武略駐。後兵到齊，恬波（海面平靜）逕渡。一日千里，以遲為速，百舟齊至，神佑之故。馳救諸羅，群賊蜂擁。列陣以待，不值賈勇（賈勇，有勇氣）。如虎搏兔，案角隴種（《荀子》典故，趺撞搖晃不穩之貌）。頃刻解圍，義民歡動。斗六之門，為賊鎖鑰；大里之杙，更其巢落。長驅掃蕩，如風捲籜（籜音ㄊㄨㄛˋ。捲籜又作掃籜，比喻消滅敵軍）。夜擕眷屬，內山逃託。生番化外，然亦人類。怵（恐懼）之以威，賚之以惠。彼知畏懷，賊竄無地。遂以成禽，爽文首繫。狼狽為奸，留一弗可。自北而南，如上臨下。海口遮羅，山塗關鎖。遂縛大田，略無遺者。二人同心，其利斷金。曰福康安，智超謀深；曰海蘭察，勇敢獨任。三月成功，勳揚古今。既靖妖孽，當安民庶。善後事宜，康安是付。定十六條，諸弊祛故。永奠海疆，光我王度。凡八武成，蒙佑自天。雖今耄耋（ㄇㄠˋ ㄉㄧㄝˊ，年紀很長的人），敢弛惕乾（《易經》典故，兢兢業業，不敢稍有懈怠）。如曰七德，實無一焉。唯是敬勤，勵以永年。」是年冬，康安調閩浙總督，歷洊內外，後以功晉封貝子。嘉慶元年薨，晉封郡王，謚文襄，入祀賢良、昭忠兩祠，配饗太廟；事在《清史》。

海蘭察亦滿州人，勇敢善戰。康安每統師，輒為參贊，所向克捷。臺灣之役，以功晉封超勇公，與舒亮、普爾普俱圖形紫光閣，御製平定臺灣二十功臣像贊。餘亦晉擢（提拔）有差。

楊廷理列傳

楊廷理，字雙梧，廣西馬平人。以拔貢生初知侯官縣，歷陞至臺灣海防同知。乾隆五十一年冬十一月，彰化林爽文起事，知縣孫景燧遇害，全臺震動，乃攝府篆。是時，爽文已圍諸羅，鳳山莊大田亦起應，府治戒嚴。府治固無城，植竹為藩，聯以木柵，年久多毀。廷理急集紳民，籌守備。各街置一柵，派人守之。甫就而諸羅陷。總兵柴大紀率師扼鹽埕，城中空虛。廷理手一旗，大書募義勇，馳呼於市曰：「好男兒，其從我。」聞者走集，不三日而得八千人。告以守城之義，皆曰「諾。」復募海口水手一千、調熟番一千，凡萬人；設寮帳，整炮械，具糧秣，數日而戰具備。乃以四千人守各隘，六千人屯城中。時各省援軍未至，府治當南北之衝，爽文、大田合兵攻。五十二年元旦，薄（迫近）東門。廷理出小東門，左營游擊古淵出小南門，合擊之。二十四日，大田復攻，四路合圍，號稱十萬。廷理率眾禦。兩軍方戰，黨首莊錫舍忽倒戈降，廷理以書招之也。大田聞之氣沮（ㄐㄩˇ，消沉），遂不敢復攻府治。十月，大將軍福康安至鹿港，克彰化，廷理率義勇從，三戰三捷，疏通中路。遂見康安於丁臺莊，康安勞之。爽文既擒，移師南下，進攻大田，獲之。臺灣平。五十三年春，署臺灣道，加按察使銜，經理善後，遂建府城。六十年。以在侯官任內虧欠庫款，謫戍伊犁。嘉慶八年赦還。十一年，捐復知府，分發福建。十二年，又任臺灣府。

當是時，蔡牽俶擾海上，疊犯臺灣。七月，南澳鎮總兵王得祿敗朱濆於雞籠港內，濆竄蘇澳。廷理率兵北上，至五圍，集耆老撫慰。又知熟番土目潘賢文陰與濆通，厚結之，眾皆鼓勵，願效命。遂與得祿會攻，濆大敗去。廷理巡視蛤仔難，謀開設，而大府以地在險遠，民番雜處，慮有變，不許。十五年四月，總督方維甸巡臺灣，次艋舺，蛤仔難民番皆請收入版圖。命廷理偕巡檢胡桂往勘之。廷理以臺有業戶，其弊頗多，力主裁除。業戶不從。勸諭再三，始各領丈。乃將籌辦情形，條陳大府。而司中以臺洋隔絕，事難懸擬，請交臺灣鎮道議復。十七年七月，始收其地，設噶瑪蘭廳，廷理任通判。十二月，調建寧知府。民思其政，為位於文昌壇之右。

鄭其仁、李安善列傳

鄭其仁，字彭年，號靜齋，臺灣府治西定坊人。少有力，能舉巨石作掌上舞。年十八，入鳳山武庠。三赴鄉闈（鄉闈，鄉試考場），不中。遂居鳳山薑園莊，力田治產。乾隆五十一年，林爽文陷彰化，莊大田起兵應，眾以其仁負重望，請出。不從，乘夜踰垣（牆）走。妻林氏慮被害，憂悸暴病。莊人載至烏樹林墟，未至而卒。其仁埋諸沙汕，遂覓船至府。署知府楊廷理命募義勇助戰守。已而大田攻府城，其仁中彈未愈，輒出戰。嗣隨副將丁朝雄由水道攻東港，克之，以功授守備。東港地近薑園，其仁素悉情形，乃集流亡，給口糧，收以為用，勢益振，而東港恃以無恐。五十三年春，大將軍福康安平北路，率師而南。廷理帶兵協勦，其仁願為前隊。戰於放縤莊，遇伏，力戰死，年三十有四。事聞，加都司銜，謚忠勇，賜祭，祀京師昭忠祠，世襲雲騎尉，葬於府治小北門之洲仔尾，林氏附焉。嘉慶十二年，邑人士請與薛邦揚、許鴻均祀忠義孝悌祠，詔可。

薛邦揚，字垂青，府治寧南坊人，為臺邑廩生（廩生，公家發給銀兩、糧食的生員）。乾隆五十一年，林爽文攻府治，邦揚募義勇助守，不給，則貨田宅以濟。又從游擊蔡攀龍駐桶盤淺，歷戰數次。五十二年五月初三日，莊大田合諸軍來攻，兵民併力禦。邦揚親自陷陣，中炮，墜馬死。妻兄某在旁，奪屍歸，年二十有八。妻陳氏，遺腹生一子。

許鴻，府治鎮北坊人，入武庠。林爽文之役，總兵柴大紀率兵禦於三崁店，鴻以義勇從。遇戰陷陣。知府楊廷理見其危，督眾救之，而鴻已沒，得其屍歸。年三十有四。

李安善，字喬基，廣東嘉應州人。祖某來臺，曾募鄉勇從征朱一貴，以功授職，因家彰化之北莊，墾田致富。安善少讀書，納粟入監（捐納財貨進國子監為監生）。里黨有事，知無不為，故眾倚為重。乾隆五十一年冬，林爽文起事，陷彰化，攻諸羅，以楊振國、高文麟守城。粵莊因械鬥之怨，故不從。安善窺其虛，集子弟而告之曰：「城可取也。」粵人聞之，願效命。得數千人，分四隊，與前任知縣張貞生、把總陳邦光，以十二月十二日分攻縣治，克之，獲振國、文麟等，解省受戮。當是時，城人多去，而所部以搜捕為名，焚莊掠物。安善不能制，撤歸北莊，城復失。北莊距大里杙不遠，爽文慮為肘腋患，命眾攻之。安善竭力禦。求援各莊，無有應者。隻身走鹿港，請鉛藥，為戰守之用。而爽文購之急。歸及牛罵頭，被獲，挾至大里杙，勸其降。不從，殺之。事聞，賜祭予恤，賞知縣銜，廕一子以知縣用，附祀忠烈祠。

陳周全、高夔列傳

陳周全、臺邑人，天地會之黨也。林爽文敗後，南北小康。守土官不以吏治為意，孳孳為利。乃與鳳山陳光愛謀，招人入會，從者數百，遂議起事。乾隆六十年春二月，光愛劫石井汛，未破，為同知朱慧昌所禽，戮之。周全走彰化。彰固天地會部落，爽文之徒尚有存者。與黃朝、陳容集餘黨，而自為會首。以洪楝為軍師，禡旗（禡音ㄇㄚˋ。禡旗又作「禡牙」，指出師前用以祭軍之牙旗）糾旅（聚集軍旅），至者數千人。三月朔，襲鹿港，殺同知朱慧昌。鹿港營游擊曾紹龍、外委任向標均戰沒。署北路副將張無咎在彰聞變，令游擊陳大恩馳救。途次聞耗，還屯八卦山，無咎逃，署知縣朱瀾亦棄城走。明日，周全攻城，先擊八卦山。都司焦光宗赴援，未至而破。大恩自焚死，張、朱皆被戕。光宗自刃，未死遇救，匿武生林國泰家。典史費增運、千總吳見龍、郭雲秀皆巷戰死。周全既入城，據縣署，大張文告。而斗六人王快亦起事，破斗六營以應，迫嘉義。報至，巡道楊廷理登陴。

總兵哈當阿、知府遇昌、游擊麥瑞合率水陸兵九百名往，至灣裏溪，阻水不得進。先是汀州府同知沈颺奉委至彰，遭變，伏民家，密與貢生吳升東、廩生楊應選等集鄉壯，以待官軍，大肚、鹿港各莊應之。周全知力薄，棄城去。國泰率義民數百至，以筍輿（竹子編成的轎子）舁（ㄩˊ，抬舉）光宗入城。郡中聞報，以前嘉義知縣單瑞龍署縣事，沈颺署鹿港同知。周全南下，至埔心莊，為莊人陳祈所執，解獻軍前。哈當阿夜渡虎尾溪，趣入城，令捕餘黨，黃朝、陳容、洪棟次第被禽，均戮於郡。

當周全之敗，鳳山人鄭賀偵郡中兵虛，謀夜襲。其友許強豫聞官令，與之周旋，醉而縛之，獻於道轅（官署）。未幾王快亦被戮。事聞，文武紳民各懲賞有差。越十有六年而有高夔之事。

高夔淡水人。時漳、泉械鬥方息，無賴之徒又謀起釁，各莊騷動。夔糾集黨徒，得百數十人。嘉慶十六年夏六月初旬，偕族人姣赴柑園，謀起事。未集，新莊縣丞簡清瀚聞之，會艋舺都司莊秉元率兵捕。夔走入五指山，黨人俱散。越一月，知府汪楠、同知查廷華各率兵入山大索，被禽。姣亦就捕。諸人皆磔死。

譯文

黃美玲、吳昆財、張崑將、張溪南．注譯

王世傑列傳／黃美玲

新竹本來是原住民的居地，地勢可以控制北部的邊遠地區，法令、禮樂、制度以及歷代遺留下來有價值的東西，都非常明亮美麗且完備。其煥發飛揚的事物、功業，可以比美嘉義而與彰化相互抗衡。然而在二百多年前，這裡還是荒涼幽暗的地方，梅花鹿、野豬在此遊盪，猿猴在此爲家，我先民來這裡開墾，剪除荊棘，驅趕猿、猴、鹿、豬，以養育子孫，到今天我們都還依賴祖先創下的基業。當初永曆三十六年（一六八二）春天，北部原住民作亂，新港、竹塹等番社響應，延平郡王鄭克塽（一六七〇－一七〇七）命令左協理陳絳率領軍隊征討，所以原住民逃亡，當時王世傑（一六六一－一七二一）運輸軍餉有功，軍隊凱旋歸來後，允許他開墾，於是竹塹成爲我漢族的居所。

王世傑是泉州同安人，來臺灣做買賣。得到允許開墾的命令後，召集泉州一百多人到竹塹，砍伐茅草蓋房子，先開墾竹塹原住民的土地，用原住民的田地耕種，引水灌溉，一年就豐收，這塊地就是現在新竹東門大街到暗仔街一帶。不久又開墾西門大街到外棘腳，拓展的田地有數百甲，來此地的人每天都很多，縣治一帶都被開墾耕種了。世傑因努力耕種而興家立業，又跟原住民約定互相交易，每年贈送他們牛跟酒。竹塹的原住民自從被鄭氏軍隊征討後，力量微薄人數減少，不敢反抗漢人，於是開墾的事務每天都有進展。康熙五十多年，才開始開墾海濱地，包括大小南勢、上下羊寮、虎仔山、油車港、南莊等，總共有二十四社，田地數千甲，每年收穫稻穀數萬石。然後又開墾迤南之地，包括樹林頭、後湖莊、八卦厝、南雅、金門厝、姜寮、北莊等，總共十三社。王世傑儼然成爲新竹這地方的霸主。

當時新竹還沒有設置行政區，諸羅（今嘉義市）的政令只能到達半線（今彰化市），大肚（今臺中市大肚區）、吞霄（今苗栗縣通霄鎮）這些地方，山川幽深遙遠，水土惡劣粗糙，南崁、淡水終年陰暗起霧，天氣很少晴朗，鄭氏王朝就將罪人流放到這些地方。康熙四十九年（一七一〇）才開始在淡水設置軍隊，駐防時間到而能夠活著回來的，一年不到三分之一，連巡行偵察的士兵都不想到那裡。但王世傑費盡心思辛苦經營，穿草衣住茅屋，暴露在霜露中，手掌腳底的皮膚都磨出繭，跟佃農一起同甘共苦，所以召募來的人越來越多，才能成爲巨富。族人王列從泉州來，世傑叫他種苧麻又給他資源，用來編織衣物，所以新竹產苧麻特別多，就是現在的苧仔園。世傑死後，兒子輩相處不和睦，於是分財產後分開居住。乾隆初又跟鄭氏打官司，案子送入官府就放在那，好幾年都沒有判決，於是家道中落。但世傑以一位平凡老百姓，憑藉毅力鼓起勇氣，擴大國家的版圖，功勞非常大！世傑去世後，跟隨者也有若干人，雖然功勞微不足道，但對開墾土地也有貢獻，所以附傳記在後面。

徐立鵬，廣東陸豐人，雍正三年（一七二五）開墾新莊仔。過二年，有徐裏壽、黃君泰，也是陸豐人，一起開墾員山頂、崁頭厝等莊，同安人曾國詰也一起開墾。

郭青山，廣東陸豐人，雍正八年（一七三〇）開墾員山仔的福興莊。同鄉黃海元、張阿春也一起開墾檳榔仔的福興莊跟東勢。

李尙，福建同安人，雍正六年（一七二八）開墾後湖、田九厝、車路頭，到此上報完成的墾地。

郭奕榮，福建惠安人，雍正九年（一七三一）前往開墾上山腳、下山腳、山邊等地。同鄉范善成也開墾了竹圍仔田地。

徐錦宗，也是廣東陸豐人，雍正十年（一七三二）開墾茄苳坑。

歐天送，福建同安人，雍正十年（一七三二）跟南安曾六一起開墾大莊、崁頂厝。惠安楊夢樵也開墾頂樹林。到此上報完成的墾地。

羅朝宗，也是廣東陸豐人。來臺灣後聽說竹塹土地空曠人煙稀少，農業還沒啓動，雍正十一年（一七三三）跟同縣黃魁興、官阿笑一起開墾十一股的福興莊跟中崙、大竹圍、下崁頭厝等地，隔年上報完成的墾地。當時有鎮平巫阿政前往開墾青埔仔，同安許判生、溫明鼎一起開墾後面坡仔頭、下崁仔腳、拔仔窟，南安張春也開始開墾大眉莊，各自建立村落來讓佃農棲息，而竹塹的開墾事務更加興盛。

陳仁愿，福建晉江人，謀劃開墾原住民土地，跟中港社番約定好，每年繳納租金，召募佃農來開墾香山。起初香山原來位於番界外，劃分給原住民屯墾。原住民不知道如何耕種，仁愿才能開墾成功。鹽水港也是中港社原住民的土地，跟香山對峙，被泉州人所開墾，總共有十幾社。

周家，也是福建晉江人，乾隆二年（一七三七）才來竹塹，前往東邊六張犁開墾，就是以前稱爲「霧崙毛毛」的荒地。

姜朝鳳，也是廣東陸豐人。乾隆二年（一七三七）前往開墾紅毛港附近。紅毛港在西北方，靠海。西班牙人占據北臺灣時，曾經把船停靠在這裡，所以叫做「紅毛港」，後來成爲北臺灣貿易的港口。

林耳須，泉州人，乾隆四年（一七三九）召募福建、廣東三十多人，跟中港社番約定，在此開墾田地。數年當中，建立蟠桃、菁埔等十二社，最多時有一百多人，少的時候也有二、三十人，各自開闢田地、蓋住屋、鑿溝渠，打算長久居住。乾隆十六年（一七五一）鎮平人林洪、吳永忠、溫殿玉、黃日新、羅德達等人，共同召募無業遊民來開墾上下田寮，於是頭份一帶土地都為漢人所有。

許山河，福建漳浦人，乾隆三十多年來臺灣，跟社番約好開墾中港土地。而彰化張徽揚已經先開拓海口土地，不久泉州人先後到來，成為一大聚落，並跟泉州互相貿易，成為新竹一帶海外通商的港口。

連橫說：朱一貴之役，漳浦藍鼎元（一六八〇—一七三三）跟著軍隊來臺灣，著有《東征集》。他評論竹塹說：「此地平坦，非常肥沃，野溪水勢縱橫交錯，到處都不利涉水渡溪。一般所謂竹塹有九十九條溪，拿來開鑿溝渠灌溉田地，可以獲得良田數千頃，每年人民可增加稻穀數十萬石，北臺灣人民生活的最大利益，沒有比這更重要的了。但是土地廣闊卻杳無人煙，野番出沒其間，一定要像棋盤一樣好好規畫設置村落，建立軍隊防守，使民眾可以居住，然後再從事農業開墾。執政當局往往覺得困難麻煩，所以到今天都捨棄不做而讓野番危害人民，他們不知道這地方最後仍然無法捨棄。因為竹塹土地寬廣遼闊，具有諸羅縣的規模，又位於半線和淡水（臺北）中間，是往來南北的交通要道。即使半線設縣，距離竹塹還有二百四十里，不出二十年，這個地方就會設縣，氣勢命運都將使此地開拓發展，不是我們人力可以阻止，因此一定要順著事物發展的趨勢加以引導。百里肥沃土地是大自然賜予人們的利益，因為畏懼事情煩瑣而捨棄，成為百姓痛恨厭惡的地方，不知道執政當局會不會感到良心不安？有官吏治理，有軍隊防守，那麼來開墾的人民就像到市集一樣多，馬上就會有萬戶人家的聚落，不用召募人們也會不請自來，而生番也不用驅趕，禍害就會自然消失了。」連橫說：藍鼎元說得真好啊！天下氣勢命運的趨勢，每每從北到南，但臺灣卻是由南到北。鄭氏王朝僅僅占有承天府（今臺南市），濁水溪以北，只是牽制維繫而已。等朱一貴之役平定後，半線設縣，竹塹設淡水廳，駐紮軍隊保護人民，以開拓北邊偏遠的地區，越來越廣闊進步。光緒元年，臺北建府，新竹設縣，北臺灣的富庶幾乎超越臺南。以前所謂的番地，沒有不被漢人開墾過的。經營建造以至於今日，是誰的力量啊？俗話說：任何具有遠大前程的事業，儘管剛開始微不足道，等到成功的時候就一定會發展得非常龐大。嗚呼！怎麼可以不記載下來啊！

吳鳳列傳／吳昆財

讀書人有殺身成仁的擔當，目標大的爲了國家，其次爲鄉族，再其次可以是爲朋友犧牲生命。例如：荊軻、聶政等人，爲感恩投報知己，往往在激情亢奮下慷慨捨生，其氣概足以激勵軟弱者的志氣，成就俠客的美名，且歷經百代仍傳頌不滅。哎呀！再類似吳鳳（一六九九—一七六九）之例，就是爲了漢民族而犧牲的。至今走訪阿里山的人們，談起他的事蹟仍無不讚嘆。如此說來，那麼像吳鳳這樣的典範，漢民族怎能輕忽他呢？應當以最敬禮向之叩拜，特地打造黃金來祭祀他，才能表彰這位臺灣先民的德澤啊！

吳鳳，是諸羅打貓東堡番仔潭莊人，該地現在隸屬雲林，他的字元輝。小時候讀書，頗曉大義所在，在鄉里中以俠義聞名。康熙年間，許多原住民歸服，地方政府召募懂得原住民語言的人擔任通事。吳鳳一向了解原住民的民情，又很勇敢，原住民頗爲畏懼他。康熙五十一年（一七一二），鳳被任命爲阿里山通事。阿里山乃是諸羅的大山；大小四十八個社，每個社有酋長，所統領的人數有數十至數百不等，多半性情凶猛，以射獵爲生，嗜好殺人，漢人都不敢接近。吳鳳之前的通事和原住民社有約定，每年送兩個漢人男女給他們，等到他們秋收時，殺這二人作爲獻祭之禮，稱之爲作饗，就像我們漢人謝神祭典的報賽啊。同時，屠宰牛羊，眾人飲酒歡樂，歌頌他們祖靈的雄壯威武。然而，原住民仍不遵守約定，還時常有殺人之事，但是官府卻不敢討伐。吳鳳接任通事，聽到這種事，感慨地說：「他們是原住民族，我們是漢族，我一定要讓他們不敢再殺我們漢人。」有人說：「有約定，他們卻不遵守，能怎麼辦？況且本來已經答應每年給他們二名漢人了，對您也不妨害啦。」吳鳳聽後怒斥：「這是何等卑鄙！無罪殺人，就是不仁。殺同胞以求利，更是不義。他們要殺我們族人，我們就供給，這是不智。況且我們都是漢族中的矯健者，不能立威制止，已經不算男人；竟又奴顏婢膝來討好他們原住民，完全不合武德。只要犯上其中一件，老子絕對不做。」當年，原住民又來要求履行約定。吳鳳接待，告訴他們：「今年大豐收，人非常難買，我暫時以牛權充，等明年再補償你們。」原住民同意後離開。隔年，吳鳳再用相同手法誆騙。如此方式五年之久。原住民終於知曉吳鳳在欺騙他們，乃聚集族眾商討對策：「今年若再不給人，就殺吳鳳以祭神明。」吳鳳在聽到消息後說：「我本是逃不開責任的，而且一旦我離開，你們怎麼辦？他們原住民如果眞的殺了我，我就算變爲厲鬼，也勢必把他們全部殲滅。」吳鳳原居住在山腳下，跟隨有數百名矯健有力的伐木抽籐工人，將他們編爲四隊，埋伏在隘口準備。吳鳳告誡他們：「原住民逃竄時，就發動攻擊。」又做了一個與自己相似的紙人，怒目散髮，手提長刀，騎著一匹奔馳的馬，面山而立。與家人約定：「原住民一到，我必與他們決鬥。若聽見我大喊，你們也跟著大喊。並燃放竹煤，作爲威嚇。」過了幾天，原住民酋長帶著數十名族人直奔吳鳳家。吳鳳端坐在大堂，神氣飛揚。酋長說：「您同意給我的漢人，爲何違約？今天若不給人，我們是不會回去的。」吳鳳斥責說：「笨奴才，我死也不會給人的。」原住民大怒，拔刀攻擊吳鳳，吳鳳也出手抵抗，最後遭到原住民殺害。此時，有聲音大喊：「吳鳳殺原住民，死了！」

聽見的人也跟著大呼：「吳鳳殺原住民，死了！」一時，鳴金擊鼓的戰鬥聲音，響徹山谷。原住民驚恐竄逃。吳鳳部隊則群起攻擊，重創原住民。少數逃入山裡的原住民，又看到吳鳳來追，最後多半嚇死。婦女們也因害怕躲在家中，因缺糧而餓死。之後，發生瘟疫，四十八社的原住民幾乎沒人沒看過吳鳳奔馳在山林裡追逐他們。他們認爲：「這必定是我們族人殺了吳鳳所引發的報應，我們應該懇求吳鳳的寬恕！」於是各社聯合推舉一位長老，爬行到吳鳳家，下跪祈禱：「吳公英靈在上，我們族人從此不敢再殺害漢人。若違約則必滅族。」並埋下石頭爲誓。自此才獲得平安。吳鳳被尊爲阿里山神，並立祠廟以祭拜。如今出入阿里山者，都不再被殺害。

連橫說：吳鳳之死，有人說是康熙五十七年（一七一八），有人說是乾隆三十四年（一七六九）八月十日，相差竟達五十二年。我認爲後一個說法是正確。朱一貴之亂平定後，阿里山原住民才歸附清廷，所以吳鳳擔任通事，也應該在乾隆時期。吳鳳生於康熙三十八年（一六九九）正月十八日，去世時七十一歲，妻子陳氏，生有二個兒子，名爲汀援和汀巽。光緒年間，吳鳳的後代奏請列入祀典，嘉義地方人士也表示贊同，尚未成功之際，卻遭逢了臺灣割讓給日本的戰爭。不過吳鳳的聲威，至今仍然在阿里山流傳。君子最怕身死之後籍籍無名，毫無事蹟使人稱揚，所以像吳鳳這樣的偉人哪有所謂的死亡呢？

施、楊、吳、張列傳／吳昆財

施世榜（一六七一－一七四三），字文標，最初居住在鳳山，個性喜好古文化，善於寫楷書。康熙三十六年（一六九七）中舉人，被選爲福建壽寧教諭，其後改派兵馬司副指揮。愛好行善，對於宗親戚友多會給予接濟。後來居住在郡裡，建了敬聖樓。又捐贈二百金，以便修建鳳邑學宮，捐置一千畝的田地，作爲海東書院的工作費用，讀書人多依賴它。施世榜有五位兒子，小兒子施士膺也是舉人，授予福建古田教諭。曾經接受父親之命，捐款一千石給社倉，《臺灣縣志》稱讚他的義行。

當初，半線剛剛開闢，萬頃的平原，眾多溪流分別注入，但是農事無法開啓，一會兒如鹿的溫馴，一會兒又是豬的愚蠢，成爲荒廢的家鄉。康熙五十八年（一七一九），世榜集合了沒有工作的流民，開闢東螺（南彰化地區）的田野，並且接引濁水溪的分支加以灌溉。完工後，水流不通暢；世榜擔心，乃召募如果有人可以將水流打通給予千金。有一天，有位林先生求見，說：「聽說先生想要興建水利，但苦無對策。我爲先生完成它。」世榜問他的姓名，不回答。於是觀察地形地勢後，指示了開鑿的方法，說：「某處地勢較高應該將它推平，某處坡地較低應該加高，某處水流急應該做引道，某處溝渠狹小應該拓寬。」世榜接受他的建議，水流果然通暢了。眾人都認爲這是世榜的力量，將它命名爲施厝圳，又名命八堡圳；彰化縣十三堡的田地，而這個圳足以灌溉八堡而得名。每年徵收水租可以達到數萬石。施世榜子孫積累了豐厚的財富，皆因此圳所留下的恩澤。當八堡圳完成之時，世榜大開盛宴，獻上千金爲林先生祝壽。林先生不肯接受，竟然不知他到哪裡了，也不知他最終的行蹤。佃農們爲了感念林先生的功德，將他奉爲神明祭祀，直到今天仍然不廢除。

楊志申，字燕夫，臺灣府城人，居住在東安坊。從小是孤兒，以孝順事奉母親。兄弟共有六人，志申排行第二。友愛自己的弟弟們，勉勵他們應該以修身齊家爲根本。康熙二十四年（一六八五），知府蔣毓英準備拓建學宮，志申父親的廬墓就在其間，知府告知情況，請志申遷墓再捐出墓地。毓英嘉勉了志申，並爲他的父親在魁斗山（今臺南市五妃廟址，也稱之為桂子山）選擇了一個墓穴，如同手掌一樣的平坦，大概有二、三畝地，臺灣人稱之爲金盤搖珠。墓地完成後，有人告訴他：「您素來遵行孝義，子孫必定有昌盛。不過，您應該遠行，十年之後，必可成為巨富。」當時候，半線剛剛開發，荒地雜草都尚未開墾，志申乃前往。居住在柴坑仔莊（今彰化縣彰化市一帶），向原住民租田地來耕作。督促弟弟們，盡力於農事。幾年內，家境漸漸富裕，開闢的土地也越來越多，接著開鑿二八圳，接引貓羅溪的水溉灌農田，滋潤了幾千甲的農田，創造每年一萬石穀米的收成。之後又開鑿福馬圳、深圳，線東、線西兩堡的農田，都是楊家所有了。又使用其餘的力量，開墾淡水的佳臘埔、金包里（今臺北市萬華地區、新北市金山區），每年也有收入數千石。家裡養有佃農數千人，從事農作。半線的景象，從此日益興盛。雍正元年（一七二三），建立縣治，志申移居至東門街。志申既富有了，就樂善好施。與宗族和睦，撫恤鄉里，賑濟貧苦，修建橋梁，縣裡的人無不稱讚他。當初，臺灣府的學租費用收入不足，志申第一個捐出彰化田地以供使用，每一年可有一百六十石米的收入。又因文廟燈油費用沒有著落，志申告訴臺灣府儒學訓導，願意繼續捐助，不久志申病情嚴重。命令他的兒子捐出鳳山縣能生產一百九十六石的田畝，說：「只是聊表實踐我的承諾，不是為子孫求福報。你們若能讀書做人，不要辜負我的志向啊。」去世，葬於彰化。後來遵循眾人的建議，入祀臺灣府孝悌祠。因為長子振文具有尊顯的地位權，再追封志申為中憲大夫。

楊振文，小時候讀書就明道理、識大體，進學讀書，捐錢納資取得知府之銜。林爽文之役，攻陷彰化縣城，殺了守城的官吏，向南北進攻，聲勢甚大。林爽文（一七五六－一七八八）聽聞振文的名氣，準備重金禮聘。但振文不接受，乃潛逃入海。爽文以千金想購買振文，無法如願。爽文震怒，毀壞振文父親的墓地。振文來到泉州。當時大將福康安（一七五四－一七九六）率領軍隊來臺平亂，駐守廈門，召募了解臺灣局勢的人。官員們推薦振文。康安派員邀請振文。振文晉見，陳述形勢。康安一聽非常高興，命令振文先行率領一個軍進入臺灣，以中營二位把總、六位外委，三百位戰士，供振文驅策。振文到了泉州，自己再召募三百位士兵，飛速到達鹿港。下檄文給莊民們，準備迎接大軍。凡是投誠的人，頒給盛世良民的旗子，不會被追殺。又召募一百位鄉導，分別派入各軍之中。所以城裡面的虛實，任何山谷險夷之處，都瞭若指掌。康安既然收復彰化，振文追隨出征，以備康安諮詢。事平之後，康安以振文原來的知府頭銜，準備奏請朝廷立即任用。但振文以不懂吏治為理由請辭，乃賞戴花翎。振文的兒子應選也是有名之人。

吳洛，字懷書，泉州晉江人。父親吳槐是漳州鎮標千總。兄弟三人，兄弟們都沒有俸祿。吳洛個性孝友，事奉父母，撫育幾個姪子都當成是自己的孩子。雍正十年（一七三二，原文誤作雍正十七年），以軍功提報吏部，加上衛守府一職，召見要他接受派任。但吳洛以雙親年老回拒。乃在鄉里教書，研究治國之道。乾隆十五年（一七五〇），考上明經科。之後父親去世。三年守喪之後，遊覽到臺灣府，成為某位官員的幕僚。

當時，彰化剛設立，許多土地荒蕪。沿著山下一帶，土地尤其肥沃，吳洛乃召募佃農開墾。築水圳灌溉田地，親自督導工程。先開拓丁臺的土地（今臺中市霧峰區），接著是阿罩霧、萬斗六（今臺中市霧峰區），都屬原住民土地。荒草雜枝既然都開闢了，來的人日益增多。遠到了南北投莊（今南投縣草屯鎮），短短時間內都吸引了人來聚集。每年可收入一萬石米。吳洛乃在彰化縣府成家。吳洛富裕後，修建宗祠，出刊家族歷史，購置祭田，將可以收成一千五百石的租田割給幾位姪子。他追念故鄉，捐錢修建泉州郡的儒學學校。又購買良田作為清源書院的費用。在臺灣也分別捐贈給海東、白沙兩書院各數百石的租田。凡是有公益的事，無不贊助。當朝官府眞是稱讚有加，經常贈送匾額：「儒林模楷」、「清時碩彥」。去世後，追封中憲大夫。吳洛有十三個兒子：南金，捐納為州同；南輝，乾隆十八年（一七五三）中舉人；道東，乾隆六十年（一七九五）中舉人；其餘兒子大多進入學校，書香不曾斷絕。

張振萬，彰化人，居貓霧捒之葫蘆墩（今臺中市豐原區）。以農作起家，擁有巨大的財富。附近的土地都是原住民所有，土壤厚實且有甘泉，不過卻不能耕作。之前岸裏社（今臺中市神岡區）原住民曾經請求開墾，諸羅知縣周鍾瑄（一六七一—一七六三）允許。環顧這個地方，土地廣大，長期處在荒蕪的狀態。乾隆初年，張振萬乃邀請藍、秦兩姓，召募佃農合力開墾。這是最上等的農田，稻產量豐富，一年兩穫。不過苦於缺水。乃接引大甲溪的水源，從罩蘭（今苗栗縣卓蘭鎮）內山流出來，開鑿水圳以接通。遍及灌溉岸裏、阿里史（今臺中市潭子區），共計一千多甲。年收入數萬石米，家庭愈加富裕。子孫仍在享受利益。至今葫蘆墩米仍然全臺居冠。

林詳，泉州人，居住在彰化鹿港。聽說內山土地廣闊而且肥沃，可以致富。乃募集資本，召聘佃農，在嘉慶十二年（一八〇七）來到牛轀轆（今南投縣水里鄉），開墾竹仔腳山的南麓。開鑿渠道引水，以便灌溉農田，共計一百多甲，經過幾年後，爲大水所淹沒，僅存二十多甲。之前乾隆四十五年（一七八〇），有泉州人楊東興進入開墾集集，也屬原住民地區。其他來到的人就非常少。

連橫說：開墾土地的功勞非常大啊！天下的財富就在於農，而臺灣又是農業之國。世榜、志申都是以務農起家，成爲了家鄉裡的望族，樂善好施，絕非斤斤計算私有財富。所以上等富有者珍惜光陰，中等富有者運用頭腦，下等富有者憑藉力氣。而今見識淺薄的人，忘記了遠大的謀略，而只追求僥倖的策略，卻想要如同陶朱公、猗頓，坐享萬金的財富，也許是愚蠢啊！

林、胡、張、郭列傳/吳昆財

林成祖（一六九九—一七七一），福建漳浦人，世代務農爲主，慨然有著遠大的志向。當時，淡水剛剛開發，土地之利也不興旺，成祖想要開墾土地，卻苦於資本。朋友們資助他，取得數百金。在雍正十二年來到臺灣，居住在大甲，租賃原住民土地耕作。田地肥沃，一年兩次收成。成祖吃苦耐勞，努力督促傭人和佃農耕作，家中日日有所進展。於是開鑿了大甲圳，引入水源灌溉，每年收入萬石，開拓土地漸漸廣大。乾隆十五年（一七五〇），又開墾了擺接、興直二堡（今新北市板橋、中永和、土城新莊、二重、三重、五股等地區），給予佃戶，每甲徵收租金八石。環顧因爲常有乾旱，乃開鑿大安圳，引入內山的水源。水圳寬二丈四尺，長十餘里，過旱溪（今新北市土城區），在地下埋設土管，以便能夠相接續。不過一遇到洪水，經常毀壞。經營數年，費損了十多萬，才得以完成。灌溉農田一千多甲，每年收入一萬多石。之後又再開鑿永豐圳（今新北市雙和地區），穿越山地導入水流，也灌溉了數百甲。當時，南勢角、中坑（今新北市中和、雙溪地區）未受教化的原住民經常出沒，造成許多佃農的擔憂。成祖向淡防廳稟告取得准許，自備糧食，設置隘寮，東邊到秀朗溪，西邊到擺接溪，南邊到擺突突，北邊到武勝灣（今新北市新店、板橋和新莊一帶），早晚巡邏，禍害稍爲停止。而成祖也移居到板橋城外的深坵莊。他所開墾的農田：新莊、新埔、後埔、枋寮、大佳臘，年收入十多萬石。

林爽文之役，彰化、淡水許多姓林的受到株連，成祖也被逮捕到北京接受審問。他的二兒子海門素來就有才能，攜帶巨款，來到北京企圖營救。漳浦籍的蔡新正好是太子太傅，剛剛受到重用。海門以同爲家鄉人求見。蔡新嘉許他的孝心，將他留在家中，並把女兒嫁給了海門。成祖最後免除了災禍，也將財產歸還給他。就在旅途當中，海門不幸溺斃。成祖回到家鄉後，年已衰老，但還是每天督促農事，與所有人同甘共苦，接著又開墾里族（今臺北市松山、內湖地區）的田地。有人勸告成祖應該稍爲休息，但他說：「我在農家生長，道理上應該自食其力，怎麼可以坐著享樂？何況這是國家的土地，已荒蕪了那麼久，開墾它也足以產生利益。」所以能夠以一人的力量，擁有數千甲的田產，當時稱他爲巨富。去世是七十二歲。長子海籌在大安圳崩坍時，因捐獻大筆金額修建，家產有些折損。三兒子海廟。海廟的兒子登選，也開鑿了暗坑圳（今新北市新店區），得以世世代代相傳。

胡焯猷，字攀林，福建永定人，以生員捐納而成爲國子監。乾隆初年來臺灣，居住在淡水的新莊山腳。當時新莊才剛剛派駐巡檢，而興直堡一帶許多地方未開墾。焯猷趕赴淡水廳請准開墾，出錢募集農，設立村落，建築陂圳，盡力於農事。不到十多年，開闢了數千甲農田，每年收入數萬石穀米，昂首企足成爲一方的巨豪。焯猷向來讀書，思考淡水文風並未開啓，鄉里的子弟沒有老師可以傳授知識，乾隆二十八年（一七六三），自己開設不收費的私塾，取名「明志」，捐出八十多甲水田，以水田收入供養私塾所需用費，又延聘知名的老師教導學子，在義塾讀書者經常有數十人。淡水同知胡邦翰聽說這件事，向朝廷請准改爲書院。總督楊廷璋嘉許，立碑以紀念，就是今日的明志書院。觀音山在八里坌堡內（今新北市八里區），東邊俯視平原，西邊面臨大海，有許多高大古樹，環境幽邃。焯猷登上觀音山，建立佛寺，捐贈廟田，至今已成爲名剎。焯猷既然已成爲富豪，乃居住於此，可是舊史並沒有他的傳記，所以情況不詳。

張必榮，淡水海山堡（今新北市樹林、鶯歌等地區）人，因從事農業而致富。乾隆三十一年（一七六六），與族人沛世合力建築永安圳（今新北市新莊、三重區），接引擺接溪的水源，建造大陂塘以蓄水，檢視它的流通情形，長度共三十里。之前，海山大多是旱田，等到永安圳完工，足以供水灌溉。而擺接堡的西盛、柏仔林，與直堡的新莊頭、二、三重埔等地（大概皆是今新北市新莊、三重區），都仰賴永安圳的供水，共計六百多甲，故又稱爲張厝圳。而必榮又與吳際盛共同合作建築福安陂，也是接引擺接溪的水源，用以灌溉堡內三百多甲農田。上從石頭溪，下到三角埔（今新北市樹林區）。後來因大水沖擊土壤，田主林瑚益召集佃農修復。在此之前有劉承纘，也是海山堡人，在乾隆二十六年（一七六一），建築了萬安陂（今新北市新莊區），引入擺接溪水源，到興直堡的新莊，以灌溉中港厝（今新北市新莊區）的農田，也有數百甲。

郭元汾（一七〇六－一七六五），字錫瑠，漳州人。乾隆間來到臺灣，居住在淡水大佳臘堡。開墾農田種植稻穀，擁有豐富的資產。當時拳山（今臺北市文山區）一帶多是荒地，水利不興。元汾乃雇請工人開鑿水圳，引新店溪的水源，自大坪林建築水塘蓄水，穿越山地用木頭管子引水，到溪仔口（今臺北市文山區景美一帶），又引至挖仔內（今臺北市大安區），經由公館街，抵達內埔（今臺北市大安區），分爲三段。溝渠縱橫，長達數十公里。臺北附近的農田皆依靠它灌溉，共計一千多甲。完成後，命名爲合川圳，而佃農感念他的功勞，稱作瑠公圳（今臺北市松山區）。

連橫說：今天的臺北，古時候視爲荒土，乃是鄭氏政府放逐罪犯的地方。康熙四十七年（一七〇八），泉州人陳賴章才來開墾大佳臘的田野，就是今天臺灣府城的附近，但舊史冊沒有記載，耆老們又無法說明，眞是可惜啊！成祖、焯猷都是富有農民但卻勤奮的耕作，開鑿渠道引入水源，所帶來的長遠利益，至今仍受惠於他們的恩澤，他們都是有功於開墾的人士。臺北如今的富庶，文物典章，燦爛美妙，如果不是我們先民艱辛締造，豈能有今日？居住在這塊土地上，卻忘記蓽路藍縷的功業，而做些奢靡浮華的事情，眞是何等愚昧啊！

臺東拓殖列傳／黃美玲

連橫說：臺灣東部是地勢險要而物產豐富的地方，有萬畝平原，可農耕也可從事工業，森林的壯盛，礦產的豐富，長久以來被世人所稱讚。但開闢二百多年來，卻很少有人經營。嘉慶元年（一七九六），漳州人吳沙（一七三一－一七九八）召募漳、泉、粵三個地方的遊民開墾蛤仔難（今宜蘭縣），開闢數百里土地，於是建立噶瑪蘭廳，這些都寫在〈吳沙傳〉裡，從此臺灣東北稍微有人煙。光緒元年（一八七五），牡丹之役平定後，欽差大臣沈葆楨（一八二〇－一八七九）上奏請求設立恆春縣，把鳳山以南的地方都劃入行政區來擴展領土，臺灣東南邊也就開始有人進入。當時開山撫番的建議開始實施，總兵吳光亮（一八三四－一八九八）率領中軍，同知袁聞柝（一八二一－一八八四）率領南軍，提督羅大春（一八三三－一八九〇）率領北軍，三路同時進行，召募商人與工人一起行動，設立招墾局獎勵移民，並設置卑南廳來管理，於是到臺灣東部的人民越來越多，漸漸有開闢田地屋舍以養育子孫的規畫。光緒十一年（一八八五）臺灣建省，卑南廳升格爲臺東直隸州，於是東臺灣的局勢爲之拓展。但荒涼陰暗的時節，會產生有毒且致病的瘴氣，野獸猖狂放肆，生番出沒其間。而我先民像陳文、賴科、吳全這些人，進入東臺灣開闢土地，發揮物產的功用，勇敢前往不屈不撓，備嘗危險阻礙，才能成就今日的富庶，這些功勞事業怎麼可以抹滅？現在我陳述他們所做的事，發揚他們的雄心壯志，也足以讓後來的人們督責勉勵。

陳文，彰化人，住在淡水，年紀輕又有俠義豪氣，跟朋友林侃一起做生意，往來於沿海。康熙三十二年（一六九三）遇到颱風，船被吹到歧萊（今花蓮縣），此地爲生番居住的地方，不曾與漢人往來。陳文到花蓮後跟原住民交易，住一年後，略微通曉原住民語，才知道花蓮的水道與港口。漢人到臺灣東岸就是從陳文開始。

賴科也住在淡水，是基隆番通事，負責地方官府與原住民間的訊息溝通。平常很勇敢，每每自己一人出入番社。聽說臺灣東部有原住民，想要與他們往來，在康熙三十四年（一六九五）秋八月，率領七名壯丁渡過高山，白天潛伏晚上行走，歷經十個番社到達崇爻（今花蓮港）。原住民很歡喜，帶賴科遊覽各番社，稻穀繁盛，每戶人家生活富裕，並告訴賴科：「我們族人聚居此地已經數百年，但野番常來掠奪搶劫，並殺人危害大家。我們想要跟西邊原住民約定前後夾擊他們，但因中間有高山阻隔不能通訊息。你回去後告訴長官，如果能以軍隊援助，那麼東部一萬人也將鑿山開闢道路，大家和睦往來，共同成爲天朝的子民。」賴科既與原住民親近往來，便安撫他們前來依附，並跟阿里山原住民一樣用鹿皮繳稅，共九社：均榔、斗難、竹腳宣、薄薄、芝蘭武、機密、貓丹、丹朗、水輦，統計有四百八十戶，男女快二千人。每年承包商用小船載煙布、鹽、糖、農具跟原住民交易，一年一次。同行者潘冬也是一名勇士。

林漢生，淡水人，乾隆三十三年（一七六八）召募眾人開墾蛤仔難。此地在臺灣東北，三面背山東邊臨海，土壤肥沃富饒，但原住民生性慓悍，常常出山殺人。漢生竟然被殺害，大家也逃離此地。後來吳沙才繼續經營。

吳全，也是淡水人，因努力種田而興家立業。聽說東臺灣土地肥沃，跟朋友吳伯玉一起規畫開墾。道光八年（一八二八），召募噶瑪蘭二千八百多人到東臺灣一帶，挖土築城定居，規畫田畝、興建水利工程，經過數年才漸漸有規模。後來瘴氣侵襲，居民大多病死，土番又時常出沒，吳全百般防備，卻無濟於事，因爲擔心過勞而去世，吳伯玉也率領眾人離開。這地方就是今天的吳全城（今花蓮縣壽豐鄉平和村），是東臺灣的一大市鎮。

黃阿鳳，也是淡水人。咸豐元年（一八五一）集資數萬圓，召募窮困的遊民二千二百多人，前往岐萊原野開墾。花蓮位在大南澳南方約七十里，港口稍微狹小，但港內可以容納巨大的船舶。水勢非常陡急，每年三、四月漢人來互相交易，原住民用繩牽引船隻入港，只要給他們一、二盒鹽，原住民就會開心的跳躍離開。不久各自拿鹿茸、獸皮來交換物資，不要金錢，因爲沒有用處。阿鳳到花蓮後，自己當總領袖，好像官府的設置，其他數十人受阿鳳管束，分地區治理。但瘴氣還是很旺盛，阿鳳因爲水土不服，幾個月後病死，其他領袖也不能互相容忍，過五年資金漸漸用完，與原住民相互怨恨殺害，開墾田地一事就作罷，佃農都離開此地。其他也有人移居到璞石閣（今花蓮縣玉里鎮），在秀孤巒山山腳，或者寫作樸實閣，是原住民語。地勢平坦肥沃，有溪水可灌溉，之前已有漢人到此地，有千戶人家居住，於是璞石閣成爲一大聚落。

鄭尚，鳳山水底寮人，咸豐五年（一八五五）到卑南，跟原住民貿易，並傳授耕耘種田的方法，原住民很歡喜，事奉他爲老師。土地開闢後，鄭尚也有錢了，於是召募佃農來開墾。卑南在臺東右邊，左邊山脈跟鳳山相接，陸路可通達。

康熙六十一年（一七二二）朱一貴之役，沒有被消滅的殘餘黨徒王忠逃入卑南，有千人聚居在大湖，留長髮持有刀械，自己耕田維持生活所需。總兵藍廷珍（一六六四—一七三〇）擔心他們再度作亂，發公文給千總鄭維嵩，叫他去找土著頭目文結，讓文結搜捕當地居民，只要是漢人一概驅逐。文結的祖先也是漢人，因爲避難逃到卑南，占據土地成爲首領，用漢人的法制改變原住民習俗，子孫稟持祖先的訓示，不殺人也不違抗官府。後來的女頭目寶珠，華麗的服飾與妝扮好像中國的貴婦，治理家族非常有規矩，接到官府命令也非常恭謹的遵照實行，所以漢人到卑南的越來越多，東臺灣的開發也越來越廣闊。

連橫說：麥禮荷斯奇的事情，舊《志》沒有記載，而西方歷史卻談到這件事，這是非常偏頗的。當時西方勢力往東方侵襲，已經開始擴大他們的欲望野心。荷蘭占據爪哇，西班牙經營呂宋，英國侵略印度，麥禮荷斯奇的策略果眞實現的話，東臺灣就不是我們的領土了，而臺灣知識分子卻張大眼睛說從沒聽過這事，眞是愚昧啊！麥禮荷斯奇是波蘭伯爵，乾隆三十四年（一七六九）俄波戰爭時被俘虜，流放到勘察加半島（位於俄國東邊），三十六年（一七七一）跟同黨二十八人越獄逃亡，搶奪俄國的戰艦，乘船航行出北太平洋，經過日本海，八月二十六日到達臺灣東岸，就是現在的秀孤巒溪口，上岸探險，遭到生番襲擊，於是逃回軍艦準備戰鬥，才剛要征服他們，其他生番又趁機來襲，不時來搶奪器物，每每都要擊退他們。於是開船向北行駛，黎明到達東北海岸，二十八日登上陸地，漢人看到西方人驚訝的互相對看，但言語不通，無法詢問消息。接近傍晚的時候遇到兩名西班牙人，麥禮荷斯奇非常開心居然能遇到他們。西班牙人是逃亡的士兵，長久居在此地，深深獲得當地人信任，他們住在西邊漢人的村落。二十九日，西班牙人引導麥禮荷斯奇到他們家，並陳述此地狀況。於是麥禮荷斯奇用自己的名字來替這個港口命名，考察地理情勢，規畫要在此殖民。當時東臺灣雖然隸屬中國版圖，但野番出沒，瘴氣猖狂覆蓋，官方命令無法到達，天然寶藏埋藏於這塊政令教化所無法施行的地方。麥禮荷斯奇既然懷抱開墾的志向，自然以安撫原住民爲重要事務。這裡的原住民最強大的是富亞波族，有二萬五千多人，本來就是一方霸主，但常常跟其他族相鬥爭地。麥禮荷斯奇想要利用他們成爲自己的黨羽，於是乘船到富亞波社，跟酋長相見，並討論同盟之事，就以他們所侵略之地爲籌碼，酋長答應了。隔天建築屋舍、移動器具，放置四門大炮，叫八名漢人戍守，當晚舉辦宴會，叫西班牙人米優魯尼摩爲參軍。十一月一日，率領富亞波族前進，山路婉延曲折，像火一樣炎熱，當盡艱難困苦，二日半夜到達一座大山谷，走了三小時才出谷。不久到達一個湖泊，旁邊有一個小番社，安撫他們。初三將要抵達馬波奧時科族之地時，策劃安排戰略，命富亞波族先前往攻擊。五日黎明兩軍相見，發大炮攻擊，敵人大敗，追逐到北方好幾里，於是占據馬波奧時科族的根據地，俘虜男女二十四人，酋長請求投降，讓富亞波族統治他們，立下誓約才把他們放回去。馬波奧時科族奉獻黃金二十斤、銀八百斤，都是當地所生產的物資，麥禮荷斯奇詳細觀察所有人事物，以作爲改天開墾殖民地的資訊。回到軍艦後寫下殖民策略十二條的草稿，內容大略爲：「臺灣開墾殖民的策略，是先讓人民自己管理，請母國加以保護，編爲殖民地。先借國家公款來讓此地興盛，派軍隊駐紮防守以保衛人民。等將來殖民事業成功，勢力充裕穩定，就可以掌握東洋貿易的航權。所借的國家公款，應該三年後就可以歸還本金跟利息。」又想到將來開墾殖民的話，一定要熟習原住民語，於是留下一位少年在此地。十一日起程回歐洲，遊說法國政府，不被採納，又去遊說奧地利皇帝，也不被採納，於是到英國倫敦，每天都鼓吹他的想法，想要說動英國的富人，或許就可以實現他的志向，但始終沒有回應。過數年麥禮荷斯奇在法國去世後，歐洲人才開始有開墾殖民臺灣的規畫。

吳福生、黃教列傳／張崑將、張溪南

吳福生（？—一七三二），鳳山縣（臺灣舊縣名，含蓋今高雄市、屏東縣）人，經常在臺灣南、北路間奔波走動。有人說，他是朱一貴（一六九〇—一七二二）的黨羽。朱一貴潰敗後，吳福生暗中籌劃要恢復他的大業。雍正九年（一七三一）冬天，大甲西社（大甲西社，屬道卡斯平埔族之一支，在今臺中市大甲區德化里附近，雍正十年被平定後，改稱為德化社）原住民作亂，臺灣總兵呂瑞麟率領大軍前往征討，臺南府城駐防兵力頓時變得薄弱。隔年（雍正十年（一七三二））春天三月，吳福生認爲臺灣中部的原住民亂事尚無法平定，便計畫要起義舉兵，他的朋友商大概等人都願意加入，且決議說：「現在如果暗中集合願意參與行動的同志，趁清兵沒有準備的時候，偷襲埤頭（今高雄市鳳山區舊稱，當時鳳山縣城是在今左營蓮池潭畔的舊城），就可以趁我們士氣很旺盛時快速攻占下來。」埤頭街距離鳳山縣城（此處「縣治」應指的是蓮池潭畔的鳳山縣舊城，該城在乾隆五十三（一七八八）年林爽文事變後，便遷往埤頭街，稱為鳳山縣新城，在吳福生起義時縣城還在蓮池潭畔的舊城）十多里路，商家聚集街道很熱鬧，已經成爲現今的縣城。（三月）二十八日，吳福生在他家立旗起義，來參加擁護的人有百餘人，在晚上便偷襲清兵駐防在「岡山」（此軍事據點在今高雄市阿蓮區崗山里，並非在今岡山區內）的軍事據點，並放火燒毀。隔天，又進攻並火燒駐防「舊社」（在今臺南市歸仁區紅瓦厝國小附近，舊時那附近有舊社街）的清兵軍事據點，這引起鳳山縣地區很大的騷動。虎頭山（今高雄市金獅湖旁林內山一帶，林內山舊稱虎頭山，又稱獅山）、赤山（今高雄市鳥松區和仁武區交界處一帶）都豎起義軍旗幟響應。四月三日晚上，吳福生率領這批民變部隊攻打埤頭街，清兵方面有守備（清代武官職稱由高至低分別為提督、總兵、副將、參將、遊擊、都司、守備、千總及把總，守備屬中階武官）張玉、把總黃陞抵抗防守，吳福生無法攻入，便另外派遣一支部隊燒毀萬丹（今屏東縣萬丹鄉）巡檢署（清代縣級衙門以下的基層組織），巡檢秦輝此時人剛好在臺南府城，所以沒有遇難被殺，當時鎮守地方的各「標營」（清代軍隊編制三營為一標）軍隊大多被徵調北上平亂，臺南府城防守兵力稀少。前任總兵王郡（？—一七五六，此時已升任福建水師提督）接獲動亂消息，下令中營遊擊黃貴前往防備。（四月）四日，黃貴率領官兵在夜晚出發，清晨就到了埤頭街，兵分多路進攻，派參將侯元勳、守備張玉、林如錦等將領分別統領士兵前進。吳福生也聚合群眾嚴陣以待，官兵槍炮齊發，戰況激烈、傷亡無數，吳福生退了又集合殘部再攻，從清晨激戰到中午，瘋狂吶喊聲不斷，現場動盪不安令人害怕，清兵的守備張玉、外委（清朝在正式編制外額外增加的低階武官）徐學聖、千總鄭光宏都戰死。不久官兵的援軍來到，臺南府城也嚴厲下達各項命令，各部隊奮勇戰鬥，吳福生抵擋不住，民變部隊各自潰散離去，官兵俘虜蕭田、蕭夷、蕭詔、李三、許舉和李成等人。（四月）六日押解到府城，全部被處斬。幾天後，吳福生、商大概等三十多人全部被捕，押解到省城（今福建省福州市）審訊，也全部處斬。六月，大甲西社原住民亂事平定。經過三十九年後（鳳山縣地區）又再度發生黃教（？—一七六九）的動亂。

黃教，臺灣人，居住在大穆降（今臺南市新化區），該地區距離臺南府城東邊十多里路，再往東便緊鄰連綿不斷的山嶺，那裡是盜匪和地方帶頭動亂首領們藏聚的地方，經常在那往來活動，這些人以黃教為首領，很多流亡逃命的人都來歸附他，見面時必須送一頭牛當見面禮，而且貢獻的牛必須要挑肥壯的。已經投靠他門下住了下來的，所有吃穿日常所需或者交遊宴飲等都免費供應，因此，沒幾年，來投靠他的人越來越多，有個和黃教同宗族的人叫黃弼，有天和黃教發生衝突，黃教的食客便來羞辱他，黃弼向官府提出告訴，臺灣知縣（當時知縣應為徐德峻）下命衙役前往拘捕，衙役不敢前往，知縣責問原因，衙役回答說：「黃教的食客很多是強壯凶猛的人，他們伺探的觸角遍及府城，現今如果聽說有衙役要前往拘捕他，衙役在半路上就會被截殺了。」知縣對他們這麼沒膽量覺得荒唐可笑，另外派二位衙役前往拘捕，他們才走了五、六里路，便遇到一位身材壯碩的人從樹叢裡竄出，向他們質問：「去哪裡？」他們吞吞吐吐不敢將實情相告，壯漢說：「我知道你們要去哪裡，你們也只是聽命行事，殺了你們也沒用；但是你們倚仗官府的勢力，殘害小老百姓，罪大惡極理當處死，現在只先斷你們一根手指，讓你們回去稟報，如敢再來，你們項上的人頭自己要好好珍惜了！」知縣聽了兩名衙役的回報後心生恐懼，便不敢再派人前往拘捕。黃弼於是向閩浙總督控訴，總督下令地方官吏必須嚴密追查緝捕，而鄰近村莊每個月都有十幾起牛隻被人偷盜的控告案件發生。乾隆三十五年

（一七七〇）冬天十月，黃教便聚集眾人起義舉兵，陳宗寶、鄭純等人響應支持，趁夜晚偷襲清兵布署在岡山（今高雄市阿蓮區崗山里）的軍事據點，殺駐防的士兵，並占領這地方。臺灣府知府鄒應元（一七二三—？）接獲通報，召集各地駐軍聯合圍剿，圍攻了幾天，雙方互有傷亡。這亂事傳到了朝廷，皇帝下詔命令要嚴加懲治，並限定四個月內要平定匪亂，於是黃教的黨羽大多被緝捕，黃教最後逃入深山。福建分巡臺灣兵備道（清代臺灣地區未建省前職位最高的長官）張珽因無法抓到黃教被責備並遭撤職，繼任的官員也一直無法抓到黃教，只好僞裝黃教已死在亂軍之中呈報，事件到此才算平息下來。

林爽文列傳／張崑將、張溪南

林爽文（一七五六—一七八八），漳州府平和縣（今福建省漳州市平和縣）人，渡海來臺後，定居彰化縣「大里杙莊」（今臺中市大里區，清領時期，臺灣未建省前，今臺中市仍屬於舊彰化縣轄區）。開墾田地經營累積不少財產，家境頗爲富有，大里杙莊距離彰化縣治所在地有二十多里，很接近幽深僻遠的深山，溪流縱橫交叉，村莊周圍栽種竹林作爲藩籬屏障。附近鄉里間不少勢力龐大的家族，經常發生持器械打鬥的事件，會擴大波及數十個村落，林爽文也會聚合村民團練以防衛鄉里。乾隆四十八年（一七八三），有名字叫嚴煙的人從平和縣來到臺灣，暗中傳布天地會組織，林爽文以客賓禮遇相待。天地會的組織，相傳是延平郡王鄭成功所開創，以光復明朝爲宗旨。於是彰化縣（舊時彰化縣涵蓋今臺中、彰化、南投、雲林北部等地）的劉升、陳泮、王芬，諸羅縣（今嘉義縣、雲林縣地區）的楊光勳、黃鍾和張烈，淡水廳（乾隆時期北部的行政區為淡水廳）的王作、林小文，甚至遠到鳳山縣，很多人都加入天地會，立下同盟的誓約，發生事故時要相互救援。其中有不少對時局不滿存心鬧事的人，也經常在組織內往來，參加的民眾多達萬人，各地方官府對這股勢力都懼怕三分不敢整頓管理。乾隆五十一年（一七八六）秋天七月，福建分巡臺灣兵備道永福、臺灣知府孫景燧（？—一七八七）聽聞此事，便暗中命令轄下營兵追緝逮捕。「石榴班汛」（石榴班為今雲林縣斗六市東北部的老地名，清朝在此派駐有汛兵，並設把總一員）把總（清朝下階武官職稱）陳和逮捕了黃鍾，遞解到諸羅縣城收押。而楊光勳和他的弟弟楊媽世相處不融洽，楊媽世另外組了個雷光會，結合同黨和楊光勳的天地會對抗，父親楊文麟也無法協調化解紛爭。諸羅縣令董啓埏（？—一七八七）逮捕楊文麟，以此要脅要搜捕他的兩個兒子。陳和又逮捕張烈，晚上在「斗六門」（今雲林縣斗六市舊稱）過夜時，被天地會的會眾殺死。臺灣鎮總兵柴大紀（一七三二—一七八八）接獲消息，和永福一起趕到諸羅縣城，派兵搜捕了數十個人，但他不想將此事鬧大，將此案的「天地會」改稱「添弟會」，事由推給楊光勳兄弟不和睦，爲了這個組織爭強鬥勝所致，將罪過全部推給楊文麟一家人，依法將他們定罪處置，全部財產沒入官府。按察使李永祺從福建來臺勘查並審視案情，也是按照這說法向朝廷上奏，訴訟案件就這樣定案。天地會組織的會眾紛紛來到大里杙，籌劃舉兵發動戰爭，莊人林石表達反對，林爽文也想制止，但是情勢發展已無法阻擋。十一月上旬（每月的前十日是為上旬），柴大紀往北部巡查（當時臺灣道和臺灣府等辦公處所都設在臺南府城），來到彰化，臺灣府北路理番同知長庚（？—一七八六）請求柴大紀停留鎮壓，柴大紀沒有答應，慌慌張張的回到臺南府城，調派遊擊（清朝中階武官職稱）耿世文（？—一七八六）率領士兵三百名，和臺灣知府孫景燧一同趕往彰化，而靠近山區一帶的莊社已接連發動起義了。（十一月）二十五日，彰化知縣俞峻（？—一七八六）與北路營副將（清乾隆時期臺南以北軍隊的總指揮官）赫生額（？—一七八六）、遊擊耿世文等率領士兵來到「大墩」（今臺中市中區一帶），嚴格告誡莊民要緝捕造反的天地會會眾，先焚燒幾個小村莊警嚇他們。大墩距離大里杙只有七里，沿途道路都有無辜的婦女和小孩大聲嚎哭。林爽文因民怨沸騰，（十一月）二十七日晚上率眾襲擊駐紮大墩的清兵。清朝官兵全軍覆沒，文武官員全部被殺。林爽文再進攻彰化縣成，守城官兵才八十人，無法堅守，二十九日被攻陷，知府孫景燧、理番同知長庚、彰化知縣劉亭基、都司（清朝中階武官職稱，在遊擊之下）王宗武、典史（協助知縣緝捕、稽查獄囚等職務的文職官員）馮啓宗（？—一七八六）等官員被一一殺死。「淡水撫民同知」（當時臺灣北部未設縣，淡水撫民同知為最高行政長官，且淡水廳治設在新竹）程峻（？—一七八六）和守備（清朝中階武官職稱，在督司之下）董得魁巡察防區來到「中港」（今苗栗縣竹南鎮中港里附近），接獲警告訊息，速速趕回「竹塹」（今新竹市），天地會王作、李同等人響應林爽文起義，率眾攔截攻擊竹塹城，程峻自殺身亡。十二月一日，王作等人攻陷竹塹城，殺竹塹「巡檢」（清朝地方官名，為知縣的軍事幕僚）張芝馨（？—一七八六）。大家擁護推舉林爽文爲「盟主大元帥」，恢復明朝國號，建元年號爲「順天」，駐守彰化縣知縣府衙，任命劉懷清爲彰化知縣，劉士賢爲北路海防同知，王作爲征北大元帥，王芬爲平海大將軍。林爽文用黑色厚密平滑光亮的緞布做成皇冠，冠上纏繞兩條金龍，並繫上黃色的彩帶，自冠頂垂下到背間，穿上龍袍，高坐在大堂之上，堂下眾人大聲呼叫萬歲。六日，林爽文攻破諸羅城，殺了知縣董啓埏、前任知縣唐鎰（？—一七八七，雖卸任，但尚未離開）、典史鍾燕超、左營遊擊李中揚及臺灣道辦理文書的助理沈謙、沈七等人。諸羅城如同臺南府城的重要右臂，是財貨與賦稅收入的重要地區。諸羅城被攻破那麼臺南府城就非常危險了，所以便緊急籌劃防備抵禦的相關事項。此時各地方紛紛響應林爽文的起義，斗六門、南投、貓霧拺（當時彰化縣轄下的貓霧　堡，範圍包括今臺中市沙鹿、大肚、清水、神岡、烏日、南屯等地，名稱源自當地平埔族名）都被攻破，彰化縣丞周大綸（縣丞為清代地方官職名，位階僅次於縣令，相當今之副縣長，周大綸為官清正，當時已任滿未及離開，林爽文曾極力勸降，不從故被殺）、陳聖傳（？—一七八七）、貓霧捒巡檢渠永湜（？—一七八七）陸續被殺，消息傳來，臺南府城受到很大的震撼。沒多久，鳳山縣的莊大田（一七三四—一七八八）也發兵起義。

莊大田也是漳州府平和縣人，跟隨父親渡海來臺，將戶籍設在諸羅縣。父親過世後，遷居到鳳山縣「竹仔港莊」（今高雄市永安區維新里），努力農耕，擁有豐厚的資產，鄉里間有人發生困難需求急迫時，經常救濟照顧他們，於是他行俠仗義、扶弱抑強的事蹟在臺灣南路（舊時稱臺南府城以南為南路）一帶很有名。加入天地會後，經常和林爽文互通書信交換訊息，兩人心意契合，成了最要好的朋友。直到林爽文發兵起義，莊大田的堂弟莊大韮、莊大麥便號召莊內民眾，推舉莊大田爲首領，屠宰牛隻，眾人取其血塗在嘴邊、臉上立誓結盟，現場有二十多人。莊錫舍、王阮郭、簡天德、許光來、李惠等人也各自帶領民眾來相挺。莊大田出錢購買及製造武器，豎起義軍大旗，自稱「南路輔國大元帥」，也有說是「定南將軍」，或稱爲「開南將軍」。才幾天之間，聚集群眾多達數千人。（十二月）十三日，攻打鳳山縣城（此鳳山縣城為左營區興隆莊舊城，後因林爽文事變後才遷往位於今鳳山區曹公國小附近的新城），清朝南路營「參將」（清朝高階武官職稱，在遊擊之上）胡圖里率領三百士兵在北門防守抵抗，還沒開戰竟落荒而逃，千總丁得秋、把總許得陞和「外委」（清朝在正式編制外額外增加的低階武官）唐宗保、王朝桂等人都戰死。莊大田率領群眾入城，殺了知縣湯大紳（？—一七八七）和典史史謙（一七三四—一七八六），「教諭」（清代每縣都設有縣學，教諭是縣學的主管，多為舉人、貢生出身，相當於今縣市的教育局長）葉夢苓、「訓導」（教諭的助手）陳龍池逃到「陴頭莊」（今高雄市鳳山區舊稱，又稱下陂頭），號召義民，圖謀收復縣城。

林爽文和莊大田聯合南北夾攻臺南府城，海防同知楊廷理（一七四七—一八一三）剛兼理臺灣知府不久，緊急召募義勇民兵，整修城牆和圍欄，日以繼夜的推演交戰和防守的策略，並派人渡海到福建通報危急軍情。柴大紀總兵在臺南府城北門外的鹽埕橋（位於舊時臺南府城大北門外，應是跨越鹽水溪的橋）抵擋奮戰，下軍令要遊擊蔡攀龍（一七三八—一七九八，金門人，後因戰功逐步升到福建水師提督）率駐紮澎湖的士兵七百名，前往府城南門外的「桶盤淺」（今臺南市南區的一個聚落舊地名）支援防守；而當時林爽文的大軍已攻占大穆降，距離府城才二十里路，沿著山路前進，可繞過府城直接到達南路，楊廷理和守備王天植率兵前往攔截攻打，千總沈瑞作先鋒，在「大灣」（今臺南市永康區大灣里附近）戰死，楊廷理、王天植突破重圍倉皇逃出，林爽文的大軍一路追趕，便將臺南府城圍困。

閩浙總督常青（？—一七九三）獲悉臺灣有變亂，緊急調派水、陸軍隊趕赴泉州，在兩岸之間協同支援作戰。乾隆五二年（一七八七）春天正月，水師提督黃仕簡（一七二二—一七八九）率領金門、銅山（今福建省東山縣）二千名士兵前進鹿耳門，陸路提督任承恩（？—一七八七）率領轄下正規軍（「提標」為清朝各省提督直轄由漢人組成的正規軍）和長福（今福建省漳州市轄下的老地名）、興化（福建省莆田市的舊稱）共二千名官兵前往鹿港，海壇鎮總兵（「海壇」乃今福建省福州市平潭縣）郝壯猷（一七四二—一七八七）、副將徐鼎士也各自率領士兵趕到臺灣。黃仕簡傳軍令要柴大紀攻取諸羅城，而郝壯猷率軍往南二十里後就不再前進，按兵不動，五十天後方才抵達鳳山，但鳳山城已被搜刮一空，便廣招民眾回城恢復營業和作息，但天地會組織的人混雜而入，官兵沒有察覺。三月十日，鳳山縣城再度淪陷，福寧（福建省福寧府）遊擊延山、安平遊擊鄭嵩、同知（清朝官名，在知府之下，協助知府處理鹽政、緝匪、海防等事宜）王雋都戰死，郝壯猷逃到臺南府城。

任承恩率兵到鹿港，距離大里杙並不遠，也不敢進擊。林爽文發兵起義時，恰巧當地剛發生漳州人和泉州人不和持械打鬥後不久，鹿港地區是泉州人買賣來往的商港，所以沒有響應附和（因林爽文是漳州人）。水、陸兩位提督都到了鹿港附近，鹿港泉州人爭相豁出性命願全力幫忙打仗，但他們卻不懂得要差遣善用，徘徊觀望不前。朝廷下詔派常青為將軍前往臺灣統率軍隊作戰，另派李侍堯（？—一七八八）繼任閩浙總督，調集廣東兵勇四千名、浙江兵勇三千名、駐防福建滿州八旗兵一千名，也派江南提督藍元枚（一七三六—一七八七）率兵前往，和福州將軍恆瑞（？—一八〇一）為參贊大臣（清代武官職稱，層級略低於將軍，由皇帝特旨簡派）協同平亂。朝廷也下令將郝壯猷斬首，並逮捕任承恩，派柴大紀代理其陸路提督職。藍元枚率兵來到臺灣，不久便在鹿港病逝。常青來到臺南府城，統領的兵馬有萬人之多，聲勢壯大頗振奮人心，但他對事態的判斷和處置急亂，堅守營壘不出戰只求保全自己，還請求派兵救援。（三月）二十四日，莊大田再度攻打臺南府城，官兵全力抵擋，莊大田退兵駐守在「中洲」（今臺南市仁德區中洲里）。隔天，陳靈光、謝檜搶攻府城東邊的郊野，進逼「草店尾」（今臺南市東區一個傳統地名）；許尚、陳聘也進攻小北門，駐防在柴頭港（今臺南市北區和永康區分界處，開元寺附近），這兩支隊伍都是莊大田的黨羽。林爽文的弟弟林永率領所屬的千人部隊來到大穆降，莊大田約定南北義軍會合協同作戰。二十七日，莊大田自己率眾主攻桶盤淺，派莊錫舍攻打小南門，謝檜進取大東門，林永進擊大北門，許尚進攻小北門，四路兵馬聯合圍攻，號稱十萬大軍。常青也分別布署所屬部隊嚴陣以對，派遊擊邱維揚、守備黃象新防守柴頭港，守備曾紹龍防衛草店尾，守備王天植進駐小東門，都司羅光照防備小南門，參將宋鼎守衛大北門，參將左淵駐守小北門，再傳軍令要蔡攀龍堅決守住桶盤淺，自己佩戴弓箭到大東門督導作戰，召募的數萬義民也出城助官兵守城。從天快亮的時刻到中午，戰況越來越激烈，官兵槍炮同時發射攻擊，退了又進，蔡攀龍據守在桶盤淺，莊大田率兵朝東而去，蔡攀龍不疑有詐隨後追擊，不料暗中埋伏的敵兵全部出動，無法突圍，乘坐的馬匹被擊傷，只好改以步行繼續奮戰。常青在大東門城上望見蔡攀龍危險，下令參將特克什布前往救援，蔡攀龍回頭攻打，才突出重圍脫險，但把總佘典、王澤高都壯烈犧牲，士兵戰死的有一百數十多人。而天地會謝檜等人又進逼小東門城下，放火燒城樓，王天植率兵撲滅。出城助戰的義民餓到沒有食物可吃，只好退回城裡，府城百姓見此情況大受驚動而喧鬧，爭相奔走到海邊港口要出逃，一時之間騷亂不已。不料，沒多久天地會的莊錫舍竟陣前叛變投降，一人騎著馬匹入城求見，常青高興萬分，立即授給六品頂戴（清代以品來定官位高低，一品最高，九品最低，品級以帽上頂珠的顏色和質料做區別，即所稱的「頂戴」），賞給錢財二百兩，命令他出城助戰。莊大田聽到莊錫舍叛變後大驚，擔心戰事生變，急忙收兵退回南潭莊（今臺南市歸仁區）；林永也退兵而去。臺南府城的圍困總算解除。

莊錫舍，泉州晉江（今福建泉州晉江市）人，定居鳳山縣陴頭莊。莊大田的起義，大多是集結漳州人的群眾，而莊錫舍也集結泉州人起義，兩股勢力勢均力敵。大家推舉莊大田當首領，莊錫舍委屈成為其下屬。直到莊錫舍再攻破鳳山縣城後，建立不少戰功，更加自命不凡起來。莊錫舍有親屬在臺灣道衙門裡擔任處理案卷的小官吏，經常有書信往來。莊大田有所懷疑，派人婉勸莊錫舍，將所屬部隊作一番更動，莊錫舍更加怨恨。分巡臺灣兵備道永福探知莊錫舍和莊大田的矛盾，便命令該名親屬利用書信招降莊錫舍。莊錫舍答應了，最後果然叛降。莊錫舍請求到「竹滬」（今高雄市路竹區竹滬里）地區召募義民，以斷絕莊大田的退路，常青沒有答應，知府楊廷理認為沒有妨礙，放他前去，在半路上卻被莊大田逮到，想將他斬殺，許光來勸諫說：「錫舍之所以投降，本來就不是他自己的心意。現在既然回來了，仍然應當給予重用，這時候兄弟朋友不適合自相殘害，以免挑動背離叛變之心。」許光來也是泉州人，所以幫莊錫舍緩頰留餘地，莊大田聽從他的話，將莊錫舍帶在身旁，同進同出不得寸步相離，直到莊大田分派兵力進攻諸羅城時，對莊錫舍的防範稍微鬆弛了，莊錫舍便派人偷偷運送其妻子和子女進入臺南府城，並約定留在莊大田身邊當內應。五月十二日，常青率領三千名士兵，親自征伐南潭莊，但莊大田已先逃離，莊錫舍誘捕林紅、金娘二人獻給常青。金娘，是下淡水社（大約分布在今屏東縣萬丹鄉香社村附近）原住民婦女，懂得畫符和施咒語，能用此巫術爲人治病，莊大田很崇信她，軍中士兵都尊稱她爲「仙姑」，林爽文也加封她爲「一品柱國夫人」。林紅，是金娘的男寵，兩人都在事變後在北京被處死。（五月）十三日，參贊大臣恆瑞率領八名侍衛、士兵一千名到臺南府城，總兵梁朝桂（？—一七九四，當時梁朝桂應為廣東高廉鎮總兵）、魏大斌（？—一八二二，當時魏大斌應為浙江溫州鎮總兵）也率兵先後趕到府城。常青這才決議要出兵平亂，而林爽文已經圍攻諸羅縣城很久了。

林爽文揮兵南下之際，「北莊」（今臺中市神岡區內的老地名，範圍涵蓋今北莊里和莊後里）的廣東籍監生（清代獲選進入國子監讀書的生員，又稱太學生）李安善召募義民收復彰化縣城，收押林爽文同黨楊振國、高文麟、陳高和楊軒等人，以囚車押送到福州。淡水同知（即程峻）的幕僚壽同春（？—一七八七）也率兵收復竹塹城，王作被施以分裂肢體的酷刑，並斬殺鄭加，還募集一萬三千名義民來守城。當柴大紀率兵從府城北上時，鹿仔草（今嘉義縣鹿草鄉）武舉人陳宗器、雙溪口（今嘉義縣溪口鄉）武舉人黃奠邦分別率領泉州人跟隨支援，於（乾隆五十二年（一七八七））正月二十三日收復諸羅城，斬殺侯元。林爽文將軍隊調回再度攻破彰化城，又圍攻諸羅城。柴大紀竭盡全力守城抵禦，屢次向府城告急請求救援。五月十五日，常青下令出兵，派總兵梁朝桂、魏大斌爲前鋒，副將謝廷選、蔡攀龍爲正面部隊的左右側，率領各營大小將領四百三十七員、滿州八旗兵加漢人兵勇共五千五百人在府城大北門教場（古時操練與檢閱軍隊的場地）祭拜軍旗後浩浩蕩蕩出發，並派莊錫舍當嚮導引路。常青接獲消息說莊大田又回到南潭，便派梁朝桂前往討伐，但戰況不佳，常青自己卻駐紮在「關帝廳」（今臺南市東區關帝殿附近）不敢前進，引發士兵們不滿導致夜間喧鬧不已，直到天亮才平息。隔天，有內應傳來情報說莊大田集合所有部隊，挖壕溝、樹立圍欄（積極建立防禦工事），有久占南潭的打算。常青出動所有兵力圍攻，又打敗仗，守備林士春、千總謝元和把總劉茂貴等人都戰死。常青飛快發出緊急的奏章向朝廷稟告，再度請求派兵援助。朝廷下旨嚴厲斥責，且命令常青放棄南部圍攻莊大田的任務趕快北向支援諸羅城。六月二十四日，派魏大斌率領一千五百名士兵北上援助諸羅城，不料到了鹿仔草就被打敗。又派參將特克什布、遊擊藍玉田、副將蔡攀龍等人三次先後往北救援，都被林爽文的部隊攔截打敗，損兵折將過半，僅能保住性命倉皇逃入諸羅城。朝廷下詔任命柴大紀為參贊大臣，但是諸羅城被林爽文圍攻得更加緊密，甚至城內沒有糧食可吃，士兵和百姓們只能挖樹根、煮豆渣來解餓，但守城的意志卻更加堅定。八月，廣東副都督傅清額、江寧將軍永慶（？—一八〇五）分別率兵來到臺灣。常青仍然在臺南府城按兵不動，恆瑞及總兵普吉保（？—一八〇〇，當時應為福建汀州鎮總兵，亂事平定後任臺灣鎮總兵）兩路援兵各有五、六千人，也不敢挺進諸羅城，反而對於戰事顯得張慌驚恐，還請求增援六萬士兵。朝廷下詔解除常青、恆瑞的職務，派「協辦大學士」（清代最高行政機關為「內閣」，設大學士四名，滿人與漢人各二名；協辦大學士二名，滿人與漢人各一名）兼陝甘總督福康安（一七五四—一七九六）、「領侍衛內大臣」（清代高級武官，掌管御前侍衛和統領禁軍，保護皇帝安全等職務，由皇帝直接欽選）海蘭察（？—一七九三）為參贊大臣代替他們前往臺灣平亂。朝廷還勸柴大紀先保護百姓安全出城，再想辦法對付亂事，但柴大紀沒有遵從，諸羅城解圍後朝廷下旨嘉獎褒揚（封柴大紀為一等義勇伯），並將「諸羅縣」改爲「嘉義縣」。

福康安在來臺途中，也上奏請求增加援兵進剿，被朝廷下旨嚴肅告誡。（乾隆五十二年，一七八七）十月二九日，統率「侍衛巴圖魯」（巴圖魯，滿語，意為勇士或英雄，後來成為賞賜有戰功之人的封號，「侍衛巴圖魯」指有勇士封號的侍衛團）一百二十多名、滿州八旗兵加漢人兵勇九千人抵達鹿港。林爽文聞獲悉消息，派所屬部隊前往抵擋。十一月四日，在八卦山決戰。索倫佐率領阿木勒塔先登山攻擊，林爽文的部隊潰敗而逃，彰化城又被清兵收復。福康安揮兵南下，在「崙仔頂」（今嘉義縣民雄鄉中部偏北地區的傳統聚落名稱，範圍涵蓋今崙頂村、鎮北村附近）發生遭遇戰，海蘭察率領侍衛巴圖魯兵分五路，召募義民千餘人在福康安正面部隊的左右側進攻，再度於牛稠山（今嘉義縣民雄鄉南方的山中村附近的傳統聚落名）發生激烈戰鬥，林爽文又吃敗仗。六日，清兵進入嘉義城，隔天，福康安也到了嘉義城。九日，林爽文率領數萬人部隊，再度進攻嘉義城的西北邊，海蘭察出城應戰，雙方死傷慘重，林爽文退守斗六門，福康安命令海蘭察、普爾普（？—一七九〇）、鄂輝（？—一七九八）等人率兵從「十四甲」（今嘉義縣民雄鄉大崎村西南邊的傳統聚落名）朝北圍剿，自己和恆瑞在後面策應，大戰於「興化店」（今雲林縣斗南鎮轄下的傳統聚落名稱）。護軍統領（清代武官職稱，滿州八旗兵系統每旗設護軍統領一名，掌護軍營政令）舒亮（？—一七九八）也從鹿港分兵進擊協同作戰，攻打「中寮」（今南投縣中寮鄉），接連攻破林爽文大肚溪以南的防線，打通清兵連通海口（今鹿港鎮）的路線。十八日，進攻斗六門，林爽文築起防守的掩蔽體頑強抵抗，還放水製造水患阻擋清兵。舒亮分別將軍隊駐紮在「大埔林」（今嘉義縣大林鎮）、「中林」（今嘉義縣大林里西部傳統聚落名稱）、「大埔尾」（今雲林縣莿桐鄉西部的傳統聚落名稱）等地，又向東駐紮在「菴古坑」（又稱「庵古坑」，今雲林縣古坑鄉舊稱）隨時支援進攻。福康安也從斗六門南邊分兵進擊，林爽文在險要的關口都布滿竹釘，讓軍隊不容易通過，福康安下令斬除阻礙的竹釘攻入。林爽文戰敗逃回大里杙，築起土城和高高的牆壘，架上大炮，內部還圍上兩層的木柵，沿著溪流設置關卡把守，嚴陣以待清兵的到來。二十四日，福康安率兵來到「丁臺莊」（今臺中市霧峰區丁臺里附近的傳統聚落名稱），林爽文趁黑夜偷襲，火把一字排開照耀得如同白天，清兵陣營一片沉靜無聲，措手不及，被迫交戰，箭和大炮同時發射，雙方互有傷亡。隔日，福康安將各將領分成兩部，分別從大里杙的西南、西北方兩路進攻，合力拚搏激戰。林爽文抵擋不住，帶著家人逃到「集集」（今南投縣集集鎮）。清兵攻進莊內，殺了林素、林成、林快、江近、許三江和劉懷清等二百多人，擄獲大小炮一百六十多尊，武器槍械和糧食多到無法估算，並將莊舍燒毀。十二月五日，清兵至集集。林爽文築起防禦的掩蔽體和溪邊堤防，砍樹橫阻在路上，將兵營布陣在山上，福康安派普爾普繞過山路前進，海蘭察也率領侍衛巴圖魯徒步渡水溪前進，四川籍的團練兵勇攀附樹藤登上山嶺。林爽文再敗走「小半天」（今南投縣鹿谷鄉竹林村），將家人藏匿在原住民部落裡。在原住民地區擔任隘口守護的杜敷（清代在漢人、原住民交接地區設隘防守，看守隘口的人稱為「社丁」或「隘丁」，杜敷應是當時水沙連社的通事，不是社丁）捆綁林爽文的父親林勸、弟弟林壘、母親曾氏和妻子黃氏等人獻給福康安，清兵再度打敗趕走林爽文，林爽文逃竄到「埔裏社」（分布在埔里盆地的平埔族聚落）平埔族人盤踞的山中。福康安傳令各部隊，徵調已經歸順的原住民入山搜尋捕捉。乾隆五十三年（一七八八）春天正月四日，林爽文逃到老衢崎（今苗栗縣竹南鎮崎頂里的舊稱），自己明白大勢已去，便前往好朋友高振的家裡說：「我可以讓你得到富貴！」高振便將他捆綁後連同其弟弟林躍一起獻給福康安。福康安平定北方民變後便統領軍隊南下，駐紮在「灣裏溪」（即今曾文溪）岸，平定臺灣中路一帶的亂事。（正月）二十四日，收復鳳山縣城，莊大田敗逃到「瑯嶠」（今屏東縣恆春鎮的舊稱），由於該地區地勢極其險惡，福康安便將軍隊駐紮在「柴城」（今屏東縣車城鄉）。二月五日，福康安派侍衛烏什哈達（？—一七九八）從海上進攻，海蘭察、鄂輝從山路前進，自己率領部隊到「風港」（今稱「楓港」，在今屏東縣枋山鄉境內），穿越荊棘滿布的叢林，深入山林有三十里路之遙。莊大田出動還跟隨身邊的所有部屬抵抗，福康安三軍聯合進攻，從辰時（七—九點）激戰到午時（十一—十三點），戰死的有二千多人，莊大田最後被活捉，弟弟莊大韮、母親黃氏等四十多人也一起被擒。莊大田被押到臺南府城時，病得很重，便被施以分裂肢體的酷刑結束一生。而林爽文、嚴煙和劉升等人都被以囚車押解到北京，在菜市口斬首示眾，臺灣南、北兩路的亂事全部平定。（二月）十七日，福康安抵達臺南府城，海蘭察、普爾普的部隊也勝利凱旋歸來，常青、恆瑞被調回北京，柴大紀以耽誤軍機罪被處斬，黃仕簡、任承恩兩人同罪，但獲得饒恕免被處死，李永祺、永福兩人也被責罰，蔡攀龍被擢升爲福建水師提督，梁朝桂獲擢升爲福建陸路提督，普吉保升爲臺灣鎮總兵，知府楊廷理接任臺灣兵備道，徐夢麟調任臺灣知府，其餘的依據戰功分別擢升任用，不再贅述。朝廷另外派福州將軍魁倫渡海來臺，協助辦理動亂之後的相關事宜。

連橫說：林爽文事件，臺灣南北都起來響應，擾亂長達三年之久，甚至必須調動大陸四省的兵力，才能戰勝平定亂事。和朱一貴事件比較起來，更爲爲慘烈。臺灣之所以會有變亂，並非是百姓自己要起來作亂，實在都是被官府壓迫才起而作亂。朱一貴會起義，一開始是因爲臺灣知府王珍濫用刑罰，後來因周應龍濫殺無辜，才使得跟隨起義的人越來越多，導致禍害一發不可收拾。像林爽文這樣的人本來只是地方上的豪強罷了，因致力於農事而變得富有，結識各方豪傑組織莊民也只是要自我保全而已。後來因莊民受官府欺凌而生怨恨，發動戰爭誅殺殘暴的官吏，血染大地，最後藏身荒山野谷之中，我想他的心地本是善良的，能懷抱不忍見人受害的心。誠如鄭兼才（一七五八—一八二二）所說：「林爽文的動亂，實在是被壓迫後所引發的。」所以後來又接連發生張丙的動亂、戴潮春的動亂，又何嘗不是因官府的壓迫所引發的呢？而評論者總是認爲臺灣人愛作亂，那可是錯得離譜了！

孫景燧列傳／張崑將、張溪南

孫景燧，浙江省海鹽縣人，進士出身。乾隆四十九年（一七八四）春天正月，擔任臺灣府知府。乾隆五十一年（一七八六）冬天十一月，彰化縣（舊時彰化縣涵蓋今臺中、彰化、南投、雲林北部等地）天地會籌劃舉事，福建分巡臺灣兵備道永福（生卒年不詳）命令孫景燧和遊擊（清朝中階武官職稱）耿世文（？—一七八六）率領士兵前往查辦。等到林爽文來攻打彰化縣城時，守城士兵才八〇人，兵力無法防守，當下和都司（清朝中階武官職稱，在遊擊之下）王宗武、原任彰化知縣張貞生（張貞生於乾隆四十八年〔一七八三〕接任彰化縣知縣，次年被革職，乾隆五十一年〔一七八六〕再次恢復原官職）、署典史（協助知縣緝捕、稽查獄囚等職務的文職官員）馮啓宗等人分別率領士兵前往各城門抵禦，最後縣城被攻破，孫景燧也被捉，忠貞不肯屈服被殺害。

俞峻，浙江省臨安縣（古縣名，今浙江省杭州市臨安區）人，舉人出身。乾隆五十一年（一七八六）冬天十月，擔任彰化縣知縣。當時天地會已經籌劃舉事，會同北路營副將（清乾隆時期臺南以北軍隊的總指揮官）赫生額（？—一七八六）率領士兵前往大墩討伐查辦。林爽文率兵圍攻，全軍覆滅，被殺殉職。

馮啓宗，浙江省山陰縣（古縣名，今浙江省紹興市轄區）人。乾隆五十一年（一七八六），擔任鹿港巡檢（清朝地方官名，為知縣的軍事幕僚）兼彰化縣典史。林爽文事變的戰役中，因彰化縣城被攻破，被殺殉職。

周大綸（？—一七八七），祖籍不詳。乾隆五十一年（一七八六），擔任南投縣丞（縣丞為清代地方官職名，位階僅次於縣令）。直到林爽文攻陷彰化縣城時，因南投地區沒有城池可供防守，便前往諸羅縣城，和諸羅知縣董啓埏（？—一七八七）聯合籌劃抵禦的戰備。諸羅縣城被攻陷，在街巷間短兵交戰時陣亡。

渠永湜，祖籍不詳。斗六門（今雲林縣斗六市）的前任巡檢，後調任貓霧拺巡檢。林爽文事變的戰役中，清軍在大墩大敗，渠永湜逃亡經過「犁頭店」（臺中市南屯區舊聚落名），被俘虜，忠貞不肯屈服被殺害。

陳聖傳，浙江省山陰縣人。乾隆二十七年（一七六二）在家鄉高中舉人後，擔任鹽場大使（清代於各鹽場、鹽池、鹽井處所設鹽課司，為基層鹽務機構，設大使一人，屬八品官），後來在福建候補官缺，兩度被派任爲「同考官」（清代在科舉考試中協同主考或總裁閱卷的官吏），依例轉正成爲知縣。因不順從長官的指示辦事，被派任到臺灣偏遠的羅漢門（今高雄市內門區）擔任縣丞。乾隆五十一年（一七八六），調任駐防斗六門（官職為縣丞）。斗六門是諸羅縣、彰化縣往來的重要地方，也是打仗時必要爭奪的重要戰略據點。陳聖傳上任後，便緊急召募鄉勇一百多人加強守衛；將這些人分成兩隊，維護治安並懲治地方犯法作亂的惡徒。乾隆五十二年（一七八七）正月二十一日，林爽文率兵來攻打斗六門，陣勢非常強大。大部分的鄉勇都嚇得逃走，陳聖傳仍然奮力作戰到底，有人勸諫他暫避風頭離開，他不聽從，還策馬到陣地，大聲呼叫說：「我是斗六門縣丞，來此勸告你們這些人快快投降！」因此被殺。他隨身的僕人顧景也跟著犧牲。

程峻，安徽省六安州（今安徽省六安市）人。乾隆五十一年（一七八六），擔任「淡水撫民同知」（當時臺灣北部未設縣，淡水撫民同知為最高行政長官，且淡水廳治設在新竹）。林爽文舉事後，攻陷彰化縣城，打算進犯淡水，淡水地區天地會同黨林小文暗中籌劃響應。程峻率兵到中港防禦圍堵，遭遇突擊潰敗，受了重傷逃到「柯仔坑」（應為「柯仔湳」，今新竹市香山區茄苳里）後不治而死。

張芝馨，河北省南皮縣（今河北省滄州市轄下南皮縣）人。乾隆五十一年（一七八六），擔任竹塹（今新竹市）巡檢。林小文率領天地會眾前來攻打時，張芝馨緊急召募鄉勇義軍防守抵禦，不料竹塹城被攻陷後自己也被俘虜，忠貞不肯屈服被殺害。

湯大紳（應為湯大「奎」，一七二八－一七八七），江蘇省武進縣（今江蘇省常州市轄下武進區）人，擔任鳳山縣知縣。林爽文事變的戰役中，莊大田舉兵響應，攻陷鳳山縣治，湯大奎受傷，長子湯荀業在身邊掩護保衛，最後兩人都被殺害。故鄉江蘇省常州百姓感懷他們父子忠孝義行，特地爲他們建造祠廟奉祀。湯荀業著有《竹居詩》詩集，現只存半卷。

王雋，浙江省仁和縣（古縣名，今浙江省杭州市）人，舉人出身。之前擔任「北路理番同知」（負責臺灣北路原住民與漢人開墾番地之業務，駐地在鹿港），卸下職務後在省城等待晉升新職務期間，剛好遇到林爽文舉事，福建巡撫徐嗣曾（？－一七九〇）命令他返回臺灣協助平亂，分巡臺灣兵備道永福下軍令要王雋運補糧餉到鳳山，援助郝壯猷（當時是海壇鎮總兵）。後來鳳山縣城再度被攻陷時，被殺身亡。

劉亨基，湖南省湘潭縣（今湖南省湘潭市）人。乾隆四十九年（一七八四），擔任北路理番同知。後來林爽文舉事，彰化縣知縣俞峻前往大墩討伐查辦，委任劉亨基代理知縣。彰化縣城被林爽文攻陷時，遭到殺害。女兒劉滿姑十七歲，隨侍在父親身邊，因害怕被亂兵凌辱，勇敢的跳入池中要自盡，但因水太淺無法沉沒，仍倒臥泥淖中溺斃。劉亨基全家總共有十二人死難。從孫景燧以下的殉職官員，朝廷都從優撫恤，讓他們承襲官職入祀彰化縣昭忠祠（彰化昭忠祠在日據時一度被日軍占用，後改為日本佛寺，現改稱龍鳳寺，位於今彰化市中華路上）。朝廷也特別頒旨禮遇褒揚劉滿姑，恩賜喪葬祭奠費用，並在籍貫老家建造牌坊表彰。

壽同春，浙江省諸暨縣（今浙江省諸暨市）人。在「淡水撫民同知」程峻治下擔任幕僚輔佐時，年紀已有七十二歲，但老當益壯、辦事能幹。乾隆五十一年（一七八六）冬天，林爽文舉事，不但攻破彰化縣城，還攻陷竹塹城，程峻殉職，壽同春也被俘虜。當地天地會首領王作聽過壽同春的名聲，對待他頗爲敬重，很禮遇他，且願意在他帳下承教。壽同春假意答應他，卻暗中派人在外面放話說從大陸內地調遣來平亂的大軍已經到達，天地會眾們聽到這消息，驚慌失措。壽同春便和前任竹塹巡檢李生椿、明志書院（竹塹明志書院由淡水同知成履泰建於乾隆四十六年〔一七八一〕，於日據時被拆毀，今已不存）山長孫讓等人連繫約定，集結義民有一萬三千人之多，在十二月十三日聯合起兵，收復了竹塹城，擒獲王作、許律、陳覺和鄭加等天地會黨徒，斬首示眾。壽同春以文書呈報福建省長官，陳述事件過程。之前福建巡撫徐嗣曾收到變亂的消息，便上奏朝廷徵調了閩安（今福建省福州市馬尾區的古鎮）副將徐鼎士率領軍隊前來淡水援助，卻受暴風雨影響耽擱了一個多月才抵達，大軍駐紮在艋舺（今臺北市萬華區）。當時在臺灣北部由福建和廣東籍墾民所建立的村莊受到煽動顯得動盪不安，壽同春前往安撫才平和穩定下來。此時新任淡水同知徐夢麟也到任了。大甲地區（今臺中市大甲區）各莊社緊鄰彰化縣，壽同春擔心這些地方發生變亂，便親自趕到鹿港（今彰化縣鹿港鎮），晉見提督任承恩並請求聯合兵力攻打大里杙，但他的意見沒有被採納。而白石湖（今臺北市內湖區）、金包里（今新北市金山區）等地區閩（福建閩南）、粵（廣東客家）不同籍的莊社又發生械鬥，漳州人有大半的人聚集駐防在白石湖的山上，徐夢麟前往安撫，歸附的人很少。壽同春隨後前去向他們分析利弊得失，大家才願意聽從停止鬥爭。隔年（乾隆五十二年〔一七八七〕）冬天十月，壽同春率領義民駐防「烏牛欄莊」（今臺中市豐原區），來到「三十張犁莊」（今臺中市北屯區）遭遇襲擊發生戰鬥，他騎的馬跌倒後人滾落被活捉，忠貞不肯屈服被殺害。這忠義事蹟傳到朝廷，朝廷賜予壽同春知府的官銜，從優撫恤，恩澤庇蔭一個兒子可派任知縣，並入祀彰化縣昭忠祠。

胡遠山（？—一七八六），浙江人，是被選送國子監就讀的生員（清代每年從各府、州、縣學中選送生員進入國子監就讀的制度，即是「歲貢」），擔任彰化白沙書院（白沙書院於乾隆十年〔一七四五〕由彰化知縣曾曰瑛將義學改制為書院，於日據時被拆毀，今已不存）講席。

范琪耀，浙江省會稽縣（古縣名，今浙江省紹興市轄區）人，王某和俞某，也都是浙江人，三人都是彰化知縣俞峻的幕僚。彰化縣城被攻陷時，他們都壯烈殉職，分別從祀在彰化縣昭忠祠。

福康安列傳／張崑將、張溪南

福康安（一七五四—一七九六），字瑤林，號敬齋，姓富察氏，滿州鑲黃旗人（清朝八旗制度由努爾哈赤於一六一五年創立，分為鑲黃、正黃、正白、正紅、鑲白、鑲紅、正藍、鑲藍八個旗色，後又逐漸發展成蒙古八旗和漢軍八旗，集軍事、生產和行政管理於一體的社會組織。鑲黃旗是八旗頭旗，由皇帝親自統帥，皇帝的户口也登記在鑲黃旗內），大學士（大學士是輔助皇帝的高級祕書官，清代自乾隆以後設有保和殿、文華殿、武英殿、文淵閣、東閣和體仁閣等「三殿三閣」大學士，以保和殿最尊貴，傅恆即是保和殿大學士）一等忠勇公（清乾隆封賞給傅恆可世襲的爵位）傅恆的第四個兒子。乾隆三十二年（一七六七），被任命爲三等侍衛（正六品武官官職），逐漸被提拔升到一等侍衛（正三品武官官職）。金川戰役勝利之後（指乾隆四十一年〔一七七六〕，福康安率軍平定四川西北部大、小金川土司的動亂），以戰功封賞三等嘉勇男（男爵的封號），後來又晉升爲侯爵、協辦大學士（雍正年間在大學士之外又加設協辦大學士），並擔任陝甘總督（轄管陝西省、甘肅省兩省）。乾隆五十一年（一七八六）冬天，彰化縣林爽文舉兵生亂，鳳山縣莊大田響應，臺灣南北路都受到侵擾，朝廷陸續派福建總督常青、將軍恆瑞、陸路提督任承恩（？—一七八七）、水師提督黃仕簡率領軍隊前往平亂，卻都沒有完成任務。朝廷下詔嚴厲責備，他們還遲疑不積極，還屢次要求增加援兵。乾隆五十二年（一七八七）秋天八月，朝廷詔令派福康安爲大將軍，「領侍衛內大臣」（清代高級武官，掌管御前侍衛和統領禁軍，保護皇帝安全等職務，由皇帝直接欽選）「超勇侯」（侯爵的封號）海蘭察爲參贊大臣，率領隊大臣普爾普（？—一七九〇）、護軍統領舒亮（？—一七九八）、浙江提督許世亨（？—一七八九）、四川松潘鎮（駐地在今四川省阿壩藏族羌族自治州松藩縣）總兵穆克登阿（？—一八〇七）、江南狼山鎮（駐地在今江蘇省南通市）總兵袁國璜（？—一七九六）、四川副將張芝元（？—一七九二）、頭等侍衛（即一等侍衛）穆塔爾及巴圖魯侍衛等一百二十多員，調集湖南籍士兵二千人、廣西籍士兵三千人、貴州籍士兵二千人、四川屯練兵（清代將四川地區歸降的原住民在地屯墾團練的軍隊）二千前往臺灣平亂。福康安臨行前到北京晉見皇帝，皇帝當面授與要訣和臨機應變的計策。當時林爽文已圍困諸羅城很久了，臺灣鎮總兵柴大紀和城內百姓堅持固守不降，即使犧牲性命也不肯棄城而去，因圍困時間長久，諸羅城內已沒有糧食可吃，竟然困頓到必須挖掘樹根、煮豆渣來食用。朝廷緊急下詔命令在臺所有將領前往救援，他們卻遲疑沒有趕往。朝廷再命令柴大紀先保護百姓安全出城，再想辦法對付亂事。柴大紀卻上奏表達：「諸羅城是臺南府城北邊的屏障，諸羅城失陷，那麼府城也危險了。而且固守城內這半年以來，挖了許多掩護作戰的壕溝和增築不少防禦工事，防守能力還很堅固，一旦放棄離開，要想再攻克收復就很困難了，如今只有盡所有力量堅定死守，以等待援兵的到來。」乾隆皇帝看完奏章後感動落淚，下詔說：「柴大紀在諸羅城內糧食用盡情勢危急的當下，一心仍以國家命運和百姓生計爲重，即使是古代名將，還有比這更偉大的嗎？加封他爲義勇伯，可代代世襲承繼。」還命令浙江巡撫賞贈一萬銀兩給他家人。等到大軍收復諸羅縣城後，柴大紀和福康安一同入京晉見皇帝。福康安在征討臺灣途中也曾請求朝廷再增援大軍，被朝廷發布詔令嚴厲責備。從皇宮府庫內拿出「大吉祥右旋螺」（此法螺是藏傳佛教法器，佛經上有記載釋迦摩尼說法時聲音洪亮，如大螺貝之聲響徹四方，聞聲者可驅魔消罪障。而這種右旋白螺稀少珍貴，據說渡海時若供奉於船頭，便能風平浪靜）賜給福康安，保佑他能平安順利渡海。冬天十月，福康安抵達泉州，召見進士鄭光策（一七五九—一八〇四）和舉人曾大源（一七五九—一八一〇）兩人，詢問有關臺灣之所以會發生動亂的根源。鄭光策回答說：「戍守臺灣的地方官鋪張浪費成性，百姓的生計就會日漸被剝削，這就是會生動亂的緣由。臺灣原本是平實富足的地方，但是官員貪汙會讓百姓貧困，百姓民不聊生就會生亂，這是很自然的情勢發展。」福康安聽了後說：「你說得有道理。」隨即撤掉臨時辦公處所鋪張的擺設和器具，還下令各級主管官吏處理事務不可奢侈浮華。凡是獻上臺灣地圖進言計策謀略的，都耐心聆聽接受。十月二十一日，從「大擔門」（今金門縣烈嶼鄉大擔島舊稱）出發，另外派軍鎮守「崇武鎮」（今泉州市惠安縣崇武鎮）。二十八日，各部隊集結完畢，於是便挺進鹿港（今臺灣彰化縣鹿港鎮），先派遣舉人曾大源、監生陳文會和「職員」（此職稱乃清代非正式官員編制外參與公共事務者的通稱，林爽文事變前，楊振文曾與曾大源在臺灣中部地區拓墾，並創立墾號「楊東興」，與建水圳等不少公共建設）楊振文（？—一七九六）等人上岸，招降安撫鄰近莊社，分發傳單告示，強調被迫跟從造反的，不會處分治罪，而且前來歸順的人會發給「盛世良民」的旗幟，只要豎立在鄉里中，官兵即使來到也不會征討，於是林爽文的勢力因被勸降歸順的不少而分散許多。

就在那時候，林爽文圍攻諸羅城已有多時，自己率領部隊駐紮在牛稠山的高地。十一月四日，福康安命令海蘭察率領巴圖魯侍衛進攻八卦山（位於今彰化市東邊的八卦山臺地），勝利攻占，便收復了彰化縣城，趁情勢有利便趕往救援被圍困的諸羅縣城。林爽文在崙仔頂抵擋迎戰卻吃了敗仗，又退到牛稠山再戰敗，福康安順利解除諸羅城的圍困。接著又進擊攻破斗六門，燒毀大里杙（林爽文的根據地），林爽文敗逃到集集（今南投縣集集鎮），又被追趕到小半天，再逃竄到老衢崎，最後被捆綁擒獲，用囚車解送到北京。捷報傳到北京，朝廷賜封「一等嘉勇公」（公爵的封號，一等乃最高等級）。福康安繼續將軍隊移往南部平亂，在楠梓坑（今高雄市楠梓區）決戰獲勝，收復鳳山縣城，莊大田敗逃到琅璚，福康安水、陸兩路聯合追擊，最後活捉莊大田，在臺南府城被施以分裂肢體的酷刑處死，殘存的黨羽全部被平定。乾隆皇帝恩賜的「大吉祥右旋螺」詔命存放在福建省總督府庫房，凡是將軍、總督等要員要渡海來臺或冊封琉球時，可安置在船上隨行庇佑。

當諸羅縣城解除圍困危機時，柴大紀出城迎接福康安，想想自己已被封為義勇伯，就沒有依照武將晉見上司要全身披掛並佩戴弓箭向前牽馬的禮儀接待（櫜鞬為古代裝弓箭的器具和皮囊，「櫜鞬禮」便是古代武將晉見上司時，需全身披掛，戴盔穿甲，還要背弓箭），福康安便懷怨在心，甚至暗中向朝廷參劾柴大紀投機取巧、奏報軍情前後不實。乾隆皇帝便下詔責備福康安說：「柴大紀堅決死守孤立無援的諸羅縣城，時間超過半年，若不是百姓和官兵誓死全力共同抵禦，又怎能不被攻陷？如果說他會狡猾欺騙投機取巧，那麼當時他何不就直接遵旨出城逃命去？他之所以會說糧食將要用完，本意是希望援兵趕快到來；如果不把話說得這麼危急，援兵豈不是就會更慢來救？柴大紀多次蒙受朝廷獎勵表揚，或許會稍微高傲自大，對康安你禮數不夠恭敬，導致被你所憎恨，所以才會這般直接揭露他的過失，這實在是有失大臣的氣度。又福康安你抵達諸羅城之後，凡是要出兵剿匪，都不派遣柴大紀和蔡攀龍兩人，對於擁有軍隊卻遲遲不去諸羅城救援的恆瑞，不但不彈劾，還多次提報他的戰功，還不明事理刻意爲其袒護。恆瑞本應在部隊前就地依法處死，因這樣做怕驚動軍心引發不當傳聞，就將其逮捕交付刑部（清代主管全國刑事司法的機構）給他應得的懲罰。」不久恆瑞便被派遣到伊犁戍守邊疆。等到侍郎（為中央級部會的副手，相當於現今的內閣政務次長）德成從浙江返回京城，乾隆皇帝就將福康安上奏柴大紀罪狀的事詢問他，德成啟奏說：「柴大紀在臺灣鎮總兵任內貪汙黷職，竟派士兵暗地裡回到內地（大陸）做買賣。當林爽文事變倉促間發生時，他並沒有及早將其打擊消滅，導致後來狂妄壯大起來。」皇帝又提審提督任承恩，供詞和德成相同，於是便下命福康安和閩浙總督李侍堯（？—一七八八）聯合查辦後奏報。乾隆五十三年（一七八八）春天正月，下詔說：「柴大紀之前久困孤立無援的諸羅城，不肯退兵堅決死守。他的奏章來到時，朕（古時候皇帝自稱）閱覽時還感動落淚。當時在廷上凡是有善良心志的大臣們，沒有不讚嘆他的忠義勇敢。朝廷用人應當記錄表揚他所建立的大功勛，而寬恕他犯下的小過失，怎麼能夠只根據福康安所揭發的誇張不實的說法，就倉促用莫須有的罪名來懲治他？之前詢問李侍堯的旨令，到現在還沒有回覆呈奏，對此事件目前也難於作任何表示？」不久李侍堯的奏摺送達，內容大概和福康安所指控的差不多。福康安上奏說：「柴大紀在府城外鹽埕橋（今臺南市南區日新國小附近，過金華路接利南街至鹽埕路口處，連接日新里與白雪里舊聚落，最早建有鹽埕橋，後改建為廣安橋）的那場戰役，還算有所效力，防守諸羅城也有小功勞，只是他以一位統兵在外擁有至高事權的重要將領，既無法在平日整頓部隊，又不能在動亂臨時發生時予以撲滅，這都因紀律不夠嚴明造成的，請即刻將其押解到京城依法處決。」七月，柴大紀被押解到北京，乾隆皇帝命令軍機大臣會同大學士共九位大臣再多次審訊，柴大紀再三喊冤，直到在朝廷上由皇帝親自審訊時，才承認自己的過錯，但仍然稍微訴說冤枉之處，乾隆皇帝便下詔說：「福康安等大臣想要將柴大紀斬首，朕念其死守諸羅城有些許功勞，原本要將其從寬減刑，想改爲暫時收監待重新審訊後再裁定刑責，但是他卻反覆狡猾強辯，死罪難饒，怎麼可以再用寬大的法令饒恕他的罪責？應即刻依照福康安他們的意思將其處決。」於是柴大紀被判斬刑，當時有不少輿論爲他喊冤。

臺灣亂事既然已經平定，福康安便向朝廷上呈臺灣善後的十六個策略，內容重點就是建議：整訓武備、整治亂法犯禁的百姓、整頓官吏辦事的操守和效率、加速信件的郵遞等，朝廷下旨同意辦理。爲讓歸順接受教化的原住民能夠加入軍隊效命，福康安建議引用四川省將當地原住民設屯團練的制度，在臺灣也設置屯墾的兵丁（所謂「屯丁」即是將土地放租給平埔族壯丁，並有專責機構控管，這些屯墾的兵丁平日務農，戰事發生時得聽命調撥出擊），有關福康安的這些建議內容參見本書〈軍備志〉。（乾隆五十三年〔一七八八〕）八月，朝廷下詔命令在臺灣府城及嘉義縣分別爲這些建立功勛的將士立祠奉祀，乾隆皇帝親自創作詩文來誌記這個事件，並將福康安的圖像繪於「紫光閣」（紫光閣原為皇帝殿試和檢閱侍衛大臣的場所。乾隆年間擴建後，閣內繪有二百位功臣的圖像，壁間並懸掛有軍事戰略圖）。福康安凱旋回北京時，適逢乾隆皇帝聖駕到了「熱河」（今河北省承德市，在清代設有避暑山莊），便在熱河召賜群臣餐宴並作詩助興，還立有「平定臺灣告成熱河文廟碑」（此碑在福建省、河北省承德市和臺南市都有保存，在臺南市國定古蹟赤崁樓的九座贔屭古碑中，即保留有一座漢文版的「御製平定臺灣告成熱河文廟碑」），碑文如下：「外海小島上的一個郡縣，整個區域大多是荒涼的山林，名稱爲臺灣，上古時代並沒有載入地圖中。夏禹時還沒有轄歸治理，即使是傳說中能走天涯海角的大章和豎亥也沒到過，所以原本就不是個很重要的地方，被遺棄在偏遠的海角。明朝的時候，中國內地才聽說有這個地方。剛開始由荷蘭人占據，很快就由鄭成功收復。因此地偏遠險阻，很難使用兵力平服，經常成爲福建省的憂患，始終沒有安定過。聖祖皇帝（即康熙帝）對此頗爲憤怒，於是決定拓荒東南海上邊境，收歸版圖，設置郡縣治理，開發闢建擴大疆域。此地稻穀一年可收成三次，甘蔗、甘藷的產量也很豐富。逐步興建府、縣學普及教育，培養許多生員（進府縣學就讀的學生）和生童（進書院就讀的學童）。以前大家認爲危險不敢前往的地方，蛻變爲現今和平安樂的好地方。沒想到位高權重的大官怠忽職守，胡亂貪汙搜刮財物，文武官員安於逸樂嬉遊，苟安度日，不務政事，使得現今情況不再如以前那般和樂，百姓叛變作亂經常發生，之前辛丑年（康熙六十年〔一七二一〕）發生的朱一貴事件，前不久丙午年（乾隆五十一年〔一七八六〕）發生的林爽文事變，可說是動亂最嚴重的。水路和陸路提督，領兵在外鎮守，奈何卻互相觀望遲疑不前，使得叛賊更加囂張壯大。上天啓發我平亂的心志，改派能擔負重任且能幹的大臣前往，百位巴圖魯，勇猛無人可比；聯合四川、湖南、湖北、貴州、廣東等地的一萬精兵，水路和陸路同時進發，抵達沿海的地方。在沿海地方的崇武鎮（今泉州市惠安縣崇武鎮）稍作停留，等待所有兵馬到齊後，海面波浪平靜航行順暢，速度飛快，比預料中的時間還早抵達，數百艘船艦一起會合，因有神明保佑的緣故。很快的前往諸羅城救援，賊兵眾多湧來，擺開陣勢準備迎擊，但他們臨時被鼓動的勇武不堪一擊，官兵如猛虎撲捕兔子那般出擊，他們囂張的氣焰頓時被壓制，潰散敗逃，諸羅城很快就解圍了，義民們歡欣慶賀。斗六門之戰是開啓賊兵敗亡的鑰匙；大里杙更是賊兵的巢穴。我軍勢如破竹迅速挺進一路掃蕩，如大風席捲竹葉那般。林爽文連夜攜帶家眷，往深山逃匿。未歸順的原住民雖然沒有接受政教薰陶，但畢竟同是爲人，用威勢來震懾，賜給好處，他們便懂得畏威懷德不敢收容反賊，反賊沒地方可以逃竄，終於被捕獲，林爽文俯首就擒，所有勾結反叛的全部一網打盡，從北路到南路，從山上到山下，在海口布下天羅地網，出入山的路徑一律設關卡封閉，於是莊大田也被捆綁捉拿，幾乎沒有落網之魚。二人同心協力，力量便可像鋒利的刀劍，可以切斷任何金屬：一個是福康安，智慧超人且深謀遠慮；一個是海蘭察，勇敢果決能獨當一面。三個月就成功弭平亂事，功績傳頌古今。禍害既已平定，應當安定百姓生活，有關妥善處理臺灣後續相關的事務，就交付給福康安。他提出十六項政策，務必要將以往種種流弊全部去除，永遠安定這海上疆域，發揚光大我朝的德威和典章制度。年歲已近八十（清乾隆生於一七一一年，立此碑的年代為乾隆五十三年〔一七八八〕，已近八十高齡），能成就如此軍武功勛，乃承受上天保佑；雖然年歲已高，仍不敢稍有懈怠，時時努力、謹慎警覺。若說要符應古人所說的七種武德（武有七德的典故出自《左傳．宣公十二年》，此七德便是：禁止暴力、消弭戰爭、保持強大、鞏固功業、安定百姓、調和大眾和豐富財物等），實在沒有一項達到標準，唯有誠敬勤奮，以此永久共勉。」當年冬天，福康安調任閩浙總督，後來官職多次在京城內外歷練升遷，最後以戰功晉封「貝子」（「貝子」為滿語，原意是王或諸侯。清建國後，成為爵位的封號），嘉慶元年（一七九六年）病逝（福康安於平定苗變時病逝），追封爲「嘉勇郡王」，賜給「文襄」的稱號（「諡號」乃古代君主、諸侯、大臣、后妃、權貴、僧道等死後，朝廷依其生平功過與品德修養，另起稱號，作為其一生的評斷），牌位收進賢良祠（清雍正年間建造，為祭祀清朝有功於國家的王公大臣的專祠，位於今北京市地安門西大街一百〇三號旁）、昭忠祠（清順治年間建造，為紀念保衛國家於戰爭中死難的將士而建的廟祠，原位於北京市東交民巷內，後毀於八國聯軍，改以廣安門內的報國寺充當昭忠祠）兩祠奉祀，並附祀在「太廟」（按：太廟是皇帝的宗廟，原只是供奉皇帝先祖的地方，後來皇后和功臣的神位在皇帝的批准下也可以被供奉在太廟中）同受祭饗，此事蹟在《清史》中有詳細記載。

海蘭察也是滿州人，勇敢善戰，福康安每次率兵征討，他經常是隨軍的參贊大臣，所到之處都能攻克打勝仗。臺灣林爽文的戰役，被以戰功晉封超勇公，和舒亮、普爾普三人都在紫光閣內畫有圖像彰顯功績，乾隆皇帝還親自爲「平定臺灣二十功臣像」書寫推薦文辭。其他平定林爽文事變的有關功臣也依功績大小給予不同的晉升和提拔。

楊廷理列傳／吳昆財

楊廷理，字雙梧，廣西馬平人。以優秀的國子監初任福建侯官縣知縣，歷任晉陞至臺灣海防同知。乾隆五十一年（一七八六）冬十一月，彰化縣林爽文起事，知縣孫景燧遭到殺害，全臺灣震動，廷理乃兼理臺灣府事務。當時，林爽文已經圍住了諸羅，鳳山莊大田也起事響應，臺灣府城實施戒嚴。府城原來就沒有城牆，只種植竹子作爲藩籬，再連接木柵，因爲年代久遠多所毀壞。廷理急速召集士紳與民眾，籌備防禦。各個街設置一處柵欄，派人防守。他剛一上任諸羅城就陷落。總兵柴大紀率領部眾扼守鹽埕（今高雄市鹽埕區），府城內已經是空的。廷理手拿一面旗，上面寫著召募義勇，奔馳在城府路上，說：「好男兒，就跟從我。」聽到的人紛紛來集合，不到三天就有八千人。廷理告知他們守城的義理，大家說：「好。」接著召募一千名海口的水手，調集一千名已受教化的原住民，共計一萬人；設置寮帳，整理炮械，備妥糧秣，幾天內就準備好作戰。於是以四千人防守各隘門，六千集中在府城內。當時各省援兵都尚未抵達，府城正當位於南北的要衝之地，爽文、大田合力攻擊。五十二年（一七八七）元旦，接近東門。廷理從小東門出兵，左營遊擊古淵從小南門出兵，合力攻擊。二十四日，大田再來攻擊，四路合圍府城，號稱有十萬之眾。廷理率領眾人防禦。兩軍正在戰鬥時，林爽文的黨徒莊錫舍忽然陣前倒戈投降，廷理乃以書函招降。大田得到這項消息後非常氣餒，就不敢再攻擊府城。十月，大將軍福康安到了鹿港，攻克彰化，廷理率領義勇跟隨作戰，三戰三捷，打通中路。乃在丁臺晉見康安，康安慰勞他。爽文既然被擒住了，率領軍隊南下，進攻大田，也將他捕獲。臺灣平定。五十三年（一七八八）春，廷理晉升臺灣道，加按察使頭銜，料理善後，乃建築府城。六十年（一七九五），因為在福建侯官任內虧欠公款，被貶戍於新疆伊犁。嘉慶八年（一八〇三）赦免。十一年（一八〇六），捐納回復知府，分發到福建。十二年（一八〇七），又回任臺灣府。

當時，蔡牽在海上擾亂，經常進犯臺灣。七月，南澳鎮總兵王得祿在雞籠港內打敗了朱濆（一七四九－一八〇八），朱濆竄逃到蘇澳。廷理率領軍隊北上，到了五圍（今宜蘭縣宜蘭市），集合耆老加以撫慰。又知道已受教化的原住民頭目潘賢文私底下與朱濆有所串通，廷理也和他們深相交結，眾人受到鼓勵，表示願意效命。乃與得祿會合進攻，朱濆大敗而去。廷理巡視蛤仔難，並籌劃開發它，但督撫認為該地是險遠之處，百姓與原住民又混雜在一起，恐怕會有生變，所以不允許開墾。十五年四月，總督方維甸巡視臺灣，來到艋舺，蛤仔難百姓與原住民都請求收入版圖。命令廷理皆同巡檢胡桂前往勘查。廷理認為臺灣有大租戶，弊端非常多，主張裁除大租戶。大租戶不願意順服。廷理再三的規勸他們，大租戶才登記完畢。廷理乃將籌辦的情形，向督府陳述。但朝廷又以臺灣遠渡重洋，事情很難憑空揣度想像，請交由臺灣鎮道再討論一番。十七年（一八一二）七月，才收入蛤仔難，設立噶瑪蘭廳，廷理擔任通判。十二月改調建寧知府。百姓感念他的政績，在文昌壇的右方（今宜蘭縣宜蘭市文昌廟）為他立了長生祿位。

鄭其仁、李安善列傳／吳昆財

鄭其仁（？—一七八八），字彭年，號靜齋，臺灣府治西定坊人（今臺南市中西區）。少年時孔武有力，能夠舉起巨石在手掌心舞弄。十八歲時，進入鳳山縣的武術學校。三度赴考鄉試，都考不中。於是居住在鳳山薑園莊，努力耕田治理產業。乾隆五十一年（一七八六），林爽文攻陷彰化，莊大田起兵響應，眾人認為其仁頗孚眾望，請他出馬。但其仁不同意，於是趁著夜晚翻越圍牆逃走。其仁的妻子林氏因擔心被害，內心憂懼突然生病。村裡的人準備將她載到烏樹林塭（今高雄市永安區），尚未抵達就死亡。其仁將她埋在沙汕裡，接著找了一艘船來到府城。代理知府楊廷理命令他召募義勇鄉人協助作戰。之後大田攻打府城，其仁中彈傷勢尚未康復，立即赴外應戰。後來跟隨著副將丁朝雄從水道進攻東港（今屏東縣東港鎮），並將它攻下，其仁因戰功被授予守備一職。東港地理位置接近薑園，其仁素來就熟悉它的情形，於是集合失業的民眾，給他們口糧，並糾集起來派用，聲勢因而日益壯大，所以東港就有所憑恃無所畏懼了。五十三年（一七八八）春，大將軍福安康掃平北路後，率軍南下。廷理帶兵協助圍剿，其仁表示希望作為前鋒部隊。他在放縤莊（今屏東縣林邊鄉）與敵人作戰，遭遇埋伏，奮力殺敵而亡，得年三十四歲。陣亡消息一報，其仁被追贈都司之銜，諡號忠勇，受賜祭典，入祠在京師昭忠祠，世襲雲騎尉，下葬於臺灣府治小北門的洲仔尾（今臺南市永康區），林氏也跟著附葬。嘉慶十二年，鄉里人士建請和薛邦揚、許鴻均一起入祀忠義孝悌祠，朝廷許可。

薛邦揚（？—一七八七），字垂青，府治寧南坊人（今臺南市中西區），是公家給予膳食的邑廩生。乾隆五十一年（一七八六），林爽文攻打府治，邦揚召募義勇民眾協助防守，官方供給不足，邦揚變賣自己的田宅以救濟。又跟從遊擊蔡攀龍駐紮在桶盤淺，歷經幾次戰鬥。五十二年（一七八七）五月三日，莊大田集結了數個部眾前來攻擊，兵民合力抵禦。邦揚親自衝鋒陷陣，終被炮彈擊中，墜馬而亡。大舅子在他的身旁，將他的屍體奮力奪回，死時二十八歲。妻子陳氏，當時懷有遺腹子。

許鴻，府治鎮北人（今臺南市北區），進入武術學校。林爽文之役，總兵柴大紀率領軍隊在三崁店防禦（今臺南市永康區），許鴻以義勇身分跟隨。作戰時陷入敵陣之中。知府楊廷理看見他遭遇險境，督促眾人解救他，而此時許鴻已經死亡，最後尋獲到他的屍體。得年三十四歲。

李安善，字喬基，廣東嘉應州人（今廣東省梅州市）。祖先來臺灣，曾經召募鄉勇民眾征討朱一貴，因戰功而被授予官職，家居住在彰化縣的北莊（今臺中市神岡區），開墾農田而致富。安善小時候讀書，捐納財貨取得國子監太學生的資格。里鄰凡有事情，只要他知曉的是無所不爲，所以眾人都非常的倚重他。乾隆五十一年（一七八六）冬，林爽文起事，攻陷彰化，並攻打諸羅，下令楊振國、高文麟防守彰化縣城。廣東莊因爲械鬥的恩怨，所以不願意追隨林爽文。安善窺見了弱點，於是集合了眾子弟告訴他們說：「縣城可以奪取。」廣東人聽聞之後，表示願意效命。從而獲得數千人的響應，分爲四個隊，與前任知縣張貞生、把總陳邦光，在十二月十二日分別進攻縣治，擊敗敵軍，捕獲振國、文麟等人，將他們解送到省城被處殺。當時，城裡許多百姓離去，而部隊以搜捕敵人爲名義，焚燒村莊強奪財物。安善因爲無法制止，於是撤退回到北莊，縣城再度淪陷。北莊距離大里杙（今臺中市大里區）不太遠，爽文擔心有掣肘之患，下令攻擊北莊。安善竭盡全力防禦。並向各莊求援，可是無人回應。於是隻身前往鹿港，請求彈藥支援，作爲戰鬥之用。不過爽文也急著懸賞安善。等到安善來到牛罵頭（臺中市清水區），被敵軍擄獲，帶到大里杙，規勸安善投降。他不同意，於是被殺。此事傳出後，清廷賜敕使往祭撫恤安善，賞知府之銜，並庇蔭一位兒子做知縣，同時附祀於忠烈祠。

陳周全、高夔列傳／吳昆財

陳周全（？—一七九五），臺灣府城人，天地會的黨徒。林爽文失敗後，臺灣南北進入小康社會。守土官兵不再用心於吏治，卻競逐於謀取利益。陳周全乃與鳳山陳光愛共謀，召集民眾加入天地會，有數百人跟從，商議起事。乾隆六十年（一七九五）二月，光愛劫掠石井汛（今高雄市燕巢區），但未攻破，就被同知朱慧昌所擒獲，將其處死。周全逃往彰化。彰化向來就是天地會的部落，爽文的餘徒仍然存在。乃與黃朝、陳容集合餘黨，自立爲會首。以洪棟作爲軍師，行祭軍旗之禮糾集部眾，參加者數千人。三月一日，襲擊鹿港，殺害了同知朱慧昌。鹿港營擊曾紹龍、外委任向標都陣亡。代理北路副將張無咎在彰化聽到有事變，下令遊擊陳大恩奔馳救援。在途中接到惡耗，乃轉回八卦山駐紮，但無咎卻逃走，代理知縣朱瀾也棄城而走。隔天，周全攻打縣城，先進擊八卦山。都司焦光宗趕赴援助，尚未抵達城就被攻破了。大恩自焚而亡，張、朱兩人也被殺害。光宗自裁，但卻被救起，遭人藏匿在武生林國泰的家中。典史費增運、千總吳見龍、郭雲秀全部在巷戰中陣亡。周全既進入了縣城，占據縣府衙門，大大地張貼文告。這時斗六人王快也起事，攻破斗六營作爲響應，直逼嘉義。消息傳來，巡道楊廷理登上城牆。總兵哈當阿、知府遇昌、遊擊麥瑞連合率領九百水陸士兵前往援救。來到灣裏溪（今臺南市將軍溪），受阻於溪水無法前進。在此之前汀州府同知沈颺奉命前來彰化，途中遭到突發的動亂，藏匿在民家之中，祕密地與貢生吳升東、廩生楊應選等人集合鄉里中的壯丁，以等待官軍來援，大肚、鹿港各個村莊也紛紛響應。周全知道力量薄弱，棄城而去。國泰率領數百位義民趕來，用竹轎子把光宗抬進城裡。臺灣郡接到戰報，下令前嘉義知縣單瑞龍代理縣內事務，沈颺代理鹿港同知。周全南下，到了埔心莊（今彰化縣埔心鄉），被莊人陳祈捉獲，並押解到軍前。哈當阿夜渡虎尾溪（今雲林縣虎溪），直入縣城，下令逮捕餘黨，黃朝、陳容、洪棟相繼被捕，全部在郡裡處死。

就在周全之敗時，鳳山人鄭賀偵察到郡裡兵力缺乏，乃圖謀偷襲。他的友人許強因爲參與官方的行動，乃與鄭賀交際應酬，趁著他酒醉時用繩捆綁，獻給官府。過了不久王快也被戮殺。事發之後，文武紳仕百姓各有獎賞。十六年之後又有高夔之事。

高夔（？—一八一一），淡水人。當漳泉械鬥剛剛平息之際，有些無賴之人又圖謀發起挑釁，各村莊有了騷動。高夔糾集黨徒，有一百多人。嘉慶十六年（一八一一）六月上旬，高夔偕同族人高姣前往柑園（今新北市樹林區），陰謀起事。尚未集合黨徒時，新莊縣丞簡清翰得到消息，會同艋舺都司莊秉元率領士兵追捕。高夔逃入五指山（今新北市五指山），黨人全部逃散。一個月之後，知府汪楠、同知查廷華各自帶領士兵入山進行大搜索，高夔被捕。高姣也就擒。所有人被凌遲而死。

卷三十二　列傳四

海寇列傳

臺灣固海上荒島；當明中葉，林道乾作亂閩海，都督俞大猷征之，遁入臺，嗣走大年；既而顏思齊、鄭芝龍輩亦出沒海上。及思齊死，芝龍降，海氛漸靜，而臺為荷蘭所略矣。延平入處，傳祀三世，整軍養民，蔚為上國。其後遂為清人所取。臺人之謀光復者，時起兵戎，而海上固無事也。乾隆六十年，安南匪艇犯福建，掠邊民，海壇游擊李長庚敗之。匪艇既散，而蔡牽之亂作。

牽，福建同安人，素為盜，犯法，亡入海，嘯聚（指盜匪或賊寇以呼嘯聲聚眾集合）黨徒，肆劫殺，遂併其眾；而陸上不逞（心懷不滿而鬧事的人）又接濟之。北至山東，南迄兩粵，沿海商務大遭損折，臺灣尤甚。嘉慶八年夏六月，牽劫臺米數千石，分餉朱濆。濆，粵盜也，遂與合。八月，牽猝入閩，詔以長庚統閩浙水師平之。長庚亦同安人，牽懾其勇，每遇輒避。時牽方大敗，破船多，以濆不用命，怨之。濆怒自去，而牽勢稍衰。

九年夏四月望日，犯鹿港。未幾，進泊鹿耳門。郡城之要隘，素有水師駐防，久無設備，故賊船自若也。二十八日，乘雨攻北汕。官兵潰，炮不得發，游擊武克勤、守備王維光戰沒。遂燔（ㄈㄢˊ，焚燒）木城，毀炮臺，奪鐵炮。官軍莫如何。薄（接近）暮，郡中驟聞北汕失，住民恐。總兵愛新泰移鎮安平，以安平為郡咽喉；而大西門又為通海要道，派兵駐守。臺灣縣學教諭（教諭，負責教育所屬生員）鄭兼才、拔貢生（選府州縣學生員之學行俱優者，貢諸京師，升入太學）林朝英、廩生（由公家發給銀兩、糧食的生員）徐朝選、生員（經考試合格入各府、州、縣學讀書的學生）張正位各助防，鄉勇（保護地方的武裝部隊）亦往來不絕。然其時水師無戰艦，故不得出擊。三十夜，牽焚鹿耳門營署，火光達安平。五月初二日，又燒商船一艘。翌日，以十二人駕小艇入，焚哨船三，奪去二。營兵、義民滿布海岸，莫敢誰何。船戶知無所恃（依靠），各赴牽議價自贖。十三日，東南風發，乃擁重資悠悠而去。十二月初三日，長庚追至淡水，擊之，寇多溺斃。十年春二月，南竄。

四月，再至淡水，擁船數百，勢張甚。豫（預先）結山匪洪老四等為援，招誘無賴，入黨者數千人。而船中被虜知書之徒，又以天時人事相附會。牽揚揚自得，以為南面王可為也；遂出文告，稱鎮海威武王，建元光明，祭天地。踞滬尾，焚艋舺。署都司陳廷梅與戰死，前淡水同知胡應魁亦傷，官軍皆望風而靡。十七日，郡中得報戒嚴。翌日，總兵愛新泰提兵援北，知府馬夔陛隨後行。牽自至尾滬，即遣其黨逕趨鳳山。鳳山賊吳淮泗起事應之。巡道慶保聞變，檄（ㄒㄧˊ，文書通報）臺防同知錢霌（ㄕㄡˇ）以二十一日率把總曾瑞、王正華等，領鄉勇屯番往。二十四日，牽至鹿耳門。愛新泰歸保郡城，以夔陛守嘉義。而大小槺榔、鹽水港、蕭壟、北埔諸莊山賊俱起，命千總陳安、陳登高等討之。十二月朔，遇賊木柵，與戰，義首（響應官軍的義民首領）陳鳳被殺；虜黃興入船，戮之；安亦傷逃。賊遂進踞洲仔尾，踞郡城才六里也。自是南北不通。臺灣縣知縣薛志亮見事急，念非紳商無可與圖存者，乃屏（隱瞞）輿從，自海口入城，集紳董，申大義，勸守禦。貢生韓必昌、陳廷璧首率眾領義旗，未一日而得義首二百五十人、義民逾萬，咸自備軍糈（ㄒㄩˇ，糧食），願殺賊。初，三郊商人擁資貿易，自遭海寇以來，商船多被掠；及聞牽至，各挺身募勇，供驅策，助餉數萬金。三郊者，南郊、北郊、糖郊也，聚處大西門外，當海口入城之衝，故自衛尤篤（切實）。三郊總義首布政司經歷銜陳啓良白巡道，請添建木城於海口。自小西越大西至小北，凡千二百丈，費銀六千有奇（ㄐㄧ，餘），以三日夜告成。慶保亦命貢生游化龍赴東路，協和閩、粵各莊，防內變也。

初，鳳山亂作，慶保復命署守備陳名聲假游擊三品頂戴（清代官吏品級，以帽上頂珠的色質為別，稱為「頂戴」）以行，未至，而鳳山失。與知縣吳兆麟遁入粵莊，名聲收兵回埤頭。十一月二十九日，粵莊子弟護送至下淡水溪南；方渡溪，前隊遇賊，而後隊火藥自發。眾亂，賊乘之，要殺兆麟於磚仔窰莊，亦鬚眉盡爇（ㄖㄨㄛˋ，燒），僅以身免，偕名聲入處內埔。而賊黨陳棒、葉豹、黃灶、李璉、盧章平等遂率眾攻游擊吉凌阿於楠梓坑。時以援鳳駐此，所部僅三百人，而敵逾數千，力戰疊勝。糧久罄，乃以計拔營歸。比賊覺，已入城矣。

牽既南下，圖郡治，自距舟中，以觀山賊舉動。十二月初五日，始出攻安平；翌日，又撲郡城。擊退之。附郭居民多挈（ㄑㄧㄝˋ，帶領）眷入，往來雜沓，商舖咸罷市。一日中數傳賊入城，守城官有易服私去者，苟非紳商協守，則城失矣。陳鴻禧者，鎮署稿房（官署中負責文案的官員）鴻猷弟也，派守西門木城。鴻猷有異志，欲召弟以亂軍心，時天黑，鴻禧與眾爭鬥，軍裝盡失。男、婦後至者不得入，相擁哭，道上俶擾（俶音ㄔㄨˋ。俶擾，騷亂），喧傳賊迫城。陳啓良聞之，知木城如故，請於都司許律斌，得兵三十；又與義首郭拔萃、郭振春等分募義勇八十，協守之。夜以鴻猷狀白巡道。慶保急詣總兵，捕鴻猷，獲通賊白旗，戮之。內防益密。各門皆閉，唯開大西門以通郊民出入，列炬（陳設火炬）如晝，巡視不絕，民心稍定。然山賊每逢三、六、九日必攻城，俱以炮擊退之。二十四日，愛新泰出巡，遇賊敗績，千總薛元勳戰死，泰亦陷圍。吉凌阿趣（趣，通「趨」，前來）至，始免。而閩浙水師提督李長庚已統舟師至矣。

十一年春正月初五日，長庚命金門鎮總兵許松年、澎湖水師副將王得祿入擊。牽慮官軍至，沉舟鹿耳門以阻。長庚知南北汕大港門可通小舟，扼（控制）之，別以兩將駕澎船入。風勢適利，放火焚之，燬賊船三十餘艘，捕虜數千。牽退保洲仔尾，官軍進泊內港，而山賊攻城愈迫，聞官軍至，欲分其勢，猛攻大南門。南壇僧澄潭密通賊，獲訊之，並悉有內應者，皆就戮。十六日黎明，賊又分隊至，義勇禦之。十八日夜半，將來攻，都司許律斌移駐木城。賊知有備，趨安平。巡軍見之，開炮擊；折而北，謀與牽合。二月初二日，慶保會伐菻荼，三郊義首亦領眾出小北門。既而守備吉凌阿、都司許律斌、游擊官朝贊、知縣薛志亮皆至。郊眾請攻洲仔尾，且言可取狀，方討議而愛新泰至，下令出軍。郊眾奮勇行，既至，賊不設備，一鼓破之。內港水師助戰，長庚別遣將出南汕，自後焚其舟，牽大敗；賊首周添壽、陳番等各逃去。是日為社公辰，近村之賊多歸，故勢殺也。翌日，收桶盤淺（又作「桶盤棧」）莊。賊首陳棒聞敗，未戰而潰。牽知山賊不足為，謀遁去，而官軍困之。初六日，風潮驟漲，沈舟漂起，厚賂浙兵，黎明潛奪鹿耳門出。長庚追之，奪船十餘。卒以閩兵不助扼各港，竟脫去，蓬柁（ㄉㄨㄛˋ。蓬柁，船帆與船舵）皆毀。至福寧，又得山賊接應，勢乃振。長庚列狀聞，詔褫（ㄔˇ，革除）總督玉德職，逮京治罪，以阿林保代之。玉德忌長庚功，主撫，故閩兵不願力戰也。

陳棒自桶盤淺潰後，十四日回埤頭，又敗，走桃仔園，入番界。吳淮泗亦自旗後遁賊船。未幾獲陳番及許和尚殺之，自是南路漸平。十二日，總兵愛新泰率安平副將張良樹、北路副將金殿安、參將英琳等南下，復鳳山城。粵莊聞至，送陳名聲、錢霱來會，分勦餘賊。每誣良民，或捕或竄，兵至苦之。閩、粵素不和，無事輒起械鬥。時粵莊以拒賊功，而助賊者閩人也，遂假其事以逞。官不之察。地方初平，而兩族又將啓釁（ㄒㄧㄣˋ。啓釁，挑起事端）。鄭兼才上書巡道，請止勦，脅從罔治，事乃息。

十六日，牽復至，泊鹿耳門。越二日，長庚亦至，牽移泊王爺港。既知不可踞（占據），遂北去，謀占噶瑪蘭。噶瑪蘭處臺灣北東，絕遼遠，時尚未入版圖。乾隆末，漳浦人吳沙始募流民入墾。

嘉慶元年，築土圍於烏石港南。二年，沙死，侄化領其事，從者益眾。牽至，欲取其地，眾懼。化謀所以拒之，夜集鄉勇數百，扼要隘，又命諸番伏岸上。翌晨，賊入市貨物，擒之，得十三人，牽怒進攻。眾斷大木塞港道，船不得入，久之乃去。五月十七日，再踞鹿耳門，劫商船，海道不通。二十七日，福寧鎮總兵張見陞、澎湖水師副將王得祿合擊之，軍殊戰。牽麾船出，而鹿耳門道狹，沙汕（沙洲）左右立，每當夏秋間，風濤澎湃，牽船多衝破，狼狽走。自是不敢犯臺灣。未幾而有朱濆之亂。

初，濆與牽分，自領其眾，橫行海上。十二年秋七月，敗於廣東之大萊蕪外洋，為澄海副將孫全謀所追，走入鹿港，或至淡水，伺隙劫掠。時王得祿駐銅山，聞其犯臺，放舟索之；夜至雞籠，見濆船匿港內，突擊之。濆竄噶瑪蘭，大載農具入蘇澳，謀奪溪南地。蘇澳為臺東番界，距噶瑪蘭東南，官軍未至也。五圍頭人陳奠邦告急。知府楊廷理北上，與得祿合，會水陸軍勦之。岸裏社番土目潘賢文處羅東社，勢力振一方，濆思結之，而李祐陰通賊。廷理知其實，召賢文至，曉以大義，犒番嗶吱（嗶吱，又稱嗶嘰，斜紋的毛織品）十疋、紅布五百疋、銀千圓，皆奮起，願效命；乃設木柵於海口，捕通賊者。祐懼，挈妻子逃賊舟。九月初九日，廷理自艋舺至五圍，集眾撫慰。義首林永福、翁清和願率勇效用，得祿舟師亦至蘇澳，濆以巨纜繫鐵鍪（鍪，通「鍬」，挖掘泥土的器具）沉港口阻之。而廷理已命義首各領番人，隨山刊（砍伐）木，達蘇澳；賢文亦斷賊樵汲（樵汲，打柴與汲水）。二十日，兩軍夾攻，焚賊船三、巨舟一，濆大敗，率十六艘順流而東。嗣為許松年所滅。自是臺灣無海寇。事平，詔收噶瑪蘭，設官經理。是役曾命將軍賽沖阿視臺，戰守文武官紳各隨功入奏，賞給有差。

十二月二十五日，長庚追牽入黑水洋。牽勢蹙（緊迫），將就擒，其奴開炮中長庚，遂死。事聞，下旨軫悼（軫悼，痛切哀悼），封伯爵，謚忠烈，建專祠。以王得祿提督閩浙水師。得祿，臺之嘉義人，久隨長庚立戰功。十四年秋八月十七日，偕提督邱良功南下，追牽至魚山外洋，牽勢大蹙，集兩省兵船困之。十八日，至黑水洋，賊船盡沒。牽知不免，開炮裂舟，落水死，妻子黨徒皆沒。奏入，晉得祿子爵，餘亦嘉獎。自是海寇盡平。

王得祿列傳

王得祿，字百遒，號玉峰。先世居於江西南城；曾祖奇生以千總隨征朱一貴，陣歿鳳山，賜恩騎尉，遂遷諸羅溝尾莊。年十五入武庠（ㄒㄧㄤˊ，學校）。乾隆五十一年冬，林爽文起事，陷諸羅，得祿走府城乞師，遂募義勇五百以待。五十二年十一月，大將軍福康安復諸羅，從戰有功。隨攻大里杙（ㄧˋ），躍馬先渡；後軍繼之，遂破堅壘，爽文竄內山。康安率軍進，命隸汀州鎮總兵普克保麾下。及平，賞戴花翎，以千總實缺用。六十年，補督標右營。陳周全之變，隨閩浙總督伍拉納入臺，事畢而去。

當是時，閩粵海上多盜，而蔡牽、朱濆為之魁，劫船越貨，商務阻遏（ㄜˋ，阻止、阻隔）。閩浙總督檄銅山營參將李長庚平之，得祿從，頗殺賊。嘉慶五年春三月，長庚為福建水師提督，一意勦盜，而得祿與邱良功為之輔。四月，護送封舟（派遣前往冊封琉球王的船）赴琉球。十一月，回省。旋率兵艦出洋，時有殺獲，以功晉級。九年十一月，護澎湖水師副將。時牽有窺臺之意，而澎湖為臺之門戶，孤懸海上，乃籌守備、討軍實、築炮臺，以防侵擾。十年春正月，牽至，入虎井嶼。將登岸，得祿禦之。八月，署澎湖副將。十一月，牽入鹿耳門，勾結陸盜，攻圍府治。得祿隨長庚赴勦。牽沉舟以阻，而自屯岸上。得祿知大港可達安平，自駕小舟入，與鎮道會商勦圍之策。嗣與義首吳春貴、柯緯章、王得昌等率義民三百，十一年春正月初五日，嚴軍行。戒諸舟勿燃燈，既迫，始奮擊之。牽揚帆欲遁，得祿揮舟堵截，擲火罐、火箭以焚，烈焰張舟，賊驚惶，多墜海死。燬船二十有二，獲其三，禽（禽，通「擒」）股首（起義民眾的首領）蔡正等百六十八人，斬首八，陣鹵（鹵，通「櫓」，大盾）器械無算。牽以是奪氣，然猶據險守。二月初二，舟次洲仔尾，睹（睹，通「覩」）岸上民兵參差，而東南氛（景象、狀況）其惡，訝（ㄧㄚˋ，驚訝）曰：「不趣援，賊必伏戎於莽，兵勇將不支。」所領舟置劈山炮十二尊，揮眾上岸，舉炮擊。戒曰：「視吾旗進退。」時潮將落矣。每舟以善泅（ㄑㄧㄡˊ，游泳）者六人扶之進，麾旗放炮。賊果伏莽中，不虞軍官之猝至也，爭走。而水陸阻隔，莫能援；城中義勇又數隊至，賊愈窘，縱火燬其營。牽大敗，謀遁走，港塞不得行。初六日，風潮驟張，遂被逸。長庚及得祿追之，不及，奪船十餘，頗斬獲，詔革頂戴。三月，將軍賽沖阿渡臺，仍命勦堵。五月，牽復泊鹿耳門，賽沖阿令得祿率兵船十二、小澎船二十，出戰。與福寧鎮總兵張見陞內外合攻。得祿憤前之被逸也，鼓勇而進，衝其中堅，獲船十，擊沉十一，禽股首林略、傅琛及徒二百數十人；牽敗去。詔加總兵銜。十二年春正月，會浙江提督李長庚勦牽於粵洋，頗斬獲；嗣調南澳鎮總兵。至銅山，聞朱濆竄鹿港，追之；七月，至雞籠。見濆舟潛匿港內，又諜知夜突，驟擊之，斃賊七百，獲船九，燬二，擊沉三，救回商船一。濆敗竄蘇澳，謀據地久居。復追之。見港狹，以小舟載火具入，伏巨艦於港口；縱火焚，濆舟爭出，開炮擊之，狼狽走。沈舟三，獲一，器械無算。濆乃東去，自是不敢犯臺灣。

十二月，長庚追牽於黑水外洋，中炮殞。十三年春正月，詔任浙江提督，總統（總聚統理）閩浙兵船，為長庚雪憤。五月受事，六月調福建水師提督。與總督阿林保奏言：「臺灣北路守兵單薄，請改興化協左營守備為水師，移駐滬尾。以延平協左營守備移駐艋舺，管轄陸路。」從之。十四年八月，會浙江提督邱良功勦牽於定海之魚山。牽勢已蹙，追之不敢息。明日，仍據上風。傍午，逾黑水洋，見綠水，將遁走外洋。得祿恐其復逸，麾閩浙各船遏之。牽殊死戰，篷索相糾。賊以碇（船錨）鉤浙舟，矛貫良功之腓（ㄈㄟˊ，腿肚）。浙舟毀碇脫，而得祿之船復迫之。轉戰良久，濺血聲喧。牽彈盡，以番銀為炮子。官軍亦以大炮轟擊，煙霧蔽海。得祿傷右額，猝倒再起，大呼殺賊。牽知不能免，自沉其舟，妻孥（ㄋㄨˊ，兒女）皆死。捷聞，詔封二等子爵，賞戴雙眼花翎（花翎，清代官員品級的冠飾）。十五年四月，統師出洋，搜勦餘黨，多納降。海上稍靜。然猶有黃治聚眾海壇，劫截商旅，討之。自是每有斬獲，海寇漸平。

十六年九月，入覲。垂詢水師情形，溫旨褒嘉。歸福建。十八年二月，福建巡撫張師誠疏言：「臺灣之鹿耳門、鹿港兩處，港內悉係暗沙，須淺水船隻始能守禦。應造守港及八槳快船，分設防堵。王得祿素諳臺地情形，請令酌定船式。」得祿遂繪圖以進，奏請「造竣之後，分撥鹿耳門十六隻，鹿港、八里坌（ㄅㄣˋ）各八隻。」從之。又以廈門為全閩要口，港汊（ㄔㄚˋ，河道支流）紛歧，商旅往來，時虞伺劫，奏請「動撥房租，添造槳哨巡船，以利緝捕。」亦從之。旋赴臺灣閱兵，請假展墓。得祿少失恃（喪母），長嫂許氏育之，至是特請追封一品夫人，長兄追贈振威將軍，蓋異數也。七月回任，整剔營伍，多所更改。二十五年，復赴臺灣閱兵。道光元年春正月，調浙江提督。翌年六月，以病乞回籍。捐運津米，並倡修鳳山縣城，奉旨交部優敘。七年八月，入覲。旋閩後，寄家廈門。已而嘉義張丙起事，南北俱動，即募義勇五百，隨水師官兵至樸仔腳，助戰有功，詔加太子少保銜。得祿以嘉義城垣為張丙所蹂躪，倡議重修，並建義倉，儲穀二萬石，為兵荒之用。居鄉時，頗有義舉。二十一年英人之役，駐防澎湖。十二月，薨於防次，年七十有二，追贈伯爵，加太子太師銜，諡果毅，賜祭。有子十，長朝綱，任山東濟東道；次朝綸，候補員外郎。

謝、鄭列傳

謝金鑾，字退谷，福建侯官人。少孤貧，事母孝，好讀宋儒言行錄及五子（五子，北宋理學家周敦頤、程顥、程頤、張載、邵雍）《近思錄》。常曰：「士以忠孝好學為立志、倫常日用為力行。空言存誠、慎獨、主敬、存養，而不讀書有體，則失之偏。」乾隆五十三年舉於鄉。嘉慶六年，任邵武教諭，嗣調南靖、安溪。所至以興學為任，士論歸之。十年，任嘉義教諭。時蔡牽作亂，劫略海上，陷鳳山，南北戒嚴。嘉義知縣詢以籌防之策，金鑾對曰：「間士民曾遭林爽文之亂，造柵鑿濠（搭建柵欄，挖掘壕溝），治兵習炮，皆有成法。可召而謀之。」如其言，眾果集，偕視四門，指揮區畫，分地而守；夜漏三下（三更），而部署定。已而總兵武隆阿帥師至，牽黨盡去。隆阿知其才，至學署，見壁間教士條約，嘆曰：「通儒也。」禮之。

初，牽謀踞蛤仔難為巢穴，而朱濆亦屢窺蘇澳。金鑾以蛤仔難居臺之北東，勢控全局，若為賊有，則禍害靡（ㄇㄧˇ，不）寧。遂考其圖經，徵其始末，著《蛤仔難紀略》六篇：首原由，次宣撫，次形勢，次道里，次圖說，而終之以論證；語在〈撫墾志〉。上之當道，請收入版圖。咸以險遠為難。乃郵示鄉人少詹事梁上國，據以上聞。詔命閩浙總督派員經理，設噶瑪蘭廳。臺灣知縣薛志亮聘修《縣志》，與府學教諭鄭兼才同事；兼才亦主開蛤仔難者。秩滿（任期屆滿），調南平教諭，嗣移彰化，復調安溪。欲引退，諸生籲留。未幾，遘（遭逢）病歸里，卒年六十有四。著《教諭語》，風行海內。又有《二勿齋文集》。道光五年，祀鄉賢祠。

鄭兼才，字文化，福建德化人。乾隆五十四年，拔貢生，充正藍旗官學教習，嗣授閩清教諭。嘉慶三年，舉鄉試第一，改安溪，調臺灣。已而蔡牽犯府治，踞北汕，山賊亦竊發。城中議戰守。以兼才駐大南門，詰出入。晝夜巡防，不遑（沒有時間）寢食。事平，以功授江西長寧知縣，辭，請改教諭會試，乃任建寧，復調臺灣。時議開蛤仔難，眾論未決。兼才以地處上游，漳、泉雜處，其釁（ㄒㄧㄣˋ，嫌隙）易啟，萬一有失，臺灣之患從是多矣，力主設官。後從其言。

初，鳳山亂後，閩、粵莊民藉端搆陷；猾吏（猾音ㄏㄨㄚˊ。猾吏，奸詐官吏）土豪又以捕賊為名，夤緣（夤音ㄧㄣˊ。夤緣，攀附權貴）市利。兼才聞之，言於巡道，其害始戢（ㄐㄧˊ，收斂、止息）。府治昭忠祠祀陣亡官兵，頗有疏漏；亦旁求事例，補祀二千四百八十餘人。兼才雖為學官，而吏治民生，靡不悉意講求。著《六亭文集》。

連橫曰：噶瑪蘭開設之議，前後繼起，而金鑾之論尤為剴切（剴切，切中事理），兼才之語亦有同心，是皆有用之文也。士君子讀書論世（論世，議論世事的得失），操筆為文，足垂不朽。而儇薄（儇音ㄒㄩㄢ。儇薄，輕佻無行）之徒但工藻繪（藻繪，華麗的文辭），拘虛之子多屬空談，非所以為經國之業也。夫不知而言，是不智也；知而不言，是不忠也。不智不忠，非人也。若乃二子以冷署閒曹之官，而為拓土開疆之計，可謂能立其言者矣。

吳沙列傳

吳沙，漳浦人，少落拓。來臺，居北鄙之三貂嶺；任俠，通番市。番愛其信義，遠近歸之。民窮蹙來投者，則與米一斗、斧一柄，使入山伐木抽籐（抽籐，採藤用以製作繩索等器具）以自給。於是客至愈多。淡水廳慮其亂，遣諭羈縻（名義上從屬朝廷，實際由當地首領自行統治）之。林爽文之變，全臺震動；及平，黨徒多北走，遁入山。同知徐夢麟素知沙有為，請大吏，檄沙堵守。沙既通番市，嘗深入蛤仔難，視其地平廣而腴，可墾田。蛤仔難者，番地也，三面負山，東臨海，平原萬頃，溪港分注，天然沃壤也。自三貂嶺越山行，一、二日可至，然漢人鮮入者。乾隆三十三年，林漢生始召眾入墾，為番所殺。後或再往，皆無功。沙既議墾，謀於其友許天送、朱合、洪掌。之三人者，亦番割（常與原住民往來交易的漢人）也。分募三籍流氓（流氓，無業流民），率鄉勇二百餘人前進，佃農隨後。嘉慶元年秋九月十六日，至烏石港，築土堡以居，則今之頭圍也。闢地日廣，番始驚怖，傾其族以抗。而鄉勇力戰，沙弟立死焉。沙既遭番害，竭智併力，不稍屈。乃使告曰：「吾輩奉官命而來；以海寇將踞茲土，為番人患，非有心貪而之（前往）土地也。且駐兵屯田，亦藉以保護而之性命爾。」番信之，鬥稍息。居無何，番患痘，枕藉（縱橫相枕而躺）死，闔（全部）社遷徙。沙以藥施之，不敢食；強而服之，病立瘥（ㄔㄞˋ，病癒）。凡所活百數十人。群番以為神，納土謝。未一年得地數十里。

初，沙將入墾，苦無資；淡水柯有成、何績（ㄏㄨㄟˋ）、趙隆盛聞其事，皆助之。沙所募多漳籍，約千人，泉人漸乃稍入，而粵人則為鄉勇。已而漳人蕭竹來游，沙禮之，為之畫策（畫策，籌謀、規畫）。二年，沙赴淡水廳給照。許之，與以吳春郁義首之戳。疏節闊目，一切聽從其便。沙乃召佃農，立鄉約，徵租穀，刊木築道。沿山各隘，分設隘寮十一所，曰民壯寮，募丁壯以守。每隘十餘人，或五、六十人，晝夜擊柝（ㄊㄨㄛˋ，巡夜人打更所敲擊的木梆），行旅無害，故來者皆有闢田廬、長子孫之志。而沙亦歲入愈豐，以其餘力拓地至二圍。

三年，沙死，子光裔無能，侄化代領其事。已而吳眷、劉胎、蔡添福來附，拓地至湯圍。番慮其逼，復時有戰鬥，互殺傷。化乃與番和，約不相侵擾。番喜。進至四圍，皆為漳人踞。泉人初不及二萬，僅得二圍地，民工衣食皆仰於漳。粵人忿，且諗（ㄕㄣˇ，思慮）泉人弱，起而攻。泉人與鬥，輒敗，將棄地走，漳人留之，更與以柴圍之六十九結奇立丹之地。化及三人者咸戒其眾，毋更進，而三籍亦相安矣。七年，人至益眾。漳人吳表、楊牛、林循、簡東來、林瞻、陳一理、陳孟蘭，泉人劉鐘、粵人李先，共率眾一千八百十六人，進攻得五圍，謂之九旗首。九旗者，人各建一旗，立地上，以色為界。於是漳得金包里、股員、山仔、大三鬮（ㄐㄧㄡ）、深溝地，泉得四鬮一、四鬮二、四鬮三、渡船地，而粵亦得一結至九結地；然泉人別闢溪洲一帶。三籍之氓雖各耕鑿防備，而皆奉化為義首；化亦能御其眾，聽約束，不敢犯。

九年，彰化社番土目潘賢文犯罪懼捕，率岸裏、阿里史、阿東、東螺、北投、大甲、吞霄、馬賽諸社番千餘人，越內山，逃至五圍，欲爭地。而阿里史番強，挾火鎗，漳人不敢鬥。謀散其眾，犒以粟，分置諸番而食（送與糧食）之。阿里史番說（說，通「悅」），漸以火鎗易衣食幾盡，漳人始侮之，而番不能鬥矣。十一年，淡水漳、泉械鬥，有泉人走入蛤仔難，其族納之。復與漳人鬥，粵及阿里史諸番皆附。然漳人地大族強，與戰輒勝，遂併泉人地。諸番無所棲息，移往羅東，奉潘賢文為長，未幾又鬥。漳人林標、黃添、李覲各領丁壯百人，以吳全、李佑為導，夜度叭哩沙，潛出羅東後突擊之。諸番驚潰。於是漳人復併有羅東。既而泉人請和，許之，乃自溪洲沿海闢地至大湖。粵人亦順伏焉。

先是海寇蔡牽之亂，侵犯沿海。十一年春二月十六日，泊鹿耳門，窺府治，為福建水師提督李長庚所敗。遂北去，圖踞蛤仔難。眾懼，化謀拒之。夜集鄉勇數百，扼險要，又命諸番伏岸上。明日寇至，入市貨物，禽之，得十三人。牽怒進攻，眾斷大木塞海道，船不得入，久之乃去。十二年秋七月。牽黨朱濆犯雞籠，澎湖水師副將王得祿逐之，濆竄蛤仔難。大載農具，入泊蘇澳，將奪溪南地為巢穴。蘇澳為臺東番界，距蛤仔難東南，官軍固未至也。五圍頭人陳奠邦告急。知府楊廷理北上，與得祿合，會水軍勦之。濆苦無援，思結潘賢文為內應，而李佑亦陰通賊。廷理知，召賢文諭以大義，犒其眾。番喜，願效力。乃設木柵於海口，捕通賊者，佑懼逃賊舟。九月初九日，廷理自艋舺至五圍，召義首林永福、翁清和撫慰之，各率丁壯防守。而得祿舟師亦至蘇澳，合攻濆，大敗之。自是海寇不敢復來。是役化功特著，所部尤用命。事平，請以土地入版圖。大吏慮其險遠難治，不納。十五年夏四月，總督方維甸上其事於朝。詔可，乃改稱噶瑪蘭。十七年秋八月，設廳，置民番通判，築城建署，經劃地界。三籍之氓復日至，多至數萬人。洎（ㄐㄧˋ，及）光緒元年，改為宜蘭縣。

蕭竹，漳之龍溪人，頗能文，喜吟咏，精堪輿術。以臺為海外奧區（奧區，腹地），必有奇山水足供游覽，遂從其友來，窮歷南北。至蛤仔難，時吳沙方闢斯土，客之。竹乃探形勢，標為八景，且益為十六景，悉賦詩，或記述其山川脈絡。當是時墾地未廣，平原萬頃，溪注分流。竹於圖中凡可以建城築堡者，皆遞指之。後如其言。沙既闢斯土，至者數千人，力田自給。顧自恥化外，百貨鮮通，竹又為畫策，請入版圖。有司以土地遼遠，慮有變，不許。未幾竹卒，沙亦死，侄化領之，後從其議。

陳奠邦亦漳人。來臺，居淡水之金包里。豪俠自許，與柯有成、何繪善，每有義舉，慨然為之。已而移居蛤仔難，與吳沙相結納。嘉慶十二年，海寇朱濆犯蘇澳，將踞為巢穴。居人或通款；奠邦聞，獨遣人走府告急。至艋舺，得楊廷理會援之信，遂促有成諸人募鄉勇，而自偕泉籍義首導官軍，水陸夾攻。濆敗走。事聞，賜緞袍銀牌，以旌其功。

蘭治初建，奠邦為街坊總理，努力任事。復率眾築城植竹，以底於成。道光四年，山匠林永春滋事，奠邦亦有功。事母孝，與士信，排人之難，濟人之急，有古烈士風。通判高大鏞旌（ㄐㄧㄥ，表彰）其廬曰：「純孝性成。」里人曾疏其行於廳，未及核報，而奠邦死。家亦中落。

連橫曰：吾讀姚瑩、楊廷理所為書，其言蛤仔難之事詳矣，而多吳沙開創之功。夫沙匹夫爾，奮其遠大之志，率其堅忍之氓，以深入狉榛（ㄆㄧ　ㄓㄣ，多作「榛狉」，指草木叢生野獸橫行）荒穢之域，與天氣戰，與猛獸戰，與野蠻戰。勇往直進，不屈不撓，用能達其壯志，以張大國家之版圖；是豈非一殖民家也哉？吾又讀謝金鑾《蛤仔難紀略》，力陳廢棄之非，其言曰：「夫君子之居官，仁與智二者而已。智者慮事，不在一日而在百年；仁者之用心，不在一己之便安，而求益於民生國計。倘敬事以愛民，蛤仔難之民，則堯舜之民也，何禍端之有？」旨哉斯言，可以治當時之蛤仔難，且可以治臺灣矣。夫蛤仔難番地爾，勢控東北，負隅（依恃險要）固險，得失之機，實係全局。使非沙有以啓之，則長為豺狼之域矣。然則沙之功不更偉歟？

姜、周列傳

姜秀鑾，廣東人；周邦正，福建人。均居竹塹，為一方之孟（即一方之伯）。當是時，竹塹開墾漸入番境，東南一帶，群山起伏，草莽林菁，雖設隘數處以防番害，而力寡難周，番每出而擾之。番之強者為錢、朱、夏三族；錢居中興莊，朱居北埔，夏居社寮坑，大小三十餘社，有眾二百數十人，憑其險阻，以掠近郊。急則竄入山，官不能討。道光六年，始設石碎崙隘，頗足恃；然僅守一隅，墾戶猶未艾也。十四年冬，淡水同知李嗣業以南莊墾務既啓其端，而東南山地未拓，諭秀鑾、邦正為之。遂集閩、粵之人，各募資本一萬二千六百圓，治農畝。設隘寮，名曰金廣福。

初，圓山仔、金山面、大崎、雙坑、茄苳、湖南寮、鹽水港、石碎崙等各設隘，為塹城之蔽。至是悉舉而委之。別給千金，以充開辦。而兩人遂糾其子弟，自樹杞林入北埔，相地勢，置隘四十，配丁二百，部署佃人，以墾北埔、南埔、番婆坑、四寮坪、陰影窩等，凡二十有五社。鋤耰（ㄧㄡ，一種整土農具）併進，數年之間，啓田數千甲，時與番鬥。十七年冬十月，大撈社番集其類，大舉來襲，戰於麻布樹排。佃農不敵，殪（ㄧˋ，死亡）者四十餘人。秀鑾在北埔聞警，率壯丁馳援，始擊退之。已又戰於番婆坑、中興莊等處，大小十數回。二人志不稍屈，日夜籌防，所部亦一心助戰。番不得逞。久之，淡水同知詳請鎮道題奏，頒給金廣福鐵印，與以開疆重大之權，歲加給費四百圓。統率隘勇數百，拓地撫番，權在守備以上。金廣福既任其事，益募股召佃，橫截內面，以墾月眉之野，以制大崎、水仙崙、雙坑、崎林、水尾溝一帶，腹背併進，而壓臨之。於是芎蕉諸番不敢抗，竄於遠山，保其殘喘。而草山、順興、南坑、火瀝、柑子崎、寶斗仁等地，皆為金廣福有矣。田工既竣，且拓且耕，至者數千人，分建村落，歲入穀數萬石，以配股主。二人亦巨富。秀鑾遂居北埔，子孫蕃衍。唯邦正之後稍凌替爾。

連橫曰：新竹為北臺沃壤，王世傑既墾之矣。而沿山一帶，草萊（田野）未啓，番害靡寧，地利之興，猶有待也。姜、周二子，協力一心，前茅後勁（古代行軍持茅旌在前偵察的哨兵和殿後的精兵，引申為前後呼應），以張大版圖，其功偉矣。顧吾聞之西人，每以拓殖公司併人土地，而濬其利。若英之經營印度，荷之侵略爪哇，則其策也。金廣福受開疆重大之權，以攘除蠻族，而肇造田功。比之西人，何可多讓？孰謂我臺人而無堅毅遠大之志也哉！

許尚、楊良斌列傳

鳳山處郡治之南，俗浮民驁（ㄠˋ，狂妄），號稱難治。道光四年夏五月，打鼓山鳴，竹生華，七月逢閏，愚氓以為亂兆，訛言四起；草澤不逞之徒，遂出劫掠。署鳳山知縣劉功傑銳意捕盜，盡置於法。群盜聚語，共推許尚為首。尚廣安莊人，販檳榔。為鄉保告發，懼捕走匿，而群盜適謀起事。十月朔，尚與所善楊良斌、蔡雙弼、張阿來、高烏紫、王曾等密議，期以十一日襲下淡水縣丞衙門，次攻鳳治；然苦無資，乃刦富戶。一時閤屬（全部屬地）騷動。知府方傳穟聞盜，飭縣嚴捕。尚適在莊人劉黃中之家。黃中聞官令，勸勿出。功傑捕不得，焚其居。跡至黃中家，嚴刑以逞，遂以尚獻，械（鐐銬）送於郡。傳穟親訊，得其狀，言於鎮道曰：「許尚雖禽，其黨尚在。今事破，必速亂；鳳治無城，不足守。而劉令新任，參將又懦，宜早增兵防堵。且臺每有變，南北互應；今須兩路並重，方為萬全。」從之。密飭嘉、彰、淡各守吏戒嚴。未幾而楊良斌起矣。

良斌亦鳳邑人。以尚被獲，眾將散，告之曰：「今散則力弱，合則勢強。鳳治雖有兵，攻之易破。吾願為先驅。」皆曰：「可。」乃入鳳梨山，造刀仗旗幟，使屯番潘老通向其舅潘巴能借炮，卜日誓眾，分為二。良斌自為元帥，以林溪為軍師，王曾為都督，領紅旗隊；李川、鄭榮春為正、副先鋒，領烏旗隊。餘各為股首，分募徒卒。約以二十四夜襲埤頭。埤頭，鳳山新治也，舊治在興隆里，林爽文之役被燬（焚毀），乃移此。郡吏慮其易失，以同知杜紹祁、縣丞丁嘉植、都司翁朝龍率兵二百守之。良斌既約期舉兵，又遣徐紅柑自臺邑、沈古老自嘉義，各舉應。別命吳賜入郡，偵舉動。二十一日，林溪至埤頭，市五色綢製旗。溪故縣役，城吏所謀莫不知。歸家，使人肩綢入山，己將飯而後行。母詰（問）之，具以告。母懼誅自首，遂獲溪下獄。良斌聞，不待眾集，二十二夜，率數百人，分西北兩路而往。途次，破苦楝門汛（汛為基層軍事單位或駐地），殺汛兵，斬竹圍入。城中戒備。紹祁、功傑偕守縣署，朝龍、嘉植守義倉。良斌攻之，朝龍迎擊。而別隊已斬縣署木柵，為鄉勇擊退。翌日，朝龍移守火藥局，文武隨至。住民恐，各走避。無賴從而掠奪，一城鼎沸。塘（汛編制轄下有塘）兵被殺，文報不通。二十三日夜半，郡中始聞警，文武會議。檄城守左營及安平水師駐守，署總兵趙裕福率中營游擊楊傑督師往，傳穟從，斬許尚而行。郡中亦訛言亂事，人心震駭。紳士韓高揚、黃化鯉入見傳穟，請方略。傳穟曰：「鳳治距郡城百里，朝發夕至。今賊氛惡，雖退必進。郡城為全臺根本，君等其協力守之。」乃修築城垣，以兩日夜而竣。各街皆設柵自衛。別以精兵三百，環城巡視。又檄安平副將，以水師六百駐西城外之老古石街。或請嚴扃城門，傳穟不可，曰：「南路難民避亂至者，日數百人。若城門一閉，則北路以為郡城被困，將乘勢而起。」二十四日，鎮兵南下，明日傳穟以兵勇四百繼之，次阿公店，為鳳治通府要途，留所部二百駐防，使訓導謝代壎率之。二十六日，至埤頭。撤功傑，以紹祁任知縣。裕福亦以朝龍為南路營參將。傳穟督民夫補竹圍、拓深溝，嚴守備；通飭各莊緝捕。而縣役多與事，紹祁悉赦之，故無患。

初，良斌退駐鳳梨山，樹旗糾眾，勢復振。裕福至鳳，以眾多地險，未敢遽伐。既而兵勇續至，各莊亦受約束；嘉義會黨越山南下，為官軍所扼，不得至；吳賜至郡，被殺；新授臺灣鎮總兵蔡萬齡至，人心稍定。良斌知事敗，不可為，遂散其黨，各歸去。官軍至，破之。王曾、李川、蔡雙弼等皆被捕，斬於軍前。良斌自駕小舟入海，至彰化，為知縣李振青所獲，解郡戮之。南路平。奏入，下旨嘉賚（ㄌㄞˋ，賞賜），自鎮道以下皆從優議敘（從優議敘，從優獎勵）。明年，乃建鳳山縣城於舊治。

姚、徐列傳

姚瑩字石甫，安徽桐城人，世以文名；瑩亦好學，工文章。嘉慶十三年，登進士，出宰福建。嗣任臺灣縣。道光元年，署噶瑪蘭廳通判。蘭為初闢之地，瑩多方規畫，興利除弊，民稱其善；已而丁艱（丁艱，父母之喪），寓郡中，知府方傳穟延為幕客。時議開埔裏社，瑩條陳八事。巡撫孫爾準見而難之，事遂寢。服闋（ㄑㄩㄝˋ。服闋，喪期結束），陞同知，擢臺灣兵備道。臺灣士習敦古，而文風未盛；瑩整剔海東書院規約，時與諸生相討論，考核名實，以是士氣丕振。十九年，英艦犯廣東、窺閩浙，臺亦戒嚴。瑩與總兵達洪阿籌戰守，士民亦悉心禦侮，先後獲英兵一百六十八名，英人遂不得逞。及江寧約成，英領事璞鼎查訐（ㄐㄧㄝˊ，揭發、攻擊別人的隱私、缺點）臺灣鎮道妄殺遭難兵民，而江蘇主款者及福建失守文武，忌臺灣功，互相構陷。欽差大臣耆英據以入告。將逮京訊問，兵民洶洶罷市，瑩與達洪阿殷勤慰諭，終褫職去。

初，瑩在臺灣，以班兵驕惰，當繩以法，著〈班兵議〉。而總督趙慎畛亦以臺營惡習，幾有魏博牙兵（牙兵，親兵。魏博牙兵，指唐朝時由魏博節度所培植威勢龐大的親兵）之勢，下詢其事。瑩復之曰：「自古治兵與治民異。蓋兵者凶器，其人大率粗魯橫暴。馭之之道，唯在簡嚴。簡者，不為苛細，責大端而已。嚴者，非為刻酷，信賞罰而已。夫虎豹犀象雖甚威猛，然而世有豢畜之者，馭得其道也；馬牛犬豕雖甚馴服，僕夫童子可操鞭箠（ㄔㄨㄟˊ，鞭子）而驅之，壯夫鹵莽，或受角蹄之傷且死者，馭之不得其道也。市井無賴，三五群毆，其勢洶洶，婦人孺子心膽欲碎，老儒學究向判曲直，反受詬誶而歸，搖手氣憤，痛罵其無良而已。道旁之人袖手竊議長短，紛紛未已，一武夫健卒奮怒叱之，二者鬨然而散。臺營情勢亦若是而已矣。臺灣一鎮，水陸十三營，弁兵一萬四千有奇，天下重鎮也。兵皆調自內地督撫提鎮協水陸五十八營，漳泉兵數為多。上游各營兵弱，向皆無事。興化一營稍黠（ㄒㄧㄚˊ，狡詐），多不法。其最難治者，漳泉之兵也，人素勇健而俗好鬥，自為百姓已然。水提、金門兩標尤甚。昔人懼其桀驁（ㄠˋ。桀驁，性情暴戾），散處而犬牙之，立意深遠。然如械鬥、娼賭、私載禁物，皆所不免，甚而不受本管官鈐束（鈐音ㄑㄧㄢˊ。鈐束，管束），不聽地方官逮理。蓋康、雍之間尤甚。乾、嘉以後，屢經嚴治，乃稍戢。此兵、刑二律所以臺地獨重也，豈唯今日哉？重法如迅雷霹靂，不可常施，常施則人側足不安。故曰一張一弛，文武之道。然小者可弛，而大者不可弛。小者狎（ㄒㄧㄚˊ，嬉戲）妓、聚賭、私載禁物、欺虐平民之類是也。若械鬥傷人且死，且不受本管官鈐束，不服地方官逮理，則紀綱所繫，必不可宥（ㄧㄡˋ，寬恕）。此輕重之別也。故治兵者不可不知簡嚴之道。不辨輕重者不可以簡，不簡者不可以嚴，不嚴者不可以用威。威不足則繼之以恩，恩不足則守之以信。自古名將之得士力者皆由此。今之用兵者，既不知簡，又不能嚴。有罪而不誅，則無威；將不習校，校不習兵，勞苦之不恤，而朘削（ㄐㄩㄢ ㄒㄩㄝˋ，剝削）之是求，則無恩；當罰者免，當賞者吝，則無信。此所以令之不從，而禁之不止也。夫兵之可慮而難治者，叛與變爾。魏博之牙兵皆魏博人也，故敢屢殺逐其大將而不受代。若臺兵則皆分檄（調派）自內地，建甯、延平諸郡與漳泉不相能也，興化與漳泉鄰郡亦不相能也，漳與泉復不相能也；是其在營常有彼此顧忌之心，必不敢與將為難明矣。況其父母妻子皆在內地，行者有加餉，居者有眷米，朝廷豢養之恩甚至。設有變，父母妻子先為戮矣。臺地大半漳泉，兵民素有相仇之勢，故百餘年來，有叛民而無叛兵。乃治兵者每畏之而不敢治，則將之懦也。且漳泉之人，其氣易動而不耐久。一夫倡而千百和，初不知何故；及稍知之，非有所大不願，則已懈。更作其氣勢以臨之，則鼠伏而免脫矣。漳泉之兵既治，則他可高枕而臥矣。請以近事徵之：嘉慶二十四年七月，安平兵鬥，死者數人。將裨（ㄆㄧˊ，副將。將裨，指將領）理論之，不止；情懇之，不息。鎮將怒，整隊將往誅之。眾兵聞聲而散，竟執數人，分別奏誅，無敢動者。二十五年正月，郡兵群博於市。瑩為臺灣令，經過弗避，呵（喝斥）之皆走。一兵誣縣役掠錢相爭，瑩命之跪而鞫（ㄐㄩˊ，審訊）之。眾以為將責此兵，一時群呼，持械而出者數十人，欲奪去。縣役將與鬥，瑩止之。下輿，手以鐵索縶此兵。告曰：『汝敢拒捕皆死。』眾愕然，不敢犯。乃牽之至鎮署，眾大懼求免，不許。卒責黜十數人，而禁其博。自是所過，兵皆畏避。又是年九月，興化、雲霄二營兵鬥，將謀夜摧殺。諸將倉卒戒嚴。瑩亦夜出，周視各營。眾兵百十為群，見瑩過皆跪。諭之曰：『吾知鬥非汝意，特恐為人所劫，故自防爾。毋釋伏，毋妄出。出則曲在汝，彼乘虛入矣。』眾大喜曰：『縣主愛我。』至他營，亦如之。竟夜寂然，天明罷散。音鎮軍切責諸將，眾兵乃懼，皆叩頭流血。察最狡桀者每營數人，貫耳以徇（示眾並宣布號令），諸軍肅然。此三事其始洶洶幾不可測，卒皆畏服不敢動。可見臺灣之兵猶可為也。及再至臺，則紛紛以兵橫為言者，或慮有變。詰其事，大率如聚賭、違禁之類。將裨懦弱畏事，營縣又不和，是以議者紛紛張大其詞，而非事實。夫聚兵一萬四千餘人之眾，遠涉重洋風濤之險，又有三年更換之煩。舊者未去，新者又至。此其勢與長年本土者固殊，而營將能以恩、威、信待兵者百不得一。時方無事，終日嬉遊，悍健之氣無所洩，欲其無囂叫紛爭，少違犯禁令之事，不可得也。而巽懦（巽音ㄒㄩㄣˋ。巽懦，懦弱）無識者，既不能治，徒相告以驚怪，是可喟矣。」居無何，署督劉鴻翱以臺人之籲，白其冤。旋起用，分發四川，調兩淮，整飭鹽務。咸豐元年，陞胡北鹽法道，嗣任廣西按察使，均有名。著《石甫文集》、《東溟文集》、《東槎（ㄔㄚˊ）紀略》，皆刊行。自瑩去後，越三年，而徐宗幹任臺灣道。

徐宗幹，字樹人，江蘇南通州人。以進士出宰曲阜，洊（ㄐㄧㄢˋ，再）陞至汀漳龍道。道光二十七年，任臺灣道。時姚瑩方去，凡所規畫，多繼成之。宗幹為治，循名核實，而振興文教，尤汲汲以育才為務。臺灣遭英人窺擾之後，士民蓄憤，自立鄉約，禁不與貿易。宗幹亦著防夷之論。論曰：「夷狄之患，自古而然。議者以許和示弱，為非國計。要在令其畏我之威，喜我之賂。鴟鴞狼踞，不足喜怒。唯宏之以大度，制之以遠算，勝之以深權，此今日撫夷之大概也。然所慮者，喜我之賂，而不畏我之威，久則無賂可喜矣。此時情形，閩省與他省不同。閩省已准其設口通商，有撫法，無勦法，所謂懷之以德也。臺地本非原約，孤懸海外，無商可通。及煤炭，無微不入，且所欲亦不在此。名為改易口岸，實則聲東擊西，借此發難。昔年曾於此地大受創痛，難保其不懷叵測之心。現在防守要隘，以淡境雞籠洋一帶為先著。竊以為有堵法，無撫法。堵之以官兵，究爽前約，而開後釁；堵之以民，堵之以番，則無可藉口。所謂堵者，非必列兵布陣，但阻其不上岸而已。民番或無紀律，以官兵間之。兵亦可裝為民，民亦可裝為番，彼固無從辨別也。夫欲杜內奸，官之耳目不如民之耳目，官之號令，不如民之號令。蓋以民防民而內奸絕，內奸絕而外侮必不能入。此尤在地方守令平日之得民有素。然論吏治於今日，但不視如寇仇足矣，安望其能如子弟之衛父兄乎？計唯以重利動之。一須酌墊屯糧，以固屯番之守望。一須寬發軍餉，以期士卒之飽騰。一須收雇壯勇，以防內奸之勾結。無事之時，但以聯莊緝匪為名，靜以俟之。」

當是時，綠營（清入關後，規定各省漢族兵眾皆用綠旗，稱為「綠營」）廢弛，班兵多宿民家，挾械以嬉（遊樂）。宗幹移鎮管束，改建營房處之。兵民始分。又議改澎湖募兵，變通船政，清理人犯，語多可行。水沙連六社番久請內附，而廷議以險遠為難，照舊封禁。宗幹上書總督，請援乾隆五十三年之例，先設屯丁，以便管理。從之。其後遂設官焉。咸豐三年，鳳山林恭起事，陷縣治，攻府城。宗幹與紳民守禦，命知縣鄭元杰以兵平之。四年，陞福建按察使。其後襄辦皖豫軍務。同治元年夏四月，任福建巡撫。彰化戴潮春已起事，全臺俱擾；而福建上游，軍務復急。省議頗不以臺為意，宗幹獨顧念焉。即檄前署臺灣鎮曾玉明渡臺，又奏簡丁曰健為臺灣道，會辦軍務，次第蕩平。嗣請乞休，卒謚清惠。著有《斯未信齋文集》。宗幹曾輯《治臺必告錄》以授曰健，曰健刊之。

連橫曰：臺灣沃野千里，民殷物盛。前時僅設一府四縣，而寄其權於巡道，以遙受督撫之節制。是巡道者，非僅有監司之責也，地方之治亂、國計之盈虛，民生之豐嗇、兵制之張弛、風化之純雜，均於是賴。康熙中，陳璸任臺灣道，吏治為海疆第一，其後寂寂無聞，迨道光間，內外多事，而姚瑩、徐宗幹後先而至，皆能整飭吏治，以立遠大之謀，至今人猶道之。故余多採其言，以入各志。

張丙列傳

張丙，嘉義人。其先自漳之南靖來臺，居店仔口莊，世業農。能以信義庇鄉鄰，眾倚重之。道光十二年夏大旱，粒米不藝，各莊皆禁糶（ㄊㄧㄠˋ，出售穀物）。丙與莊人約，莫敢違。而陳壬癸潛購數百石，為約故，不能出，賂生員吳贊護之。贊族吳房，逸盜也，與詹通劫諸途。店仔口之禁米，丙董其事。贊牒縣（向縣府投遞訟狀），謂丙通盜。嘉義知縣邵用之獲房，誅之，並捕丙。丙怨令不治米出境而反治禁者，要贊之妻孥於途，又為縣役護去，益恨之。

陳辦者，巨盜也，居北崙仔莊。其族為粵人張阿凜所辱。阿凜居雙溪口，粵莊之強者。閏九月初十日，焚辦室。辦邀丙與鬥，率眾三百人攻之，不勝。臺灣鎮總兵劉廷斌適北巡，丙聞而歸。辦遂掠粵莊。二十五日，劫大埔林汛兵軍器。廷斌追至東勢湖，戮二人。北路協副將葉長春與用之亦至，合擊辦於紅山仔。辦走攻莆姜崙莊。官兵至，斬其黨王興、王泉，辦竄白丙。丙觸前忿，謂官兵之專殺閩人也，與詹通謀起事。通父經知之，命長子日新往殺通，刃其額，不死。傍人殺日新。十月朔，攻佳里興巡檢署，殺教讀古嘉會及汛兵，掠下茄苳、北勢坡、八掌溪各汛。用之逐之，入店仔口；丙執而殺之，報宿怨也。初二日，臺灣知府呂志恆聞嘉令被圍，率鄉勇二百人往援，南投縣丞朱懋從之。丙禦之大排竹。署游擊周進龍卻，懋以言激之，乃前施炮。為丙眾所乘。義民許邦亮以其馬授志恆，徒步與戰俱陷。懋有循政聲，丙後悔之。進龍間道歸，是以免。

初，辦之約丙也，無戕（ㄑㄧㄤˊ，殺害、傷害）官意。至是其妻自經（自經，上吊自殺）死。丙乃約所交遊，稱開國大元帥，建號天運，張告示，禁淫掠，令民無恐。以詹通、黃番婆、陳連、陳辨、吳扁為元帥，劉仲、劉港、劉邦頂、王奉、陳委、洪番、吳貓、李武松、許六、孫惡為先鋒，柯亭為軍師。吳允不受封，自稱開國功臣，賴牛亦自稱元帥，各就所居，糾集黨羽，分大小四十六股。股首稱大哥，下為班首，所部曰旗腳。每股百餘人，或數百人。初三日，丙率眾攻嘉義，典史張繼昌集兵民，嬰（圍繞）城守。而股眾聚愈多，蔡恭、梁辨、莊文一、吳鰍、陳開陶、黃元德各率所部至，凡萬五、六千人。越日，丙分眾攻大武壠汛，傷巡檢秦師韓。又攻目加溜灣，把總朱國珍死焉。廷斌北巡在途，聞警，以兵二百往。丙分道要擊。官軍將敗，適王得蟠（應為「王得祿」之誤）率義勇至，擁以入城。副將周承恩殿，不知也，反馬入陣，馬蹶（跌倒）被刃，猶殺數十人乃殪，將弁死者九人、兵百餘人，軍械盡失。廷斌既入城，以繼昌權縣事，修戰具，募義勇，為固守計。而莊民之起應者，忽分忽合。郡城戒嚴。

初七日，股首黃番婆攻鹽水港，破之，守備張榮力戰死，巡檢施模亦殊傷。鹽水港為嘉義咽喉，郡北屏障也。既破，黨勢大振。初八日，丙解圍去，而迤（ㄧˇ，延伸）南之黨漸迫郡城。郡中初不知守令之被戕也，有歸自大排竹者述其狀，兵備道平慶以同知王衍慶權府事，環城樹柵，備戰守；紳士亦助餉募勇。貢生陳以寬內渡告警。訛言日起，中營游擊武忠泰落井死，相率欲逃；衍慶令曰：「敢言走者斬！」獲偵探吳連戮之，眾稍定。十一日，丙略鹽水港；辨亦攻北港。縣丞文烜、千總蔡凌標合禦之。嘉義自解圍後，築土垣於城下，甫成而丙復來攻，凡三日，解圍去。鳳山縣人許成亦以月之十日豎旗觀音山，號天運，封歐先為軍師、柯紳庇為先鋒，以滅粵為辭，遏運郡之米，為丙援。十四日，攻阿公店，千總許日高擊退之。於是始不敢窺府城。然彰化人黃成受丙約，亦以十二日豎旗於林圯埔，稱興漢大元帥，用故明正朔，僧允報為謀主。郡中聞嘉義被圍久，念諸將在外無援，以都司蔡長青率兵九百運械往。股首蔡恭要之曾文溪。長青背水為營。十九日，恭擊之，大敗死焉，兵士亡者二百餘人，軍械盡棄。二十三日，丙焚嘉義北門。城兵出擊，互殺傷。三十日，又戰。股首陳太山、劉眉滾被禽，磔（ㄓㄜˊ，分裂肢體）之。於時黨中互為雄長，分踞各莊。丙亦舍城去。殷庶之鄉慮其必敗，遂建義民旗鼓，輒禽股首殺焉。是日南路股眾圍鳳山，夜縱火逼縣署。署游擊翁朝龍退守火藥局，署知縣克通阿、千總岑廷高列炮於庭，擊退之。自是亦不敢窺鳳治。

閩中既接臺灣之報，陸路提督馬濟勝將兵二千馳援，以十一月朔抵鹿耳門，駐北門外較場。初五日，進兵西港仔，獲偵探，知黨狀。初七日，至茅港尾，遇股眾二千，敗之。濟勝曰：「此地可戰。」壘土為營以待。翼日，股眾（響應張丙的各股民兵）果以五、六千人來撲。濟勝戒勿動，俟其懈，開壁出擊，陣斬數百。十二日，進兵鐵線橋。二十二日，丙擁眾二萬，自搏戰，氣銳甚，呼聲震山谷。自辰至於日中，濟勝堅壁不動。薄暮始縱兵出，追逐數里，禽五十餘人，斬七、八百人，溺水死者相枕藉。丙亦能軍，收其眾踞橋北。翌日再戰，又敗，李武松、詹通被禽。丙走伏近山麻林中。而金門鎮總兵竇振彪以月之三日，至鹿港而南，會於鹽水港。濟勝令攻南黨，自帥所部入嘉義城，分兵搜勦斗六，嘉之北蔽也。黃城率眾來攻，破竹圍而入。千總張玉成[1]、外委朱承恩、許國寶、林登超、蔡大貴皆巷戰死，縣丞方振聲、守備馬步衢放火自焚，不死，為股眾所執。振聲妻張氏、玉威妻唐氏皆不屈死，弁兵沒者二百數十人。城以黃雖菜為縣丞，守斗六。自率其眾助丙。丙自敗後勢蹙，各莊又多助官軍，皇皇無所之，十二月被執；黃城、陳辨、詹通、陳連、吳扁等亦先後被獲。以丙、

---

1 此處作張玉成，下文作陳玉成，皆為陳玉威之誤。此人入祀昭忠祠，《臺灣通志》所收〈昭忠祠記〉載入祀者有「斗六門把總陳玉威」，據此可知當作陳玉威。下文逕改作陳玉威，官職則暫不改為把總以存異。

通、辨、連為禍首，解囚郡獄。梟李武松、吳扁等於嘉義各處，而剖黃城之心，以祭斗六諸人。株連而死者數百。北路平。初七日，濟勝率軍赴鳳山，股眾禦之三滴溝。初八日，獲許成、蔡臨，斬之。南路亦平。

十三年春正月，總督程思洛至自浙江，將軍瑚松額佩欽差大臣關防抵臺灣。當總兵劉廷斌之被困，兵備道平慶以亂狀入奏。命松額署福州將軍，哈朗阿為參贊，領侍衛巴圖魯章京二十四員，又調西安馬兵三百、河南兵一千、貴州兵五百、四川兵千五百赴臺。巡撫魏元烺以十二月十一日接提督捷報，奏請止軍，故各省之兵皆未入閩境。而總督將軍先後渡臺也，窮治餘黨，按名悉獲，梟斬首三百餘人，遣戍者倍之。丙與通、辨、連俱械至京，磔之。詔祀方振聲、馬步衢、陳玉威於昭忠祠，餘亦賞罰有差。

方振聲列傳

方振聲，浙江山陰人，寄籍順天，遂家焉。供事武選司。出任福建閩安巡檢，歷陞至斗六縣丞。道光十二年秋九月，嘉義張丙起事，攻縣城。振聲聞警，即與署守備（守備，軍職官銜）馬步衢、署千總陳玉威籌守禦，增壘浚濠。又以眷屬居營中，誓偕死。斗六為嘉義北蔽，負山扼溪，地險絕。然兵力單薄，慮陷圍，乃檄嘉義都司許荊山軍其外，以為犄角。玉威善火器，每發必中，相持久。丙轉戰嘉南。十一月初三日，股首黃城以眾來攻，荊山宵遁，城自外放火，破竹圍而入。玉威率所部巷戰死。振聲、步衢欲自焚，被執，不屈死。妻張氏、女某、玉威妻唐氏亦死。幕客（府署的幕僚）沈志勇、沈聯輝、家丁（家中的僕役）江承惠等皆死。弁兵沒者二百數十人。步衢、玉威，臺灣人，家世莫詳。而同心協力，以守危疆，卒之勢蹙駢死，闔家俱亡，人以為烈。事聞，下旨軫悼，賜祭。振聲追贈知府銜，諡義烈；步衢游擊銜，諡剛烈；玉威都司銜，諡勇烈。各世襲騎都尉罔替（罔替，不廢除），入祀京師昭忠祠。張氏贈淑人（淑人，清室皇宮后妃中，三品命婦的封號），唐氏恭人（恭人，四品命婦的封號），均諡節烈，建坊旌表。予志勇六品頂戴，聯輝七品頂戴，均照銜議恤。命於斗六准建專祠，春秋致祭，以從難幕客、家丁、弁兵配。

李石、林恭列傳

道光之末，清政不飭（治理）。洪王起兵，奠都南京，建國太平，奄有諸夏之半。風潮震動，遠被臺灣。於是而有李石之變，於是而有林恭之變。

李石，臺邑人。時以小刀會踞廈門，而臺多漳泉人，謀起應。咸豐三年夏四月下旬，與楊文愛、林清十數人樹旗灣裏街，以興漢滅滿為言，從者眾。知縣高鴻飛聞警，將往討，命廩生許廷道率練勇從。廷道以練勇未集，請暫待，不聽。移營借兵三千，多羸弱，器亦不備。二十八日出軍，翌日至鹿仔草，度林投巷。石設伏以俟，自後刺之，鴻飛墜，馘（割取）首去，餘兵皆走。郡中聞報戒嚴。總兵恆裕出駐北較場，而鳳山之變作矣。

林恭，鳳山人，充縣署壯勇，與無賴伍。知縣王廷幹汰之。及聞北路之變，與其黨張古、羅阿沙、賴棕集眾百數十人，攻踞番薯寮，搶掠至鳳治，各鄉騷動。廷幹召義首林萬掌入衛。萬掌，恭兄也，性奸猾；群不逞之徒，出入其家。二十八日，率眾入城。廷幹大喜，以所戴花翎加其首，曰闔城付汝，全家付汝；恭亦擁眾入城，邑人猶以為義民也，直入縣署。廷幹方作書達郡吏，見之欲走。曾玉水揮刀以砍。幕友張竹泉趨救，亦被殺。典史張樹春聞堂上鬨聲，趨止亦死。廷幹長子鈞未冠，倉卒持槍刺恭，不中，力鬥死。次子湜裁九歲，遇救獲免。家人臧獲（臧獲，奴婢）死者十九人。妻張氏初避民家，日夜哭，主人患之，紿（ㄉㄞˋ，欺騙）之出，卒以伶仃（伶仃，孤苦無依）死。其妾匿火藥局以免。而樹春之家亦受害。廷幹，山東安邱人，以進士仕閩。英人之役，運餉來臺。初知嘉義縣，繼任鳳山。性貪墨（貪墨，貪汙），邑人怨之，故變時無肯救者。

恭既得鳳城，踞縣署，開倉庫，縱獄囚，自為縣令，出示禁殺掠，以王光讚為軍師。南路營參將曾元福適巡哨城外，急入援，無及，退守火藥局。恭攻之，不破。放火決水，又不破。元福每乘隙出哨，示無恐。而糧食日用之物偽奪於民者，而陰給其直，故不困。郡中聞變，兩令又前後被戕，巡道徐宗幹議自守。五月初二日，恭分眾攻郡。廷道謀內應，事洩喬死，城得不破。郡人擊退之。越數日，幕客唐壎語宗幹曰：「鳳邑之陷久矣，鳳民之望救亦亟矣。今曾參將獨守危局，而郡無援兵，他日大府（大府，督撫）詰問，將若何？且不戰亦不能守。」宗幹意始決，議出師，無敢往者。乃以鄭元杰署縣事赴援，元杰固辭。宗幹曰：「吾知汝才，且知汝父才。汝其往哉。」舉令箭授之，曰：「此朝廷所畀（ㄅㄧˋ，給予）也，今轉以畀汝。汝其便宜行事。」元杰猶豫，而中營游擊夏汝賢請行，乃誓師，以二十八日南下，父應璠為治糧，汝賢亦率所部從。分三隊：以義首李澄清為前軍鄉導，翁夢熊為左隊，何璇璣為右隊，西螺把總李朝祥率練勇八百來會。六月初二日，至二層行溪。元福之子登瀛自募勇三百，屯弁林鼎山以屯兵五百，先後至。翌日，戰於新園。凡三遇伏，遂入舊城。初七日，元福聞官軍至，欲自內出擊。登瀛急欲見父，先破圍入；元杰、汝賢繼之。恭踉蹌（ㄌㄧㄤˋ ㄑㄧㄤˋ，走路歪斜不穩）走，餘黨伏城隅以戰，卻之，陣斬方烏翠、梁蘆等七十餘人。東港距鳳治三十里，為通海之市，民戶殷庶，恭敗後，將踞之，以收拾餘黨。元杰請郡吏會水師夾攻。二十九日，恭渡溪，走大莆林。官軍追之，竄水底寮。元杰久駐東港，餉絀（ㄔㄨˋ，不足），請於郡，不與，兵勇無所得食，大譁（喧鬧、吵雜）。令從變民戶罰鍰贖罪，苛求富室，縣役黃添又假威以逞，元杰且為所愚，東港之人怨焉。初，萬掌道（引導）恭入城，退居水底寮。及敗，又庇之。應璠素識萬掌，遣人說以利害。七月二十七日，乃縛恭獻軍前。元杰解郡報功，戮之。已而總兵恆裕獲石等，皆斬之。事後以元杰知臺灣縣。其明年，樹春之子扶櫬（ㄔㄣˋ，棺木），或言殺樹春者黃添也，元杰庇不與，樹春之子控於總督，召省察看。

鄭勒先列傳

鄭勒先，泉人也。咸豐初來臺，居彰化。彰屬有埔裏社，處萬山之中，土厚泉甘，袤延（袤音ㄇㄠˋ。袤延，連亙）十數里。而番愚且惰，不知耕稼，漢人多往墾之；然時常仇殺。大府亦每議開設，未行。勒先既至，與互市；番款之，乃從番俗，改姓名，與和睦。番信之，每得物，輒就勒先求售。即以鹽布易之。獲利多，從者眾。勒先又與諸人約，毋侵奪，毋虞詐，毋強占土地。番愈信之。遂建市廛（市廛，市中的商店），定貿易，以棲來者，則今之大埔城也。洎光緒元年，乃設埔裏社廳。

連橫曰：余游埔裏社，觀其土腴。山迴水抱，氣象偉麗，頗欲置產於是，以事耕稼。而提筆遠游，荏苒（ㄖㄣˇ ㄖㄢˇ，時間漸漸過去）未就。每一顧念，心為憮然。夫埔裏社既為我臺之沃壤，又經我族之經營，設官撫番，亦易事爾。而清廷臣工猶以甌脫（甌脫，立於邊界的土堡崗哨）視之，何其昧也？嗚乎！彼固以臺灣為不足惜，何論乎此？然而時會所趨，莫可阻遏，前茅後勁，再接再厲，則此後之埔裏社，或為東西連絡之紐，而成一大都會焉。始作也簡，成功也巨，沈文肅（沈葆楨）創建之勳，不更偉歟！

郭光侯、施九緞列傳

郭崇高字光侯，以字行，臺邑武生（清代附儒學肄業之武學學生）也。居保西里，以義聞里閈（ㄏㄢˋ，鄉里）。臺灣賦稅固重，正供（法定的賦稅）之外，有耗羨（地方官徵收稅金時，會以運送等因素有耗損為由多徵銀兩），有丁稅（人口稅），有採買。凡納石者倍其半，折穀納銀又倍之。官吏之私飽，胥役之剝削，又兩倍之。每徵收時，官符一下，皀隸（應作「皁隸」，衙門中的差役）四出，捕業戶，逮農民，所至騷動。

道光二十四年春三月，臺灣縣開收下芒之租。知縣閻炘（ㄒㄧㄣ）示納穀者折銀，縣民以非例不納。糧總李捷陞至期無可繳，請治逋（ㄅㄨ，逃亡）者。炘檄典史（典史，相當於警長）率役，赴東門外迫促。每至索供帳，富家多走避，則拘貧民以刑，示儆也。保西里人葉周、劉取、余潮聚議曰：「官暴至此，民不堪命矣。」嗾（ㄙㄡˇ，教唆）壯士夜殺之。炘以亂事白道府，請會營勦辦。鄉人懼，洶洶欲變，猶未發也。

許東燦者，郡人也，名朝錦。納貲捐同知，攬辦官租（繳納給政府的租稅），日出入衙署（衙署，官吏辦理公務的地方），聲勢振一邑。時穀賤，亦命納戶繳銀，石徵二圓。不從，皆運穀至東門下，堆積如邱陵。東燦白（告知）縣（縣令），命弟東寮捕抗者。納戶困，群哀籲光侯。至是集耆老，謀入郡訴大吏。四月朔，至東郭外，鄉人不期而會者數百，皆呼冤，行且近。城兵疑民變，急閉門，趣報守備。文武皆至，詰以故；咸言納銀之苦。命且散，不從。自辰至於日中，聚愈多，眾且數千。郡中猝聞警，一時震動，守土官亦皇皇無策，乃介（使居中協調）東燦解散，許以收回告示。而鄉民始紛紛去。

翌日，鎮道以民變白督撫，懸捕光侯，將以糾眾圍城之罪罪之。顧光侯所為出於公憤，若一旦受罪，身戮名穢，則地方事誰肯為耶？二、三魁桀（魁桀，地方領袖）之士，密晤光侯，請起兵以抗。不可，曰：「吾之出首者，冀幸官之一悟，民之一解也。今事勢未可知，若稍有舉動，則罪案成矣。」擬入訴鎮道。而偵騎四出，慮被害，乃為叩閽（ㄏㄨㄣ。叩閽，吏民趨宮門陳訴冤屈）計。潛伏糖簍中，以牛車運至船，其友豫俟之。至天津入京，而朝廷已下諭拿辦矣。

當是時，晉江陳慶鏞為御史，直聲聞天下。光侯念非此莫可白者。八月二十有五日，至晉江會館，見慶鏞，哭陳始末。初，東燦曾以巨案逮京訊，慶鏞諗（知悉）其惡；比聞此事，尤詆之。早日上其事。下諭解閩炘任，逮問。著總督劉韻珂飭屬捕東燦、東寮及黃應清、蔡堂、李捷陞等，皆朋比為奸者也。至日部訊，東燦桀驁，出言傷部吏。定讞誅之，餘亦治罪有差。而光侯以僨事（僨音ㄈㄣˋ，僨事，敗事）之罪流口外（口外，長城以北地區）。越四十二年而有施九緞之事。

施九緞，彰化人也。居於二林堡浸水莊。世業農，好預（參與）鄰里不平事。光緒十二年，巡撫劉銘傳奏請清丈（清丈，對土地做詳細的丈量）。十三年，彰屬十三堡均舉辦。知縣蔡麟祥率巡檢黃文澣、吳雲孫等，自橋仔頭起丈。每甲長約加一，隨丈隨算，錯則改之。民無怨言。已而麟祥調用，以李嘉棠知縣事。嘉棠固墨吏，狼貪民財，肆用奸猾。既接任，而撫署札催竣丈，乃悉變舊章，各堡派員，數月而畢。丈員多昧算田賦等則，不計肥瘠，任意填寫；下鄉之時，索民供帳，皆囊巨金而歸。彰之民庶早已不平矣。嘉棠示領丈單，每甲費二圓。彰賦三萬有奇，丈後倍增其數。各員在署分單，領者少。而是時嘉義亦以催領故，民戶騷動。管領武毅右營提督朱煥明素駐彰，銘傳檄往彈壓，以棟字營（由林朝棟統領的地方軍隊）副帶林超拔代之。煥明至嘉，縱兵焚殺。莊豪李盤率黨入彰境，主湖仔內莊楊中成家，潛謀不軌。彰署又迫領丈單，皂隸四出。嘉棠欲邀功，令愈嚴。官暴民怨，而九緞之變作矣。

九緞年已六十餘，既遭委員魚肉，莊人又多往愬（訴說、抱怨），大憤，欲走訴巡撫，請展期。其友曰：「巡撫端居衙署，委任縣令，左右之人誰肯為我言哉？且而一往北，則縣令以為抗己，而捕而家殺而身矣。」九緞曰：「然則奈何？」曰：「且待之。」二林為濱海之區，或毗溪畔，土壤枯瘠，領者尤少。十四年八月，嘉棠又以刑威民，膊囚（膊，當作「膊」，膊囚，赤身捆綁拘禁）林武、林番薯於北斗、西螺，戮簡燦於鹿港。燦固土豪，雖犯法，未定讞。傳者以為許貓振，貓振亦獄囚，弟得龍謀劫之。至是知其誤，然眾已嘯聚，遂入街，掠鹽館。蕃薯莊施慶從之，楊中成亦在行，無賴二百餘人，一鬨而散。嘉棠赴鹿港，得龍要（ㄧㄠ，攔阻）諸途，從者二十餘人懼不敢前。請鹿紳解散，始得歸。鹿港為施氏聚族之地，生員施家珍聞警，召鄉勇不及。嘉棠幾不免，遂啣（懷恨在心）之。

當是時，民戶洶洶，浸水莊人尤激。九月朔，環請九緞為首，至者數百人。裂布為旗，大書「官激民變」。九緞立神輿後，如報賽（收成後舉辦的謝神祭典）狀，楊中成、許得龍、施慶、李盤等從行，禁劫殺，沿途鄉民多持兵隨之。亭午（中午）至城下，駐南瑤宮，大呼索焚丈單（丈單，承租佃戶的清丈土地面積文件，當中訂定承租佃戶所應繳交的租穀數）。日晡（天將暮時）不期而會者數千人。嘉棠閉城門，電撫署告變。未幾電線絕，都司葉永輝、洪盤安、棟字營副帶林超拔各登陴（登陴，登上城牆，引申為守城），丈員亦助守。檄召各堡紳董，每堡集丁壯二百，而誤書二人。堡董皆遲疑，無敢入援者。初二日，九緞率眾駐八卦山。山在城東隅，高數十丈，上有炮壘。眾請開炮擊縣署，不可，曰：「殃民之罪，祇在嘉棠。若炮擊之，則玉石俱焚，是以暴易暴矣。夫我輩之來，為民請命。若得縣令一諾，收燬丈單，則相率歸鄉，可告罪（面對面交際時的客套話，通常會有自謙之意）於父老也。」眾聞之，皆以九緞為仁，稱之曰「公道大王」。初三日，城圍益急，所檄兵又不至。嘉棠懼，欲自殺，左右止之。煥明在嘉，聞變馳救。至北斗，紳董以民亂途險，請止軍。不聽。及大埔心，為無賴尾擊，所部死十餘人，彈藥又罄，煥明逃至竹巷尾。九緞偵其來，迎擊之，遂死。事聞，詔建專祠。城中聞煥明之耗，眾愈懼欲走。嘉棠介教諭周長庚、局紳吳景韓、總理蔣攀龍縋（ㄓㄨㄟˋ，人綁以繩索從城牆上降下）見九緞，勸其歸。九緞索焚丈單而後退。嘉棠不決，而圍愈迫。乃佯許之，以望援兵。然彰城如斗，攻之則破。環圍數日，米油告竭。紳士請發綏豐倉以振，集壯丁為義勇，而援兵亦且至矣。

初，統領棟字營林朝棟駐臺北，聞警馳救。初六日，至田中央，調兵蓐食（蓐食，早晨未起身，在床席上進餐）。自率土勇八百入市仔尾，以副將余保元、衛隊把總林青雲各帶所部，潛行突擊。林超拔亦自城上助戰。克八卦山。九緞退駐平和厝莊，圍始解。十一日，朝棟復出擊。環戰兩時，陣斬四十一，捕八人，皆戮之。官軍亦傷十七。九緞歸浸水莊。朝棟以亂平電撫署。

先是都司鄭有勤率隘勇二營援彰。初七日，至大甲；翌日，至牛罵頭。所部與莊人爭鬥，銃（舊式的一種槍械火器）斃數人。莊民蔡訪鳴金聚眾，欲報怨。隘勇走。十三日，抵城。而駐防基隆總兵竇如田亦率銘字營（銘字營，淮軍劉銘傳的部隊）三營至。十四日，嘉棠以各路兵至，倡攻二十四莊，夜令炊飯進軍。浙人凌雲在幕，知民冤，告於有勤曰：「朱提督之死，非二十四莊之罪也。自武西堡北上，已被沿途截殺，損失過半。抵竹巷尾始殉難，固非其界。若攻勦之，恐激變，則城安而復危。唯君圖之。」有勤遍告各統領，始止。教諭周長庚、中軍葉永輝札（書信、文書）告二十四莊紳董，速入城領旗，否則聲討。然莊民未知城中虛實，且道梗（阻塞），不至。嘉棠大怒，復令進攻。

貢生吳德功聞其事，夜見周、葉曰：「二十四莊之不來，昧於事而非敢違縣札也。請遲一夜，德功當馳函泣告之。」是時各隘截斷，路布蒺藜（蒺藜，代指障礙物），無敢往者。生員陳捷華、王贊成、白一聲、白玉音等皆願去，分持德功書，間道往。十五日，布政使沈應奎、臺東州知州吳本杰、澎湖鎮總兵吳宏洛統領銘、隘、昌各軍至，嘉棠又力主燬莊。皆觀望不來，唯線東西堡十莊、貓羅三十五莊、東西螺各堡已由德功函招領旗。應奎亦出示招安，人心始定。

當變之起也，嘉棠釀之。及應奎查問，反誣鹿港紳商助匪，復請討。不聽。召鹿紳蔡德芳、黃玉書詢之，語及嘉棠。於是嘉棠大恨鹿人矣。十六日，請攻鹿港。宏洛將發兵，鹿人惶恐徹夜。德功請止，不聽。請應奎止之，亦不聽。應奎知民冤，電稟銘傳，以鹿港一攻，則沿海皆將激變。銘傳乃令宏洛歸應奎節制。十七日，福寧鎮總兵曹克忠至自基隆，為查變也。

當是時官軍疊至，九緞潛伏浸水莊。二十三日，宏洛攻之，走湖仔內莊。所至民為供食。圍楊中成家，亦已走，不得一人。二十五日，各提兵歸。浸水莊總理王煥，年七十。當事之起，向鹿港徵餉，商人以官兵不足恃，慮被劫，潛助之，未半日而得五千金，分發民軍。然彰人之變，嘉棠之罪也。銘傳知其暴，二十九日，撤任，以朱公純代之。發示安民，脅從（被迫跟從）罔治（不治罪）。設保安局，以紳士蔡德芳、吳景韓、吳鴻賓、劉鳳翔、吳德功等理善後事。令捕施九緞、王煥、楊中成、李盤、施慶、許得龍等，餘皆赦之。

十一月初六日，銘傳上彰變始末，以嘉棠剛愎自肆，不洽（深入）輿情；又以丈賦不均，失民心，請撤銷清賦保案，並褫施家珍、施藻修衣頂（官服），以其比（ㄅㄧˋ，親近依附）匪也。臺灣兵備道唐景崧奉銘傳命赴彰會辦，途次二十四莊，莊民跪道呼冤。以棟字營駐兵其內，索取李掽（ㄆㄥˋ）等犯，雞犬不寧，景崧令撤營。至彰查核嘉棠罪狀，稟請奏參。新任布政使邵友濂亦以其殘酷，視民如寇仇，詳請革職，永不敘用。嘉棠懼，星夜赴撫署，哭求卸罪，且譖愬（ㄗㄣˋ ㄙㄨˋ，誣陷）鹿港官紳比匪。一時蜚語（蜚音ㄈㄟ。蜚語，流言）沸騰，地方復動。二十二日，銘傳電拘教諭周長庚，提解游擊鄭榮、進士蔡德芳、生員施家珍、施藻修。吳景韓等，到轅（官署）集訊。以長庚止攻二十四莊，又招徠莊耆領旗，故嘉棠言其比匪。長庚亦訐之。銘傳札飭新任彰化知縣羅東之、臺灣知縣黃承乙會審，具供送轅。及嘉棠往北，言長庚罪，撫署中人又受賄，為左右袒。長庚已請假會試，十九日，自塗葛堀乘舟內渡，追之不及。銘傳通電福州、上海等處捕之。十四年春二月，嘉義進士徐德欽獲王煥，解轅訊鞫（ㄐㄩˊ，審問），竟無比匪情形。復提鹿商帳冊，亦無援助軍火數目，乃釋鄭榮，令赴鹿港，罰捐軍糈三萬兩，案始結。十八年冬十二月，臺灣知府程起鶚舉前都司葉永輝行清莊法，遂獲李盤。既而許得龍、施慶、楊中成亦次第就捕，與王煥皆殺之。而九緞已於十六年病歿浸水莊中。或曰：潛走泉州也。

連橫曰：嗟乎！士大夫讀書論世，慨然（情緒高昂）以天下為己任。而一逢其變，則縮項潛伏，身未行而氣先羸，或且枉己狥人，翻然而與之合，以行其不義者，何其卑耶！光侯、九緞皆鄉曲之細民，手無寸柄，而為義所迫，不顧利害。此則士大夫之所不敢為，而彼肯為之。何其烈耶！其事同，其志同，故並傳之。

譯文

吳昆財、張崑將、張溪南、黃富三．注譯

海寇列傳／吳昆財

臺灣向來就是海上荒島；在明朝中葉時，林道乾於福建海上作亂，都督俞大猷（一五〇三—一五七九）征討，林道乾逃到臺灣，之後走到大年（泰國南部東海岸北大年府）；接著是顏思齊（一五八六—一六二五）、鄭芝龍（一六〇四—一六六一）輩也在海上出沒。等到思齊死亡，芝龍投降，海上氛圍就漸漸平靜，而臺灣此時爲荷蘭人所經略。延平郡王鄭成功（一六二四—一六六二）進入臺灣，傳了三代，整軍經武教養百姓，蓬勃發展成爲大國。之後被滿清所攻取。臺灣圖謀光復的人，經常率兵起事，但海上則平靜無事。乾隆六十年（一七九五），安南匪船進犯福建，掠奪沿海百姓，被福建海壇遊擊李長庚（一七五二—一八〇七）打敗。匪船潰散後，接著是蔡牽（一七六一—一八〇九）的作亂。

蔡牽，福建同安人，向來就是盜賊，犯了法，逃到海上，聚集黨徒，肆意地劫掠殺人，於是再合併其他勢力；而且在陸地上不得志之徒又會接濟蔡牽。北至山東，南到兩廣，沿海商務大大遭受折損，臺灣受害尤其爲大。嘉慶八年（一八〇三）六月，蔡牽劫掠臺灣數千石米，分送給朱濆（一七四九—一八〇八）。朱濆，廣東盜賊，於是與他結合。八月，蔡牽突然入侵福建，朝廷下詔長庚統率閩浙水師討平。長庚也是同安人，蔡牽畏懼長庚的英勇，每回遭遇時就會閃避。當時蔡牽大敗，很多破船，認爲朱濆不遵守命令，心中懷怨。朱濆一怒之下離去，蔡牽的勢力就有些衰退。

九年（一八〇四）四月十五日，蔡牽進犯鹿港。不多久，進入停泊在鹿耳門。府城的要塞，原來有水師駐守防禦，但因年代久遠缺乏設備，所以海賊船隻往來自如。二十八日，趁著雨勢進攻北汕（今臺南市安南區）。官兵潰散，火炮無法發射，遊擊武克勤、守備王維光陣亡。於是蔡牽燒毀木城，搗毀炮臺，奪取鐵炮。清朝官軍莫可奈何。太陽快下山時，臺灣縣學教諭鄭兼才（一七五八—一八二二）、舉人林朝英（一七三九—一八一六）、秀才張正位分別協助防禦，鄉勇們也絡繹不絕，相連不斷。然而當時清朝水師沒有戰艦，所以無法出海攻擊。三十日晚上，蔡牽焚燒鹿耳門官方營署，火光直抵安平。五月二日，蔡牽又燒毀一艘商船。隔天，以十二人駕駛小船進入，焚毀三艘哨兵船，奪走其他兩艘。營裡士兵、義民布滿在海岸上，無人敢奈何。船戶知道他們無人可依靠，各自與蔡牽討論如何贖回自己的所有。十三日，東南風吹起，蔡牽於是帶著豐厚的錢財，安閒暇適的離開。十二月三日，長庚追逐到淡水，攻擊蔡牽，許多海寇溺斃。十年（一八〇五）二月，蔡牽向南逃竄。

四月，蔡牽再來到淡水，已擁有數百艘船隻，聲勢高漲。他預先結合了山匪洪老四等人作爲援助，招誘無賴之徒，計有數千人加入了匪黨。而在船裡當中有被虜的讀書之人，竟然又以天時人事相加穿鑿附會。蔡牽因此揚揚得意，自以爲能夠南面稱王了；於是發出文告，自稱鎭海威武王，建年號爲光明，祭告天地。占據滬尾，焚燒艋舺。淡水營都司陳廷梅戰亡，前淡水同知胡應魁（？—一八〇八）也受傷，官兵們個個都爲敵人氣勢所震懾，未作戰就潰敗。十七日，臺灣府得到戰報實行戒嚴。隔天，總兵愛新泰率兵向北部增援，知府馬夔陞跟隨其後而行。蔡牽自己到了滬尾（原文為尾滬），立即派遣黨徒前進鳳山。鳳山匪賊吳淮泗也趁機起事響應。巡道慶保接到事變消息，下令臺防同知錢霽（一七五五—一八〇九），在二十一日率領把總曾瑞、王正華等，帶地方武裝部隊平埔族屯丁前往作戰。二十四日，蔡牽來到鹿耳門。愛新泰返回保護臺灣府，讓夔陞防守嘉義。而此時大小槺榔、鹽水港、蕭壟、北埔等莊（今嘉義縣朴子市，臺南市鹽水區、佳里區、將軍區等地）山賊也共同起事，愛新泰下令千總陳安、陳登高等追討。十二月一日，在木柵遭逢匪賊，雙方發生戰鬥，義首陳鳳遭到殺害；黃興被俘虜到匪船上，再遇害；陳安也因傷逃離。匪賊攻占了洲仔尾（今臺南市永康區），距離城府只有六里路之遙。自此南北不通。臺灣縣知縣薛志亮了解事態緊急，認爲如果無仕紳商人的協助是不可能存活的，於是摒退侍從們，從海口進入府城，集合仕紳商人，申明大義，奉勸防守抵禦。秀才韓必昌、陳廷璧首先率領群眾拿義旗，不到一天就召集了二百五十位義首、一萬多名的義民，全部自備軍糧，願意殺賊。當初，三郊商人乃是拿著資金從事貿易，不過自從出現了海寇，商船大多被他們掠劫；等到聽說蔡牽來到，各自挺身召募武裝部隊，作爲驅策之用，並捐助幾萬兩的軍費。三郊者，就是南郊、北郊、糖郊，他們聚集在大西門外（今臺南市中西區），位置處於海口入城的要衝，所以自我防衛尤其篤實。三郊總義首布政司經歷銜陳啓良告訴巡道，請求在海口添建木城。從小西門越過大西門再到小北門，共計一千二百丈，費資六千多兩，在三個整天之內完工。慶保也下令秀才游化龍趕赴東路，與廣東福建籍的各村莊協調，以防範有所內變。

當初，鳳山作亂，慶保再下令署守備陳名聲以遊擊三品頂戴之職位進行作戰，但還未到達戰地，鳳山就失守。錢霱與知縣吳兆麟逃入廣東籍莊內，名聲於是將軍隊帶回埤頭（今臺南市關廟區）。十一月二十九日，廣東籍子弟護到下淡水溪南邊（今高屏溪）；正要渡溪時，前方部隊與匪相遇，而後方部隊火藥自行發射。部隊爲之混亂，賊匪趁機攻擊，吳兆麟被殺於磚仔窰莊（今高雄市大寮區），錢霱也是頭髮眉毛著火，僅能逃過一劫，與名聲進入內埔（今屏東縣內埔鄉）。而賊黨陳棒、葉豹、黃灶、李璉、盧章平等人率領部眾在楠梓坑（今高雄市楠梓區）攻打遊擊吉凌阿。當時因派駐在鳳山的援軍只有三百人，但敵人卻有幾千人，守軍與敵人力戰取得多次的勝利。不過因軍糧不足，乃設計拔營返回府城。等到賊黨發現時，已經進入府城裡了。

蔡牽既然南下，就是想圖謀臺南府城，他自己處在船隻中，觀察山賊的舉動。十二月五日，開始攻擊安平；隔天，又撲向府城。被擊退了。府城周邊的居民乃帶著家眷進城，往來的人眾多紛亂，商家店鋪都不做生意了。一天傳了好幾回賊匪已經入城，也有守城的官兵改換衣服離開，如果不是仕紳商人協調防守，府城必定失守。陳鴻禧，鎮署稿房鴻猷的弟弟，被派守西門木城。鴻猷存有叛離的心意，想要召集弟弟擾亂軍心，當天黑時，鴻禧與群眾爭搶進門，有失軍容。男女百姓後來到的都不得其門入，相擁哭泣，造成路上紛擾不已，一時盛傳賊匪已經接近府城。陳啓良得到消息後，知道木城依然存在，乃向都司許律斌請求提供部隊，取到三十名士兵；又與義首郭拔萃、郭振春等分別召募八十名義勇，協助防禦。晚上啓良將鴻猷的情況秉告了巡道。慶保乃緊急晉見總兵，逮捕鴻猷，搜出了勾結賊匪的白旗，加以處死。城內的防禦愈加嚴密。各個城門都關閉，只有大西門讓郊外民眾出入，火炬照耀的黑夜如同白晝，巡視絕不中斷，民心稍爲安定。然而山賊每逢三、六、九日必然來攻城，但都被火炮給擊退。二十四日，愛新泰出外巡視，與賊匪相逢打了敗仗，千總薛元勳戰死，愛新泰也被圍。吉凌阿立即趕來，才得以脫困。而閩浙水師提督李長庚已經率領軍艦來到了。

十一月正月五日，長庚命令金門鎮總兵許松年（一七六七—一八二七）、澎湖水師副將王得祿（一七七〇—一八四二）進陸地攻擊。蔡牽擔心官兵來到，所以把船隻破壞沉入鹿耳門阻塞河道，作爲阻擋。長庚知道南北汕大港門（今臺南安南區鹿耳門附近）可以通行小船，乃控制住它。命令兩位將領駕著澎湖的船隻進入。此時風勢非常有利，焚燒三十多艘賊船，俘虜了數千名賊匪。蔡牽退守洲仔尾（今臺南市永康區），官兵進駐停泊於內港，而山賊進攻府城越來越近，聽到官兵趕來，想要分散他們的力量，猛力攻打大南門（今臺南市中西區）。南壇僧人澄潭祕密與賊匪相通，遭到逮捕訊問，並獲悉有內應之人，全部處決。十六日黎明，賊匪又分成幾隊來攻，義勇們進行防禦。十八日半夜，匪賊將要來襲，都司許律斌移防到木城。匪賊知道官軍已有準備，轉到安平。巡守軍隊看到，開炮射擊；折向北邊而去，圖謀與蔡牽會合。二月二日，慶保會合進攻菻茶（林投，今臺南市北區），三郊義首也率領部眾從小北門出發。接著守備吉凌阿、都司許律斌、遊擊官朝贊、知縣薛志亮都到齊。三郊眾人請求進攻洲仔尾，而且指出可以攻取的狀況，剛在討論時愛新泰來到，下令出兵。三郊的部眾個個奮勇前進，抵達戰地，賊匪沒有防備，一鼓作氣就被攻破。內港水師也來助陣，長庚另外派遣士兵由鹿耳門水道的南線出發，從後方燒毀匪船，蔡牽大敗；賊首周添壽、陳番等各自逃亡。因為當天是土地公誕辰，接近村裡的賊匪大多會返家，因此局勢非常肅殺。隔天，收復桶盤淺莊（今臺南市南區）。賊首陳棒聽到戰敗消息，未戰就潰敗。蔡牽知道山賊不足以成事，也企圖遁逃，不過遭到官兵的圍困。六日，風勢潮水突然漲起，水底下的船漂浮上來，蔡牽以重金賄賂浙江籍士兵，黎明時潛伏奪鹿耳門港而出。長庚追擊，奪取了十多艘賊船。最後因福建籍士兵沒有協助扼住各個港口，竟然逃離，帆篷與船舵都毀壞。到了福建福寧又有山賊接應，氣勢再度重振。長庚把這些情況向上呈報，朝廷下詔總督玉德去職，逮捕到北京治罪，以阿林保（一七四六－一八一〇）取代。玉德實是因嫉妒長庚的戰功，力主安撫蔡牽，所以福建兵士並不願奮力作戰。

陳棒自從桶盤淺潰散後，十四日回到埤頭，再敗，走到桃仔園（今桃園市的北方臺地），進入原住民地區。吳淮泗也自旗後（高雄市旗津地區）遁入賊船。不久捕獲並殺戮陳番及許和尚，自此南路漸漸平定。十二日，總兵愛新泰率領安平副將張良樹、北路副將金殿安、參將英琳等南下，收復鳳山城。廣東莊得到消息，護送陳名聲、錢霫前來會合，分別剿平其餘賊匪。每每誣告良民，或者逮捕或者逃竄，官兵苦惱至極。福建、廣東素來就不和，經常無事也會發生械鬥。當時廣東莊以抗賊有功，而幫助賊匪是福建人，從而假借事端來滿足自己。官方並不禁止。地方剛剛平定，而兩族群又將開啓爭端。鄭兼才上書巡道，請停止剿亂，下令被迫跟從別人犯罪的，可以不予處治，事情才告平息。

十六日，蔡牽又率船來襲，停泊鹿耳門。過了二天，長庚也趕到，蔡牽轉移到王爺港（今臺南市北門區），既然知道無法靠近，於是向北離去，圖謀占領噶瑪蘭。噶瑪蘭廳位處於臺灣東北，絕對的遼闊遙遠，當時尚未劃入版圖。乾隆末期，漳浦人吳沙（一七三一—一七九八）才開始召募無業之人進入開墾。嘉慶元年（一七九六），在烏石港南邊（今宜蘭縣頭城鄉）建築土圍。二年（一七九七），吳沙去世後，由姪子吳化接替他的位置，追隨者非常多。蔡牽來到，想要奪取這塊土地，眾人相當恐懼。吳化籌謀如何抵抗，晚上集合武器部隊，扼守要塞，又下令原住民埋伏在岸上。隔天早晨，賊匪進入市場購買物品，擒住了十三人，蔡牽憤怒地派出賊匪進攻。眾人鋸斷大木頭將港道阻塞住，匪船無法進港，過了許久乃退去。五月十七日，再占據鹿耳門，搶劫商船，造成海道無法通行。二十七日，福寧總兵張見陞、澎湖水師副將王得祿合力攻擊，清軍奮力作戰。蔡牽的指揮船要出港，但鹿耳門水道狹窄，左右兩邊都有沙汕，每當夏秋之際，風浪澎湃洶湧，蔡牽的許多船艦因而遭到衝擊破損，狼狽逃走。從此不敢再進犯臺灣。不久又有朱濆之亂。

當初，朱濆與蔡牽分手，自己率領部眾，橫行海上。十二年（一八〇七）七月，在廣東大萊蕪被打敗，並且遭到澄海副將孫全謀的追擊，逃入鹿港，或到淡水，伺機搶劫。當時王得祿駐守在銅山（今福建省東山縣），聽到朱濆進犯臺灣，率領戰船追索；晚上到了雞籠，看見朱濆的船隻躲在港內，突然攻擊。朱濆逃到噶瑪蘭，運送許多農具進入蘇澳，企圖謀取溪南土地。蘇澳屬於臺東的原住民區域，處於噶瑪蘭的東南方，官兵未曾到過於此。五圍頭人陳奠邦緊急通告。知府楊廷理

（一七四七—一八一三）北上，與得祿會合，會同水陸官兵追剿。岸裏社頭目潘賢文住在羅東社，勢力雄據一方，朱濆想與他勾結，而李祐私下也與賊匪串通。廷理了解這些事實，召來賢文，曉以大義，犒賞原住民毛織品十匹，紅布五百匹、銀子千圓，他們乃奮勇直起，表示願意效命；於是在海口設置木柵，逮捕與賊匪串通的人。李祐恐懼，帶著妻子逃到賊船上。九月九日，楊廷理從艋舺到了五圍，集合眾人加以撫慰。義首林永福、翁清和表示願意率鄉勇效力，王得祿的水師也來到蘇澳，朱濆使用巨型的繩索繫上鐵鍬沉入港口作爲阻擋。而廷理已經命令義首各自率領原住民，上山砍伐樹木，送達蘇澳；賢文也切斷賊匪的打柴和汲水。二十日，水陸兩軍夾攻，焚燒三艘賊船、一艘巨舟，朱濆大敗，率領十六艘船隻順流向東而去。之後再爲許松年所剿滅。從此臺灣無海寇。事件結束後，下詔收噶瑪蘭入版圖，設置官府經營。這一役曾經命令將軍賽沖阿巡視臺灣，凡是作戰防守有功的文武官員仕紳都向朝廷奏請，獎賞不一。

十二月二十五日，長庚追逐蔡牽進入黑水洋（今長江口附近一帶）。蔡牽的情勢非常緊迫，即將被擒拿，蔡牽的部奴們開火炮打中長庚，長庚死亡。得知消息後，朝廷下旨哀悼，追封伯爵，謚號忠烈，爲他建立特別的祠堂。升任王得祿提督閩浙水師一職。得祿，臺灣嘉義人，長久以來追隨長庚立下戰功。十四年（一八〇九）八月十七日，偕同提督邱良功南下，追擊到魚山外洋（今浙江漁山群島），蔡牽勢力大大的窮蹙，集合兩省軍船圍困他。十八日，到了黑水洋，賊船全部沉沒，蔡牽知道逃不了，開炮破壞自己的舟船，落水而死，妻子黨徒全部沉海而亡。上奏朝廷後，得祿晉升爲子爵，其餘也有嘉獎。從此海寇全部掃平。

王得祿列傳／張崑將、張溪南

王得祿，字百遒，號玉峰，祖先居住在江西省南城縣（今江西省撫州市南城縣），曾祖父王奇生曾在清朝軍隊中擔任千總（清朝低階武官職稱），後來隨軍隊來臺參與平定朱一貴之亂，在鳳山縣（舊時鳳山縣涵蓋今高雄市、屏東縣）戰死，朝廷特別恩賜「騎尉」的世襲封賞，家人於是遷居諸羅縣的溝尾莊（今嘉義縣太保市）。王得祿十五歲時就入縣學習武（清代教育制度能入縣學就讀的稱為生員，又叫「庠生」，即俗稱的秀才，武庠即武秀才）。乾隆五十一年（一七八六）冬天，林爽文起兵造反，攻陷諸羅縣城，王得祿到臺南府城求救兵，並召募義勇民團五百名等待調用出擊。乾隆五十二年（一七八七）十一月，大將軍福康安（一七五四—一七九六）收復諸羅城，王得祿因隨同征戰立下戰功，後來又隨同攻打「大里杙」（今臺中市大里區），騎馬搶先渡河身先士卒，部隊隨後進攻，於是很快就攻破敵人堅強的防禦工事，林爽文逃進深山。福康安率領大軍進擊，將王得祿配屬在汀州鎮（清代軍事轄區，駐地在福建省長汀縣，轄境約今之福建省武夷山脈以東，三明、永安、漳平、龍巖、永定等市縣地區）總兵普吉保（？—一八〇〇，當時應為福建汀州鎮總兵，亂事平定後任臺灣鎮總兵）的部下。等到林爽文事變平定後，被封賞在頂戴上插上花翎（清代皇帝特賜的插在帽上的裝飾品，賞給有特殊貢獻的人），並以千總職務派用。乾隆六十年（一七九五），再升任督標右營官職（「督標」為清代總督所轄部隊的編制單位，分左、中、右三營），陳周全（？—一七九五）事變時，隨同閩浙總督伍拉納（一七三九—一七九五）到臺灣，事件平息後便離開。

在那時候，福建、廣東一帶沿海有很多海盜，以蔡牽和朱濆的勢力最大，在海上劫持船隻搶奪貨物，影響阻礙貿易往來。閩浙總督傳軍令要「銅山營」（清代在今福建省東山島的駐軍）參將李長庚前往掃蕩，王得祿隨其四處征剿，頗能英勇殺賊。嘉慶五年（一八〇〇）春天三月，李長庚升任福建水師提督，全心全力要剿滅海盜，而王得祿和邱良功（一七六九—一八一七）便是他的左右手。四月，王得祿護送派往琉球冊封琉球王宣揚國威的特使船。十一月，回到省城，馬上率領軍艦出海，經常能殺敵致勝，建立戰功晉升官等。嘉慶九年（一八〇四）十一月，協防澎湖水師協副將（清代澎湖水師協隸屬臺灣鎮，最高指揮官的職稱為「副將」），當時蔡牽有進犯臺灣的意圖，而澎湖是出入臺灣海上必經的地方，孤立在海上，王得祿便積極謀劃防備的要務、爭取並充實軍用的器械及糧食、興建炮臺，以防範海盜的侵擾。嘉慶十年（一八〇五）春天正月，蔡牽進犯澎湖，靠近虎井嶼（是澎湖群島第七大島嶼，位於本島的西南方），想要登陸，被王得祿抵擋沒得逞。八月，王得祿接任澎湖水師協副將。十一月，蔡牽進入鹿耳門（今臺南市安南區臨海的一個地名，鄭成功曾由此進入收復臺灣），勾結陸地上的盜匪，圍攻臺南府城，王得祿隨同李長庚前往征剿，蔡牽在鹿耳門港入口鑿沉船隻以阻礙清軍的水師航行，自己將部隊布防在岸邊。王得祿探知「大港」（今臺南市北區鹽水溪畔的一個傳統地名）可通往安平，便自己搭乘小船進入，和臺灣鎮、道等官員討論征剿和圍攻的策略，接著和義勇民團的首領吳春貴、柯緯章和王得昌等率領義民三百人，於嘉慶十一年（一八〇六）春天正月五日，部隊嚴密挺進，要求各船隻不得點燈以免被發現，等到快接近時，才一鼓作氣奮勇攻擊，蔡牽想張帆開船逃走，王得祿指揮船艦圍堵攔截，拋火罐、射綁上火油的箭焚燒蔡牽的船，猛烈的火焰瀰漫各船，賊匪害怕恐慌，不少落海溺死。這個戰役總共燒毀賊船二十二艘，擄獲三艘，擒獲盜匪頭目蔡正等一百六十八人，斬首八人，擄獲武器不計其數。蔡牽的氣勢雖被打擊削弱，但是仍然占據險要地方頑強抵抗。二月二日，王得祿將船停靠「洲仔尾」（今臺南市永康區一個傳統地名），望見岸上民團的士兵素質雜亂不一，尤其東南邊的狀況很不好，便驚訝說：「不趕快前往支援，海賊必然會在草叢中埋伏，到時我們的兵勇將支撐不住。」他所率領的船上裝有「劈山炮」（舊時一種輕型火炮）十二尊，指揮士兵們上岸，命人將炮舉起發射，愼重交代說：「要看我的旗幟指示前進或後退。」當時潮水將退，每艘船派六個擅長游泳的人扶持前進，便揮旗指示發射炮彈，海賊果然埋伏在草叢裡，沒有預料到官兵會突然來到，爭相逃走，但是水路和陸路都被阻斷，援軍無法進入，府城內的義勇民兵又有好幾隊來到，海賊的情勢更加困頓，官兵放火燒毀賊營，蔡牽大敗，想要逃走，但是港口被他自己的沉船堵住無法航行。六日，潮汐突然大漲風向也轉，於是被蔡牽逃脫，李長庚和王得祿緊急追擊，已追不到了，但奪下他們的十幾艘船隻，也算頗有收穫，但是因蔡牽被逃脫，朝廷下詔革除王得祿的頂戴（清代對官員革除頂戴表示革職或降職處分，此處應只是降級處分）。三月，欽差大臣賽沖阿（？—一八二八）奉命渡臺征討蔡牽，仍舊派他協助圍剿。五月，蔡牽又將船停靠鹿耳門，賽沖阿命令王得祿率領十二艘戰艦、二十艘「艨衝」（「小澎船」應是「艨衝」，是古代用於水上攻擊的輕快先鋒船）出戰，和「福寧鎮」（駐地在今福建省霞浦縣）總兵張見陞內外夾攻，王得祿對先前被蔡牽逃脫一事還相當憤慨，奮勇進擊，衝殺蔡牽船隊的主力，擄獲十艘船艦，擊沉十一艘，擒捉盜匪頭目林略、傅琛和二百數十多名匪徒，蔡牽大敗逃去，這次大勝朝廷便下詔升王得祿爲總兵。嘉慶十二年（一八〇七）春天正月，聯合浙江提督李長庚圍剿蔡牽於廣東省外海，戰事順利頗有收穫，接著便調任南澳鎮（駐地在今廣東省汕頭市南澳島上）總兵，到銅山（今福建省東山島）時，接獲消息說朱濆逃竄到鹿港，立即前往追擊。七月，到雞籠（今基隆市），發現朱濆的船隊藏匿在港內，又有情報說朱濆準備趁夜晚來偷襲，迅速還擊，消滅海賊七百人，擄獲九艘船，燒毀二艘，擊沉三艘，救回商船一艘。朱濆潰敗逃到蘇澳（今宜蘭縣蘇澳港），打算在占據那裡長久居留，王得祿再隨後征剿，發現蘇澳港出入處狹窄，便用小船裝運火攻的兵器進入，在港口處埋伏大船等待襲擊。不久便放火燒船，朱濆的船隻爭著要出港，被王得祿埋伏在港口處的船開炮攻擊，朱濆情勢窘迫倉皇逃走。王得祿擊沉三艘敵船，擄獲一艘船和不計其數的武器。朱濆向東航行，從此不敢再來侵犯臺灣。

（嘉慶十二年〔一八〇七〕）十二月，李長庚追擊蔡牽於廣東「黑水外洋」（清代將沿海海域劃分為三部分：一是內洋，靠近大陸海岸或島岸的海域，有水師管轄。二是黑水洋，又稱大洋、深水洋，類似於現代的公海。三是介於二者之間的外洋，這部分海域通常以距離中國海岸、島岸最遠的島礁為標記），被炮彈擊中身亡。嘉慶十三年（一八〇八）春天正月，朝廷頒發詔令升王得祿爲浙江提督，統領福建、浙江兩省的全部戰艦，希望他爲李長庚報仇洗刷怨恨。五月接受新職，六月又調任福建水師提督，便和閩浙總督阿林保聯名上奏建議：「臺灣北路的守軍稀少薄弱，請將『興化協左營』（駐地在福建省莆田縣）的防衛部隊改爲水師，部隊移防『滬尾』（今新北市淡水區），將『延平協左營』（駐地在今福建省南平市）的防衛部隊移防『艋舺』（今臺北市萬華區），負責統轄陸路的守衛。」朝廷同意他們的意見。嘉慶十四年（一八〇九）八月，聯合浙江提督邱良功征剿蔡牽於定海（今浙江省舟山市定海區）魚山（今舟山島西北方的大魚山島），蔡牽的勢力已大不如前，王得祿和邱良功一路追擊不敢稍停。隔天，蔡牽的船艦處於順風的有利位置，快到中午時，已超越黑水洋（外洋，即今所稱的公海），見到了湛藍的海水（表示已到達深海區），眼見蔡牽又將逃出外洋（公海），王得祿怕再被他逃脫，指揮福建、浙江所有船艦（清代為了管制船舶，除了船身的漆色有所規定外，船艏也要刻上該船的州縣名以區分別）全力阻絕。蔡牽被迫打一場生死決戰，將繫船帆的繩子纏繞在一起，海賊用繫船的鐵錨鉤住浙船，激戰中邱良功的小腿被長矛貫穿。浙船將鐵錨毀壞後掙脫，王得祿的船艦又再逼近，這樣持續纏鬥了很久，鮮血四濺衝殺聲不斷，蔡牽彈藥用盡，用外國錢幣當炮彈和子彈，官兵也用大炮轟擊，海面上煙霧瀰漫，王得祿右額受創，突然倒地後再爬起，大聲勇猛喊：「殺！」蔡牽見大勢已去，已無法全身而退，竟將自己的船炸沉，妻子和兒女也全死難。

捷報傳到朝廷，頒發詔令封王得祿爲「二等子爵」（清代爵位是皇帝對貴戚功臣的封賜，分王、公、侯、伯、子、男六級，其中王爵分親王、郡王二等，為宗室爵位，公爵至男爵各分為三等，共計二十等。爵位並不具備行政權，主要用來確定皇親、功臣世襲的政治名位和俸祿），賞戴「雙眼花翎」（清代花翎分一眼、雙眼、三眼，三眼最尊貴；「眼」指的是孔雀翎上像眼睛的圓，一圈稱一眼，通常被封為鎮國公或輔國公之類的親貴才能被賞戴雙眼花翎，象徵極高榮耀）。嘉慶十五年（一八一〇）四月，再率領水師出海，搜捕清剿蔡牽餘黨，大部分都歸降了，海上船隻的來往稍能平靜一些，但仍然還有黃治在「海壇島」（今福建省福州市平潭縣，即平潭島）聚眾滋擾，攔截搶劫來往的商船和貨物，王得祿前往征討平定，由於他經常能夠擊敗斬殺海盜，海賊之亂從此逐漸平息。

嘉慶十六年（一八一一）九月，入宮覲見皇帝，嘉慶皇帝特別關心詢問有關水師的狀況，詔諭褒獎嘉勉，內容溫和懇切，不久便回到福建。嘉慶十八年（一八一三）二月，福建巡撫張師誠（一七六二—一八三〇）呈上奏章建議：「臺灣的鹿耳門和鹿港（今彰化縣鹿港鎮）兩處港口，港內布滿暗沙，必須要有淺水航行的船隻才能防守，故應打造適合防守港灣的船隻和八槳快船（此船兩邊各有八槳，體積較小，具有良好的機動性，便於調頭和轉彎，且航速較快，適用於近海作戰），分別配置以防範阻擋敵人來犯。王得祿一向熟悉臺灣的地形，奏請派他負責設計船隻的形式。」王得祿於是便繪製船隻的設計圖呈上，並上奏建議：「新船建造完成之後，分別撥給鹿耳門十六艘，鹿港、八里坌（今新北市八里區）各八艘。」朝廷聽從他的建議。又將廈門作爲全福建的重要通商港口，但各河口的港埠分布雜亂，商船貿易往來，時常擔心被海盜盯上搶劫，王得祿再上奏建議：「請允許動支撥用房屋租稅的經費，增加建造划槳式且輕快的巡邏警戒船隻，以利查緝搜捕。」朝廷也答應了。王得祿便立刻回到臺灣檢閱部隊布防情況，並請假到祖墳拜祭。王得祿小時候母親便已去世，由大嫂許氏撫養長大，因此特別向朝廷請追封大嫂爲「一品夫人」（清代對高官的母親或妻子加封的誥命夫人中級別最高的封號），並請追贈其大哥爲振威將軍，能得到皇家如此封賞，王得祿算是少數中的少數。七月回到福建任所，整頓軍務清除各種弊端，對於許多規定和制度有所改革。嘉慶二十五年（一八二〇），又到臺灣檢閱部隊布防情況。道光元年（一八二一）春天正月，調任浙江提督。隔年六月，以養病爲由請求回原籍地（今臺灣嘉義縣太保市）休養，因捐輸「運津米」（乾隆末期至嘉慶中期，兩岸間因蔡牽等海盜事件頻繁，臺灣的運輸延遲情況日趨嚴重，因此商船藉口避開海盜而從臺灣直航江浙、天津等地的情況增加，運往天津的米糧便稱為「運津米」），又發起修築鳳山縣城（應指鳳山縣鳳山新城，非左營舊城），朝廷下旨交吏部從優敘獎。道光七年（一八二七）八月，入京覲見皇帝。回到福建後，暫時安頓住在廈門。過了不久，嘉義張丙（？—一八三三）舉兵生亂，臺灣南北路都受到影響，隨即召募義勇民團五百名，跟從水師官兵來到樸仔腳（今嘉義縣朴子市），協助平亂有戰功，朝廷下詔加封「太子少保」（太子少保原為負責教習太子的官職，有太師、太傅、太保，少師、少傅、少保分別是他們的副職，後來演變為只是一個榮譽的官職）。王得祿因嘉義縣城的城牆在張丙亂事中被嚴重摧殘，便提議發起重新整修，並建造儲存糧食的公有倉庫，儲備稻穀二萬石，作爲戰亂時之需。王得祿回鄉居住時，經常有助人的善行。道光二十一年（一八四一）和英國人的戰役中，王得祿被派往澎湖協助防務。十二月，在防地澎湖病逝，享年七十二歲，朝廷在其死後追封爲伯爵，並加太子太師的官銜，賜給「果毅」的稱號（「諡號」乃古代君主、諸侯、大臣、后妃、權貴、僧道等死後，朝廷依其生平功過與品德修養，另起稱號，作為其一生的評斷），皇帝特別派遣使臣前往拜祭。有十個兒子，長子朝綱，任職於山東「濟東道」（山東省境內濟南附近的一個轄區，府治在今濟南市）；次子朝綸，是候補員外郎（員外郎是正式編制以外的官員，不是科舉出身，也不是主官，因此許多有錢人會買捐這個官職，這種情形在清代特別泛濫）。

謝、鄭列傳／張崑將、張溪南

謝金鑾（一七五七—一八二〇），字退谷，福建侯官（今福建省福州市、閩侯縣一帶）人，年輕時雖孤苦貧寒，但侍奉母親至孝，喜讀宋朝儒者言行錄、五子（北宋五子：周敦頤、程顥、程頤、張載、邵雍）《近思錄》（朱熹和呂祖謙將北宋五子語錄採摘編纂完成之哲學著作）。金鑾常說：「士人以忠孝好學爲立志之本，將倫理綱常視作日用力行之事，只空談存誠、愼獨、主敬、存養等修養工夫，卻不知以讀書爲治學之本體，有失偏頗。」乾隆五十三年（一七八八），鄉試中舉。嘉慶六年（一八〇一），擔任邵武（今福建省邵武市）教諭（地方學校儒學教師），不久又調任南靖（今福建省漳州市南靖縣）、安溪（今福建省泉州市南靖縣）。所到之處皆以興辦學問爲己任，爲當時士人所推崇。嘉慶十年（一八〇五），調任嘉義（今嘉義縣）教諭。當時海盜蔡牽（一七六一—一八〇九）作亂，於海上劫掠，攻陷鳳山（今高雄市鳳山區），情勢嚴峻，臺灣南北部地區均採取戒嚴以應對。嘉義知縣（陳起鯤，一八〇三—一八〇六年任嘉義知縣）詢問金鑾軍務統籌與禦敵對策，金鑾回覆：「地方（嘉義）的士人與民眾此前曾遭遇林爽文（一七五六—一七八八）之亂，當時主要採取設置柵欄、挖濠鑿溝的方法；士兵則學習炮（以戰車投射石頭、火藥的遠程武器），這些禦敵方法皆收到極大成效，可召集他們來謀定對策。」知縣於是遵照金鑾所言，士人、民眾與士兵果然應召而來，他們首先環顧嘉義縣城城門，再根據地理位置指揮，擘劃防禦方法，據地守城。等到三更時分（約午夜十二點），防禦布署始告完成。不久，等總兵武隆阿（？—一八三一，時任廣東潮洲鎮總兵）率軍抵達，蔡牽黨羽才全部退去。武隆阿知悉金鑾才學，遂至嘉義縣學署拜訪，見牆壁上留有教授士子相關學規，讚嘆道：「（金鑾）眞是博學多聞、允文允武之人呀！」對金鑾以禮相待。

起初，蔡牽預謀占領蛤仔難（今宜蘭縣）作爲巢穴，朱濆亦屢次窺視蘇澳（今宜蘭縣蘇澳鎮），伺機進犯。金鑾以蛤仔難位處臺灣東北，扼居險要，其地理位置攸關全局，若爲海盜占據，則禍害難以平息。於是翻找此前地圖、史地經籍，詳加考究蛤仔難歷史與地勢，完成《蛤仔難紀略》六篇，首篇記蛤仔難之沿革，次篇記朝廷對蛤仔難之政令宣布、撫綏，第三篇記蛤仔難之地理形勢，第四篇記蛤仔難之行政區劃，第五篇以圖說明蛤仔難的各種記載，終篇則論證蛤仔難對臺灣之重要性，相關記載可見〈撫墾志〉。金鑾將《蛤仔難紀略》上奏給朝廷，請求在蛤仔難設立官署，並將當地民眾納入戶籍，以利管理。地方官府卻以蛤仔難險阻、偏遠爲由擱置此一建議。金鑾於是行文給同鄉（福建省）少詹事（太子僚屬，負責管理東宮事務）梁上國（一七五〇—一八一八），請他代爲上呈。皇帝於是下詔任命閩浙總督派人經營蛤仔難，設噶瑪蘭廳管理。當時的臺灣知縣薛志亮聘金鑾修纂《臺灣縣志》，與臺灣縣學教諭鄭兼才爲同事，兼才與金鑾持論相同，均主張朝廷應在蛤仔難設置官署管理。金鑾在嘉義教諭任期屆滿後，便調任南平（今福建省南平市）教諭，不久又移至彰化（今彰化縣），再調往安溪。金鑾欲申請退休，學生皆籲請留任，但未過多久，金鑾即因病歸鄉，於六十四歲（嘉慶二十五年〔一八二〇〕）時逝世。金鑾生前著有《教諭語》，在國內相當風行，又有《二勿齋文集》傳世。道光五年（一八二五）時，金鑾亨祀於鄉賢祠。

鄭兼才，字文化，福建德化（今福建省泉州市德化縣）人。乾隆五十四年（一七八九）被選拔爲貢生（地方秀才成績優異者，可被選入京師國子監就讀者），權充正藍旗官學（八旗旗學之一，清代中央官學制度，專門為八旗子弟設立）教習（八旗旗學教師），後又授予閩清（今福建省福州市閩清縣）教諭。嘉慶三年（一七九八）鄉試中舉第一名，後改任安溪教諭，又調往臺灣。調任臺灣不久便遭遇蔡牽進犯臺南府城（今臺南市）、盤踞北汕（鹿耳門北線），周遭山賊亦暗自蠢動，府城中也熱議著攻戰或防守之策。兼才駐防府城大南門（今臺南市寧南門），盤查出入民眾，日夜巡查、廢寢忘食，全神貫注於防務。等到蔡牽平定，朝廷以兼才之功授予江西長寧（今江西省贛州市尋烏縣長寧鎮）知縣，兼才堅辭不受，請朝廷改授教諭職以準備會試（科舉制度下的中央考試），乃改至建寧（今福建省三明市建寧縣）赴任，後又調往臺灣。當時士人紛紛討論在蛤仔難設立官署，但最後沒有得出結論。兼才以蛤仔難地理位置處於上游，加上漳州（今福建省漳州市）人與泉州（今福建省泉州市）人雜居，容易發生糾紛，萬一有所閃失，則臺灣械鬥的隱憂將就此滋長，因而力主在蛤仔難設立官署。後朝廷採納兼才建議。

起初，蔡牽攻陷鳳山後，閩籍（今福建省）、粵籍（今廣東省）的莊民均藉此事端相互設計陷害；奸惡狡猾的官吏及土豪則又以捕捉盜賊爲名，謀求利益。兼才得知後便進諫言給巡道（清代地方政府官職，按察使之副手），這些事端才得以弭平。臺南府城昭忠祠（今臺南市昭忠祠遺址）祭祀因蔡牽之亂陣亡之官兵，但祭祀名單有所疏漏，兼才亦旁徵相關事實，後將兩千四百八十餘人補入名單當中。兼才雖爲學術官僚，但對於官吏治理與民生議題，無不全心全意鑽研其中。著有《六亭文集》傳世。

連橫說：在噶瑪蘭設置官署的相關討論，當時士人雖前後討論不斷，但其中以謝金鑾所論最切中事理，鄭兼才所言亦與金鑾有同樣心思，皆是有用之建言。士人、君子讀書或評論世事，執筆作文章，應足以作爲典範，而輕佻無行之人專務文辭絢麗，見聞狹隘之人則多空泛之言，不能成就經世治國的大業。不知事理而論事，是爲不智之舉；知事理而不進建言，是爲不忠之舉。不智加以不忠，不能算是人啊！像金鑾、兼才以無足輕重的官職而能進諫開疆擴土之大計，可說是能樹立傳於後世言論的典範之人。

吳沙列傳／吳昆財

吳沙，福建漳浦人，少年時行跡放任。來臺灣後，居住在北方的三貂嶺；有俠義氣慨，與原住民有生意往來。原住民敬愛他講信用重義氣，遠近有多人追隨。凡窮苦窘迫來投靠他的人，吳沙都給他們一斗米，一把斧頭，讓他們進入山林裡伐木抽籐，以自謀生活。此時追隨者越來越多。淡水廳憂慮吳沙會作亂，下令牽制他。林爽文之變，震撼全臺；平定後，其黨徒多向北逃竄進入山區。同知徐夢麟一向知道吳沙有能力，乃請示上級，收編吳沙防堵匪黨。吳沙與原住民貿易已久，也曾深入蛤仔難（今宜蘭縣），認為該地平坦且肥沃，可以用來開墾。蛤仔難本屬原住民土地，三面環山，東邊臨海，有萬頃平原，河川遍及，是天然沃土。從三貂嶺翻山而走，只要一、二天就可抵達，不過漢人卻少有人進入此地。乾隆三十三年（一七六八），林漢生才開始率人進入開墾，但卻遭原住民殺害。其後有人嘗試再前往開荒，不過皆無功而返。吳沙既然倡議開墾，乃與朋友許天送、朱合、洪掌商議。這三人也經常和原住民進行小規模生意。他們分別召募漳、泉、粵三籍的無業流民，且率領二百多鄉勇前進，佃農再跟隨其後。嘉慶元年（一七九六）秋天九月十六日，抵達烏石港，構築土堡居住，就是頭圍（今宜蘭縣頭城鄉）。其後，吳沙墾地日漸多，原住民驚恐，出動全族來對抗。鄉勇也奮力作戰，吳沙的弟弟戰死。吳沙既已遭原住民傷害，所以也竭盡所能與之對陣，毫不屈服。吳沙派遣使者告訴原住民：「我是奉朝廷命令而來；因為海寇想要染指這塊土地，勢必會危害原住民，我並不是貪圖土地。而且在此駐兵屯田，亦可以保護你們的性命啊。」原住民相信了，所以戰鬥稍爲消停。過了不久，原住民有人染上了天花，死者無數，就全社遷徙。吳沙嘗試提供藥物治療他們，但原住民不敢服用；後來強迫服用，原住民病症多立即痊癒，總計救活了一百多人。許多原住民從而將吳沙視爲神明，並獻納土地當作酬謝之禮。不到一年，竟獲得數十里土地。

當初，吳沙準備進入蛤仔難開墾，因爲苦無資金；淡水柯有成、何績、趙隆盛聽到消息，紛紛出手協助。吳沙所召募的人以漳州籍爲主，大約一千人，接著漸漸有泉州人加入，而廣東籍則爲鄉勇。不久，漳州人蕭竹來到蛤仔難，吳沙以禮接待他，並請蕭竹擔任幕僚策劃。嘉慶二年（一七九七），吳沙趕赴淡水廳取得開墾執照。官府同意以吳春郁義首之戳記給予吳沙。開墾蛤仔難的一切事宜，皆允許吳沙權衡應變。於是，吳沙乃召集佃農，訂立合同，徵收租金穀糧，修築道路。沿著山勢的各個隘口，分別設立十一處隘寮，稱之爲民壯寮，並召募壯丁防守。每個隘設立十幾至五、六十人日夜巡防，讓來往行人安全無虞，所以來到蛤仔難的人皆能開墾田廬、讓子孫們有了奮鬥的意志。而吳沙本人也收入大增，有餘力能再開發二圍（今宜蘭縣頭城鄉）土地。

三年（一七九八），吳沙去世，因兒子光裔無能，由侄子吳化接替吳沙的位置。不久後，吳眷、劉胎、蔡添福皆來歸附，將開墾土地發展到湯圍（今宜蘭縣礁溪鄉）。原住民害怕漢人逼近，所以又經常發生戰鬥情事，相互殺傷。吳化於是和原住民議和，約定互不侵擾。原住民非常滿意。其後，開發至四圍（今宜蘭縣礁溪鄉等地區），都是由漳州人所完成。泉州人最初不到二萬人，僅有二圍一地，工人的衣食等皆仰賴漳州人。廣東人感到忿忿不平，且認爲泉州人軟弱，於是起而攻擊泉州人。泉州人乃反擊廣東人，不過往往被打敗，故而想棄地離開，卻被漳州人勸留，更把柴圍六十九結的奇立丹土地（今宜蘭縣礁溪鄉），撥給泉州人。同時，吳化和上述三人告誡其他人，千萬不可再跟進惡鬥，這時三籍人士也才相安無事。七年（一八〇二），來到蛤仔難的人數越來越多。漳州人吳表、楊牛、林循、簡東來、林瞻、陳一理、陳孟蘭，泉州人劉鐘、廣東人李先，一共率領了一千八百十六人，開墾五圍（今宜蘭縣宜蘭市），稱之爲九旗首。九旗就是每人各立一旗插入地上，以旗幟顏色爲界。這時漳州人取得金包里、股員、山仔、大三鬮、深溝地（今宜蘭縣員山鄉），泉州人取得四鬮一、四鬮二、四鬮三、渡船地（今宜蘭縣宜蘭市），而廣東人取得一結至九結土地；泉州人則另外開闢溪洲一帶（今宜蘭縣員山鄉）。三籍貫的無業者雖然各自進行農耕與防禦工作，不過都奉吳化爲義首；吳化也能駕馭眾人，聽從他的號令，不敢亂來。

嘉慶九年（一八〇四），彰化原住民土目潘賢文因犯法畏懼被逮捕，率領岸裏、阿里史、阿東、東螺、北投、大甲、呑霄、馬賽諸社原住民千餘人，翻越沒有官兵和漢人的內山，逃到五圍，意圖爭奪土地。其中阿里史原住民較爲強悍，挾帶火槍的優勢，漳州人不敢和他們戰鬥，計畫分散其群眾，進而送糧食給原住民。阿里史族非常高興，漸漸拿火槍交換衣服食物，到火槍幾乎交換殆盡的地步。之後，漳州人才開始強勢對付原住民，不過原住民也已無能力抵抗了。十一年（一八〇六），淡水漳、泉械鬥，有泉州人逃入蛤仔難，被原住民接納。後來泉州人又與漳州人戰鬥，廣東人和阿里史族都倒向泉州人。然而漳州人地大族強，經常取得勝利，終於完全併呑了泉州人的土地。原住民因失去了棲息地，乃遷往羅東，奉潘賢文爲長，過不多久又發生戰鬥。漳州人林標、黃添、李覬分別率領百名壯丁，以吳全、李佑爲前導，夜晚渡過叭哩沙（今宜蘭縣三星鄉），潛入羅東後方發動突擊。原住民驚恐潰散。這時漳州人再併呑羅東。之後，泉州人請求議和，漳州人答應，乃從溪洲沿海墾地到大湖（今宜蘭縣員山鄉）。廣東人也順服了。

此前，發生海盜蔡牽之亂，侵犯臺灣沿海。嘉慶十一年（一八〇六）春二月十六日，蔡牽船隻停靠臺南鹿耳門，準備攻打府城，但被福建水師提督李長庚打敗。迫使蔡牽向北移動，企圖盤踞蛤仔難。眾人害怕，吳化則籌劃計策對抗。當晚集合數百名鄉勇，守住重要陣地，又下令原住民在岸上埋伏。隔天海寇來到，有人進入市場購買貨品，於是擒拿了十三人。蔡牽發怒進行攻擊，吳化命令以大木頭塡塞海道，蔡牽船隻不得而入，久之離去。十二年（一八〇七）秋八月，蔡牽黨羽朱濆進犯雞籠，由澎湖水師提督王得祿負責追剿，朱濆逃竄到蛤仔難。他載運大量農具，進入蘇澳，準備奪取溪南作爲根據地。蘇澳爲臺東原住民的界地，在蛤仔難東南，本來就是官兵從來到不了的地方。五圍頭人陳奠邦向官府告急。知府楊廷理乃北上，與王得祿會合，並匯聚水師圍剿。朱濆苦無支援，仍企圖聯合潘賢文做內應，而李佑與海賊也暗中有所勾結。楊廷理知道內情後，乃召見潘賢文曉以大義，並犒賞他的族人。原住民歡喜，答應效力作戰。於是在海口設木柵，逮捕與賊私通者，李佑因害怕逃到賊船。九月九日，廷理從艋舺來到五圍，召見和撫慰義首林永福、翁清和，他們各自率領壯丁防守。而得祿的舟師也趕到了蘇澳，合攻大敗朱濆。從此，海寇不敢再來犯。這一役吳化特別有功勞，他的部眾更是將士用命。事平之後，他建請將該地納入版圖。長官們則擔心因地理險遠難以治理，並不接受建議。十五年（一八一〇）夏四月，總督方維甸（一七五九—一八一五）向清廷奏議這件事。朝廷同意，乃改名稱噶瑪蘭。十七年（一八一二）秋八月，設廳，設置民番通判，建衙門與城牆，劃定地界。三籍貫無業者又紛紛進入，達到數萬人之多。到光緒元年（一八七五），再改爲宜蘭縣。

蕭竹，漳州龍溪人，頗通曉文章，也喜歡吟咏詩文，並精通堪輿之術。認爲臺灣乃是海外深奧之所，必定有奇特山水足供遊覽，乃跟著朋友來訪，走遍臺灣南北。至蛤仔難，遇到吳沙正開拓土地中，受到客禮相待，蕭竹於是勘查地形，標誌八處景致，後再擴充爲十六景，均爲之賦詩，有的記述它的山川脈絡。當時，吳沙的墾地並不廣闊，萬頃平原，河流分注。蕭竹乃就地圖中凡是適合建築城牆堡壘處，皆一一指出來。其後果眞如蕭竹的看法。吳沙開闢斯土後，陸續歸附者有數千人，大家努力耕種以自給自足。但以蛤仔蘭爲政府教化外之地而羞恥，當地也鮮少有百貨相通，蕭竹又爲他籌劃，建請把蛤仔難納入國家版圖。官府卻因該地遼遠，考慮易有變亂，因而不准。不久，蕭竹去世，吳沙也去世，由吳沙之姪吳化接手，再次接受蕭竹的建議。

陳奠邦也是漳州人。來臺後，住在淡水金包里（今新北市金山區）。自許爲豪俠，他和柯有成、何繪善，經常有義舉，總是慷慨行動。後來，移居蛤仔難，與吳沙相投意合。嘉慶十二年（一八〇七），海寇朱濆侵犯蘇澳，企圖占領。有人與海賊暗通款曲；奠邦發現後，自行派人奔走官府告急。到了艋舺，得到楊廷理援助的信函，就催促柯有成等人召募鄉勇，而陳奠邦自己率領泉州籍義首共同引導官兵，由水陸夾攻。海寇朱濆敗逃。事後，朝廷賜陳奠邦緞袍銀牌，以表彰他的功績。

噶瑪蘭剛建城之時，奠邦擔任街坊總理，積極努力做事。又率領群眾建城植竹，直到最後完工。道光四年（一八二四），山匠林永春鬧事，奠邦也有平定之功。他事母孝順，與朋友交有信，能排解糾紛，濟人之急，有著古代烈士遺風。通判高大鏞爲他家題匾表揚：「純孝性成」。鄉里曾將奠邦的事蹟提報淡水廳，不過未等到核准，奠邦就去世。家道此後也中落了。

連横說：我讀姚瑩（一七八五—一八五三）、楊廷理所寫的文章，他們記錄蛤仔難的事蹟十分詳盡，都非常稱讚吳沙開創的功勞。吳沙乃一匹夫而已，他振作遠大的志向，率領堅忍不拔的人民，深入草木叢生，野獸横行的荒蕪之地，與氣候戰鬥，與猛獸戰鬥。勇往直前，不屈不撓，因其能奮力達成壯志，使國家版圖得以擴張；這難道不是一位殖民家？我又讀了謝金鑾《蛤仔難紀略》，大力陳述廢棄該地的錯誤，他說：「讀書人做官，只在乎仁與智二字而已。智者考慮事情，不只關注一日更在百年；仁者用心，不在一己的便利與安全，而求有益於國計民生。倘若能敬事愛人，蛤仔難的人民，就是堯舜的人民啊，怎麼會有禍端？」所言極是，可以治理當時的蛤仔難，就可以治理全臺灣了。蛤仔難是原住民地區，控制著臺灣東北方，地勢險要，得失之間，關係全局。假使不是吳沙戮力開啓，則必長久成爲豺狼掌控的區域。這不就更顯示出吳沙厥功甚偉？

姜、周列傳／張崑將、張溪南

姜秀鑾（一七八三—一八四六），廣東人；周邦正（一七八一—一八四七），福建人。兩人都住居在竹塹（今新竹市），爲地方之有勢力者。當時竹塹地區的開墾正逐漸深入到原住民部落周遭，在東南地區一帶，山脈眾多、山勢層疊，當地草木叢生，雖然設有數個官隘來防止原住民進犯，但由於力量弱小難以完全抵抗，原住民每次出山便會襲擾漢人村落。原住民部落中較具勢力者有錢、朱、夏等三族姓部落，錢姓居住在中興莊（今新竹縣峨眉鄉中盛村），朱姓居住在北埔（今新竹縣北埔鄉），夏姓則居住在社寮坑（今新竹縣峨眉鄉七星村），大大小小合計有三十多個部落，族人約有兩百數十多人，他們憑藉居住地方地勢險峻，常常劫掠漢人城鎮近郊。這些原住民劫掠完村落便逃竄回山林，官府皆無力討伐。道光六年（一八二六），朝廷設置石碎崙（今新竹市柴橋里）官隘，用以保護墾戶。但這種做法僅止收到局部防守的作用，當地墾戶仍是不堪原住民的侵擾。道光十四年（一八三四）冬天，淡水（淡水廳，治所在今新竹市東區）同知（清代協助知府辦理政務的副手職務）李嗣業認爲竹塹南部村莊之開墾事務雖已啓動，但東南部山區仍未開墾，於是諭令姜秀鑾和周邦正主持。兩人於是召集閩（今福建省）、粵（今廣東省）地方移民來臺灣之人，並各自募集資本共一萬兩千六百銀圓，用以整理農地、設置關隘和寮舍，命名爲金廣福墾號（民辦武裝拓墾組織）。

起初，圓山仔（今新竹縣新豐鄉圓山子）、金山面（今新竹市東區）、大崎（今新竹縣橫山鄉豐鄉村）、雙坑（今新竹縣新豐鄉）、茄苳（今新竹市香山區茄苳里）、湖南寮（疑今新竹市北區南寮里）、鹽水港（今新竹市香山區西南）、石碎崙等地皆設有官隘，以此作爲竹塹城（今新竹市東區）的屏蔽。官府將這些官隘全部委由秀鑾和邦正管理，又另外給予黃金千兩，權充開辦金廣福墾號的資金。於是兩人糾集同鄉子弟，從樹杞林（今新竹縣竹東鎮）進入北埔（今新竹縣北埔鄉），在觀測地形後，決定在此設置四十個隘口、分配成年男子兩百人，並分派農民，以開墾北埔、南埔（今新竹縣北埔鄉南埔村）、番婆坑（今新竹縣北埔鄉番婆坑）、四寮坪（今新竹縣北埔鄉四寮坪）、陰影窩（今桃園市楊梅區）等地，共計有二十五個聚落。農民勤於開墾荒地，幾年之間便獲得農地數千甲，並不時面對原住民的侵擾。道光十七年（一八三七）冬天十月，大撈社（或作大隘社，賽夏族部落名）原住民部落聚集族人大舉進犯，與墾戶大戰於蔴布樹排（今新竹縣北埔鄉）。農民不敵大撈社，死亡人數達四十餘人。秀鑾在北埔聽聞大撈社進犯的消息，便趕忙率領壯丁前往助戰，才擊退大撈社（原住民）。不久又於番婆坑、中興莊等地交戰，大小戰役共計有十餘次。秀鑾和邦正並不氣餒，日夜籌備墾號的防守事務，兩人的部屬也全心全意投入備戰，進犯的原住民於是不能得逞。過了一段時間，淡水同知獲知詳情，提請臺灣道及臺灣鎮總兵向朝廷呈上奏章，請朝廷頒給金廣福墾號鐵印，並委託開拓疆土的重大權力，年度經費更是增加四百銀圓。金廣福墾號得以率領隘勇（臺灣清領時期為防範原住民攻擊，以保護開墾者安全的武裝制度）數百人，拓墾荒地並安撫原住民，其權力在守備（清代武官職名，位處總兵官、副將、參將、遊擊、都司之下）之上。金廣福墾號受朝廷命令專任開墾之事，於是又增加資金與召募農民，並從橫向穿過荒地，以拓墾月眉（今新竹縣峨眉鄉）之地，從而抵制大崎、水仙崙（今新竹市東區與新竹縣寶山鄉交界處）、雙坑、崎林（今新竹縣寶山鄉崎林）、水尾溝（今新竹縣寶山鄉水尾溝）一帶的原住民部落，從前、後兩個方向進行拓墾的方式，越來越逼迫原住民部落。於是芎蕉（今新竹縣芎林鄉）地區原住民不敢再反抗，反而逃竄到更遠的山區，以保全性命。於是草山（今新竹縣寶山鄉寶山村、山湖村西北半部）、順興（今新竹縣寶山鄉油田村南半部、山湖村東南半部）、南坑（今新竹縣北埔鄉西部）、火瀝（應為大壢，今新竹縣寶山鄉柑子崎）、柑子崎（今新竹縣寶山鄉柑子崎）、寶斗仁（今新竹縣寶山鄉西南部）等地區之土地，皆爲金廣福墾號所有。土地之事既已該備，便開始招納民眾來此拓墾、耕種，來的人有數千人之多，他們分別在耕地附近建置村落，每年可收穫稻米數萬石（米糧的單位，清代一石為二十六斤），用來分配給股主（墾號的合夥人、投資者），秀鑾和邦正因此成爲巨富。秀鑾於是定居北埔，他的後代也在此地繁衍。邦正的後代則稍加凋零。

連横說：「新竹地區有北臺灣肥沃的土地，王世傑（一六六一—一七二一）早前已在此開墾。至於山區一帶，由於位處偏遠，又是荒地，再加上原住民的侵犯並未平定，即便其土地具生產力，仍然有待開發。姜秀鑾、周邦正二人同心協力，如軍隊的行軍一樣前後調配有方，以此來張大墾地版圖，功績甚大。我聽說西洋人往往以拓殖公司來兼併土地，以從中獲取龐大利益。像英國經營印度、荷蘭侵略印尼，都是採取相同手段。金廣福墾號受朝廷命令，承擔開拓疆域的重大權力，排除原住民，開啓墾地養民之功。和西洋人比較起來，是否毫不遜色？誰說我臺灣人沒有堅毅且遠大的志向啊！」

許尚、楊良斌列傳／黃富三

鳳山縣位處臺灣府南境，民風粗鄙、人民桀驁不馴，可謂相當難以治理。道光四年（一八二四）

夏天五月，出現打鼓山山鳴、竹子開花的自然異相，又適逢閏七月，當地愚民以爲是禍亂的前兆，謠言四起；鄉野草莽之徒，四出劫掠。鳳山知縣劉功傑決意逮捕所有盜匪，將其繩之以法。眾盜匪群商討對策，共推許尙作爲頭領。許尙，廣安莊人，以賣檳榔爲業。許尙被鄉中保長告發，因懼怕被捕而逃走藏匿，與眾盜正好合謀起事。十月初，許尙與交好之楊良斌、蔡雙弼、張阿來、高烏紫、王曾等人，祕密協商，定期在十一日攻打下淡水縣丞衙門，接著攻鳳山縣城。然而苦於資金不足，於是先搶劫富有人家，一時之間全縣騷動。臺灣知府方傳穟（一七七五—？）聽聞盜賊之事，飭令鳳山縣嚴補，許尙恰好在莊人劉黃中家中。劉黃中聽到縣衙來捕消息，勸許尙不要出來。前來逮捕的知縣劉功傑逮捕不成，就燒毀其房子，再追至劉黃中家，加以逮捕，並以嚴刑逼供。劉黃中遂交出許尙，交他押至府城。知府方傳穟親自審訊，得其供狀，並向臺灣鎮、臺灣道報告說：「雖已捕獲頭領許尙，但黨羽尙在，今日事情暴露，必然加速作亂。鳳山知縣所在並無城，不足以守衛，而且劉功傑又剛新上任，參將又軟弱，應當及早增兵防堵禍亂。且臺灣每有民變，南北即相呼應，現在必須兩路並重，才稱得上萬全。」臺灣鎮、道遵從，祕密飭令嘉義、彰化、淡水各地方嚴加守備。不久楊良斌便起義。

楊良斌也是鳳山縣人。因許尙被捕，眾人均將散去，然楊良斌卻告訴眾人：「今日如就此解散，力量則弱，若仍團結，力量則強。鳳山縣治雖然有兵，但卻易攻破。我可作爲先驅。」眾人答：「可。」因此進入鳳梨山，打造兵器、旗幟，並請屯番潘老通向其舅潘巴能商借火炮，擇日誓師起義。兵分二路，楊良斌自身爲元帥，以林溪爲軍師、王曾爲都督，率領紅旗隊；另一路則以李川、鄭榮春爲正、副先鋒，率領烏旗隊。其餘人等則分派爲股首，分別召募手下。約定於二十四日夜裡襲擊埤頭。埤頭爲新鳳山縣治，舊鳳山縣治位於興隆里，乾隆年間因林爽文之役而被焚毀，乃遷移縣治至埤頭。府城官吏考慮到埤頭易失，遂使同知杜紹祁、縣丞丁嘉植、都司翁朝龍率二百兵力守備鳳山縣治。楊良斌不僅約定時間舉兵起義，又派遣徐紅柑自臺灣縣、沈古老自嘉義縣，同時舉兵響應。另外命吳賜進入府城，偵察官府動作。二十一日，林溪到了埤頭，先買五色綢布製旗。林溪原為縣中差役，深知城中官吏之想法。回家後，派人先將五色稠布背進山裡，自己則吃完飯後方過去。母親問他，林溪據實以告。母親深怕被誅殺而去自首，林溪就被捕下獄。楊良斌聽聞此事，不待眾人集結，便於二十二日夜裡，率領數百人，分成西、北兩路前往縣治。途中，先攻破苦楝門汛，殺死汛中士兵，砍斷縣衙木柵而入，城中戒備。杜紹祁、劉功傑二人共同防守縣署，翁朝龍、丁嘉植則防守公家糧倉。楊良斌率兵攻到，翁朝龍迎擊。同時別路軍隊已攻破縣署防禦木柵，然被鄉勇軍擊退。隔日，翁朝龍移防火藥局，文武官員均隨同過去。當地居民恐慌，紛紛逃走避難，城中無賴竟趁機作亂掠奪，城內場面混亂。塘兵被殺，軍況消息無法流通。二十三日半夜，府城聽聞此一事態，召開文武官員會議。命令城守左營軍以及安平水師駐防守府城，由衙署總兵趙裕福率領中營遊擊楊傑督師前往鳳山，知府方傳穟與大軍一同前往，並先斬許尚祭旗後出發。此時府城中亦已亂事謠言四起，居民震驚恐慌。出發前紳士韓高揚、黃化鯉求見方傳穟，詢問對策。方傳穟說：「鳳山縣治距府城僅百里，路程不遠。現敵人氣勢正猛烈，雖可一時打退，卻必然會再使其再猛烈進攻。府城為全臺之根本，你們需協力防守之。」於是連夜修築城垣，僅二日就完工。各街莊則設柵欄做防衛；另外派遣三百名精兵，巡視全城；又調派安平副將，率水師六百名駐守西城外之老古石街。有人請求緊閉城門，方傳穟認為不妥，說：「從南邊逃來的難民，每日約數百人，若今天城門一關，北部地區認為府城被困，將會趁亂而起。」二十四日，府城軍隊南下，隔日臺灣總兵之士卒南下平亂，方傳穟以道標兵勇四百名尾隨其後，抵達阿公店。此地為鳳山縣城通往府城必經之地，留下二百名兵勇駐防，並令訓導謝代壎率領。二十六日，方傳穟到了埤頭，先撤換劉功傑之職，命杜紹祁為知縣。總兵趙裕福也指派翁朝龍出任南路營參將。方傳穟督派民伕修補竹圍，開挖深溝，嚴加守備，並通飭各莊緝捕賊人。不少縣衙門差役涉入此一事件，新縣令杜紹祁全部赦免，因此安然平息無事。

楊良斌兵敗之初，退駐鳳梨山，樹立旗幟，召集群眾，聲勢重振。總兵趙裕福追至鳳山縣，認爲匪徒眾多，地勢又險要，不敢深入追討。接著，官府兵勇陸續到達，各莊亦聽命受控制。原在嘉義之同黨欲越過山頭南下會集，然被官兵所阻截，不得會合；而吳賜進入府城，也被殺；繼任臺灣鎮總兵之蔡萬齡亦抵達，人心可算稍微安定。楊良斌知起義已宣告失敗，不可頑抗，於是散解散黨羽眾人，讓他們各自歸去。官兵奧援陸續抵達，攻破其陣營，王曾、李川、蔡雙弼等人皆被捕獲，並於軍前就地斬殺。而首領楊良斌則自駕一葉小舟，逃至彰化，然被彰化知縣李振青捕獲，押至府城殺之，南方宣告亂事平息。此事上奏清廷，下旨嘉賞，自臺灣總兵、臺灣道臺以下各有功者均從優獎勵升遷。第二年，在舊治（今左營）建鳳山縣城。

姚、徐列傳/黃富三

姚瑩，字石甫，安徽桐城人，以文學造詣聞名於世；他也十分好學，擅長作文章。嘉慶十三年（一八〇八），考中進士，出任福建官職。道光元年（一八二一），被派至噶瑪蘭廳擔任通判。噶瑪蘭廳當時還是剛開闢之地，因此他對當地建設多有規畫，興利除弊，居民都十分稱讚。而後不久遭遇父母喪事，故遷居府城，知府方傳穟邀請他做慕客。當時官府正在商議開墾埔裏社，姚瑩便條列陳述八件意見。來臺的福建巡撫孫爾準讀後，認爲開墾一事頗有困難，乃將此事擱置不辦。服喪期結束後，姚瑩晉升同知，後又被拔擢爲臺灣兵備道。臺灣士子性格敦厚古樸，且文風未盛，他整頓修訂

「海東書院」之學規，並時時與書院門生相互討論學問，更多加考核以求名實相符，一改士氣不振之風氣。道光十九年（一八三九），英國艦隊進犯廣東，更窺伺閩浙，臺灣亦一時戒嚴。姚瑩與臺灣總兵達洪阿共同商籌防守，士民亦均盡心抵禦外侮，先後擒獲英國士兵一百六十八名，英國人乃無法得逞。至《江寧條約》（《南京條約》）簽訂，英國領事璞鼎查誣陷臺灣鎮道濫殺遭受海難之英國兵民，而江蘇主政者及福建失守之文武官員，忌憚臺灣有功，乃誣陷姚瑩。欽差大臣耆英（一七八七—一八五八）據此告發姚瑩，準備將他押至京城審問，臺灣兵民群情不滿而罷市，為姚瑩及達洪阿殷勤請願，最終他還是被拔去官職。

起初，姚瑩在臺灣認為班兵蠻橫怠惰，應當繩之以法，並著有〈班兵議〉一文。而閩浙總督趙慎軫也認為臺灣兵營有惡習，幾乎有「魏博牙兵」之勢，如此橫行霸道，乃詢問姚瑩。姚瑩回答：「自古管理軍隊與治理人民本就不同，因兵就是凶惡之物，人員大多粗魯橫暴，管理之方法，唯有簡、嚴。所謂簡，乃不在過分要求瑣碎之事，而在要求其成大事。所謂嚴，並非刑嚴罰酷，僅在賞、罰分明而已。虎、豹、犀、象雖十分狂野凶猛，世上還是有圈養者，這即是懂得管理駕馭的道理；然馬、牛、狗、豬雖已被人類馴服，馬夫、小童亦能操鞭而駕馭他們，但壯漢魯莽粗暴，也有受其頭角或腳蹄之傷甚至死亡的人，這是因為不懂得駕馭管理之道。市井間地痞、無賴，多人圍毆，其勢洶洶，婦人、小孩均心膽欲碎，感到非常生氣、害怕，老儒學究前往判是非曲直，反而被叱罵而歸，僅能搖手氣憤，痛罵這些地痞、無賴無良，路旁的人們也僅袖手旁觀、竊竊私語，場面混亂。然而某一武夫、士卒憤怒大聲斥責，竟使地痞、無賴及人群哄然而散。其實臺灣兵營情勢便是如此。臺灣設立一鎮，共有水師與陸營共十三營，官兵亦達一萬四千餘人，可說是天下之重鎮。兵卒均自內地的督府提鎮協水路五十八營調派而來，其中漳、泉之兵為數最多。上層的營兵較弱，一向無事；而興化一營兵則稍狡詐，多有不法；其中最難管理者，則是漳、泉之兵。漳、泉人素來勇健，且民風好鬥，作為百姓時已是如此，水師提督與金門二標之兵更是如此。過去官員因懼怕其性情暴戾，因此將營兵分散於各地，可謂立意深遠。然而，如械鬥、嫖妓、賭博、走私貨物等，均不可免，甚至不接受主管的管束，更不聽地方官的治理，由於此等情況早在康熙、雍正年間已經特別嚴重；乾隆、嘉慶以後，經過數次嚴格治理，才稍稍收斂。因此兵、刑二種法律，唯獨臺灣最嚴苛，難道僅今日如此而已嗎？嚴刑峻法有如迅雷霹靂，不可作為常態；若是長時間重法，則使人坐立難安。因此才說要一張一弛、時而放鬆時而緊縮，此乃為官治理之道。然而小事可輕放，但大事則絕不能輕饒。所謂小事，有如狎妓、聚賭、私載禁物、欺虐平民等之類之事；而如械鬥傷人致死，又不受臺灣官府管束，亦不服地方官吏的管理，則要依法嚴辦，絕不可輕饒。這就是輕重之別。因此，管理部隊者，不可不知簡、嚴的道理。如不能分辨輕重者規定便不能從簡，規定不簡單明瞭者，就不可重法。而規定本就不嚴者，就不能以威信懾服他人。若威信不足者則持續施恩於他人，如施恩不足者則可多可信守承諾。自古名將能得力士皆為此道理。今日用兵者，既不知簡，又不能嚴。明明部下已犯錯，卻不殺他，此為『無威』。將校不相融合，官兵不相通，部下之勞苦不加體恤，更盡行剝削之事，這是無恩。該受處罰者不罰，該受賞者又吝於賞賜，這是無信。因此軍隊才會不遵守命令，而也無法禁止他們作惡。軍隊中最需憂慮且最難治的問題，便是叛變。魏博的牙兵皆是他自己的人，所以敢逐殺其他的大將依然能繼續存在。像臺灣班兵，分別從自內地不同地方調派而來，因此建甯、延平各府與漳、泉無法相容，與化府與漳、泉相鄰，也無法相容，而且漳州與泉州人又無法相容。因此，他們彼此之間雖同在軍隊，卻相互有顧忌之心，很明顯必然不敢為難將帥的。況且這些兵勇的父母、妻子皆在內地，去臺灣的兵卒有加餉，而內地的親人則可得眷米，朝廷的照顧之恩甚大。即使有叛變之事，內地之父母、妻子最先被殺。臺灣有一半的土地均是漳、泉人，但兵、民之間素來有相互仇視情況，因此百餘年來，臺灣只有叛民卻無叛兵。管理士兵的人因怕事而不敢管理，這就是將官的懦弱。況且漳、泉之人，容易動氣又無耐心，只要一人站出來，就會有千百人出來響應。一開始不知道這是什麼原因，後來稍微知道，不是不情願，就是精神已鬆懈了。若更有氣勢地對付，他們就有如鼠伏兔脫，感到懼怕而到處逃竄了。只要要漳、泉之兵管理好了，則其他的事情都可高枕無憂了。就以最近之事證明。嘉慶二十四年（一八一九）七月，安平發生兵卒鬥毆事件，死了幾個人。將領起初以理勸之，無法遏止，後又以情懇請之，然又未能平息。鎮將大怒，要將整隊兵卒誅殺，眾兵卒聽聞此事，皆落荒而逃，結果抓了幾名兵卒，分別奏請誅殺，再無人敢有任何動作。嘉慶二十五年（一八二〇）正月，府城兵在市街上賭博，當時姚瑩爲臺灣縣縣令，路過時居然不避，他一大聲喝斥，聚賭的兵勇就紛紛逃跑。其中有一兵卒誣賴縣役掠奪他的錢，然姚瑩命此兵跪下接受審訊，眾人以爲將要責罰他，一時吆喝群呼，竟有數十人持武器而出，想劫走此兵。縣役原先欲以武力壓制此群人，然被姚瑩阻止。姚瑩下轎，手拿著鐵索把此兵綁了起來，告訴他：『你如果敢拒捕的話，所有人都處死。』眾人頓時驚嚇，不敢進犯。姚瑩將此兵帶至鎮署，眾人均十分害怕而求情，然姚瑩不准許，最後責罰貶黜了十餘人，並且禁止他們再賭博。自此只要姚瑩經過，兵卒均會紛紛走避。又在同年（一八二〇）九月，興化、雲霄二營發生兵卒鬥毆，預備夜晚時相殺，各將領也倉促戒嚴。姚瑩知道此事亦漏夜而出，到各營巡視。各個士兵以數十人、百人爲一群，見到姚瑩經過均紛紛跪下。姚瑩告訴他們說：『我知道你們並非故意鬥毆鬧事，只是怕被人掠劫，才出於自衛防範。不要放鬆戒備，但也不要任意出鬥。一出就錯在你們，對方會趁虛攻入。』眾人聽聞大喜，說：『縣主憐愛我！』到了其他營，姚瑩亦是同樣做法。而後整夜平靜，到了天亮鬥毆事件即完全消散。臺灣鎮總兵音登額嚴厲責備眾將領，眾兵卒於是心生畏懼，均磕頭至流血。審視各營，每營最狡詐者約有數人，以貫耳之罰處置他們，以此警惕眾人，各軍均因此肅然起敬。這三件事一開始均氣勢洶洶，難以預測，卻能讓所有兵卒懾服不敢隨意動作，可見臺灣之兵仍有可爲。後來姚瑩再到臺灣，聽聞世人紛紛說兵卒蠻橫，或許將有亂事。詢問相關之事，大約僅是如聚賭、違禁之事。因臺灣將領懦弱又怕事，營與縣亦不合，世人有議論者均紛紛誇大其辭，並非事實。臺灣聚兵有一萬四千餘人，他們均遠渡重洋、冒著風險來臺，又有三年必須輪調之煩事。舊的人尚未離開，新的人又到來，情勢與長年在家鄉大有不同，但營將中能以恩、威、信帶領部屬者，百人中不得其一。在平靜無事時，兵卒整日嬉遊，其滿身精力無所宣洩，想要讓他們不鬧事紛爭，或又想他們少犯違禁之事，可謂十分困難。而懦弱沒有見識的將領，既無法管理，僅以驚奇訝異的態度抱怨此事，眞是令人可嘆。」來臺不久，閩浙總督劉鴻翔因臺人的籲請，爲姚瑩捕殺英國兵事件申冤，不久再被任用，分發四川，後調兩淮地區，管理鹽務。咸豐元年（一八五一），姚瑩擢升湖北鹽法道，後任廣西按察使，任職期間政績相當有名。姚瑩著有《石甫文集》、《東溟文集》、《東槎紀略》等，均有刊行。自姚瑩離開臺灣後，過了三年，徐宗幹（一七九六—一八六六）任職臺灣道。

徐宗幹，字樹人，江蘇南通州人。考取進士後出任山東曲阜知縣，後再擢升至福建汀漳龍道道臺。道光二十七年（一八四七），調任臺灣道臺。姚瑩此時剛離任不久，他所規畫之政事，徐宗幹多予承接繼續完成。他行政風格是依據工作項目，嚴加核實，且致力振興文教，尤其強調育才。臺灣遭英國人窺伺、侵擾之後，士、民皆頗爲憤慨，私下立下鄉約，不與英國再有貿易，徐宗幹也因此著有防夷的文章。他說：「夷狄之患，自古以來便是如此。有人卻認爲應要講和示弱，但此絕非國家大計，要旨應是讓夷狄懼怕我之威力，喜愛我之賄賂。他們說話如鴟鴞，蹲坐像狼，不須影響我們的喜怒，唯有以寬宏大度對待他們，以深謀遠慮制衡他們、以權謀勝過他們，即爲今日安撫夷狄之大概方法。然現在所憂慮的是，夷狄雖喜愛我的賄賂，卻不懼怕我的兵威，久而久之，賄賂對於夷狄便不再有吸引力。現在的情形，福建省與其他省不同。福建省已准設立港口通商，有安撫之方法，卻無剿滅之法，正所謂以德懷柔之。而臺灣本就不在約定之內，孤懸於海外，無法通商，但發現產煤，即貪圖不放。況且英人所想要的絕不在此，雖號稱要改變開商口岸為臺灣，實際上是聲東擊西之策，藉題發揮而已。英國過去曾在臺灣受到重創，難保不懷好意，現在防禦之重要據點是以淡水、雞籠一帶為首要。但我認為對此只有防堵之法，卻無安撫之法。若是以官兵防堵之，即是違反前約，並引發紛爭；然若以人民防堵之、以原住民防堵之，英人便無藉口了。所謂『堵』，並非是行兵列陣，只求防止英人上岸而已。人民、原住民沒有紀律，可將官兵安插在其中；兵也可以偽裝成民，民可以偽裝成原住民，他們必然無法分辨。如想杜絕內奸，官兵的耳目絕不如人民的耳目，官兵的號令也絕對不如人民的號令。因為用人民自己去防人民，就能杜絕內奸，如內奸已杜絕，外國勢力必無法進入。然這有賴於地方官平日就能深得民心。但如果討論到現今的吏治，只求不將人民視如寇讎就很好了，怎還敢奢望人民如子弟一起保衛父兄呢？解決之道只有以重利引誘。其一是須酌情墊付屯糧，用以鞏固屯番的守備。另一是須大方地發放軍餉，以滿足士卒之口腹需求。再一是須多僱用壯丁勇士，以防範內奸相互勾結。沒有事的時候，就聯合個村莊以追緝盜匪為名，靜待應變。」

當時，綠營軍紀廢弛，班兵多住在百姓家中，多持武器嬉鬧，徐宗幹交由總兵管束，並改建營房安置士兵，兵民才能分居。後又建議澎湖改為募兵，並變通哨船換班、建立太平船之事，又調整制度清理人犯，改革建議大多可行。水沙連六個番社長久以來請求歸附，然朝廷總以該地偏遠地險當理由，難以執行，始終封禁。他上書總督，請求援引乾隆五十三年（一七八八）之例，先在水沙連設屯丁，以便管理。總督答應其請求，而後又設官治理。咸豐三年（一八五三），鳳山林恭起事，攻陷鳳山縣城，又攻打府城。徐宗幹與仕紳百姓共同防守，再命知縣鄭元杰率兵平定之。咸豐四年（一八五四），徐宗幹擢升福建按察使，後又協助辦理安徽、河南之軍務。同治元年（一八六二）夏四月，任福建巡撫。此時彰化戴潮春（？—一八六四）起事，全臺灣都受影響，而此時屬上級之福建，軍務亦告急，省級官僚均不認爲臺灣重要，唯獨徐宗幹十分顧念臺灣。於是派遣前署臺灣鎮曾玉明渡臺，又上奏皇帝派丁日健爲臺灣道臺，會同辦理軍務，遂逐漸蕩平臺灣之亂。後自請辭官，死後諡號「清惠」。著有《斯未信齋文集》。徐宗幹曾編纂《治臺必告錄》，轉交給丁日健，丁日健將之刊行。

連橫說：臺灣肥沃土壤綿延千里，人民殷勤、物產豐盛。之前僅設有一府四縣，管理之權雖由巡道執掌，卻須受到遠在福建之督府所約束限制。臺灣的巡道，並非只有監察各官員的責任而已，治理地方紛亂、有關國家經濟之好壞、人民生活是否豐饒、部隊管理是否嚴謹、風情民俗是否純正，都有賴巡道的治理。康熙中期，陳璸（一六五六—一七一八）出任臺灣道，官府治理可說是沿海地區第一，然在那之後，臺灣便默默無聞。一直到了道光年間，內憂外患接續而來，姚瑩、徐宗幹先後來到臺灣，都能整治臺灣政事，立下遠大之規畫，直至今日都爲人所稱道。因此，我多採納他們的言論，以載入各志。

張丙列傳/張崑將、張溪南

張丙，嘉義縣人（清代嘉義縣範圍涵蓋頗廣，今臺南市新市區新港溪以北皆為其轄區）。先祖是從福建漳州的南靖縣（今福建省漳州市南靖縣）渡海來臺，居住在「店仔口莊」（今臺南市白河區），幾代下來都以農耕爲業。張丙因能講信重義常保護鄉里的人，大家對他相當信賴尊重。道光十二年（一八三二）夏天發生嚴重旱災，稻米無法種植收成，每個莊社都私下禁止將穀糧賣出，張丙也和莊人有所約定，大家都不敢違逆。當地有商人陳壬癸私下購買數百石的米，因爲有禁止外賣的約定，無法出貨，便賄賂「生員」（清代教育制度能入縣學就讀的稱為生員，又叫「庠生」，即俗稱的秀才）吳贊掩護幫忙。吳贊有位同宗族的人名字叫吳房，是在逃的盜匪，和詹通合夥在運送途中搶奪。店仔口一帶有關禁止米糧外賣的事，向來由張丙主持監督，吳贊便向嘉義縣府投遞訴狀，檢舉張丙串通盜匪。嘉義知縣邵用之（？—一八三二）逮捕吳房，將他處死，並且要搜捕張丙。張丙對於知縣竟然不將偷賣米出境的人治罪卻反而懲罰主持禁令的人感到怨恨，曾對吳贊的妻子兒女攔截要脅，但被官府衙役解救保護離去，更增添內心的憤恨。

陳辦（？—一八三三），是惡名昭彰的大盜，居住在「北崙仔莊」（今嘉義縣新港鄉最北界，處北港溪南岸），他同宗族的人被廣東籍客家人張阿凜欺凌，張阿凜居住在「雙溪口」（今嘉義縣溪口鄉），是客家莊內強橫有權勢的人。（道光十二年（一八三二））閏九月十日，張阿凜燒了陳辦的房子，陳辦便招來張丙和張阿凜拚鬥，率領三百名群眾前往攻打，但沒有打贏。臺灣鎮總兵劉廷斌剛好在臺灣北路巡視，張丙聽到這訊息便回到店仔口，陳辦於是帶領群眾在客家村莊到處搶奪財物。二十五日，搶奪大埔林（今嘉義縣大林鎮）駐兵的武器軍械，被劉廷斌追擊到「東勢湖」（今嘉義縣民雄鄉東湖村），斬殺了二個人。北路協副將葉長春與知縣邵用之也率兵趕到，聯合攻擊陳辦於「紅山仔」（疑為嘉義縣民雄鄉以北到雲林褒忠鄉之間的傳統地名），陳辦敗走轉而進攻「莆姜崙莊」（今雲林縣褒忠鄉），官兵也追擊而來，斬殺陳辦的黨羽王興和王泉，陳辦逃竄到店仔口向張丙訴說經過，張丙被挑起之前的積怨，認爲官兵只殺閩人（袒護客家人）太可惡，便和詹通暗中籌劃舉兵起義，詹通的父親詹經知道了這事，派大兒子詹日新前去殺詹通，不料詹日新只用刀刺到詹通的額頭，詹通沒死，旁邊的人卻殺了詹日新。十月一日，張丙率群眾攻打「佳里興」（今臺南市佳里區佳化里和佳興里）巡檢署（清代縣級衙門以下的基層組織），殺了「教讀」（清代在府縣學或書院授課的教師）古嘉會和駐守的士兵，沿途搶奪下茄苳（今臺南市後壁區嘉苳里）、北勢坡（今臺南市東山區聖賢里北勢寮）和八掌溪沿岸有派駐士兵防守的地方，嘉義知縣邵用之率兵追擊，進入店仔口，卻被張丙捉拿斬殺，張丙算是報了長久積累的怨恨。二日，臺灣知府呂志恆（？—一八三二）接獲嘉義知縣被圍困的消息，率領地方團練的兵團二百人前往援救，南投縣丞（縣丞為清代地方官職名，位階僅次於縣令，相當今之副縣長）朱懋（？—一八三二）跟隨支援。張丙在「大排竹」（今臺南市白河區大竹里）抵擋迎戰。朱懋的部屬「遊擊」（清代中階武官職稱）周進龍臨陣害怕，朱懋不但用話激勵他，還身先士卒到前線要開炮射擊，卻被張丙的部隊趁機殺死。戰亂中義民許邦亮還將所騎的馬給跌落馬的呂志恆知府騎，自己用步行的和其並肩作戰，卻雙雙身陷重圍被殺。朱懋的施政聲譽一向受地方讚揚，張丙很後悔將他殺了。周進龍抄捷徑逃回，並沒有戰死。

當初，陳辨來請求張丙起兵，張丙並沒有要殺害官兵的意圖，直到大排竹戰役後，張丙的妻子便上吊自殺。張丙便召集平時所交往的人，自稱「開國大元帥」，建國號爲「天運」，傳令並張貼告示，禁止姦淫搶奪，讓百姓不必恐慌。任命詹通、黃番婆、陳連、陳辨和吳扁等人爲元帥，劉仲、劉港、劉邦頂、王奉、陳委、洪番、吳貓、李武松、許六和孫惡等人爲先鋒，任命柯亭爲軍師。吳允不受封賞，卻自稱開國功臣，賴牛也自稱元帥，每個人各自回到居住地，集結附和同黨的徒眾，分成大小四十六股，每股的首領稱爲「大哥」，大哥底下還有「班首」（即副首領），各股所屬的民眾稱爲「旗腳」。每一股大約從一百多人到數百人不等。（十月）三日，張丙率領股眾攻打嘉義縣城，典史

（協助知縣緝捕、稽查獄囚等職務的文職官員）張繼昌召集官兵和百姓，布防城裡各處嚴加防守，而攻城的股眾越來越多，蔡恭、梁辨、莊文一、吳鰍、陳開陶和黃元德等人分別率領所屬的隊伍來到，總計有一萬五、六千人之多。隔天，張丙抽調部分兵力前去攻打有駐兵防守的「大武壟汛」（今臺南市玉井區），傷了巡檢秦師韓，再轉而攻打「目加溜灣」（今臺南市善化區），把總（清代下階武官職稱）朱國珍戰死。總兵劉廷斌在北路巡視途中，接獲緊急訊息，率二百名官兵前往諸羅城救援，張丙從不同道路攔截襲擊，官兵眼見就將敗亡，王得祿剛好率領自行召募的鄉勇民兵來到，護衛劉廷斌等人入諸羅城，但副將周承恩在後頭壓陣，並不知有援軍來到，回馬殺入敵陣，馬撲倒人被圍殺，承恩仍然奮勇殺敵數十人後氣絕身亡，此役死難的大小將領有九人、士兵一百多人，隨行的武器全部被搶。劉廷斌入城後，任命張繼昌暫時接任知縣，修整武器和防禦工事，召募鄉勇民兵，爲堅定守城作準備。而各地響應張丙的莊民，分分合合，不太穩定。臺南府城加強戒備，進入緊急狀態。

（道光十二年十月〔一八三二〕）七日，股首（張丙將追隨起義的民眾分成數十股，每一股都有首領，稱股首）黃番婆攻打鹽水港（今臺南市鹽水區），擊敗防線，「守備」（清朝中階武官職稱，在督司之下）張榮奮勇戰死，巡檢施模也受重傷。鹽水港的位置頗重要，不但是掌控嘉義城的咽喉，也是臺南府城北部屏蔽護衛的地方，既已被攻破，張丙的聲勢大振。八日，張丙撤除圍困嘉義城的兵馬，而向南蔓延擴張的各股人馬卻逐漸進逼臺南府城。府城內一開始還不知道知府大人（呂志恆）已被殺害，有從大排竹戰役生還回來的人訴說詳情，福建分巡臺灣兵備道（清代臺灣未建省前，兵備道是臺灣地區的最高統治者，位階在知府之上）平慶命令「同知」（清代地方官名，位階在知府之下，通常是協助知府緝捕盜匪、海防等行政事宜）王衍慶代理臺灣知府，在城池四周布置柵欄障礙，籌辦防守備戰的各項工作，城內仕紳也捐輸幫助糧餉召募兵勇，貢生（清代在府縣學成績優異被推薦入國子監讀書者，稱為貢生）陳以寬搭船到福建傳達臺灣生亂的緊急消息，謠言每天都有，中營遊擊武忠泰投井自殺，每個官員一個個都想逃跑，王衍慶下令說：「敢說要逃走的一律處斬！」又抓到並斬殺在城內暗中偵察的密探吳連，城內百姓浮動的心才稍微安定下來。十一日，張丙攻掠鹽水港，陳辨也攻打北港（今雲林縣北港鎮），縣丞文烜、千總蔡凌標聯手抵禦。嘉義縣城從張丙撤除圍困後，便在城下修建土矮牆，才剛完成張丙又來圍攻，總共圍了三日，又撤除圍困離去。鳳山縣人許成也於十月十日在觀音山（在今高雄市大社區東邊）高舉反清旗幟，稱國號爲「天運」，並封歐先爲軍師、柯紬庇爲先鋒，以消滅客家人爲口號，並阻絕運往臺南府城的米糧，聲援張丙。十四日，進攻阿公店（今高雄市岡山區），千總許日高抵擋擊退他們，於是許成從此不敢再進犯府城。彰化人黃成接受張丙的號召，也在十月十二日這天在林圯埔（今南投縣竹山鎮）舉起反清大旗，自稱興漢大元帥，採用前代明朝的年號和曆法，和尚允報爲軍師策謀。臺南府城接獲嘉義城被圍困很久的消息，惦記各將領在外孤立無援，便派都司（清朝高階武官職稱，在守備之上）蔡長青率領九百名士兵運送武器前往援助，股首蔡恭準備在曾文溪攔截偷襲，蔡長青在溪流岸邊紮營，十九日，蔡恭來突襲，蔡長青大敗戰死，官兵亂陣中死難的有二百多人，運送的武器全部丟棄。二十三日，張丙火燒嘉義縣城北門，守城官兵出城襲擊，雙方互有傷亡。三十日，雙方再激戰，股首陳太山、劉眉滾被捉，被施以分裂肢體的酷刑。當時這些起義的股眾相互之間爲爭領導地位已開始分裂鬥爭，分別盤踞在各村莊，張丙也放棄圍城離去。比較富足且民風較淳厚的村莊擔心張丙這些人最終一定會失敗，於是紛紛趕製協助官兵的義民旗幟和武器，多次暗中擒拿股首並處死。這天，南路起義的各股隊伍圍攻鳳山縣城，在夜間放火逼燒縣城內各衙門辦公處所，鳳山縣遊擊翁朝龍撤退到火藥局防守，知縣「克通阿」（應為「托克通阿」），張丙事變後於道光十六年升任臺灣縣知縣，道光十八年被山西道監察御史杜彥士參劾性情貪鄙、荒淫無度後被革職）、千總岑廷高在衙門庭上擺放大炮，擊退他們。作亂的各股勢力從此也不敢再進犯鳳山縣城。

駐紮福建省福州的閩浙總督已接獲臺灣傳來的消息，派陸路提督馬濟勝（？—一八三六）領兵二千前往救援，在十一月一日抵達鹿耳門（今臺南市安南區西側出海口），進駐臺南府城北門外平時操練與檢閱軍隊的廣場。五日，向西港仔（今臺南市西港區）進兵，捉到張丙陣營的偵探，掌握了張丙各股勢力的情況。七日，挺進到「茅港尾」（今臺南市下營區東南側茅營里一帶），遭遇二千名股眾而戰，擊敗他們，馬濟勝說：「這個地方適合列陣布戰。」便砌起土堆作爲防禦工事以逸待勞。明日，起義的各股隊伍總計有五、六千人前來攻擊，馬濟勝警告官兵不可妄動，等待敵軍鬆懈時，突然打開防禦的土壁出擊，交戰中就斬殺了數百名股眾。十二日，再往北挺進到鐵線橋（今臺南市新營區鐵線里）。二十二日，張丙聚集各股徒眾有二萬人之多，自己身先士卒上場搏打拚戰，士氣大振，歡呼聲在山谷間震動迴盪。從辰時（即今七時—九時）激戰到日正當中，馬濟勝卻仍堅守壁壘內不出擊，到了傍晚才下令士兵殺出，追逐數里路，活捉五十多人，斬殺七、八百人，落水溺死的不計其數，屍體連連相疊。張丙也算懂得行軍打仗，很快就將潰散的股眾集合再整頓並據守在鐵線橋橋北處，隔天再度激戰，但又吃敗仗，李武松和詹通被活捉，張丙逃走躲藏在山邊的麻竹林中。金門鎮總兵竇振彪（一七八五—一八五〇）於十一月三日率兵從鹿港（今彰化縣鹿港鎮）南下，和馬濟勝在鹽水港會合，馬濟勝命令他征討南路的叛黨，自己則率領轄下的部隊進入嘉義縣城，分派兵力搜索圍剿斗六（今雲林縣斗六市），斗六是護衛嘉義縣城北邊的屏障。黃城率領大批人馬前來攻打斗六，攻破「竹圍仔」（今雲林縣斗六市北方的傳統地名）進入斗六，千總陳玉威、外委（清朝在正式編制外額外增加的低階武官）朱承恩、許國寶、林登超和蔡大貴等人都在街巷裡短兵作戰中戰死，縣丞方振聲（？—一八三二）、守備馬步衢（？—一八三二）引火自焚，但沒有死，被股眾捉拿。方振聲的妻子張氏、陳玉威的妻子唐氏都不願投降而自殺，大小將領和士兵戰死的有二百數十多人。黃城委派黃雖茱爲縣丞，據守斗六，自己率領直屬的股眾前往援助張丙。張丙從鐵線橋打敗仗後氣勢已被削弱，許多莊社又轉而協助官兵，彷徨失措不知要逃到何處去，十二月終於被拘捕，黃城、陳辨、詹通、陳連和吳扁等人也先後被捉拿。張丙、詹通、陳辨和陳連因爲是作亂的首領，押解到臺南府城的監獄囚禁。李武松和吳扁等人在嘉義各處斬首示眾，將黃城剖胸挖心，以拜祭斗六死難的官兵。因這件亂事被牽連處死的有數百人之多，臺灣北路總算平定下來。（十二月）七日，馬濟勝率領大軍抵達鳳山縣，股眾在「三滴溝」（今高雄市阿蓮區）抵擋迎戰，八日，捉拿到許成和蔡臨等人，處斬，臺灣南路也平定了。

道光十三年（一八三三）春天正月，閩浙總督程祖洛（？—一八四八）從浙江來到臺灣，福州將軍瑚松額（一七七二—一八四七）也佩戴欽差大臣關防抵達臺灣。當臺灣總兵劉廷斌被圍困在嘉義縣城時，兵備道平慶將當時臺灣混亂的情況上奏朝廷，朝廷便緊急命令瑚松額接任福州將軍，哈朗阿爲參贊大臣（清代武官職稱，層級略低於將軍，由皇帝特旨簡派），統領有「侍衛巴圖魯」封號（巴圖魯，滿語，意為勇士或英雄，後來成為賞賜有戰功之人的封號，「侍衛巴圖魯」指有勇士封號的侍衛團）的二十四員「章京」（滿語，清代五官職稱，即漢語「將軍」），又徵調西安省三百名馬兵、河南省士兵一千名、貴州省五百名士兵、四川省一千五百名士兵等準備出發到臺平亂。福建巡撫魏元烺（一七七九—一八五四）在十二月十一日接獲提督（馬濟勝）勝戰的消息，隨即上奏朝廷請停止所有軍事調度，所以各省的兵馬當時都還未進入福建省境內。而總督（程祖洛）、福州將軍（瑚松額）先後渡海來臺，要澈底追究並懲治張丙之亂殘存的黨羽，依照名冊搜捕全部捉拿，被梟首（斬首後將頭懸掛於木上以儆效尤）、斬首的有三百多人，遭放逐戍守邊境的人數加倍。張丙與詹通、陳辨、陳連都上戒具押送到北京，被施以分裂肢體的酷刑。朝廷下詔將方振聲、馬步衢和陳玉威入祀於「昭忠祠」（這應是臺南府城的「昭忠祠」，在〈謝、鄭列傳〉的最後，「連橫曰」之前，特別有提到「府治昭忠祠」），此事件其餘相關的將領依功過給予大小不等的賞罰。

方振聲列傳／黃富三

方振聲，浙江山陰人，寄籍於北京所在地的順天府，於是定居，任職於兵部武選司。他曾出任福建閩安縣巡檢，歷經升遷而爲嘉義縣斗六縣丞。道光十二年（一八三二）秋季九月，張丙舉兵起事，攻打嘉義縣城。方振聲聽到危險緊急的消息，即與守備軍官馬步衢[2]、千總陳玉威謀劃守備防禦，加多防守的掩蔽體及疏浚護城河。又率領眷屬居營中，表明決心同生共死。斗六爲嘉義北邊的保護屏障，背靠山居高扼守溪流，位置非常險阻。但是兵力單薄，擔憂陷於被圍之險，於是用檄文飭令嘉義縣都司許荊山駐紮在城外，用作支援。陳玉威擅長使用火器，每發必中，兩方長久僵持，張丙轉戰至嘉南。十一月三日，股首黃城率領眾人來攻，許荊山夜晚逃走，黃城從外面放火，突破竹圍而入。陳玉威帶領他的部隊於街道市鎮之間交戰而死。方振聲、馬步衢想要自焚，被拘捕後不屈服而喪命。妻

2 臺灣人。嘉慶八年（一八〇三）由行伍拔臺灣北路協左營外委，十二年（一八〇七）擢把總。道光三年（一八二三）升鎮標左營千總。十二年（一八三二）九月嘉義張丙起事，步衢署斗六門守備，奉命防堵。十一月黨眾縱火破圍入，步衢及縣丞方振聲均巷戰死。事聞，步衢以遊擊例賜恤，諡剛烈，給騎都尉世職。事蹟見張子文、郭啓傳、林偉洲撰文；國家圖書館特藏組編輯，《臺灣歷史人物小傳－明清暨日據時期》，臺北市：國家圖書館，民九十一，頁三九四。

子張氏、女兒某，及陳玉威妻唐氏也死難。幕僚沈志勇、沈聯輝及家丁江承惠等皆死，兵勇死難者故二百數十人。馬步衢、陳玉威，都是臺灣人，家世不詳，但同心協力，以守危疆，形勢危急時共赴國難，闔家俱亡，人們認定爲忠烈。此事上奏後，清廷下旨痛表哀悼，賜予祭禮。同時，方振聲受追贈知府銜，加諡號「義烈」；馬步衢追贈爲遊擊銜，加諡號「剛烈」；玉威追贈爲都司銜，加諡號「勇烈」；子孫都世襲爲「騎都尉」，入祀北京昭忠祠。方振聲妻張氏贈淑人，陳玉威妻唐氏贈恭人，均加諡號「節烈」，官方建牌樓表揚。授予沈志勇六品頂戴、沈聯輝七品頂戴，均按照官階核議撫恤。又下令在斗六建專祠，以從難幕客、家丁、弁兵作爲合祭附祀，春、秋二季，官員前往祭祀。

李石、林恭列傳/張崑將、張溪南

清道光末年，清朝政治沒有好好整頓治理，洪秀全（一八一四—一八六四）自稱天王起義舉兵，將國都設在南京，建立國號爲「太平天國」，席捲中國大陸半壁江山，一時轟動喧騰，連遙遠的臺灣也被刺激而撼動，於是接連發生李石和林恭的動亂。

李石（？—一八五三），臺灣人，當時小刀會（清代的民間組織，發源於山東、安徽等地，最初只是一些平民自備小刀求互保的聯盟，後來逐漸發展為反清復明的組織。咸豐三年（一八五三）四月間，福建小刀會的首領黃威、黃德美等在海澄起義，攻克漳州、同安、廈門和漳浦等地，在廈門建立短暫政權）起義占領廈門，而臺灣地區很多是從漳州、泉州來的人，也暗中計畫響應起義。咸豐三年（一八五三）夏天四月「下旬」（每月的後十天），李石和楊文愛、林清等十幾個人在灣裏街（今臺南市善化區）立旗起義，以中興漢室消滅滿清爲號召，響應的人很多，臺灣縣知縣高鴻飛（？—

一八五三）接獲緊急訊息，準備率兵前往征討，命令廩生（清代在地方府、州、縣的官學裡就讀的生員，也稱庠生，因每月都有公費給予的廩膳，又稱廩生或廩膳生）許廷道率領團練鄉勇一起隨同平亂。許廷道以團練鄉勇還來不及整合的理由，請求暫緩出兵，高鴻飛不因而停止行動，轉向另一營區借了三千名士兵，卻大多是老弱殘兵，武器也不齊全。（四月）二十八日出兵，隔天就到鹿仔草（今嘉義縣鹿草鄉），要通過林投巷（今嘉義縣義竹鄉仁里村）時，李石早已設下埋伏等待，突然從背後向高鴻飛攻擊，高鴻飛摔下馬，被砍下腦袋，倖存的士兵也都四散逃走。臺南府城接獲消息後緊急實施軍事管制，臺灣鎮總兵恆裕率領士兵駐防大北門「教場」（古時操練與檢閱軍隊的場地），而此刻鳳山縣也發生動亂了。

林恭（？—一八五三），鳳山縣（臺灣舊縣名，今高雄市）人，在縣衙裡擔任兵勇衛卒，但經常和放蕩、品性不良的人鬼混，鳳山知縣王廷幹（？—一八五三）將他革職。直到聽說臺灣北路發生了變亂（即李石起義），便和他志同道合的友人張古、羅阿沙和賴棕等人召集群眾一百數十人，攻占番薯寮（今高雄市旗山區），一路搶劫掠奪到鳳山縣城，引起各鄉里間擾亂不安。王廷幹召請地方團練的首領林萬掌（一八一九—一八五八，按：林萬掌的身分頗有爭議，有文獻稱其是地方上頗受敬重的義首，且娶原住民女為妻，和林恭也並非兄弟）進城協助防衛。林萬掌，是林恭的哥哥，性情奸詐狡猾，經常有不滿現狀喜愛鬧事的人到他家活動往來。（咸豐三年四月〔一八五三〕）二十八日，林萬掌率領群眾進入鳳山縣城，王廷幹很高興，取下他戴在頭上的花翎官帽戴在林萬掌頭上，並說：「整座城池就託付給你了，我全家性命安危也全交付給你。」林恭也帶領一批群眾進城，城內百姓還以為是守城的團練鄉勇們，林恭領著眾人長驅直入縣府署衙，王廷幹正要寫信向臺南府城長官報告，林恭的人看見王廷幹想走，曾玉水便舉起刀子砍殺王廷幹，幕僚張竹泉想過去搶救，也被殺，典史（協助知縣緝捕、稽查獄囚等職務的文職官員）張樹春聽到公堂上鬨哄哄的聲響，急忙要趕往制止也被殺死，王廷幹大兒子王鈞還沒滿二十歲，慌亂匆忙中拿起長槍要刺殺林恭，沒有刺中，奮力拚鬥後也被殺死。二兒子王湜裁才九歲，被救出倖免於難，家人和奴僕被殺死的有十九人。王廷幹的妻子張氏剛開始避難於百姓家中，天天哭，晚上也哭，主人怕被牽連，把她騙了出去，最後孤獨無依而死。王廷幹的妾藏身在火藥局內逃過一劫，而張樹春一家人也全部被害。王廷幹，山東省安邱縣（今山東省安邱市）人，進士出身後到福建當官，英國人進犯臺灣的戰役中（指一八四二年間，英國接連攻擊臺灣臺中大安、淡水、基隆等港口的戰爭），運補糧餉來到臺灣，剛開始擔任嘉義縣知縣，後繼任鳳山縣知縣，爲官貪汙不廉潔，鳳山縣人多所埋怨，所以發生變故時沒有人肯出面救援。

林恭既已占領鳳山縣城，占據縣府各衙門官署，打開公家倉庫，將關押的囚犯全部釋放，自稱是知縣，貼出告示禁止殺人搶劫，並命王光讚爲軍師。清兵南路營參將（清代武官職稱由高至低分別為提督、總兵、副將、參將、遊擊、都司、守備、千總及把總，參將屬高階武官）曾元福（一八一〇—一八七八）剛好帶兵來到城外巡防偵察，便緊急入城援助，卻已來不及，只好退到火藥局防衛，林恭帶人攻打，攻不下來，竟放火灌水，還是攻不下來。曾元福找機會出來巡查布防的哨兵們，安撫他們不必恐慌。每天的糧食補給假稱是向百姓搶奪而來的，其實是百姓偷偷供給希望他們支撐下去，所以沒有困乏。臺南府城接獲鳳山縣城動亂的消息，知縣和典史又前後被殺害，福建分巡臺灣兵備道（清代臺灣地區未建省前職位最高的長官）徐宗幹商議後決定先留在府城防守。（咸豐三年〔一八五三〕）五月二日，林恭兵分多路進攻臺南府城，許廷道暗中計畫要在城內當奸細接應，因事蹟敗露後裝死逃走，府城才沒有被攻破，府城官兵和百姓合力擊退林恭的部隊。過了幾天，幕僚唐壎向徐宗幹建議說：「鳳山縣城被攻陷占領很久了，鳳山縣百姓期待救援的心也很急切，現今曾元福參將在那邊孤軍撐持這危急的局勢，此刻府城這邊卻沒有派兵援助，改天督撫長官如果責問下來，到時將如何回答？而且現在不出兵救援到時鳳山城那邊會守不住的。」徐宗幹這時才拿定主意，決定要派兵救援鳳山，可是卻沒有將領敢領兵前往，於是派鄭元杰接任鳳山知縣並前往救援，鄭元杰卻堅持不接任，徐宗幹對他說：「我知道你的能力，而且也了解你父親的才幹，你就趕快去支援吧！」還特意拿出令箭要交給他，說：「這是朝廷賜給我的，現今轉賜給你，讓你此行可以自行斟酌彈性處理事務。」鄭元杰仍猶豫不定，此時中營遊擊夏汝賢（？—一八六二，按：後來死於戴潮春事變中）請求前往救援，鄭元杰才一同召集將士訓勉後出兵，（五月）二十八日南下，鄭元杰父親鄭應瑠協助運補糧餉，夏汝賢也帶領所屬部隊隨同征討，救援鳳山的軍隊共分三隊：團練首領李澄清率領的是部隊前的嚮導和哨兵，翁夢熊率領左隊，何璇璣率領右隊，西螺（今雲林縣西螺鎮）把總李朝祥也率領團練鄉勇八百名來會合。六月二日，來到二層行溪（今臺南市和高雄市界河——二仁溪），曾元福的兒子曾登瀚自己召募鄉勇三百人，管理屯田的小吏林鼎山也徵集五百名屯兵，先後趕到。隔天，雙方在「新園」（此處應是今二仁溪南畔的高雄市路竹區竹園里的新園塘，不是屏東縣新園鄉）激戰，清兵總共有三次遇到埋伏襲擊，於是進入「舊城」（在今左營蓮池潭畔的鳳山縣舊縣城，乾隆五十三年〔一七八八〕林爽文事變後，鳳山縣城遷往埤頭街的新城）防禦。（六月）七日，曾元福聽說救援的官兵已來到，想從城內先出兵攻擊，曾登瀚急著想見到平安無事的父親，便率先突破重圍殺進縣城，鄭元杰、夏汝賢隨後攻進來，林恭慌亂間狼狽潰敗逃走，剩下的黨羽藏匿在城裡角落做困獸之鬥，最終被擊退，亂陣中官兵斬殺方烏翠、梁蘆等七十多人。東港（今屏東縣東港鎮）距離鳳山縣城三十里路程，是可以和海外交流的港埠，當地民風淳樸物資豐足，林恭從鳳山縣城失敗逃走後，占據了這裡，集合整理剩餘的徒眾。鄭元杰請求臺南府城長官派水師聯合夾攻，（六月）二十九日，林恭渡溪

（此溪應該是今高屏溪）反攻，在大林蒲（今高雄市小港區靠海處的大林蒲）又被擊潰，官軍一路追趕，林恭往南逃竄到水底寮（今屏東縣枋寮鄉水底寮）。鄭元杰爲了搜捕林恭將部隊長久駐紮在東港，糧餉不足，向臺南府城請求支援，府城不給，手下兵勇沒有糧食可吃，引起很大的反彈和騷動。鄭元杰下令曾經參與變亂的民家必須繳納罰款來贖罪，又向有錢人家苛求強徵錢糧，還放縱縣府衙役黃添狐假虎威到處橫征暴斂，鄭元杰被黃添愚弄蒙在鼓裡，東港百姓對他頗多怨恨。當初，林萬掌曾經帶領協助林恭占領鳳山縣城，之後便回到家鄉水底寮隱居。等到林恭失敗來到水底寮，又掩護他。鄭應瑤和林萬掌是舊日熟識的朋友，便派人向林萬長遊說袒護林恭可能引來的後果。七月二十七日，林萬掌便將林恭捆綁送交到鄭元杰陣地帳前，鄭元杰將林恭押解到臺南府城報請戰功，林恭被斬殺。不久臺灣鎮總兵恆裕也逮捕李石等人，全部被處斬。事件平息後鄭元杰轉任臺灣縣知縣。隔年，典史張樹春的兒子護送靈柩回鄉時，聽到有人說殺張樹春的人是黃添，鄭元杰卻包庇他不交付審判，張樹春兒子便向閩浙總督控訴，鄭元杰被召回省府（今福建省福州市）接受調查。

鄭勒先列傳／黃富三

鄭勒先，泉州人。咸豐初年來臺，居彰化。彰化縣管轄有埔裏社，處萬山之中，土厚泉甘，連亙十數里。番人愚蠢且懶散，不知耕田與種植，漢人多前往開墾之，但是時常互相仇殺。上級衙門曾商議開設管轄機關，卻沒有實行。鄭勒先來到不久，與番人通商互相買賣，但遭遇猜忌，於是他依順番人習俗，改姓名，對他們親愛和善。番人因而信任他，每得獵獲物，立即前往鄭勒先處求售。他便以鹽、布與之交易，獲利甚多，跟隨他的人也日多。鄭勒先又約束大家，不侵占掠奪，不欺騙作假，不強占土地，番人更加聽從。他於是建立商鋪，穩固商業，使來者停留定居，即是今日的大埔城。到光緒元年（一八七五），終於設埔裏社廳。

連橫說：我遨遊埔裏社時，目睹那裡土質肥沃，山水環繞，景象壯美，即期望在此購置產業，從事耕田與種植。但是寫作遠離家鄉，時間漸漸過去而尚未圓夢，每次回想，即感到悵惘若失。埔裏社既是臺灣溼潤肥美的耕地，又經過漢人的規畫經營，要設官招撫番人，也是容易的事。但是清廷百官仍舊將臺灣看待爲邊陲，這是如何的糊塗啊！可嘆！清廷一向認爲失去臺灣是不可惜的，怎會費心研議管理此地的事情？但是時運的趨向是無法阻攔的，先輩與後輩，勇往奮進，從此以後，埔裏社或許可以成爲東西聯絡的樞紐，反而成爲一個大都會。開始實施時單純不繁瑣，收穫成效巨大，如此沈葆楨首創撫墾的功績，不是更爲偉大嗎？

郭光侯、施九緞列傳／黃富三

郭崇高，字光侯，在外以字稱呼，是臺灣縣武生，住在本縣保西里（今臺南市歸仁區北部），以重義氣聞名鄉里。臺灣田賦和各種租稅一向繁重，除田賦的正供之外，有耗羨之額外費用與人丁稅，也有採買之公差。田賦如繳納稻穀須加多一半，而將稻穀折換成銀兩繳納再多一倍。而且官吏常以不正當手段從中牟利自肥，衙門小吏、差役的壓榨，搜刮又加上兩倍。每到政府收稅時，官符一下，衙門中的差役到各處去，捉拿業戶[3]、追捕農民，所到之處擾亂不安。

---

3 或稱業主，田主。清代向官府申請許可，或承官府諭示發給墾照（即開墾執照，又稱墾單、墾諭），再進行投資招佃開墾者稱墾

道光二十四年（一八四四）春三月，臺灣縣開徵收晚季的田賦（下芒）。知縣閻炘宣布繳納稻穀的人須折算成銀錢，縣民認爲不是慣例而不繳納。糧總李捷陞到期時沒有可上繳的田賦，請求懲罰拖欠的人。閻炘用檄文飭令典史（相當於警長）帶領士兵，前往東門外催促。但每到就追查田賦帳簿，富家大多逃避，因此就逮捕扣押貧民加以刑罰，表示警告懲戒。保西里人葉周、劉取、余潮會合商議說：「官吏如此殘酷凶惡，百姓難以活命了。」指使壯士在夜間將他殺害。閻炘以作亂之事呈報道、府長官，請會合軍營討伐懲處。鄉民害怕，喧鬧騷動，意圖動亂，但仍未啓動。

許東燦，是臺灣府城人，名朝錦，以捐納途徑獲得同知官銜[4]，承辦徵收官租事務，每天出入衙署，聲威與氣勢震撼全縣。當時稻穀價錢低廉，命令繳納者繳交銀錢，每石收取二圓。人民不順從，全都搬送稻穀至東門下，堆積如丘陵。許東燦告訴縣官，差遣其弟許東寮捉拿不順從的人。繳納者困苦，聚集一起哀求郭光侯協助。至此聚集德高望重者，商議入臺灣府向上級大官告狀。四月初一，鄉人未經約定而來至東邊城外的有數百位，全都大聲吶喊委屈；接近城門時，守城的士兵懷疑是民變，匆忙關閉城門，趕忙通報守備，文官和武將全來到，詢問原因，都說繳納稅銀的艱辛。官員命令暫時散去，但不順從，自辰時至於正午，人群更多，達有數千人。臺灣府官員突然聽到緊急訊息，大爲震驚，地方官員也徬徨不安，無計可施，於是託請許東燦解散群眾，並答應收回告示，鄉民才紛紛

戶、墾首，等土地墾成陞科，在法律上取得業主資格時稱「業戶」或「業主」，即向官府登記之地主，也稱田主。見洪麗完，《外埔鄉藏古文書導讀》，二〇〇一。

4 職官名。指正官之副。凡主管一事而不授以正官之名，則謂之知某事，如宋代不以樞密院使授人，則稱為「知樞密院事」，副使則稱為「同知」。遼、金以後，沿此習慣，如府之主官稱「知府」，而以府之佐官為「同知」。

散去。

次日，臺灣總兵與道臺以民變呈報總督與巡撫，懸賞逮捕郭光侯，將以糾眾圍城的罪名定罪。原本郭光侯之所作所爲是出於公憤，一旦受到罪責，身體受刑而名聲掃地，還有誰肯效勞公事？二、三位剽悍者，祕密與郭光侯見面，請起兵反抗。郭光侯不同意，說：「我們出頭的人，希望盼望官吏能醒悟失策，民眾的困難可免除。今日的狀況無法完全預測，如果略微有舉動，罪名就成立了。」因此打算進府城投訴於總兵與道臺。但是現在到處都是偵察的官兵，擔憂被害，於是他打算赴北京陳訴冤屈。他潛伏在糖簍中，以牛車運到船上，他的友人預先等待接上船。他船到天津港再進入京城，但是朝廷已下命令捉拿法辦了。

那時，福建晉江人陳慶鏞是御史，正直的名聲傳遍天下。郭光侯想只有這個人才能洗雪冤屈。八月二十五日，他至晉江會館，見陳慶鏞，哭著訴說事件始末。當初許東燦曾經因爲巨案被捉到京城審問，陳慶鏞知道他的惡行，聽到後反而更加譴責，一早就向上呈報這件事。清廷下旨解除閻炘的職務，捉拿審問；命總督劉韻珂（一七九二—一八六四）飭令屬下官員逮捕許東燦、許東寮及黃應清、蔡堂、李捷陞等，他們都是朋比爲奸的人。到刑部審問之日，許東燦傲慢暴戾，出言毀謗官員，判決確定斬殺，其他的人也治以不同的罪懲治。而郭光侯，以敗壞公事的罪名流放關外。經過四十二年後，臺灣又有施九緞事件。

施九緞，彰化人，住在彰化縣二林堡[5]浸水莊，累代從事農業，喜愛參與幫助鄰里不平的遭遇。

5 應為二林上堡。張子文、郭啓傳、林偉洲撰文；國家圖書館特藏組編輯，《臺灣歷史人物小傳—明清暨日據時期》，臺北市：國家圖書館，民九十二，頁七一六。

光緒十二年（一八八六），巡撫劉銘傳奏請清丈田園，十三年（一八八七），彰化縣屬的十三堡全部舉辦。知縣蔡麟祥[6]率巡檢黃文澣、吳雲孫等，自橋仔頭開始丈量，每甲長度約加十分之一，一邊丈量，一邊計算，有錯就改，因此民眾沒有怨言。但隨後他被調任，由李嘉棠任知縣。李嘉棠是個貪官，貪婪民財，極爲奸詐虛僞，接任後，因巡撫公文催促完成丈量，於是全部更改沿襲舊規，各堡派員，數月就結束。丈量員多不懂計算田賦等則，不考慮肥沃或貧瘠，任意填寫；下鄉時，又要求百姓提供帳目，取得巨款而歸，百姓早已心中不滿。李嘉棠宣布百姓領取丈單，每甲花費二圓，彰化縣稅收三萬多兩銀，清丈後增加一倍。因此各官員在官署分發丈單，領單繳費的人很少。在此同時嘉義也因催領帳單之事，民戶亦擾亂不安，管領武毅右營提督朱煥明一向駐紮在彰化，劉銘傳（一八三六—一八九六）飭令前往壓制、鎮壓，以棟字營副帶林超拔替代他守。朱煥明至嘉義後，縱兵焚殺，鄉間土豪李盤率黨徒侵入彰化境內，守在湖仔內莊楊中成家，暗中計畫叛亂。彰化官署也逼迫領取丈單，官差到處忙於催領。李嘉棠想要邀功，命令更加嚴苛，以致官員凶暴，累積民怨，所以發生施九緞之變了。

施九緞年紀已經六十多歲，既遭清丈委員欺凌，又接到莊人之訴苦，大爲氣憤，因此想上臺北

---

6 蔡麟祥字瑞堂，廣東澄海人，監生。才識明敏，尤工書畫。同治間，援例以通判指省福建。光緒四年（一八七八）三月署澎湖糧捕海防通判，加提舉銜。為政清勤，案無留獄，詞訟隨問隨結。尤留心文獻，禮聘孝廉林豪主講文石書院，並請其屬草，完成《澎湖廳志》十六卷。十一月調署恆春縣知縣，七年（一八八一）九月調省差委卸事；八年（一八八二）四月二十五日復任恆春知縣。十年（一八八四）正月調署彰化知縣，卒於任。見張子文、郭啓傳、林偉洲撰文；國家圖書館特藏組編輯，《臺灣歷史人物小傳—明清暨日據時期》，臺北市：國家圖書館，民九十二，頁七一六。

投訴於巡撫，乞求寬限日期。友人說：「巡撫駐守在臺北衙署中，委交縣令執行政策，他的左右有誰肯幫我們陳述？何況你一去，縣令以爲我們違逆他，反而招來殺身之禍。」施九緞說：「那怎麼辦？」答稱：「先靜觀一下。」二林是沿海或鄰近溪邊，土壤貧瘠，領丈量單的人更少。光緒十四年（一八八八）八月，李嘉棠又以嚴刑逼迫人民，將林武、林番薯拘禁在北斗、西螺牢房，並斬殺簡燦於鹿港。原來簡燦是鄉里土豪，犯法卻沒有定案，百姓誤傳被殺的是另一個獄囚許貓振。他的弟弟許得龍計畫劫獄，到現場方知有誤，但是群眾已經呼嘯聚集，於是順勢進入街市，搶劫鹽館。番薯莊施慶跟隨參與，楊中成也在隊伍中，無賴二百多人，搶劫後各自散去。李嘉棠趕往鹿港，許得龍企圖攔阻截擊於途中，李嘉棠一行二十多人不敢向前走，乞求鹿港仕紳調解遣散，才能夠回彰化縣。鹿港爲施氏聚族之地，生員施家珍聽到危急的狀況，來不及召集鄉勇，李嘉棠差一點逃脫不了，於是對施家珍懷恨在心。

當時，彰化縣動亂不安，浸水莊人更加激烈。光緒十四年（一八八八）九月一日，莊民圍著施九緞懇求出任頭人，聚集了數百人，撕割布匹作爲旗幟，以大字書寫「官激民變」。施九緞站在神轎後，像在舉辦謝神祭典的樣子，楊中成、許得龍、施慶、李盤等跟從隨行，制止劫殺，沿途鄉民多持武器跟隨。中午至彰化縣城下，停留在南瑤宮，大聲呼喊要求燒掉丈單，傍晚日落時未經約定而來的有數千人。李嘉棠關閉城門，打電報告知巡撫動亂。不久電線中斷，都司葉永輝、洪盤安、棟字營副帶林超拔，各自登上城牆守城，丈量員也協助守城。李嘉棠發檄文徵召各堡在地方上仕紳，每堡集少壯男子二百，但是誤寫成二人，地方頭人感到疑惑猶豫，沒有敢進入支援。九月二日，施九緞率眾停留在八卦山圍城。山在（彰化縣）城東邊，高數十丈，上有炮臺。大家請他開炮攻打官署，他認爲不可，曰：「使人民遭受禍害的，只在李嘉棠。如果炮攻，就會玉石俱焚，是以暴易暴。我們來到這裡，是爲民眾說話，如果得到縣令承諾，收回焚毀丈單，就共同返回家鄉，可向父老告罪交代了。」大眾一聽，都認爲施九緞是寬厚善良的長者，讚稱他爲「公道大王」。九月三日，彰化縣被圍得更加嚴重，援兵又不到。李嘉棠害怕，想要自殺，隨從阻擋。朱煥明在嘉義聽到彰化突發的動亂，連忙奔回救援，大軍到北斗時，地方仕紳認爲民亂路途危險，懇求停止進軍，朱煥明不聽。他到達大埔心（約今日彰化縣埔心鄉，居鹿港溪上游段，屬彰化隆起海岸平原。雍正元年設彰化縣治，屬武西堡，以大埔心為最大村莊）時，被當地無賴從隊伍後面襲擊，所統率的軍隊死十餘人，彈藥又用完，逃至竹巷尾。施九緞探知他會來，迎面攻擊，結果朱煥明不敵戰死，其後清廷下詔爲他建專祠。彰化縣城中人聽到朱煥明戰死的消息後，更加恐慌想要逃跑。因此李嘉棠助教諭周長庚、局紳吳景韓、總理蔣攀龍，以吊籃垂至城下去見施九緞，勸他藉返家。施九緞要求須燒毀丈單才退，李嘉棠無法拿定主意，而圍城更加危急，於是假裝答應，等候援兵。但是彰化縣城有如斗狀，一攻就破，而圍困數日，米油用完，仕紳懇求開綏豐倉的糧食來救濟，並召集壯年男子爲義勇，而援兵也將到。

棟字營統領林朝棟（一八五一——一九〇四）原來駐紮在中、北部，聽到緊急的消息就奔赴救援。光緒十四年（一八八八）九月六日，他抵達田中央庄，命令軍隊一早就用餐，並親自帶領士勇八百人進軍彰化城市仔尾，以副將余保元、衛隊把總林青雲，各帶自己的部隊，祕密突擊。林超拔也從城內協助作戰，一舉攻破八卦山，施九緞退駐平和厝莊，圍城解除。九月十一日，林朝棟再出兵攻擊，連續接戰兩個時辰，戰場上斬四十一人，擒住八人，都砍殺，官軍也有十七人受傷。施九緞返回浸水莊，林朝棟以電報報告巡撫亂事平定。

先是林朝棟部屬都司鄭有勤率隘勇二營救援彰化，光緒十四年（一八八八）九月七日，抵達大甲，次日，抵達牛罵頭，所統率的部隊與莊人爭鬥，槍殺數人。莊民蔡訪敲鑼聚集眾人，企圖報仇反擊，隘勇趕緊離開，十三日，到達彰化縣城。同時，駐紮防守基隆的總兵竇如田也帶領銘字營三營抵達。九月十四日，李嘉棠因爲各路軍隊抵達，提議發起攻擊二十四莊，夜間命令煮飯用餐進軍。浙江人凌雲在幕僚中，了解百姓的委屈，向鄭有勤報告說：「朱煥明提督之死，不是二十四莊的罪過。他從武西堡（雍正元年設彰化縣治，縣轄十六堡之一）北上，已被沿途截殺，損失過半，到達竹巷尾才殉難，不是此地界內。若予以攻剿，恐怕會激起動亂，已經安全的縣城又會危險。應慎重考慮。」因此鄭有勤四處告知各統領停止進兵。教諭周長庚、中軍葉永輝，以信札通知二十四莊紳董，迅速入城領旗順服，否則將加以討伐。但是莊民不知城中情形，而且路途阻塞，並不到。李嘉棠大怒，再度命令進攻。貢生吳德功聽到這件事，夜見周長庚、葉永輝說：「二十四莊不來，是不明狀況，而不是敢違背縣官公文，請延緩一夜，我會快馬送函規勸他們。」這時候各隘截斷，路上布有蒺藜（植物名。蒺藜科蒺藜屬，一年生草本。種子入藥，具滋補作用。生長於海濱沙地。也稱為「升推」），沒有人敢前往，但生員陳捷華、王贊成、白一聲、白玉音等都願意去，分別拿著吳德功的信件，走小路前往。十五日，布政使沈應奎、臺東州知州吳本杰、澎湖鎮總兵吳宏洛，統領銘、隘、昌各軍紛紛抵達，李嘉棠又強烈主張焚毀各莊。各莊都遲疑觀望不來，只有線東西堡十莊、貓羅三十五莊、東西螺各堡，已由吳德功以書信招來領旗。沈應奎也貼出告示招降安撫，人心才安定下來。

當時動亂的發生，是李嘉棠釀禍的，到沈應奎查問時，反而誣賴是鹿港紳商幫助匪徒，再度請求討伐。沈應奎不採信，召喚鹿港士紳蔡德芳、黃玉書查問事件，他們訴說李嘉棠之缺失。因此李嘉棠更恨鹿港人，十六日，請求攻打鹿港。吳宏洛將發兵，鹿人徹夜惶恐；吳德功乞求停止，不接受，請沈應奎阻止也不聽。但沈應奎知民冤，以電報稟告劉銘傳，認爲一攻鹿港，沿海都會激起動亂。於是劉銘傳命令吳宏洛歸沈應奎指揮管轄。十七日，福寧鎮總兵曹克忠從基隆來到，也是爲了調查動亂情形。

在那時，官軍相繼來到，施九緞潛伏於浸水莊，二十三日，吳宏洛進兵攻打，施九緞逃到湖仔內莊。他所到之處，百姓為供應飲食。後包圍楊中成家，他也已經逃走，捉拿不到任何一個人。二十五日，各將領率領軍隊返回原駐地。浸水莊總理王煥，年七十，當變故發生時，向鹿港收取軍隊糧餉，商人認為官兵可靠，擔心被劫，暗中私下資助，不到半日就得五千兩銀，分發給民軍。但是彰化的動亂，是李嘉棠的過失，劉銘傳知道他的殘暴，二十九日，撤銷他的職務，以朱公純取代，發出告示安撫民眾，被迫而跟從的人不治罪；設保安局，以紳士蔡德芳、吳景韓、吳鴻賓、劉鳳翔、吳德功等，處理善後的事情；通令捉捕施九緞、王煥、楊中成、李盤、施慶、許得龍等，其他都予以赦免不究。

十一月六日，劉銘傳上奏清廷說明彰變始末，以李嘉棠剛愎自用，固執己見，不知輿論與民意，又因為丈量課稅不公平，失去民心，請撤銷他的清賦有功保舉案，並剝奪革除施家珍、施藻修官服頂戴，認為他們如同強盜賊寇。臺灣兵備道唐景崧（一八四一—一九〇三）奉劉銘傳命赴彰化會辦此案時，途中經過二十四莊，莊民跪在路邊訴苦，原因是棟字營駐兵於莊內，搜尋捉捕李摧等人犯，雞犬不寧，於是唐景崧下令撤營。至彰化查核李嘉棠罪狀，稟請上奏彈劾；新任布政使邵友濂（一八四〇—一九〇一）也認為他為人殘酷，視民如寇仇，呈請革職，永不敘用。李嘉棠聞訊害怕，連夜奔赴巡撫衙門，哭求卸罪，且誣陷鹿港官紳近似強盜賊寇。一時突然流言沸騰，地方又再度騷動。十一月二十二日，劉銘傳電報指示逮捕扣押教諭周長庚，押送遊擊鄭榮、進士蔡德芳、生員施家珍、施藻修、吳景韓等，到巡撫衙門集體審問。因為周長庚阻止攻打二十四莊，又招徠各莊耆老領旗，故李嘉棠稱他如同匪徒，周長庚也揭發他的過失。劉銘傳札飭新任彰化知縣羅東之、臺灣知縣黃承乙會審，取得供詞後呈送衙門。後來李嘉棠至臺北，陳述周長庚之罪，而撫署中人又受賄而袒護他。但周長庚已請假赴北京參加會試，十九日，自塗葛堀乘舟內渡，追趕不及，劉銘傳又通電至福州、上海等處追捕。十四年二月，嘉義進士徐德欽捕獲王煥，押解至官署審判、訊問，但查竟無附匪情形；又提鹿港商人帳冊，亦無援助軍火數目，於是釋放鄭榮，令赴鹿港，罰捐軍餉三萬兩，結束此案。光緒十八年（一八九二）冬十二月，臺灣知府程起鶚推薦前都司葉永輝執行清莊法，查獲李盤；不久許得龍、施慶、楊中成亦次第就捕，與王煥被斬殺。而施九緞已於光緒十六年（一八九〇）病歿浸水莊中。但也傳說，他祕密逃往泉州。

連橫說：蒼天啊！士大夫讀書論世，慨然以天下為己任，但一逢動亂，就畏首畏尾，身未動而氣先衰，或者曲己徇私，屈從惡人，以順其行不義之事，品格多麼低劣啊！郭光侯、施九緞雖都是偏鄉野僻的小民，凡夫一個，但是迫於義憤，不顧慮利害挺身而出，這則是士大夫不敢做而他們肯做的事，多麼剛烈啊！二人事蹟類似，意志相同，因此為他們一起作傳。

卷三十三　列傳五

戴潮春列傳

戴潮春，字萬生，彰化四張犁莊人。籍龍溪。祖神保樂善好義，有名鄉黨中。生四子，長松江；松江有子七人，潮春其季（排行第四）也。家素裕，世為北路協署稿識。兄萬桂與阿罩霧人爭田，不勝，集殷戶為八卦會，約有事相援；潮春未與也。咸豐十一年，知縣高廷鏡下鄉辦事，潮春執土棍以獻。北路協副將夏汝賢以其貳於己、索賄不從，革其籍。時萬桂已死，潮春家居，乃集舊黨，立八卦會，辦團練，自備鄉勇三百，隨官捕盜。廷鏡大喜，給戳（官方戳印）重用。彰屬固不靖，殺人越貨，時見於塗（道路）。而潮春善約束，豪強斂手，行旅便安，至有捐巨款始得入會者，以是黨勢日盛。八卦會者，祀五祖，事在〈宗教志〉。不數月，多至數萬人。同治元年春，廷鏡免，以雷以鎮接之，仍用潮春。而會眾滋蔓，漸不能制。

三月初九日，臺灣兵備道孔昭慈至彰化，執總理洪某殺之，檄（ㄒㄧˊ，文書通報）淡水同知秋曰覲辦會黨。曰覲前任彰化，以武健為治，頗自任（自任，自信）。金萬安總理林明謙薦林日成，募勇四百以從。日成，四塊厝莊人，性粗率，綽號「戇虎晟」，曾犯法，曰覲欲捕之未果也。又檄阿罩霧林奠國率練勇六百來會。十五日，曰覲偕北路協副將林得成、守備游紹芳率兵千餘至大墩，日成忽反戈相向。曰覲退入竹圍。攻之，勢危。十七日，破圍出，其奴貓阿鹿刺之，僕從顏大漢力戰死。幼奴小黃年十五，以身翼（保護）曰覲，大呼曰：「殺我。毋傷我主人！」亦受數刃死。守備郭得昇、把總郭秉衡皆從死。得成被執，囚於日成家。當曰覲之出兵也，潮春居鄉，而黨人已四起。是日，鄭玉麟、黃丕建、戴彩龍、葉虎鞭糾眾，攻彰化城。城兵少，昭慈命都司胡松齡、千總呂騰蛟禦之。會黨已踞八卦山，炮擊城中；而鹿港之召募未至。千總楊奪元請出戰，不聽；幕客汪寶箴請退守鹿港，亦不聽。城人王萬謀內應，事洩，為官兵所執。明謙免之，命帶勇守城。既復命縋（ㄓㄨㄟˋ，以繩索懸綁下墜）城議和，且按兵。明謙揚言已就撫，昭慈信之。文武皆相賀，守兵懈。十九日夜半，開城，黨人自東門入，大呼曰：「凡在約中，爇（ㄖㄨㄛˋ，焚燒）香為識。」城人具香案迎之。守兵潰。陸路提兵李得志率十餘人巷戰，被執。問銀庫所在，得志佯引入署。至火藥局，奪火爇之，眾悉死。黨人既入城，鼓吹以迎潮春。潮春冠黃巾，穿黃馬褂，健卒數十人前後擁，騎馬入城，出示安民，令蓄髮遵明制，自稱大元帥。以戴彩龍為二路副元帥，鄭玉麟為大將軍，鄭豬母為都督，盧裕為飛虎將軍，鄭大柴為保駕大將軍，以叔戴老見、侄戴如川、如璧及黃丕建、葉虎鞭、林大用、陳大戇為將軍，陳有福為殿前大國師，相士黃阿狗副之，外甥余紅鼻、烏鼻為左右丞相，烏鼻兼刑部，其弟為禮部尚書，黃秋桐為戶部尚書。設應天局於白沙書院，以蔡茂朱為備糧使，司理局務，魏得為內閣中書。設賓賢館於城內，以禮待搢紳。餘各封拜有差。貓阿鹿以曰覲之頭獻潮春。潮春嘆曰：「汝為人奴而弒其主，是不忠也。不忠之人，誰能容之？」與以數金，叱之去，而葬其首。且曰：「我之起事，狥（狥，通「徇」，順從）眾意也。秋公有知，其能鑒我！」當是時，文武俱羈金萬安總局。南投縣丞鈕成標嘗奉檄清莊，捕盜多，黨人恨之，執見鄭玉麟，不屈死。幕友姚茲、孔道隨員戴嚴亦死。前任知縣高廷鏡、同知馬慶釗見潮春，縱之鹿港。雷以鎮素持齋，逃入齋堂得免。初，潮春將起事，寡嫂羅氏泣謀，及入城，請毋戮百姓、毋入齋堂殺人，而後自縊。前任副將夏汝賢以貪酷，一家俱受辱死。昭慈被囚，猶問計於汪寶箴。寶箴復書曰：「朝聞道夕。」是夜即仰藥死。守備游紹芳、千總呂騰蛟皆走鹿港。四月，潮春命日成攻阿罩霧，報宿忿也。莊人林奠國率丁壯力守，子文鳳尤勇敢，陷圍三晝夜，會羅冠英援至，日成乃退。陳弄攻鹿港，紳士黃季忠糾泉人三十五莊以拒，故不破。

郡中驟聞彰化之報，文武議戰守。知府洪毓琛已陞漢黃德道，或勸之速行，不聽。遂攝道篆（官職）、修城垣、備器械、通驛站、設籌防局。總兵林向榮遣安平副將王國忠、游擊顏常春以兵戍嘉義。至柳仔林，為黨人所擊，倉卒入城。而黃豬羔、黃萬基、羅昌已來攻矣；戴彩龍、陳弄、嚴辦亦至，已而復去。紳士王朝輔、陳熙年會城人至城隍廟，誓死守，富戶許安邦亦傾家助軍，故稍安。

初，日成起事，自以位在潮春下，與洪叢、何守謀殺之以贖，故猶羈林得成於家。及江有仁說之，且曰：「太平軍蹂躪半天下，清軍猶無力戡定。臺灣雖小，可自霸也。」從之。得成知不可復，遂自殺。日成入見潮春曰：「古之王者，以兵定國，南征北伐而後有功。今鹿港近在肘腋，攻之未下，而嘉義守禦日固；豈可坐鎮城中，以貽後悔？」潮春曰「然。」遂歸四張犁莊，而以彰化委之。日成自稱元帥，以林貓為中軍，掌帥印，江有仁為軍師，何守為掃北將軍，王萬、何有章及弟林狗母為將軍。於是陳鯡據茄投，陳九母據大肚，蔡通據牛罵頭，紀番朝據葫蘆墩，廖有譽據揀東，洪叢據北投，皆受約束，稱將軍。

大甲踞彰化之北，為淡水往來孔道，扼溪築壘，駐守備，居民約五千。莊人王和尚知彰治已破，起兵應，猝入土城，守備、巡檢俱逃。潮春命馬泉往鎮之。泉倚和尚為耳目，無設備。竹塹紳士林占梅遣勇首蔡宇擊走之。占梅為淡水巨室，聞變，集紳士鄭如樑、翁林萃、鄭秉經、陳緝熙等籌防務，以候補通判張世英攝淡水廳篆，出資練鄉勇，設保安局於城中。馳稟巡撫徐宗幹，與以總辦臺北團練之權。至是復大甲。而和尚知鄉勇僅數百人，初六日又來攻，斷水道。會大雨，城人得食。十三日，張世英率兵來援，羅冠英亦以鄉勇至。冠英，東勢角粵人也，驍勇仗義，所部皆精銳。城人出戰，和尚敗走，馬泉逃彰化。潮春斬之，檄和尚再取。十一日，合何守、戴如川、陳鯑、劉安、陳在、陳梓生等凡二十七營，以楊大旗為先鋒，復攻大甲，斷水道。天復大雨，張世英援桴（ㄈㄨˊ。援桴，擊鼓指揮）登陴（登上城牆，指守城），羅冠英、蔡宇等各開門出，奮勇力戰。和尚復敗，大甲始無害。四月初七日，總兵林向榮率兵三千發府治。初九日，次枋埤，立五大營為犄角（犄音ㄐㄧ。犄角，支援）。戴彩龍據南靖厝，以八掌溪為界。時霖雨，溪流盡漲。官軍餉項俱屯鹽水港。二十八日，彩龍據白沙墩，斷糧道。翌日，官軍出擊，澎師大敗，守備蔡安邦、把總李連陞、外委周得榮皆落水死。五月，兵備道洪毓琛以千總龔朝俊獲屯番五百，從九品陸晉亦率兵二百，護餉行。初五日，至安溪寮，向朝江要之，晉為其下所殺，餉悉被劫。初七日，彩龍乘勢攻大營，官軍復潰，澎湖副將陳國詮、游擊陳寶山、把總周應魁皆陣沒，向榮踉蹌（ㄌㄧㄤˋ ㄑㄧㄤˋ，東倒西歪）走，遇朝俊，掖之行，至安溪寮。越二日，移駐鹽水港，收合餘軍。其弟林向日以新兵五百來援，勢稍振。柳仔林黃豬羔、店仔口吳志高俱請降。

當是時，嘉義久攻未下，潮春議往取；自稱東王，以莊天賜為丞相，賴阿矮為先鋒，率所部而南。至水沙連，令莊民治道。丞相先行，繡衣朱履，騎馬佩劍；潮春衣黃衣，冠黃冠，乘轎行，壯士數十人，戎裝執刃，列前後。擇吉登壇，祭告天地。嗣行藉田之禮（藉，通「籍」。籍田之禮，天子親耕以示重農之儀），鼓吹喧天，遠近觀者數萬人。水沙連人劉參筋、五城人吳文鳳皆受封為將軍；以許豐年為總制。嘉屬各莊多樹紅旗以應，遂攻斗六門。都司湯得陞拒戰，千總蔡朝陽陣沒；適副將王國忠援至，乃退。於時嘉義被圍已三月，糧食漸罄。向榮選精銳八百，以王飛虎、林有才為先鋒，遣龔朝俊、寧長泰率班兵屯番分道赴援。陳弄、嚴辦連戰數日，乘勝薄（迫近）城下。紳士王朝輔、陳熙年亦率鄉勇開門出，圍始解。六月初八日，向榮入城。兵備道洪毓琛趣（趨往）守斗六門，向榮不可。毓琛馳書激之，乃拔隊往。未幾，而嚴辦、陳弄合圍之矣。

初，潮春得彰城，以鹿港近在肘腋，為海通孔道，命葉虎鞭攻之。虎鞭，泉人也，對曰：「鹿港為泉人生聚之區，攻之是無泉人也。」潮春怒。虎鞭負氣出，退謂黃丕建曰：「以吾兩人當日之約，將聯和二屬，以成大事。今城中漳人任出入，而泉人移徙，輒遭劫。且約中禁濫殺。陸提之兵皆泉人，而無一免。吾恐他日兄弟之約不堅，復成分類械鬥（分類械鬥，分幫結派對立械鬥）之禍！」丕建以語潮春，令止殺，限三日中，許民自去。虎鞭率所部巡北門，以捍（保衛）泉人之出。改命林大用為鎮北大將軍，狥（狥，通「徇」，攻占）鹿港。大用亦泉人，鹿港之人鼓吹迎之，未久而去。黃季忠即籌守禦，陳弄攻之不下。五月，總兵曾玉明以兵六百至鹿港。玉明亦泉人，曾任北路營副將，與戴、林有舊，寓書招之，不從。及潮春南下，以二十四莊附官軍。命戴彩龍、鄭玉麟、李炎等攻之。至燕霧下堡大莊賴登雲之家索餉。茄苳腳莊拔貢陳捷魁密約莊人要之。六月十九日，二十四莊俱起，彩龍、李炎大敗，被禽（擒），解至鹿港受戮。玉麟力戰死。於是漳、泉相睨（ㄋㄧˋ，斜視，此指敵視），葉虎鞭降於軍官。

七月十九日，林日成以林大用、陳九母、趙憨率眾攻湳仔莊，破之，放火以燬。西至和美線，北及竹仔腳番社，迫加寮潭，莊人陳耀禦之，連戰三日，不支，獻馬請降。日成不肯。陳九母、趙憨皆其佃，為求成，乃撤圍。耀即乞陳清泉率勇二百駐李厝莊，又求援於新港柯、姚二姓，眾至，遂舉白旗以拒，日成怒，命林大用攻之，不克。八月十五日，日成率諸將誓師於大聖王廟。翌日，進攻白沙坑。陳捷魁又率眾禦，鏖戰數日，互殺傷。日成登觀音之山以望，見其莊固不可拔，鳴金而退。復攻秀水，葉虎鞭中炮陷陣，黃丕建逸之。總兵曾玉明駐安東莊，固壘自完，故日成得無忌。閏月二十八日，爭葫蘆墩，與羅冠英大戰於圳寮，廖世元陣沒，張世英以其弟廖江峰領其眾。冠英退屯翁仔社。

林向榮之入斗六門也，地絕險，糧運不通。潮春長圍之，援絕；以龍眼核為糧，殺馬食士。屯番不與，謀內應。九月十三日，放火焚街中，退入土城，士皆罷弊（罷弊，疲累無力）莫能興，向榮自殺。國忠率所部十八人突圍出，皆被禽，不屈死。管理糧臺同知甯長敬、鎮標游擊顏常春、署斗六都司劉國標、守備石必得及弁兵數百人皆死。俘王飛虎，莊天賜以為壯士，免之。義首陳有才亦被執，潮春聞其勇，欲降之，不從亦死。於是議取嘉義，軍師劉阿屘（ㄇㄢ）曰：「斗六既破，鎮兵俱沒。今若悉我精銳，鼓行而南，則郡城必望風瓦解。既得郡城，據中樞以號令全臺，則嘉義可不戰而得。若以全力爭一小邑，勝負未可知；而嘉義城堅眾協，恐急切未易下也。」潮春不聽，令陳弄、嚴辦、呂梓、廖談、洪花等攻之。黃豬羔亦來歸，已而何守、陳鯡各以眾援，築長圍以困，數十步立一炮臺，與城樓等，以瞰（ㄎㄢˋ，窺探）虛實。自是無日不戰。辦妻侯氏、談妾蔡氏皆勇敢，每臨陣，騎馬督率。城中亦竭力守禦，故不破。陳弄、嚴辦遂攻塗庫，陳澄清拒之，不能克。十月，別攻鹽水港，亦不克。十一月初十日，林日成自攻大甲，十八莊起應，與官軍戰於大安莊。守備鄭榮大敗，進而圍之。十四日，羅冠英援至。十七日，林占梅亦遣千總曾捷步率兵至。翌日，戰於水堀頭。官軍先潰。冠英獨奮鬥，陷圍不得出；柯九興救之，乃免。日成環之，放火焚南門，城崩數丈，水道復絕，居民將渴死。何守為書射入城中曰：「我攻其兵，不害其民。」約以明日出汲，遂撤西門之圍。然水輒罄，會大雨，日成乃去。二年春正月十八日，復圍之。候補同知王楨率義首林盛拒戰於磁窰莊。日成衣黃衣，張黃蓋，麾眾而至，官軍復敗。遂登鐵砧山，禱於延平郡王，不吉而還。二月初五日，羅冠英、廖廷鳳合攻新廣莊，克之；又克壩仔，迫四張犁。潮春久圍嘉義，以陳梓生守之，據壘力戰，各死傷，二十七日，莊破，林日成在四塊厝莊聞之，遂集死士以拒。

初，署水師提督吳鴻源兵至府治，議出師，進駐鹽水港，以降將吳志高為鄉道。二月十二日，破馬稠後莊，斬首百餘級。次下茄荖，以吳邦基、洪金陞分駐白沙墩，多設疑兵；以楊興邦、張啓熣駐水窟頭，為犄角。而自將游擊周逢時、守備蘇吉良赴嘉義。嘉義被圍已六月，城中無糧，搗龍眼核為粉，熬而食之，紳民死守。至是守將湯得陞開門夾擊，陳弄、嚴辦皆敗去。鴻源命蘇吉良、徐榮生攻劉厝莊等，疏通道路，以規復彰化。四月，伐南靖厝。呂梓之妻與羅彭胡拒戰，竹圍堅密，不能拔。吉良力攻，彭胡被殺，梓妻亦中炮死。五月，攻嚴辦於新港，進圍大崙，呂梓降。六月十八日，義首陳捷三進駐沙仔崙，陳貞元助之；與楊目丁大戰於濁水溪，遂復南投。義首陳雲龍來援，進復集集。潮春檄所部復攻，義民力守。九月，陳大用以中寮降曾玉明。羅冠英、廖廷鳳亦破大墩，以通阿罩霧，參將林文明迎之。然官軍猶未敢進攻彰化，各地用兵，忽起忽仆。

詔以福建陸路提督林文察視師臺灣。文察，阿罩霧人也，以十月至麥寮，登岸，逕歸其家。巡撫徐宗幹亦奏簡（奏簡乃奏請簡用之省，上奏朝廷簡選任用）兵備道丁曰健會辦軍務，以兵三千，自北而南，駐牛罵頭。十六日，林占梅率翁林萃、陳尚惠等，督勇首蔡宇以軍三千進紮山腳，三路併攻。何守乞降。趙憨、陳鮄猶據城。勇首林忠藝、林尚等奮勇而前，薄城下。十二月初三日，總兵曾玉明率林大用破北門而入，丁曰健、林占梅以次至。趙憨、陳鮄、陳在、盧江逃四塊厝莊，江有仁、鄭知母巷戰被禽，戮於較（較，通「校」）場；糧官蔡豬亦被磔。彰化既復，曰健檄諸將，會攻斗六門；鏖戰數日，未能下。會林文察至，登高而望曰：「如此險阻，接濟不斷，何以能破？不如先分其勢，而後取之。」於是以四品軍功洪廷貴赴嘉屬交界之處，招撫百餘莊；許豐年、黃豬羔皆降。以其弟林文明斷水沙連之道，長圍漸合。潮春見勢蹙（ㄘㄨˋ，緊迫），欲竄內山，至七十二莊張三顯之家，從者數十人。三顯說以歸罪，許保其孥（ㄋㄨˊ，兒女），妻許氏懼誅，勸之。二十一日，乘轎至北斗。曰健訊以作亂之故。對曰：「此皆本藩之事。毋與百姓。」曰健怒，命陳捷元推出斬之，許氏自經。

西螺廖談亦被殺。始談敗欲降，妻蔡邁娘止之曰：「勢敗而背人，非信也；既降而受制，非勇也。命為丈夫，而卒非信勇，吾寧死於紅旗之下！」每戰，策馬當前，指揮左右，不避炮火。至是夫妻被禽，戮於北斗，蔡氏之目不瞑。或知其故，以紅旗覆之，乃瞑。

三年春正月，文察攻四塊厝莊，以王世清為左翼，林文鳳為右翼，自率精銳擣之。日成拒戰，以弟林狗母率陳鯓、劉安、陳梓生等守外寨，王萬、林貓皆等守內寨。連戰數日，狗母陣沒。眾每夜逃。日成疑梓生有異志，闢竇（孔洞）以通出入。梓生陰令人釘其大炮。日成知不免，出賄於庭，分左右。王萬以變入告。日成環火藥桶於門，而與妻、妾、王萬飲。妾蕭氏聞炮聲漸迫，遽起出，日成挽之，而妻已擲火藥桶中，萬俱死。日成及蕭氏飄至戶外，氣未絕，官軍戮之，函首（以木箱裝頭）以狗（狥，通「徇」，巡行示眾）。三月攻小埔心莊，陳弄之家也。羅冠英率所部奮擊，官軍乘之。弄敗欲降，妻陳氏曰：「今日雖降，難免一死；與其俯首受戮，何如併力以拒。戰而勝，猶可後圖；況不至即死耶？」已而大炮轟擊，屋瓦俱碎。穴地為窟。官軍以水灌之。十九日，冠英率壯士力攻。陳氏接戰，以羸（ㄌㄟˊ，瘦弱）卒誘。冠英深入，伏炮盡發，與數十人皆死。文察命且止。而張三顯忍以眾圍彰化。

三顯之獻潮春也，自以功多賞薄，頗懷觖望（觖音ㄐㄩㄝˊ。觖望，所願不滿而生怨）。陳鯓、陳梓生聞之，說以起事；陳九母、趙憨、洪叢皆應之。二十七日，擁眾數千人，據八卦山及市仔尾，薄（迫近）城。城兵少，知縣凌定國登陴，命吳登健縋城求援。越二日，文察以兵至，眾潰，三顯為族人所捕，曰健斬之。復攻小埔心，冠英之弟羅坑尤血戰。莊破，陳氏自焚死，弄走新興莊。紳士陳元吉捕之，解至軍前受戮。十一月，曰健率知縣王楨、游擊鄭榮及林文明之勇，攻洪叢於北勢湳莊。莊多立炮壘，力擊未下，淡水義首林春、李光輝皆陣沒。鄭榮以炮攻之，叢病死，埋於豕欄。王春傳執其弟洪番以獻，戮之。得叢屍，梟首示眾。

四年春三月，嚴辦復樹旗於二重溝，號召餘黨，呂梓附之。王新婦之母以其子為將軍，自刻一品夫人之章，每臨戰。洎（ㄐㄧˋ，及）新婦被殺，出資募死士，歸呂梓，旗書「為子報仇」。鄭大柴之妻謝氏，亦言為夫報仇，各起事。潮春之起也，嚴辦最悍，妻侯氏亦有力，疊攻嘉義。每出，辦親為牽馬，雄冠劍佩，威儀若丈夫。潮春所部十數萬，器械糧秣皆辦給之，故其權最大。四月，曰健以知縣白鸞卿、參將徐榮生、都司葉保國分兵往伐。辦每假官軍旗幟，伏兵以擊，官軍輒敗。曰健遣都司吳志高率鄉勇以濟，辦力戰死，侯氏被禽，磔（ㄓㄜˊ，裂體之刑）於嘉義；新婦之母亦被殺，唯謝氏突圍去。兵勇死者數百人。梓逃布袋嘴，海賊蔡沙素與善，奪其孥而沉之海。自是餘黨漸平。

林文察列傳

林文察，字密卿，彰化阿罩霧莊人。世業農。父定邦為鄉甲首，負義俠，里黨倚為重。林和尚者，草湖莊人，為一方雄，群不逞之徒（不逞之徒，心懷不滿而鬧事的人）出入其門，椎人越貨，莫敢攖（觸犯）。曾虜林連招，索重金。連招為定邦族人，遣使請歸，不聽，且拘焉。定邦率季子文明往諭，遂忿爭。和尚召其徒，列械待。定邦突圍出，中彈，反身激鬥，被殺，文明亦殊傷（殊傷，重傷）。文察年十九，聞耗，大哭，欲赴難。既念弟尚被囚，慮有變，乃忍痛含冤，介父老請還，並歸父屍，訴於彰化知縣。知縣受賂不理。文察指天而誓曰：「不報仇，非人也！」旦暮跡和尚，猝擊之，力禽至父墳，剖心以祭。曰：「仇報矣，吾不可累家人。」赴縣自白。

咸豐四年夏五月，小刀會黨犯臺北，破雞籠城。北路協副將曾玉明以為勇士，出諸獄，命募鄉勇隨征。有功。尋捐銀助餉，以游擊分發福建補用。九年，閩浙總督王懿德檄帶臺勇會勦建陽。十年，平建寧、汀州之亂，皆有功，擢參將，換花翎（花翎，清代官品的冠飾。以孔雀翎為飾）。復助餉，加副將銜。文察所部臺勇，皆鄉里子弟，樸訥堅武，生死相處，故能以少擊眾，協力建功也。十一年春正月，奉檄援浙。太平軍已破江山，文察冒雨搏戰，乘勝攻城。既而援至，遂破之。以副將儘先補用，賞換「烏訥思齊巴圖魯」（清朝皇帝封賞有戰功者的封號）。四月，汀州、連城俱陷，奉調回閩。五月，克汀州，晉總兵。七月，平沙縣之亂。是時太平軍自皖南入浙，分陷金、衢、嚴各府縣，眾數十萬，勢張甚。將軍瑞昌疏調入援。而所部臺勇久戰傷亡，僅存五百餘人，未能速進。十二月，杭州破，詔馳援。同治元年春正月，慶瑞檄率所部自處州進。適衢州被圍，解之。已而太平軍窺福建西北，與弟參將文明合，遂進駐龍泉。以浙江按察使張銓慶為策應，先克遂昌，以杜（斷絕）入閩之路。七月，補四川建昌鎮總兵，未行，奉旨復處州。遂攻松陽，久而未下。所部臺勇遠道運糧，日不得飽，猶歷戰不餒，遂取之。五戰皆捷，直抵處州城下，與各軍合。臺勇併力奮擊，破門而入。詔加提督銜。十一月，移軍武義。尋調福寧鎮總兵。二年夏六月，署福建陸路提督。

當是時，戴潮春起兵大墩，破彰化、圍嘉義、窺淡水，南北震動。詔命渡臺。十月至嘉義，偕護理水師提督曾元福議進兵。率游擊白瑛等攻斗六，以分其勢；而告總兵曾玉明趣取彰化，克之。然斗六深溝固壘，未能下。乃佯言援彰，拔隊起。民軍開門擊，遇伏殲焉，遂拔之。潮春知勢蹙，欲竄內山，懼罪自投，兵備道丁曰健殺之，進圍林日成於四塊厝莊，死傷甚多，乃築炮臺以困，晝夜轟擊，遂陷之。日成被殺。四月，閩浙總督左宗棠以延平軍務危急，奏調內渡。然全臺尚未平，文察駐軍於家。曰健劾其縱兵騷擾，命宗棠勘之。十月，至福州。巡撫徐宗幹疏言：「文察赴調延緩，實以夏秋多颶，重洋難渡。請免議處。」文察內渡之際，僅率臺勇五百，不足戰，請宗幹濟師。已而漳州破，下游俶擾（俶音ㄔㄨˋ。俶擾，騷亂），檄統全軍，由同安規復。十一月，駐洋州，踞城三十里，分飭所部策應。十二月，移駐萬松關。太平軍進攻，先以羸卒誘，擊走之。已而圍合，文察督勇奮鬥，所部死傷略盡，援兵不至，遂陣沒。幕客謝穎蘇方食，聞報，投箸起，策馬略陣，亦沒。穎蘇，興化人，字琯樵，善畫蘭竹，書亦秀逸，久游臺灣，慷慨有烈士風，士論壯之。宗棠、宗幹先後疏言其事，尋賜祭葬，贈太子少保銜，予謚剛愍，准建專祠，賞騎都尉世職，兼一雲騎尉。襲次完時，以恩騎尉世襲罔替。弟文明隨軍，疊戰有功，至副將；子朝棟，亦有名。

丁曰健列傳

丁曰健，字述安，安徽懷寧人，寄籍順天。以舉人揀發（揀發，揀選分發）福建。咸豐四年，任淡水同知。時閩、粵械鬥後，地方凋蔽，曰健出而撫字（字，愛。撫字，安撫），其姦猾者即以法繩之。既而小刀會黃位竄臺灣，陷雞籠。曰健集紳民，籌戰守。以彰化林文察率鄉勇二百攻之，位敗走。調署嘉義縣，加知府銜。嗣以軍功賞道銜，歷署福建糧道及布政使。

同治元年春，彰化戴潮春起事，全臺俱擾。二年秋，詔命福建陸路提督林文察視師臺灣，而巡撫徐宗幹亦奏簡曰健為臺灣兵備道，加按察使銜，會辦軍務。九月，至艋舺，募舊部，謀規復。紳士林占梅豫（預先）練鄉勇二千名，保衛地方，及是隨行。進兵牛罵頭，數戰皆捷，遂克彰城。文察亦自麥寮登岸，定嘉義，復斗六，駐兵阿罩霧。

初，曰健以汀州軍務，與文察有惍（惍，通「吝」，憾恨）。至是同平臺灣，文察所部就地籌餉，又以辦理清莊，地方復擾。曰健止之，不聽。及福建上游告急，詔命文察內渡。文察未行，曰健勦之。略謂：「內山揀東、貓霧等處，前經署陸提臣林文察入山搜捕。於正月破林巢後，安住家園五十餘日，頓兵不出，以致眾議沸騰，欲圖報復。餘匪藉此，復肆攻撲。非先事豫防，聯莊得力，竟有難解之憂。」詔命福建總督左宗棠查辦。曰健又致書宗棠，歷詆（列舉諸說詆毀）文察不法。已而文察赴閩，殉於漳州之役，弟文明以副將家居。越二年，賴、洪各姓訟其霸田。曰健委知縣凌定國至彰會審，即就大堂殺之。文察之母控之省，復籲之京。案懸不決。而曰健以病奏免。

林奠國列傳

林奠國，字景山，彰化阿罩霧莊人。阿罩霧固土番之地，負山環溪，鄰鄉多巨族，各擁一方，非番害則械鬥，故人多習技擊，而奠國能御之。同治元年春，邑人戴潮春謀起事，淡水同知秋曰覲至東大墩，欲治之。途次（臨時駐紮或止宿），聞其勢大，遣人邀奠國。挈（ㄑㄧㄝˋ，帶領）鄉勇二百人往，至新莊仔莊，曰覲已被殺。四塊厝莊人林日成為勇首，護曰覲行，及是而叛，見奠國至，攻之。奠國拒戰，退歸阿罩霧，鑿濠固壘，聚米鹽、討軍實，為持久計。已而日成來攻，擁眾三萬餘，斷水道，環圍三匝（ㄗㄚ，圈）。時莊中丁壯多從文察轉戰閩、浙，僅遺七十有六人，願同生死。以長子文鳳率之，為數隊，扼險要，而自拒於莊北。日成之至也，勢張甚，又以前後厝之怨，誓必滅之。嘗一日陷圍數次，莊幾破，開炮防禦。自日夕至於黎明，莫敢懈。而圍愈急。東勢角莊人羅冠英駐軍翁仔社，聞報，越二日，率二百人至，皆粵族。眾慮內變，文鳳曰：「彼來援，是愛我也。寧有是事？」椎牛（宰殺牛）饗之。出家資十數萬於庭，向眾而言曰：「諸公跋山谷，冒危險，以來護我莊。其濟，莊之福也；不濟，吾以死繼之。不腆（ㄊㄧㄢˇ，豐厚）之資，願供一醉，幸毋為賊人有。」眾曰「諾。願殺賊。」乃耦其人（兩人一組）而守之。又一日，林氏之族先後至，可四、五百人，士氣大振。開壁出，搏戰隴畝（隴畝，田畝）間，陣斬數百，俘數十。日成大敗，踉蹌走。自是不敢復攻阿罩霧。

當是時，彰化既破，南北俱震。潮春、日成之黨，多至十數萬人。而阿罩霧以一村落，介立紅旗之間，戰守經年；圳水又為萬斗六莊洪氏所遏（ㄜˋ，止），良田盡暍（ㄏㄜˋ，乾涸），粒米不收。發倉以賑。聯絡沿山一帶，備器械，立約束，養精蓄銳，為規復計。二年冬，文察以福建陸路提督平臺。奠國聞官軍至，率鄉勇數百助戰。潮春、日成次第就滅，遂與文察提師歸阿罩霧，招撫近山。其不從者，移兵討之。經理善後。事聞，以功授知府，賞戴花翎。

三年四月，閩浙總督左宗棠以延平軍務危急，奏調文察內渡，奠國從。至福州，而漳州陷，下游俶擾，檄由同安規復。十一月，駐洋州；十二月，移萬松關。兩軍相持，疊接戰，互有勝負。時大軍未集，所部臺勇僅五百人。一日，偕文察視壘，至瑞香亭，太平軍驟至，陷圍。文察竭力奮鬥，所部多死傷。顧奠國曰：「吾為國家大將，義當死。阿叔可破圍出，毋俱沒。」奠國不可。文察復迫曰：「勢急矣，趣去。吾不能歸也。」遂授命。於是奠國收餘軍以退；而臺勇乏餉，未能歸。至福州，見大府，請餉九千兩，為遣散費。總督慶瑞不許，命待命。已而索賄二萬金，文鳳請與之，不可。曰：「吾為國家效命，率子弟赴疆埸，糜財（耗費錢財）固不足惜，而彼反以功為罪，此胡可者？自吾與鄉里五百人而西，今所部多沒，吾則獨歸，又何面目以見父老乎？」遂以家事委文鳳，命各恤其家，而自留省垣。越十七年卒，誥授朝議大夫，追贈奉政大夫。子三：長文鳳，次文典，次文欽。

文鳳字儀卿，號丹軒。少任俠，結交多奇士。戴潮春之役既平，地方罷弊，流亡滿道。文鳳拊循（拊音ㄈㄨˇ。拊循，撫慰）鄉里，集農人，治畎畝，構廬（搭建房舍）樹藝（種植作物），眾始得息。除夕之夜，圍爐聚飲，文鳳忽流涕曰：「當吾莊被圍時，吾三夕不寐。仰視飛彈，如雨入室中。吾自分必死，邀天之福，仗祖宗之靈，幸得復睹太平。吾今思之，心猶悸也。」又曰：「莊人可愛，與我同患難，冒生死，吾不能一一存問（存問，慰問），心良慊（ㄑㄧㄢˋ，恨）。」命家人往視，各贈百錢為壓歲，遂以為例。同治二年冬十二月，野番出草，乘夜襲阿罩霧。文鳳聞警，提銃出，趣召莊人，鳴金發炮，列炬如白晝。番驚竄，逐之。文明亦率一隊，遏其途。番不得歸，散走平疇間，殲其數十。自是不敢復犯阿罩霧。四年，文明被害彰化，報至，莊人大憤，不期而集者數千人，洶洶欲動。文鳳病在床，聞之驚起，止之曰：「彼設陷我。今若此，是自投其禍也。且黑白未可知，當稍待。」眾始散。

初，城吏以計殺文明，意林氏必擁眾至，即以圍城之罪辦之。及聞是言，愕眙（ㄜˋ ㄔˋ，驚異）而語曰：「林氏固大有人也。」兵備道夏獻綸以舊憾故，頗不懌（ㄧˋ，悅）。戴案被抄諸人，亦構辭（構辭，捏造說詞）以訴，凡十數起。光緒五年，獻綸卸任至省，謁大府（大府，督撫）請籍林氏之產。命會營往，獄將興矣。獻綸抵郡，未久逝。洎巡撫岑毓英來臺，召視案卷，訟始結。

文欽字允卿，號幼山。性溫和，善事父兄。林氏自遷阿罩霧以來，業農習武，而文欽獨好學，勉為世用。光緒十年入泮（ㄆㄢˋ，學校），兵備道劉璈見而奇之。時法人方犯臺灣，檄募義勇，衛桑梓（桑梓，家園），遂集佃兵五百，駐臺南，為南軍援。器械糧秣，悉取之家。已而調駐通霄，捐款助軍。事平，以資註詮郎中，分兵部。嗣請歸養。十四年，以清賦功，加道銜。十九年，舉於鄉。素慕萊子斑衣（萊子斑衣，老萊子娛親）之志，築萊園於霧峰之麓，亭臺花木，境極幽邃。自畜伶人一部，春秋佳日，奉觴（ㄕㄤ，酒杯）演劇，所以娛親者無弗致。顧尤好義舉，歲率用款數萬金。士之出入門下者，靡不禮焉。嘗道泉州，聞連鄉械鬥，數十年不戢（ㄐㄧˊ，止息），怨日深。遂集兩造，陳利害，糜數千金解之。十五年，河南薦饑（薦饑，災荒歉收），大府募賑，捐萬金以恤。事聞，賜「樂善好施」之額。彰化舊有育嬰堂，而款絀（ㄔㄨˋ，不足），不足濟眾，窮民生女，輒棄於塗。見而憫焉，割腴田，歲入穀三百石。福馬刺桐之橋久圮，行者病（為其所苦）涉，命工造之。又創湖日、田中之渡。利人之事，知無不為，里黨之人無不惠焉。

初，臺灣巡撫劉銘傳經理番疆，而中路以腦業為大。乃偕從子朝棟合墾沿山之野，謂之林合，東入番界，西至舊墾之地，北沿大甲溪，南及集集大山，延袤（ㄇㄠˋ。延袤，連亙）數十里。於是張隘線（張隘線，沿路設置隘防工事），募佃人，啓田樹藝，番害稍戢，而產亦日進。二十一年，臺灣有事，大府命起兵，募鄉勇千名，自備餉糈（ㄒㄩˇ，糧食），令族弟文榮統之，駐彰化。已而下詔割臺，文武多去，四郊俶擾，分邏各地，故無盜賊患。既見勢蹙，謀內渡，而母老不堪涉風濤，匿跡銷聲，居於幽翳。唯日侍慈幃（慈幃，母親），教子姪，極天倫之樂。故世稱貞子焉。

連橫曰：阿罩霧處彰化內山，地與番接，故人多尚武。而林氏能部勒之，勠力致果，功在旗常（旗常，王侯）。是皆干城之選也。然數十年來，林之子孫說禮樂而敦詩書，濟濟蹌蹌（人多而容止有節），蜚聲（蜚音ㄈㄟ。蜚聲，揚名）藝苑（文藝界），信乎江山之助也。閒靈之氣，緯武經文，顧、陸之風（指魏晉時期南方顧、陸門第大家之風），猶未沫（停止）焉。

林占梅列傳

林占梅，字雪村，號鶴山，淡水竹塹人。始祖三光以明季自同安來臺，居於今臺南府治槺子林，數遷至竹塹。祖紹賢，墾田習賈，復辦全臺鹽務，富冠一鄉。有子七，長祥瑞，生占梅，早卒，季父祥雲撫之。占梅少穎異，讀書知禮，無紈袴氣（紈袴氣，紈褲子弟之氣、浮華之氣）。進士黃驤雲奇之，妻以女。年十一，挈遊京師，出入縉紳門，學乃日殖（增進）。性豪邁，好交名下士，濟困扶危，糜萬金不少（少，通「稍」）惜。道光二十五年，英人犯雞籠，沿海戒嚴，倡捐防費，得旨嘉獎，遂以貢生（貢生，選拔州縣學生員，升入太學）加道銜。二十三年，防堵八里坌（ㄅㄣˋ）口，又捐巨款。事竣，論功以知府即選。二十四年，嘉、彰各邑漳、泉械鬥，募勇扼守大甲溪，絕其蔓延，詰奸宄（ㄍㄨㄟˇ。奸宄，犯法作亂的人），護閭閻（閭閻，鄉里），出資撫卹，賞戴花翎。咸豐三年，林恭之變，臺、鳳俱亂，北路震動。奉旨會同臺灣道辦理全臺團練。又以捐運津米，即捐三千石，奏准簡用浙江道。四年，艇匪黃位踞雞籠，以克復功，加鹽運使銜。同治元年春，彰化戴潮春起事，淡水同知秋曰覲被戕（ㄑㄧㄤ，殺害）於東大墩，進略大甲，窺淡水。境內土匪亦竊發，民心惶惶，多走避。占梅獨籌維危局，故無害。

初，潮春設八卦會，勢日盛。占梅知其必發，集紳商，籌團練，為豫防計。曰覲不之善（不之善，不支持）也。及曰覲南下，占梅即出資，備器械，討軍實，修城濠，募勇士。以生員鄭秉經、貢生陳緝熙、職員翁林萃董其事，聯絡各莊。命勇首蔡宇率練勇守要害。部署甫定，而警報至。城中無主，咸議斂資通款（斂資通款，出資買通匪徒）以緩其來。或言棄城走。占梅獨排眾議，曰：「淡水為財賦之區，彼必來爭。即令行賄，安能保其不至？既至而又何如？我能往，彼亦能往。走將安之耶？今與諸君約：不如以通款之資，為戰守之費。其濟，諸君之功也；不濟，吾以死繼之。」眾曰：「諾。」占梅即以家資十數萬為餉糈，城中紳商亦踴躍輸將。於是共擁候補通判張世英權廳篆，遣人造（造訪）省，請大吏，示進止。率眾至城隍廟，刑牲設誓，願共存亡，民心始定。五月，以蔡宇率勇四百名，復大甲，陳緝熙偕行；請張世英駐軍翁仔社，遣人結東勢角羅冠英，以撫內山一帶，而自巡淡南，為聲援。旋奉巡撫徐宗幹檄，准布政使頒總辦臺北軍務鈐記，通飭所屬。時北門外蘇、黃二姓械鬥，地方俶擾。占梅止之，禽其渠（渠輩，他們），其尤不逞者送官懲辦，鬥始息。然城中游民多，頗喜亂，飭各街造籍，嚴管束，日給口糧，所費不貲，而軍需又巨，稱貸（稱貸，舉債）以應，不足，割腴田充之，凡數十萬金，產幾破。二年春，勇首蔡宇克牛罵頭、梧棲等汛，占梅之策也。梧棲為通海之埠，殷商聚集，占梅以為進規（謀求）彰化之道。潛結郊戶楊至器，二月，取之，乘勢至山腳莊。張世英亦自內山來，首尾相應。

當是時，官軍多駐城附近，相持久，各罷敝。占梅議進兵，為忌者所阻。宗幹催之，上書陳其事，略曰：「賊本烏合之眾，死據孤城，其勢難久。我軍前後進勦，非不能戰；乃至今未克，誠以諸軍皆由鹿港而進，賊已備識虛實故也。若得省垣遣一大員，由淡水登岸，沿途招選兵勇，以壯聲勢；占梅當統練勇數千，同時南下，勦撫並行。彼將聞風膽落，不戰而平。兵有先聲而後實者此也。」宗幹韙（ㄨㄟˇ，是）之，遂以丁曰健為臺澎兵備道。十月，至竹塹，與占梅議進兵。占梅自率精銳二千，扼山腳莊，拔茄投，攻大肚，進駐溪南，縱降將入城為內應。潮春久處斗六門，城中議降，股首（勢力首領）江有仁持不可。十一月初三日，占梅以前鋒林忠藝、林尚等攻南門，與官軍會破之，遂復彰化。曰健入城，旋往鹿港，以占梅所部駐城中。曰健之行軍也，脅從各莊多痛勦。占梅輒請宥，全活甚眾。十二月，振旅歸，潮春就滅。事聞，加布政使銜。

福建督撫以占梅急公好義，品學兼優，奏請簡用。得旨召見，病辭，遂不出。占梅工詩書，精音樂。軍興之時，文移批答（公文批示）多出其手，暇則彈琴歌詠，若無事然。築潛園於西門內，結構甚佳。士之出入竹塹者無不禮焉，文酒之盛冠北臺。著《琴餘草》八卷，未刊，宗幹序之，又有《潛園唱和集》。同治四年卒，年四十有九。弟汝梅字若村，少入泮。光緒六年，巡撫岑毓英創造大甲溪橋，贊襄最力。及建省後，督辦鐵路清賦（清賦，清理賦役），有名於時。

連橫曰：侯官楊浚新修《淡水廳志》，其文多謬，乃復挾其私心，以衡人物，亦何足以徵信哉？林占梅為一時之傑，傾家紓難，保障北臺，忌者多方構陷，占梅竟以憤死。浚不於此時為之表白，而列其人於志餘，謂頗有一髮千鈞之力。夫一髮千鈞，厥功多矣，列之志餘，不亦小哉？同安林豪曰：「占梅力排眾議，投袂（ㄇㄟˋ。投袂，甩袖）而前。悉群虜於目中，運全局於掌上。屢收要隘，再復堅城。以視夫階下叩頭者，其人之賢不肖何如也。」連橫曰：林豪之論，賢於楊浚。作史須有三長，而知人論世，尤貴史德，而後不致顛倒也。

羅、陳列傳

羅冠英，字福澤，廣東潮州人。祖某來臺，居彰化東勢角莊。莊據大甲溪左，群山環抱，中拓平原，居民多力穡（ㄙㄜˋ。力穡，勤於農耕）尚武。而冠英精火器，百步外無虛發；善謀略，料事多奇中。內山有某甲者，頑嚚（ㄧㄣˊ。頑嚚，頑強囂張）比黨，魚肉孱（ㄔㄢˊ，虛弱）愚。冠英令健兒扼險侍，進而攻之。賊敗走，擇其尤惡者格殺之。鄉人稱快。同治元年戴潮春之變，陷彰治，文武多被戕，進兵略大甲，聞冠英名，遣使邀之。不從。

當事之起也，冠英集鄉人，伸義約，有事相策應，眾有難色。冠英奮臂起，曉譬利害，眾諾。遂與總理劉衍梯、邑紳呂炳南等，募壯士數百，屯翁仔社，其友廖廷鳳從之，散家資為餉。竹塹總辦團練林占梅遣人賫（ㄐㄧ，贈送）金帛結之，請由內山間攻四張犁莊，以搗潮春之家。而潮春已猛撲大甲，大甲人嬰（環繞）城守。代理淡水同知張世英率軍至，冠英赴援，大小數戰，圍始解。閏八月，冠英攻寮腳莊，克之，遂復葫蘆墩汛；廖世元亦拔圓寶莊，據焉，進攻圳寮。林日成自彰化來爭，勢張甚。世元接戰，身被十數創，至翁仔社而卒。世英厚葬之，以兄廖江峰、弟廖樹代領其眾。十一月，日成復攻大甲，斷水道；冠英又救之。分軍為二，邀戰於新厝仔，大呼陷陣，斬首二十餘級，遂與大安莊人合攻水汴頭。城中聞炮聲，分道接戰。廷鳳亦督屯番自後入，首尾夾擊。日成大潰，城圍復解。二年，世英遣冠英等攻馬公厝，拔之，略地（攻占土地）至四張犁莊。當是時官軍大集，潮春親攻嘉義，以陳梓生守之。冠英乘勢突入，破其險阻，獲旗幟軍器甚多。潮春遂無所據。十二月，官軍復彰化，潮春被殺。三年夏四月，福建陸路提督林文察率軍攻小埔心，陳弄拒戰，相持數日。冠英突圍入，周視各壘，中炮亡。軍門震悼，遣員護喪歸。事平，上其功，下旨建坊，入祀昭忠祠，追贈忠信校尉。

陳澄清，小名晄（ㄎㄨㄤˋ），嘉義塗庫人。性明毅，遇事果斷。有友十餘人，皆勇敢負氣，緩急可恃，遇之如手足。塗庫距嘉邑西北，當孔道。當是時中原俶擾，淡、彰亦分類械鬥，有司畏葸（ㄒㄧˇ，畏懼），莫敢辦。澄清隱憂之，乃於所居竹圍外築垣鑿濠，建炮壘、佈竹釘、聚米鹽食物，為三年蓄。左右田園悉種番薯栽山菁，以防不給。

已而戴潮春起事，陷彰化，殺文武，進攻嘉義，各莊多被略。澄清獨起兵拒。附近粵莊暨鹽水港，聯防固守，倚以為重。同治元年秋七月，臺灣鎮林向榮駐軍斗六，檄澄清運糧。嘗一日七戰，三襲敵營。向榮嘉之，錫五品銜及名馬珍物。及斗六陷，攻塗庫。陳弄、嚴辦以眾踞街中，市肆皆罷。澄清設伏待，遣壯士蘇阿傳率十餘人，假旗號，徑至街中，呼曰：「我元帥諭爾等安堵，照常貿易，違者斬。」弄眾方駭顧，而阿傳遽大呼殺賊而出。弄率所部追之，伏兵盡起，扼險擊。阿傳奮勇鏖殺，殪（ㄧˋ，殺）數人。及歸，無一傷者。阿傳與吳嬰、陳瑞基、吳戇、王明俱善戰，衝鋒陷陣。

弄等憚之，謂之「五虎」。

初，潮春以書招澄清，不從。及弄據塗庫，誓必滅之。兄必湖挺身謁弄，弄露刃以見，必湖笑曰：「始吾以大哥為豪傑，傾心相向願效力；今乃知非欲成大事者。不然如愚兄弟亦足供指臂，而見拒如此？」弄曰：「女果從，吾豈相拒？但恐未必然爾。」必湖因說之曰：「我兄弟欲相從久矣，乘時建不世之業，此士之一時（此人是一時之選）也。然不假重權，無以令眾。如肯畀（ㄅㄧˋ，給予）一將軍，則明日當舉旗相應。」弄喜，延之坐，與談竟日，授以令。警備稍懈。必湖歸，即集義勇，約五鼓併力攻之。而是夜三更，澄清已遣人燬屋，阻歸路。弄見火起，知為所紿（ㄉㄞˋ，欺騙），踉蹌去。自是不敢復攻塗庫。

澄清之治軍也，禁賭，禁洋煙，禁奸盜，賞罰嚴明，多縱（派遣）間諜，諗（ㄕㄣˇ，知悉）虛實。每出軍，不言所向，舉刃而前，既至，始下令突擊，故能以少勝眾。或問之。曰：「兵危事也，以奇用之，靜如處女，動如脫兔，臨機應變，而後有功。若大張聲勢，旗鼓喧闐（ㄊㄧㄢˊ。旗鼓喧闐，旗鼓震天），是使賊知，非所以制勝也。」又曰：「兵不在多，在勇敢；多則眾心不一，進退失據，雖有良將，無所用之。」故所用衹（ㄓˇ）數十人，並養其家於竹圍內，與共甘苦。拒戰三年，毫無所損。姪適約居下莊，相去二里許，有眾三、四十人，亦能戰。鄰鄉丁壯聽命者又六、七百人，故能持久。潮春既平，澄清欲誅脅從（ㄗㄨㄥˋ。脅從，被迫跟從戴潮春作亂者），必湖止之。弟澄江攻元掌莊，中炮死，澄清力擊之，禽其渠十餘人，梟以祭墓，後任斗六門都司。

初澄清起兵，埔姜崙莊生員劉豐慶，粵籍也，聞其義，每助鉛藥，故無乏。後為其叔阿霖所殺，澄清為復仇。談者以為有古烈士風。

連橫曰：嘉義之有塗庫，猶淡水之有翁仔社也。彈丸之地，雖不足以繫大局，而羅冠英駐翁仔社，林日成不能破大甲而略淡水；陳澄清守塗庫，陳弄不能掠鹽水港以迫嘉義。非地之足恃，而人之可用也。不然，以斗六門之險，負山扼溪，可以自固；而林向榮竟全師以沒。成敗之機，何其異耶？冠英縱橫轉戰，抱義以隕，人稱其勇。若澄清之從容佈置，運籌決策，尤有名將之風焉。

沈葆楨列傳

沈葆楨，字幼丹，福建侯官人。以翰林出任江西廣信府。太平之役，與妻林氏乞援守城，由是知名，歷陞至總理各國事務大臣，事在《清史》。

同治十一年，調福建船政大臣。十三年夏，日本以牡丹社番之殺其人也，以兵來伐，駐南鄙，沿海戒嚴。清廷以葆楨為欽差大臣，督辦軍務；又命福建陸路提督唐定奎率命葆楨經理善後。葆楨以臺灣為海上奧區（奧區，腹地）、東南各省之藩衛也，地大物博，列國覬覦，自非悉心經畫，不足以資富庶。於是奏請移駐福建巡撫，以一事權，語在〈職官志〉。廷議從之。臺灣前時僅設一府四縣，而寄其權於巡道，地既遼遠，民又孳生，守土官但求無事，非敢稍議更張。葆楨以北鄙日闢，墾務日興，於是奏請添設臺北府、縣以資治理，略曰：「臺灣固海外荒島，康熙年間收入版圖，乃設府治，領臺灣、鳳山、諸羅三縣。諸羅即今之嘉義；而嘉義以北，尚未設官。郡之南北各一百餘里，控制綽乎有餘。厥後土地漸闢，雍正元年，乃設彰化一縣，並置淡水同知。九年，移治竹塹。起自大甲溪，至三貂嶺下之遠望坑而止，計地三百四十五里有奇（ㄐㄧ，餘）。嘉慶十五年，復自遠望坑迤（ㄧˊ，斜行延伸）北，東至蘇澳，計地一百三十里，設噶瑪蘭通判以治之。則人事隨天時、地利之轉移，雖欲因陋就簡，固不可復得者也。然自噶瑪蘭抵郡，須十三日始達，政令皆統於臺灣府。淡水設廳之時，淡北三貂等處，榛莽（雜亂叢生的草木）四塞，即淡南各社，亦土曠人稀。今則村莊比連，自荒埔日闢，舊《志》稱東西相距僅十有七里，今乃或五、六十里，或七、八十里。蘭廳建治以後，自三貂嶺繞至遠望坑，復增地數十里有奇。其土地之日闢，古今不同有如此者。臺北海岸，昔時僅有八里坌一口，往來之船，不過數隻，其餘叉港支河，僅堪捕魚。今則八里坌淤塞，而新添各港，曰大安口、曰後壟、曰香山、曰滬尾、曰雞籠。滬尾港門宏敞，舟楫尤多。年來夾板帆檣（帆檣，掛帆幔的桅竿，代指帆船）林立，洋樓客棧，闤闠（ㄏㄨㄢˊ ㄏㄨㄟˋ，市場）喧囂。其口岸之歧出不同有如此者。前者師入臺供調遣。五月，葆楨至臺南，籌防備，討軍實，二國勢將用兵。已而和成，詔臺北幅員雖廣，而新墾之地，土著既少，流寓亦稀。百餘年來，休養生息，前年編查戶口，除噶瑪蘭外，已有四十二萬有奇。近頃各國通商，華洋雜處，睚眥（ㄧㄚˊ ㄗˋ，怒目而視）之怨，即啓釁端；而八里坌一帶，從教（改信外國宗教）漸多，防範稽查，尤非易事。其人民之不同有如此者。臺地土產，以藍、煤、茶、腦等為大宗，皆出自淡北。比年荒山窮谷，栽種愈盛，開採愈多。洋船搬運，客民叢集，風氣浮動，嗜好各殊；且淡南大甲一帶，毗連彰化，習俗尤悍。如淡水同知，半年駐竹塹衙門，半年駐艋舺公所，相去百二十里，奔馳廢曠，勢所必然。況竹塹南至大甲溪尚百餘里，而艋舺北至滬尾、雞籠亦尚各數十里，命盜等案，層見迭出，往往方急北轅（奔馳），旋憂南顧；分身無術，枝節橫生，公事積壓、巨案遷延，均所不免。督撫知其難任，必擇循吏能士，以膺是選。而到任之後，賢聲頓減，不副（不合）所望，是地勢之所使然。其駕馭之難周又有如此者。淡、蘭文風遜於全臺，歲科童試，應考四、五百人，而赴道考則不及三分之一。路途險遠，寒士乏資，著鞭難至。又如詞訟，則四民（四民，士農工商）皆受其害。刁健（刁蠻狡猾）之徒，詞窮而遁，捏造府控。一奉提供，累月窮年；被誣之家，昭冤有期，家已為破。欲矯其弊，因噎廢食，概免廳提（廳提，廳府提審），則廳案為胥吏（胥吏，文書小官）之所把持，遂失控訴之路，而械鬥之端，則萌於內。至徒流之刑（徒流之刑，徒刑與流放等較重之罪）以上，擬定罪名，復須提郡轉勘，需費繁多。歲月淹滯，賠累難償，故不得不隨之抹殺。官既苦之，民尤苦之。其政教之難齊又有如此者。故前者臺灣道夏獻綸請改淡水同知為直隸州、噶瑪蘭為知縣，添一縣於竹塹。臣鶴年、臣凱泰互相討議，臺事（牡丹社事變）旋起，因此暫定。臺南騷動之時，即有潛窺臺北之憂。夏獻綸住在該地，能策機宜，狡謀乃息。然海防洋務，瞬息萬變，恐州牧不足以當之。況去年以來，自噶瑪蘭之蘇澳起，開山撫番，至新城二百里有奇，至秀姑巒又百里有奇，若山前布置尚未周詳，則山後之經營何從藉手？故就今日臺北之形勢而畫區為三縣以分治之，則可以專其責成，設知府以統轄之，則可以繫其綱領。伏查艋舺當龜崙嶺兩大山之間，沃壤平原，兩溪環抱，村落衢市，蔚成大觀。西至海口三十里，直達八里坌、滬尾。觀音、大屯兩山，可為屏障。且與省城五虎門相對。不特淡、蘭扼要之區，實為全臺之管鑰。請於其地創建府治，名曰臺北府。彰化以北，直至後山，胥（皆）歸控制，仍隸臺灣兵備道。附郭一縣，南劃中壢以上，至頭重溪為境，計五十里，東西相去五、六十里不等，方圓折算百有里餘，擬名之曰淡水縣。自頭重溪以南至彰化大甲溪為止，南北相距百五十里。其間竹塹，即淡水廳之舊治，擬裁淡水同知，改設一縣，擬名之曰新竹縣。自遠望坑以北而東，以噶瑪蘭原轄之地，擬設一縣，名之曰宜蘭縣。雞籠一區，欲建縣治，則其地不足；而通商以後，竟成都會。且煤務方興，游民四集，海防已重，訟事尤繁。該處向未設官，亦非煤務微員所能鎮壓。若事事仰成艋舺，則官民共困。應請改噶瑪蘭通判為臺北府分府通判，移駐雞籠以治之。是臣等當外防內治之策，出於因時制宜。是否有當，伏乞飭部議覆，以便遵循。至建設城署，清查田賦，以及雜佐營汛，可改可增，俟奉旨允准之後，再與臺灣道議詳核奏。」廷議亦從之，而臺北乃日趨富庶矣。八月，奏請開山撫番，蠲除（蠲音ㄐㄩㄢ。蠲除，免除）前禁，語在〈撫墾志〉。於是以提督羅大春、總兵吳光亮、同知袁聞柝（ㄊㄨㄛˋ）率兵三路而入，會於臺東之水尾，築壘駐兵，衛行旅，而東西之道通矣。臺灣綠營（漢人組成的軍隊）久已廢弛，葆楨奏改營制、築炮臺、架電報、振商務，凡諸要政，多有更置。光緒元年秋七月，奉旨入京，途視澎湖，調兩江總督。五年冬十一年，薨，諡文肅，入祀京師賢良祠。

連橫曰：臺灣歸清以來，閉關自守，與世不通。苟非牡丹之役，則我鄉父老猶是酣歌恆舞於婆娑之洋焉。天誘其衷，殷憂日至。析疆增吏，開山撫番，以立富強之基。沈葆楨締造之功，顧不偉歟！而惜乎吾鄉父老，猶以晏安（晏安，安逸、安樂）為事，不能與時並進也。

袁聞柝列傳

袁聞柝，字警齋，江西樂平人。咸豐間，以辦鄉團有名，嗣隨左宗棠平浙入閩，洊（ㄐㄧㄢˋ，再）保知府。同治八年，捐同知。十年，派至臺灣。十三年牡丹之役，欽差大臣沈葆楨命赴後山，察形勢，遂至卑南，招撫呂家望等社，率番酋陳安生至郡，犒以鹽布。自是生番多服。八月，葆楨奏請開山，分軍三路，以提督羅大春率北軍，總兵吳光亮率中軍，而聞柝率南軍。即募綏靖軍五百及土工三百，由南進。方是時，後山雖隸版圖，而路尚未闢。道卑南者，多自打鼓乘船，至琅璚，轉而東行。其遵陸者，則山徑險阻，瘴毒盛，野番伏莽射，非遇害即中疾，行者絕少。

當軍發之時，葆楨命以文祭於臺南山神曰：「昊穹（蒼天）伊始，群萌荒屯。聖哲闡繹（闡繹，闡發演繹），奧區辟（開墾）渾（荒涼之地）。章趾亥步（大章和豎亥，古代傳說人物），隔漠絕瀠。山川之氣，閼（ㄜˋ，阻塞）久乃通。我朝御宇，率土臣服。赤崁一島（指臺灣），版章攸屬。百有餘年，薰陶染沐。陬澨（陬音ㄗㄡ。陬澨，偏遠）偏隅，聲明文物。臺陽之背，傀儡之東，野番所處，密林深叢。禽伏獸匿，風教未通。並生並育，納之帡幪（ㄆㄧㄥˊ ㄇㄥˊ，覆蓋，指納入治理）。土牛（漢人與原住民活動範圍之界線）有禁，豐碑穹窿（ㄑㄩㄥ ㄌㄨㄥˊ，指天）。勿侵勿軼（侵略），安彼顓蒙（顓音ㄓㄨㄢ。顓蒙，愚昧無知）。流水出谷，古花猶紅。牛刀羽織，獵罝魚筒。涵奄（ㄧㄢˇ。涵奄，涵蓋）蕃衍，蠢蠢蟲蟲。不識不知，順帝之衷。如何東人，海中之國，敢背盟言，肆其毒螫。稱戈修矛，潛圖邊域。既戕我番，罔有安集。自牡丹灣，鄰卑南覓，死者含冤，生者累息。疆吏入告，帝心用恫（ㄊㄨㄥ，哀痛）；乃命使臣，持節瀛東。拯之水火，護其蒿蓬（蒿蓬，野地）。廷諭一下，喁喁（ㄩㄥˊ ㄩㄥˊ，眾人向慕）向風。稽顙（ㄑㄧˇ ㄙㄤˇ，以額觸地的敬禮）轅門（衙署的外門），薙髮輸忠。籲請設吏，以發瞶矇（ㄎㄨㄟˋ ㄇㄥˊ，瞎子與耳聾，代指蒙昧無知之人）。自下淡水，暨卑南社，群峰刺天，大樗（ㄕㄨ，喬木，又名臭椿）滿野。麋鹿攸居，鳥鳶不下。百數十里，古無通者。維彼番黎，踴躍芟夷（芟音ㄕㄢ。芟夷，刈草，代指開墾）。為我鄉道，千夫隨之。乃建一營，曰綏靖師；特命聞析，率以東馳。左載鉏钁（鉏钁皆為農具），右挾劍鈹（ㄆㄧˊ，劍的一種）。開辟險阻，削鑱厜㕒（ㄔㄨㄟˊ ㄨㄟˇ，山巔高峻）。五里一堠（ㄏㄡˋ，用來記載里程的土臺），十里一圻（ㄧㄣˊ，地界）。毋使魑魅，阻途遏岐（叉路）。毋使叢薄（叢薄，草木叢雜的地方），踞熊宅羆（ㄆㄧˊ，大熊）。向為荒壤，崇朝九逵（九逵，四通八達的大道）。俾（ㄅㄧˋ，服從）我王化，靡遠或遺。敬維山神，公侯攸屬。柴燎（ㄌㄧㄠˊ，一種焚燒的祭典）之祭，群望（山川之神）咸集。幸相此舉，以成厥役。側聞疇昔，戮民干紀。私召詭徒，騰岩越鄙。顯違邦禁，隱匿奸宄。維神之怒，泄霧（雲霧繚繞）數里。噓噏（ㄒㄧ，吸）瘴癘，踣（ㄅㄛˊ，跌倒）崖顛趾（顛趾，顛倒失所）。靈威昭融（光耀），遐邇（遠近）仰止（景仰愛慕）。今奉帝命，伐木刊山。上應氣運，下輯（和睦）獠蠻（原住民）。維神之聰，能燭（照亮）厥端。壑勿集蠱（熱毒惡氣），谷勿藏獾（野獸）。吹嵐轉飆，泉清水瀾。俾我軍士，征途孔安。維神之祐，亦民之歡。於戲（即嗚呼）噫嘻！秦通巴蜀，誑以金牛（戰國時秦欲滅巴蜀，道路狹小，騙巴蜀拓展道路迎金牛之事）。漢通邛筰（邛筰，漢時西南夷的代稱），蒟醬（當為蒟醬，四川特產）是求。窮邊黷武，以為神羞。維我國家，普遍懷柔。一夫不獲，若納之溝。躋於壽宇，廓此遠猷。彼秦與漢，胡能與儔（ㄔㄡˊ，相比）？虔具祝版（祝版，祭祀時祝禱文字的木版或紙版），告之山陬。神其鑒臨，與國咸休（休，美）！」

遂自赤山入雙溪以至內埔。道遇祖望力番社，擊退之，斬其土目。九月，踰崑崙坳。十月，抵諸也葛，出矸仔崙，以達後山。十一月，駐卑南。途次染病重，回郡就醫。光緒元年春三月，復赴卑南，任南路撫民理番同知。卑南初建，制度未備，寄治於綏靖營內。乃次第招撫卑南以北之番，自平地曁高山，歸化日眾。徠（ㄌㄞˊ，招來）民開墾，給牛種，以拓巴壟衛大陂之野，來者漸集。廣設學堂，教番黎。大府嘉之，晉知府。二年，卸綏靖軍，調中路。隨總兵吳光亮討阿棉納納社，平之，賞戴花翎。四年，復帶綏靖軍駐卑南。五年，阿馬薩社亂，討之。五月，建南路廳署，遂建昭忠祠，祀後山死事諸人。七年五月，陞臺灣府。九年，調福寧府。十年五月，卒於任，年六十有三。聞柝富膽略，勇於任事；而在後山最久，故能締造經營，以敷（散布）王化。當開山之時，提督羅大春、總兵吳光亮均有功。

連橫曰：開山之役，為臺大事。而能聿（語詞，無義）觀厥成者，則沈葆楨創建之功，而聞柝、大春、光亮疏附之力也。吾聞聞柝所建之昭忠祠，今已荒廢；死事諸人，亦將湮沒。故附之於後：候補通判辦理營務處湯承、南路撫民理番同知余修梅、南路撫民理番同知鄧原成、南路撫民理番同知歐陽駿、招撫委員陳昌言、幫帶海防屯兵參將李得勝、代理臺東直隸州知州高垚（ㄧㄠˊ）、幫統後軍張吉祥、武功將軍酆炳南、振威將軍劉得勝。

劉銘傳列傳

劉銘傳，字省三，安徽合肥人也。少任俠，洪軍之役（太平天國戰事），湘鄉曾國藩奉詔辦團練，銘傳從之，歷有戰功。同治元年，李鴻章募淮勇，聞其名，以為管帶（管帶，營長）。自領銘軍，所向克捷，以功封一等男；事在《清史》。

光緒十年越南之役，法軍犯臺灣，勢危迫。詔任督辦臺灣事務大臣，旋授福建巡撫，授太子少保，加兵部尚書銜。夏五月，至臺北，趣籌戰守。臺為海中重地，安危繫東南，而軍政不整，餉械亦絀。未幾而法艦攻基隆，銘傳帥提督曹志忠、蘇得勝、章高元、鄧長安拒之。法軍大敗，陣斬中隊長三人，獲聯隊旗二。秋七月，法艦攻福州，入馬尾，燬船廠。防務大臣張佩綸不能戰，總督何璟亦驚走。詔大學士左宗棠治軍福建，銘傳乃得稍修軍備。兵備道劉璈駐臺南，亦能軍，故無兼顧患。然璈以加營務處，又恃才，頗不受節制，銘傳銜（懷藏在心）之。八月，法軍復攻基隆。銘傳督戰，炮彈萃至，殪數人，左右請退，曰：「人自尋彈，彈何能尋人？」眾聞之奮戰，士氣大振，法軍又敗去。已而諜報法艦別攻滬尾。滬尾為臺北要害，距城三十里，銘傳慮有失，則臺北不守，命撤軍。各提督力諫，不聽。唯留統領林朝棟駐獅球嶺。或議之，曰：「是惡知吾之深意也。」其後法艦三攻滬尾，皆受創去。宗棠以基隆失守，劾之，銘傳具疏辯。法軍據基隆，謀南下，輒為朝棟所扼。十一年春二月，別攻澎湖，據之。而是時清軍在越南疊勝，法人亦無久戰意，乃議和，撤兵去。

詔以銘傳駐臺灣籌辦善後。六月，奏曰：「竊法兵退讓澎湖，臣同前陝甘總督楊岳斌於本月十七日會奏在案。善後各事，急須次第舉辦，謹為我皇太后、皇上陳之：一、臺澎以設防為急務也。查全臺各海口，大甲以南至鳳山，沙線遼闊，兵船不能攏岸，遠隔四、五十里，近亦二、三十里，設防較易。而大甲以北，新竹一帶海口分歧，直至宜蘭，兵船可入，至遠不過三、五里。基隆、滬尾雖可停泊兵船，賴有山險，如有巨炮水雷，設防尚能為力。唯新竹沿海平沙，後壠、中港皆可出入三號兵船，地勢平衍，全恃兵力，頗難著手。然猶較勝於澎湖。臣派提督吳宏洛至該處察看情形，據稱地無草木，一片沙石，無土可取，面面受敵，甚難為力。唯港口以南，天然船隖，最宜停泊兵船。臣到臺一年，察看形勢，不獨為全臺之門戶，亦為南北洋之關鍵。欲守臺灣，必先守澎湖；欲保南北洋，亦必須保澎湖。如能澎、廈駐泊兵船，防務嚴密，敵船附近無可停泊，則不能飛越深入，不顧後路，此澎、廈辦防固為全臺之急，且非僅臺灣之急也。試就澎湖而論，若欲辦防，則須不惜重費，認真舉行。縱兵船一時難集，而陸兵不過三千，必須多購大炮，堅築炮臺，製辦水雷，屯積糧薪。計購炮築臺需費約在四、五十萬兩，須一、二年內方可告竣。若敷衍將就，不若不防。既節數營之餉，亦免臨事覆車之累。應請旨定奪。一、臺澎軍政急宜講求操練也。查臺灣軍務弛廢已久，湘、淮各軍皆強弩之末，欲杜浮冒（浮冒，假冒不實），挽回積習，非切實講求操練不可。近時各營多用後門槍炮，尤非勤習操練，不能施放。不識碼號，則不識遠近高低，槍出無準，是有利槍與無槍同。且不知折機磨擦，遇雨遇濕，上槍則損，重價購之，隨意棄之，尤為可慨。是練兵非僅臺灣急務，亦各省之急務。唯臺灣煙瘴之地，兵丁半多煙病，將貪兵猾，寬則怠玩不振、積弊難除，嚴則紛紛告假，去而之他，一時頗難整頓。現同沈應奎、陳鳴志商酌裁留營數，除鎮標練兵不計外，共擬留三十五營；臺南合澎湖十五營，臺北合宜蘭十五營，中路嘉義、彰化、新竹一帶擬派五營。論形勢則臺北為喫重，論地方則臺南為遼長，則再無可減之兵矣。一、全臺賦稅急宜清查也。查臺灣田產之美甲於天下，一歲兩熟。而淡水一縣每年額徵錢糧耗羨（徵收銀糧時，為防止漕運的耗損，於正額之外多收若干，稱為「耗羨」）銀七百八十餘兩，正供官穀九千餘石。宜蘭並無錢糧。其餘縣分賦稅亦輕。計全臺所入關稅、釐金並鹽務每年可得銀一百零數萬兩。將來整頓鹽務，剔除各項中飽之資，每年可得一百二十萬兩。以臺、澎三十五營，每年需餉一百二十餘萬兩，尚有輪船經費，一切雜款，並須添設製造局，每年需餉約在一百四、五十萬兩。若能將各縣賦稅清查無遺，以臺灣之入款，供臺灣之所用，自可有餘無絀。唯清賦一事，要在官紳得力。臣不諳吏治，昧於理財，商諸沈應奎，辦理之法，議必先行清查戶口，次第舉行。恐須一、二年内方收實效。一、全臺生番急宜招撫也。查臺灣生番從前多在外山，因遭閩、粵客民愈來愈眾，日侵月削，遁入内山，種類繁多。近亦耕稼為生，各有統屬，平居無事。而土匪、游勇每有百十成群，聚集於番民交界之處，搶劫居民，或侵占生番田廬，騙其財物。一有爭端，輒起械鬥。奸民被殺，則訴於官，派兵勦辦；而生番被殺，冤無可訴，集眾復仇。仇怨日深，兩不安靖。若不及早設法招撫，使之歸化，將來番地日蹙，結怨甚多，鬱久必變，恐成陝甘回匪之禍。即以防務而論，防海又須防番，勢難兼顧，治理為難。若得生番全服，僅防外患，不憂内侮，既節防費，且可開山伐木，以裕餉源。夫設防、練兵、清賦三者，皆可及時舉辦，唯撫番不易，應俟三者辦成後，方能議行。其次如安設電報、修路造橋以通南北之氣，清理屯墾、開礦採木以興自然之利，亦為要務。臣智識庸愚，難勝艱鉅。禦敵既無方略，辦事又乏才能。每念時局之艱難，不能圖報於萬一，彷徨中夜，深自仄心。唯有竭其愚忱，努力盡職，勿敢稽延，以開廢弛之漸。管見所及，恭摺敬陳。」

既又奏請專駐臺灣，略曰：「臺灣為七省門戶，各國無不垂涎。每有釁端，咸思吞噬。前車可鑒，來軫（來車，代指來路）方遒（迫近）。所有設防、練兵、清賦、撫番數大端，均須次第整頓。

臣曾平居私念，以臺地孤懸海外，土沃產饒，宜使臺地之財，足供臺地之用，而後可以處常，可以處變。此次蒞臺經年，訪求利弊，深見實有可為，甚惜從前因循之誤。固知補救未晚，而時會迫切，勢不能不併日經營。況臣才質庸愚，恐難勝任。重以閩疆公事繁多，而又遠涉重洋，顧此失彼。與其貽誤於後，曷若陳情於前。再四思維，唯有乘此未接撫篆之時，准開福建巡撫本缺，俾得專辦臺灣事務，庶幾勉效寸長，或可無致隕越。」詔以楊昌濬兼署福建巡撫，而銘傳遂得專駐矣。

先是同治十三年，欽差大臣沈葆楨奏請臺灣建省，廷議不從。至是宗棠復言。九月，詔設臺灣省，以福建巡撫為臺灣巡撫，兼理學政。廷議以臺灣新創，百事待舉，非有文武兼備之臣，不足以資治理。詔以銘傳為巡撫。十二年夏四月就任。乃偕福建總督楊昌濬奏議改設行省事宜，當以理財為要，語在〈度支志〉。前貴州布政使沈應奎以罪褫（ㄔˇ，奪）職，永不敘用，銘傳諗其才，奏請破格，不許，復力舉，乃以為臺灣布政使。應奎工心計，樂輔助，臺灣財政因之日進。銘傳既奏陳四事，次第舉行。定建省會於東大墩；以府治初闢，諸未設備，乃暫駐臺北。臺灣前用班兵，皆調自福建，久而積弊。光緒元年，沈葆楨奏請裁撤，新募勇營。不從。唯鎮標僅置練勇。及法軍之役，銘傳自率淮軍十營來臺，頗奏膚功。至是用之，僅存三十五營，以當防備。設總營務處於臺北，隸巡撫，以候補道盧本揚任總辦，而臺灣軍政一新。然臺為海中孤島，防務維艱，乃聘德人為工師，建基隆、淡水、安平、打鼓各炮臺，或改修之。購置巨炮，計費六十四萬餘兩。又設軍械機器局於臺北，以記名提督劉朝幹為總辦；並設火藥局、水雷局，以籌自製。蓋臺在海外，當恃航運，一有戰事，往來遏絕，非是不足以自給也。五月，奏請清賦。六月，設清賦局於南北兩府，以布政使轄之。縣置分局。而各廳員多以欲辦清賦，當先查戶，方足以清其本。通飭各屬，限兩月報竣。既成，據以清賦。計田以甲，從舊例也。每甲當十一畝；語在〈田賦志〉。是時蜚語流布，劣紳土豪陰事阻繞，而彰化知縣李嘉棠貪墨（貪墨，貪汙），又奉行不謹，縣民施九緞糾眾以抗，各地亦蠢蠢欲動。銘傳檄棟軍統領林朝棟平之，而清賦亦以十四年告竣，驟增四十九萬餘兩。初，葆楨在臺，曾辦撫番開墾，至是乃擴大之，設撫墾局，奏簡在籍紳士林維源為總辦。設番學堂，布隘勇制，以勵番政。其不從者，移師討之。朝棟伐東勢角之番，屯兵罩蘭，以脅蘇魯、馬臘邦二社。不從。五月進攻，又不利。十二年秋七月，銘傳自往平之，餘番亦先後歸服。當其時百事俱舉，而南北遼遠，內外阻隔，乃籌行郵傳，增電線，築鐵路。又派革職道張鴻祿、候補知府李彤恩考察南洋商務，設招商局於新嘉坡。購駕時、斯美兩輪船，以航行香滬，遠至新嘉坡、西貢、呂宋等埠。臺灣貿易為之大進。十三年，兵備道陳鳴志、鎮海後軍副將張兆連稟請開山，從之。自彰化之集集以至水尾，新設臺東、埔裏社兩廳。置腦務、煤務兩局，由官辦之。興殖產，勸工商，鑄新幣，行保甲（地方自治民防制度），以謀長治之策。創西學堂於臺北，以教俊士。銘傳既兼理學政，十五年蒞南歲試，或言其不文，及榜發，多一時之秀。是年檄棟軍築省城；基隆鐵路亦將達新竹，而政府頗多掣肘，士論又譏其過激。銘傳知不可為，十六年冬十月，奏請開缺，令布政使沈應奎護理。十七年春三月，以邵友濂為巡撫，而百事俱廢矣。銘傳既告病歸家，遂不出。甲午之役，清廷欲起為領兵大臣，辭。及聞割臺，李鴻章以書慰之。二十二年冬十一月二十七日，薨於里第，年五十有九。清廷軫悼（軫悼，痛切哀悼）。追贈太子太保，謚壯肅，准建專祠。

連橫曰：臺灣三百年間，吏才不少，而能立長治之策者，厥維兩人：曰陳參軍永華，曰劉巡撫銘傳，是皆有大勳勞於國家者也。永華以王佐之才，當艱危之局，其行事若諸葛武侯；而銘傳則管、商（管仲、商鞅）之流亞（流亞，同類的人物）也。顧不獲成其志，中道以去，此則臺人之不幸。然溯其功業，足與臺灣不朽矣。

劉璈列傳

劉璈字蘭洲，湖南岳陽人，以附生從軍。大學士左宗棠治師西域，辟為記室，參贊戎機，指揮羽檄（羽檄，軍中緊急文書），意氣甚豪。及平，以功薦道員。光緒七年，分巡臺灣。時方議建省，歲以巡撫視臺。璈至，多所擘畫，以彰化居南北之中，議移兵備道於此，置同知，駐副將，改知縣於鹿港。大肚以北，大甲以南，周數百里，田疇寬敞，水環山抱，可作都會。建城築署之費，應由臺、鳳、嘉、彰合資襄助。而巡撫岑毓英亦擇地東大墩之麓，籌造省垣，尚未行也。璈勇於任事，不避艱鉅，整飭吏治，振作文風。又以臺南為首善之區，街衢湫隘（湫音ㄐㄧㄠˇ。湫隘，低溼狹小），疾疫叢生，欲闢大道、開運河，引水入城，以行舟楫。郡人不從，乃僅築溝渠，宣積穢（排泄穢水），以鎮海營兵填造安平之路。郡中大火，燬商廛（ㄔㄢˊ，店鋪）數十，烈焰漲天，眾莫敢邇。璈聞警，短衣縛袴，躍登屋上，麾兵析屋，遏火路。郡人感之。法事起，毓英治軍廣西，璈上書，請助黑旗以撓法兵。且謂「今日之事，鮮不韙（ㄨㄟˇ，贊同）戰而誹和。抑知和戰皆係一理。事決於和，不能不先決於戰，蓋能戰而後能和。為越南計，為中國計，是在和緩而戰急。然必外主乎和之名，內助其戰之實。慎戰於始，庶能緩和於終。」毓英嘉之，其後遂撫劉永福而用之。

中法既戰，沿海戒嚴。璈駐臺南，協士民，籌戰守，辦團練，討軍費。而臺灣孤立海外，延袤千里，守兵僅有一萬六千五百名，不敷布置。璈分為五路，自統一軍，有事相策應。稟請總督駐臺，居中調度，不從。又請奏簡知兵大員督辦，以一事權。於是命署福建陸路提督孫開華率所部駐臺北。十年春三月，法艦窺臺灣。四月，璈又上書督撫，略曰：「臺灣本有為之地，為之亦非無把握，端賴有治人、有治法、又有治權，則事可得為，地方亦可制治。然其事之可為而不得為，有非鎮道所能為者，沈文肅公已言之矣。臺灣防務不外山海，平時則山煩於海，有警則海重於山。然必先整山防，海防始有憑藉。否則內外交訌（ㄏㄨㄥˋ，紛亂），防務更難措手。此山海所宜並籌也。議者以臺灣自辦開山撫番，十餘年來，傷人逾萬，糜餉數百萬，迄無成效，以致奏請停辦，意在節流。是不推究於辦理之非人，又非其法，而徒謂開撫之無益，是未知臺事之底細爾。夫事在人為，為果得人，不特山前已闢地方可期整頓，即山後、山中似闢非闢、未闢各區，墾務、礦務、材木、水利等項，皆利源所賴。若開辦得法，農、工、番、漁皆足寓兵，且足籌餉。餉藉兵力而源以開，兵藉操作而用愈活。始費雖鉅，不十年間，定可次第收回。十年以後之利，正自無窮。所謂始難而終易也。此則因利而利、以臺治臺之大略。然必豫籌於平日，乃能應用於臨時，固非欲速見小，所能為功；尤非偏持遙制，所能濟事。如再故事奉行，回護前失，狃（ㄋㄧㄡˇ，拘泥）於近似，渾忘遠謀，勢必仍舊倉皇，兵餉兩壓。萬一臺灣為彼所襲，地大物溥，取多用宏，凡我所欲為而不得者，彼皆為所得為，則南北洋務將無安枕之日，是誤臺即誤國矣，由辦之不早辦也。臺澎四面皆海，周圍三千餘里，無險可扼，隨處可登。備禦之法，較各邊省尤難。今籌防派分五路，因地制宜。如專歸道統最當衝要之南路，又楊署鎮在元所統中路，張副將兆連所統後路，新舊營勇，皆經職道挑選，訓練緊嚴；及另備活營，章提督高元所統淮軍，楊提督金龍所帶湘軍，皆屬器精兵銳，能戰能守。兼以水陸團練，認真操演，虛實互用，三路陸防固己可恃。如能得前路、北路一律整齊，則不患臺防之不振，而患海面之不周。兵船既少，又乏水雷炮艦，以備抵禦。如臺南郡城偪近海隅，淺露平脆，不足當衝。而安平、旗後、基隆、滬尾各炮臺亦如之。倘敵人以堅艦聚泊港外，專以巨炮擊我城臺，一無抵制，是彼則不戰而勝，特逞所長，而我則戰守兩窮，莫掩所短。經歷陳請，亦鮮良方。故前詳不求角力於海中，祇求制勝於陸上，則以陸防之權固操自我也。夫權在我，則敵由我制。五路防軍雖分猶合，運用皆可自如。特恐我權不一，是我先為我制，何能制敵？此又陸防之難者。蓋以遠隔重洋，事事扞格（扞音ㄏㄢˋ。扞格，抵觸）。職道鑒前慮後，曾以權緩急、決疑難、定刑賞三大端，斷非專閫（ㄎㄨㄣˇ。專閫，專主京城以外的權事）節制不可，詳懇奏請簡派知兵大員渡臺督辦，實為安危第一要著。而憲示以督辦非外省所得擅請，仍飭職道勉為其難，敢不祇（ㄓ，敬）遵。然難果得為，勉尚有濟，勉為不得為，亦終難。義在致身，他復何恤？唯有盡其心力所能至，以仰答君恩憲德於萬一爾。」

五月，防務大臣劉銘傳至，經理臺北，而以臺南委璈。當是時軍務倥傯（ㄎㄨㄥˇ ㄗㄨㄥˇ，事情紛繁迫促），需餉孔亟（急迫），道府兩庫存銀百五十萬兩，銘傳命撥五十萬，不從。又以兵備道加營務處，例得上奏，頗不受節制。銘傳啣之。六月，法艦攻基隆敗，再攻復敗，士氣大振。銘傳忽撤兵失地，璈揭其短，且言李彤恩矇蔽之罪。宗棠據以入告，嚴旨譴責，褫彤恩職。銘傳愈恨之。九月十五日，法國水師提督孤拔下令封港，一時航運遏絕。璈以其違犯萬國公法，晤商各領事，請干涉。各領事以事關重大，須待國命。乃密上封章，懇沿海各省督撫代奏，語在〈外交志〉。基隆既失，澎湖亦陷，璈自劾。疊請南北洋派艦援臺，不至。十一年春二月，孤拔泊安平，介英領事請兵備道會見。璈欲往，左右諫曰：「法人狡，往將不利。」璈曰：「不往，謂我怯也。咄！乃公豈畏死哉！」至安平，戒炮臺守將曰：「有警，即開炮擊，勿以余在不中也。」孤拔相見甚歡，置酒饗，語及軍事。璈曰：「今日之見，為友誼也；請毋及其他。」孤拔曰：「以臺南城池之小，兵力之弱，將何以戰？」璈曰：「誠然。然城，土也；兵，紙也；而民心，鐵也。」孤拔默然。盡醉而歸。法艦亦去，而臺南得以無害。和議既成，詔以銘傳為臺灣巡撫，經理善後。

四月，銘傳奏言：「包辦洋藥、釐金董事陳郁堂呑匿鹿港等口釐金四萬六千餘兩，疊經（屢次藉由）札（文書）提來轅（官署）訊究，竟敢抗延不到。臺灣道劉璈有督辦稅釐之責，當上年秋冬餉項支絀之時，應如何籌畫，以備接濟，顧持危局。事前既不查察，事後又不追還，顯係通同作弊。已由臣檄令撤任。」既又劾璈十八款，語多不實。奉旨革職，籍沒家產。命刑部尚書錫珍、江蘇巡撫衛榮光到臺查辦。六月，奏請擬斬監候，改流黑龍江。士論冤之。將軍穆圖善聞其才，延為幕客。居數年，將為請還，而璈竟病死。當璈宦臺時，著《巡臺退思錄》三卷，銘傳奏毀其版。後余乃得之，獲諗所言。

初，璈議移巡道於彰化，而臺北知府林達泉謂當移臺北，著〈全臺形勢論〉一篇。論曰：「全臺形勢，翼蔽東南，幅員綿邈（悠遠）。以目前而論，臺灣為府治所在，鎮道建節，實為扼要之區。然統全局而籌之，臺灣地處下游，如人居於矮屋之中，不能昂頭四顧，是未若臺北之地據上游，控制全局，犄角福建，尤有振衣千仞、濯足萬里之概也。夫省郡輻輳之區，必據山水交會之勝。臺灣逼近海濱，地勢卑薄，北有蔦松溪，南有二層行溪，源短流弱，驟盈驟涸。而臺北則平原沃壤，周迴數百里，實為天府之域。其山則有三貂嶺、大坪林，開列如障，迤邐（一ˇ ㄌㄧˇ，連續不斷）而來；又有觀音、大屯二山，雄峙水口，以為拱護。其水則有二甲九、三角湧、水返腳三溪，源遠流長，百有餘里，均匯於艋舺，乃由關渡出滬尾以入於海。全臺之水皆不匯，而三溪獨匯。全臺之溪皆不通舟楫，而三溪獨通。此山水之勝一也。昔晉人謀去故絳，韓獻子以郇瑕氏土薄水淺，其惡易覯（ㄍㄡˋ，造成），民有沈溺重腿之疾，不如新田，土厚水深，有汾澮以流其惡。晉侯從之。今臺灣府治地既斥鹵（具有鹼性，不適宜耕種的土地），泉尤不潔。而臺北則有三溪洪流，蕩滌污垢，且泉脈甘美，飲之舒泰。此水泉之勝二也。臺南所產，以糖為巨；而臺北則菁華所萃，米、茶、油、煤、硫磺、樟腦、靛青、木料等產，每年二、三百萬金，故富庶甲於全臺。此物產之勝三也。全臺通商口岸，南有安平、旗後，而安平自夏徂秋，風起水湧，從前安瀾、大雅兩輪船，皆以是而擱淺毀壞；旗後則內港漸淤，近議用機開挖，閒亦未易疏通。是臺南兩口一險一淤，通商實無大益；若臺北則基隆潮漲潮退，均可碇泊（碇泊，停泊），滬尾潮漲之時，巨舟可入。故全臺通商在臺北者恆十之七、八，而在臺南者祇二、三。此口岸之勝四也。且基隆、滬尾皆與福州對渡，水程不過六更，朝發夕至，又無橫洋之險。若福州至安平，必歷黑水溝，過澎湖。不唯遠倍臺北，險亦倍之。此又遠近安危之迥異，其勝五也。夫臺北與福州地勢既近，呼應極靈。督撫在省調度，左提右挈，萬一臺疆有事，內地師船可以逕渡。即內地有事，臺北亦可策應。此又兩地相為表裏，其勝六也。夫就臺論臺，臺北之勝於臺南者四；就閩論臺，臺北之勝於臺南者亦二。竊意臺北經營措置，少則五年，多則十載。臺灣巡道當移駐臺北，不唯風氣日闢，勢不能遏，抑亦形勢扼要，理有固然也。」達泉，廣東大埔人，字海岩，前任淡水同知。光緒五年陞臺北府，有循政。又著《治臺三策》，語多不載。

連橫曰：法人之役，劉銘傳治軍臺北，而劉璈駐南，皆有經國之才。使璈不以罪去，輔佐巡撫，以經理臺疆，南北俱舉，必有可觀。而銘傳竟不能容之。非才之難，而所以用之者實難，有以哉！

林平侯列傳

林平侯，名安邦，號石潭，以字行。籍龍溪。父應寅來臺，居淡水之新莊，設帳授徒。平侯年十六，省父，傭於米商鄭谷家。性純謹習勞，谷信之，數年積貲數百，谷復，假以千金，命自經紀。平侯善書算，操其奇贏，獲利厚。谷年老將歸，平侯奉母利以還不受，為置產艋舺莊，歲收租息以餽之。已而與竹塹林紹賢合辦全臺鹽務，復置帆船，運貨物，往販南北洋，擁資數十萬。年四十，納粟為同知，分發廣西，署潯州通判，攝來賓縣。嗣調桂林同知，署柳州府。有幹才，大府重之。嘉慶十九年，大學士蔣攸銛（ㄒㄧㄢ）督兩粵，有短（說壞話）平侯者，密揭其私。比（及）謁，指陳政事，悉中肯綮（ㄑㄧㄥˋ。肯綮，事理的扼要處），攸銛嘉之。尋引疾歸。

當是時，淡水閩、粵械鬥，漳、泉又鬥，蔓延數百村落。平侯出而解之。而新莊地當衝要，每為兩族所爭，乃遷大嵙崁，建廈屋，築崇墉，盡力農功，啓田鑿圳，歲入穀數萬石。已復開拓淡水之野，遠及噶瑪蘭，所入益多。遂闢三貂嶺，以通淡、蘭孔道。平侯既富，念故鄉族人貧苦，倣范仲淹義莊之法，置良田數百甲，為教養費。復捐學租，倡修淡水文廟及東海書院（應為海東書院）。道光十二年，嘉義張丙起事，官軍伐之；平侯助餉二萬兩，加道銜。子五人：長國棟早世，次國仁、國華、國英、國芳。仁、英皆收養，而華、芳有名。

國華，字樞北，英偉有父風，平侯既老，以家事委之。性孝友，旦夕侍左右，飲食起居，躬任其役。每被譴，跪而受命。國芳字小潭，平侯愛之。少好技擊，及長，折節（改變舊有作為）讀書。聞廈門呂世宜之名，具禮聘，以師事之。平侯卒後，國華仍居大嵙崁，而地近內山，土番盱睢（ㄒㄩ ㄙㄨㄟ，質樸），裸體出入。咸豐三年，卜居枋橋，起邸宅，園林之盛冠北臺，遇名士悉羅致之。兄弟友愛，共產同居，號曰本源。當是時淡水之地尚多未闢，番界尤腴，國華募佃墾之，引水溉。歲入十數萬石。七年，國華卒。越二年，漳、泉復鬥，禍尤烈。國芳首辦鄉團，築城樓，募勇士數百人，備攻守。每戰，親自登陣，援桴策勵，賞有功而恤死者，故人爭效命。越十年和，建迪穀堂於枋橋，祀陳沒，至今猶存。國華有子三：維讓、維源、維德。而國芳無子，以維源嗣之。

維讓，字巽甫，咸豐九年，欽賜舉人。與維源俱學於廈門陳南金。及國芳卒，歸臺，共理家政。同治元年，彰化戴潮春起事，新莊楊亘、桃園楊德源等謀應之。德源固桃澗堡總理，以事被革。會盟結黨，劫富戶。維讓兄弟患之，謀於葉春。春字靜甫，江西人，宦游臺灣，國芳客之。乃授計於桃園紳耆，許以復充總理，即請新莊縣丞先給木戳。德源大喜，置酒宴客。春命壯士夜殺之，懸首枋橋西門。其黨聞之皆散，貢亦被誅，地方以安。已而兵備道丁曰健自省渡臺，至艋舺，規彰化，維讓助餉二萬兩。事平，以功授三品銜。

初，漳、泉械鬥，歷年不息。及成（和談），猶不通慶弔（慶弔，喜慶與喪事）。維讓憂之，以其妹妻晉江舉人莊正。正字養齋，名下士也。至是來臺，與維讓兄弟合設大觀社，集兩族之士而會之，月課詩文，給膏火（膏火，求學的費用）。自是往來無猜。維讓性倜儻，好士，租穀出入，悉任管事。而維源儉樸，巨細必經，唯結交官府。光緒二年，巡撫丁日昌視臺，邀維讓至郡。維讓病，不能行，維源往焉。日昌語之曰：「方今海防重大，財政支絀，子為臺灣富戶，亦當稍報國家。」維源乃捐銀五十萬兩。其母鍾氏以晉、豫之災，捐賑二萬兩。奉旨嘉獎，追贈三代一品，賜「尚義可風」之匾。已而維讓生母鄭氏亦以山西之賑，自捐二十萬兩，賜「積善餘慶」之匾。維讓兩子：長爾昌，字介眉；次爾康，字鏡颿。爾康生三子：長熊徵、次熊祥、熊光。

維源，字時甫，納資為內閣中書。光緒五年，臺北建城，督辦城工。事竣，授四品卿銜。法人之役，兵備道劉璈駐南治軍，而餉絀，議借百萬兩，不許。璈多方勸譬，乃借二十萬，去之廈門。越年和成，巡撫劉銘傳邀其歸，禮之，遂捐五十萬，以為善後經費。授內閣侍讀，遷太常寺少卿。十二年四月，銘傳奏辦撫墾，以維源為幫辦。當是時銘傳方勵行番政，大拓地利，而維源亦墾田愈廣，歲收租穀二十餘萬石。十七年，以清賦功，晉太僕寺正卿。二十一年五月，臺人自立民主國，設議院，舉為議長。不就，遂居廈門。維源有五子：次爾嘉，字叔臧；次祖壽、柏壽、松壽。

連橫曰：枋橋林氏，為臺巨富。而維源又善守之，故能席豐履厚，以至於今。抑吾聞之故老，林氏世有賢婦。國華之妻既以捐資助賑，受錫九重；而爾康之陳婦氏，侯官人，內閣學士寶琛之妹也。

明詩習禮，守節撫孤。前年福建籌辦師範學堂，費無所出，陳氏捐款二十萬。而廈門女子師範學堂亦請為之長。則其造士育才，有功庠序，尤足多焉。昔巴寡婦清以財助國，為世所欽，始皇築臺禮之。若陳氏之處世慈祥，齊家穆棣（穆棣，和睦通達），誠可追蹤前美，而彤管揚芳（彤管揚芳，女子生前美德值得宮廷女史用彤管記載，以流傳後世）也矣。

譯文

戴潮春列傳/張崑將、張溪南

戴潮春（？—一八六四），字萬生，是住在彰化縣「四張犁莊」（今臺中市北屯區西北部傳統聚落名，清代的彰化縣轄區涵蓋今彰化縣、臺中市、南投縣等地）的人，但籍貫是大陸福建省龍溪縣（原福建省轄下的縣，一九六〇年後與海澄縣合併為龍海縣）。祖父戴神保樂於行善、爲人講義氣，在鄉里頗有名望。戴神保生有四個兒子，長子是戴松江；戴松江生有七個兒子，潮春排行老四（古代用伯、仲、叔、季作為兄弟的排行）。戴家一向頗爲富有，世代都擔任臺灣北路營的文書記錄，協助軍中錢糧移交等工作。戴潮春的哥哥戴萬桂和阿罩霧（今臺中市霧峰區）地區的人爭奪田產，爭不贏人家，便邀集較爲富有的農戶們組成八卦會，約定若有發生衝突時必須相互支援，這件事戴潮春並未參與。咸豐十一年（一八六一），彰化知縣高廷鏡到鄉間處理事務，戴潮春將地方上的惡霸逮捕捆綁獻給知縣，北路營的副將夏汝賢（？—一八六二）認爲戴潮春對他不忠（因戴潮春將惡霸綁給知縣），又知道戴潮春家裡富有，向他索取賄賂被拒，竟將他的軍籍革除。當時戴萬桂已過世，戴潮春賦閒在家，便召集他哥哥以前八卦會的老朋友，再成立新的八卦會，辦理民團練兵，自行挑選組成了有三百名鄉勇的地方武力，經常跟隨官府緝捕盜匪，知縣高廷鏡很高興，授予官方戳印特別重視任用他。彰化縣轄下本來就不很安定，殺人搶劫的事時常發生。而戴潮春能善用方法加以管束，地方上強橫有勢力的人都有所顧忌不敢亂來，來往商人旅客的安全便能有所保障，演變到最後必須要捐輸很多錢才得以入會，所以八卦會的勢力日漸興盛。八卦會，供奉五祖（天地會祀奉五祖，八卦會也同樣供奉五祖，所以八卦會實為天地會別支，五祖即方大洪、胡德帝、馬超興、蔡德忠及李式開），相關資料可詳見本書〈宗教志〉。不到數月之間，會眾激增到數萬人。同治元年（一八六二）春天，高廷鏡被免職，雷以鎮接任，仍然重用戴潮春，但是八卦會的會眾日漸滋長擴張，逐漸產生不受控制的情形。

（同治元年，一八六二）三月九日，福建分巡臺灣兵備道（清代臺灣未建省前，兵備道是臺灣地區的最高統治者，位階在知府之上）孔昭慈（一七九五—一八六二）來到彰化，逮捕總理（清代地方鄉里閭自治組織的領導人，原則上每個里或堡社總理一名）洪姓人氏斬殺，傳軍令要淡水「同知」（清代地方官名，位階在知府之下，通常是協助知府緝捕盜匪、海防等行政事宜）秋曰覲（？—一八六二）一同來查辦八卦會黨徒。秋曰覲是前任的彰化知縣，對提升地方武裝力量維護秩序頗有政績，爲人也很有自信。金萬安總理林明謙向孔昭慈保薦林日成（？—一八六五），召募鄉勇四百名跟隨查辦八卦會。林日成，是「四塊厝莊」（臺中市清水區西部的一個傳統聚落名）的人，性情粗暴率直，綽號「戇虎晟」，曾經犯過法，秋曰覲想逮捕他沒有成功。孔昭慈又傳令阿罩霧林奠國（一八一四—一八八〇，林獻堂的父親，當時是霧峰林家的宗長）率領團練鄉勇六百人來相助。（三月）十五日，秋曰覲和北路協副將林得成（？—一八六二）、守備游紹芳率領士兵一千多人來到「大墩」（今臺中市中區一帶），林日成忽然叛變倒戈殺向官兵，秋曰覲緊急退入「竹圍」（疑為今彰化市大竹里一帶），叛軍仍緊追不捨攻擊，情勢很危急。十七日，秋曰覲殺出重圍，有一個被他革職的前奴僕叫貓阿鹿的人拚命追刺他（貓阿鹿因被秋曰覲革職懷恨在心），秋曰覲的隨從顏大漢一路拚命護主仍戰死，幼僕小黃才十五歲，用自己的身體護衛日覲，大聲呼叫：「殺了我吧，不要傷害我的主人！」也身中數刀而死，守備（清朝中階武官職稱，在都司之下）郭得昇、把總（清朝下階武官職稱）郭秉衡也都在此戰役中和秋日覲一起陣亡。林得成被活捉，囚禁在林日成的家裡。當秋日覲出兵要南下鎮壓時，戴潮春還住在鄉下的家裡，此時八卦會的會眾已到處舉兵起義。當天，鄭玉麟、黃丕建、戴彩龍、葉虎鞭召集眾人前去攻打彰化城，守城士兵很少，孔昭慈緊急命令都司（清朝中階武官職稱）胡松齡、千總（清朝下階武官職稱）呂騰蛟防禦應戰，但八卦會的會眾們已盤踞在八卦山上，用大炮轟擊城中，而在鹿港召募的鄉勇還沒趕到，千總楊奪元請求出城應戰，孔昭慈不從；幕僚汪寶箴建議退守到鹿港，也不聽從。城內有個叫王萬的人正計畫充當八卦會的內應，但事跡敗露，被官兵逮捕，林明謙卻赦免他，還派他帶兵勇守城，又命令他從城上綁上繩子垂下出城和圍城的八卦會議和，八卦會會眾暫且按兵不動，林明謙便聲稱他們已接受招安，孔昭慈誤信，城內文武官員都歡欣得互相慶賀，守城官兵也鬆懈下來。十九日半夜，城門被打開，八卦會會眾從東門攻進來，大聲呼叫說：「凡約定歸順的，以燒香作記號。」城內許多百姓都擺上長桌燒香歡迎他們，守城士兵潰散。陸路提兵李得志率領十多人在街巷中短兵作戰，最後被活捉，有八卦會的人逼問他藏放縣銀的庫房所在，李得志假意帶領他們進入府衙，進到火藥局，便奪下火把引燃火藥，轟的一聲，房內的人全被炸死。

八卦會會眾既已入主彰化縣城，以鼓吹的儀仗隊伍迎接戴潮春入城。戴潮春以黃巾包覆頭部，身穿「黃馬褂」（按：馬褂的設計原是為方便騎馬射箭，而黃色馬褂通常是皇帝出行時所穿，或皇帝給有軍功及特別貢獻的臣子的獎賞），有數十個健壯的士卒在前後護衛，騎馬緩緩入城，入城後便公布告示要安撫百姓，還下令留髮依照明朝的服儀制度，自稱大元帥，任命戴彩龍爲二路副元帥，鄭玉麟爲大將軍，鄭豬母爲都督，盧裕爲飛虎將軍，鄭大柴爲保駕大將軍，封叔父戴老見、姪兒戴如川、如璧及黃丕建、葉虎鞭、林大用、陳大戆等人爲將軍，封陳有福爲殿前大國師，算命先生黃阿狗爲殿前副國師，封外甥余紅鼻、余烏鼻爲左右丞相，余烏鼻兼刑部，封他的弟弟爲禮部尚書，黃秋桐爲戶部尚書。在白沙書院（白沙書院於清乾隆十年由彰化知縣曾曰瑛將義學改制為書院，於日據時被拆毀，今已不存）設「應天局」（依林豪《東瀛紀事》的描述這是專門向民間徵稅銀及分配糧食的機構），任命蔡茂朱（另有文獻寫為「蔡茂豬」）爲備糧使，負責掌管應天局的事務，任命魏得爲內閣中書。在城內設賓賢館，對仕紳們以禮相待，其他參與起義的會眾分別有大小不一的封賞和官位。貓阿鹿將秋日覲的頭顱獻給戴潮春，戴潮春感嘆說：「你曾經是他的奴僕如今卻來殺主人，這是不忠的行爲。不忠的人，有誰肯收容呢？」便給他一些錢，大聲責罵後讓他離去，將秋日覲的頭顱下葬，還對著秋日覲的墓說：「我之所以會舉兵起義，實在是順應大家的意思。秋公地下有知，希望能夠體察諒解我！」當時，彰化縣城內文武官員都被關押在金萬安總局，南投縣丞（縣丞為清代地方官職名，位階僅次於縣令，相當今之副縣長）鈕成標曾經被徵調整肅各莊里的安寧，逮捕許多盜匪，八卦會的人很痛恨他，便抓來見鄭玉麟，因不屈服被處死，知縣的幕僚姚茲、兵備道孔昭慈的隨身官員戴嚴也死。前任知縣高廷鏡、前任淡水同知馬慶釗也被拘提面見戴潮春，戴潮春將他們釋放前往鹿港。現任知縣雷以鎮向來吃素，逃到私人吃齋修行的佛堂避難免除死劫。當初，戴潮春將要舉兵起義時，守寡的嫂子羅氏曾反對哭諫，直到攻入彰化縣城後，羅氏囑咐戴潮春不可濫殺百姓、不可進入私人吃齋修行的佛堂內殺人，之後竟上吊自殺。前任北路協營副將夏汝賢因貪汙又常殘虐百姓，全家都被凌遲處死。孔昭慈被囚禁後，還託人傳信給汪寶箴詢問計策，汪寶箴回信給他說：「朝聞道夕。」（「朝聞道，夕死可矣。」出自《論語・里仁》，汪寶箴特意將「死可矣」省去不寫出，意於言外）當天晚上孔昭慈便喝下毒藥自殺。守備游紹芳、千總呂騰蛟都逃到鹿港去了。（同治元年，一八六二）四月，戴潮春命令林日成攻打阿罩霧，要報之前累積的舊怨（指他哥哥戴萬桂在阿罩霧和林家爭田產的舊怨）。阿罩霧莊人林奠國率領當地的鄉勇堅守，長子林文鳳（一八四〇—一八八二）特別勇猛（當時林家青壯子弟都追隨林國奠的姪兒林文察到大陸協助清廷平定太平天國，林文鳳臨危不亂，死守三天等援軍來到後解圍），圍攻三天三夜，直到羅冠英（？—一八六四）的援軍來到，林日成才被擊退。陳弄（？—一八六五）奉戴潮春之命攻前往攻打鹿港，當地仕紳黃季忠召集三十五莊的泉州人抵擋迎戰，所以鹿港沒有被攻破。

臺南府城很快就接到彰化縣生變的消息，文武官員緊急召開攻擊和防守的策略，臺灣知府洪毓琛（一八一三—一八六三）已升任「漢黃德道」（清代在湖北省設置的道，駐地在今湖北省武昌市）兵備道，有人勸他趕快離開就任去，他卻不願離去，於是改調臺灣兵備道一職，洪毓琛緊急命人整修城牆、準備武器、確保傳遞消息和人員流通的驛站能夠暢通，還臨時設立籌防局因應變局。臺灣鎮總兵林向榮（同治元年〔一八六二〕期間臺灣鎮總兵前後任有三位：林向榮、曾元福、曾玉明）調派安平副將王國忠（？—一八六二）、遊擊顏常春率領士兵前往守衛嘉義城，來到「柳仔林」（今嘉義縣水上鄉柳林村一帶的傳統地域名稱），被支持戴潮春的人馬攔截襲擊，急促匆忙之間進到嘉義城內。這時戴潮春的部將黃豬羔、黃萬基和羅昌等人已來圍攻嘉義城了，戴彩龍、陳弄和嚴辨也隨後趕來，不久竟又離去。嘉義縣城仕紳王朝輔、陳熙年會同城內百姓來到城隍廟（位於今嘉義市吳鳳南路上），宣誓要死守城池，富有人家許安邦也散盡家產幫助官兵，城內浮動人心稍被安撫下來。

當初，林日成舉兵起義，自認為地位竟比不上戴潮春，曾經和洪叢、何守祕密籌劃要殺害戴潮春以將功折罪，所以才將林得成（北路協副將）囚禁在家裡。直到江有仁來遊說他，還說：「太平天國的大軍已經摧殘了滿清半個天下（指發生於一八五一—一八六四年由洪秀全在廣西桂平縣金田村發起的太平天國之亂），滿清的軍隊至今還沒有能力平定。臺灣雖然面積小了點，但仍然可以自我獨霸一方。」林日成便被江有仁說服斷了殺戴潮春將功折罪的念頭，林得成知道無法改變大局，於是自殺。林日成便去面見戴潮春並建議說：「自古以來能夠成就霸業的王者，都是先以軍事力量來穩固安定國家，必須南北征戰歷經無數戰爭建立功績才能服眾。現今鹿港和彰化城如手肘和腋窩般那麼近，卻攻打不下來，而嘉義城的防守卻越來越堅固，如此情勢之下，怎麼可以只在城中鎮守，導致可能後悔的事發生？」戴潮春回答說：「的確如此。」於是便回到四張犁莊的根據地，將彰化城委託給林日成。林日成自封爲元帥，任命林貓爲指揮中樞，掌管帥印，江有仁爲軍師，何守爲掃北將軍，王萬、何有章及弟林狗母爲將軍。於是陳鯑攻占「茄投」（今臺中市龍井區），陳九母攻占「大肚」（今臺中市大肚區），蔡通攻占「牛罵頭」（今臺中市清水區），紀番朝攻占「葫蘆墩」（今臺中市豐原區），廖有譽攻占「捒東」（今臺中市大雅區），洪叢攻占「北投」（今南投縣草屯鎮一帶），都歸林日成轄管，分別封爲將軍。

　　大甲（今臺中市大甲區）位處彰化縣城的北邊，是彰化和淡水往來的主要通路，控制溪流的天然屏障並建造防禦的堡壘，清廷在此派駐有守備將軍，當地居民約有五千人。大甲莊人王和尚得知彰化縣城已被戴潮春的八卦會攻破，便舉兵響應，突然攻進土造的堡壘，守備、巡檢（輔佐同知或知縣巡防地方、稽查緝捕盜匪等）都倉皇逃走，戴潮春命令馬泉前往壓制攻占，馬泉完全依賴王和尚爲所給的訊息，沒有任何防禦敵人的措施，竹塹（今新竹市）仕紳林占梅（一八二一—一八六八）派遣鄉勇團練的首領蔡宇前往襲擊並將馬泉趕走。林占梅是淡水廳（林占梅居竹塹城內，同治年間，新竹一帶仍屬於淡水廳轄區）非常富有的人，接到彰化縣發生了動亂之後，便召集地方士紳鄭如樑、翁林萃、鄭秉經和陳緝熙等人緊急籌劃防禦的戰備，眾人擁護候補通判張世英接任淡水廳同知，林占梅並出錢組織訓練鄉勇，在竹塹城中設保安局，並緊急向福建巡撫徐宗幹（一七九六—一八六六）稟報臺灣情況，徐宗幹賦予總理督辦臺灣北路組織鄉勇團練的權力，終於收復了大甲。而王和尚探知蔡宇率領的鄉勇才數百人而已，（同治元年〔一八六二〕四月）六日又率眾回來攻打大甲，截斷城內水源，偏逢天降大雨，城內百姓解了水荒，有水可食用。十三日，新任的淡水同知張世英率領官兵來大甲援救，羅冠英也率領鄉勇團練趕到。羅冠英，東勢角（今臺中市東勢區）廣東籍客家人，勇猛善戰，為人很講義氣，所訓練出來的部屬個個機敏幹練。大甲城內的鄉勇也出城應戰，裡應外合，王和尚戰敗逃走，馬泉逃回彰化城，戴潮春將他處斬，傳軍令要王和尚再度攻取大甲。（五月）十一日，王和尚聯合何守、戴如川、陳鯡、劉安、陳在和陳梓生等共二十七營兵力，派楊大旗為先鋒，再度攻打大甲，又先截斷城內水源，豈料又下起了大雨，張世英登上編排的竹筏在溼地水上作戰，羅冠英和蔡宇等將領也分別打開城迎戰，人人奮勇殺敵拚命戰鬥，王和尚又吃了敗仗，大甲地區從此不再被侵擾。四月七日，臺灣鎮總兵林向榮（？—一八六二）率領官兵三千名從臺南府城向北出發，九日，在「枋埤」（即「崩埤」，今臺南市後壁區東北部菁豐里，位於八掌溪南岸）紮營，分成五個大營相互支援防衛。戴彩龍攻占「南靖厝」（今嘉義縣水上鄉西南部的南和村和靖和村，位於八掌溪北岸），雙方以八掌溪為界遙遙相對。當時天降大雨，溪水暴漲，官兵的糧餉都囤放在鹽水港（今臺南市鹽水區）。二十八日，戴彩龍攻占「白沙墩」（今臺南市後壁區新嘉里），截斷官兵運補糧餉的通道。隔天，官兵發動攻擊，從澎湖調來支援的水師大敗，守備蔡安邦、把總李連陞和外委（清朝在正式編制外額外增加的低階武官）周得榮都落水溺死。五月，臺灣兵備道洪毓琛派千總龔朝俊徵調原住民屯兵五百名，從九品（比正九品還低階的武官，類似「外委」）陸晉也率領二百名士兵，護押糧餉向北前進，五日，運抵「安溪寮」（今臺南市後壁區東南部的傳統聚落名稱，涵蓋今長安里、頂安里、福安里），被向朝江攔截襲擊，陸晉被他的手下殺害，糧餉全部被搶奪。七日，戴彩龍趁勢攻擊林向榮駐紮在杬埤的大營，官兵又被擊敗潰散，澎湖副將陳國詮、遊擊陳寶山和把總周應魁等將領都陣亡，林向榮負傷狼狽倉皇逃走，途中遇到龔朝俊，便扶持林向榮一起來到安溪寮。過二天，林向榮將駐防地移到鹽水港，並收拾整合殘餘潰散的官兵，向榮的弟弟林向日帶了五百名新兵來救援，官兵聲勢稍有提振。這時柳仔林的黃豬羔、店仔口（今臺南市白河區）的吳志高（一八二七－一八八〇）都歸順了官兵。

就在這時候，因嘉義城久攻不下，戴潮春決議要親自前往攻取，自稱東王，任命莊天賜爲丞相、賴阿矮爲先鋒，率領所屬的部眾向南行，來到水沙連（今南投縣埔里鎮、魚池鄉等早期漢人開墾的地區），命令當地莊民修築道路，丞相莊天賜在隊伍前面，穿著華麗的繡花衣物和嶄新的紅鞋，騎著馬腰間佩有劍；戴潮春全身黃衣，頭上戴著黃色冠冕，乘坐在轎內緩緩前進，有數十個全身武裝、手拿刀劍的壯士，在轎子前後列陣護衛。戴潮春選擇吉時登上祭壇，向天地祭告，接著手持農具親耕土地舉行「藉田禮」（「藉田」是古代天子、諸侯征用民力耕種的田，每逢春耕前，天子、諸侯會親自到藉田耕種，表示對農業的重視，便是「藉田禮」），鼓吹樂聲非常響亮熱鬧，圍觀的群眾綿延有數萬人之多。水沙連人劉參筋、五城（約在今南投縣的魚池鄉中西部及水里鄉東部）人吳文鳳都受封爲將軍，並任命許豐年爲總制。嘉義縣轄下許多莊社都豎起紅旗響應戴潮春，便圍攻斗六門（今雲林縣斗六市），都司湯得陞抵擋迎戰，千總蔡朝陽陣亡，副將王國忠的援兵剛好來到，便撤退離去。

當時嘉義縣城已經被圍困已經有三個月之久，城內糧食已將吃光。林向榮挑選勇猛幹練的八百精兵，派王飛虎、林有才爲先鋒，還徵調龔朝俊、寧長泰率領所屬官兵和原住民屯兵從不同路線前往嘉義城救援。陳弄、嚴辨連續圍攻好幾天，趁著勝利和優勢已逼近城下，嘉義城內仕紳王朝輔和陳熙年也率領鄉勇打開城門迎擊，裡應外合，嘉義城的圍困才解除。六月八日，林向榮進入嘉義城駐守，兵備道洪毓琛催促他前往斗六門防守，林向榮認爲不可離開嘉義城，洪毓琛寫信激他，林向榮不得已拔營前往斗六門，沒多久，嚴辨和陳弄就聯合來圍攻他了。

起初，戴潮春攻下彰化縣城時，認爲鹿港離彰化城如手肘和腋窩般那麼近，又是海上交通的要道，下命葉虎鞭前往攻打。葉虎鞭，是泉州人，接到命令後質疑說：「鹿港大部分是泉州人安居生活的地區，前去攻打無異是要把泉州人都消滅殆盡。」戴潮春聽了大怒，葉虎鞭也氣沖沖的出來，離開的時候跟黃丕建說：「舉兵起義時我們兩人有約定，將聯合我們兩支人馬的力量，來成就大事。現今彰化城內漳州人可以任意出入，泉州人不但被迫離開，動不動就遭受迫害。而且當初告示明明有約定不可濫殺無辜，陸路提督所屬的士兵大多是泉州人，卻全部被殺害，我擔心有一天我們兄弟當初的約定不夠堅定，會再度成爲漳、泉不同族群武裝衝突的禍根！」黃丕建將葉虎鞭的話轉告戴潮春，戴潮春再下令禁止城內濫殺（泉州）人，以三日爲期限，准許百姓自由離去，葉虎鞭便率領所屬的部眾在北門巡視，捍衛泉州人出城離去。戴潮春改派林大用爲鎮北大將軍，進取鹿港。林大用也是泉州人，鹿港百姓反而吹奏樂器敲鑼打鼓歡迎他，沒多久他也離去沒動鹿港。仕紳黃季忠等人謀劃並領導守護鹿港，陳弄始終攻不下鹿港。（同治元年（一八六二））五月，福寧鎮（駐地在今福建省霞浦縣）總兵曾玉明（一八〇五—一八六八，於同治元年（一八六二）十二月接任臺灣鎮總兵一職）率領官兵六百人來到鹿港。曾玉明也是泉州人，曾擔任北路營的副將，和戴潮春、林日成等人以前就認識，曾玉明寫信向戴潮春招降，戴潮春不從，等到戴潮春領兵南下後，曾玉明便策動二十四莊（應指陳捷魁擔任大總理的燕霧二十四莊，在今彰化縣花壇鄉一帶）歸順官兵協助平亂，戴潮春命令戴彩龍、鄭玉麟、李炎等人率兵前往攻打，來到「燕霧下堡」（清代彰化縣轄區的一個行政區，其範圍包括今彰化縣的大村鄉及員林市北部）大莊（今彰化縣大村鄉）武舉人賴登雲的家中索取糧餉，「茄荖腳莊」（今彰化縣花壇鄉）拔貢（清代在府縣學成績優異被推薦入國子監讀書者，稱為貢生，有歲貢、拔貢、恩貢、副貢、優貢、例貢和軍功貢等不同管道，拔貢原本六年選拔一次，乾隆七年以後改為十二年一次）陳捷魁暗中召集莊人前往襲擊。六月十九日，燕霧二十四莊全部舉兵協助官兵，戴彩龍、李炎大敗，遭到活捉，二人被押解到鹿港處斬。鄭玉麟雖奮勇拚鬥仍戰死。這事件造成漳洲人和泉州人相互敵視，葉虎鞭歸順官兵。

（同治元年〔一八六二〕）七月十九日，林日成派林大用、陳九母和趙憨率領會眾攻打「湳仔莊」（彰化傳統聚落名，在今彰化縣和美鎮柑仔里、竹圍里），擊破防線，進莊後竟縱火燒毀莊舍，戰線向西到「和美線」（彰化舊地名，範圍大約涵蓋今彰化縣和美鎮和東、和南、和西、和北、四張等五里），朝北擴及到「竹仔腳」（今臺中市南屯區傳統聚落名，位於該區西部偏北一帶）、番社腳（今臺中市南屯區傳統聚落名，位於該區西部），逼近「加寶潭」（今彰化縣和美鎮嘉寶里），加寶潭莊民陳耀早已加強防禦整備，連續激戰三天後，支撐不了，便獻出馬匹假意投降進行拖延戰術，林日成不允許，但陳九母和趙憨曾經是陳耀的佃戶，因此為陳耀向林日成求情，林日成才答應停戰撤除圍攻。陳耀便暗中拜託陳清泉率領二百名鄉勇駐紮「李厝莊」（今彰化縣和美鎮嘉寶里，在加寶潭附近）救援，又向「新港莊」（今彰化縣伸港鄉）柯、姚二大姓的聚落求救，他們也召集壯丁趕來，準備就緒後，才將紅旗換成白旗（戴潮春的八卦會豎紅旗，官兵則是掛白旗）再度抵抗，林日成大怒，下命林大用全力進攻，卻已無法戰勝了。八月十五日，林日成率領諸將領在大聖王廟（在今彰化市富貴里中華路二百三十九巷十九號，是當地漳洲人的信仰中心）前誓師，隔天，便進攻「白沙坑」（老地名，在今彰化縣花壇鄉東北部，範圍大約包括白沙村、文德村、長沙村和岩竹村），陳捷魁又率領莊眾防守抵抗，戰鬥相當激烈打了好幾天，雙方互有傷亡，林日成登上有座觀音廟的小山嶺（應是今彰化縣花壇鄉虎山街上的虎山巖，上有觀音佛祖廟）朝白沙坑瞭望，望見這個村莊防備很堅固不容易攻破，便敲鑼發出收兵訊號。不久林日成又進犯「秀水」（今彰化縣秀水鄉），葉虎鞭（已降官兵，鎮守秀水）在交戰中被炮彈所傷，黃丕建暗中幫助他脫逃。總兵曾玉明駐防安東莊（今彰化縣秀水鄉安東村），增強防備的營壘卻只求自保，林日成知悉這情形就更加肆無忌憚了。閏八月二十八日，林日成攻打葫蘆墩，和羅冠英大戰於圳寮（今臺中市后里區東北部的傳統聚落名），官兵陣營的廖世元陣亡，張世英（新任淡水同知）命廖世元弟廖江峰繼續領導轄下部眾。羅冠英退守到「翁仔社」（今臺中市豐原區東北部的傳統聚落名，其範圍大致包括今南村里、翁明里、翁社里和翁子里等地）。

林向榮率領官兵進入斗六門，該地區情勢非常險惡，士兵糧食的運補被戴潮春的人馬截斷，戴潮春長時間將他圍困在斗六門，沒有任何援兵來救援，竟然用龍眼核來充當糧食，還將馬匹殺了餵食士兵，部隊裡的原住民屯兵內訌不合，暗中和敵軍串通充當內應。九月十三日，反叛的原住民屯兵縱火燒斗六街，林向榮不得不退守到防禦的土壘中，士兵們因飢餓疲勞個個沒有體力戰鬥，林向榮見大勢已去便自殺身亡。副將王國忠率領轄下士兵十八人想殺出重圍，卻全部被活捉，王國忠等人不肯屈服被處死。這一場戰役中，管理糧臺同知甯長敬、鎮標遊擊顏常春、斗六都司劉國標、守備石必得和大小官兵數百人都戰死，王飛虎被俘虜，莊天賜敬重他是豪壯勇敢的人，赦免了他；義民首領陳有才也被捉，戴潮春聽說他很勇猛，想要勸降他，但陳有才寧死不屈也被處死。打了勝仗後戴潮春計畫要攻取嘉義，軍師劉阿屘卻建議說：「斗六既已被攻破占領，臺灣鎮的官兵都在這裡戰死，如果這時將我全部精練勇銳的部隊，一鼓作氣直接往南進攻，那麼臺南府城的官民望見我們的氣勢必定嚇得潰散而敗。府城一旦攻占，便可控制臺灣的最高行政中心來號令全臺，這樣嘉義便可不戰而得。現今如果用盡全力去奪取一個小城，勝負猶未定；況且嘉義城防禦工事堅固城內官民齊心協力，恐怕在倉促之間沒有那麼容易攻下。」戴潮春並沒有聽從劉阿庭的建議，還是下令陳弄、嚴辨、呂梓、廖談、洪花等人進攻嘉義城。原本歸順官兵的黃豬羔又回來歸附戴潮春，不久何守、陳鯑也都率領部眾前來援助，戴潮春的陣營築起很長的防禦工事圍困嘉義城，數十步之內就架設一座炮臺，和城樓一樣高，用來以窺探城內的情況，從此每天都爭戰不休。嚴辨的妻子侯氏、廖談的妾蔡氏都很勇猛，每次都親臨戰場，騎馬指揮身先士卒。嘉義城內也竭盡全力防守抵禦，所以還是無法攻破。陳弄、嚴辨於是轉攻「塗庫」（今雲林縣土庫鎮），陳澄清率領鄉勇抵抗迎戰，沒能攻下。（同治元年（一八六二））十月，又另外去攻打鹽水港，也沒能攻下。十一月十日，林日成自己率領大軍攻打大甲（今臺中市大甲區），鄰近十八個村莊響應，和官兵在大安莊（今臺中市大安區）決戰，守備鄭榮率領的官兵大敗，林日成挺進將其圍困。十四日，羅冠英率領援兵來到。十七日，在竹塹的林占梅也調派千總曾捷步率領援兵趕到。隔天，在「水堀頭」（今臺中市西屯區西部的老聚落名）會戰，官兵先潰敗，留下羅冠英率領的部隊獨力奮戰，但身陷重圍無法殺出，後來被柯九、柯興所救（此處「柯九興」似為一人，但蔡青筠著《戴案紀略》書中記載為柯九、柯興兩人），逃過一死。林日成將大甲城團團圍住，縱火燒毀大甲城南門，城門崩塌了好幾丈，接引城內的水道再度被截斷，城內百姓沒水可喝將要渴死之際，何守寫字條用箭射入城中，字條寫說：「我們只攻打官兵，不想傷害無辜百姓。」並約定讓城內百姓於明天出城提水，於是將西城門的圍兵撤除，但是水還是不夠用，剛好天降大雨，林日成見城內防守嚴密便撤兵離去。同治二年（一八六三）春天正月十八日，林日成又來圍攻大甲，候補同知王楨（王楨後來曾任彰化知縣）率領義民首領林盛抵擋迎戰於「磁窰莊」（今臺中市外埔區中南部的傳統聚落名），林日成全身黃衣，撐起黃羅蓋傘（此為古代天子出巡時的陣仗），指揮大軍而來，官兵軍又吃敗仗。林日成便登上鐵砧山（位於今臺中市大甲區的東北方），到山上國姓廟向延平郡王祭拜求籤，因所求為不吉利的下下籤，便收兵返回彰化。二月五日，羅冠英、廖廷鳳聯合攻打「新廣莊」（今臺中市神岡區），戰勝收復這地區，接連又收復「壩仔」（今臺中市大雅區），進逼「四張犁莊」（今臺中市北屯區西北部傳統聚落名，戴潮春的根據地）。戴潮春領兵去圍攻嘉義城有一段時日，只派陳梓生留守四張犁莊，陳梓生堅守在防禦的堡壘中奮勇作戰，雙方各有死傷，二十七日，四張犁莊被攻破，林日成在四塊厝莊（林日成根據地）聽到四張犁莊被攻的消息，便趕緊號召敢死隊要前往抗敵救援。

之前，福建水師提督吳鴻源率領兵馬抵達臺南府城，決定出兵，前進到鹽水港駐防，派八卦會的降將吳志高當嚮導在前引路，（同治二年〔一八六三〕）二月一二日，攻破「馬稠後莊」（今臺南市白河區北部的傳統聚落名，範圍大約包括草店里、內角里、甘宅里等），將八卦會會眾百餘人斬首，臨時駐紮在「下茄苳」（今臺南市後壁區嘉苳里），將吳邦基和洪金陞兩支部隊分開駐防在白沙墩，還故意布置欺敵的兵陣，派楊興邦和張啓烇兩支部隊駐防「水窟頭」（今嘉義縣水上鄉），相互支援護衛，吳鴻源自己則統領遊擊周逢時、守備蘇吉良等官兵直奔嘉義城。嘉義城已經被戴潮春圍攻長達六個月，城內糧食已用盡，只好將龍眼核搥打成粉，再熬煮來吃，仕紳和百姓們拚死堅守。等到吳鴻源的援軍來到，守將湯得陞隨即打開城門夾擊戴潮春的會眾，陳弄和嚴辦都被擊敗退去，吳鴻源下命蘇吉良、徐榮生率領士兵攻打劉厝莊（今嘉義市西區劉厝里）等地區，將來往主要道路打通，準備收復彰化地區。四月，進攻南靖厝，戴潮春部將呂梓的妻子和羅彭胡抵抗迎戰，插竹圍堵防守堅密，一時之間無法攻下。蘇吉良仍拚命進擊，最後羅彭胡被殺，呂梓的妻子也被炮彈擊中身亡。五月，吳鴻源率領的官兵再挺進到新港（今嘉義縣新港鄉）攻打嚴辦，圍攻大崙（今嘉義縣水上鄉西北部傳統聚落名），呂梓終於投降。六月十八日，義民首領陳捷三進駐「沙仔崙」（今彰化縣田中鎮沙崙里），陳貞元（？—一八六九，沙仔崙仕紳）率鄉勇相助官兵和義民，和楊目丁（戴潮春陣營）大戰於濁水溪獲勝，官兵便收復南投地區。義民首領陳雲龍也率領鄉勇來援助，進而收復集集（今南投縣集集鎮）。戴潮春傳軍令要求會眾們大舉反攻，當地義民拚命防守沒有被攻陷。九月，陳大用（應為「林大用」，因林大用為中寮人）率領中寮（今南投縣中寮鄉）的會眾投降曾玉明。羅冠英、廖廷鳳率領的鄉勇此時也攻陷並收復大墩（今臺中市中區一帶），打通和阿罩霧的通道，參將林文明（一八三三—一八七〇，霧峰林家第五代，當時林文明因和兄長林文察到內地平定太平天國有功，晉升參將，並於七月間回鄉協助平定戴潮春的動亂）率領官兵歡迎。但是此時官兵還不敢進攻彰化縣城（戴潮春大本營），只在各地區零星調度作戰，有時打勝仗有時吃敗仗（缺乏整體性的作戰布署）。朝廷便下詔書命令福建陸路提督林文察（一八二八—一八六四，霧峰林家第五代，因平定太平天國有功晉升福建陸路提督）回臺灣督率所有軍事行動。

林文察，是阿罩霧的人，（同治二年〔一八六三〕）十月抵達麥寮（今雲林縣麥寮鄉），上岸後就直接回到了家鄉（霧峰）。福建巡撫徐宗幹也上奏朝廷挑選丁曰健擔任臺灣兵備道一同辦理平亂的相關軍務，命他率領三千士兵，從臺灣北部向南挺進，駐紮在牛罵頭。十六日，林占梅率領翁林萃、陳尚惠等將領，並催促鄉勇首領蔡宇也統領三千人進駐「山腳」（今臺中市龍井區東北部的傳統聚落名），兵分三路進攻彰化城，戴潮春陣營的何守知道打不過便求降，趙憨、陳鯓仍然據守彰化城內，鄉勇首領林忠藝、林尚等人在前線奮勇作戰，已逼近城下。十二月三日，總兵曾玉明率領林大用攻破北門入城，丁曰健和林占梅的部隊陸續抵達，趙憨、陳鯡、陳在和盧江等人敗逃到四塊厝莊，江有仁和鄭知母在街巷間短兵作戰時被活捉，在操練兵馬的教場上被處死，糧官「蔡茂豬」（原文為「蔡豬」，應為蔡茂豬）也被施以分裂肢體的酷刑。彰化城既已收復，丁曰健向所有將領下達軍令，聯合進攻斗六門，激戰了好幾天，卻還是無法攻下。直到林文察來到，登上高處察看地形後說：「這地方地勢艱險阻塞，從各地來救援的兵力和糧餉沒有被截斷，怎麼能夠攻破呢？不如先瓜分削弱他們的勢力範圍，然後再攻取。」於是派「四品軍功」（清代在咸豐、同治之後因地方經常有戰亂，為獎勵立有軍功者，賜給一個相當四品等級的官位）洪廷貴（？—一八六七）到嘉義縣轄下和彰化縣交界的地區，招降安撫一百多個村莊，許豐年和黃豬羔等人都接受招安歸降了。林文察再調派他的弟弟林文明截斷戴潮春黨羽通往水沙連的要道，將包圍的區域逐漸縮小。戴潮春眼見形勢日漸窘迫，想逃到內山躲藏，最後投靠七十二莊（七十二莊是以媽祖信仰所組成的聯莊，以枋橋頭——今彰化縣社頭鄉為中心）張三顯的家，跟隨他逃亡的部下只剩數十人。張三顯向戴潮春說服投降以減輕罪刑，並答應保護他妻子兒女的安全，戴潮春妻子許氏因害怕被牽連處死，也勸戴潮春投降。（十二月）二十一日，乘坐轎子到北斗（今彰化縣北斗鎮）見丁曰健，丁曰健訊問他爲何生亂造反，戴潮春回答說：「這一切都是本王的主意，不要波及其他不相干的百姓。」丁曰健大怒，命令陳捷元將戴潮春推出斬首，他的妻子許氏也上吊自殺。西螺街（今雲林縣西螺鎮）的廖談也被處死。當初廖談見戴潮春失敗後想投降，他的妻子蔡邁娘阻止他說：「當情勢衰落後就要背棄人家，是不講信義的行爲；若是投降了便受人管束，也並不是勇者該有的行徑。既然生爲大丈夫，死了卻不信不勇，這樣我們寧可在紅旗（戴潮春的會眾持紅旗）之下戰死！」所以每次出征，騎馬奮勇向前，指揮部下作戰，即使炮火交加也不閃避。到最後夫妻倆都被活捉，在北斗被處死，蔡氏仍死不瞑目，友人明白其緣故，便用紅旗覆蓋她的屍首，這才無所懸念閉目而死。

（同治三年〔一八六四〕）三年，春天正月，林文察領兵進攻四塊厝莊，派王世清（一八三一—一八八〇）爲左側輔攻部隊，林文鳳（林文察堂弟）爲右側輔攻部隊，自己則率領精練勇銳的直屬部隊攻擊。林日成抵擋迎戰，派弟弟林狗母率領陳鮘、劉安、陳梓生等人防守外圍的營壘，王萬和林貓皆等人駐守內側的營壘，連續激戰了好幾天，林狗母陣亡，八卦會會眾每天夜裡都有人逃亡，林日成懷疑陳梓生有背叛意圖，便鑿穿牆壁預留小門以便可隨時進出。陳梓生暗中派人將大炮釘上釘子，林日成自知打不贏這場戰了，便將所有財物擺到門前庭院，全部分給手下們。王萬緊急進來通報陳梓生叛變，林日成用火藥桶圍繞在門口，竟和妻妾和王萬等人一起喝酒，妾蕭氏聽到外頭的炮聲漸漸逼迫，突然起身想出逃，林日成拉住她，此時林日成的妻子已將火苗拋投火藥桶中，（火藥轟隆爆炸），王萬被一起炸死，林日成和蕭氏被炸飛到屋外，但還沒斷氣，官兵便將他們殺死，割下首級用木箱裝著當眾展示警戒。三月林文察進攻「小埔心莊」（今彰化縣埤頭鄉西部），那是陳弄的家鄉。羅冠英率領他的部隊奮勇攻擊，官軍也跟著進攻。陳弄敗陣下來想投降，妻子陳氏卻對他說：「今日雖然投降了，但終究難免一死；與其低頭認輸被殺，不如再全力拚看看，如果打贏了，還有以後的日子可打算，至少不會馬上就死。」不久官兵突然開炮轟打，屋舍瓦片都被炮擊中碎裂一地，陳弄便挖地洞躲藏炮擊，官兵用水灌地洞要逼出他們。十九日，羅冠英再率領勇壯的士兵拚命進攻，陳弄妻陳氏迎戰，用疲弱的士兵欺敵，羅冠英中計深入敵營，此時埋伏的士兵炮彈全部發射，羅冠英與和一起攻打的數十人全部戰死。林文察下令暫停進攻小埔心莊。這時候張三顯忽然率領群眾圍攻彰化城。

張三顯自從將戴潮春進獻後，自以爲功勞很大但所獲得的賞賜卻少到不如預期，心中所願不滿逐漸生怨。陳鯡、陳梓生聽到這訊息，便前往遊說他起舉兵起義，陳九母、趙憨和洪叢等人都響應。（三月）二十七日，聚集數千名的群眾，攻占八卦山和市仔尾（今彰化市永安街以東至長順街路間之中正路段），逼近彰化城。城內守兵很少，知縣凌定國登上城牆，命令吳登健用繩索懸綁墜下出城去求救。過了兩天，林文察領兵來到，張三顯所率領的群眾便潰散而去，張三顯被同宗族的人捕捉送交官府，丁日健將他處斬。官兵再度攻打小埔心，羅冠英的弟弟羅坑為報兄仇更是拚命作戰，終於攻破小埔心莊，陳弄的妻子陳氏自焚而死，陳弄逃到「新興莊」（今彰化縣員林鎮東北部傳統聚落名），當地仕紳陳元吉將他逮捕，押解到官兵的作戰指揮部處死。十一月，丁日健率領知縣王楨（應是接替凌定國擔任彰化知縣）、遊擊鄭榮及林文明的鄉勇，進攻洪叢的大本營「北勢湳莊」（今南投縣草屯鎮中北部傳統聚落名），該莊立有很多大炮的營壘，即使全力進擊也沒能攻下，淡水地區的義民首領林春、李光輝都在這場戰役中陣亡。鄭榮再用大炮轟擊進攻，這時洪叢病死，埋葬在豬圈內。王春傳捉拿洪叢的弟弟洪番獻給丁日健，丁日健將他處死，並挖出洪叢屍體，砍下他的腦袋懸掛在木桿上公開展示警戒。

（同治四年〔一八六五〕）四年，春天三月，嚴辨又在「二重溝」（今雲林縣斗南鎮明昌里）豎旗造反，並號召戴潮春沒有被消滅的殘餘黨徒，呂梓歸附響應。王新婦的母親認為她的兒子既然已被封為將軍，竟自己刻了「一品夫人」的圖章，還經常會親臨戰場督戰，即使王新婦被殺後，仍然出錢召募敢死隊，歸附呂梓，部隊裡豎起寫有「為子報仇」的大旗。鄭大柴的妻子謝氏，也聲明要為夫報仇，分別舉兵起義。戴潮春起兵造反後，嚴辦算是最凶悍的，但嚴辦的妻子侯氏也很強悍，屢次攻打嘉義城，每次出征，嚴辦都會親自為她牽馬，她則戴上男生的帽冠腰上佩著劍，莊嚴儀態就像是英武的男子。戴潮春的部隊有十幾萬人，所有武器糧草都是嚴辨供應補給，所以他的權限是所有部屬中最大的。四月，丁日健派嘉義知縣白鸞卿、參將徐榮生、都司葉保國分別領兵前往討伐。嚴辨經常會假冒官兵的旗幟，設下埋伏襲擊官兵，官兵屢屢吃敗仗。丁日健再調度都司吳志高率領鄉勇前往協助，嚴辨儘管拚命作戰最後仍然戰死，她的妻子侯氏也被活捉，在嘉義被施以分裂肢體的酷刑。王新婦的母親也被殺，只有鄭大柴的妻子謝氏突破重圍逃出，官兵和鄉勇戰死的也有數百人之多。呂梓逃到布袋嘴（今嘉義縣布袋鎮），海賊蔡沙平日和呂梓交情不錯，卻強占他的妻與子女並在海上將呂梓溺死。從此戴潮春的殘存黨羽漸被平定。

林文察列傳／張崑將、張溪南

林文察，字密卿，彰化縣阿罩霧莊人，祖先幾代都務農，父親林定邦（一八〇八—一八五〇）是鄉里間的「甲首」（里甲制度是清代地方稅役制度的基層組織，以鄰近的一百一十户為一里，推選多丁多田的十户輪流當里長，其餘一百户分成十甲，每甲十户，輪流當甲首），有見義勇爲、熱心助人的胸襟和行爲，鄰里的人對他很敬重、倚靠。林和尚（？—一八五一），草湖莊（今臺中市大里區南部一個傳統聚落名稱）人，是這地區的豪強，經常有不滿現狀喜愛鬧事的人到他家活動往來，經常幹出殺人和搶奪財物的勾當，地方上的人都怒不敢言。林和尚曾經綁架林連招，索取龐大金額的贖金；林連招是林定邦同一宗族的人，林定邦派人請林和尚將林連招釋放，林和尚不但不放人，還將他拘禁起來。林定邦帶領小兒子林文明等人前往理論，雙方爆發仇恨且激烈的衝突，林和尚召集他的黨羽，手拿武器嚴陣以待，林定邦想突破包圍殺出，卻不幸中了槍彈，轉回身和他們激烈打鬥，最後被殺身亡，林文明也受重傷。林文察那時才十九歲，聽到這壞消息後放聲大哭，想要前往林和尚處共赴家難討回公道，但顧念弟弟還被囚禁在那裡，擔心出事，便忍住悲痛懷受冤屈，請鄉中父老居間協調要求對方釋放他弟弟，並歸還他父親的遺體，林文察還向彰化縣知縣控訴林和尚的罪行，但彰化知縣接受賄賂置之不理，林文察便指著天發誓說：「不報這殺父之仇，誓不爲人！」每天日夜暗中調查林和尚行蹤，終於埋伏突擊成功，拚命將他捉到他父親墳前，並剖開其胸膛挖出心臟祭告父親說：「大仇已經報了，我不會連累家人的。」便向彰化縣府投案自首。

清咸豐四年（一八五四）夏天五月，小刀會黨（清代的民間組織，發源於山東、安徽等地，最初只是一些平民自備小刀求互保的聯盟，後來逐漸發展為反清復明的組織。一八五三年四月間，福建小刀會的首領黃威、黃德美等在海澄起義，攻克漳州、同安、廈門和漳浦等地，在廈門建立短暫政權）進犯臺灣北部地區，攻破雞籠城（今基隆市）。臺灣北路協「副將」（清代武官職稱由高至低分別為提督、總兵、副將、參將、遊擊、都司、守備、千總及把總，副將屬高階武官）曾玉明（一八〇五－一八六八）認爲林文察是有膽識勇氣的人，將他從獄中釋放，命令他召募鄉勇隨同他討伐小刀會，平亂有功，不久後又捐輸金錢幫助軍隊糧餉，被派任爲遊擊（清代中階武官職稱）分發福建省候補錄用。咸豐九年（一八五九），閩浙總督王懿德（一七九八－一八六一）下軍令要林文察率領臺灣鄉勇聯合進剿「建陽縣」（福建省舊縣名，今福建省南平市建陽區）。咸豐十年（一八六〇），平定建寧縣（今福建省三明市轄下的建寧縣）和汀州府（今福建省長汀縣）的亂事，都建有戰功，獲提拔升爲參將，換戴上有花翎（清代皇帝特賜的插在帽上的裝飾品，賞給有特殊貢獻的人）的官帽。又因協助籌募糧餉，准以副將的職銜帶兵（實際上還是參將）。林文察所率領的臺灣鄉勇部隊，都是家鄉來的鄉親後輩，個個樸實木訥但剛強威猛，這些人每天在一起，培養出同生死、共患難的情誼，所以在戰場上經常能以單薄的少數人戰勝眾多且強大的對手，主要的原因在於他們能同心協力想創立功業。咸豐十一年（一八六一）春天正月，奉軍令前往支援浙江，那時太平天國的軍隊已攻占江山（今浙江省衢州市轄下江山市，地處浙江、福建、江西三省交界處），林文察頂著風雨拚鬥，趁著勝利的氣勢進攻江山城，不久援兵來到，便攻占下來，林文察因戰功被優先遞補爲副將任用，皇帝這次又賞賜他「烏訥思齊巴圖魯」的封號（巴圖魯是滿語，勇士的意思，後來演變為清代皇帝用來賞賜有戰功之人的封號）。咸豐十一年（一八六一）四月，汀州府和連城縣（今福建省龍巖市轄下的連城縣）都被太平軍攻陷，林文察奉命調回福建防衛。五月，再度攻下汀州府，晉升爲總兵。七月，平定沙縣（今福建省三明市轄下沙縣區）的亂事。當時太平軍從安徽省南部攻進浙江省，分別攻陷金華（今浙江省金華市）、衢州（今浙江省衢州市）、嚴州（清代浙江省轄下的行政區，範圍涵蓋今建德市、桐廬縣、淳安縣、分水縣、遂安縣、壽昌縣等地）等府縣，聚合的部隊多到數十萬人，聲勢非常浩大。杭州將軍瑞昌緊急上奏朝廷請派援兵來救，而林文察所率領的臺灣鄉勇經過長期征戰多所傷亡，只剩下五百多人，所以沒能馬上前去救援。十二月，杭州（今浙江省杭州市）被太平軍攻破，朝廷緊急下詔要林文察前往救援。同治元年（一八六二）春天正月，慶瑞（一七九八－？）傳令要林文察率領部隊從「處州」（今浙江省麗水市）進攻，剛好遇到衢州被太平軍圍困，林文察破解衢州之圍。不久太平軍對福建省西北部虎視眈眈，林文察和任參將的弟弟林文明會合後，便進駐「龍泉」（今浙江省麗水市轄下龍泉縣），和浙江按察使張銓慶的部隊協同作戰，先攻下「遂昌」（今浙江省麗水市轄下遂昌縣），截斷太平軍進入福建的通路。七月，塡補升任四川「建昌鎮」（今四川省西昌市一帶）總兵的空缺，但並沒有前往就任，奉皇帝旨意前往收復處州（今麗水市），便直接率兵進攻「松陽」（今浙江省麗水市轄下松陽縣），但是久久未能攻下。所率領的臺灣鄉勇必須靠遠程路徑運補糧餉，每天都吃不飽，仍然繼續奮戰沒有喪失鬥志和勇氣，最後終於攻下松陽城，連續打了五場勝仗，部隊直接開拔到處州城下（今麗水市），和各路軍隊會合攻城。臺灣鄉勇同心協力奮勇作戰，率先攻破城門殺進城。朝廷下詔准以提督的職銜帶兵。十一月，部隊移防「武義」（今浙江省麗水市轄下武義縣），不久調升為「福寧鎮」（清代福建省軍事轄區，管轄範圍涵蓋今霞浦、福安、寧德、福鼎等縣市）總兵。同治二年（一八六三）夏天六月，正式接任福建陸路提督。

就在這時候，戴潮春在臺灣彰化縣的「大墩」（今臺中市中區一帶，舊時臺中市尚隸屬彰化縣管轄）起義舉兵，攻破彰化縣城、圍困嘉義縣城、進逼淡水廳，臺灣南、北都受到激烈影響而動盪不安。朝廷下詔命令林文察渡海返臺平亂。（同治二年〔一八六三〕）十月到達嘉義，和暫時代理水師提督的曾元福（一八一〇—一八七八）商議進攻的策略，決定由他率領遊擊白瑛等部隊攻打斗六（今雲林縣斗六市），來瓜分削弱戴潮春的勢力；另外通知總兵曾玉明（曾玉明此時已由副將升任臺灣鎮總兵）前往攻取彰化城，曾玉明順利攻下彰化城。但是斗六城敵軍的防禦工事很堅固，遲遲無法攻破，林文察便假稱要前去援助彰化，部隊假裝拔營要離去，民變的部隊果然中計大開城門要襲擊林文察的部隊，結果遭遇埋伏被殲滅，林文察終於攻下斗六城。戴潮春明白形勢日漸窘迫不利，想逃到內山躲藏，最後因害怕罪刑便自行投案，分巡臺灣兵備道丁曰健將他斬殺。林文察接著繼續進攻，在四塊厝莊包圍林日成，戰況激烈雙方死傷慘重，便架設炮臺將敵軍圍困，日夜轟炸攻擊後，順利攻破占領，林日成被殺。同治三年（一八六四）四月，閩浙總督左宗棠（一八一二—一八八五）以「延平」（今福建省南平市）軍情危急的理由，上奏朝廷要將林文察調回福建內地，但臺灣戴潮春亂事尚未全部平定，林文察將部隊駐防在家鄉，丁曰健向朝廷上書檢舉林文察放縱手下士兵擾亂地方安寧，朝廷命令左宗棠調查。十月，林文察回到福州（今福建省福州市），福建巡撫徐宗幹向朝廷上書說：「關於林文察調防延遲赴任一事，實在是因夏、秋季節臺灣經常有颱風，阻隔千里的海洋很難橫渡，請能赦免其罪過免予責罰。」林文察渡海回到福建時，只帶來臺灣鄉勇五百名，人數太少無法征戰，便請徐宗幹支援兵力。不久漳州城（今福建省漳州市）被太平軍攻破，漳州出海口一帶擾亂不安，朝廷下令福建所有兵力歸林文察統一調度，林文察計畫從同安（今福建省廈門市同安區）出發收復失地。十一月，林文察進駐「洋州」地區（漳州附近並無洋州之地名，疑為「漳州」之誤），離漳州城三十里，分別下令所有部隊配合協同作戰。十二月，林文察再將部隊往前推進到萬松關（今漳州市龍文區藍田鎮梧橋村，是一重要軍事據點）駐紮。太平軍發動進攻，先用老弱的士兵對陣，邊打邊逃，誘騙林文察率兵深入追擊，不久太平軍從四面八方蜂擁而出包圍，林文察雖然身陷重圍仍奮勇指揮戰鬥，所率領的士兵眼看就要全部被殲滅，援兵仍然沒有來到，林文察英勇陣亡。他的幕僚謝穎蘇（一八一一—一八六四）正在用餐，乍聽林文察被圍消息，馬上丟下筷子起身，躍上馬鞭策前進衝入重圍中，也戰死。謝穎蘇，興化縣（福建省舊縣名，後被廢除，其轄區分別併入今莆田縣與仙遊縣）人，字琯樵，擅長水墨畫，以畫蘭、竹聞名，書法也很俊秀飄逸，在臺灣講學作畫有很長一段時間，志氣昂揚有爲情義不惜殺身成仁的風範，讀書人談到他都備極推崇。左宗棠、徐宗幹先後上書朝廷陳述林文察壯烈犧牲的事蹟，不久皇帝恩賜經費辦理喪事並安葬，追贈「太子少保」榮銜（太子少保原為負責教習太子的官職，有太師、太傅、太保；少師、少傅、少保是副職，後來演變為皇帝加封功臣的榮譽官職），賜給「剛愍」的稱號（「謚號」乃古代君主、諸侯、大臣、后妃、權貴、僧道等死後，朝廷依其生平功過與品德修養，另起稱號，作為其一生的評斷），特准可立專祠奉祀（林家後代在臺灣霧峰、廈門鼓浪嶼、漳州等三地各修建有奉祀林文察的專祠，又稱「宮保第」），並加封「騎都尉」（清代對有軍功者加銜的爵位，等級依序為公、侯、伯、子、男、輕車都尉、騎都尉、雲騎尉、恩騎尉等九級）可世襲的爵位，兼一世的「雲騎尉」，待世襲一次（一代）後，子孫便以「恩騎察兒子林朝棟（一八五一—一九〇四），也頗有聲望。

尉」爵位無限次數世襲下去。林文察弟弟林文明也隨同在軍中，建立多次戰功，官職升到副將；林文

丁曰健列傳／劉昶亨

丁曰健，字述安，號述菴，原籍安徽省懷寧縣，後因旅居北京，而將戶籍設於該地。後以舉人身分被挑選分發至福建。

咸豐四年（一八五四），就任淡水同知。正值閩、粵械鬥之後，地方破敗零落，百姓生活困苦，曰健出而安撫百姓，以法律嚴懲奸詐犯罪之人。那時，小刀會黃位竄擾臺灣，一度攻陷基隆。曰健號召鄉紳百姓，積極籌備作戰、防守之事。後來在林文察率領二百鄉勇馳援，擊敗黃位並使其敗逃。其後，丁曰健調至嘉義縣，加知府頭銜。接著以軍功而獲賞賜加道一級之頭銜，歷任福建糧道及布政使之職。

同治元年（一八六二）春天，戴潮春在彰化縣發起民變，全臺為之震動。同治二年（一八六三）秋，朝廷下詔命福建陸路提督林文察來臺督率軍旅。巡撫徐宗幹也上奏朝廷任命丁曰健為臺灣兵備道，加按察使頭銜，會同辦理軍務。同年九月，丁曰健來到艋舺，召募過去的下屬以圖謀收復。同時，竹塹仕紳林占梅為保衛地方召募訓練兩千名鄉勇，此時也跟隨行動，進兵牛罵頭，數場戰役接連告捷，於是收復彰化縣城。此時，林文察也自麥寮登陸，底定嘉義，收復斗六，並駐兵於阿罩霧。

最初，曰健因為汀洲軍務之事，兩人關係因而不和睦。共同平定戴潮春事變後，因文察所率之

部隊便於阿罩霧駐地籌辦糧餉，加上清查村落之事，地方再次滋生擾亂。曰健曾予制止，但文察仍不聽。等到福建之太平軍軍情告急，朝廷下詔命文察盡速內渡。文察時仍未準備內渡，曰健便以此加以彈劾。彈劾內容爲：「內山東籍貓霧等地，先前由署陸提臣林文察入山搜捕。正月擊破林巢後，竟在其家鄉逗留五十餘日，其部隊停滯不出，導致地方眾人不滿、議論紛紛，甚至有人意圖報復之。而殘餘之匪黨，竟藉此再次反攻。非得有事先預防準備，加上聯合各莊之力協助，否則終究會成難解之憂患。」

隨後，曰健又寫信予左宗棠，仔細陳述文察的不法情事。隨著林文察前往福建，並於漳州之役陣亡，其弟文明便以副將身分居住在家鄉。又過兩年，賴、洪各姓人士向官府告訟文察霸占他們的田產。曰健便委任支線凌定國至彰化會審，在堂上便將林文明斃殺。於是，文察母親至省城控訴曰健，又至京城籲請重審案件。霸占田產一案卻懸而未決。其後，曰健也因疾病上奏免去官職。

林奠國列傳/吳昆財

林奠國，字景山，彰化阿罩霧莊人。阿罩霧古來就是原住民之地，背山環河，鄉鄰之內許多大家族，各據一方，平常若不是遭原住民攻擊，就是彼此械鬥，所以民眾都會學些武藝，而奠國總能駕馭他們。同治元年（一八六二）春天，鄉人戴潮春圖謀起事，淡水同知秋曰覲來到東大墩（今臺中市中區），準備捉拿。在途中，聽到戴潮春勢力龐大，同知遂派人邀請奠國，奠國就帶領二百位鄉勇前往協助，當抵達新莊仔莊（今臺中市南屯區）時，曰覲已經被殺。四塊厝莊（今臺中市大雅區）人勇首林日成，原本保護曰覲，但卻臨時叛變，見到奠國來，就攻擊他。奠國不與之對戰，退回阿罩霧，並開鑿濠溝強固堡壘，屯積米鹽、商討軍事武備，準備長期作戰。不久，日成率眾三萬前來攻擊，切斷水道，重重包圍。當時莊裡壯丁大多跟隨林文察前往浙江福建作戰，只留下七十六人，大家願同生死，共存亡。林奠國派長子文鳳帶領他們，分成數個隊伍，據守險要之地；自己則在莊北防禦。日成抵達時，聲勢浩大；又因挾著前後厝的恩怨，發誓要消滅林奠國。曾經一日發動數次攻擊，幾乎快要攻破莊堡，迫使奠國方面必須開炮防禦。從晚上到隔天黎明，不敢鬆懈。而林日成的圍攻愈加急迫。東勢角莊人羅冠英在翁仔社駐紮部隊，聽到消息；過了二天，率領二百廣東籍士兵抵達。眾人擔心翁的部隊恐怕會有變化，文鳳表示：「他來馳援，就是愛護我，怎麼會有事呢？」殺牛款待援軍。並拿出十多萬元家財置於中庭，向所有人說：「諸位好友翻山越嶺，冒著危險，來保護我們莊子。如果成功，就是我莊的福氣；就算不成，我們也必拚死繼續抵抗。在此一點微薄資財，希望可供各位酒水一醉，也不要白白便宜了賊人。」眾人齊聲說：「好。願一心殺賊。」於是兩人一組分頭防守。再過一天，林家族人先後來援，人數約四、五百人，眾人士氣大振。打開山壁隘口，與敵人在田野間搏戰，對陣斬殺數百敵軍，俘虜數十人。日成大敗，狼狽逃走，從此不敢再攻擊阿罩霧。

當時，彰化已破城了，臺灣南北震動。潮春、日成黨羽多達十餘萬人。阿罩霧以一個村莊之力，處在各方勢力之間，整年且戰且守。同時，水圳又遭到萬斗六的莊洪氏所截斷，良田缺水，粒米不收。奠國打開倉庫發糧以賑災。聯絡沿山一帶，備妥武器，訂立約束法則，養精蓄銳，作爲恢復因應之計。同治二年（一八六三），林文察以福建水路提督之職回臺平亂。奠國聽到官兵抵達，即率領數百名鄉勇協同作戰。潮春、日成相繼被滅後，乃與提督文察返回阿罩霧，招撫附近山區叛軍。對於不歸順者，則派兵追討。事後，奠國因功被授知府一職，賞戴花翎。

同治三年（一八六四）四月，閩浙總督左宗棠因福建軍務急迫，奏請將文察調回內地，奠國跟隨。到達福州時，漳州已陷落，下游擾動不已，上級命令由同安縣規畫收復事宜。十一月，駐軍洋州（今福建省寧德市）；十二月，移師萬松關（今福建省漳州市）。兩軍對峙相持不下，頻頻對戰，互有勝負。當時，大軍尚未集結，臺灣部隊只有五百人。一天，奠國和文察巡視軍營要塞，到了瑞香亭，太平天國軍隊突然攻來，一時陷入包圍，文察竭力奮戰，部隊死傷多人。他反身告訴奠國：「我是國家大將，理當戰死。阿叔可以突圍而出，不要一起陣亡。」奠國不答應。文察再逼著說：「情勢緊急啊，趕快走，我不能回去了。」於是授命奠國。此時奠國只好收拾殘軍撤退；然而臺灣軍勇缺乏軍餉，無法回臺，到了福州，拜見府衙長官，請求軍餉九千兩銀子，作爲遣散費用。但總督慶瑞不准，令他們待命。不久，慶瑞竟想索賄二萬兩，林文鳳建議要答應。但奠國拒絕，說：「我爲國家效命，率領子弟趕赴沙場，耗費錢財本不足惜；但他反而以功爲罪，這怎麼可以呢？自從我和五百名鄉勇向西而來，如今部眾多人陣亡，我卻獨自回鄉，又有何面目面對家鄉父老？」於是把家事委託給文鳳，命令他撫恤各家，自己留在福州省垣。十七年之後，奠國去世，朝廷授他朝議大夫，再追贈奉政大夫。奠國有有三子：長子文鳳，次子文典，三子文欽。

文鳳字儀卿，號丹軒，少年時率真有俠氣，結交不少奇人異士。戴潮春之役平定後，地方疲累，弊病叢生，流民四散。文鳳乃撫慰鄉里，集合農民，整治田畝，修築房舍，建立工藝，民眾才得以休養生息。除夕當夜，鄉人圍爐歡飲，文鳳忽然流淚說：「當我莊被圍時，我曾三晚沒睡。抬頭眼睜睜看著槍彈如雨點飛竄入室內。自認必死無疑，幸好老天保佑，祖先有靈，僥倖能再看到太平。今日想來，心裡仍然害怕。」又說：「莊裡人眞是可愛，與我共患難，同生死；我無法一一問候他們，但心裡實在滿足。」並令家人前往探視每一個人，致贈一百壓歲錢，之後就成爲慣例。同治二年（一八六三）冬天十二月，未受教化的原住民出草，夜裡襲擊阿罩霧。文鳳聽到警戒聲，提起銃槍，緊急衝出召集莊民，大敲銅鑼發射火炮，一大排火炬把夜晚照耀的猶如白晝。原住民驚駭逃竄，被驅逐而出。文明則率領一隊人，阻斷原住民後路。原住民無法撤退，散逃在田野之間，有數十人遭殲滅。從此原住民不敢再進犯阿罩霧。四年（一八六五），文明在彰化遇害，消息傳回來，莊人憤慨異常，數千人不約而自動聚集，怒激欲動。文鳳在病床上，聞訊驚起，勸阻鄉人不可妄動：「他們是設陷阱要害我們。今若行動，就是自投於禍害。而且是非黑白都還不知，應當稍安勿躁。」眾人方才散去。

最初，是城中官吏以計謀殺害文明，預料林氏必帶大批群眾而來，就能以圍城之罪法辦他們。當聽到文鳳告誡鄉人的話後，官吏驚訝的瞪大眼睛說：「林家眞是有人啊。」兵備道夏獻綸因故對林家非常不滿。加上戴潮春案中，被查抄的多人，也故意編造說辭提起興訟，共計有十多起的案子。光緒五年，獻綸卸任至府城，謁見府裡高官，請求沒收林氏財產。官府同意由獻綸帶兵會辦，一場大獄恐將興起。獻綸到達不久，就死亡了。後來，巡撫岑毓英來臺，再審查案卷，訴訟才得以終結。

文欽字允卿，號幼山。性情溫和，對父兄長上孝悌有道。林氏自遷到阿罩霧後，大都務農習武，獨文欽喜好讀書，努力爲世所用。光緒十年（一八八四）入學，兵備道劉璈（？—一八八九）認爲他非常特殊。當時，法國人正進犯臺灣，政府乃發出徵兵公文要召募義勇，保衛鄉里；於是文欽召集了五百名佃兵，駐紮在臺南，以援助南軍。所有兵器糧草都由自家供應。之後，改調駐兵通霄，捐款協助軍事。事平之後，被授予兵部註詮郎中一職。後來文欽請求返鄉孝養父母。十四年（一八八八），因清修賦稅有功，被加道臺之銜。十九年（一八九三），考中舉人。因爲文欽素來就敬慕老萊子綵衣娛親的孝順故事，所以在霧峰山腳下建築萊園，亭臺花木，環境幽邃。並自養一班伶人戲班，春秋佳日，飲酒演戲，以此來孝養雙親無所不至。文欽尤其喜好義舉，每年都花費數萬兩。

對於出入他門下的士人，無不以禮相待。他曾經過泉州，聽聞接連的鄉鎮械鬥，數十年不曾停歇，彼此結怨日深。他於是集合兩邊陳述利害，花費數千兩解決爭端。十五年（一八八九），河南發生饑荒，臺灣府勸募賑款，他捐一萬兩。事後，授賜「樂善好施」匾額。彰化原有育嬰堂，因缺少經費，無法幫助太多人；窮人生女兒，經常丟棄在路上。文欽見而生憐憫之心，捐出上等的好田每年收穀的三百石。福馬剌桐有橋梁年久失修（今臺中市霧峰區，但已不存在），路過的行人總擔心涉水的危險，文欽下令工人修造。又創設了湖日與田中的渡口（應在今日臺中市烏日區）。對眾人有利之事，他是知無不為；鄉里之人無不受惠啊！

當初，臺灣巡撫劉銘傳經營原住民領域，中部貿易以樟腦為大宗。文欽乃偕同姪兒朝棟聯合開墾沿山之土地，稱之為林合，向東進入原住民界地，向西到達舊日開墾之地，向北沿著大甲溪，向南到達集集大山，綿延數十里。這時擴張隘線，召集佃民，開發田地，種樹，原住民侵擾才稍微止息，生產量也逐日增多。二十一年（一八九五），臺灣有事，省府下令起兵，文欽募集千名鄉勇，自備糧秣，命令族弟文榮統領，進駐彰化。不久，清廷下詔割讓臺灣，文武官員多已離開，各處擾動，文榮分頭巡邏各地，所以沒有盜賊之患。看出局勢不妙，文欽策劃移居內地，但老母不堪風浪涉險，不得不銷聲匿跡，幽避隱居。只日日侍奉母親，教育子姪，極享天倫之樂。後世稱他為堅貞之人。

連横說：阿罩霧地處彰化內山，土地和原住民之地接連，所以當地人多半崇尚習武。而林氏能駕馭部眾，努力有成，功在王侯，是國家干城的一時之選。然而數十年來，林家子孫行禮樂誦詩書，整齊莊嚴，敬慎合宜，揚名於文藝界，實在是江山滋養之助啊！性靈剔透，文韜武略，這是東晉顧陸門第的遺風，仍未消失於人世啊！

林占梅列傳／林靜宜

林占梅，字雪村，號鶴山，淡水廳竹塹城（今新竹市東區）人。

林家渡海來臺灣的始祖是三光公（一六三二－一七一〇），於明朝末年從福建省泉州府同安縣來到臺灣，住在今日臺南市的檨子林。[1]幾次搬遷後，定居於今日名爲新竹的竹塹。

林占梅的祖父林紹賢（一七六一－一八二九），開墾田地，學習經商，又經理全臺灣的食鹽產銷，成爲當地的首富。林紹賢有七個兒子，長子祥瑞是林占梅的父親，很年輕就去世了，所以由祖父的第四個兒子祥雲撫養林占梅。

林占梅年少時聰明過人，接受詩書教育，待人有禮，沒有富家子弟浮華不實的習氣。住在淡水廳頭份莊的進士黃驤雲（一八〇一－一八四一），看到林占梅的資質特出，決定將女兒許配給他。黃驤雲爲了栽培女婿，在林占梅十四歲時，[2]就帶他到首都北京參加達官貴人的聚會，以增廣見聞，使林占梅的學問經歷不斷成長。此時的林占梅性情豪放、氣度寬廣，喜歡結交家境不如自己的讀書人，常常不吝惜耗費巨款去救濟困苦、幫助有危難的人。

道光二十一年（一八四一），[3]英國船艦侵犯雞籠（今基隆市），[4]海岸線戒備森嚴，身爲貢生

1 原文作「今臺南府治檨子林」，清朝時屬臺灣府臺灣縣，日本殖民時期屬臺南廳，此地因境內有許多芒果樹而命名。
2 原文誤作「年十一」。林占梅於道光十四年（一八三四）去北京時虛歲十四歲。
3 原文誤作「道光二十五年」。
4 道光二十年（一八四〇）爆發鴉片戰爭後，按察使銜分巡臺灣兵備道姚瑩（一七八五－一八五三）巡視臺灣北路各海口，到雞籠下令各村莊組織團練，以作為臺灣的防衛武力。

的林占梅，帶頭捐獻修築炮臺、製造攻守戰具的經費一萬元，得到皇帝贈與道員職銜的獎勵。道光二十三年（一八四三），林占梅又捐巨款，支持防衛八里坌口（在今新北市八里區），查驗進出淡水河船隻的任務，事成之後受朝廷封爲知府即選，爲候補知府的官銜。[5]

道光二十四年（一八四四），嘉義和彰化地區發生福建漳州移民和泉州移民的武裝衝突（械鬥）。林占梅召募鄉勇，利用大甲溪險要地形，堅守防禦，阻止動盪向外擴展。他追究犯法作亂的人，保護平民，又提供資金安慰和幫助械鬥的受難者，因此得到可以在官帽上佩戴「孔雀尾翎」之榮譽飾品的獎勵。

咸豐三年（一八五三），林恭以武力對抗官府，臺灣縣（今臺南市）與鳳山縣（今高雄市、屏東縣）都有紛亂，也破壞了淡水廳北路[6]的平靜。由於太平天國的內戰，政府無法派軍隊渡海到臺灣，必須依賴官方、民間合作平亂，林占梅會同按察使銜福建分巡臺灣兵備道徐宗幹，辦理全臺灣的團練

---

5 清代官員離職或死亡造成職位空缺，稱為開缺，必須另外選人充任。選任知府有三個方式：一是請旨缺，由皇帝選任；二是部選缺，由吏部銓選，分為單月急選（由已獲官職，尚未到任者補班上任）、雙月大選（又分除班、升班，除班指初授的官員，升班指升遷的官員）；三是題缺與調缺，題缺由總督與巡撫奏請應升人員補用，調缺由總督與巡撫從現任知府中揀選調補。

6 康熙二十三年（一六八四），福建分巡臺灣廈門兵備道為駐臺最高文官，簡稱臺廈兵備道，下設臺灣府知府，臺灣府內另置有海防總捕同知。康熙年間朱一貴事件後，臺廈兵備道改稱臺廈道，雍正元年（一七二三），在臺灣北部設彰化縣（知縣管理）及淡水廳（淡水捕盜同知管理）。雍正五年設澎湖廳（澎湖海防通判管理），臺廈道又改稱為臺灣道（或稱為福建分巡臺澎兵備道）。咸豐年間，臺灣在行政制度中，由上至下是：福建省（總督、巡撫），布政使和按察使，臺灣道，臺灣府知府與臺灣府海防兼南路理番同知，淡水廳北路撫民理番同知，澎湖廳澎湖海防通判，噶瑪蘭廳通判，臺灣縣知縣、鳳山縣知縣、嘉義縣知縣、彰化縣知縣。

有功，加以捐款購買臺灣米三千石運送到天津的功勞，[7]得到皇帝許可選任為浙江道候補官員。

咸豐四年（一八五四），淡水廳雞籠、噶瑪蘭廳蘇澳的海上有小刀會海盜船來襲，艇匪[8]黃位占據雞籠，林占梅反攻收復失地，得到皇帝獎勵，贈與「鹽運使」的職銜。

同治元年（一八六二）春天，按察使銜分巡臺灣兵備道孔昭慈到彰化縣剿滅由戴潮春所領導之天地會黨徒的叛亂，由於淡水廳北路撫民理番同知秋日覲是前任彰化知縣，孔昭慈以文書徵召秋日覲，由竹塹帶軍隊前往彰化縣四張犁莊（今臺中市北屯區）鎮壓戴潮春。三月，秋日覲戰死於東大墩（今臺中市中區的柳川和綠川之間），戴潮春攻入彰化縣城，孔昭慈自殺。戴軍攻占大甲城後，暗中探伺，企圖掠奪淡水廳北路，此時淡水廳境內的土匪也暗中發動，引起民心惶恐不安，大都逃走避險，身為總辦臺北團練、鹽運使銜浙江候補道的林占梅處變不驚、居中籌劃，最後度過了危難的局勢，使得北臺灣數百里沒有遭受損傷。

早先，戴潮春與哥哥戴萬桂建立八卦會，戴潮春在哥哥去世後將八卦會改組為天地會，勢力一天又一天地壯大。林占梅知道戴潮春一定會使用武力反抗政府，於是聚集紳士和商人，策劃組織團練，

7 關於「津米」，咸豐三年（一八五三）北京倉儲減少，官府招商採買，從海道將臺灣米捐輸配運到天津。太平天國內戰期間，阻礙江南漕運，官府命令福建省、廣東省辦理捐納，買臺灣米運到天津。當天津米價高漲時，就招商採買，從臺灣運米到天津，運米商船所載貨物可以免稅，且運米者按照生員、監生、民人的身分，給予頂帶（頂戴，清代區別官員等級的冠飾）、職銜。另外有一部分的臺運官穀附隨糖船貿易，也供應到天津等地方。

8 清代稱海盜為「洋匪」、「洋盜」或「艇匪」、「艇盜」，「洋」指在海洋搶劫商船的盜賊，「艇」為中小船隻。越南海盜也被稱為「艇匪」或者「夷盜」。

事先防備以對抗盜匪。淡水同知秋曰覲並不支持林占梅的做法。等到秋曰覲南下支援孔昭慈後，林占梅立刻提供資金，準備武器，整治軍隊用品和糧餉，維修護城河，廣泛徵求膽力過人的勇士。林占梅命令生員鄭秉經、[9]貢生陳緝熙、[10]職員翁林萃監督相關事項，並且聯絡各莊形成共同防務；再命令勇丁的領導者蔡宇帶領練勇，[11]防衛形勢險要的地方。確定各項軍事安排後不久，危急的消息就傳來了。由於主官秋曰覲已經亡故，紳士和商人都主張用賄賂來延遲盜賊的進攻，也有主張棄竹塹城而逃走的，只有林占梅排斥眾人的議論，堅持自己的主張，說：「淡水廳是財貨、賦稅集中的精華區，盜匪一定會來爭奪。即使用財物賄賂，怎麼能保證盜匪不來侵犯？盜匪來攻打又怎麼樣？我們能棄城逃走，盜匪也能追趕上來。逃避就能得到安全嗎？現在我與各位約定：不如把賄賂的資金當成防守的經費，如果抗敵成功將有各位的功勞，如果作戰失敗我也會以死相隨。」在場眾人表示「同意」後，林占梅立刻以家族積蓄十數萬作爲軍隊的糧食和薪俸，竹塹城中的紳士和商人也紛紛捐獻表示支持。眾人共同擁護候補通判張世英代理淡水廳的主官，並且派遣人員渡海到福建省，向巡撫徐宗幹請示在臺軍隊進退的戰略。林占梅率領眾人到城隍廟（今新竹市北區）祭祀，爲訂立盟約宰殺牲畜，並立下誓言，願意與竹塹城共存亡，民心因此才得以安定。同治元年（一八六二）五月，林占梅在竹塹城保安總局，命令蔡宇帶領勇丁四百人，歲貢生陳緝熙一同前往，於端午節時收復大甲城；請通判張世英帶

9 鄭秉經原是附生，捐納成為貢生。

10 陳緝熙是恩貢，廩膳生中的歲貢能優先進入國子監讀書，稱為恩貢。

11 地方紳士統領的鄉勇，稱為士勇。從培育團練的次數看，練勇是天天受訓的精銳，團勇是在工作以外的閒暇時間才抽空受訓的壯丁。

領官軍駐守翁仔社（今臺中市豐原區，翁仔社是防守番界的要地），並派人與彰化縣東勢角（今臺中市東勢區）的客家鄉勇羅冠英連結成統一戰線，共同維護內山一帶（大概指：與山地原住民交界之偏西側丘陵地帶的漢人鄉鎮）的安全；而林占梅自己則巡防淡水廳的南方，以便應聲援助戰況的變化。不久後，林占梅得到福建巡撫徐宗幹的檄文，福建布政使裕鐸發給林占梅「總辦臺北軍務」的官印，可以通令所屬的各級機關按照公文執行軍務。當時竹塹城北門外有蘇姓和黃姓兩族發生武裝衝突，林占梅擒拿械鬥的首領，並把那些心懷不滿而鬧事的人送到官府懲戒，才阻止了騷動。在財物調度方面，由於城中無業遊民（羅漢腳）眾多，喜歡趁勢鼓動作亂，林占梅爲了嚴格約束遊民的行動，乃命令各個街莊編制簿籍（如清莊聯甲的閑民冊），每天提供口糧，花費了無數錢財，再加上維持軍隊所需的龐大經費，林占梅只能去借錢應付，舉債還不足時，林占梅只能賣出肥沃的田地來供應軍隊所需，所花費的金額有數十萬金，使他幾乎破產。

同治二年（一八六三）春天，各地響應戴潮春反抗政府的股首，[12]鼓動罪犯、盜賊與遊民，殺害布署營兵的「汛」（汛是清代最小的駐軍單位）地武官。在林占梅的謀略下，勇首蔡宇得以攻下被占領的牛罵頭汛、梧棲汛（今臺中市梧棲區）。梧棲有通往海上的港口，聚集了財富殷實的商人，而且是進軍收復彰化縣的必經之道，林占梅於是暗中聯合梧棲港商人楊至器共同平亂，在二月時收復了梧棲，趁勢前進到山腳莊（今臺中市龍井區）；此時張世英也從內山（翁仔社）來，兩軍在作戰時形成首尾相互照應支援的態勢，壓制了叛軍的氣勢。此時，官軍大多駐守在彰化縣城外，反叛軍

12 《大清律例》以「豎旗」稱呼臺灣的武裝反抗事件。陳盛韶《問俗錄》：「漳、泉、潮、惠四府無賴偷渡臺灣，結合當地匪類，窩娼、包賭、搶劫、械鬥。一旦豎旗，倡立者曰股頭，尊稱大哥。」股頭即股首。

留在城中，勝負未決對峙的時間久了，雙方都感到疲頓困乏。林占梅建議攻打彰化縣城，被嫉妒他的人阻止。福建巡撫徐宗幹以檄文催促林占梅進兵，林占梅上書給福建巡撫徐宗幹，說明戰事的概略，說：「反叛的賊軍本來是臨時雜湊、毫無組織紀律的徒眾，他們固守在孤立無援的彰化縣城，勢必難以持久。官軍從前方和後方圍攻，不是不能戰勝，但到現在仍然沒有攻下，實在是由於軍隊從鹿港進攻時，進退的戰略早被賊眾掌握了。如果福建省政府能派一個高階的官員從淡水登岸，沿途召募兵勇，必能壯盛我軍的氣勢；再由林占梅率領數千名練勇南下進擊，在圍剿與安撫並行之下，叛軍聽聞消息，將喪失作戰的意志，如此可以在避免戰爭的情況下，取得平亂的勝利。」巡撫徐宗幹同意林占梅的建議，會同閩浙總督左宗棠奏請皇上，派遣曾擔任過鳳山縣知縣、嘉義縣知縣、淡水廳北路撫民理番同知的丁曰健，擔任臺澎兵備道的主官。同治二年（一八六三）十月，丁曰健到達竹塹，與林占梅合議進兵。林占梅率精銳二千，[13]控制山腳莊，攻下茄投（今臺中市龍井區），追擊叛軍到大肚溪（今臺中市大肚區），最後駐軍在大肚溪南，並且放回投降的將領，使他們在彰化城內接應配合官軍的行動。戴潮春占據於嘉義縣斗六門已有兩年，此時彰化縣城內叛軍將領有人主張投降，股首江有仁則反對投降。於是林占梅在十一月三日，派遣前鋒林忠藝、林向等攻打彰化縣城南門，收復了彰化城。之後，福建陸路提督林文察[14]亦由臺南登陸，帶來援軍共同作戰。丁曰健進入彰化縣城後，立即前往鹿港，命令林占梅所統率的練勇駐守城內，並且率領軍隊往南移動，追擊那些被脅迫而聽從叛軍

13 原文作「二千」，林豪《東瀛紀事》卷下則作「三千」。

14 林文察是阿罩霧的義首，咸豐九年（一八五九）曾率領臺灣勇丁前往福建，協助擊退太平天國賊軍。戴潮春攻打阿罩霧林家時，義首羅冠英曾協助林家對抗賊眾，之後林文察返回臺灣協助剿匪。

的村莊，沿途以剿滅敵眾來立下軍威。林占梅請求丁曰健寬待被脅迫反叛的村眾，救活了許多人。戴潮春在十一月被石榴班莊義首張三顯捉拿，送交福建水師提督曾元福（一八一〇—一八七八），在丁曰健問供後執行死刑。十二月，林占梅整頓部隊回到了淡水廳竹塹城。

福建巡撫徐宗幹與臺灣鎮總兵官曾玉明、臺灣道丁曰健並呈奏摺，報告林占梅協助收復大甲城和彰化縣城的功勞，並且對他的急公好義與人品學識多加讚譽，皇帝因而賞賜林占梅布政使的職銜，請他到北京見面。然而林占梅以病辭謝，從此不再出仕。林占梅的詩作和書法有很高的評價，對音律樂曲也嫻熟專精。在因應戴潮春事件而展開軍事行動的期間，不但親自批示和答覆公文，在空閒時也仍舊彈琴詠詩，他的心境絲毫不受戰事的影響，因此得到眾人的敬重。道光二十九年（一八四九）林占梅在竹塹城西門內建築潛園，房屋布局與園藝十分美好，對於出入竹塹城的士人也多加禮遇，因此潛園中飲酒賦詩的盛況位居北臺灣第一。林占梅的著作有《琴餘草》八卷，雖然並未出版，[15]但福建巡撫徐宗幹爲他作有序文；又著有《潛園唱和集》一書。同治六年林（一八六七）占梅去世，得年四十七歲。[16]林占梅的弟弟林汝梅（一八三四—一八九四），字若村，年少就考入官學，成爲「入

---

15 《潛園琴餘草》有兩個版本，一是日本殖民時期臺灣總督府圖書館所藏《林鶴山遺稿．潛園琴餘草》抄本（該館二戰後改稱「中央圖書館臺灣分館」，即今國立臺灣圖書館）。抄本經徐慧鈺等校記後，於一九九四年由新竹市立文化中心出版為《林占梅資料彙編．潛園琴餘草》。另一版本為光緒年間抄本《潛園琴餘草》，二〇〇八年林占梅的玄孫林事樵將之編集後交由新竹創色印刷公司出版。

16 原文誤作「同治四年卒，年四十有九」。同治四年（一八六五）十一月，林占梅生第二個兒子，作有〈冬月三十日，次男士牛兒生，口號答作賀諸親友〉之詩；同治六年十月三日林占梅納側室，有詩〈十月初三納側室杜氏（有序）〉，記自己和側室杜淑雅交

泮」（泮為學宮前的水池，用以代指學宮）的生員（秀才）。光緒六年（一八八〇），福建巡撫岑毓英（一八二九—一八八九）建造和架設大甲溪橋（今臺中后里區與豐原區之間），林汝梅提供了最多的贊助。光緒十一年（一八八五）臺灣建省後，劉銘傳擔任臺灣巡撫，林汝梅協助他處理鐵路建設工程，並且推動土地改革政策，一方面減輕農民負擔，一方面增加全臺灣的賦稅，貢獻很大，名聲爲人們所熟知。

連横說：「福建省福州府侯官縣人楊浚（一八三〇—一八九〇）所纂修的《淡水廳志》，其中的內容有許多謬誤，常夾帶私心，評定人物的功過，他的觀點不能取信於人。[17]林占梅是當時傑出的優秀人才，不惜傾出家產以解救國難，保障北臺灣的安全，嫉妒他功勞的人卻虛構種種罪名加以陷害，導致林占梅鬱結於心而病逝。楊浚纂修志書時，不但不澄清林占梅的貢獻，反而把林占梅的事蹟放在全書之末最不顯眼附錄三〈志餘〉中，用「頗有一髮千鈞之力」草草帶過。林占梅在萬分危急的情況下建立許多功業，楊浚卻將他的事略排列在卷末，心胸不是太狹隘了嗎？」福建省泉州府同安縣金門人林豪說：「當竹塹城的紳士和商人主張賄賂戴潮春叛軍時，林占梅堅持自己的主張，揮動袖子立刻向前行動。他看透敵人的心思，掌握戰事時局的全貌，並且多次收復險要的關隘，奪回被叛軍占據的往的始末，也有詩作〈病中書嘆二首〉，都可見於《潛園琴餘草》中。

---

17 《淡水廳志》共有三個版本，一是道光年間鄭用錫纂修《淡水廳志稿》，二是同治六年（一八六七）林占梅友人林豪，根據鄭用錫稿本和新資料，為淡水廳同知嚴金清纂修的《淡水續志稿》，以上兩個版本都未刊行。楊浚根據鄭用錫和林豪的稿本，再為淡水廳同知陳培桂纂修《淡水廳志》的稿本，經過陳培桂刪改後，於同治十年出版。林豪看到陳培桂刪改本錯誤很多，寫《淡水廳志訂謬》批評陳培桂版本的錯誤，包括對林占梅事蹟的不當描述。

大甲城和彰化縣城。將他與那些向叛賊跪下叩頭求饒的人相比較，林占梅的人品是好或不好斷然可知。」連橫說：「林豪的觀點勝過楊浚。纂修史書的人必須有史才、史學、史識三長。而要鑑別人物的好壞、議論世事的得失，尤其要有史德作爲基礎，才不會顚倒錯亂，既不知人，也無法論世。」

羅、陳列傳／黃富三

羅冠英（一八二三－一八六四），字福澤，廣東潮州人。祖先羅某來臺灣，居住在彰化東勢角莊。東勢角莊位於大甲溪南岸，群山環抱，中間開墾成平原，居民大多勤於農耕、崇尚武事。而羅冠英嫻熟使用火器，百步外都能命中目標；擅長計謀策略，預測事情的發展多出人意表地吻合正對上。內山有某甲，頑強囂張，拉幫結派，欺凌弱小鄉民。羅冠英令壯男據守控制地勢險惡的要塞，伺機而發動攻擊，亂民戰敗逃走，從中挑出首惡加以擊殺，鄉民稱讚叫好。同治元年（一八六二）戴潮春之變，彰化縣城被攻占，官員多被殺害，亂黨向前推進攻占大甲，聽聞羅冠英的英名，派遣人員邀請他加入，但被拒絕。

當事變開始時，羅冠英集合鄉民，提出鄉約，有事時互助作戰，許多人顯得很爲難，他振臂而起，慷慨說明利害關係，眾人方答應。於是，他與總理劉衍梯、邑紳呂炳南等，召募壯士數百人，駐防於翁仔社，他的友人廖廷鳳也響應參與，散放家產作爲糧餉。竹塹總辦團練林占梅聞訊，派人贈送金錢和布匹與羅冠英聯合，請求由內山間攻四張犁莊，以攻打戴潮春的家鄉。當時戴潮春已猛烈攻打大甲，大甲人環繞城池防守，代理淡水同知張世英率領軍隊到達，羅冠英前往支援，大小數戰，始解城圍。閏八月，羅冠英攻寮腳莊，戰勝攻破，於是收復葫蘆墩汛；同時廖世元也攻取占守圓寶莊，接著進攻圳寮。林日成自彰化來奪取，聲勢浩大廖世元接戰，身受十幾個傷處，至翁仔社而死亡；張世英厚葬他，以其兄廖江峰、弟廖樹接替統率部下的兵眾。十一月，林日成再攻大甲，斷水道；羅冠英又前往救援。他分軍爲二，邀戰於新厝仔，高呼攻入敵陣，斬首二十多人，於是與大安莊人合攻水汴頭。城中聽到炮聲，分道接戰，廖廷鳳也率領屯番自後攻入，首尾夾擊，林日成大潰，城圍再解。同治二年（一八六三），張世英派羅冠英等攻馬公厝，攻占此處，再攻至四張犁莊。當是時官軍大集，戴潮春親身攻打嘉義，派陳梓生守四張犁莊。羅冠英趁機攻破進入，突破其要塞，擄獲極多旗幟軍器，戴潮春因而沒有可以退守的根據地。十二月，官軍收復彰化，戴潮春被殺。同治三年（一八六四）四月，福建陸路提督林文察率軍攻小埔心，陳弄拒戰，彼此對峙數日；羅冠英率勇突破包圍攻入，並巡查各堡壘，不幸中炮身亡。長官（林文察？）震驚悲悼，派遣人員護送靈柩返鄉，事變安定後，呈報他的功勞，清廷下旨建牌樓，表揚他的功績，入祀昭忠祠，追贈忠信校尉。

陳澄清，小名昅，嘉義塗庫人，性情磊落堅定果決，遇事果斷。有友十餘人，皆勇敢以志氣節操自負，危急時可以依靠，相待如手足。塗庫位於嘉義城西北一段距離處，地當交通要道。當時大陸騷亂，淡水廳、彰化縣也困於分類械鬥，官員懼怯，不敢處理。陳澄清內心憂慮這個情況，於是在所居竹圍外建造矮牆，挖掘保護河溝，興工設置炮臺，安排遍置竹釘，蓄積米鹽食物，儲存三年之量；左右田園全部種植番薯、山菁，以防備糧食之不足。

不久，戴潮春起兵舉事，攻占彰化，殺官員，進攻嘉義，各莊多被奪取攻占。陳澄清獨自出兵抵禦，附近粵莊至鹽水港，聯合堅守，互助相依。同治元年（一八六二）秋七月，臺灣鎮林向榮駐軍斗六，發檄文飭令陳澄清運糧；他曾經一日七戰，三次趁其不備而攻擊敵營。林向榮讚美誇獎他，賜與五品銜及名馬珍物。後來攻入斗六，並出擊塗庫，陳弄、嚴辦派遣多人占據街中，商店皆停業。

陳澄清設置伏兵等待，派壯士蘇阿傳帶領十幾個人，借旗號，直入街中，呼曰：「我元帥命令你們安居，照常貿易，違反的人斬殺。」陳弄的部眾開始吃驚回頭張望，而蘇阿傳突然大聲呼喊殺賊而出，陳弄帶領他的部隊追趕，暗中埋伏的軍隊全部發動，據守控制要塞反擊，蘇阿傳奮勇苦戰，斬殺幾人，而返回時竟無一傷者。蘇阿傳與吳嬰、陳瑞基、吳戇、王明都善於作戰，作戰英勇，陳弄等畏懼他們，稱呼他們「五虎」。

最先，戴潮春致書陳澄清邀請加入，但被拒絕。到陳弄占有塗庫後，誓必消滅陳澄清，陳澄清兄陳必湖不畏縮勇敢地拜會陳弄。陳弄故意露出兵器接見，陳必湖笑曰：「最初我認爲大哥是豪傑，誠心樂意奉獻爲你效勞，現在才發現你不是想要完成大事業的人。不然，像我們兄弟也能夠擔任得力的助手，怎會如此被排斥？」陳弄說：「你們假若參與，我怎麼會不接受？但情形似乎不是這樣。」陳必湖就遊說他說：「我兄弟想要追隨很久了，藉著機會建立世所罕有的功業，此人是一時之選。但是不交付重權，無法號令眾人，如果答應給予一個將軍的名位，則明日理應起義附和。」陳弄很高興，邀請他入座，對談終日，授予將令。警戒因此而稍微鬆懈。必湖回去後，召集義勇們約定五更時一起進攻。而當夜三更，陳澄清已遣人燃燒焚毀房舍，阻斷陳弄退路。陳弄見火起，知道被欺騙，東倒西歪地逃走，從此不敢再攻塗庫。

陳澄清之治軍，禁賭，禁洋煙，禁奸盜，賞罰嚴格公正而分明，多派間諜，探知虛實。他每次出擊，不說何處，只是扛起兵器就向前走，到達目的地時才下令突然攻擊，因此能以少勝眾。如果詢問他原因，他說：「戰爭是危險的事，要以不尋常的方式施行；軍隊行動前像未出嫁的女子一樣沉靜，但一旦發動，要像逃脫的兔子一般活躍，臨機應變，才能成功。若大造聲威氣勢，旗鼓震天，反而敵人察覺，無法取得勝利。」又說：「軍隊不在於人多，而著重於勇敢；人多則眾心不一，前進後退均失去常規，雖有良將，也無法發揮效用。」因此，他只採用數十人，並供養於住家竹圍內，同共甘苦，前後抵禦戰爭三年，絲毫沒有減損；姪兒陳適約住在下莊，相距二里多，有眾三、四十人，亦能戰；鄰鄉少壯男子聽命者又六、七百人，故能持久。戴潮春全部征服平定，陳澄清想要討伐誅殺戴潮春追隨者，陳必湖阻擋他。他的弟弟陳澄江出擊元掌莊，中炮而死，陳澄清拚命攻打，捕捉爲首者十餘人，斬首以祭拜墳墓，後來出任斗六門都司。

陳澄清起兵初期，埔姜崙莊生員劉豐慶，粵籍，聽到他的義舉，常援助鉛藥，因此軍火不匱乏，後來被他的叔父劉阿霖所殺，陳澄清爲他復仇。談論此事的人認爲陳澄清有古代烈士的風範。

連橫曰：嘉義縣有塗庫，如同淡水廳有翁仔社。彈丸之地，雖不足以影響大局，但是羅冠英駐翁仔社，因此林日成不能攻下大甲而奪占淡水廳地區；陳澄清守塗庫，陳弄不能奪取鹽水港以逼迫嘉義縣。這不是因有地理可以依靠，而是有人才可用。不然，以斗六門之險要，靠山據守控制溪流，可以自守鞏固，而總兵林向榮竟全軍覆沒，成敗的關鍵多麼的不一樣啊！羅冠英持續在不同地區轉戰，懷抱正義而隕亡，眾人讚頌他英勇。至於陳澄清，從容布防，謀劃、決定計策，格外有名將之風範。

沈葆楨列傳／吳昆財

沈葆楨（一八二〇—一八七九），字幼丹，福建侯官人（今福建省福州市、閩侯縣）。以翰林資格出任江西廣信府（今江西省上饒市）。太平天國之役，他與妻子林氏因乞求援助防守廣信府城，因而出名，後來晉陞爲總理各國事務大臣，《清史稿》裡有記載。

同治十一（一八七二）年，調升至福船政大臣。十三年（一八七四）夏天，日本藉口牡丹社原住民殺害他們的人，乃興兵攻打臺灣，並駐紮在南部偏遠地區，且在沿海一帶戒嚴。於是清廷就派任葆楨為欽差臣，督導辦理軍備事務；又命令福建陸路提督唐定奎統率軍隊來臺，再由葆楨處理善後事宜。不過葆楨認為臺灣是海上的腹地、中國東南各省的屏障，土地廣大物產豐富，列強都想希望能獲取臺灣，如果不竭盡心力的經營規畫，是不足以增加臺灣的富足。於是他奏請先移駐福建巡撫，以便統一事權，此事在〈職官志〉有記載。朝廷同意葆楨的建議。先前臺灣僅設置一府四縣，而把權力委由分巡臺灣道掌管，土地既遼闊且遙遠，百姓又是生長繁衍眾多，防守的官員皆但求無事，沒有人敢稍微建議重新調整。葆楨主張臺灣北部的偏僻土地已經日漸開拓，開墾事務也日趨興盛，於是奏請增添設立臺北府、縣以便協助治理，內容大概是：「臺灣自古以來就是海外荒島，康熙年間收入版圖，乃設立府治，統領臺灣、鳳山、諸羅三縣。諸羅就是今日的嘉義；而嘉義以北，尚未設置官府。郡縣的南北各有一百多里，控制上是綽綽有餘。之後土地漸漸開拓，雍正元年（一七二三），乃成立彰化縣，並成立淡水同知。九年（一七三一），廳治移到竹塹。範圍起自於大甲溪，直至三貂嶺下的遠望坑為止（今新北市瑞芳區、貢寮區）。土地計有三百四十五里多。嘉慶十五年（一八一〇），再從遠望坑向北延伸，東至蘇澳，計有土地一百三十里，設置噶瑪蘭通判以治理。不過人事隨著天時、地利的轉移，雖然想要因陋就簡，已經是不不再可能的。然而從噶瑪蘭要抵達臺灣府城，需費時十三天，政令全部統轄於臺灣府。淡水設廳之時，淡水北邊的三貂嶺等地，周圍到處是雜草叢生，就算是淡水南邊各個社，也是土地廣闊人口稀少。今日則是村莊互相接連，荒地日漸開闢；舊《志》所稱東西相距僅有十七里，今日已擴大成或者五、六十里，或是七、八十里。噶瑪蘭廳治建立之後，自三貂嶺繞至遠望坑，又增加了數十多里土地。土地的逐漸開拓，古今已有如此的不同。臺北的海岸，昔日只有八里坌一處口岸，來往的船隻，也不過是區區數艘而已，其餘的河港支流，也僅能夠作為捕魚之用。今日則八里坌淤塞，而新增添的港口包括，大安口、後壟、香山、滬尾、雞籠（分別為今臺中市大安區、苗栗縣後龍鎮、新竹市香山區、新北市淡水區、基隆市）。滬尾港口宏偉寬敞，舟船尤其眾多。近年來許多船隻聚在一起，千帆競渡，洋樓客棧，市場喧嘩。這些口岸的分歧有如此的不同。之前的軍隊已進入臺灣以供調派。五月，葆楨來到臺南，籌劃防守事務，商研實際的軍事狀況，中日兩國勢必將會動武。之後和談完成，朝廷雖曾詔示臺北幅員廣闊，新開墾的土地，原住民稀少，定居他鄉的人也不多。不過一百多年來，休養生息，前年調查戶口，除了噶瑪蘭之外，已經有四十二萬多。近年來各國通商，中外人士雜處，一有小小的怨恨，立即開啓爭端；而八里坌一帶，改信外國宗教的逐漸增多，如何防範稽查，尤其絕非容易之事。人民也有如此的不同。臺灣的土產，以山藍、煤礦、茶葉、樟腦爲大宗，全部出自於淡水北邊。近年來荒山野嶺，栽種越來越盛，開採越來越多。外國船隻往來搬運，旅客居民群集於此，風尙習氣浮躁不定，各有不同的嗜好；而且淡水南邊大甲一帶，與彰化接連，習俗尤其強悍。例如：淡水同知，半年駐留在竹塹衙門，半年停駐在艋舺公所，兩地距離一百二十多里，快速奔跑仍然要曠日廢時，這也是勢所必然。何況竹塹南邊至大甲溪尙有一百多里，而艋舺北邊至滬尾、雞籠也各有數十里，命案與盜案，層出不窮，往往剛剛向北急駛，不久又要憂慮與關切南邊的問題；實在是非常繁忙，無法再兼顧其他事情；在處理問題過程中，容易意外地發生岔子，公務之事也會有所積壓、重大的案子遭到延宕，都是在所難免。總督與巡撫了解淡水同知一職的艱難，必須要選擇循規蹈矩且有能力的官吏，以便承擔責任。但是到任之後，這些官吏賢明的名聲立即降低，並不符合當初所期望；這實在是因地理位置所促成的。又是如此難以周全的控制。淡水、噶瑪蘭的文教風氣不如於全臺灣，每年的生員入學考試，可以應試者有四、五百人，不過實際趕赴考試的人則不到三分之一。這是因爲路途危險且遙遠，貧寒之士缺乏路費，就算用鞭子趕打也難以到達。又例如訴訟之事，士農工商四民全部受害。狡猾之人，為掩飾錯誤，故意捏造而向官府控告。一經奉命提訊，則是經年累月；被誣告的家庭，即便在一定年限裡獲得了清白，但也已是家庭破碎。想要矯正弊端，又會為了害怕小問題出錯，卻將緊要的事情擱下不做，一概免除由廳治提審；則廳府的案子又皆為小吏所把持，最後喪失了控訴的途徑，如此械鬥的禍端，則已經在內部萌生了。至於判決流放以上的刑責，在擬定罪名後，又需要提報給郡府轉呈勘驗，也必須花費許多的金錢。再經由歲月的拖延，已是賠錢虧累難以補償，所以不得不一筆勾消。官方既是受苦，民間尤其受苦。這又是如此難以整治的政教。先前臺灣道夏獻綸（？—一八七九）曾提請改淡水同為直隸州、噶瑪蘭為知縣，在竹塹增添一縣。臣李鶴年（一八二七—一八九〇）、臣王凱泰（一八二三—一八七五）也互相商討研議，適逢臺灣發生牡丹社事變，因而暫時安排。此時臺南出現騷動，立即出現偷偷窺視臺北的憂慮。夏獻綸這時剛好駐紮在該地，能夠得以策劃事宜，狡詐陰謀因而停止。然而海上防禦與對外事務，在短時間內會產生迅速的變化，這恐怕是郡州最高長官也不足以承當。何況從去年以來，自噶瑪蘭的蘇澳而起，開闢山林安撫原住民，直到新城（今花蓮縣新城鄉）共計二百多里，再至秀姑巒（今花蓮縣與臺東縣交界）又有一百多里；如果山前的布置不夠周詳，則山後的經營又將如何著手？所以就今日臺北的形勢而劃分區域成為三個縣分別治理，則可以集中心志完成責任；設置知府統轄三個縣，則能夠維繫總綱要領。調查了艋舺位居於龜崙嶺兩大山之間（今新北市新莊區與桃園市龜山區、桃園區、中壢區之間），平原的土地肥沃，兩條溪水環抱著它（艋舺溪和淡水河），村落街市錯落，形成一幅美觀壯盛的景象。向西到海口距離三十里，直達八里坌、滬尾。觀音、大屯兩座山，作為屏障。而且與福建省城五虎門遙遙相對。不單單成為淡水與噶瑪蘭的控制要衝，也實在是全臺灣的重要地區。建請在艋舺創建府治，名為臺北府。彰化以北，直到後山（今臺灣東部），皆歸它的控制，仍然隸屬於臺灣兵備道。附屬府城的一個縣，從南邊中壢，直到頭重溪爲境（今桃園市楊梅區），共計五十里，東西相距約五、六十里不等，周圍折算是一百多里，擬議取名爲淡水縣。從頭重溪向南到彰化縣大甲溪爲止，南北相距一百五十里。這其中竹塹，即是淡水廳的舊治，擬議裁撤淡水同知，改設一個縣，建議名爲新竹縣。自遠望坑以北向東，以噶瑪蘭原來所轄的土地，擬議設立一個縣，名爲宜蘭縣。雞籠一區，若想要建立縣治，則限於土地不足；不過通商之後，雞籠竟然成爲都會。而且煤礦事務剛剛興起，遊民從四面八方聚集而來，海上防務非常嚴峻，訴訟之事尤其頻繁。該處尚未設置官府，也非煤礦事務小史所能鎮守壓制。如果事事仰賴艋舺，則會給官民帶來困擾。應該請改噶瑪蘭通判爲臺北府分府通判，再移駐雞籠以便治理。這是臣等對外防守對內治理的策略，都出自於根據不同時期的情況，所採取合宜的應對措施。是否妥當，懇請交由吏部商議，以便有所遵循。至於建設都城公署，清查農業用地所要課徵的稅捐，以及縣官署內的雜職和軍隊的戍防地，皆可以修改可以增加，一等接到旨意允許之後，再與臺灣道商議上奏朝廷。」清廷同意沈葆楨的意見，而臺北也從此日漸的富庶。八月，奏請開墾山地安撫原住民，廢除先前的禁令；這個事情已寫在〈撫墾志〉。於是下令提督羅大春（一八三三—一八九〇）、總兵吳光亮（一八三四—一八九八）、同知袁聞柝（一八二一—一八八四）率領士兵分三路進入，相會於臺東的水尾（今花蓮縣瑞穗鄉），建築堡壘駐紮軍隊，保護往來旅客，從此東西道路暢通了。臺灣綠營已經懈怠敗壞許久，葆親建議改革綠營制度，修築炮臺，架設電報，振興商務，所有重要政務，多有更改設置。光緒元年（一八七五）七月，他奉旨進入京城，沿途巡視澎湖，改調兩江總督。五年（一八七九）十一月冬，去世，謚號文肅，入祀於京師賢良祠。

連橫說：臺灣歸順清朝以來，閉關自守，與世隔絕。如果不是牡丹社之役，則我家鄉父老仍然是在婆娑之洋裡縱情歌舞，耽於聲色。上天誘導百姓的內心，逐漸產生了深憂。從而規畫土地的管轄增設治理的官吏，開墾山地安撫原住民，以建立富強的基礎。沈葆楨所締造的功績，回顧起來難道不偉大嗎？但可惜的是我家鄉父老，仍然追求安樂之事，依舊不能與時代一起前進。

袁聞柝列傳／吳昆財

袁聞柝，字警齋，江西樂平人（今江西省樂平市）。咸豐年間，以辦理鄉兵團練而聞名，之後跟隨左宗棠平定浙江進入福建，被保舉爲知府。同治八年（一八六九），捐納金錢成爲同知。十年（一八七一），被派至臺灣。十三年（一八七四）牡丹社之役，欽差大臣沈葆楨命令聞柝趕赴臺灣後山，勘察形勢，於是到達卑南（今臺東縣卑南鄉），招撫呂家望（今臺東縣卑南鄉利嘉村）等社，率領原住民酋長陳安生來到郡城，犒賞食鹽與布匹。自此之後未受教化的原住民大多歸化。八月，葆楨奏請開墾後山，分軍三路，以提督羅大春率領北軍、總兵吳光亮率領中軍，而聞柝率領南軍。並募靖軍五百名以及三百名工人，由由南邊進入。正當這時，後山雖然是隸屬於版圖，不過道路尙未開闢。前往卑南地區，大多從打鼓（今高雄市）乘坐船隻，抵達琅璠（今屏東縣恆春鎮），再轉向東行。另外遵循陸路的，則是山徑險阻，瘴癘盛行，原住民埋伏草叢中射擊，所以不是遇害就是中毒，絕少有行人往來。

當軍隊出發之時，葆楨命令撰文以祭祀臺南山神：「蒼天開創之始，百姓艱難。聖哲們發展延續，建立區域開闢混沌。大章和豎亥的善走，打通了迷茫昏暗。山川之氣，阻塞久了也隨之通暢。我大清朝統治天下，四海的臣民皆服順。臺灣一島，收歸爲版圖。經過一百多年，薰染陶冶。天涯海角的偏僻地方，有了聲教文明與典章制度，接受庇蔭。臺灣背對太陽之處，傀儡所居之東。原住民所處，密布叢山峻嶺。禽獸伏匿，文風教化不通。共同生長，納入蔭護。土牛有所禁止，高大碑石在四周中間隆起。不要侵犯襲擊，使他們在愚昧無知之中穩定。高山流水，黃鶯出谷，古花猶紅。牛刀羽織，獵獸捕魚的網子與魚筒。孳生眾多，動盪不安，熱氣蒸人。先民純樸，自然法則。奈何日本人，海中的國家，背棄盟約，任意殘殺。興兵打仗，圖謀我國邊疆。殘殺我原住民，不能安定聚合。從牡丹灣，到卑南尋找，死亡者含冤，生存者長嘆。邊疆大吏以事上聞，帝王哀痛；下令使臣，持節來到臺灣。拯救水火，保護草野。朝廷下旨諭，眾人景仰。叩拜於官署，剃髮輸誠效忠。請求設官，啓發聾瞎狀態。從下淡水，和卑南社，群山聳入於天，大樹滿布於林野。麋鹿所處，鳥鳶互不相讓。一百多里路，自古沒有行旅。原住民族，踴躍戡除亂賊。爲我作嚮導，千人追隨。建置一營，名曰綏靖師。特別聞柝，率軍向東奔馳。左攜鋤頭農具，右帶刀劍武器。開闢險阻，削鏟高山峻嶺。五里一碉堡，十里一區域。不使魑魅鬼魅，阻礙道途。不使草本叢雜地，成爲熊羆居所。昔日是荒蕪土地，如今整日四通八達。讓我天子的德化，遠近無不普及。尊敬的山神，公侯所依歸。燒柴祭天，所有期盼全部聚集。希望幫助此舉，完成其役。傳聞昔日，罪民違法亂紀。私下召募歹徒，攀越岩石與鄙野。明顯違犯禁令，躲藏以作奸犯科。神靈震怒，散播數里雲霧，讓人呼吸瘴癘之氣，行走倒地不起。神靈威赫光大發揚，遠近景仰愛慕。今承受君命，伐山砍木。對上是應承命運，對下是安定原住民。神靈明察，能洞見端倪。溝壑不聚集蟲毒，深谷不藏匿狗獾。狂飆吹散霧氣，使泉水清澈。協助我軍士，征途大安。神靈庇祐，也是人民喜悅。嗚呼讚嘆！秦國開通巴蜀，是用金牛誑騙蜀王。西漢開通西南夷，邛與筰君長，多願內附爲臣。窮困邊區動武，使神靈蒙羞。我的國家，使用溫和手段安撫。一人不得，如同己在溝渠之中。同入於高壽，開拓這一遠謀。秦朝與漢朝，爲何能同在一起？虔誠地設置祭文，祭告於山腳下。神靈審察，與國共吉！」

於是自赤山進入雙溪再到內埔（分別為今屏東縣萬巒鄉、竹田鄉、內埔鄉）。途中遭遇祖望力原住民，擊退他們，並且將頭目斬首。（同治十三年〔一八七四〕）九月，越過崑崙坳（今屏東縣來義鄉至臺東縣大麻里鄉）。十月，抵達諸也葛，再由矸仔崙出來（均在臺東縣太麻里鄉），抵達後山。十一月駐紮在卑南。旅途中身染重病，返回臺南府就醫。光緒元年（一八七五）三月，再度前往卑南，擔任南路撫民理番同知。卑南剛剛闢建，制度尚未完備，於是將管理機關置於綏靖營。接著依序招撫卑南以北的原住民，從平地到高山，歸化越來越多。招徠的民眾，給予牛隻，用以開拓巴蘢衛（今臺東縣大武鄉、池上鄉）大陂的土地，來的民眾日漸聚集。廣設學堂，教育原住民。高官嘉勉，晉升閩杤爲知府。二年（一八七六），卸任綏靖軍，調爲中路。跟隨總兵吳光亮攻討打並討平了阿棉納納社（今花蓮縣豐濱鄉），賞戴花翎。四年（一八七八），再度帶領綏靖軍駐紮卑南。五年（一八七九），阿馬薩社（應是今臺東縣臺東市）作亂，閩杤征伐他們。五月，成立南路廳署，接著建置昭忠祠（重新遷建於今臺東縣臺東市天后宮，並奉祠袁聞柝為文將軍），以祭祀後山爲國事而死亡的人。七年（一八八一）五月，晉升臺灣府。九年（一八八三），調爲福寧府（今福建省寧德市）。十年（一八八四）五月，在任上去世，得年六十三歲。閩杤富有膽識謀略，勇於承擔責任；在臺灣後山最久，所以能夠締造經營，以傳播天子的德化。當開墾拓山地之時，提督羅大春、總兵吳光亮也都有功勞。

連橫說：開拓山地之役，是爲臺灣的大事。觀察了他們的成就，則是沈葆楨具有創建的功勞，而閩杤、大春、光亮也是發揮了讓疏遠者親附的力量。我聽說閩杤所修建的昭忠祠，如今已經荒廢；爲國事而亡之人，也將隨之湮沒。所以把他們附於後：候補通判辦理營務處湯承、南路撫民理番同知余修梅、南路撫民理番同知鄧原成、南路撫民理番同知歐陽駿、招撫委員陳昌言、幫帶海防屯兵參將李得勝、代理臺東直隸州知州高垚、幫統後軍張吉祥、武功將軍鄧炳南、振威將軍劉得勝。

劉銘傳列傳／吳昆財

劉銘傳（一八三六—一八九六），字省三，安徽合肥人（今安徽省合肥市），從小就是尙氣節有擔當而樂於助人，太平天國之役，湖南湘鄉曾國藩（一八一一—一八七二）奉朝廷之命辦理壯丁挑選的團練事宜，銘傳參與，有了戰功的歷練。同治元年（一八六二），李鴻章（一八二三—一九〇一）召募淮軍，聽聞了劉銘傳的名氣，用他作爲管帶一職。自己帶領銘軍，軍隊所到之處，都能取得勝利，以戰功被封爲一等男，故事記載在《清史稿》。

光緒十年（一八八四）中法戰爭越南之役時，法軍進犯臺灣，情勢危險急迫。朝廷下詔任命劉銘傳爲督辦臺灣事務大臣，不久就授他爲福建巡撫，太子少保，加兵部尙書頭銜。五月，來到臺北，立即籌辦作戰事宜。臺灣海上的重地，安危連接著東南各省，而軍政沒有整頓，糧餉軍械也短絀。不久法國軍艦進攻基隆，銘傳率領提督曹志忠（一八四〇—一九一六）、蘇得勝（？—一八九〇）、章向元、鄧長安抵抗。法軍大敗，兩軍對使時斬殺法國三名中隊長，擄獲聯隊二面軍旗。七月，法國軍艦攻打福州，進入馬尾，燒毀船廠。防務大臣張佩綸（一八四八—一九〇三）不能接戰，總督何璟（一八一七—一八八八）也受驚嚇逃走。朝廷下詔左宗堂到福建領軍，銘傳於是得以稍微整修軍備。兵備道劉璈駐守臺南，也能帶兵作戰，所以沒有後顧之憂。然而劉璈以自己加了營務處的頭銜，又依恃才能，非常不受節制。銘傳記在心裡。八月，法軍再度攻擊基隆。銘傳親自督戰，炮彈紛紛來襲，炸死了幾個人，左右懇請他後退，銘傳說：「人自己找炮彈，炮彈怎能找人？」眾人聽到後個個奮勇作戰，士氣大振，法軍又敗走。之後有情報指出法國軍艦要另外攻打滬尾。滬尾是臺北的要害之地。距離臺北城三十里，銘傳擔心如果失去滬尾，則臺北將無法守住；於是命令撤軍。各個提督極力勸阻，但銘傳不接受。只留下統領林朝棟（一八五一－一九〇四）駐守獅球嶺（今基隆市仁愛區）。有人指責他，銘傳說：「豈能知道我深深的用意。」之後法國軍艦三度攻打滬尾，全部受創而走。宗棠以基隆失守，向朝廷彈劾他。銘傳也準了奏疏辯駁。法軍雖然占據基隆，圖謀南下，每次都讓朝棟所扼阻。光緒十一年（一八八五）二月，法軍另外攻打並占據了澎湖。在此時清軍在越南接連獲勝，法國人也無意久戰，於是雙方議和，法國撤兵而走。

清廷下詔銘傳駐守臺灣籌劃辦理善後事宜。六月，上奏：「法軍從澎湖的退避，臣與前陝甘總督楊岳斌（一八八二－一八九〇）已於本月十七日會奏朝廷。善後的各項事務，非常急須依序辦理，愼重地爲我皇太后、皇上陳述：一，臺灣澎湖以設置防禦措施爲緊急的事務。勘查全臺灣各個海口，大甲以南至鳳山，沙岸線遼闊，軍船不能靠岸，以遠的距離四、五十里，或近的二、三十里，設立防守站較爲容易。而大甲以北，新竹一帶海口比較不一致，直到宜蘭，軍船可以進入，最遠不過是三、五里。基隆、滬尾可停泊軍船，幸賴有險要的山勢，如果設置巨炮水雷，防禦還是能夠盡力的。只有新竹沿海是平坦的沙線，後壟、中港（今苗栗縣後龍鎮、竹南鎮）都可以進入三號的軍船，地勢分布平坦，全部需要依賴軍力，非常難以著手。然而還是勝過澎湖。臣派遣提督吳宏洛（一八四三－一八九七）到澎湖察看情形，據稱是地上沒有任何草木，同是一片沙石，無土可以取用，每個方向都能受到敵人的攻擊，非常難以用力。只有港口的南面，是天然的船隻停靠處，可以停泊軍船。臣來到臺灣一年，觀察形勢，澎湖不僅是全臺灣的門戶，也是南北洋的關鍵。想要防守臺灣，必先防守澎湖；想要保住南北洋，也必須保住澎湖。如果能在澎湖、廈門駐紮軍船，有嚴密的防禦措施，敵人船隻在附近無法停泊，則必然不能飛越深入，不顧到後退之路，這是澎湖、廈門辦理防禦事務固然是全臺灣之急，而且也非僅是臺灣之急而已。試著就以澎湖而言，若要辦理防禦措施，則必須不惜花費重資，認眞地執行。縱然軍船一時之間難以籌集，而陸軍不過是三千名，必須多多購買大炮，建築堅固的炮臺，製造水雷，儲存軍糧與薪餉。估計購買炮彈修築炮臺約爲四、五十萬兩，需要一、二年內才可以完成。假如表面應付了事勉強牽就，不如就不要防禦。既是節省了數個兵營的糧餉，也可以避免遇到事變產造成敗壞的負擔。懇請朝廷決定。一、臺灣、澎湖的軍政非常急須講求操練。查驗臺灣的軍隊事務捨棄不用已是很久了，湘軍、淮軍的力量都已到了盡頭，發揮不了作用，想要杜絕虛報冒充，挽救長期形成的習慣，若不確實講求操練是不可能達成的。近期以來各軍營大多使用後門式的槍炮（由槍炮後面裝填炮彈），尤其若不勤奮練習操作，是無法施放的。不認識槍炮碼號，不了解遠近高低，槍炮就打不準。這勢將形成有利槍與無槍皆屬相同。而且不知道折拆卸槍枝保養，則遇雨潮溼，用槍時則會也會損壞；高價購買，隨意丟棄，尤其令人感慨。所以練兵不僅是臺灣的緊急事務，也是各省的要務。臺灣屬於瘴癘之地，士兵大半皆患有癘病，將領貪婪士兵狡猾，寬待他們則造成怠惰玩樂不振作、沿襲已久的弊難以根除，嚴格對待則紛紛請假，離開臺灣前往他處，一時之間非常難以整頓。現今偕同沈應奎、陳鳴志商量參酌裁留的營數，除了鎮標練不計算之外，共計擬議保留三十五營；臺南加上澎湖十五營，臺北與宜蘭十五營，中路嘉義、彰化、新竹一帶擬議派駐五營。論形勢則以臺北吃重，論地方則以臺南的空間遼闊，再也無法裁減軍力了。一、全臺灣稅賦急須要清查。審查臺灣田產之美冠於天下，一年二熟。而淡水縣每年定額課徵的錢糧稅會多收七百八十多銀兩，法定的官穀是九千多石。宜蘭並沒有錢糧稅。其餘各縣分的稅賦也輕。共計全臺灣所收入的關稅、釐金加上鹽務每年可以取得一百零數萬兩。將來整頓鹽務，剔除了各項不當牟利的金額，每年可獲得一百二十萬兩。以臺灣、澎湖三十五營，每年需薪餉一百二十多萬兩，還有輪船經費，一切雜款，並且需要添設製造局，每年需要錢糧一百四、五十萬兩。如果能將各縣的賦稅澈底清查，以臺灣的收入，供給臺灣的所用，自是可有剩餘不會出現短絀。只是清查稅賦之事，必須要有得力的官史和地方仕紳。臣不懂得吏治，也蒙昧於理財，與沈應奎商量，辦理的方法，建議必須先清查戶口，再依次進行。恐怕需要一、二年內才能收到實際效果。一、全臺灣未受教化原住民急應招降安撫。調查臺灣未受教化原住民從前都居於外山，因為遇到福建、廣東、客家的人民越來越多，每日每月的割讓土地，於是躲入內山，他們的種類非常多。近年來也以耕種穀物為生活，各有自己的統轄與隸屬，平常是相安無事。但是土匪、遊勇經常有數十數百人，聚集在原住民與漢人交界之處，搶劫居民，因冤屈無處可以申訴，於是集合眾人報仇。仇恨是日積月深，雙方面都不安寧平靜。若不及早設法招降安撫，讓原住民歸化，將來原住民土地一天比一天緊迫，結怨越加增多，積鬱久了必然產生動亂，恐怕變成為如同陝西、甘肅回教匪徒的禍害。就以防禦措施而論，防禦海上如又需要防範原住民，情勢上很難兼顧，治理起來將非常的艱難。如果能得到所有未受教化原住民的歸化，則僅要防範外患，不必憂慮內部的欺凌，既是可以節省防禦費用，且可以開墾山地砍伐林木，以便增加糧餉的來源。設立防禦措施、鍛鍊士兵、清查賦稅三件事，都可以及時舉辦，只有安撫原住民非常不容易，應該等到三件事辦妥之後，才能商議執行。其次例如架設電報、修橋鋪路以便暢通臺灣南北，清理墾植荒地、開發礦產採集林木以興建天然的利益，也都是緊要的事務。臣智力才識屬於平庸愚笨，難以勝任艱鉅的任務。防禦敵人既沒有對策，辦事又缺乏才能。每每想到時局的艱難，不能夠報答萬分之一，深夜徘徊不前，心中深感不安。只有竭盡我愚昧的熱忱，努力善盡職責，不敢耽誤，以消除懈怠敗壞的事情。自己見識淺薄，恭敬的上奏呈送。」

之後銘傳又奏請專任駐守臺灣，大概是說：「臺灣是七省門戶，各個國家都想要獲得。每當有事端時，都想要併吞。前人的失敗可以作爲教訓，人事的先後相繼不斷。所有的設立防禦措施、鍛鍊士兵、清查賦稅、安撫原住民等幾件大事，都需要依序整理安頓。臣曾在平常時私下惦記，認爲臺灣孤懸在海外，土地肥沃物產富饒，適當的應用臺灣土地的財富，就足以供給臺灣的使用，而後可於平常時存在，可於變動時安頓。這次來到臺灣已有一年，訪察尋問利與弊，深深感覺大有可爲，因而非常惋惜從前受遵循舊習而受到的耽誤。所以了解補救並不太晚，不過時間急迫，勢必不能不拚日子的經營。況且臣才質平庸愚笨，恐怕難以勝任。加上福建的邊疆公事眾多，而且又遠渡到千里阻絕的海洋，無法全面兼顧。與其是延誤在後，何不如事先陳明。再三的思考，只有趁著尚未接任巡撫職位之時，准予免除福建巡撫本職之缺，才能夠專心辦理臺灣事務，或許可努力奉獻自己微薄的才能，也不會造成失職。」朝廷下詔以楊昌濬（一八二五－一八九七）暫代福建巡撫，而銘傳可以專任駐守臺灣。

之前在同治十三年（一八七四），欽差大臣沈葆楨奏請設置臺灣省，朝廷議決後不准。正此時左宗棠又再提及。光緒十一年（一八八五）九月，下詔設立臺灣省，以福建巡撫作爲臺灣巡撫，兼管理學政。朝廷認爲臺灣是新創設的省分，所有事都等待處理，若沒有文武皆備的大臣，是不足以治理。下詔以銘傳作爲巡撫。十二年（一八八六）四月就任。銘傳偕同福建總督楊昌濬奏請建議改設行省的事宜，必當先以理財作爲要務，事情在〈度支志〉裡有撰寫。前任貴州布政使沈應奎因犯罪而被解職，而且是永不再敘用，銘傳知曉他的才能，奏請破格再任。朝廷不許。銘傳再度力薦，乃同意以沈應奎爲布政使。應奎是心思細密，擅長算計，也樂於輔助上級，臺灣的財政因此漸漸有進展。銘傳所奏請的四件事，也依次舉辦。決定在東大墩建置省會；以臺灣省府治剛剛開闢，諸事都未設置完備，所以暫時駐守臺北。臺灣先前所用的班兵，全部從福建調用，久而久之發生許多的弊端。光緒元年（一八七五），沈葆楨奏請裁撤，重新召幕士兵。朝廷不許。只有在綠營設立了地方武裝團練。等到中法戰爭，銘傳自己率領淮軍十個營來到臺灣，立下大功。正在此時用它，僅存留三十五個營，以作爲防備。在臺北設立總營務處，隸屬於巡撫，以候補道盧本揚擔任總辦；自此臺灣軍政煥然一新。然而臺灣是海中的孤島，防禦措施非常艱難，所以聘請德國人作爲工程師，在基隆、淡水、安平、打鼓個別建立炮臺，或者修改它們。購置巨大炮彈，共計花費六十四萬多兩。又在臺北設立軍械機局，以記名提督劉朝幹爲總辦；並設立火藥局、水雷局，用以籌辦自行製造。臺灣處在海外，應當憑藉航運，一旦發生戰爭，來往就會被阻止禁絕，若不如此不足以自給自足。五月，奏請清查賦稅。六月，在南北兩府設立清賦局，以布政使統轄。縣設置分局。而各行政單位人員大多認爲想要辦理賦稅清查，必須先調查戶口，才足以清查根本。通知飭令各單位，限期兩個月完成。完成之後，據此清查賦稅。以甲計算田地，這是依照舊例，事在〈田賦志〉有記載。這時候有流言散布，土豪劣紳陰謀阻撓壞事，而彰化知縣李嘉棠貪汙不廉潔，又不謹慎地遵照規定作爲，縣民施九緞（一八二九—一八九〇）糾集群眾抗議，各地方也是蠢蠢欲動。銘傳下令林朝棟的棟軍討平，而清查稅賦也在光緒十四年（一八八八）完成，突然增加了四十九萬多兩。當初，葆楨在臺灣，曾經辦理安撫原住民開墾山地，至此再加以擴大，設立撫墾局，奏請有官籍有注名的林維源（一八四〇—一九〇五）擔任總辦。設立原住民學堂，布建保護開墾者的隘勇制度，以便振奮原住民事務。如有不同意的，就發兵討伐。朝棟攻伐東勢角（今臺中市東勢區）的原住民，駐軍在罩蘭（今苗栗縣卓蘭鎮），用以威脅蘇魯、馬贓邦二社（今苗栗縣泰安鄉、大湖鄉）。二社不服從。五月進攻。戰事又不順利。十二年（一八八六）七月，銘傳親自前來將他們討平，其餘的原住民也前後歸服。當時的臺灣百事已經辦理，不過南北距離遼闊遙遠，內外阻隔，所以籌措辦理郵政與運輸，增設電線，修築鐵路。又派遣革職道張鴻祿、候補知府李彤恩考察南洋商務，在新嘉坡設立招商局。採購駕時、斯美兩艘輪船，航行於香港上海之間，甚至遠到達新嘉坡、西貢、呂宋等地。臺灣貿易有了大的進展。光緒十三年（一八八七），兵備道陳鳴志、鎮海後軍副將張兆連請求開墾山地，銘傳同意。自彰化的集集以至水尾（分別為今南投縣集集鎮、花蓮縣瑞穗鄉），新設臺東、埔裏社兩廳。設置腦務、煤務兩局，由官方辦理。建立墾殖產業、鼓勵工商業，鑄造新貨幣，實行保甲制度，以謀求長治久安的政策。在臺北創建西式學堂，以教導俊秀之人。銘傳既又兼理學政，十五年（一八八九）來到南試主持科舉考試，有人認爲試卷缺乏文采，等到放榜時，許多是一時的傑出人才。當年下令棟軍建築省城；基隆鐵路也開通到新竹，但政府卻有非常多的掣肘，讀書人又譏諷他太過於激烈。銘傳知道事已不可爲，十六年（一八九〇）十月，奏請開缺巡撫，下令由布政使沈應奎代理。十七年（一八九一）三月，清廷任邵友濂（一八四〇—一九〇一）爲巡撫，從此所有事業也完全廢止了。銘傳既然以因病請辭返回家鄉，從此不再出仕。甲午之役，清廷想要再任他爲領兵大臣，銘傳辭而不受。當聽到割讓臺灣，李鴻章以書信慰勉銘傳。二十一年（一八九五）十一月二十七日，在自家宅第去世，五十九歲。清廷痛切哀悼。追贈太子太保，諡號壯肅，准許建置專祠。

連橫說：臺灣三百年之間，出現不少有才能的官吏；而能建立長治久安政策的人，只有兩人：一是陳參軍永華，一是劉巡撫銘傳，他們都對國家有大勛績與功勞。永華以具有非凡的治國能力，當在艱難危險之局時，他的行事有如諸葛武侯；而銘傳則如同管仲、商鞅一類的人物。回頭看他沒有完成志願，中途離開，這是臺灣人的不幸。然而追溯他的功業，也足以和臺灣永遠不朽了。

劉璈列傳／吳昆財

劉璈字蘭洲，湖南岳陽人（今湖南省岳陽市），以縣學生資格從軍。大學士左棠在西域帶領軍隊，起用他作爲記室一職，參與機密性的軍事行動，處理軍中的緊急文書，意氣甚爲豪壯。等到平定新疆後，以軍功薦舉爲道員。光緒七年（一八八一），分巡爲臺灣道。當時剛剛提議建省，當年因福建巡撫前來臺灣視察。劉璈也隨之來臺，積極的籌劃；以彰化位居於南北的中間，建議將兵備道移駐於這裡，設置同知，以副將駐守，將知縣改在鹿港。大肚以北，大甲以南，周圍百里，田地南寬敞，河川環繞山林環抱，可作爲省城。修建省城構築衙署的費用，應該由臺南、鳳山、嘉義合資贊助。而巡撫岑毓英（一八二九－一八八九）也選擇東大墩的山腳，籌劃建造省城，不過尚未執行。劉璈勇於承擔責任，不躲避艱難，有條理的整頓吏治，振興文化的風氣。又以臺南爲首善之區，街道居處低溼狹窄，疫病叢生，想要開闢大路、開鑿運河，將水引入城內，以便行駛舟船。府城人士不同意，所以僅能建築小型的水道，宣洩累積的穢物；以鎮海營士兵塡造安平的道路。城裡發生大火，燒毀商民住宅數十間，烈焰沖天，眾人都不敢接近。劉璈聽到火警，身上穿著短衣紮緊褲管，跳上屋頂，指揮士兵劈破房屋，隔離火路。郡裡百姓深受感動。中法戰事發生，毓英在廣西帶軍，劉璈上書，請求前往協助黑旗軍以阻撓法國軍隊。且說：「今日之事，鮮少有不贊同戰爭而誹謗和談。但是知道戰與和都是同一道理。事雖決定於和談，不能不先決於戰爭；能戰爭而後才能和平。爲了越南考慮，爲了中國考慮，和談緩而遙遠，交戰則近而緊迫。然而必對外以主張和平爲名，對內以協助作戰爲實。以謹慎作戰開始，或許能以和平結束。」毓英嘉許他，之後就安撫劉永福而任用劉璈。

中法戰爭既起，沿海戒嚴。劉璈駐紮在臺南，協同仕紳民眾，籌劃作戰與防守，辦理民兵團練，討取軍費。而臺灣孤立在海外，綿延伸展千里，防守士兵僅有一萬六千五百名，不夠布置。劉璈分為五路，自己統率一軍，有事情則相互策應。向朝廷請求總督駐守臺灣，居中調度；總督不接受。又奏請派遣知曉軍事大員督導辦理，以便統一事權。於是命令代理福建陸路提督孫開華（？—一八九三）率領部隊駐紮在臺北。光緒十年（一八八四）三月，法國軍艦窺伺臺灣。四月，劉璈又上書總督與巡撫，大概指出：「臺灣本來是能有所作為的地方，有所作為並非沒有把握，全依賴著若有治理人民、有治理方法，又有治理權力，則事就能有可為，地方也可以控制治理。然而這件事可以作為而不能作為，有著非臺灣道所能作為的，沈文肅公（沈葆楨）已經指出過了。臺灣的防禦措施不外就是山地與海上，平時則是山地煩雜多於海上，有緊急狀況時則海上重於山地。然而必先要整頓山地防禦，海上防禦才有所憑恃。否則內外同時爭擾，防禦措施將會更難處理。這就是山地與海上所以應該同時進行籌備。有人認為臺灣自從辦理開墾山地安撫原住民，十多年來，受傷者超過一萬人，耗費數百萬兩，至今沒有成效，所以奏請停辦，用意在節流。這是不推究原因是在於錯用了辦理的人選，也錯用了方法，而只是說開墾安撫是無益的，這是不知臺灣事的根源啊。事在人為，作為如果能得人，不僅是山前已開闢的土地可以期待整頓，即使是山後、山中好像開墾又不像開墾、未曾開墾的各區域，開墾事務、礦產事務、山林木材、水利等項目，全都是利源所依賴。如果開辦合宜，農民、工人、原住民、漁民都能訓練成士兵，而且足以籌措糧餉。糧餉依賴兵力而財源就開拓，兵藉由操作訓練而能靈活運用。開始雖然花費巨大，不到十年之間，定然可以依序回收。十年以後的利益，卻是無窮。這就是開始困難而結束是容易。因為利益而利益，以臺灣人治理臺灣的大方略。然而必須事先在平日籌辦，才能在臨需要時派上場，當然不是想求快速洞察細微，所能夠獲得成功的；尤其不是偏執於一邊在遠處控制，所能夠成事。如果再照例行事，敷衍塞責，包庇先前的過錯，習慣於相似的狀況，渾然忘記深遠的謀慮，勢必仍舊會恐懼慌亂，軍隊糧餉兩方都將緊迫。萬一臺灣遭受他人襲擊，土地遼闊物產豐富，可以攫取與利用東西與數量多而且宏大，凡是我們所想作爲的但不能取得的，他們都能有所作爲，則南北的洋務將沒有安枕無憂的日子，這是誤了臺灣也是誤了國家啊，原因是應該辦理而不及早辦理。臺灣澎湖四面皆是海洋，周圍三千多里，沒有要害可以控制，任何地點都可以登陸。準備防禦的方法，相較各省更爲困難。今日籌備防禦措施要分成五路，要根據不同環境的實際狀況制定相應的妥善辦法。如專由臺灣道統轄最屬軍事要地的南路，又楊總兵在元統轄中路，張副將兆連統率後路，新舊的士兵，都是由我的臺灣道來挑選，緊密且嚴謹的訓練；以及另外準備機動營，由章提督高元統率淮軍，楊提督金龍（一八四四—一九〇六）帶領湘軍，皆是武器精良士兵敏銳，能攻擊能防守。加上海上與陸地的地方民兵，認眞地操作演練，虛實相互使用，三路的陸地防禦措施，已方已有所憑恃。若能夠再得到前路、後路的步伐一致，則就不用擔心臺灣的防禦不振作，而是要擔憂海上的防禦不夠完整。軍船不足，又缺乏水雷炮艦，預備作爲抵抗防禦。如臺南郡城接近於沿海，地勢缺乏縱深且平坦脆弱，不足以作爲要塞。而安平、旗後、基隆、滬尾各個炮臺也都是如此。倘若敵人將堅固的軍艦停泊在港外，專門使用巨炮攻擊我方的城臺，就沒有辦法抵抗；則是他們就能不戰而取得勝利，特意放縱自己擅長的作戰能力；而我方則是在攻擊與防守都遭受困阨，也無法掩護自己的不足之處。曾經有過陳情，但缺少有效的方法。所以前面已指出不求在海中較量勝負，只求在陸上能制服對方取得勝利，則是以陸上防禦的勢力是操之在我。勢力在我方，則敵人是由我方控制。五路的防禦軍隊雖然分離猶如合在一起，運用都能夠自如。只是恐懼我方勢力不能統一，這是我方先爲自己所限制，如何能夠控制敵人？這又是陸上防禦困難之處。大概是因爲臺灣遠處於千里阻隔的海外，事事相互抵觸。臣下在做事前考慮周密愼重，曾經以考量緩急、斷定疑難、規定刑賞作爲三大事，絕對不是非得專斷指揮管轄不可，也懇請派任知軍大員渡海來臺灣督導辦理，這是安危的第一要事。而上級表示督導辦理不是外省所能夠擅自行事，仍然飭令臣下勉強努力去做，豈敢不恭敬遵從。然而困難如果能夠有所為，努力尚有助益；努力作為卻不能，最後也是困難。正道委在身上，其他的又何足以憂心？唯有用盡心力所能完成的，也只能報答天子之恩總督之德的萬分之一而已。」

光緒十年（一八八四）五月，防務大臣劉銘傳來到臺灣，經營管理臺北，而將臺南委由劉璈。當時軍事紛繁迫促，急需要糧餉，臺灣道府兩座銀庫存有一百五十萬銀，銘傳下令撥款五十萬，但劉璈不同意。他又以兵備道加營務處，依照規定可以上奏朝廷，非常不受到指揮管轄。銘傳記在心裡。六月，法國軍艦攻打基隆遭遇失敗，再攻擊又失敗，清軍士氣大大振作。銘傳忽然撤兵於是基隆失守，劉璈於是揭發他的過失，而且談到李彤恩犯了隱瞞欺騙之罪。宗棠根據這些指控向朝廷告發，於是下聖旨譴責，褫奪彤恩職位。銘傳越是懷恨劉璈。九月十五日，法國水師提督孤拔下令封鎖臺灣港口，一時之間航運完全斷絕。劉璈認為這已是違反了萬國公法，與各國領事商晤，請求干涉。各國領事認為這件事關係重大，必須等待政府的指示。他乃使用機密性的文書，懇請沿海各省總督巡撫代為上奏，故事在〈外交志〉。基隆既然失守，澎湖也淪陷，劉璈自請處分。多次請求南北洋派遣軍艦援助臺灣，都不成。光緒十一年（一八八五）二月，孤拔停靠在安平，透過英國領事邀請與兵備道會見。劉璈想要赴會，但左右勸阻他表示：「法國人狡猾，前去將會不利。」劉璈表示：「不赴會，會說我膽怯。去你的！你老子豈是怕死之人！」到了安平，告誡炮臺守將：「一有緊急狀況，立即開炮攻擊，不必擔心我而故意不擊中目標。」孤拔與劉璈相見非常高興，設置酒宴，並談到軍事。劉璈說：「今日的見面，為了友誼；請不要談論其他。」孤拔說：「以臺南城池之小，兵力之弱，將要如何作戰？」璈說：「是的。然而城，是土；兵，是紙；而民心，是鐵。」孤拔聽了之後沉默不語。劉璈酒醉而返。法國軍艦也隨之離去，臺南得以不受到傷害。之後中法和議完成，下詔由銘傳作為臺灣巡撫，經營管理善後。

四月，銘傳上奏說：「包辦洋藥（鴉片）、釐金董事陳郁堂私吞藏匿鹿港等口釐金四萬六千多兩，多次經由公文要提來官署審訊究竟，竟然抗命延遲不到。臺灣道劉璈負有督導辦理稅賦釐金的責任，在去年秋冬糧餉不夠分配之時，就應該要籌措規畫，準備接濟，關注並掌握危險局勢。但他在事前既不查驗，事後又不去追討，顯然是形同作弊。已經由臣命令撤除職務。」之後又彈劾劉璈十八款，不過內容多不正確。劉璈接受朝廷旨意革去職務，家產充公。下令由刑部尚書錫珍、江蘇巡撫衛榮光前來臺灣調查辦理。六月，奏請先暫時收監，待朝廷審訊後，再重新考核裁定，之後改為流放黑龍江。士人們都認為這是冤獄。將軍穆圖善（？—一八八七）了解劉璈的才能，延攬他作為幕僚。住了幾年後，準備為劉璈奏請復職，但劉璈竟然因病而亡。當劉璈在臺灣當官時，著有《巡臺退思錄》三卷，銘傳奏請銷毀。之後我取得這本書，也知道了它的內容。

當初，劉璈建議將分巡臺灣道遷移到彰化，而臺北知府林達泉（一八三一—一八七八）表示應該遷至臺北，著有〈全臺形勢論〉一篇。內容指出：「全臺灣的形勢，遮護東南各省，疆域悠遠。以目前而論，臺灣是為府治所在地（指今臺南市），分巡臺灣道執持符節，實在是控制四方之地。然而就統率全局而籌劃，臺灣府地處下游，如同人居住在低矮的房屋之中，不能夠抬頭環視四周，這是不如臺北之地位居於上游，控制全局，與福建相對峙，有著心志高潔，遠離塵世的氣概。省府乃是人民聚集的地方，必須要占有山水會合的優勢。臺灣府逼近於海濱，地勢低窪瘠薄，北邊有蔦松溪，南邊有二層行溪（今臺南市永康區、仁德區），水源短水流孱弱，經常出現滿水與乾涸的現象。而臺北則是有著肥沃的平原土地，周圍數百里，眞是形勢險固，物產富饒的地方。它的山有三貂嶺、大坪林（今新北市瑞芳區、坪林區），展開猶如屛障，接連不斷而來；又有觀音、大屯二座山（今新北市五股區、八里區，臺北市北投區），雄踞在河口，作爲拱衛。至於河水則二甲九、三角湧、水返腳三條溪（今新北市鶯歌區、三峽區、汐止區），水的源頭很遠，流經的路程很長，約有一百多里，全部會集在艋舺，再由關渡（今臺北市北投區）出滬尾流入海中。全臺灣的河川都不匯流，唯獨這三條溪能夠會集。全臺灣的溪水都無法航行船隻，雖獨這三條溪能通航。這是山水的優勢。一、春秋時期晉國人計畫離開故都絳城（今山西省翼城縣），韓獻子認爲郇瑕氏（今山西省臨猗縣）土薄水淺，汙穢骯髒的東西容易聚積，汙穢的東西容易聚積，百姓就會發愁，百姓發愁，身體就會虛弱，發生風溼腳腫的疾病，還不如新田（今山西省臨汾市），土厚水深，有汾水、澮河（均在今山西省）來沖走汙穢。晉國公侯同意。今日臺灣府治之地既是爲無法耕種的鹹鹼地，泉水尤其不潔淨。而臺北則有三條溪水的洪流，用來洗滌汙垢，且泉水滋味甜美，飲用起來舒服順暢。這是泉水的優勢。二、臺南生產，以蔗糖最多；而臺北則是菁華薈萃，米、茶、油、煤、硫磺、樟腦、靛青（染料）、木料等產物，每年有二、三百萬金，所以富庶冠於全臺。這是物產的優勢。三、全臺灣通商口岸，南有安平、旗後；而安平從夏季到秋季，經常是大風吹起，水波洶湧。先前安瀾、大雅兩艘輪船，都因此擱淺毀壞；旗後則是港內逐漸淤積，近來有人提議使用機械開挖，聽說也是不容易疏通。所以臺南這兩個口岸一是危險一淤積，在通商上實在沒有多大的利益；但臺北則是基隆港在潮漲潮退時，均可以停泊；滬尾潮漲之時，大型船隻更可以駛入。所以全臺灣的通商在臺北的占有十分之七、八，而在臺南的僅占有二、三。這是口岸的優勢。四、而且基隆、滬尾都能與滬尾對渡，航行路程也不過十二個小時，上午出發下午就能到達，又沒有橫渡海洋的危險。如果從福州到安平，必須要走黑水溝，通過澎湖。不僅路途一倍遠於臺北，同時危險也要加倍。這又是遠近安危不同的優勢。五、臺北與福州地勢既是接近，彼此呼應非常靈活。總督巡撫在省裡調度，互相扶持，彼此協助，萬一臺灣有事情，內地兵船可以直接渡海。若是內地有事，臺北也可以率領部隊呼應。這又是兩地相互爲裡外的優勢。六、就臺灣論臺灣，臺北勝過臺南的有四點；就福建論臺灣，臺北勝過臺南的有二點。私下認爲臺北若能經營安排，少則五年，多則十載。臺灣巡道應當遷移駐守於臺北；不僅是因爲風氣日已漸開闢，局勢上不能遏止，也是因它的形勢控制要衝，這也就是原本的道理啊。」達泉，廣東大埔人（今廣東省梅州市），字海岩，前任淡水同知。光緒五年（一八七九）晉陞爲臺北府，有善政。又著有《治臺三策》，少有人記載。

連橫說：中法戰爭之役，劉銘傳在臺北帶軍，劉璈駐守南部，皆有治理國家的學識與能力。假使劉璈不因獲罪而離去，能輔佐巡撫，以經營管理臺灣，南北共同興辦，必定是大有可看。但是銘傳竟然容不下劉璈。這不是人才的問題，而是用人者的問題，眞是活該啊！

林平侯列傳／吳昆財

林平侯（一七六六—一八四四），名安邦，號石潭，以字行於世。籍貫龍溪（今福建省漳州市）。父親應寅來臺灣，居住在淡水廳的新莊，建館教授學生。平侯在十六歲時，來臺灣探視父親，受僱於米商鄭谷家。平侯個性純正謹愼且學習勞動，鄭谷很信任他，幾年之中平侯積累了幾百兩銀子；鄭谷又加倍給他。藉著千金的資本，鄭谷令平侯經營自己的事業。平侯善於籌劃且經營得法，能屯積貨物獲取豐厚的利益。鄭谷年老時準備返回故鄉，平侯想將本金與利息奉還但鄭谷不接受，所以平侯爲鄭谷在芎蕉腳莊購置土地（今新北市中和區），以每年所收的租金饋贈給鄭谷。之後平侯與竹塹林紹賢合作辦理全臺灣的鹽務，又設立帆船，運輸貨物，在南北洋往返販賣，從而累積了數十萬兩家產。四十歲時，捐納成爲同知，分發到廣西，代理潯州通判（今廣西壯族自治區桂平市），管理來賓縣（今廣西壯族自治區來賓市）。之後改調桂林同知，代理柳州府（今廣西壯族自治區柳州市）。平侯是有辦事才能的人，大官敬重他。嘉慶十九年（一八一四），大學士蔣攸銛擔任兩廣總督，有人說了平侯的壞話，私下揭發他的不法。等到謁見時，平侯在敘述事務時，全部都能切中要點，並受到攸銛的嘉勉。不久後他就以病請辭返家。

當時，淡水的福建、廣東械鬥，漳州、泉州又有械鬥，蔓延了數百個村落。平侯出面進行調解。而新莊處於交通的要地，每每成爲兩族所要爭奪之地，所以他遷移到大嵙崁（今桃園市大溪區），修築大房，建置高牆，盡力於農事，墾植農田開鑿水圳，每年收入數萬石稻穀。之後再返回開拓淡水的荒野，最遠處達到了噶瑪蘭，收入非常多。於是他開闢三貂嶺，打通淡水、噶瑪蘭之間的大道。平侯既富有了，感念故鄉族人的貧苦，於是仿效范仲淹設立義莊的方法，購置數百甲的良田，作爲教養的費用。又再捐出學田的租金，倡議修建淡水文廟及海東書院（文廟在今新竹市東區，海東書院在今臺南市中西區，連橫誤植為東海書院）。道光十二年（一八三二），嘉義張丙起事，官府軍隊討伐；平侯捐助軍餉二萬兩，故而加授道一級的官職。他有兒子五人：長子國棟早世，其次是國仁、國華（一八〇二—一八五七）、國英、國芳（一八二〇—一八六二）。國仁和國英是養子，而國華、國芳有名氣。

國華，字樞北，英俊奇偉有父親的風格；平侯臨老之時，把家事委託給國華。他的性情孝順且友愛，早晚都在左右服侍，飲食起居，也是親力親爲。每回遭到責罵時，總是跪地承受父命。國芳字小潭，深受平侯的喜愛。小時候喜愛武藝，等到長大後，改變舊習發憤讀書。他聽說廈門呂世直的名氣，以禮聘請，並用老師之禮侍奉。平侯去世後，國華仍然居住在大嵙崁，住所接近內山，原住民驕橫強暴，裸體進出。咸豐三年（一八五三），占卜後改居住在枋橋（今新北市板橋區），建造宅第，園林規模之大冠於北臺灣，遇到有名的讀書人全部網羅。兄弟友愛，共同生產與生活，號爲本源。當時淡水的土地許多還未開闢，原住民的界地尤其豐腴，國華乃召募佃農拓墾，導引水流灌溉。每年收入十多萬石稻穀。咸豐七年（一八五七），國華去世。再過二年，漳州泉州械鬥，禍害尤其慘烈。國芳首先辦理保衛鄉里的地方武力，修築城樓，召募數百名勇士，預備攻擊與防守。每次戰鬥，親自登場上陣，手持鼓槌督責勉勵，獎賞有功者撫恤亡者，所以人人爭相效命。咸豐十年（一八六〇）取得和平，在板橋修建迪毅堂，祭祀陣亡者，至今仍然存在。國華有三個兒子：維讓（一八一八—一八七八）、維源、維德。國芳因無子嗣，就將維源過繼給他。

維讓，字巽甫，咸豐九年（一八五九），受欽賜爲舉人。與維源一同跟隨廈門陳南金學習。等到國芳去世，返回臺灣，共同掌理家務。同治元年（一八六二），彰化戴潮春起事，新莊楊貢、桃園楊德源等人圖謀響應。德源原來是桃澗堡（今桃園市）總理，因故而被革除職務。於是集結成黨，劫掠富有人家。維讓兄弟有所憂慮，乃與葉春商議。葉春字靜甫，江西人，出外來臺灣做官，國芳對他非常的禮遇。他對桃園的仕紳耆老獻出計策，允許德源恢復總理一職，並即刻請新莊縣丞先給他一枚木製印章。德源非常高興，設置酒席宴請賓客。葉春命令壯士在當晚殺害德源，並把他的首級懸掛在枋橋西門。他的黨羽聽到消息後全部逃散，楊貢也被誅殺，地方從此安定。之後兵備道丁日健從福建省渡海來臺灣，來到艋舺，也在彰化謀劃，維讓捐助二萬兩。事件平定後，以勛勞而被授予三品官銜。

當初，漳州、泉州械鬥，歷經幾年都無法平息。之後雖然事情結束，不過雙方仍然沒有婚喪喜慶的往來。維讓非常擔憂，就把自己妹妹嫁給晉江舉人莊正。莊正字養齋，享有盛名之士。正是此時來到臺灣，與維讓兄弟共同設立大觀社，集合了兩大族的讀書人，每月教導詩文功課，並給予求學的費用。從此往來沒有猜忌。維讓個性英俊瀟灑不拘小節，喜好讀書人，穀物的進出與收取，全部委由管事負責。而維源節儉勤樸，無論大小事都必親自經手，唯有是結交官府。光緒三年（一八七七），巡撫丁日昌（一八二三—一八八二）視察臺灣，邀請維讓到郡府。維讓生病，無法出席，只有維源赴約。日昌告訴他：「當今海禦措施重大，財源不足，您爲臺灣的富人，也應當稍微報效國家。」維源乃捐出五十萬兩銀子。他的母親也以山西、河南發生災害，捐出兩萬兩賑災銀。朝廷下旨嘉獎，追贈三代一品，賞賜「尚義可風」的匾額。之後維讓生母鄭氏也以賑災山西，自己捐助二十萬兩，受賜「積善餘慶」的匾額。維讓兩位兒子：長子爾昌，字介眉；次字爾康，字鏡颿。爾康生有三位兒子：長子熊徵（一八八八—一九四六）、其次是熊祥（一八九六—一九七三）、熊光（一八九七—一九七一）。

維源，字時甫，捐納而成爲內閣中書。光緒五年（一八七九），臺北建城，他督導辦理建城工作。事情完成後，授予四品卿官銜。中法戰爭之役，兵備道劉璈駐紮在南部帶領軍隊，糧餉不足，向維源提議借款一百萬兩，維源不同意。劉璈多方勸告，乃同意出借二十萬兩，後來維源前離開臺灣前往廈門。隔年中法達成和議，巡撫邀請維源返回臺灣，並以禮對待，維源乃捐出五十萬兩，作爲善後的經費。因此被授予內閣侍讀，再晉升太常寺少卿。光緒十二年（一八八六）四月，銘傳奏請辦理安撫原住民開墾山地事務，以維源作爲幫辦。當時銘傳剛剛努力認眞執行原住民政策，強力開拓土地的利益；而維源拓墾的田地也因此越廣，每年收租的稻穀二十多萬石。十七年（一八九一），以清查賦稅有功，晉升爲太僕寺正卿。光緒二十一年（一八九五）五月，臺灣人自立民主國，設立議院，眾人推舉他作爲議長。維源不同意。於是遷居廈門。維源有五位兒子：次子爾嘉（一八七五—一九五一），字叔臧；其次爲祖壽、柏壽（一八九五—一九八六）、松壽。

連橫說：枋橋林氏，爲臺灣的巨富。而維源又善於維護家產，所以能家產豐厚，生活闊綽，直到今日。而且我聽故老們指出，林氏每個世代都有賢婦。國華的妻子既捐款賑災，接受了天子賜予九錫的重禮；爾康的妻子陳氏，侯官人，內閣大學士寶琛的妹妹。明詩書習禮義，堅守婦節撫養孤兒。前年福建籌辦師範學堂，經費無著落，陳氏捐款二十萬兩。廈門女子師範學堂也請她作爲校長。她的作育英才，有功於學校，尤其多。昔日秦朝巴蜀有巴寡婦清以錢財協助國家，爲世人所欽佩，秦始皇就建構樓臺以示尊敬。陳氏爲人做事慈祥，整治家政富盛熟習，確實可以和古代相互媲美，這女子的美德，值得用紅管之筆記載啊。

卷三十四　列傳六

循吏列傳

陳璸

陳璸，字文煥，號眉川，廣東海康人也。康熙三十三年進士，授古田知縣。四十一年調臺灣。清操刻苦，慈惠愛民。公務之暇，時引諸生考課，與談立品敦行。夜自巡行，詢父老疾苦。聞織讀聲，則叩門入見，重予獎賞；或有讙飲高歌者，必嚴戒之。歲祲（ㄐㄧㄣ，不祥），發倉以賑，窮黎（窮苦民眾）感其德。明年，調刑部主事，遷郎中。四十九年，由四川提督學政任臺廈道，士民聞其再至，爭趨海澨（ㄕˋ，水濱）迓（ㄧㄚˋ，迎接）之。至則以興化易俗為務，作育人材，文風丕振。始建萬壽宮，並修文廟、明倫堂、朱子祠，設十六齋以教諸生，置學田為膏火（膏火，供養費用來源）。凡所創建，親董其事，終日不倦。官莊歲入三萬兩，悉以歸公，秋毫不染，其廉介如此。五十三年擢湖南巡撫，單騎赴任。一切文移（文移，文書批答），盡出己手。翌年入覲，上目之曰：「此苦行老僧也。」十二月，調福建巡撫，溫旨嘉賚（ㄌㄞˋ。嘉賚，嘉賞）。陛辭，問「福建有加耗（加耗，加課火耗附加稅）否？」答曰：「臺灣三縣無之。」上曰：「從前各州縣有留存銀兩，公費尚有所出。後議盡歸戶部，州縣無以辦公。若將火耗分毫盡禁，恐不能行，別生弊端，反為民厲。故為吏須清，然當清而不刻（苛刻），方能官民相安。」五十五年七月，奏言「防海之法與防山異，山賊之嘯聚有所，而海寇之出沒靡常；而臺灣、金、廈之海防，又與沿海不同。何也？沿海之患，在於突犯內地；而臺、廈之患，在於剽掠洋中。欲防臺、廈，必定會哨之期、申護送之令、取連環之保。今提標水師五營、澎湖水師二營、臺協水師三營，各有哨船。宜大書某營字樣於旗幟，每月會哨一次。彼此交旗為驗，呈送提督查核；若無交旗，即察取其營官職名；若有失事，即察取巡哨官職名，則會哨之法行矣。商船不宜零星放行，無論廈去臺來，須候風信（風信，應季節而來的風），齊放二、三十艘出港，臺廈兩汛（清朝軍隊駐防的最小單位）各撥哨船三、四號，護送至澎交代。各取無事之結，月送督撫查核。如無印結，即以官船職名申報，則護送之法行矣。商船二、三十艘同時出港，官為點明，各取連環保結，遇賊相救；否以通賊論，則連環保之法行矣。」疏下部議，以煩瑣難行。上特韙（ㄨㄟˇ，是）之，著如所言。五十七年十月，卒於官，下旨軫悼（軫悼，痛切哀悼），追贈禮部尚書，賜祭葬，謚清端。雍正八年，詔祀賢良祠。瓊治臺有惠政，臺人思之，塑像於文昌閣，誕日張燈鼓樂以祝。及卒，哭之。入祀名宦祠。

季麒光

季麒光，江蘇無錫人，康熙十五年進士。二十三年，知諸羅縣事。臺灣初建，制度未備，大府每有諮詢，麒光輒陳其利害，語多採納。既又言曰：「臺灣有三大患，而海洋孤處、民雜番頑，不與焉。一曰賦稅之重大也。臺灣田園分上、中、下三則，酌議勻（平均）徵矣。然海外之田與內地不同，內地之田多係腴壤，為民間世守之業，臺灣水田少，而旱田多砂鹵（砂鹵，砂質而土質鹼性）之地，其力淺薄，小民所種，或二年、或三年，收穫一輕，即移耕別地。否則委而棄之，故民無常產；多寡廣狹亦無一定之數。況田租之最重者莫如蘇松等府，每畝輸納一斗五、六升至二斗，止矣。今田園一甲計十畝，徵粟七石、八石，折米而計之，每畝至四斗、三斗五、六升矣。民力幾何，堪此重徵乎？況官佃之田園盡屬水田，每歲可收粟五十餘石。鄭氏徵至十八石、十六石，又使之辦糖麻荳草油竹之供。文武官田園皆陸地荒埔，有雨則收，無雨則歉，所招佃丁，去留無定。故當日歲徵粟十二萬有奇（ㄐㄧ，餘）。官佃田園九千七百八十二甲，徵至八萬餘石。文武田園二萬二百七十一甲，僅徵四萬石，亦因地以定額也。人丁之稅，莫重於山之東西、河之南北，謂其地曠土疏，故取足於丁也。然稻麥黍稷生之，梨棗柿栗生之，棉麻荳竹生之。一頃百畝止納銀三、四兩，輕於彼而重於此，猶可言也；大江左右，田稅既重，丁稅不過一錢，且或一家數口而報一丁，或按田二、三十畝而起一丁，未有計口而盡稅之如臺灣者，未有每丁重至四錢八分如臺灣者也。今既多其粟額，而又重其徵銀，較之鄭氏則已減，較之內地則實難。所幸雨暘時若（雨暘時若，晴雨節候協調和順），民力可支；倘卒遇凶荒，莫可補救。所謂不患於瓦解，而患於土崩者，正今日之情形也。一曰民兵之難辨也。臺灣之兵多係漳、泉之人，漳、泉之人多係投誠之兵，親戚故舊尚在臺灣，故往來絡繹，鹿耳門之報冊可查也。但此輩之來，既無田產，復無生計，不託身於營盤，而潛蹤於草地，似民非民，似兵非兵。里保無從問，坊甲無從查。聚飲聚賭，穿壁踰墻，無賴子弟，倚藉引援，稱哥呼弟。不入戶，不歸農，招朋引類，保無奸慝（ㄊㄜˋ，邪惡）從中煽惑，始而為賊，繼而為盜，卒乃啓爭長禍如胡國材、何紀等者乎？然其所以難於稽察者，荒村僻野，炊煙星散，或一、兩家四、五家，皆倚深篁（竹林）叢竹而居，非如內地比廬接舍，互相糾結。查此則徙彼，查彼則避此。保甲之法，可行於街市，而不可行於村落者，一也。一兵之家，或二或三，名曰火兵，出入鄉市，罔知顧忌。無事則假兵之名，有事則非兵之實。姓氏互異，不辨真偽，二也。況臺灣之兵，皆抽調之實額。如有死亡，即行報補。今竟將佃民收充入伍，是營內多一兵，即里內少一丁矣。丁既為兵，則稅不輸、役不任矣。奸民輾轉依附，爭相效尤。若不思患豫（預）防，亟加整飭，所謂不在顓臾，而在蕭牆之內者（《論語‧季氏》：「吾恐季孫之憂，不在顓臾，而在蕭牆之內也。」指禍害近而不遠），即此是也。一曰蔭占（蔭占，暗中占據）之未清也。賦從田起，役從丁辦，此從來不易之定法也。臺灣自鄭氏僭竊以來，取於田者十之六、七，又從而重斂其丁。二十餘年，民不堪命。既入版圖，酌議賦額，以各項田園歸之於民，照則勻徵，則尺地皆王土，一民皆王人。正供之外，無復有分外之徵矣。乃將軍以下復取鄭氏文武遺業，或託招佃之名，或借墾荒之號，另設管事，照舊收租。在朝廷既宏一視之仁，而佃民獨受偏苦之累，哀冤呼怨，縣官再四申請，終不能補救。且田為有主之田，丁即為有主之丁，不具結，不受比，不辦公務，名曰蔭田；使貧苦無主之丁，獨供差遣。夫蔭丁有形之患也，蓋免一丁，而以一丁供兩丁之役，弱為強肉，則去留有生死之心。勉從而不懷仁，力應而不心服。怨不在大，可畏唯人，固宜深慎。占田無形之患也，小民終歲勤劬（ㄑㄩˊ，勤勞），輸將恐後，以其所餘，為衣食吉凶之用。今既竭力於公私，家無餘積，田主非其世業，豐則取之，凶則棄之。萬一煢煢（ㄑㄩㄥˊ ㄑㄩㄥˊ，孤苦無依）佃丁，無所抵償，重洋孤島，何以為恃？此蔭占之弊，初若無甚輕重，而關於國計民生為甚大，則籌之不可不早。昔賈誼洛陽少年，當漢文治安之日，猶稽古按今，為流涕太息之陳。況海疆初闢，瘡痍（ㄔㄨㄤ ㄧˊ，災後民生凋敝）湯火（致人死傷的事物）之餘，憂前慮後，正在此時。卑縣一介書生，遠遜古人，而身任地方，少知治禮。故干犯忌諱，以竭愚衷，唯憲臺留意焉。」麒光以諸羅偏僻，民番雜處，首興教育。又以文獻未修，久而荒落，乃撰《府志》。總其山川、風物、戶口、土田，未畢，翌年以憂去，巡道高拱乾乃因其稿纂成之。

蔣毓英

蔣毓英，字集公，奉天錦州人，以蔭生（蔭生，因先世有功勛，而得入國子監讀書的人）知泉州府。康熙二十二年，清人得臺灣，督撫會疏交薦，遂調臺灣知府。既至，經理三縣疆域，集流亡，勤撫字（撫字，愛護安撫），相土定賦，以興稼穡（ㄐㄧㄚˋ ㄙㄜˋ，農事）。臺灣固有學宮，制度未宏，二十四年與巡道周昌拓而大之。又設義學，教子弟，勗以孝悌力田之道，一時稱良吏焉。二十八年，陞湖南鹽驛道，士民告留，不得，建祠以祀。

張⿰王尹

張⿰王尹，山西崞縣人，歲貢生。以康熙二十九年，任諸羅知縣。邑土廣漠（廣漠，寬闊），多未開墾，招徠流氓（流氓，流民）拓田，黽勉（勉勵）撫綏（安撫），至者如歸市。不數載，農事大興，民亦殷庶。三十一年，蝗，⿰王尹日巡阡陌，憂形於色。竭誠祭禳（ㄖㄤˊ，祈求解除災禍、疾病的祭祀），雖災不害。性恬淡，寡言笑，蒞職四年，未嘗輕笞（鞭打）一人、嫚（輕視）一士。二十九年，陞河南彰德府同知。邑人念其惠，塑像於府治竹溪寺。

靳治揚

靳治揚，滿州鑲黃旗人，以筆帖式（筆帖式，職官名，掌翻譯滿漢章奏文籍等事）歷漳州知府。康熙三十四年，調臺灣府。蕩滌（整治）草竊（草野竊盜），招撫土番，捐資以修文廟；尤雅意作人。番童有未知禮義者，立社學，延師教之，民稱其德。四十一年，陞廣東高雷廉道，請祀名宦祠。

李中素

李中素，字鵠山，湖北西陵人。始任湘鄉教諭，以卓異擢閩縣。康熙三十四年，調臺灣。善聽訟，遇有冤獄，必竭力申救，而頑梗者則繩之。嘗攝府學篆，教諸生以孝弟，次及文藝。

衛臺揆

衛臺揆，字南村，山西曲沃人，以蔭生知漳州府。康熙四十年，調任臺灣，以廉能稱。始建崇文書院，時延諸生，分席講藝，親定甲乙，文學以興。四十四年，歲饑，請蠲（ㄐㄩㄢ，免除）本年租賦。在任之中，民安衽席（衽席，睡臥的地方，代指居所）。秩滿（任期滿），陞廣東鹽法道，臺人建祠祀之。

孫元衡

孫元衡，字湘南，江南桐城人，以貢生知四川漢州同知。康熙四十二年，遷臺灣府同知。性溫厚，於物無忤，而秉志剛正，不屈權勢，凡不便民者悉除之。

宋永清

宋永清，山東萊陽人，以漢軍監生，康熙四十三年知鳳山縣事。為政清肅，新學宮，建衙署，創義塾，百廢俱舉。邑治東門外有良田數百甲，歲苦旱，永清發倉穀千石貸民，築隄於蓮花潭，長千三百有餘丈，以資灌溉。歲乃豐。郡南有法華寺，為夢蝶園故址。四十七年，永清新建前殿，祀祝融，別闢曠地，蒔（ㄕˊ，種植）花果。築茅亭於鼓樓之畔，顏曰「息機」。公餘之暇，時憩於此。素工詩，好吟咏。每與邑人士講學，文教以興。著《溪翁詩草》。五十一年，秩滿，陞延慶知府。

周鍾瑄

周鍾瑄，字宣子，貴州貴筑人。康熙三十五年，舉於鄉。五十三年，知諸羅縣事。性慈惠，為治識大體。時縣治新闢，土曠人稀，遺利尚巨。乃留心咨訪，勸民鑿圳；捐俸助之。凡數百里溝洫，皆其所經畫；農功以興。又雅意文教，延漳浦陳夢林纂修《邑志》。當是時諸羅以北，遠至雞籠，土地荒穢，規制未備。鍾瑄於其間，凡可以墾田建邑、駐兵設險者，皆論其利害。稿成未刊，尋擢（ㄓㄨㄛˊ，提拔）去，後多從其言。邑人念之，肖像於龍湖巖以祀。

黃叔璥

黃叔璥，字玉圃，順天大興人。康熙四十八年進士，歷任京秩（職）。六十一年，始設巡視臺灣御史滿漢各一員，廷議以叔璥廉明，與吳達禮同膺是命。達禮，正紅旗人也。既至，安集流亡，博采輿論，多所建設。著《赤崁筆談》、《番俗六考》，志臺灣者取資焉。越十九年，有張湄者，亦巡臺御史，愛民造士。湄字鷺洲，浙江錢唐人，雍正十一年進士。以翰林轉御史。著《珊枝集》、《瀛壖百詠》。

秦士望

秦士望，江蘇宿州人，以拔貢生出仕。雍正十二年，調彰化知縣。邑治初建，制度未詳，即以興學致治為心，凡有利民，罔不為之。翌年，倣諸羅之法，環植刺竹為城，建四門，鑿濠其外。又造西門外大橋，通來往。前時臺灣瘴癘盛、水土惡，鄉僻之人每患癩疾，無藥可治，父母棄之，里黨絕之，流離道路，號為天刑。士望見而憫之，慮其感染，建養濟院於八卦山麓以居之，旁及廢疾之人，養之醫之，民稱善政。

陸鵬

陸鵬，字西溟，浙江海鹽人。康熙五十六年舉人。初授奉化教諭，以卓異薦陞連江知縣，調諸羅。安輯（安定和睦）庶民，撫柔番社，治稱最。後丁母憂，嗣任泉州糧捕通判。乾隆八年，調澎湖。治事之暇，則以興學為務；每逢朔日，集諸生於媽宮公所，課以文藝，而尤敦品行，澎之士風為之一振。越年十一月，卒於官。

曾曰瑛

曾曰瑛，江西南昌人。乾隆十一年，任淡水同知，兼攝彰化縣事。時同知駐縣治，曰瑛以彰化建設二十餘年，尚無書院，慮不足以育人才，乃捐俸倡建白沙書院於文廟之西。既竣，手訂規條，撥田為費，復延名師以教。落成之日。賦詩以示諸生，遠近傳誦，尋陞臺灣知府，有政聲。彰化文教之興，曰瑛啓之也。

朱山

朱山，浙江歸安人。乾隆十六年進士。二十年，知彰化縣。下車謁廟畢，視獄，問獄吏曰：「彼繫囚者得毋巨盜乎？」對曰：「小竊爾。」曰：「小竊何足繫？」悉召於庭而縱之，各予十金，使治生。曰：「吾與汝約，再犯無赦。」亡何（沒多久）獲一賊，訊之，則前所縱也。山語役曰：「初法必行，當杖斃之。」亡何，復斃一賊，邑人驚駭。相戒曰：「是真健吏。毋犯法！」亡何，又獲賊，方喝杖，見其面有淚痕。山曰：「犯法者死，何哭為？」對曰：「小人自知必死。適與母訣，故悲爾。」偵之，果一嫗（ㄩˋ，婦人）抱席哭，將裹屍去。山曰：「渠有孝心，尚可改。」再予十金，且嚴飭曰：「汝持販他方求衣食，毋居此，為老捕捉也。」其人叩頭去。山為政謹慎，聽訟時，但集兩造於庭而判之，案無積牘。彰署固有私款，歲入數千金，山不受。言曰：「正供而外，則屬橫征，為民牧者豈可使民貧困乎？」巡道德文視彰，故事供帳甚奢。山不可，但饋米十石、羊四羫。文銜之，俄而檄（ㄒㄧˊ，官方文書）下，命冊丈田（丈量土地加以列冊徵稅）。山力爭曰：「彰地初闢，半斥鹵（斥鹵，具有鹼性，不適宜耕種的土地），與他邑異。前時清丈，曾留餘地，以舒貧苦。今若再丈，將大病民，山不忍為也。」而文催愈急。邑人士謀賂萬金以免，山不可，曰：「吾在此，斷不使諸公賄上游也。」遽令奪鏹（ㄑㄧㄤˇ，指錢幣）橐（ㄊㄨㄛˊ，袋子）歸。文聞之，大怒，劾山私收採買。報罷，山被逮。邑人數萬爭揭竿逐委員，勢洶洶。山揮手止，語且泣曰：「諸百姓苟以我故而抗王章，是殺我，非愛我也。」百姓曰：「若然，則我等護公往鞫（ㄐㄩˊ，審訊）。有不測，願同死。」甫登舟，而擔饋糗（ㄑㄡˇ，乾糧）糧者，投艙幾滿。一男子持百金獻。問之，對曰：「公再縱之賊也。」曰：「何為？」曰：「受金後，改行販魚，已成家矣。今聞公遠行，母命來報恩。」山曰：「我實未知汝手中金，安知非盜而遺我耶？」曰：「公不受，是猶以賊視我也。歸何以見母，不如死！」躍入海。舟子急救，山乃受之。繫省月餘，福建將軍諗（ㄕㄣˇ，知悉）其冤，請赦。召見，復原官，再遷灤州知州。將之任，途赴里門，見非故廬，不敢入。已而妻子出迎，曰：「嘻！此君前年罷官時，彰化士民送我家居此者也。」出券視之，購價萬金。

胡邦翰

胡邦翰，浙江餘姚人。乾隆十七年進士。二十七年，調彰化知縣，整剔利弊，頗多建設。先是水沙連荒埔，開墾成田，已報科（報科，上報課稅標準）矣，疊遭水災，多崩壞，歲又不稔（ㄖㄣˇ，收成、豐收），賦課未除，追逋（ㄅㄨ，拖欠的稅）日至。邦翰聞之，為陳大府，述苦狀。已而總督巡臺，復請之，導往詣勘。總督憫其誠，奏請豁免荒田數千甲、供課數萬石，並請減則。詔至，業農大喜。為位於水沙連天后宮中，每逢誕辰，備禮以祝。其後有胡應魁者，亦良吏也。

應魁，字鶴清，江蘇曲阿人。以會魁為廬州教授。嘉慶元年，調彰化知縣。時陳周全亂後，餘黨未平，應魁盡力搜捕，安輯流民。慨然以振興文教為任，月試書院，親為評點。初，城中乏泉，汲者須赴東郊紅毛井，路遠弗便。而東門外李氏園，忽得泉甚甘，眾爭汲，禁之不聽，訟於官。應魁捐俸買之，號古月井。嗣建太極亭於署後，以收八卦山峰之秀。任滿，陞淡水同知。蔡牽之亂，防堵有功。卒於官。

胡建偉

胡建偉，字勉亭，廣東三水人。乾隆十年成進士。十四年，授直隸無極縣，洊（ㄐㄧㄢˋ，再）陞同知。三十一年，任澎湖通判。澎為海中群島，地瘠民貧。建偉盡心教養。先是澎士獨學無師，為建文石書院，親校文藝，手訂學約十條，以為程式（程式，法則）。又勸各社多設義塾，助其經費，時往視之。然澎士赴試臺郡，淹留數月，或以無資，中途而反，乃請大府，照南澳之例，由澎扃試（扃音ㄐㄩㄥ。扃試，閉室應答試題），送院考取。復於郡中創澎士試寓（試寓，考試居所），眾感其便。每值農時，輒行郊野，詢問疾苦，有弊則除。協標戍兵，驕悍成習，欺擾鄉人，每裁以法。其怙惡者，則請主將革之。建偉以澎湖開闢已久，而文獻無徵，前任通判周于仁僅成《志略》一卷，版又失傳，乃輯《澎湖紀略》十二卷刊之。三十八年，陞北路理番同知。澎人士感其德政，為位書院，至今談者稱為治澎第一。

于仁，字純哉，四川安岳人。康熙四十七年舉人。雍正十一年任通判。遇事果斷，不畏強禦。十三年，奉檄清丈，勸民墾荒，闢地一百四十餘畝，資給牛種耕具。吏無侵漁，民沾實惠。俸滿回籍，澎人建祠祀之。

薛志亮

薛志亮，字耘廬，江蘇江陰人。乾隆五十八年進士。嘉慶十一年知臺灣縣。蔡牽之亂，募勇守城，與民同疾苦；而游擊吉凌阿號能兵，民間為之謠曰：「文中有一薛，武中有一吉，任是蔡牽來，土城變成鐵。」及平，延教諭鄭兼才、謝金鑾合修《縣志》，旋擢北路理番同知，兼海防。倡建鹿港文祠、武廟，踰年成，而志亮已調任淡水同知。嗣卒於官。其後與袁秉義、李慎彝、婁雲、曹謹，俱祀淡水德政祠。

秉義，字介夫，直隸宣化人。乾隆三十一年進士。五十三年任淡水同知。時淡水方遭林爽文之變，地方未謐，秉義既至，摘奸除暴，禁賭尤嚴。五十六年再任，人畏其明。

慎彝，字信齋，四川威遠人。嘉慶十三年進士。曾任臺灣縣。道光六年署淡水同知。始建廳城，與紳士鄭用錫、林國華同董其役。越三年，陞任噶瑪蘭通判。

婁雲，字秋槎（ㄔㄚˊ），浙江山陰人。以監生納捐知縣，奉檄來臺。道光十六年，任淡水同知。淡為山海奧區（奧區，腹地），閩、粵分處，據地爭雄，每有睚眥（ㄧㄚˊ ㄗˋ，怒目相視，指小紛爭），輒起械鬥。雲乃集耆老，陳利害，立莊規四條、禁約八條，俾之遵守。又勸各莊設社倉，續修明志書院，以教以養。大甲溪為淡、彰交界，奔流而西，以入於海，夏秋盛漲，一望無涯，而駕舟者多土豪，藉端勒索。少不如願，即肆剝掠，行旅苦之。雲籌設義渡，捐廉（養廉銀，額外的俸祿）以倡，復向紳富勸輸，得款八千九百餘圓，置田息，充經費，凡設六渡。而塹南之白沙墩、塹北之金門厝，每至季秋，各架浮梁，以利往來，人稱善政。

謹別有傳。

吳性誠

吳性誠，字樸庵，湖北黃安人。以廩生捐納縣丞，來閩候委。嘉慶二十年，任下淡水縣丞，倡建書院。二十一年春，署彰化知縣。適穀貴，盜賊竊發，性誠急勸業戶平糶（ㄊㄧㄠˋ。平糶，平價賣出米糧），發穀熬粥，以食貧民，故饑而無害。平居課士，多得真才。建忠烈祠於西門內，以祀林、陳、蔡（林爽文、陳周全、蔡牽）三役死事諸人。後以卓異，擢淡水同知。未幾，以病告歸。

蔣鏞

蔣鏞，字懌弇（ㄧㄢˇ），湖北黃梅人。嘉慶七年進士，補連江縣令。道光元年，任澎湖通判。慈惠愛民，文武相濟。文石書院建後，歷年久圮，鏞自為山長，以束修充修費，評校文藝，如師弟然。九年六月，卸事。十一年春，復至。會鹹雨，翌年大饑，稟請發帑賑恤。先捐義倉錢三千五百餘緡（ㄇㄧㄣˊ，成串的文錢），以貸貧民，借碾兵穀數百石平糶，存活頗眾。前後治澎十餘年，多所興置。又輯《澎湖續編》一書，以補胡氏所未備。十六年九月，去任，澎人念之，與韓蜚（ㄈㄟˇ）聲俱祀書院。

蜚聲字鵝湖，江西鉛山人，以監生出仕。嘉慶二年，任通判。恤民重士。曾修文石書院。卒於官。

周凱

周凱，字仲禮，浙江富陽人。嘉慶十六年，成進士。道光二年，授湖北襄陽知府。六年，遷江西督糧道。十三年，以興泉永道署臺灣兵備道。時張丙亂後，民心未定，凱至，督搜餘黨，凡被脅者宥（ㄧㄡˋ，赦免）之。而叛卒中有謀起事者，獲其諜林振，乘夜大索。及明，會營禽之，悉置諸法。十六年九月，再至臺灣。十月，嘉義沈知等聚眾謀亂，掠下茄苳糧館，殺汛弁兵丁，即與總兵達洪阿平之。而大莆林之陳燕、岡山之吳幅已謀起應，亦勦之。前後搜捕二百八十餘人，皆分別處死。地方以寧。十七年卒，年五十有九。凱工書畫，素愛才，及門多英俊。著《內自訟齋集》、《廈門》、《金門》兩志。

曹謹

曹謹，字懷樸，初名瑾，河南河內人。嘉慶十二年，舉於鄉，以大挑知縣（大挑，清代挑選三科以上會試不中的舉人，一等任知縣），籤分直隸，歷署平山、曲陽等縣。道光十四年，揀（揀選）

發福建。十六年，署閩縣，兼署福州府海防同知。十七年春正月，知鳳山縣事。時臺灣班兵廢弛，總兵達洪阿頗有意整剔，選六百人，練為精兵，歲犒錢二萬五千餘緡。巡道周凱贊之，飭府廳縣捐助其半。及姚瑩任巡道，以練兵事，下各屬酌議。謹力陳不可，語在〈軍備志〉。謹既抵任，親視隴畝，至下淡水溪畔，慨然嘆曰：「是造物者之所置，而以待人經營者。」當是時，鳳山平疇萬頃，水利未興，一遭旱乾，粒米不藝。謹乃集紳耆、召巧匠，開九曲塘，築隄設閘，引下淡水溪之水以資灌溉；為五門，備蓄洩。公餘之暇，徒步往觀，雜以笑言，故工皆不怠。凡二年成。圳長四萬三百六十丈有奇，潤田三千一百五十甲。其水自小竹里而觀音，而鳳山，又由鳳山下里而旁溢於赤山里。收穀倍舊，民樂厥業，家多蓋藏，盜賊不生。十八年，巡道姚瑩命知府熊一本勘之，旌其功，名曹公圳，為碑記之。已而大旱，溉水不足。復命貢生鄭蘭生、附生鄭宜治曉諭業戶，捐資增鑿，別成一圳，名新圳，而以前為舊圳，潤田尤多。二十年，陞淡水同知，士民攀轅（轅，代指車）涕泣，祖餞（餞行）者數千人。既履任，慈祥惠民，興利除弊。二十一年，英人犯福建，輒窺伺雞籠，鎮道併力籌防。謹以淡水沿海，沙汕延長，自雞籠以至大安，凡可以泊舟者，皆囊沙為堵，練鄉勇守之。又以廳治薄弱，別築土城為藩，植竹鑿濠為犄角（犄角，支援）。二十二年，英艦入大安，謹督兵勇禦之。編漁舟，禁接濟，設哨船，邏海上。先後獲海寇三起，解郡正法。鎮道嘉之。當軍興之際，謹以班兵無用，請停防洋經費，專練鄉勇。姚瑩不許。然瑩亦知班兵之罷弱，非整飭不可，自選精銳六百人，厚給餉糈（ㄒㄩˇ，糧）而教訓之，欲以漸及各營。其後遂裁兵募勇。二十四年，漳、泉籍民械鬥，四邑騷動。謹聞報，趣（趨）赴彰、淡之交止之。駐大甲兩月餘，集耆老，陳利害，鬥稍息。治民以寬，而非法必罰，猾胥（狡猾的官吏）土豪皆屏息莫敢犯。蒞治五年，日以興文教、崇實學，為淡人士倡。朔、望必詣明倫堂，宣講聖諭。刊《孝經》小學，付蒙塾習誦。公餘之暇，每引諸生課試，分獎花紅。淡水固有學海書院，工未竣，捐俸成之。增設鄉塾。淡之文風自是盛。二十五年，以病去，淡人念其遺愛，祀德政祠。而鳳人亦建祠於鳳儀書院內，春秋俎豆（俎豆，代指祭祀），至今不替。光緒二年，福建巡撫丁日昌奏祀名宦祠，詔可。

曹士桂

曹士桂，字馥堂，雲南文山人。道光二年，舉於鄉。嗣以大挑知縣，籤分江西，歷署興安、龍南等縣。二十四年，以捐辦米石，咨部議敘。二十五年十月，陞鹿港同知；越二年正月，始蒞任。旋署淡水廳事。甫三日而大甲有漳、泉之鬥。冒雨往，曉諭莊民，事始息。善聽訟，有獄則斷，案無積牘，顧未嘗妄刑一人。性恬淡，無仕宦習，蔬糲（粗食）自甘。淡廳固有陋規，屏不取。受事九月，以積勞病，猶力疾視事，遂卒於任。淡人士念其惠，祀德政祠。同治六年，廳紳陳維英等請與曹謹並祀名宦祠，未准。

嚴金清

嚴金清，字紫卿，江蘇金匱人。以監生捐納知縣。同治五年，署淡水同知。時政務廢弛，多事姑息。金清竭力整剔，遇事敢為。淡自設學以來，禮樂尚缺，籌款購置，祀事孔明。復捐千金，為紳富倡，則於竹塹、艋舺各設明善堂為義倉，附以義塾，以為教養之資。先是廳轄有義塚一區，久為勢豪所占。金清聞之往勘，復其址，並禁騷擾。民有訟者，立判曲直，案無積牘。眾感其便。

陳星聚

陳星聚，字耀堂，河南臨潁人。道光二十九年，舉於鄉。捻黨（活躍於安徽北部及江蘇、山東、河南的農民作亂）之亂，督率鄉團，以功授知縣。同治十年，陞任淡水同知。淡水地廣，延袤（連亙）數百里，而同鑼灣、三角湧、大嵙崁等，皆僻處內山，為盜賊藪（ㄙㄡˇ，聚集地），劫殺頻仍。前任同知以是被劾。星聚懸賞緝捕，親赴南鄉，遂獲匪首吳阿來誅之。次第肅清。在任五年，頗多善政。光緒四年，臺北建府，裁同知，調任中路。越數月即授臺北知府。諸皆草創，躬任其難，而城工尤巨。方竣而遭法人之役，集紳民，籌守禦，眾亦踴躍效命。及和議後，以勞卒於官。

連橫曰：吾生以來，所聞治臺循吏，若夏獻綸、程起鶚，皆嘖嘖在人口中。而余年尚少，不能詳其事，又不能得其行狀而為之傳，惜哉！獻綸，新建人，受知於大學士左宗棠。同治十二年，任臺灣道，整齊吏治，揣（設法）抑豪家。牡丹之役，參贊尤多。起鶚，山陰人，歷任臺灣、臺南兩府，署兵備道。潔己愛民，獄多平反。而皆卒於臺灣。余之所聞僅此。然臺自設官後，二百數十年矣。而舊《志》所傳循吏，不過十數人。貪鄙之倫，踵相接也。嗚呼！非治之難，而所以治者實難。古之與今，猶一貉也！

流寓列傳

郁永河

郁永河，字滄浪，浙江仁和諸生也。性好游，遍歷閩中山水。康熙三十五年冬，省中火藥局災，毀藥五十餘萬斤，典守負償。聞淡水有磺可煮藥，欲派吏往。而地尚未闢，險阻多，水土惡，鄭氏以流罪人，無敢至者。永河慨然請行。三十六年春正月啓程，至廈門乘舟，二月抵郡。四月初七日北上，途經各番社。自斗六門以上皆荒蕪，森林蔽天，麋鹿成群。番亦馴良，不殺人。所至供糗（ㄑㄧㄡˇ，乾糧）糧，負矢前驅，為左右衛。蓋其時漢人鮮至，未肆侵略，番得無事，故無敵愾之心也。既至淡水，命通事張大先赴北投築屋。五月初二日，率僕役乘舟而入。兩山夾峙，中闢一河，為甘答門，則關渡也。水道甚隘，入門忽廣，如大湖，渺無涯涘（ㄧㄚˊ ㄙˋ，水的邊際）。行十里許始至。而工夫（工夫，臨時僱用的工程夫役）、糧糈、鼎鑊自海道者亦來。張大集番酋飲，告以採磺事，與約一筐易布七尺。番喜，各運磺至，命工煮之。產磺之處為內北社，永河往探。入深林中，忽有大溪，水若沸，石作藍靛色，熱氣薰蒸，白煙縷縷，上升山麓，是為磺穴，觸之或倒。已而工人多病痢，廚者亦病，至無人執爨（ㄘㄨㄢˋ，爐灶），呻吟斗室。永河氣不餒，以船送歸。顧毒蛇惡蚊，出沒戶牖（ㄧㄡˇ，窗戶），爭噬人，且苦熱，新至者亦前後病。居無何，風雨驟至，屋毀，永河自持斧伐木以支。而山水暴發，不可居。急呼蟒甲（蟒甲，原住民的獨木舟），涉水行三、四里，至巖下番人家。日暮，無所得食。乃脫衣與番易雞，煮而啖之。水退，再集工人，築屋煮磺。遂竟其事。十月初七日，乃歸，至省復命。永河居臺半載，著《稗海紀游》、《番境補遺》、《海上紀略》，志臺灣者足取資焉。

藍鼎元

藍鼎元，字玉霖，別號鹿洲，福建漳浦人。少孤家貧，刻意讀書。年十七，觀海廈門，泛舟歷全閩島嶼，並至浙粵，以為此行所得甚多。既入邑庠，讀書鰲峰書院。嗣歸里。康熙六十年朱一貴之役，族兄廷珍為南澳鎮總兵，奉命出師，會水師提督施世驃伐臺。鼎元遂參戎幕（戎幕，軍事幕僚），多所籌畫，文移書札皆出其手。著《東征集》三卷。其討論機宜，經理善後，尤中肯要。事平歸，撰《平臺紀略》，而論之曰：「臺灣海外天險，較內地更不可緩；而此日之臺灣，較十年、二十年以前，又更不可緩。前此臺灣祇府治百餘里，鳳山、諸羅皆毒惡瘴地，令其邑者尚不敢至。今則南盡郎嬌，北窮淡水、雞籠以上千五百里，人民趨若鶩矣。前此大山之麓，人莫敢近，以為野番嗜殺；今則群入深山，雜耕番地，雖殺不畏。甚至傀儡內地、蛤仔難、崇爻、卑南覓等社，亦有漢人敢至其地，與之貿易。生聚日眾，漸開漸遠，雖屢禁不能使止也。地大民多，則綢繆不可不密。今郡治有水陸兵五千餘人足供調遣，鳳山南路一營，以四、五百里山海奧區、民番錯雜之所，下淡水、郎嬌盜賊出沒之地，而委之一營八百九十名之兵，固已難矣。諸羅地方千餘里，淡水營守備僻處天末，自八里坌（ㄅㄣˋ）以下尚八、九百里，下茄苳、笨港、斗六門、半線皆奸宄（ㄍㄨㄟˇ。奸宄，犯法作亂之人）縱橫之區，沿海口岸皆當防汛戍守，近山一帶又有野番出沒，以八、九百里險阻叢雜之邊地，而委之北路一營八百九十名之兵，聚不足以及遠，散不足以樹威；此杞人所終夜憂思而不能寐者也。以愚管見，劃諸羅縣地而兩之，於半線以上另設一縣，管六百里，雖錢糧無多，而臺之番餉歲徵銀八、九千兩，草萊（荒地）一闢，貢賦日增，數年間巍然大邑也。半線縣治設守備一營兵五百，淡水八里坌設巡檢一員，佐縣令之所不及。羅漢門素為賊藪，於內門設千總一員、兵三百，下淡水新園設守備一、營兵五百，郎嬌極南僻遠，亦設千總一員、兵三百，使千餘里幅員，聲息相通。又擇實心任事之員，為臺民培元氣，但勿加以刻剝，一、二年可復其故。均賦役、平訟獄、設義學、興教化，獎孝弟力田之彥，行保甲民兵之法，聽開墾以盡地力，建城池以資守禦，此亦尋常設施爾。而以實心行實政，自覺月異而歲不同。一年而民氣可靜，二年而疆圉可固，三年而禮讓可興。而全臺不久安長治，吾不信也。臺灣山高土肥，最利墾闢。利之所在，人所必趨；不歸之民，則歸之番、歸之賊。即使內賊不生，野番不出，又恐禍自外來，將有日本、荷蘭之患，不可不早為綢繆者也。平居無事，燕雀處堂（安逸而不知危險），一旦事來，噬臍何及（《左傳》典故，比喻後悔已遲）？前轍未遠，可不為之寒心也哉。」其後增設彰化縣及淡防廳，陞澎湖通判為海防同知，添兵分戍，皆如其言。雍正元年，貢成均。三年，分修《大清一統志》。六年，授廣東普寧知縣，有惠政，因忤上吏褫職。閩督鄂爾準諗其才，延入幕府。時臺番作亂，陳治臺十事。十年冬，爾準為申被誣始末。召見，命署廣州知府。未幾卒，年五十有四。鼎元著書多關臺事，其後宦臺者多取資焉。

陳夢林

陳夢林，字少林，亦漳浦諸生。多從名士大夫游，馳驅楚、越、滇、黔間，戎馬江湖，俯視一世。康熙五十年，諸羅知縣周鍾瑄初修《邑志》，聘任筆政。志成，稱善本焉。當是時清人初得臺灣，不事經理，文恬武嬉（文武官員安於逸樂嬉遊），偷安旦夕。夢林憂之，乃著論曰：「天下有宏遠深切之謀，流俗或以為難而不肯為，或以為迂而不必為。其始為之甚易而不為，其後乃以為不可不為而為之，勞費已什百千萬矣。明初，漳、潮間有南澳，泉屬有澎湖，爾時皆遷其民而墟（居處）之，且塞南澳之口，使舟不得入，慮島嶼險遠，勞師而匱（缺乏）餉也。及嘉靖間倭人入澳，澳人復通巨寇，吳光、許朝光、曾一本先後踞之，兩省疲敝，乃設副總兵以守之，至今巍然一巨鎮矣。澎湖亦為林道乾、曾一本、林鳳之巢穴，萬曆二十年，倭有侵雞籠、淡水之耗，當事以澎湖密邇（密邇，相距近），不宜坐失，乃設游擊以戍之，至今巍然重鎮矣。向使設險拒守，則南澳不憊（疲困）閩粵之師，澎湖不為蛇豕之窟，倭不得深入，寇不得竊踞，漳、泉諸郡未必罹禍之酷如往昔所云也。今半線至淡水，水泉沃衍（沃衍，肥沃的平野），諸港四達，猶玉之在璞也；流移開墾，舟楫往來，亦既知其為玉也已；而雞籠為全臺北門之鎖鑰，淡水為雞籠以南之咽喉，大甲、後壟、竹塹皆有險可據。乃狃（ㄋㄧㄡˇ，習慣）於目前之便安，不規久遠之計，為之增置縣邑防守，使山海之險，弛而無備，將必俟亡羊而始補牢乎？則南澳、澎湖之往事可睹矣。」閩浙總督覺滿羅保聞其才，延入幕府。及朱一貴之役，南澳鎮總兵藍廷珍奉命出師，滿保命參戎幄（ㄨㄛˋ，帳幕。參戎幄，指參與軍事幕僚），與鼎元日夜籌畫，不辭勞瘁。中宵聞警，擁盾作書，頃刻千言。其所襄助不亞鼎元。事平歸里。雍正元年，復游臺灣，數月乃去。著《臺灣後游草》，鼎元敘之。後卒於家。

洪壽春

洪壽春，字士暉，同安人。來臺，居彰化二林堡，為糊紙匠以自給。得錢輒購書，旦夕諷誦。饔飧（熟食）屢空，晏如也。有《集古串律詩》四卷，知縣楊桂森見之，賦詩贈，並為製序。又有所作若干卷，稿失不傳。

蔡推慶

蔡推慶，晉江人，或曰某總戎之第六子也。來臺，居彰化縣治，灑洛不羈。嘗學畫，不得其趣，刻意覃（ㄊㄢˊ，深）思。一日風雨大作，隻身走山崖間，會意煙景，逼肖入神。有大憲（大憲，總督、巡撫）募致千金，一語不合，拂袖竟去。居恆獨處斗室，詠歌自樂。寒暑唯著一袍。沒後，邑人葬之八卦山上，題曰「處士蔡推慶之墓」。

查元鼎

查元鼎，字小白，浙江海甯州人。少好學，文名藉甚。以歲貢生屢試秋闈不售（不售，考試不中）。道光間，游幕臺灣，當軸（官居要職者）爭延致之。性耿介，嬾（ㄌㄢˇ，懶散）於徵逐；稍拂意，輒去不可留。同治元年，彰化戴潮春起事，淡水同知鄭元杰禮聘之。道出後壟，被擄，幾罹於死，平生著作盡沒。元杰與廳紳林占梅、鄭如梁遣人分道求之，卒免於難。繪〈竿笠跨犢圖〉，徵詩紀事。晚年僑寓竹塹，境益窮，守益堅，日與占梅輩以詩酒為樂。著有《草草草堂吟草》四卷，今存三卷，未刊。卒年八十有三。子仁壽字靜軒，能詩，工篆刻，亦卒於竹塹。著《靜軒詩稿》二卷，今亡。聞有百壽章，為竹人士所得。

呂世宜

呂世宜，字西村，泉之廈門人。博學多聞。富陽周凱任興泉永道，見而奇之，居於玉屏書院，與莊中正、林焜煌等有名庠序（庠音ㄒㄧㄤˊ。庠序，學校）間。嗣舉鄉薦。性愛金石，工考證，精書法，篆隸尤佳。家藏碑版甚富，見有真蹟，輒傾資求之。當是時，淡水林氏以豪富聞里閈（ㄏㄢˋ。里閈，鄉里），而國華與弟國芳皆壯年，銳意文事。見世宜書慕之，具幣（禮物）聘，且告之曰：「先生之志誠可嘉，先生之能亦不可及。今吾家幸頗足，如欲求古之金石，敢不唯命是從。」世宜遂主林氏，日益搜拾三代鼎彝、漢唐碑刻，手摹神會，悠然不倦。林氏建枋橋亭園，楹聯楣額，多其書也。又求善工刻所臨篆隸，未竣而卒，歸葬於里。是時詔安謝穎蘇亦主林氏，以書畫名。

林豪

林豪，字卓人，泉之廈門人。博覽史籍，能文章。咸豐某年領鄉薦。同治元年秋，至臺灣，居艋舺。時彰化戴潮春起事，林占梅奉檄辦團練，見而禮之，延主潛園，相與討論文史。及平，豪游府治，因就見聞所及，撰《東瀛紀事》二卷，以志此役始末。六年，淡水同知嚴金清聘修《廳志》。淡自開設以來，尚無志。前時鄭用錫曾輯《志稿》二卷，多疏略。豪乃與占梅商訂體例，開局採訪。凡九月，成書十五卷，未刊，而陳培桂任同知，別延侯官楊浚修之。浚，文士也，無史識，多方改竄。豪大憤，撰《淡水廳志訂謬》以彈（糾劾）之。嗣就澎人士之聘，主講文石書院，又輯《澎湖廳志》，稿存臺南。光緒十八年，臺灣議修《通志》，各廳縣皆有採訪，而澎自法役之後，建設尤多，通判潘文鳳乃再聘豪成之，凡十四卷，上之大府。豪以廈門人久游臺灣，凡夫國計盈虛，民生利弊，皆有所論。而於澎事尤關切。豪之論曰：「閩海四島，金門、廈門、海壇、澎湖，舊有富貴貧賤之分。則以廈富、金貴，而澎湖獨以貧稱也。澎湖磽（ㄑㄧㄠ，土壤堅硬貧瘠）瘠無水，所種者地瓜、花生而已。中稔（ㄖㄣˇ，收成）之年，不免拮据。若鹹雨一下，則顆粒無存。至海濱漁利，亦必風平浪靜，始能下網。而澎之狂風，往往兼旬不息。則所謂以海為田者，亦強為之辭，非真如耕者之按候可穫也。夫澎湖斥鹵（鹽），處處可以晒鹽，而民間皆食官鹽，每斤十數文，或七、八十斤為百斤。所獲之魚每不足抵鹽價。此外別無利可取，民安往而不貧乎？若能聽民晒鹽自食，徵其正課釐金，既可裕國，而民間又日日獲利。每歲驟增數萬金之益，乃抽其餘利，以為書院諸生膏火，則人競於學，而科第可興矣。若能戍兵撥回，而由澎人招募，則每歲驟增餉米數萬金，互相挹注；其材武者有進身之階，而武途可興矣。是一轉移之間，民風丕變；即未能方駕內部，而已頓改舊觀矣。胡文忠公（胡林翼）有言：『以官養民，不如使民自養。』是故就地招募，以官養之也。聽民晒鹽，則使民自養也。是皆萬世之利。不然，民自有可富可貴之資，而不為經理，地瓜、花生僅足餬口，並無富強之業，年復一年，則亦終跼蹐（ㄐㄩˊ ㄐㄧˊ，蜷曲不伸展，指受困）於貧苦而已。」豪歸後，居於金門，著書以老。

梁成枬（ㄓㄢ）

梁成枬，字子嘉，廣東南海人。少負氣，嘗以事忤文宗，將繩以法，遂出走，歷游吳楚戎幕，落落無所合。憤而渡臺，為棟軍（棟軍，林朝棟掌管的軍隊）掌書記。當是時，巡撫劉銘傳方倚棟軍以治番，私牘公務日或數至，主文者每辭不達意，至是壁壘一新。銘傳奇之，詢主將以文出誰手。告之，且薦其才。光緒十二年，東勢角置撫墾分局，檄主之。先是漢番隔絕，番怒則殺人，窮則來媾（ㄍㄡˇ，和談）；既媾而又殺人，則諉（ㄨㄟˇ，推卸）過他族。當事者時不能懲辦，終亦無如何也。諸番僻處深山，不相往來，恒合數社用一通事。出好興戎，胥賴其口。而通事每挾番自重，為之耳目。故牛酒之費無窮，而騷擾益甚。成枬乃建利誘勢禁之議，嚴乘障（守衛）之防，定互市之法。諸番非媾，則尺縷溢鹽無所從得。乃稍稍就撫。既又躬歷諸部，拊循（拊音ㄈㄨˇ。拊循，慰撫）其疾苦，納番女為妾，習其語言。諸番皆暱愛，呼為阿公。十三年，萬社番丁殺人，居民多避亂。銘傳檄與屯戍共擒之。萬社為番中之雄，族大地險，各部均受指揮。眾議難之，成枬奮然獨往。至則召其大酋，責之曰：「吾向與若（你）約，毋殺人，歲給牛酒鹽布，為若溫飽。殺人則抵罪。今而負約，吾亦失信於大府，行且投劾（投劾，引罪自責）去。後至者必盡絕互市，亦見女曹饑凍枕藉死爾。」聲色俱厲。大酋懼求救。曰：「女能以殺人者畀（ㄅㄧˋ，給予）我，則免戾（罪過）。否則兵且至。夫除一暴而安眾良，計無逾於此者。」大酋奉命，縶（ㄓˊ，捆綁）之出。遂斬以狥（狥，通

「徇」，示眾）。諸番聞之皆震伏。成枏既與諸番習，頗欲置產於此，遂闢罩蘭之野，墾草樹藝（種植作物），役諸番如家人，歲入可千金，而中央番族亦稍馴矣。割臺之役，攜其番妾蒼黃（蒼黃，匆促忙亂）內渡，盡喪其貲（財貨），詩文亦散落。嗣客死香港。越數年，其門人林資修為述其事如此，並繫以論。論曰：「臺灣土番古稱難治。往時大府亦嘗用兵，至則散匿深菁，毫無蹤跡。乃轉緣岸附木，狙擊（埋伏突擊）罶糧。及其惰歸，每中厥伏。再舉失利，亦稍厭矣。夫以彼族之野，手無寸鐵，家少餘儲，非有假寇兵而齎盜糧（齎音ㄐㄧ。齎盜糧，助長敵寇）者，彼何敢逞？而番輒夜郎自大，謂漢與我等爾。使譯者能開陳利害，亦當少警頑迷。而乃張彼虛聲，墜我士氣，斯亦木腐蟲生之驗也。故番非難治也，未得其方爾。不揣其本而齊其末，方寸之木可使高於岑樓（寸木岑樓，以不同的基準比較事物時，容易得到錯誤的結論），惜乎梁先生之未竟其用也！」

連橫曰：古之所謂士者，為國而已，為民而已，為自信其道而已。是故或言而用焉，或言之而不用焉，或始不能用而後乃用焉。究之皆有益於邦家也。臺灣為新啟之土，利盡東南。士大夫之來游者，莫不視為金穴，飽攫而去，未能建一功、畫一策也。夫規近者不足以經遠，泥古者不足以制今，藍、陳諸子苦心孤詣，獨論長治之計，可謂賢矣。若夫成枏之治番，尤佼佼也。

鄉賢列傳

連橫曰：士為四民之首。讀書稽古，不能治國平天下，亦當鄉里稱善人。若其枉道曲文，頑嚚（ㄧㄣˊ，奸詐）比周（結黨營私），則名教之賊也。臺灣開闢以後，風淳俗美，士之出入庠序者，多硜硜（ㄎㄥ　ㄎㄥ，鄙陋而頑固）自守。而祀於鄉賢祠者五人，是則古之君子沒而祭於社也。《詩》

曰：「有覺德行，四國順之」，有以哉！

王鳳來

王鳳來，臺邑寧南坊人，字瑞周，號竹山。乾隆二十七年，以歲貢補漳平縣學訓導。既至，整飭規條，日示諸生以敦倫樹品之道，士樂就之。秩滿入京。歸，會臺變，上書制府，陳征討策。事平，復北上，奉旨揀發雲南，尋丁父艱（遭逢父喪）。服闋（ㄑㄩㄝˋ。服闋，喪期滿），遵例補蘇州督糧水利同知。漕運固多陋規，積弊既久，任事者多罔庇分肥。鳳來悉革除之。復督採捍（護衛）海塘石，檄勘太倉州水災，再監漕務，署總捕篆（印信，代指職位），雖位卑官小，而以利國便民為心。一時稱善吏焉。嗣陞刑部安徽司員外郎，改河南懷慶府知府，有政聲。召見，下旨褒嘉。尋遷兵部武選司員外郎。歷官三十餘載，年六十有五卒。嘉慶十一年，臺灣縣學教諭鄭兼才上書，請祀鄉賢祠。閩浙總督據以入告，詔可。

陳震曜

陳震曜，字煥東，號星舟，嘉義人，後居郡治。少聰敏，博通經傳。嘉慶十五年，以優行貢太學，召試。二十年回省，歷署建安、閩清、平和等教諭。道光五年，調省，監理鰲峰書院，助修《通志》，訪刻先儒遺書。士論歸之。省垣貢院素湫隘（ㄐㄧㄠˇ　ㄞˋ，低溼狹小），潦（ㄌㄠˋ，淹水）濕薰蒸，就試者每中病。震曜請於鄉人士，募貲拓建，增號舍千餘，並董工役，將一載而成。六年，任同安訓導，又倡修《邑志》。嘗曰：「安上治民，有司之職也；造士徵文，教官之責也。余位雖卑，亦一邑之木鐸（木鐸，宣揚教化之人），豈堪見誚（ㄑㄧㄠˋ，責備）於儒宗哉？」十二年，張丙亂，隨軍渡臺，辦理團練撫卹諸務。奉旨以州同用。亂平，數上書制府，陳利弊。臺灣戍守素用班兵，調自福建各標（清朝軍隊編制），地方民情既多扞格（扞音ㄏㄢˋ。扞格，性情不相投），而結黨滋事，有司終莫如何，有警復不足備戰守。震曜議減戍兵添募鄉勇，書曰：「各省兵丁俱屬土著之人，唯臺灣開闢之初，戶口僅數十萬，沃野千里，民願為農，彼時招募土著之兵，亦無有應之者，加以鄭氏甫平，續有小醜（小醜，盜匪），恐土著在伍，或有通匪之虞。此當時調遣內地班兵戍臺之深意也。今臺屬四縣、三廳，約計三百餘萬人。土地不加，丁口日繁，其無田可耕乏經紀者亦多。若招募充伍，臨以號令之嚴，化其桀驁之氣，平時資以緝捕，有事用以守禦，人地熟悉，未嘗不收臂指（臂指，如臂使指，比喻得心應手）之效。查內地班兵調臺，唯漳、泉語言相似，餘則鄉談（鄉談，家鄉話）各殊，路途東西，又全不辨。既難緝盜於平時，自難勦匪於有事。核其所能，則充武署雜差，或排列汛塘，備數而已。倉猝號召，僅執器械、守城陴，未聞其能義勇，獨自出郊戰勝也。有養兵之名，而無養兵之實，經百數十年，奉行調遣，習焉不察。夫養兵既少實效，則匪類易滋事，地方易蔓延。偶聞警報，茫然不知。今日小汛歸大汛，明日大汛歸城郭，唯有緊閉城門以待賊至。置鄉民於度外，聽匪類之脅從。科派（假借名目攢錢）富民，曠日持久，烏合嘯聚，小醜成魁。非疾呼紳衿（紳衿，地方上有聲望的人）自備資斧，招募義勇，飛稟大軍救援，而亂未能平也。先後情形，同出一轍，可勝痛哉！查臺水陸之兵不下二萬餘名，年需軍餉二十餘萬，養兵不為不厚，而束手無策若此。溯自康熙年間至今，亂十數次，未有不賴土著義勇而能報捷者。即近四十年，而考之，乾隆五十一年林爽文一案，臺民為義勇者，南北不下數十萬人。議敘賞給之義民首，亦千數百員。乾隆六十年陳周全一案、嘉慶十一年蔡牽一案，議敘官職之義民首，俱不下數十員。可見臺民能為義勇以從軍，未嘗不可充兵而敵愾也。是故欲求長治久安之策，遇有班兵出缺，准就土著挑補。每營數百之兵，但得鄉壯數十名，用以勦捕，資以禦侮，則海疆軍制，日有起色，不似從前之僅能守城守汛已也。」

又〈議添募屯兵書〉曰：「臺灣僻處海隅，戍臺悉用內地之兵，語言不通，道路不熟，水土不服，險要不知。每逢勦捕之時，必藉鄉勇屯番為前導。查乾隆五十二年，生番拒逆，熟番助捕。五十三年，福中堂（福康安）入告，以沿山未墾之地，准其耕為屯田，平時錄為屯丁，有警調為屯兵，拔其頭目，獎為屯弁（軍官）。自設立四十餘年，番人恭順，聽地方官調遣戰守，奮勇可嘉。但屯地多荒，屯餉不裕，屯兵亦不能多募。竊思全臺陸路戍兵，共有九千七百九十七名，似可酌減一千數百名，留其糧餉及撫卹眷口之款，可添募屯兵一千數百名，分配臺灣道府、四廳、四縣十衙門，按月點驗一次，給以糧犒。秋令每月操練一次，冬令每月操練二次。軍裝器械鉛藥，官為購備。與操練犒賞，勦捕飯食，即於徵收臺地屯租款下動支。操演之後，軍器存貯道府廳縣之庫。每季巡查地方之時，各衙門酌定數班，輪值調遣。若有勦捕之時，則全隊統帶，可資捍禦。戰勝之實效，較之戍兵尤為得力也。」書上，總督韙之。又議郡治拓建外城，添造炮臺，亦採其策。

先是震曜在鄉，鳳山知縣重其人，聘主鳳儀書院。鳳邑僻處南隅，文風不振。既至，日集諸士講經，間為詩文。自是鳳人始勵學。既奉巡撫命，委同鳳、嘉兩知縣督辦採訪冊，送省補修《通志》。震曜以臺灣府縣各志地圖，舊多疏謬，山川莊社誤置尤多，建議先繪里堡分圖，次繪廳縣分圖，然後統繪全圖。並倣國史館一統圖之法，布畫格線，橫直各三十。其後新圖，遂稱善焉。事竣，彰化知縣楊桂森聘修《邑志》。時鹿港施、黃、許三姓，族大丁多，負隅罔法，動則列械以鬥，久為閭閻（閭閻，鄉里）之害。震曜上書，請嚴辦。以鹿港為全臺濱海適中之地，戶可萬竈（ㄗㄠˋ，爐灶，此指戶），為彰邑一大市鎮，而至今猶無城池，何以保人民？何以固險要？上書請建一城，築一寨。又以鳳山轄地遼闊，行政未周，議劃下淡水南岸至瑯璚一帶，新建一邑。其後沈葆楨巡臺，則採其議而設恆春縣。故其所著書，皆足資臺事，非泛泛也。

十五年，選授陝西甯羌州州同。十七年九月抵任。甯羌固夷地，民間素鮮讀書。既至，月集紳耆訓勵，告之以彝倫（彝音一ˊ。彝倫，倫常），課之以文學。數月之後，風俗丕變。州境當南北棧（棧道通路）之交，為秦隴入蜀孔道，久廢不治，行旅苦之；乃親自勘工，勸民助修。在任十數年，廉潔慈惠，州民愛如父母。二十四年七月，代理城固縣令。三十年，因病歸家，宦囊蕭瑟，唯攜書籍古帖十數笥（ㄙˋ，書箱），多為漢唐石刻。震曜精經術，好宋儒學，治家嚴，一遵古訓。習醫，晚益覃（ㄊㄢˊ，深）深，採輯古今名方及論醫之法若干卷。少與邑士張青峰、陳廷瑜十數人，在寧南坊呂祖廟建引心文社，一時文風大振，後改為書院。咸豐二年，卒於家，年七十有四。著《小滄桑外史》四卷、《風鶴餘錄》二卷、《海內義門集》八卷、《歸田問俗記》四卷、《東海壺杓集》四卷，皆未刻。同治十三年，欽差大臣沈葆楨訪求遺文，別錄副本攜去。光緒八年，臺人士請祀鄉賢祠，詔可。

鄭崇和

鄭崇和，字其德，號怡庵，金門人。年十九來臺，課讀於淡水廳竹塹，遂家焉。淡為新闢之地，民少讀書，崇和勸勵之，富家子弟多就學，奉師厚，故修脯（修脯，教師的薪金）亦豐。嘉慶十年，蔡牽犯淡水，土匪竊發，崇和適在後壟，奉檄募鄉勇防守。事平，當道嘉之。淡屬閩、粵雜處，分類械鬥（區分族群彼此械鬥），歷年不息。崇和又奉檄彈壓（壓制），召兩造父老，力陳利害，仇始解。竹塹多山野，土番輒出殺人，歲且數十。崇和乃集壯丁，據形勢，鳩資設隘，以保衛行人，樵蘇

（採薪與取草）便之。二十年，歲饑，發粟平糶，而家亦富矣。當是時竹人士議建文廟，崇和慨然出巨款，命次子用錫董工。廟成，行釋菜禮（釋菜禮，祭孔儀式，詳〈典禮志〉）。竹塹文風之盛始於此。崇和好宋儒書，尤守紫陽（紫陽，朱熹）家訓，及門之士多達材。道光七年卒，年七十有二。九年，邑人請祀鄉賢祠，十二年詔可。次子用錫，亦有名。

鄭用錫

用錫，字在中，號祉亭。少遵父訓，以力行為本。道光三年，舉進士，家居讀書為樂。淡自開闢以來，尚無志乘，乃集弟友纂稿，藏為後法，文獻以存。六年，孫爾準巡臺，至竹塹，用錫請建廳城，並董工役。既竣，敘同知銜，嗣改京秩。十四年，入都供職，簽分兵部武選司。翌年，授禮部鑄印局員外郎兼儀制司。每逢祭時，恪恭從事。十七年春，歸里。里黨有舉，輒致其財力，故人稱善士焉。禁煙之役，英艦窺大安港，用錫自募勇捍衛，捕虜數人。事聞，賞戴花翎（清代官品的冠飾。以孔雀翎為飾，故稱為「花翎」）。又獲烏草洋匪，大吏嘉之。咸豐三年，林恭、吳磋以次起事，而漳、泉又分類械鬥，全臺俶擾（俶音ㄔㄨˋ。俶擾，騷亂）。奉旨偕進士施瓊芳等辦團練勸捐，兼以倡運津米，給二品封典。當是時械鬥愈烈，延蔓百數十里，殺人越貨，道路不通。用錫親赴各莊，力為排解，著〈勸和論〉以曉之，曰：「分類之害，甚於臺灣，尤甚於淡之新艋。臺為五方雜處，自林爽文之後，有分為閩、粵焉，有分為漳、泉焉。閩、粵以其異省也，漳、泉以其異府也。然同自內地播遷而來，則同為臺人而已。今以異省、異府各分畛域，法所必誅。矧（ㄕㄣˇ，況且）更同為一府，而亦有秦、越之異。是變本加厲，非奇而又奇者哉？夫人未有不親其所親，而能親其所疏。同居一府，猶同室兄弟之至親也，乃以同室而操戈，更安能由親及疏，而親隔府之漳人，親隔省之粵人乎？淡屬素敦古，新艋尤為菁華所聚之區，游斯土者嘖嘖稱羨。自分類而元氣剝削殆盡，未有如去年之甚也。干戈之禍愈烈，村市半成邱墟（邱墟，廢墟）。問為漳、泉而至此乎，無有也。問為閩、粵而至此乎，無有也。蓋孽由自作，釁起鬩墻（鬩墻，內部爭鬥），大抵在非漳、泉、非閩、粵間爾。自來物窮必變，慘極知悔。天地有好生之德，人心無不轉之時。余生長是邦，自念士為四民之首，不能與在事諸公竭誠化導，力挽而更張之，滋愧實甚。願今以後，父誡其子，兄告其弟，各革面，各洗心，勿懷夙忿，勿蹈前愆（ㄑㄧㄢ，過失），既親其所親，亦親其所疏，一體同仁，斯內患不生，外禍不至。漳、泉、閩、粵之氣習，默消於無形。譬如人身血脈，節節相通，自無他病。數年以後，仍成樂土，豈不休哉？」眾得書感動，鬥為之息。乃刻石於後壟，以示後者。用錫既為一方之望，尤盡力農畝，家日殖，歲入穀萬石。晚年築北郭園自娛，頗有山水之樂。好吟咏，士大夫之過竹塹者，傾尊酬唱，風靡一時，至今文學猶為北地之冠。八年，卒於家，年七十有一。著《北郭園集》，多制藝，詩亦平淡。又有《周易折中衍義》一書，未刻，或言其師所著，而用錫輯之也。同治十一年，詔祀鄉賢祠，至今子孫猶守其業。

鄭用鑑

用鑑，字明卿，號藻亭，用錫從弟也。道光五年，貢成均（成均，古代的大學）。性真摯，重然諾。設塾課徒，以德行為先，文藝為次。及門陳維英輩皆傑出。主明志書院講席垂三十年，誨人諄諄，至老不倦。素樂善，捐修淡水學宮，佐用錫纂志稿。咸豐三年，以籌運津米，加內閣中書銜。同治元年，舉孝廉方正。著《易經圖解易讀》三卷及詩文，未刊。六年卒，年七十有九。光緒二年，福建巡撫丁日昌奏祀鄉賢祠，詔可。子八人。次子如城，旌表（表彰）孝友。

文苑列傳

連橫曰：美哉臺灣，我宗啓之，我族居之。發皇光大，氣象萬千，固天然之文界也。遙望群山，蜿蜒數百里，危峰絕巘（ㄧㄢˇ，山峰），峻極於天，高至海拔一萬三千餘尺，視泰岱若兒孫。而東控大洋，西臨巨澥（ㄒㄧㄝˋ，伸入陸地的海），風濤噴薄（噴薄，噴射湧起），蛟嘯龍鳴，珍禽怪獸之翔游，奇花異木之蔚茂，璀璨陸離，不可方狀。天之蒼蒼，其正色耶。三光（日、月、星）在上，照見興亡，使生長是邦者，能舉當前之變化而蘊蓄之，發之胸中，驅之腕底，以自成其文，豈不偉歟？而二百數十年來，莘莘學子，競為制藝，以趣（趨）科名。遂使天然之文，委之而莫能收拾。豈天之特降其奇，將有所待耶？抑以曠古未開之秘，而俟後人之穿鑿歟？橫不敏，弱冠以來，勉學為文，而望道未見，不能有所成就。拳拳（誠摯）之心，固未息也。子桓（曹丕）有言：「文章經國之大業，不朽之盛事。」以彼其人，尚有此志，況橫之丁此時會哉者？洪鍾毀棄，釜瓦雷鳴，道術將為天下裂。苟不出而葆（葆，通「保」）之，唯見淪胥以亡爾。嗚乎！文運之衰，至茲極矣！倉頡之字，孔子之書，人且唾棄，吾又何暇治文哉？夫見異思遷者，佞士之巧也；居今懷古者，篤學之勤也。詩曰：「風雨如晦，雞鳴不已。」當此文運絕續之時，一髮千鈞，為任甚重。臺灣文士其有起而肩之乎？此橫之所大望也。夫以臺灣之文，含英蓄華，鬱久必發，固不虞其滅也。然無以開之，則莫之能繼。譬如大甲之水，奔流停滯，越山絕澗，趣平原，呑巨岸，沛然而放之海。又如玉山之雲，起於膚寸，蓬蓬勃勃，上騰天衢，不崇朝而雨潤南北。故曰：「積之久者必力宏，取之厚者物必大。」此吾以知將來之文也。是諸子者亦為文苑之秀，故次於傳，而吾尤望於後起之俊也。

王璋

王璋，字昂伯，臺灣縣人。善文。康熙三十二年，舉於鄉，為邑士登賢書之始。臺灣初啓，府志未修，璋豫求文獻藏諸家。三十四年，巡道高拱乾議修《志》，聘任分修。璋與邑貢生王弼、生員張銓等十四人，入局任事。《志》成，拱乾大喜。臺灣文獻之存，璋有功焉。嗣出任雲南宜良縣，潔己愛民。丁母艱將歸，百姓籲留巡撫。璋素服從間道旋。服闋，任湖廣房縣，尋陞主事，遷監察御史，以鯁（ㄍㄥˇ，耿直）直聞。後卒於官。

王喜

王喜，亦縣人，佚其字。康熙二十七年鄉貢。手輯臺灣志稿，搜羅頗富。及拱乾創修《府志》，多採其語。

王之敬

王之敬，字篤夫，一字蓮峰，自號竹冠道人。居臺灣縣治，為太學生。工詩文，兼擅書畫。每下筆悉入妙品，當道器之。

許遠

許遠，字程意，孫朱憲（ㄓˋ），字非叔，均邑庠生。徐元，字凱生，盧周臣，忘其字，皆縣治人。各精書畫。

張鈺

張鈺，字質堅，號彬園，臺灣縣治人。幼攻舉子業，屢試不售，遂棄而習武，中雍正十三年武闈（武闈，武試）。然其為人，光明磊落，毫無齷齪態。通六藝，善草書，工畫，尤精繪龍虎。大幅巨幀，蓬勃有生氣。懸之壁間，風雲坌（聚集）湧，人多寶之。

陳必琛

陳必琛，字景千，自號一崖道人。居臺灣縣治，為邑武生。工八分書，山水人物亦臻其妙，而丹青尤佳。宦臺者多求其輿地風俗圖，以資考察。雅好彝器（彝音ㄧˊ。彝器，青銅器），凡古昔金石篆刻，靡不鑒別無訛。手製琴箏簫管，各中音律。當道重之。卒年七十有二。

王克捷

王克捷，字必昌，諸羅人。乾隆十八年舉於鄉，二十二年成進士，為臺人士登禮闈之始。好詞翰，通群籍，著〈臺灣賦〉一篇。其辭曰：「緬瀛海於鴻濛，環九州而莫窮。覽形勝於臺郡，乃屹立乎海中。叢岡鎖翠，巨浸浮空。南抵馬磯，北發雞籠。綿亙二千餘里，誠泱泱兮大風。爾其蒞東寧，扼安平，鯤身蟬聯而左抱，鹿耳蟠轉以右迎。沙線沈礁，迴紫瀾於曲港；雷硠（ㄌㄤˊ，鼓聲）擺浪，撼赤嵌之孤城。則瞿塘之峽不足擬，又何論乎蜀道與太行？若夫市肆填咽（填咽，熱鬧嘈雜），阡陌縱橫。泉、漳數郡，資粟粒之運濟；錦、蓋諸州，分蔗漿之餘贏。蜃蛤魚鹽，在在殷裕；瓜茄薑芥，種種早生。實海邦之膏壤，宜財賦之豐盈。溯夫天造草昧，遐裔（ㄧˋ，邊遠）荒墟，南北土酋，穴處巢居。迨有明之宣德，遣中官以乘桴，遭風偶泊，始識其途。嗣是以後，狡焉思啓，實繁有徒。曾一本竊據於澎島，林道乾遁跡於草湖。繼以思齊之嘯聚，荷蘭之詭圖。洎乎鄭氏，乃凌險而負嵎。建官署，開方鎮，以比擬於扶餘。因利來便，順風長驅。陷七郡，破潮粵，略溫臺，狥（狥，通「徇」，攻占）東吳。旌旗所指，霧合雲鋪。熊蹲四世，虎視方隅。維我仁廟，皇靈震疊，命將專征，克殲讋慴（ㄓㄜˊ ㄕㄜˋ，威脅）。遂按圖而設版，復定賦而計甲。闢四千載之方輿，安億萬姓於畚鍤（ㄅㄣˇ ㄔㄚ，土建）。慶文教之誕敷，群入學而鼓篋。或挽車而騎牛，或操舟而理楫。重洋開渡，舸艦帆聯。樂土興歌，人民踵接。蓋茲邦之廣衍，兼四省而延袤；作南服之藩籬，挺一方之奇秀。其山則祖龍省會，五虎門東，沿江入海，徑渡關潼，突起雞嶼，峻嶒（陡峭）巃嵸（ㄗㄨㄥ。巃嵸，高峻）；過南嵌，矗龜崙，煙霏霧結，繡錯雲屯；大武雙高而作鎮，木崗特立而稱尊。更有巍峨瑩澈，如冰如雪，是名玉山，奇幻特絕；隨霽色而偶呈，忽雲封以變滅。若其磅礴蜿蜒，駢維連蜷，或如龜龍浮游於海上，或如鸞鳳軒翥於天邊，數六六之群島，盼九九之危巔，非人跡所能遍，亦圖經所未鐫。其水則源泉百派，自東徂西，九十九道之溜，二十八重之溪，極潆迴（潆迴，水流迴旋）以紆折，迨放海而皆齊；泚泚（ㄘˇ，水清澈）湲湲（水勢洶湧），豬澤（水停積聚集的地方）渟淵（沉靜深淵），汩汩涓涓，疏畎距川。大甲、大安、大肚之深廣，蚊港、笨港、東港之洄漩。海翁窟風高浪湧，虎尾溪水湍沙濺。況黑港與白洋，更譎怪之萬千。他如蛤仔難之產金，寒潭難入；毛少翁之出磺，沸土重煎。赤山著木而煙起，火山徹夜而光燃。大岡絕巘，綴纍纍之牡蠣；外海異香，浮㲋㲋之龍涎。山朝支麓，溫泉沸鑊，水沙連嶼，藉草浮田。茄茎綱石湖穿海，八里坌月窟湧泉。又若鐵樹插於樹間，十圍連抱；藤橋懸於木杪，一線遙牽。是又載籍之所未編者也。乃林有鸛而無鶴，山有豹而無虎。走獸飛禽，蕃育茲土。畫眉鴝鵒（ㄩˋ。鴝鵒，八哥），以白見珍；彩囊翟雉，其文足取。鳩候氣而鳴六，雞應時而稱五。倒掛夜棲，翻飛雷舞。獐麂祁祁，麋鹿麌麌。暨山馬與野牛，各成群而相伍。若夫蠕喙（蠕喙，鳥蟲）之屬，固難備舉。風氣之殊，亦可附著。蟬未夏而先鳴，燕經秋而不去。訝蜥蜴之有聲，悵鸚哥之不語。蛩唧唧以夜吟，竟四時之無序。感物類而躊躇，忽愴懷於羈旅。乃其海物維錯，尤為充斥。難悉厥名，獨辨其色。則有鯔烏鯉紅，鰽紫鰛白，赤海金精，烏頰黃翼，青鱔投火，黑鯽噴墨，錦魴花鯰，金梭如織。又有香螺花蛤，魚蟹虎鯊，白蟶塗魠，麻虱龍蝦。臺澎所產，厥味多佳。既漁於水，亦樵於山。楠笱始生而合抱，蕭朗高大而螺團。屬野番所盤踞，惜運致之維艱。至若山荔埔柿，土杉水松，亦鱗黃目，交標九芎。番樹白樹之植，悉雜出於山中。猴栗象齒，屋材最美。林茶婆羅，名狀俱詭。見鐵樹之開花，愛仙芝之有子。烏栽頻取以薪蒸，綠玉遍插於庭圯。竹凡數種，刺竹密比。石竹長枝，箣竹如矢。麻竹柔脆，琴竹文理。卉木之花，色色鬥妍。荷開獻歲，菊吐迎年。桐繞春城而布錦，梅放午天而擲錢。繡球攢簇，素馨蔓延。貝葉之稱疑假，曇花之種早傳。番茉莉移來異域，七里香辟除瘴煙。扶桑本出於東海，水仙名託於臺員。厥草維夭，半是藥苗。先春而發，凌冬不凋。唯內地之所少，爰遍訪夫芻蕘（ㄔㄨˊ ㄖㄠˊ，割草砍柴的人）。水藤代韋而堅韌，通草作花而妖嬌。葉張七絃，聊充耳目之玩；蘆開一捻，可卜颱颶之飄。更有薔茶作飲，白麴為醪。鹵草洗鹵，茜草染毛；羞草含羞，荖草老饕。若其刈莞蒲以織席，編絲茅而索綯，群居萃處，曾無慮夫風雨之飄搖。果蓏（ㄩˇ，草實）之實，別種非一。番樣熟於盛夏，西瓜獻於元日。牙蕉子結數層，鳳梨香聞滿室。又如菩提果、波羅蜜、釋迦果、金鈴橘，尤中土所罕見而莫悉。厥有檳榔，生此遐方，雜椰子而間栽，夾扶留以代糧。饑餐飽嚼，分咀共嘗。婚姻飾之以成禮，詬誶得之而怨忘。為領略其滋味，殆恍惚夫醉鄉。爰稽習尚，競事侈靡。土沃民逸，大抵如是。逐末既多，務本漸弛。工針繡而棄桌菅，輕菽粟而豔羅綺。群尚巫而好鬼，每徵歌而角技。思易俗而移風，賴當途之經理。蔣集公（蔣毓英）績懋撫綏，陳清端（陳璸）澤流遐邇。茹冰蘗以率屬，則林荔山之操履。持玉尺以衡才，則夏筠莊之造士。又或留心風物，雅意典章。孫司馬（孫元衡）揮毫珠玉，袁司訓（袁宏仁）積書宮墻。皆有造於斯土，稱盛世之循良。若乃僧衣作賦，沈文開（沈光文）萍蹤坎坷；蝶夢名園，李正青塵緣參破。景寓公之清標，足廉頑而立懦。況寧靖（寧靖，朱術桂）之闔室偕殉，陳丑之傷親自沈。永華（陳永華）之女懸帛柩側，續順之配受帶堂陰。當王化之將暨，忠孝節義已大著乎人心。故前者有謝燦之妻，矢死從一；繼有方壟之婦，受迫不淫。自是以來，志載如林。寧止五妃之墓宜表，五忠之祠足欽也哉？載考番俗，約略可紀。罔識歲時，弗知甲子。以蟾圓為一月，以稻稔為一祀。僅有生名，從無姓氏。贅婿為嗣，隨婦行止。凡樵汲與耕穫，屬女流之所理。乃其少長相隨，則側立以俟。老病無依，則相率同視。比屋親睦，或庶幾乎仁里。而其編藤束腰，展足鬥捷，貫耳刺唇，文身為俠。聽鳥音而卜出，佩大匏以利涉。偶細故之睚眥，驚野性之不帖。乘醉抽刀，斷脰（ㄉㄡˋ，脖子）穿脇。復有傀儡生番，食鮮茹血，蒙頭露目，手持寸鐵，伏林莽以伺人，賽髑髏（比賽獵得的頭骨）而稱傑。且聞遠社番婦，能作咒詛，犯之則死，解之則蘇。喝石能走，試林立枯。傳疑之語，豈其然乎？近郭熟番，漸知禮制。童子入學，亦解文藝。壯者服役，奔走更替。類混沌之未鑿，尚率真而無偽。伊昔吳越，當周之時，猶稱南夷，即在吾閩，值漢之世，亦屬荒裔。既歸版圖，遂號名都。矧臺灣之疆域，擅九土之奧區。高原下隰，畇畇（田地開墾得很平）膴膴（ㄨˇ，土地肥美）。飲食往來，衎衎（ㄎㄢˋ ㄎㄢˋ，和樂）于于（自足）。合閩南與粵北，冒厲禁以爭趨。保聚教誨，亟藉良謨。昌黎（韓愈）守潮，子厚（柳宗元）守柳，風行草偃，何需遲久。如彼瓊州，亦在島上，文莊（丘濬）忠介，後先相望。苟氣習之不拘，豈人地之可量？顧其地時震而海常吼，論者僉曰驚濤之溢湧，幾視斯土若等於浮漚。不知地廣而厚，海深而幽，其震其吼，蓋陽氣不舒、陰氣有餘之所由。唯開闢之未幾，故節宣之未周。方今風會宏敞，聖治廣被，久道化成，百物咸遂，海不揚波，地奠其位，馬圖器車，物華呈瑞，人傑應運而齊出矣。謹就見聞，按圖記，輯俚詞，資多識。愧研鍊之無才，兼採摭之未備。聊敷陳夫土風，用附登於《邑志》。」

先是有陳輝者，亦撰〈臺灣賦〉一篇，而詩尤工，舊《志》載之。輝，府治人，乾隆三年舉於鄉。

馬琬

馬琬，字琰伯，號梅村，臺灣縣人。祖廷對歲貢生，父中萊拔貢生，皆寓籍諸羅。琬亦歲貢。性恬淡，喜飲酒，樂書史，翛然自得。而敦品勉學，鄉人重之。乾隆三十二年，澎湖通判胡建偉始創文石書院，延主講席。居澎八載，多士獲益。善事母，母年且百歲，猶能繪水墨蘆雁，琬亦習焉。屢薦鄉闈不售。晚年益肆情詩酒，間作水墨畫，自題以見志。

莊敬夫

莊敬夫，號桂園，臺灣縣治西定坊人，以水墨繪事著名。凡山水、人物、花鳥，意到筆隨，各臻其妙。每有作，得者輒秘為家珍，以是人爭倣之，然無有及其工者。嘉慶初年卒。

徐恢纘

徐恢纘，字遜齋，亦西定坊人，邑增廣生。工山水、花鳥、人物。性剛介，不屑逢迎。素精醫術，濟人多，里黨稱之。

林覺

林覺，字鈴子，亦縣治人。曾作壁畫，見者稱許，遂刻意研求。善繪花鳥，而人物尤精。嘉慶間，薄游竹塹，竹人士爭求其畫，今猶保之。

陳思敬

陳思敬，字泰初。父鵬南，為臺邑歲貢生，出就連江訓導。思敬家居鎮北坊，及長歸祖籍，補同安庠生。乾隆十八年副榜。素承父志，樂善好施，事繼母孝。頻往來臺灣。一日赴鳳山，聞莊舍有讀書聲，詰之，粵人也，歲以油米助之。思敬固知醫，自設藥肆，以療貧氓，一鄉稱善士焉。著有《鶴山遺稿》。

林朝英

林朝英，字伯彥，臺邑人。乾隆五十四年，貢成均。以資授中書銜，樂襄地方義舉。嘉慶初，倡修縣學文廟，並董工役，自費萬金。廟成，有司奏聞，下旨嘉獎，建坊，賜「重道崇文」之匾。坊在龍王廟前。林清之變，其黨有與相善者，書函往來，潛示不軌。朝英非之，報書諫止，痛陳利害。事敗，索黨人。發朝英書，嘉之。召入見，以病固辭，朝英工墨畫，瀟洒出塵，書亦奇秀，多作竹葉形。善彫刻，竹頭木癭（ㄧㄥˇ，瘤），一經其手，靡不成器。家建小亭，顏曰「一峰」。亭額三字大徑尺，筆力勁秀，悉為朽木所成。光緒十二年某夜被盜，聞為淮軍所竊，邑人士至今猶惜之。

王士俊

王士俊，字熙軒，淡水竹塹樹林頭莊人。始祖世傑以開墾致富，至是中落。士俊勤苦讀書，嘉慶間入泮（ㄆㄢˋ，學校）。設塾於家，鄭用錫輩皆出其門。著《易解》若干卷，今亡，或云其友竊之。

郭菁英

郭菁英，字顯相，亦竹塹人，廩膳生（由官府供給糧食、俸祿的生員）也。與弟成金俱有名。成金字貢南，嘉慶二十四年舉於鄉。家富，藏書多，主講明志書院，以振興文教為念。後授連江教諭，未任而卒。

黃驤雲

黃驤雲，字雨生，淡水頭份莊人。父清泰字淡川，原居鳳山。性孝友，少習舉業，有文譽。林爽文之役，募勇守城，以平琅璚功，補福州城守營把總。嘉慶十一年，任竹塹守備，署艋舺都司。總兵武隆阿重之，擢鎮標中營游擊，改參將，遂居淡水。清泰以書生習武，望子能文。驤雲少時，即肄業於福州鰲峰書院，不十年而文益邃。二十九年（嘉慶無二十九年，此為二十四年之誤）舉於鄉，道光九年成進士，籤分工部。十七年分校京闈，取士多得人。張丙之亂，適歸省，巡道平慶令作書勸諭閩、粵莊民。及平，補都水司主事，洊升營繕司員外郎。子五人。長延祐，舉人；次延祺，少慧，工書，嘗雙鉤〈大麻姑壇記〉入石，編修何紹基見而推許。卒年二十餘。

陳改淑

陳改淑，字以文，澎湖通梁社人。性和粹，口必擇言。而落拓名場，訓蒙自給。晚年，尤喜種菊，工琵琶。時就花間彈之，音調清越。嘗游江南，遍歷名勝。以善奕著名。著有《槎客紀游》、《詩集》，稿佚不存。

呂成家

呂成家，字建侯，澎湖東衛社人。少聰慧，善琴箏，屢試不售，遂絕意功名。置一齋，嘯臥其中。圖書花鳥，呼酒談棋，翛然自適。晚年尤耽吟咏，通判吳性誠時與倡和。別後猶寄詩問訊，積成卷帙。素敦內行。兄弟數人，白首相處，怡怡如也。子姪皆業儒。卒年七十有一。

蔡廷蘭

蔡廷蘭，字香祖，號秋園。澎湖雙頭鄉人。父培華字明新，以篤學設教里中，里人稱之。廷蘭少慧好學，年十三入泮，嗣食餼（學校供給的生活所需）。道光十一年，風災，粒米不藝（藝此處作為採收之意）。汀漳龍道周凱自廈來賑，廷蘭作急賑歌上之，一見傾心。既而督學臺澎，遂膺首選，充十七年拔貢。二十四年成進士，出為郟江知縣。澎之科第自茲始。後為江西知府，有政聲，卒於任。初，廷蘭秋試，遭風至越南，越人禮之，送歸。著《越南紀程》、《炎荒紀略》二書。後余乃得其詩集，長短凡百十有五篇。

魏宏

魏宏，臺灣府治西定坊人。學問淹博，文才甚捷，而遠於事情，世以書癡目之。故其為文輒自圈點，應試亦然，恆被黜。道光二十七年，南通徐宗幹任臺灣道，兼提督學政，獎掖文學，遇才士尤禮待。月試海東書院，宏屢冠其曹。值夏熱，伏案讀書，每苦其辮，即斷之。已而院試，家人慮被斥，以假辮縫帽裏，令帶之。宏入場危坐，及試題下，振筆直書。時五月盛暑，汗涔涔滴衣上，即棄其帽。諸生見而大譁。宗幹適出視，至宏前，取文觀之。宏曰：「我文甚佳，公識之否？」宗幹點首。又指其鬚而詰之曰：「吾以髮為累，已薙去。公留此不更苦耶？」宗幹默然。而諸生環笑不止，邀之入內。文成，宗幹大喜，置第一。翌年科試，復第一，補廩膳生。當是時海道艱危，臺人士之應鄉闈者，須於小暑前內渡，過此恆遭不測。往來既艱，費又重，以故老師宿儒多不赴。省中人輕之，至加侮蔑，謂諸生為「臺灣蟳」，以其無黃也。宏聞之大憤，詣學院，請與省中人角優劣。許之。即赴鳳池書院月課。學使觀其文，推為壓卷（壓卷，詩文優秀，冠於眾人作品之上），然慮損省中士面目，抑為第二，獎之甚厚。省中士無不駭異，遂不復敢輕臺人。以是文名大噪。或謂宏曰：「吾子此舉，厭倒多士，固榮於領鄉薦者。」宏欣然應曰：「吾非好與省中士爭勝負，亦聊以洩臺人之憤爾。今幸不恥辱，則領鄉薦復何用？」遂買舟歸，以歲貢終。

是時有方春錦，亦府治人，與宏齊名。

彭培桂

彭培桂，字遜蘭，泉之同安人。少隨父來臺，居於淡水槺榔莊。咸豐六年，以覃恩（覃恩，廣布恩澤）貢成均。設教於鄉，及門多俊士，竹塹巨室爭聘之。著《竹裏館詩文集》。子廷選亦能文，道光二十九年拔貢，朝考一等。請降教諭。巡道徐宗幹賞之，曾選其文刊於《瀛洲校士錄》。著《傍榕小築詩文稿》，未刊，今皆散失。

陳維英

陳維英，字迂谷，淡水大隆同莊人。少入泮，博覽群書，與伯兄維藻有名庠序間。性友愛，敦內行。咸豐初年，舉孝廉方正。九年，復舉於鄉。嗣任閩縣教諭，多所振剔（振剔，興廢）。閩縣有節孝祠，久圮，捐俸重建。已而工部尚書廖鴻荃告歸，聞之造謁，維英辭。鴻荃請入見，長揖欲跪。維英眙（ㄔ，驚視）不知所措。鴻荃曰：「公新節孝祠，惠及閭里，吾當為親謝。」蓋其母亦祀祠中也。秩滿，捐內閣中書，分部學習。歸籍後，掌教仰山、學海兩書院。同治元年，戴潮春之役，淡北震動。與紳士合辦團練，以功賞戴花翎。晚年築室於劍潭之畔，曰「太古巢」。著《鄉黨質疑》、《偷閒集》，未刊。

時府治有黃本淵，亦以是年舉孝廉方正，以善書聞。余曾求其事跡，而不可得。

吳子光

吳子光，字芸閣，廣東嘉應人。年十二，畢大小經（大小經，指儒家經書），始學科舉文。數試不售，乃渡臺，寄籍淡水。兵備道徐宗幹見其文，頗相期許。同治四年，舉於鄉，遂遊搢紳間。同知陳培桂議修《廳志》，聘任筆述。嗣館三角仔莊呂氏家。呂氏為彰化望族，家富好客，藏書多。子光雅愛古人，又嗜阿芙蓉，擁書讀，自以為樂。顧為人憤懣（ㄇㄣˋ，鬱悶），胸中磊塊，時流露筆墨間。其文曰《一肚皮集》，謂採朝雲戲東坡之語。呂氏為刊行，附《小草拾遺》一卷。又著《三長贅筆》、《經餘雜錄》，稿存呂氏。然其文駁雜，反不若考據之佳。光緒初年卒，呂氏以師禮葬之。

陳肇興

陳肇興，字伯康，彰化人。少入邑庠，涉獵文史。彰邑初建，詩學未興，士之出庠序者，多習制藝，博科名。道光季年，高鴻飛以翰林知縣事，聘廖春波主講白沙書院，始以詩古文辭課士。鴻飛亦時涖講席，為言四始六義（四始六義，代指《詩經》）之教，間及唐、宋、明、清詩體。一時風氣所靡，彰人士競為吟咏。而肇興與曾唯精、蔡德芳、陳捷魁、廖景瀛等尤傑出。咸豐八年，舉於鄉。所居曰古香樓，讀書詠歌以為樂。戴潮春之變，城陷，肇興走武西堡牛牯嶺，謀糾義旅，援官軍，幾頻於險。集集為內山要隘，民番雜處，俗強悍，不讀書。肇興竄身其間，激以義，聞者感動。夜則秉燭賦詩，追悼陣沒，語多悽愴（ㄔㄨㄤˋ。悽愴，淒涼悲傷），題曰「咄咄吟」。事平，歸家，設教於里，及門之士多成材。著《陶村詩稿》六卷、《咄咄吟》二卷，合刻於世。

黃敬

黃敬，字景寅，淡水干豆莊人。干豆或作關渡，故學者稱關渡先生。少孤，母潘氏守節。性純孝，勤苦讀書。安溪舉人盧春選來北設教，敬事之，授《周易》。咸豐四年歲貢生，嗣授福清縣學教諭，以母老辭。假莊中天后宮為社塾，先後肄業者數百人。當是時，港仔墘曹敬亦聚徒講學，皆以敦行為本，游其門者多達材。人稱為二敬。北臺文學因之日興。敬為人謹飭（ㄔˋ，謹慎），一言一動，載之日記，至老不倦。束修所入，悉以購書，或勸其置田，曰：「吾以此遺子孫，勝於良疇十甲也。」著《易經義類存編》二卷、《易義總論》、《古今占法》各一卷、《觀潮齋詩》一卷，未刊。其序《易》曰：「吾因卜筮而設。聖人欲人於事，審可否，定從違，察吉凶，以謹趨避，特為假借之辭，聊示會通之意。故體則兼該靡盡，用則泛應不窮。無論人為何人，尊卑貴賤皆可就此以占；事為何事，大小輕重皆可依此以斷。豈一、二義類所得泥而拘乎？唯其為書廣大精微，擴而充之，義多浩渺，研而究之，義又奧幽。前聖之言，非必故為詭祕，以待後人深求。易本懸空著象，懸象著占，道皆虛而莫據，辭易混而難明。欲為初學者講，不就其義以整其類，則說愈繁而旨益晦。譬如登山，仰止徒嘆其高，莫得尋其徑路。譬如入海，望洋徒驚其闊，莫得覓其津涯。執經習焉不察，開卷茫乎若迷。將《易》所以教人卜筮，欲啓之以明，反貽之以昧，欲命之以決，反滋之以疑，日言《易》

而《易》不可言矣。夫《易》之數本於天也。天非以人為驗，無以知天。《易》之辭憑乎理也。理非以事為徵，無以見理。茲編之所解者，悉遵本義，主乎象占，以卜筮還之。而於各卦之義，各爻之義，復采古來人事相類者與為證明。或係前人，或由己見，皆敬小窗閒坐所讀，苦無端倪，欲以課虛責實，庶幾得所持守，誌而不忘耳。卷帙既成，不忍恝（ㄐㄧㄚˊ，忽視、不在乎）然廢棄，爰顏之曰《義類存編》，以示子弟侄輩。俾之便習此經，因以兼通諸史，不無稍有裨益。雖所引著，其事未必與其義適符，而望影藉響，以為比類參觀，亦足知類通達。況由是觸類以引而伸，充類以至於盡，推類以概其餘。覺義雖舉一、二人之類，可作千萬人想。義雖舉一、二事之類，可作千萬事觀。化而裁之，推而行之，神而明之，何致拘泥鮮通，不能兼該泛應，有負於《易》為卜筮之書也哉！」

吳鴻業

吳鴻業，字希周，淡水艋舺人。博覽群書，工琴，精秦漢篆刻。顏其居曰「拜石山房」。敦行寡言，言皆雅趣。顧善畫，嘗繪百蝶圖，設色傳神，栩栩欲活。一時名士如臺灣黃本淵、淡水鄭用錫、陳維英輩，皆為題詠，凡二十餘人。淡水同知雲南李嗣業為之弁首。而鴻業亦自序曰：「少讀唐人詩，至王右丞宮詞，初不解滕王蛺蝶圖，如何搨（搨，通「拓」，以紙墨摹印碑帖）得。一日，春花爛發，隱几沈吟。瞥見隔籬敲拍，栩栩然來。促筆起而摹之，鬚眉間隱然欲動。一聲呼絕，為蒙師驚斥，頗敗興，不果成。迨成童後，尤有嗜畫之癖。凡山水、人物、花卉、禽蟲，見一名筆，必購致之而後快。地之遠近，價之廉昂，弗恤也。然徒為好事者借作粉本，於余結習所喜，終未得其一班。今春與黃友閱《芥子園》所詳蝶訣，亦自信前輩之不余欺。獨怪天地間，一種活色生香，自然意趣，如待按圖而索，為足以畫其形神，窮其變幻，則使滕王搨本至此猶存，吾不知畫有今古，將蝶亦有今古乎？而後悔向之諰諰（ㄒㄧˇ ㄒㄧˇ，憂愁恐懼）然必求搨本者，癡耶？夢耶？醉耶？迷耶？夫搨滕王固日在吾目中矣。吾乃傍蜂衙（蜂衙，蜂房）以相約，牽蛛網以為招，散鋪花具，虛貯冰壺，至則滿抱入懷，如百摺仙裙，在水晶屏裏，臨風綽約，搖曳多姿。不數日，則狎如海鷗，依如籠鳥，適爾疏放，招之即來，身輕能作掌上舞，令人想趙飛燕入昭陽時。余於此領略，漸已見慣渾閒，一旦脫然散之，則陣陣交飛，橫若雁字，徐徐緩度，妥若鶯梢，有尋花問柳之致，在咫尺千里之間。余不覺狂呼大叫曰：『滕王告我矣，滕王授我矣！』無如索畫蝶者，戶屨（ㄐㄩˋ，踐踏。戶屨，指登門拜訪）日多。甫脫稿，輒攫（ㄐㄩㄝˊ，奪取）去，不更存以自鏡。亦烏知其合格否也？乃於歌吟篆刻之暇，都為一冊，作《百蝶圖》。自春三旬有一日，至夏季二十五日，百七十四日，得玉腰奴（蝴蝶）約略百十數計。其中襯以花草，澤以丹青，一一皆倣前人筆法。此雖小技乎，亦足以醫疏懶之一端矣。獨是王摩詰（王摩詰，王維）畫以詩傳，米元章（米芾）畫以書重，至欲合詩、畫而稱三絕，則鄭博士（鄭博士，鄭燮）尤擅名家。余不敏，覓韻抽毫，彌滋愧歉。幸賴當代鉅公，不以塗鴉見擯（ㄅㄧㄣˋ，遺棄），留題斐几，弁簡生光。加一、二知友，嗜痂同癖，延譽墨莊，兼收眾體，俾得藉親一字之師，並搨雙鉤之帖。則拋磚引玉，不可謂非余之厚幸也。不然者，渲染烘托，一畫工能之矣。我自村裏來，特有大法眼在。」鴻業畫蝶，傳之門人，皆無其精。而《百蝶圖》藏之家，後流落，為里人洪雍平所得。

王獻琛

王獻琛，字世希，號寶堂，臺南府治人。讀書赴試，久不得售，乃為鎮署稿識。性廉隅（廉隅，有為有守、（端正不苟），能作水墨畫，而畫蟹尤得其神，饒有江湖之興。書亦疏放。光緒十五年卒，年六十。

楊克彰

楊克彰，字信夫，淡水佳臘莊人。讀書精大義。從貢生黃敬學，受《周易》，覃思鉤玄，得其微蘊。顧尤工制藝，掃盡陳言。每一篇出，同輩傳誦。光緒十三年，以覃恩貢成均。數赴鄉闈，不售。侯官楊浚見其文，嘆曰：「子文如太羹玄酒，味極醰（ㄊㄢˊ，醇厚）醇，其不足以薦群祀也宜哉。故終不遇。」設教於鄉，及門數十人，四方師事者亦數十人。每社課，執筆修削，日數十篇，無倦容。艋舺黃化來具禮致千金，請設函丈於燕山宗祠。不赴。或問之，曰：「吾上有老母，足以承歡。下有妻子，足以言笑。讀書課徒，足以為樂。使吾昧千金，而遠庭闈（庭闈，父母所住的廳房，代指父母），吾不為也。」而化來請之益堅，歲晉聘書。克彰觀其誠，乃許之。宗祠距家六、七里，每夕必歸，進甘旨，視母已寢始行。風雨無間。途中背誦所讀書，手一燈，踽踽（ㄐㄩˇ ㄐㄩˇ，孤單行走）行。里人見之，知楊先生歸也。克彰設教三十年，及門多達才；而江呈輝、黃希堯、謝維岳、楊銘鼎尤著。嗣為學海、登瀛兩書院監督。知府陳星聚聞其文行，欲舉為孝廉方正，辭。十六年，大府議修《臺灣通志》，飭各縣開局採訪，與舉人余亦皐纂《淡水縣志》。嗣任臺南府學訓導。翌年，陞苗栗縣學教諭。苗栗初建，士學未興，竭力獎之。越數年，調臺灣縣學教諭。乙未之役，避亂梧棲，倉皇內渡。而老母在家，每東向而望。軍事稍敉（ㄇㄧˇ，平定），趣歸故土，奉以行。母年已八十，居同安，未幾卒。克彰哭之慟。越數月亦卒，年六十有一。著《周易管窺》八卷，未刊。子五人。次仲佐、維垣、潤波均讀書，能世其業。

譯文

林靜宜、卓克華、張崑將、張溪南、陳有志、吳克、熊羿、吳昆財・注譯

循吏列傳

陳璸／林靜宜

陳璸（一六五六—一七一八），字文煥，號眉川，清代廣東省雷州府海康縣人。康熙三十三年（一六九四）陳璸考取第三甲進士（賜同進士出身），康熙三十八年（一六九九）獲得福建省福州府古田縣知縣的職位，由於清廉有才能，於康熙四十一年（一七〇二）調任臺灣府臺灣縣（今臺南市）知縣，因爲有清廉的節操，不畏艱苦的心志與慈善仁愛、照護人民的用心，在當官時得到好評。

陳璸在處理公家事務的時間以外，常召集學生舉行定期考試（包括月課、季考、歲試），透過考察和交談，激勵眾人培養品德、確實履行所學。夜晚常自己往來巡察，向耆老有高德的長者詢問政治措施以解除民間疾苦。在夜間，如果聽聞有婦女一邊紡織一邊陪伴子弟朗誦經典的聲音時，就敲門進去拜訪，給予豐厚的獎勵；如果聽到飲酒喧鬧的笑聲與歌聲，一定嚴肅地警告對方戒除。當年成歉收造成饑荒（稱為「歲祲」）時，陳璸就打開儲存糧食的倉庫賑災，貧苦的百姓（稱為「窮黎」）大都感念他的恩德。

康熙四十九年（一七一〇），[1]陳璸調職爲刑部主事，又升任郎中。之後，因福建巡撫張伯行的奏請調補，陳璸再由四川提學道，[2]調任福建按察使分巡臺（灣）廈（門）兵備道。[3]由於陳璸不畏懼渡海艱難，又重視教育事業，因此受到當時臺灣讀書人的歡迎，當陳璸到任臺灣時，士人都競相前往海濱（稱為「海澨」）迎接他。

陳璸就職後，以振興教化、改變風俗作爲施政時的重要事務，在他的治理下，本地的人材得以培育，地方的文化和教育事業也得以發展。康熙五十年（一七一一）是康熙皇帝的六十歲生日（稱「萬壽節」），陳璸首先在臺南建造「萬壽亭」，[4]用於教導官員和學生如何舉行祝壽禮儀。又整修了文廟（今臺南市孔廟），範圍包括大成殿、啓聖祠（祭祀孔子父親，雍正元年改名崇聖祠或崇聖殿，且祭祀孔子五代祖先）、明倫堂（在文廟右邊）、朱子祠（在明倫堂東邊，祭祀宋代朱熹），在櫺星門

---

1 原文指康熙四十一年（一七〇二）的「明年」「調刑部主事，遷郎中」，然而當年的刑部主事是江西省瑞州府高安縣人朱軾（一六六五—一七三六）。朱軾與陳璸都是康熙三十三年（一六九四）進士，陳璸直到康熙四十五年（一七〇六）才升任刑部員外郎，康熙四十六年（一七〇七）升任兵部郎中，職位都高於主事。

2 原文作「四十九年（一七一〇），由四川提督學政任福建臺廈道」，年代與前一個職稱都有誤。康熙四十八年（一七〇九）陳璸擔任會試同考官，被派去四川作學政，其職稱是「四川提學道」。因為康熙時期「提督學政」的官名僅用於稱呼順天府（今北京）、江南省（今江蘇省和安徽省）、浙江省三地主管科舉考試的官員（又稱學政、學臺，與按察使（又稱臬臺）同為正三品），其餘各省主管科舉考試的官員，稱為「提學道」或「督學道」（又稱提學、學道）。雍正四年（一七二六）以後，提學道的官名才改稱為提督學政。

3 雍正五年（一七二七）「臺（灣）廈（門）道」改稱「臺灣道」，管轄臺灣與澎湖（又稱「臺澎道」）。

4 原文作「萬壽宮」，其實萬壽宮是乾隆年間由蔣允焄重修時改的名稱。

左右改置文昌閣、土地祠，外設禮門、義路、大成坊及半月形牆垣，奠基了孔廟大致的格局。又在啓聖祠旁邊建「六德齋」，在名宦祠和鄉賢祠南邊建「六行齋」，在明倫堂前建立「六藝齋」，以此十八齋[5]作爲教導學生的基地，其中「六德齋」與「六行齋」稱爲「內十二齋」，只有文學、德行兼備的學生才可使用。陳瑸又爲臺灣考生建立學田制度，使學田（又稱學租田、膏火田）在收租後，能提供學生學習的經費（稱為「膏火」，原指天黑後用來買燈油以照明讀書的費用）。凡是陳瑸所創立建設的事業，他都親自監督執行，整天忙碌也從不覺得疲累。康熙五十二年（一七一三）開始，由於陳瑸將臺廈道官莊的官田撥出成爲臺灣府學的學田，因此府學每年有三萬兩的固定收入。陳瑸將這些錢用在提供文廟的祭祀花費、臺灣文武學生渡海到福建省考試的旅費，一改過去官員以官莊刮取臺灣民脂民膏，且將收租所得跨海送回福建高官手中的惡習。由於陳瑸不染指公款的一分一毫，可見他廉潔公正、一絲不苟的高超人格。

康熙五十三年（一七一四），陳瑸從臺廈道升任湖南巡撫，不帶隨從，一人獨自前往湖南就職。五十四年（一七一五）五月到任，一切公文（「文移」）都是他自己寫的。[6]十二月，陳瑸到北京謁見康熙皇帝（「入覲」、「陛見」），康熙問他渡過臺灣海峽有何危險，陳瑸答說：向皇帝報告：前往臺灣的航線是由廈門到澎湖，經鹿耳門到達安平，途中常有海難，康熙四十三年（一七〇四）他從臺灣前往北京時，船在鹿耳門（今臺南市安南區）就失去舟舵，他在海中漂流一夜，被西風

5 原文誤作「十六齋」。

6 譯者推測：清代的巡撫衙門朝廷命官只有巡撫一人，管理政務依賴幕府制度（包括幕賓、師爺）。陳瑸在湖南沒有聘請幕僚團體，可能一方面是他為官清廉，沒有多餘經費召募私人助手，一方面也是他有才能，一個人兼顧衙門的事務。

吹回港內才得救；康熙五十四（一七一五）年他從臺灣前往湖南就職，一路順風是託皇上給的福氣。康熙帝因爲他的堅忍與廉正，對他說：「你眞像是一位苦行老僧啊」，以溫和懇切的詔諭給予嘉獎、賞賜，並任命他爲福建巡撫。當陳璸向皇帝辭別（「陛辭」）前往就職時，康熙帝問說：「官員在福建是否有收取『火耗』（為彌補將銀兩轉鑄為官銀時之損耗所收的附加稅），以作爲養廉錢？」陳璸答：「福建省臺灣府的諸羅（今嘉義縣市、雲林縣、彰化縣、臺中市、苗栗縣、新竹縣市、桃園市、臺北市、新北市、基隆市）、臺灣（今臺南市）、鳳山（今高雄市、屏東縣）三個縣不收火耗。」康熙帝因此而說：「從前各州縣官員會留存一些所收『公費』（額外的稅收）的銀兩，沒有全部交到戶部，以作爲州縣貧官辦理公務時的經費。後來有人倡議火耗歸公，必須全數繳交給戶部，這有時會讓州縣官員沒有充足的經費辦公。因此如果禁除官員不能留置一分一毫的火耗或附加稅，反而會產生苛待人民的弊端，恐怕也不可行。雖然爲官必須清廉，但只要你清白而不刻薄，民間必然不會怪罪官府貪瀆，而可和諧相處。」

康熙五十五年（一七一六）一月，陳璸到福建就職。七月，他向皇帝上奏摺，說明防止盜匪在海上搶奪財物的方法：

防止海盜的方法，不同於防止山賊的方法。因爲山賊呼嘯聚集的場所固定，而海盜往來忽隱忽現難以預測。同樣是海防，在臺灣、金門、廈門的做法，又與沿海的做法不同。原因在於沿海的海盜會突然進攻侵犯內地，而臺灣、廈門的海盜不會侵擾內陸，只在海上搶劫掠奪船隻。所以辦理臺灣和廈門的海防有三個要點：一是明訂分班、分處出巡的水師必須共同會齊巡邏的時間和地點；二是重申護送合法商船的命令；三是在眾商船間實施連坐互保的做法，防止某一商船與海盜勾結，遇盜賊時也可以相互支援。

現在臺灣廈門的海防軍力有提標水師（福建水師提督管轄的海軍）五個營、澎湖水師（副將管轄的澎湖水師協）二個營，臺協水師（副將管轄的臺灣水師協）三個營，都各自有巡邏的哨船，按照駐防區所在的海洋面積負責巡邏。為了三方水師能聯合作戰，應該在各自的旗幟上用大字寫出該哨船屬於哪一營的官兵，以利官軍判別敵我，並在每個月「會哨」一次。「會哨」是指駐防區鄰近的哨船，在「汛」與「汛」的交接處定期會合。雙方必須交換旗幟，證明確實巡邏了各自的防區，返航時送給監管的提督查驗核對。若哨船相會沒有交出旗幟，要立刻「察取營官職名」（將該營官送交吏部處罰，按照過失的輕重，分為察處、議處、嚴加議處）。如果負責巡邏的哨船失職而耽誤事情，也要立刻察取哨官職名。這是施行會哨的做法。

水師不應該放行零星的商船進入海域，無論是從廈門開船過去，或從臺灣開船回來，必須等候風信（風向），再同時准許二、三十艘商船一起出港，以利於護送。由臺灣、廈門兩「汛」駐防區各撥哨船三、四號，[7]各自由出發地護送商船，臺灣、廈門雙方的水師在澎湖進行任務的交接。如果航行平安無事，商船就各自領取官方證明文書（「取結」），每個月送給督撫查核；商船如果沒有拿到蓋上印信的放行文書（「印結」）卻私自出海，就要立刻察取官船職名向上級提出書面報告（「申報」），以找出是哪一個哨船放行偷渡船隻，這是施行護送的做法。

當二、三十艘商船同時出港時，由官方查核清楚船隻的貨物、人員與官方文書（「點明」），同時出港的商船各自簽署、領取「連環保」的官方文書（「結」），承諾遇到海賊就互相救援，否則視

7 戰船編號表示所屬駐防區和船隻數量以及激勵軍隊效果，如福建水師提標的中、左、右、前、後營，編號為「海、國、萬、年、清」，臺灣水師協與澎湖水師協編號為「綏、寧、平、定、澄」。

爲與海賊勾結。這是施行連環保（彼此監督，有事連坐）的做法。

陳璸的疏（分析問題的奏摺稱為「疏」）被送到各部討論時，官員們認爲煩雜瑣碎難以施行。但康熙帝特別肯定陳璸的建議，命令官員遵照陳璸的建議。

康熙五十七年（一七一八）十月，陳璸去世於福建巡撫官署，朝廷發布命令表示痛切哀悼（「軫悼」），賜予諡號「清端」，並且追贈禮部尚書的官銜，使他的祭、葬都可依照尚書官銜的禮制進行。雍正八年（一七三〇），皇帝興建賢良祠（位於今北京市地安門西大街一百〇三號旁），內題有「崇忠念舊」的匾額，以祭祀有功於國家的王公大臣，雍正帝特別下詔書讓陳璸入祀賢良祠。陳璸治理臺灣有仁惠之政，臺灣鄉親思念他，將他的雕像放在臺灣府學的文昌閣，[8]每到陳璸的生日時，就會掛起燈籠、吹打樂器來慶祝。等到陳璸去世時，臺灣人都同表哀傷，將他的牌位迎入名宦祠中祭祀。

季麒光／卓克華

季麒光，籍貫是江蘇無錫人（今江蘇省南部無錫市，簡稱錫）康熙十五年（一六七六）進士。康熙二十三年（一六八四），擔任臺灣府諸羅知縣（今嘉義縣市），當時臺灣剛開發，各項政治制度建設尚未完備，臺灣知府每有諮詢政事，麒光都會詳細說明其利害關係，知府常採納他的建議。麒光

---

8 臺灣百姓曾製作陳璸木雕像以海運送往雷州，陳家於民國時期重修族譜時，曾將此雕像拍照印刷於族譜中，然雕像在文革時已失佚。現臺南市中西區北極殿另供奉有一尊陳璸木雕像。

曾說：臺灣有三大禍害，而臺灣島孤峙海洋中，人民雜處。土番頑抗，還不包括在內。第一項禍害，賦稅太重：臺灣田園分爲上、中、下三等則。已經算是斟酌過而平均徵收賦稅了。但臺灣的田土與大陸內地肥脊不同，內地田土多半肥沃，爲百姓世世代代留守耕種，而臺灣田地水田少，旱田多，沙鹵貧瘠的田多，地力淺薄，小老百姓耕種，或二年一收，或三年一收，收穫量一少，便移耕別地，要不然就放棄土地，所以百姓很少有固定的田園產業，田土的多寡也常變動，並無一定的數目。況且我大清朝田賦最重的是蘇州府與松江府（今蘇州市、上海市一帶）等府，每一畝要納稅一斗五、六升至二斗，已經算是很高了。但今天臺灣田園一甲換算有十畝，徵收粟稅要七、八石，換算成米穀，每畝田徵收至四斗至三斗五、六升，比蘇常府還重，臺灣百姓能有多大本事，負擔如此重稅？何況官佃（屬於官方擁有的土地）的田園屬於較好的水田，每年可收穫米穀五十餘石。在鄭氏時代（指鄭成功、鄭經、鄭克塽時代）徵收至十八石至十六石，還要負擔糖、麻、荳、草、油、竹等供物。其中文武官田園都是尚未開發的荒埔，看天吃飯，有下雨則豐收，沒有則歉收。所招來的佃農、壯丁，去留不一定。所以鄭氏時代每年歲增數量米粟有十二萬石左右，其中官佃田園面積有九千七百八十二甲，徵收歲徵有八萬餘石，文武田園有二萬二百七十一甲，只徵收四萬石，也是看土地多少而決定徵收稅額。人丁的稅收，在大陸莫過於太行山的東西（指山東省、山西省），黃河的南北（指河南省、河北省），因爲這些地方土地廣闊，但荒蕪收成少，所以加重丁稅（人口稅）以補充土地稅收的不足。所以像稻、麥、黍、稷、梨、棗、柿、栗、棉、麻、荳、竹等地徵收，一頃（百畝）只要納銀三、四兩，所以丁口稅重，田賦輕，這勉強還算公平。長江附近，土地肥沃，所以田稅很重，丁口稅輕反而不過徵收一錢，民間甚至於還有少報戶口，一家數口只報一丁，或按田二、三十畝折算成一丁的稅收，沒有像現今日臺灣人口稅這麼重的，臺灣丁口稅每畝徵收至四錢八分。今日臺灣的收穫雖多，卻又加重賦額，雖然比鄭氏時代有減少，但跟大陸內地比較還是多，實在令臺灣百姓爲難。所幸風調雨順，五穀豐收，老百姓還可以負擔，倘若遇到荒歲歉收，恐怕會出狀況，無法補救，俗語所謂「不患瓦解，而患土崩」正是今日臺灣情形。

第二項禍害是人民與軍人實難協調治理。臺灣的軍隊兵丁多半是漳州、泉州人，這些人是明鄭時代降清的兵丁，親戚舊友都還在臺灣，往來密切，從在鹿耳門（今臺南市安平區）的軍兵丁名冊可以查知。而臺灣移民自身並無田產，也無生活的本領，不是投身軍營當兵，就是散居各地荒埔，似百姓又非百姓，似軍人又非軍人，平時群聚飲賭，或偷竊人家，地方一些無賴年輕人，與他們互相勾結援引，互稱兄弟，不入戶籍，也不從事農耕，彼此呼朋引類，常在一起，能不保證他們不被奸惡的人所唆使煽惑，剛開始先是偷竊，隨著變成強盜，最後變成社會的大禍患，如胡國材、何紀等人就是很好的例子。他們之所以難以稽察防患，是因散居荒村僻野，或一家或四、五家，都建築屋宅於濃密竹林之中，不像大陸內地，比鄰而居，屋宅相接，去訪查他們，查東家躲西家，查西家逃東家，不易察到，不像熱鬧街市可行保甲法，在荒野散居村落無法可行，這是第一種情況。

第二種情況，有當兵的家庭，或一人、二人、三人當兵，稱「火兵」，出入鄉市，囂張枉法，毫無顧忌，平時假借軍人名義爲非作歹，戰時怕死而不負軍人責任，常常變換姓名，無法辨別眞假。何況臺灣軍隊，又是從大陸沿海調動來臺，如遇喪亡，本應照實補報，居然有將佃農假充入伍，於是營內多一兵丁，即鄉里少一人丁，民丁入營假充兵丁，就無法納稅服役。一些奸民得知有此好處，輾轉冒充，依附兵丁，如此下去怎能不思預防，嚴加整飭，所謂禍患「不在須臾，而在蕭牆之內」（大意指禍患不在立刻爆發，而在內部隱憂）即是此意。

另一種禍患是蔭占土地，多少不清楚。國家田賦是按土地多寡而算，服役是按每家男丁多少而算，這是長久的法律規定，臺灣自從鄭家竊占以來，稅收取於田地的有十分之六、七，卻又重斂丁壯服役，占據二十多年來，百姓痛苦不堪，我大清將臺灣收入版圖，斟酌田賦稅收，將各項田園歸還原有百姓，照土地貧瘠等則高下來徵稅，寸土寸地都是我大清土地，老百姓都是我大清百姓，每年徵收除正供外，再沒有額外的徵收。但是軍隊中從將軍以下，奪取鄭氏遺朝文武官員留下的土地，或直接招佃農，或借墾荒的藉口，令設管事，管理收租，官方則視為平常農墾百姓，於是佃農常受重複納賦的困苦，哀號呼怨，縣官再三再四向上級懇請，還是不能補救，而且田土為有主之田，男丁自然也是有主之丁，但不具結，不受比追繳稅，不辭公務，名曰「蔭田」，不必負擔賦役，反而使貧苦無主的佃丁，負擔各種供應差遣。這是「蔭丁」可以看見的禍患，因為少了一丁，就必須有另外一丁負責兩丁的勞役，弱肉強食，這些丁壯雖然無須服役，但內心不服，常有逃跑企圖，怨不在大小，可畏的是人心不服，要謹慎戒懼處理，這是占田的無形禍患，小老百姓終年辛勤，怕收入不能夠納稅，納完稅剩下的錢糧，才可以轉作衣食之花費，今日百姓勞苦公私各種事務，家無餘糧，土地非其所有，豐收被田主收取，荒年則棄之不顧，這些窮苦的佃丁，收入不足 無法抵償，臺灣是海洋中孤島，無左右親友可助，這是「蔭占」的弊病，看來沒什麼大毛病，但事實上關係國計民生，實為重大 不能不早日預為籌備防患。當年漢代的賈誼，這位洛陽少年，為漢文帝籌謀治安大計，觀察古今歷史，痛哭流涕對歷代興革，上奏條陳建議改革。何況今日臺灣初闢，滿目瘡痍，戰火之餘，思前慮後，要及時改革，正在此時。我乃一介書生，卑微的知縣官，雖比不上古聖先賢，而身為地方縣官，稍知地方的問題所在，知道應如何處理，所以敢冒犯大人，不知忌諱，竭誠忠實表達我的意見，敢請大人多加留意。

季麒光雖為區區諸羅知縣，諸羅地方偏僻，民番雜處，任官以來，首先興辦教育，又以地方志書未修，久而失傳不明，乃開始編撰《府志》，包括臺灣的山川、風物、戶口、土田等，還沒完成，第二年以考績優異調任離開。後來巡道高拱乾因其舊稿補充整理而完成《臺灣府志》。

蔣毓英/卓克華

蔣毓英，字集公，奉天錦州人（今遼寧省錦州市），以蔭生資格派任爲泉州知府。康熙二十二年（一六八三）滿清攻下臺灣，督撫上疏推薦他的才幹，遂調任臺灣知府。當時臺灣知府轄下有臺灣縣、鳳山縣、諸羅縣三個縣，他蒞任後召集流亡的百姓，辛勤安撫考查土地肥瘠，訂定等級來課稅，鼓勵農耕。當時臺灣雖有學校但是制度尚未完備，二十四年（一六八五）與巡道周昌合作將其擴大完備，又設義學來教導下層百姓，勉勵鼓舞他們孝悌力農的道理，被老百姓交相稱讚爲良吏。二十八年（一六八九）升任湖南鹽驛道，老百姓捨不得這樣好官調離臺灣，全力挽留，結果沒有成功，不得以建立一座祠堂以紀念他。

張玶/卓克華

張玶，山西崞縣人（今山西省原平市）以歲貢生資格，於康熙二十九年（一六九〇）擔任諸羅縣知縣，當時諸羅縣轄地廣大，很多土地還未開墾，於是招來各地流民前來拓墾，辛勤招呼安綏，來的人很多，不過數年諸羅縣農業大興，人民收入也豐厚。三十一年（一六九二），發生蝗災，張玶每日巡察田地，憂愁滿臉，誠心到廟裡祭祀祈禱，結果雖小有災害未造成大災害。他個性平淡，不多言語笑容，在位四年，不曾杖打處罰一人、侮辱怠慢讀書士子。三十三年（一六九四）升任河南彰德府同知，地方百姓懷念他在任的功績，塑像安置在臺灣府（今臺南市）竹溪寺內紀念他。

靳治揚／卓克華

靳治揚，滿洲八旗制度中的鑲黃旗人，以筆帖式（文書抄寫，約今祕書一職）資格擔任福建漳州知府。康熙三十四年（一六九五）擔任臺灣知府。在任期間全力緝捕宵小竊賊，安撫原住民土番，捐薪水修建孔子文廟，努力栽培人材。又設社學，延聘師資，以教育原住民孩子，使其知書達禮，老百姓稱頌其功績，四十一年（一七〇二）升任廣東高雷廉道，老百姓上書請求將他列入名宦祠中紀念。

李中素／卓克華

李中素（？—一六九七），字鵠山，湖北西陵人（今湖北省宜昌市西陵區），最初擔任湖南湘鄉的教諭，以表現卓異升任福建閩縣知縣。康熙三十四年（一六九五）調任臺灣府臺灣縣（指今臺南市）知縣。遇有冤獄，竭力申救，而刁頑奸民則以法律制裁，曾經代理臺灣府學一職，教導學生要知孝悌之道，其次才是教導學生科舉考試之學。

衛臺揆／卓克華

衛臺揆，字南村，山西曲沃人（今山西省曲沃縣），以蔭生資格擔任漳州府知府。康熙四十年（一七〇一），調任臺灣知府，以廉明能幹著稱。任內建立崇文書院，召集學生，分別授課講藝，親自評定學生成績好壞，臺灣文學因此大興。四十四年（一七〇五）發生饑荒，農作歉收，上奏朝廷請免除本年租賦稅課。在任期間人民安樂平安，任期滿，升任廣東鹽法道，臺灣百姓建立祠堂以紀念他。

孫元衡／卓克華

孫元衡，字湘南，江南（江南省始設於順治二年〔一六四五〕，康熙年間，分為安徽、江蘇二省。）桐城人（今安徽省桐城市），以貢生資格擔任四川漢州同知，康熙四十二年（一七〇三）調任臺灣府同知。個性溫厚，容易相處，但做事剛正，不怕權勢，凡是不便民事務，一一廢除以利民。

宋永清／卓克華

宋永清，山東萊陽人（今山東省萊陽市），以漢軍監生資格於康熙四十三年（一七〇四）擔任鳳山縣（今高雄市）知縣，爲政清廉嚴明，在任期間，重新學宮，建立衙門，創立義塾，百廢俱興。縣城東門外有良田數百甲，可惜沒有灌溉設施，常缺水苦旱。永清打開糧倉撥出千石米穀，借貸給百姓耕種。後在蓮花潭築堤建溝渠，以便灌溉田園，長達一千三百多丈，水利即有，每年豐收。郡城南方有座廟名法華寺，爲文人李茂春夢蝶園故址。四十七年（一七〇八），永清才興建前殿，卻又發生火災燒毀，乃選擇另處空曠土地，重新種植花卉果園，並建築亭軒於鼓樓旁邊，題名「息機」，在公餘之暇，於此處休息。擅長寫詩，喜好吟詠，每每與當地是士子講學論道，文教因而大興。著作有《溪翁詩草》，五十一年（一七一二）任期滿，調離臺灣，升任延慶知府。

周鍾瑄[9]／林靜宜

周鍾瑄（一六七一—一七六三），字宣子，貴州省貴陽府貴筑縣人。康熙三十五年（一六九六）參加鄉試，考取舉人。康熙五十三年（一七一四）開始擔任福建省臺灣府諸羅縣知縣。他的性情慈愛，待人親善，治理的政策能顧全大局。

諸羅縣是康熙二十三年（一六八四）明鄭滅亡後，在福建水師提督施琅（一六二一—一六九六）的力陳之下，清廷新成立的臺灣府下所設三縣（諸羅縣、臺灣縣、鳳山縣）之一，轄區承繼了明鄭時期天興州的善化里、新化里、永定里、開化里等四里（包括今臺南市北部、嘉義縣市、雲林縣、彰化縣、臺中市、苗栗縣、新竹縣市、桃園市、新北市、臺北市、基隆市等地），官署設在佳里興（今臺南市佳里區），康熙四十三年（一七〇四）又將官署遷到諸羅山（今嘉義市）。周鍾瑄就職時，官署才開闢不久，諸羅縣土地遼闊，相較之下居民稀疏，還有許多等待拓墾的地方。當時縣內耕地多為旱田，缺乏水利設施，水量有限且不穩定。周鍾瑄用心諮詢和訪問，勉勵群眾出力，挖掘能讓雨水和河水流入田間的小溝渠（「圳」）。周鍾瑄不但捐出自己的薪俸協助開挖水圳，並親自籌劃經營，開鑿長達數百里（一里約為五百七十六公尺）的田間水道（「溝洫」）。因為解決了農田灌溉的問題，使諸羅縣的水稻增產，農業的功績也日益昌盛。

周鍾瑄又關注文化和教育事業，聘請福建省漳州府漳浦縣監生陳夢林（一六六四—一七三九）纂修臺灣島第一本縣志《諸羅縣志》。當時，從諸羅縣官署向北方直到雞籠（今基隆市，漢人移民進入前，是從事漁獵和耕種旱田的平埔族凱達格蘭族聚落），土地荒蕪大多未經開發，也缺乏整治的

---

9 連橫先生此文，錄自余文儀主修、黃佾纂輯《續修臺灣府志》卷三的周鍾瑄傳，乾隆三十九年（一七七四）刊本。

規範和制度（包括祀典、學校、賦役、兵防等等），周鍾瑄在這個區域巡訪，考察可以開墾水田、設立鄉鎮，以及需要派遣軍隊駐守布防的地點。在熟知臺灣平原的物產、漢族與原住民族相異的風俗、水旱災發生的時節，與往來廈門之海運貿易、海盜與偷渡走私的實況後，周鍾瑄與陳夢林在《諸羅縣志》中對縣內的治理作了詳細的利害分析。《諸羅縣志》在一七一七年完成後，因受康熙六十年（一七二一）爆發反清復明的朱一貴事件，以及次年周鍾瑄調任臺灣縣知縣（今臺南市）的影響未能刊印（直到一七二四年才出版），但後來繼任的縣令大多聽從周鍾瑄在《諸羅縣志》中的規畫。鄉親感念周鍾瑄的貢獻，在龍湖巖（今臺南市六甲區）爲他造木雕肖像，加以祭祀（目前嘉義市東區城隍廟供奉全臺唯一一尊清代製作的周鍾瑄木雕像，已公告為古物，而城隍廟也是周鍾瑄捐薪建成的廟宇）。

黃叔璥／卓克華

黃叔璥，字玉圃，順天大興人（今北京市）。康熙四十八年（一七〇九）進士，歷任北京大小官員。六十一年（一七二二）臺灣府開始設置「臺灣御史」一職，滿人漢人各一員，朝廷吏員集會討論，因黃叔璥爲官廉明，與吳達禮兩人共同擔任臺灣御史一職。吳達禮是滿州正紅旗（因此剛好一滿人一漢人）。到了臺灣，安集流民，廣泛聽取各種建議，對臺灣有很多建設。著有《赤崁筆談》、《番俗六考》，對後來寫臺灣志書者提供很多值得參考的資料。過了十九年，有一位叫張湄的人，也是巡臺御史，愛護百姓栽培士子。張湄字鷺洲，浙江錢唐人（今浙江省杭州是錢塘區），雍正十一年（一七三三）進士。以翰林官職轉任臺灣御史。著有《珊枝集》、《瀛壖百詠》。

秦士望／卓克華

秦士望，江蘇宿州人（今安徽省宿州市，靠近江蘇省徐州市），以「拔貢生」資格擔任官員。雍正十二年（一七三四），調任臺灣府彰化知縣。當時彰化縣初設，制度尚未完備，他即以「興學致治」為施政的目標，凡是能夠有利百姓的事物，無不努力以赴。第二年，仿造建諸羅縣城的方法，先環繞預定縣城的土地外圍栽培刺竹作為暫時的城牆，再分設四座城門，外圍鑿護城河。又造西門外的大橋，以利交通往來。當時臺灣瘴癘傳播嚴重、初開闢，各項建設條件不足，偏僻鄉下人居民常患癩疾，無藥可治，被父母、親人、鄰居棄置不顧，不敢往來，這些人流離街道，被人稱為「天刑」。秦士望憐憫這些病人，怕過大傳染，於是在八卦山麓建設養濟院以安置他們，並擴大為患有其他疾病的人，一併療養就醫，老百姓紛紛稱為善政。

陸鵬／卓克華

陸鵬，字西溟，浙江海鹽人（今浙江省嘉興市轄下海鹽縣）。康熙五十六年（一七一七）舉人。最初擔任浙江省奉化縣教諭，因考績卓異被推薦升任連江知縣，後調任諸羅知縣。在任期間，安輯流民，撫柔原住民，治理施政被稱為最好。後因母親逝世丁憂，在家鄉服孝，期滿後續任泉州糧捕通判官職。乾隆八年（一七四三），調往澎湖。公務閒暇，經常鼓吹教育為責任，每月初一，即召集諸學子於媽宮（今澎湖馬公市）公所，教授文藝，而更重視敦品勵行，澎湖士風一時提升改善。不料，隔了一年的十一月時，死於任上。

曾曰瑛／卓克華

曾曰瑛（一七〇八－一七五三），江西南昌人（今江西省省會南昌市）。乾隆十一年（一七四六），擔任淡水同知，兼任彰化縣知縣。當時淡水同知駐守在彰化縣城辦公，曾曰瑛以彰化縣建設了二十餘年，尚無書院，考慮到不能栽培士子人才，於是捐出薪水倡建白沙書院，就在文廟西邊。完工後，親自訂立書院規條章程，撥公田租賦作爲書院經費，再延聘名師授課。落成啓用那天，親自寫詩紀念，並傳閱諸生欣賞，大家稱頌不已，不久升任臺灣府知府，有政聲。彰化地區文教的興起，皆由曾曰瑛開啓的。

朱山／卓克華

朱山，浙江歸安人（今浙江省湖州市歸安縣）。乾隆十六年（一七五一）考上進士。二十年（一七五五），擔任彰化知縣。剛到縣府報到就到文廟祭拜，禮畢後巡視監獄時，就問監獄官員：「這個監獄關的囚犯有沒有江洋大盜？」官員回答：「都是小偷而已。」朱山再說：「小竊盜爲何需要關在監獄？」於是把所有犯人召集到監獄的庭院訓諭後釋放，並且每人贈送十兩銀子，作爲日後謀生之用，還對他們說：「我與你們約好，再度犯案就無赦了。」後來捕獲一名盜賊，偵訊審理之後，得知他是之前約定好釋放的犯人，朱山就下令公堂衙役說：「最初犯法時已約定的事必定要實行，必須當場以棍棒打死。」不久又捕獲一名盜賊，再度在公堂上打死，縣城內的百姓驚訝。互相告誡：「朱山是精幹的官吏，千萬不能犯法！」。不久，再度捕獲盜賊，朱山正要下令杖斃時，看見盜賊臉面有淚痕，就說：「依約定再度犯法者必須處死，爲什麼哭？」犯人回答：「小人知道自己依法必死，剛才向母親告別，所以內心悲痛。」於是查看公堂下的人，果然有一位老婦人抱著草席痛哭，等待將屍體裏去埋葬。朱山就對盜賊說：「你還有孝心，還能教化改正。」於是再度給他十兩銀子，並且嚴加告誡：「你拿這些銀子到別的地方做小生意，謀求衣食溫飽，不要再本地繼續居住，以免捕頭仍然捉你。」這個人就對朱山叩頭後離去。朱山施政謹愼小心，在審判聽訟時，召集控訴雙方到法庭上才審判，處理迅速，公文不積壓。彰化縣衙門有額外不用上繳的私款收入，每年有數千金，朱山沒有當作自己的收入，反而說：「正常賦供之外，多出來的錢屬於濫收捐稅，當父母官怎麼能多收讓百姓貧困？」巡道（負責巡查的官員，按察使司副使，僉事所任之道員稱為巡道）德文視察彰化縣，提出要求舉行奢侈的宴會招待，朱山不答應，但是贈送十石的米、乾羊肉四隻。德文收下，懷恨在心，沒多久就下達公文，命令彰化縣造冊丈量田地。朱山爲百姓強力爭取說：「彰化縣的田地才剛開闢好，土地一半屬於鹵鹼地，與其他地區有很大的差異。之前丈量農田時，保留多餘的土地，少繳田賦以減輕百姓貧苦。現在再仔細丈量，不利於老百姓的生養，朱山我不願意這樣做。」但是巡道德文催促越來越急，地方父老就籌措萬兩白銀賄絡以免除，朱山不願意，說：「只要我在任，就不願意讓大家花錢賄絡上級主管官員。」馬上下將裝萬兩白銀的錢袋奪回歸還給大家。德文聽到之後大怒，就彈劾朱山私下收採買的紅包。報到上級長官之後，朱山被逮捕。地方上數萬人揭竿起義，驅逐逮捕的人員，聲勢浩大。朱山揮手制止大家，邊哭邊說：「各位百姓假如因爲我而對抗王章官法，等於是殺了我，並不是愛我。」百姓說：「如果是這樣，我們願意保護朱老爺前往偵訊。如果有不幸的事發生，願意與老爺一同死。」搭船前往福州省城時，百姓挑擔送來路上食用的糧食，幾乎將船艙裝滿，其中一位男子捐獻百兩白銀。朱山就問他是誰，這人回答：「我是當初被老爺再度放走的小偷。」再問：「爲何送錢？」回答：「我收到老爺贈送的銀子之後，改行賣魚，現在已經成家了。今天聽說老爺將遠行，母親命令我來報恩。」朱山說：「我不知道你的錢來源，哪裡知道是否偷別人的錢轉送給我？」回答：「老爺不收，仍然是以小偷看待我。我回家之後沒臉見母親，不如死！」說完就跳下海自殺。船上的水手急忙將他救起來，朱山只好收下錢。被押到省府之後一個多月，福建將軍知道朱山被冤枉，就請求朝廷無罪赦免，然後被上級官員召見，於是官復原職。後再升遷灤州（今河北省唐山市灤州市）知州。前往到任時，路途順道回到家鄉，看到自己家的房舍不是以前舊居，不敢進入。不久他的妻子出來迎接，說：「哈哈！這是夫君前年被免官時，彰化縣的地方父老送給我們的居住的房子。」拿出購買的文件給朱山看，購買的房價是萬金銀子。

胡邦翰／卓克華

胡邦翰，浙江餘姚人（今浙江省寧波市餘姚市）。乾隆十七年（一七五二）高中進士。二十七年（一七六二），調任彰化知縣，到任後整修縣政的利弊，有許多建設。原先水沙連（水沙連約指今南投縣，但此處可能是社寮、後埔仔）是荒蕪的平坦地區，後來開墾成良田，並且已上報官府登記，開始課稅，後來多次遭遇水災，田地多處崩壞，當年種植的稻米沒有成熟結實，但是官府沒有免除賦稅，繳田賦的日期到了。胡邦翰知道之後，就爲百姓向上級知府陳情，說明困苦的情狀。之後閩浙總督到臺灣巡視，再度請求減免田租，並引導前往勘查。總督憐憫其眞誠爲民，奏請朝廷豁免荒田數千甲田租及賦稅數萬石，並請降低土地收稅等則。皇帝頒發的詔書到了之後，農民全都高興歡喜，於是在水沙連天后宮中供奉胡邦翰與閩浙總督定長（人名）的長生祿位，每逢誕辰之日，備牲禮祭祀祝禱，之後繼任的彰化縣知縣胡應魁，也是著名的好官。

應魁，字鶴清，江蘇曲阿人（今江蘇省鎮江市丹陽市轄下曲阿街道辦事處）。以會魁（會試錄取者統稱貢士，第一名稱為「會元」，前十名稱為「元魁」，十一至二十名稱為「會魁」）爲廬州（今合肥市）教授。嘉慶元年（一七九六），調任彰化知縣。正當天地會陳周全叛亂之後，餘黨尚未平定，應魁盡全力搜捕，安撫流離失所的平民，感慨之後馬上以振興文教爲責任，每月測試書院學生，親自評定指點。最初，彰化縣城中缺乏飲用泉水，大家必到東郊紅毛井打水，路途遙遠的背水很不方便，然而東門外的李氏園，忽然挖出甘甜泉水，眾人就爭先恐後的取水，擁有泉井的人禁止，大家都不聽，於是告到官府。應魁就捐出薪水買下泉井給大家使用，取名古月井。之後建了太極亭在縣政府辦公室後面，可以觀賞八卦山峰的秀麗。任期屆滿之後，升任淡水同知。海盜蔡牽叛亂，防堵海盜有功地方。最後死於任上。

胡建偉／卓克華

胡建偉（一七一八－一七九六），字勉亭，廣東三水人（今廣東省佛山市三水區）。乾隆十年（一七四五）考上進士。十四年（一七四九），被派任直隸無極縣（河北省石家莊市），被薦舉提升爲同知。三十一年（一七六六），擔任澎湖廳通判。澎湖爲海中群島，土地瘠薄，人民貧窮。胡建偉盡心教養百姓。原先澎湖讀書人沒有老師都是自學而成，於是創建文石書院，親自考核文學與科藝，制訂學規十條，作爲管理規章。又勸各鄉里多設免費的義塾，並且贊助學校經費，還經常前往視察。然而澎湖的學生士子到臺灣本島府城（今臺南市）考試時，必須前後停留數個月，有些人因爲旅費不足，只好中途返回澎湖，於是胡建偉請求上級的臺灣知府，比照南澳（今廣東省汕頭市南澳縣）的例子，在澎湖設立扃試（即考場，是指科舉時代考生各閉一室應答試題），然後送到府城考院批改考卷決定是否錄取，之後又在府城創辦澎湖士子的考試居所，大家都感覺方便。每到農忙時，就到鄉野巡視，詢問百姓的疾苦，有不好的政策就去除改善。當地的駐防軍，驕悍成習，經常欺壓百姓，此後每次遇到就以法令處理，對於頑劣有惡習的兵卒，就請軍隊領導將他們開除。胡建偉以澎湖開闢已經很久，但是沒有地方的文獻記載的書籍，前任通判周于仁僅完成《澎湖志略》一卷，書籍版本又失傳，於是編輯《澎湖紀略》十二卷刊印發行。三十八年（一七七三），升任北路理番同知。澎湖人士感恩他的德政，在書院立牌位紀念，至今仍然被稱譽治理澎湖官吏第一名。

于仁，字純哉，四川安岳人（四川省資陽市安岳縣）。康熙四十七年（一七〇八）年高中舉人。雍正十一年（一七三三）擔任澎湖通判。處理事情果斷，不畏懼強權。十三年（一七三五），奉朝廷命令清丈土地，勸導農民開墾荒地，開闢田地一百四十餘畝，借資金給農民買牛與種耕農具。他屬下的官吏也無趁機侵占百姓，百姓確實得到恩惠。任職期滿回到自己的家鄉，澎湖人建祠堂祭祀他。

薛志亮／卓克華

薛志亮，字耘廬，江蘇江陰人（今江蘇省無錫市江陰市）。乾隆五十八年（一七九三）進士。嘉慶十一年（一八〇六）擔任臺灣知縣。海盜蔡牽判亂時，召募兵勇堅守縣城，與百姓共同患難。當時領導駐防兵的遊擊（清代綠營兵制，今少校營長官階）軍官吉凌阿號稱善於領兵作戰，民間就唱歌謠稱頌：「文中有一薛，武中有一吉，任是蔡牽來，土城變成鐵。」叛亂平定之後，延聘教諭（正式教師，負責教育生員）鄭兼才、謝金鑾合修縣志，隨後立即升任北路理番同知，兼責海防任務。任內倡建鹿港文祠、武廟，隔了一年完工建好，此時薛志亮已經調任淡水同知。於任上過世，之後與袁秉義、李愼彝、婁雲、曹謹等人，一同入祀淡水德政祠。

秉義，字介夫，直隸宣化人（今河北省張家口市宣化縣）。乾隆三十一年（一七六六）進士，五十三年（一七八八）擔任淡水同知。當時淡水剛遭遇林爽文叛亂，地方還未安寧，秉義到任之後，摘奸除暴，禁賭尤嚴。五十六年（一七九一）再度續任，百姓敬畏他公正嚴明。

李愼彝，字信齋，四川威遠人（今四川省內江市威遠縣）。嘉慶十三年（一八〇八）取得進士資格。曾經擔任臺灣縣知縣。道光六年（一八二六）轉任淡水（今新竹市以北）同知時，開始建築淡水廳城牆，與紳士鄭用錫（一七八八－一八五八）、林國華（一八〇二－一八五七）共同負責建設完成。三年之後，升任噶瑪蘭廳（今宜蘭縣）通判。

婁雲（一七九一－一八三九），字秋槎，浙江山陰人（今浙江省紹興市越城區和柯橋區）。以監生資格捐錢買官擔任知縣，收到徵召錄用的通知來到臺灣。道光十六年（一八三六），擔任淡水廳同知。淡水地區屬於正在開發的叢山靠海的腹地（今大甲溪以北至基隆為當時淡水轄區），閩南與廣東客家族裔粵分別居住，據地爭雄，每有小怨恨，就群起聚眾械鬥，於是婁雲就召集地方父老，分析說明利害關係，然後立了莊規四條、禁約八條，要求百姓遵守。又勸導各村莊設立社倉（由官府動員、以民間力量為主，具有社會保障、互助性質、救濟的糧倉），繼續修建明志書院，以教養學子。大甲溪爲淡水廳、彰化縣交界的河流，由東向西流入海，夏秋季節水位暴漲，河道寬廣一望無際，而擺渡駕舟載客過溪的船家大多數是當地土豪，趁機勒索提高渡船費，如果有點不如他們所願，立即強搶掠奪，行旅的客商都苦惱，於是婁雲籌備設立免費義渡船隻，先捐出薪水爲倡導，然後向鄉紳富商募捐，總共募得八千九百餘圓資金，用這些錢購買田產，以所生的孳息作爲義渡的經費，總共設了六個渡口。而新竹縣南方的白沙墩（今苗栗縣通霄鎮後龍溪）、北邊的金門厝（新竹市北區頭前溪），每到季秋就架浮橋，方便大家通行往來，當時百姓都稱善政。

曹謹另外有傳記載。

吳性誠／卓克華

吳性誠，字樸庵，湖北黃安人（今湖北省紅安縣）。以廩生資格捐納（捐錢買官）縣丞（副縣長），來福建等待派任。嘉慶二十年（一八一五）擔任下淡水縣丞（昔隸屬鳳山縣，約今屏東縣萬丹鄉），倡建書院。二十一年（一八一六）春擔任彰化知縣。剛好碰到糧價高漲，影響民生治安，出現盜賊小偷，吳性誠趕緊勸告大地主的業戶，不要囤積居奇，開放糧倉出售米糧，以平抑糧價，並煮米粥施賑，救濟貧民，所以雖有饑荒，尚未造成大害。平日喜歡督促學生用功，提拔不少人才。建忠烈祠在西門內，以祭祀林爽文、陳周全、蔡牽等民變械鬥中死亡的眾人。後來因考績卓異，升任淡水同知。不久，以生病辭官回家鄉療養。

蔣鏞／卓克華

蔣鏞，字懌弇，湖北黃梅人（今湖北省黃岡市黃梅縣）。嘉慶七年（一八〇二）進士，補任連江縣令。道光元年（一八二一），任澎湖通判。在任期間，慈惠愛民，用寬嚴手段交叉治理，文武官員和衷相處。澎湖文石書院建立既久，已經傾頹破舊，蔣鏞自任爲山長（書院長），以薪水充作獎金，批閱評點學子作文，師生和樂一堂。九年（一八二九）六月卸任。十一年（一八三一）春，又調任澎湖任官。剛好碰上碰到下鹹雨，第二年農作物受損而歲荒大饑，上書請求長官發公帑以救濟撫恤百姓。先捐義倉錢三千五百多緡（一緡就是一串銅錢，每串一千文），以借貸貧民，再借軍倉米糧數百石出售以平抑糧價，救活很多人。前前後後治理澎湖十餘年，有各種建設創置。又編輯修撰《澎湖續編》一書，以補胡建偉當年著作《澎湖紀略》一書不足地方。十六年（一八三六）九月離任，澎湖百姓懷念他，和韓蜚聲兩人共同祭祀於文石書院內，以紀念他們兩人。

蜚聲，字鵝湖，江西鉛山人（今江西省上饒市鉛山縣），以監生資格出仕官職。嘉慶二年（一七九七）擔任澎湖通判。體恤百姓，重視士子。曾修文石書院，死於任上。

周凱／卓克華

周凱（一七七九—一八三七），字仲禮，浙江富陽人（今浙江省杭州市富陽區）。嘉慶十六年（一八一一）中進士。道光二年（一八二二），授任湖北襄陽知府。六年（一八二六），調任江西督糧道。十三年（一八三三），以興泉永道署臺灣兵備道。當時張丙亂事之後，民心未定。周凱到任後，繼續督導搜捕餘黨，凡是被迫脅從者原諒釋放他們。而叛亂者還有暗中圖謀起事，偵獲間諜林振，利用當晚馬上開始逮捕叛亂者，等到天亮，軍隊趕到會合搜捕餘黨，按法治罪。十六年（一八三六）九月，再到臺灣。十月嘉義地區有沈知等人聚眾謀亂，已打下茄苳（約今臺南市後壁區）糧館，殺掉守衛的汛兵，周凱馬上與總兵達洪阿合作平亂，其他如大莆林（今嘉義縣大林鎮）的陳燕、岡山（今高雄市岡山區）的吳幅，也打算串通聯合起應，也被剿捕。前後捕獲二百八十餘人，皆分別一一處死。地方安寧。道光十七年（一八三七）卒，享壽五十九歲。周擅長於書法畫畫，愛護人才，門下學生多是傑出人材。著有《內自訟齋集》、《廈門志》、《金門志》等書。

曹謹／卓克華

曹謹，字懷樸，初名瑾，河南河內人（今河南省焦作市沁陽市）。嘉慶十二年（一八〇七），高中丁卯科河南鄉試，以大挑被舉為知縣（大挑，清朝中期以後吏部銓選舉人授官的制度），抽籤分發到直隸省（今河北省、北京市和天津市），歷官平山、曲陽等地知縣。道光十四年（一八三四），揀發到福建任官。十六年（一八三六），委署閩縣知縣，兼署福州府海防同知。十七年（一八三七）春正月，擔任鳳山縣知縣。當時臺灣班兵制度廢弛（清代駐防於臺澎的綠營須定期輪替戍防），總兵達洪阿（？－一八五四）有意整治，挑選六百人，訓練為精兵，每年犒賞的錢二萬五千餘緡（一緡就是一串銅錢，一般每串一千文）。巡道（負責巡查的古代官員）周凱稱讚這項政策，明令府廳縣等行政單位捐助一半的費用。輪到姚瑩（一七八五－一八五三）擔任巡道時，以訓練班兵的事，召集屬下開會討論。曹謹反對這項政策，相關紀載見〈軍備志〉。曹謹到任之後，親自巡視農田隴畝，到下淡水溪畔（今高屏溪）時，很感慨的說：「這地方是造物者所設置，等待我們來開墾經營。」當時，鳳山有萬頃的平坦田地，但是水利設施還沒建設，只要遇到旱乾的氣候，一粒米都生長不出來。曹謹就召集地方仕紳耆，以及技術好的水利工匠，開闢九曲塘，修築隄防引水閘柵欄，導引下淡水溪的水灌溉農田，建築了五個水門，用於蓄水與洩洪。在公餘之暇，就徒步前往觀看工程，邊走邊閒話家常，因此大家都不懈怠工作。歷經二年完工，水圳總長約四萬三百六十丈，灌溉的農田有三千一百五十甲。水引自小竹里而觀音，而鳳山，又由鳳山下里而旁溢於赤山里（今曹公圳）。經過水圳灌溉的農田，稻穀比過去多一倍的收穫，農民都快樂高興，每家都多蓋糧倉儲藏，因此盜賊不生。十八年（一八三八），巡道姚瑩命令知府熊一本勘查建設成果，表揚他的功勞，將水圳命名爲曹公圳，並立碑刻記。後來鳳山遭遇大旱，灌溉的水量不足，再命貢生鄭蘭生、附生鄭宜治向灌溉的業戶說明情況，請大家捐錢再開鑿新的水圳，命名爲新圳，以前的爲舊圳，使得灌溉的農田更多。二十年（一八四〇），曹謹升任淡水同知，出發前往就任時，士子與鄉民攀附車輛哭泣送別，餞行者有數千人。到了任所，慈祥惠民，興利除弊。二十一年（一八四一），英國人侵犯福建，同時暗中想要占領雞籠，於是上級的官員下令拚命籌備防禦。曹謹認爲淡水（今臺中市以北）的沿海，大部分是漫長的沙灘地形，自雞籠到大安（今臺中市大安區），只要可以停泊船隻的地方，全都以沙袋堵起來，同時訓練鄉勇駐守。又因爲廳治的防衛薄弱，特別築土城牆作爲保護，並且種植刺竹、開鑿濠溝作爲防禦犄角。二十二年（一八四二），英國軍艦進入大安附近沿海，曹謹督促兵勇防禦。把漁船編隊，嚴禁接濟補給英國軍艦，設立警戒哨船，在海上巡邏。先後捕獲海寇三件，押解到郡縣正法，因此受到上級鎮道的嘉許。當軍事衝突剛開始的時候，曹謹以班兵無用，請停止支出防禦洋人的經費，改以專門訓練鄉勇，但是姚瑩不准。然而姚瑩也知道班兵之懦弱無能，一定要整飭才行，就自己選出精銳士兵六百人，提高糧餉待遇而教育訓練，想要以這個方法推廣到其他的兵營，然後逐步裁撤冗兵，改爲召募勇士。二十四年（一八四四），漳州與泉州籍貫的鄉民互相械鬥，周邊所有的城鎮都騷動亂起來。曹謹聽到報告之後，親自前往彰化與淡水交界的地方勸阻，就在大甲駐守兩個多月，召集地方耆老，說明利害關係，械鬥才停息。治理人民以寬厚對待，只要違法必定處罰，狡猾的土豪全都屏息不敢犯法。經過五年的治理，每天都注重興起文教，崇尚實學，爲淡水人士倡導。初一、十五必定到明倫堂（孔廟內官學生員們聚集講學之場所），宣講帝王誥誡的詔令。刊印孝經小學，交給啓蒙的學校給學生練習背誦。公餘之暇，經常找學生授課考試，依表現分獎金花紅。淡水原有的學海書院，工程一直未完成，就捐出薪水完工，還增設鄉里義塾，淡水的文風因此開始興盛。二十五年（一八四五），因病離職，淡水人懷念他的遺愛，把他奉祀在德政祠內，而且鳳山人也建祠於鳳儀書院內，春秋二季祭祀，至今持續奉祀。光緒二年（一八七六），福建巡撫丁日昌（一八二三—一八八二）上奏給朝廷，將曹謹奉祀到名宦祠，皇帝下詔准許。

曹士桂／卓克華

曹士桂（一八〇〇—一八四八），字馥堂，雲南文山人（今雲南省蒙自縣）。道光二年（一八二二）舉人。接著以大挑方式到地方擔任知縣，分發到江西，前後擔任過興安、龍南等地知縣。二十四年（一八四四）以捐俸辦理米石有功，報吏部獎勵。二十五年（一八四五）十月，升任鹿港同知，過了二年正月，才蒞任接事。不久又任淡水廳同知，才到任三天即發生大甲（今臺中市大甲區）漳、泉百姓械鬥。冒雨前往勸諭眾街莊百姓，才平息械鬥。善於聽訟判案，從不拖延獄事，也未曾誤判一人。個性恬淡，沒有官僚氣習，甘於簡單粗糙食物。淡水廳過去有一些不好陋規收入，他一概絲毫不取。接任九個月，積勞成疾，還努力辦公視事，終於死在任上。淡水人感念他的功勞恩惠，奉祀在德政祠紀念。同治六年（一八六七），淡水廳紳士陳維英等人上書朝廷，請將曹士桂與曹謹兩人列入名宦祠奉祀，但未允准。

嚴金清／卓克華

嚴金清（一八七七—一九〇九），字紫卿，江蘇金匱人（今江蘇省無錫市）。以監生資格捐錢買得知縣身分。同治五年（一八六六），派任淡水廳同知。當時官方政務廢弛懈怠，姑息混日子。金清到任後努力整頓，遇事敢於負責解決。淡水廳自設學校以來，尚缺乏禮樂的儀式與設備，金清籌錢購置備齊，奉祀孔子。又捐出千金，勸諭富商仕紳共助義舉，在竹塹（今新竹縣市）、艋舺（今臺北市萬華區）分別設有明善堂的義倉（儲備荒年的糧倉），又附設義塾，作爲教養子弟之場所。當初，淡水先有一塊義塚的土地，長久被土豪劣紳霸占。金清知道後，前往採查，恢復義塚土地，不准再騷擾占用。民間打官司，可以迅速判定曲直是非，不拖延積壓案牘。百姓都感到方便順利。

陳星聚／卓克華

陳星聚（一八二二—一八八五），字耀堂，河南臨潁人（今河南省漯河市臨穎縣）。道光二十九年（一八四九）舉人。督率鄉團，抵抗捻匪，保衛鄉土有功授任知縣。同治十年（一八七一），升任淡水廳同知。當時淡水廳轄區土地廣闊，廣延數百里，而同鑼灣（今苗栗縣銅鑼鄉）、三角湧（今新北市三峽區）、大嵙崁等（今桃園市大溪區）等地，在深山內，是盜賊窩，常埋伏劫殺行旅居民。前一任同知因辦理不好而被彈劾下臺。星聚到任後懸賞緝捕，親自前往南鄉（今苗栗縣南庄鄉），指揮抓獲匪首吳阿來斬殺，盜患次第平定肅清。在任五年，有很多爲人稱頌的善政。光緒四年（一八七八），臺北新設「府」治，裁掉同知，星聚被調任中路同知。不過數月又被調回擔任新設的臺北知府。當時是新設置臺北府，從無到有，一切草創，星聚全力負責，任勞任怨，而建臺北城牆的工程巨大麻煩，才剛建好，便碰上中法戰爭，星聚召集紳民，籌劃守備，以抵抗法軍，眾人踴躍樂從。後來停戰和議，星聚以過於勞苦累死於任上。

連橫說：我出生以來，聽聞治臺好官，像夏獻綸、程起鶚等人的事蹟，嘖嘖爲人稱讚。而當時我尚年少，不能詳細知道他們的事蹟，又不能得到他們生平行狀來爲他們作傳，感覺可惜遺憾。夏獻綸（？—一八七九），新建人（今江西省南昌市新建區），被大學士左宗棠（一八一二—一八八五）所賞識。同治十二年（一八七三），擔任臺灣兵備道，整齊吏治，抑制土豪劣紳。牡丹社戰役對抗日軍，參贊協助，貢獻特多。程起鶚，山陰人（今併入浙江省紹興市），歷任臺灣（今臺北市）、臺南兩知府，署理兵備道一職。廉潔愛民，多能平反冤獄，而都是死在臺灣。我所聽聞所知道的事蹟只有這些。自從臺灣收入版圖設官治理後，已經二百數十年了。而舊《志》書所記載的循吏傳，不過十數個人而已。其他貪官汙吏，踵接相繼，反而不少，唉，不是治理臺灣百姓困難，而所實在說好官很少，古往今來作官的，都是一丘之貉！

流寓列傳

郁永河／林靜宜

郁永河，字滄浪，是浙江省仁和縣諸生（縣學生員，又稱秀才）。他的性情喜愛遊覽，擔任福建省福州府王仲千同知（同知是知府的佐官，又稱「司馬」）的幕僚期間，已遍覽該省各地的山水景物。

康熙三十五年（一六九六）冬季，福州火藥局（又稱榕城藥庫）發生火災，軍用火器的原料硝石、硫磺被燒毀五十餘萬斤，按規定必須由主管的官員負責賠償補回。官員們聽說臺灣府諸羅縣的淡水（當時諸羅縣轄區北至淡水港，包括今天的北投）出產硫磺，可煉成火藥的原料，想派遣幕僚和差役渡海採礦，以賠償庫存的損失。但是當時臺灣被納入版圖才十二年，臺灣北部尚未開墾，地勢崎嶇難行，山林間的水土瘴氣常致人於死，明朝鄭氏政府因而將北臺灣作爲罪犯的流放處。基於上述的原因，福州府的官員沒有人敢冒險前往臺灣，在兩難之際，郁永河豪爽的承擔採礦任務，於康熙三十六年（一六九七）春天正月從廈門搭船出發，二月抵達臺灣臺南後，[10]組織採礦隊伍，再於四月初七日坐牛車啓程北上。郁永河的採礦隊沿途經過平埔族的各個番社，到達斗六門社（今雲林縣）以後，往北（從道卡斯族竹塹社到龜崙族南崁社，今新竹和桃園）都是無人開墾的荒蕪之地，只有遮蔽天空的森林，聚集的麋鹿。由於當時進入部落的漢人不多，平埔族較少受到武裝的侵犯及經濟掠奪，沒有仇視漢人的心態，所以給人性情柔順、不隨意殺人的印象。在官方隊伍的旅途上，平埔各個番社的族人不但接濟糧食，也背負木矢、竹箭，擔任領路嚮導與警衛的工作。

郁永河到達淡水社後，先命令通事[11]張大前往北投社建造竹牆茅頂的住屋，以作爲進駐辦公之用。隨後在五月二日率領僕人和差役，乘坐舟船由淡水港，經甘答門進入臺北盆地。「甘答門」取名於凱達格蘭族語Kantou，即今日的關渡，位於大屯山和觀音山兩山支脈之間的大河流域。過了關渡，

---

10 當時諸羅縣官署在「佳里興」（今臺南市佳里區），臺灣北部不設官署和駐軍，海軍（水師）只在春季和秋季輪調巡防。

11 「通事」，為官方和原住民間的聯絡人，與「社商」同是與原住民進行貿易、向官府繳稅的中介人物，大多由與原住民通婚的第二代或住在番社的漢人擔任。

原先狹窄的水道忽然變得寬廣，而後可以看到似無邊際的遼闊大湖，[12]大約再航行十里左右才到達張大在北投所修建的住屋。走陸路的郁永河到達北投後，另一支由王雲森所帶領，自臺南走海路的隊伍也到達了北投，他們帶來了工匠、差役與糧食、鼎鑊等炊事所需。通事張大於是召集了基隆流域「麻少翁社」（又稱毛少翁社）等二十三社的頭目喝酒，告訴他們官方開採硫磺的事情，與他們約定：每交出一筐硫磺土塊，可以換到七尺布。番社族人樂於參與採礦，各自以竹筐背負硫磺礦土，運送到指定地點，再由工人設立爐火，加油以煉製硫磺。

郁永河前往內北投社（今臺北市北投區，原文作「內北社」）的硫磺礦區探勘。磺穴的所在，大都在深林之中，可以看到溪水波沸騰翻湧，石頭呈現藍靛色；由火山地熱所薰蒸的白色煙霧，由山腳上升到山坡。這些帶有硫磺氣的白煙含有損壞呼吸道的硫化氫氣，吸入中毒者甚至昏迷、死亡，因此採礦不久後，多數前線的工人罹患劇烈的腹痛，甚至連後援的廚師也都病倒，導致無人處理炊事、供應飲食，小屋中擠滿了痛苦呻吟的病人。郁永河面對這種打擊並沒有退縮氣餒，他讓病人搭船返家，並補充人員，但毒蛇和惡蚊在門窗進出咬人，加以山區林間的溼熱瘴氣，常使新進的工人也接連生病。不久之後，又遭遇了颱風的侵襲，強風大雨毀壞茅屋，即使郁永河親自持斧頭砍伐樹木來支撐，也無法避免山洪瀑發後難以居處的困境。郁永河最後只能請求番社支援稱爲「蟒甲」[13]的獨木舟，以

12 康熙三十三年（一六九四），臺北盆地發生規模七級的大地震，部分地層下陷五公尺，海水由關渡淹入盆地的西北部，形成臺北湖。《裨海紀遊》卷中記載：「入（甘答）門，水忽廣，漶為大湖，渺無涯涘……張大云：『此地高山四繞，周廣百餘里，中為平原，惟一溪流水，麻少翁等三社，緣溪而居。甲戌四月，地動不休，番人怖恐，相率徙去，俄陷為巨浸，距今不三年耳』。」

13 凱達格蘭族語「莽葛」或「蟒甲」，今臺北萬華舊稱「艋舺」即「獨木舟」的意思。

便於人員撤退。但他仍然來不及搭乘蟒甲，在風雨中涉水步行了三、四里，才能暫時棲身在山岩下平埔族人的住家。日落後，郁永河沒有食物，只能脫下衣服，與平埔族人交換雞隻，煮食雞肉來充飢。經過天候地氣的磨難，郁永河仍然不退怯，在大水消退後，再度集合工人、蓋成茅屋，繼續煉製硫磺的工作。最終郁永河完成了採礦的任務，在十月七日搭船回福建府官署，向上級報告執行命令的情況。

郁永河在臺灣居留半年，寫成了《裨海紀遊》、[14]《番境補遺》、《海上紀略》等書，其中的內容成了撰寫臺灣方志的重要資料。

藍鼎元／張崑將、張溪南

藍鼎元（一六八〇—一七三三，藍廷珍堂弟），字玉霖，別號鹿洲，福建省漳浦縣（今漳州市漳浦縣）人。年少時家境孤苦貧窮，專心一志努力讀書。十七歲時，爲了增廣見聞，乘船從廈門出發，遊歷了福建省沿海所有島嶼，還擴展到浙江、廣東省沿海，他曾經在自己的著作中談到這段旅程擴展其視野，收穫頗多。後來進入縣學（舊時府縣開設的公立學堂，在縣學就讀的學子稱為生員或廩膳生）就讀，並在「鰲峰書院」（鰲峰書院由福建巡撫張伯行於康熙四十六年〔一七〇七〕創建於福州，曾毀於火災，現已重建，在今福州市鼓樓區鰲峰坊福州格致中學旁）進修，後來回到故鄉定居。康熙六十年（一七二一）臺灣發生朱一貴亂事，堂兄藍廷珍（一六六三—一七三〇）擔任南澳鎮（清

14　「裨海」，原文誤為「稗海」。

代轄管廣東潮州府汕頭及南澳島一帶的營鎮，衙署設在汕頭）總兵，奉命出兵，聯合福建水師提督施世驃（一六六七—一七二一，施琅第六子）征伐臺灣。藍鼎元便在藍廷珍手下擔任軍事幕僚，經常參與謀劃，凡是公文和書信收發都是他在經手，著有《東征集》一書，共分三卷，書中析論事情發生過程的處置，有關軍事的經營管理和戰事發生後的應變，更是切實扼要。朱一貴事件平定後藍鼎元回到故鄉，並撰寫《平臺紀略》一書，書中有這樣的論述：「臺灣地處海外天然險要的地方，其開發不應該比內陸地區延遲；而現在的臺灣，比起十年、二十年前，就更不能延遲開發了。之前臺灣只有臺南府城周圍百餘里內有開發，鳳山縣、諸羅縣等地都是充滿溼熱蒸鬱的險惡毒氣的地方，即使是府城地區的百姓也都不敢前往。現今即使是臺灣最南端的「郎嬌」（即「琅璚」，今屏東縣恆春鎮），或是向北到達最北端的淡水（今新北市淡水區）、雞籠等超過一千五百里地區，前往開發的百姓成群結隊。之前臺灣高大山嶺的山腳下，百姓都不敢靠近，大家都知道未受教化的原住民很凶暴會亂殺人；現今大家聚集相繼進入深山，混入原住民區域開墾耕種，即使會被原住民殺害也不怕。甚至是「傀儡」原住民（「傀儡」是漢人對恆春半島魯凱族及北排灣族等高山族的泛稱）所活動的偏遠地區、蛤仔難（原住民語，又稱「噶瑪蘭」，是宜蘭舊稱）、崇爻（原是阿美族語對身手靈敏如猿猴者的美稱，後演變為今花、東地區的舊稱）和「卑南覓」（今臺東地區，分布於卑南平原上的「後山七十二社」的泛稱）等原住民分布的地區，也都有漢人敢前往和他們交易買賣。這些地區人口和物力的聚積日益增多，開拓的區域越來越廣闊遼遠，雖然多次明令禁止也無法讓他們停止下來；臺灣土地廣大百姓眾多，需預備防患的事不可不嚴密。現今臺南府城擁有水師、陸師共五千多名士兵，足以滿足亂事發生時的調派、差遣；但鳳山縣南路只有派駐一營兵力，這長達四、五百里盡是高山、海濱等深奧幽暗的區域，到處是漢人和原住民混居的莊社，又是「下淡水」（原為原住民下淡水社盤踞的地區，後來漢人逐漸入墾，範圍約在今屏東縣萬丹鄉和內埔鄉一帶）和郎嬌等地盜匪經常活動往來的地方，卻託付給僅一營兵力的八百九十名官兵，這當然是非常艱困的了。諸羅縣管轄的地區長達一千多里，而駐紮淡水的「守備」營（清代武官職稱由高至低分別為提督、總兵、副將、參將、遊擊、都司、守備、千總及把總，此處指設有守備將軍的軍隊）卻位處偏遠的天邊，從「八里坌」（今新北市八里區）南下到諸羅縣城還有八、九百里，下茄苳（今臺南市後壁區嘉苳里）、笨港（今雲林縣北港鎮到嘉義縣新港鄉間的南港村一帶）、斗六門（今雲林縣斗六市）、半線（今彰化市光南里一帶）等地都是犯法作亂的人雜處且頻繁活動的地區，沿海的港埠都必須要有軍隊駐紮守衛，靠近山裡的地方又常有未受教化的原住民來往活動，這樣長達八、九百里的偏遠地區，地勢艱險阻塞且雜多繁亂，卻託付給北路僅一營兵力的八百九十名官兵，若將這些官兵聚守在一處根本顧不了較偏遠的地方，分散布防在各地因兵力太少也無法達到震攝威嚇的作用，這便是我這「杞人」（「杞人憂天」的典故出自《列子·天瑞》，原意是嘲諷不必要的憂慮，此處用來借喻藍鼎元本人）每天晚上煩惱憂慮到睡不著的原因。依我淺薄的「愚見」（自謙之詞），應將諸羅轄管區域再畫分成兩地，在半線以上的地區另外增設一個縣，管轄治理六百里；雖然一時之間經費和糧餉沒有很多，但是臺灣每年徵收的原住民餉銀有八、九千兩，雜草叢生的荒地草一經開拓，百姓繳納的賦稅就會日漸增多，幾年內就能成爲廣大壯闊的大城鎮。半線這地方因爲是縣治所在地，所以應駐紮一營五百名士兵的守備營，淡水和八里坌這地方可增設一員「巡檢」（清代最基層官員，輔佐知縣巡防地方、稽查緝捕盜匪等工作），輔佐知縣無暇顧及的地方。羅漢門（今高雄市內門區）一向是盜匪聚集的地方，在內門派駐一員千總（清代低階武官職稱）和三百名士兵，下淡水莊和新園（今屏東縣新園鄉）可派駐一員守備和五百名士兵，郎嬌（琅璚）位處最南端的偏遠地區，應該派駐一員千總和三百名士兵，這樣的布署便可以讓一千多里的疆域，有任何消息都能互相連通。再遴派認眞勇於任事的官員，爲臺灣百姓培養更多的物質和精神力量，但千萬不可濫加剝削、榨取，如果不這樣做的話，不出二、三年的光景，臺灣就又恢復如以往（盜匪橫生、瘴癘滿布）的情境。賦稅和徭役要公平均分、訴訟斷案要公正、籌設免費的學堂、振興教育端正禮俗，獎賞提拔能孝順父母、友愛兄弟且又努力農耕的傑出人才，施行基層保甲制度並教導戰術自我防衛使民、兵合一，開放百姓拓墾荒地讓土地獲致最大的利用價值，建造城池來協助守衛和防禦，這些都是很容易就可規畫辦理的。若能以踏實認眞的心去施行富國利民的政策，每月每年自然就能感覺到有不同的進展和成果。一年之後民心士氣不再浮動而平和下來，二年之後這邊疆境地便可安定不再有動亂，三年之後守禮謙讓的風俗民情會浸染昌盛起來。這樣全臺灣還無法長期安定、永保太平，我是決然不信的。臺灣山嶺高峻土壤肥沃，非常有利於開拓墾耕。有利益的地方，每個人都會想前往獲取；這些利益不回歸給百姓，那麼就會被原住民占有、被盜匪搶走。即使臺灣島內不再有盜匪產生，或者未受教化的原住民不會離開深山搶奪，還是得擔心從島外而來的禍患，譬如日本、荷蘭等國的侵擾，不能不提早預做防備。現今臺灣表面看來百姓安居沒有發生事故，但不能像燕雀在堂下築巢卻不知房子即將發生火災那般毫無警惕之心（「燕雀處堂」的典故出自《孔叢子．論勢》）；萬一有一天禍事降臨了，後悔都來不及？之前犯過的錯誤沒有很久（可供借鏡），我不能不爲之膽戰心驚啊！」後來清廷決定增設彰化縣及淡水海防廳，將澎湖「通判」（清代通判的官等為正六品，多半設立在邊陲的地方，以彌補知府管轄不足之處）升格爲海防「同知」（清代同知的官等為正五品，通常協助知府緝捕盜匪、海防等行政事宜），在臺灣各地增派兵力駐防，都依照他所建議的。雍正元年（一七二三），被推舉進入國子監（太學）當貢生（清代科舉制度，遴選各府州縣學之優秀生員，貢於京城，進入太學就讀，有副貢、拔貢、優貢、歲貢、恩貢等管道），三年後，協助編修《大清一統志》。雍正六年（一七二八），朝廷任命為廣東省普寧縣（廣東省揭陽市轄下普寧市）知縣，頗有德政，因違逆長官遭到免職。兩廣總督鄂爾準（應為「鄂爾達」，一六八五—一七六一，鄂爾達當時擔任廣東巡撫，於雍正十年接任兩廣總督）了解他的才能，延攬為幕僚，當時臺灣原住民作亂，藍鼎元陳述治理臺灣十大要務。雍正十年（一七三二）冬季，「鄂爾準」特地為藍鼎元上書朝廷說明被陷害入罪的事情經過，皇帝下詔召其進京晉見，命令他接任廣州（今廣東省廣州市）知府，不久便因病猝死，享年五十四。藍鼎元撰述的書大部分是攸關臺灣的事務，這些資料多被後來到臺灣任官的人採用參考。

陳夢林／張崑將、張溪南

陳夢林（一六六四—一七三九），字少林，是福建省漳浦縣（今漳州市漳浦縣）的諸生（清代取得官學入學資格的讀書人，俗稱秀才），常和有名望的知識分子或官吏交往，在湖南、湖北、浙江、雲南和貴州等地區縱橫奔走，四處征戰、閱歷練達，一生超群出眾傲視人間。康熙五十年（一七一一），諸羅縣（今嘉義縣）知縣周鍾瑄開始要編修《諸羅縣志》時，聘請他擔任編纂。《諸羅縣志》完成後，可以說是最早最理想的方志書。在那時候，清朝剛收復臺灣不久，官吏沒有好好經營治理地方，文武官員安於逸樂嬉遊不務正事，每天苟且偷安、得過且過。陳夢林感到憂心，於是撰文闡述觀點：「世界上常有一些遠大、深刻而切實的計畫，世俗之人有的會認為施行起來很困難就不肯付諸行動，有的會認為不切實際連動都不想動。其實一開始就去推動切實計畫反而單純容易卻沒有付諸行動，到後來情勢變得不得不有所作為時才想要行動，所要付出的代價恐怕是十倍、百倍甚至千萬倍了。明朝初年，漳州府、潮州府間有南澳島（今廣東省汕頭市轄下南澳縣），泉州府轄管的有澎湖島（今澎湖縣），那個時候的政策是將島上的居民強迫遷離任其荒廢，而且還將南澳島的出入港口都封閉，讓船隻無法進入，當時那樣處理主要是考慮島嶼險阻偏遠，島上駐軍將勞師動眾且糧餉補給困難。到了明嘉靖（明世宗朱厚熜年號，明朝第十二任皇帝）年間日本海盜來到南澳島，南澳島上的居民又暗中和大海盜相通，吳光（應為「吳平」，明嘉靖年間活躍於在福建廣東、沿海的海盜）、許朝光（明代海盜首領，多次勾結倭寇騷擾大陸沿海地區，無惡不作，後被手下所殺）和曾一本（原為吳平手下，吳平失敗後，曾一本接收其勢力開始活躍於潮州、雷州及瓊州沿海，後被俞大猷擊敗）等海盜先後占據這個島，福建、廣東兩省不堪其擾，便在南澳島設立副總兵（清代武官職稱由高至低分別為提督、總兵、副將、參將、遊擊、都司、守備、千總及把總，副總兵即副將，屬高階武職）鎮守，到現在已形成一座繁榮壯大的城鎮了。澎湖島也曾經先後爲海盜林道乾、曾一本和林鳳（此林鳳並非是鄭成功部將林鳳，同名同姓而已，為明朝嘉靖年間活躍在臺灣海峽的海盜）等人的藏身之處。明萬曆二十年（一五九二），有日本海盜侵擾雞籠、淡水的風聲，當時的官員認爲澎湖離臺灣很接近，認爲不應該就這樣白白被占領，於是在澎湖島上設立遊擊加強防衛，到現在也成爲繁榮壯大的重要城鎮了。假如之前就在這些險要的島嶼設置防禦工事防衛抵擋，那麼南澳島就不會讓福建、廣東兩省的軍隊疲於奔命，澎湖也不會成爲貪暴之徒的巢穴，日本海盜也無法深入，海盜也不能偷偷占據，漳州、泉州這些沿海府縣也不會像之前所傳說那般遭受嚴重的禍害了。現今臺灣的半線（今彰化市光南里一帶）到淡水間，有肥沃的田野、充足的水利，沿海有許多港埠四通八達，就像是一塊未經琢磨加工的玉石；若能疏導開放百姓前往開拓墾荒，船隻往來這地區，也就能明白這確實是塊美玉了。而雞籠港可以說是臺灣北部門戶的鎖鑰，淡水港又是雞籠以南可掌控局勢的要塞，大甲（今臺中市大甲區）、後壟（今苗栗縣後龍鎮）和竹塹等地方都有地勢險阻的地方可供據守。如果因目前的安適而因循苟且，不作長遠的規畫，不增設縣府來加強防備，那麼這些有高山、海洋等天然險阻的地方，將會逐漸鬆弛沒有警備，難道眞要等到丟了羊才要開始來修補羊圈嗎（犯錯後才要想補救已來不及了）？南澳島和澎湖島的歷史殷鑑是有目共睹的。」閩浙總督覺羅滿保（一六七三－一七二五）聽聞了陳夢林的才幹，便聘請他擔任幕僚。直到臺灣發生朱一貴（一六九〇－一七二二）的亂事時，南澳鎮（清代轄管廣東潮州府汕頭及南澳島一帶的營鎮，衙署設在汕頭）總兵藍廷珍（一六六三－一七三〇）奉命出兵臺灣，覺羅滿保命令他加入軍事幕僚幫忙謀劃策略，和藍鼎元日夜不停的商議戰略，不怕辛苦勞累。半夜一聽到有緊急的消息時，便拿起盾牌當靠墊振筆疾書，一揮筆在極短時間就能寫成上千字的文章，他協助平定朱一貴亂事的功勞不輸藍鼎元。亂事平定後回到故鄉。雍正元年（一七二三），再度到臺灣遊歷，幾個月後便回去。著有《臺灣後遊草》一書，藍鼎元還為書作序文。後來病死於家中。

洪壽春／陳有志

洪壽春，字士暉，福建同安人。渡海來臺灣，定居彰化二林堡（現在彰化縣二林鎮）。他以黏貼紙張，紙紮人偶的手工藝，供養自己生活所需。有了一點儲蓄，就去購買書籍，早晚只要一有空閒，就讀書背誦。有時多買了書，缺錢吃飯，心情也是十分安適，十分快樂。後來雅集有了五、七言律詩的撰寫，彙編成四卷的詩集。知縣楊桂森讀了他的詩集，讚賞不已，偶爾跟他一起作詩，互相唱和酬謝。也為他的詩集寫了書序。之後，又有幾本詩集出版。但他的詩集，現在都已失散，很可惜一本也都沒流傳下來。

蔡推慶／吳克

蔡推慶是福建省晉江人，有人說他是某位總兵的第六個兒子，從福建渡海來臺之後，居住在彰化縣城（今彰化市）。他的個性灑脫不受拘束。曾經學習繪畫，但是沒有掌握繪畫技巧的精髓所在，於是刻意深思繪畫的境界。有一天風雨大作，一個人走入山崖之間，體會眼前煙霧繚繞的景象，於是將其描繪出來，畫作非常神似自然的現象。有一位地方高官願意以千金的代價購置，但是兩人的意見不合，蔡推慶就拂袖離開。從此他經常一個人居住在斗室之內，自己高歌自娛。無論是冬天還是夏天，只穿著一件袍子過日子。死後，地方人士將他葬在八卦山上，墓碑上刻著「處士蔡推慶之墓」。

查元鼎／吳克

查元鼎（一八〇四—一八八六）字小白，是浙江省海甯洲人。年輕的時候喜歡讀書，很早就享有文名，以歲貢生（成績優異的秀才）身分參加省內秋天八月的考試，但沒有錄取爲舉人。道光年間，到臺灣擔任官員處理公務的幕友，地方執政的官員爭相聘請。但由於個性正直耿介，不願和同僚過從甚密，稍有不合於他的意思，就辭去幕友工作，官員也無法挽留。

同治元年（一八六二），發生戴潮春起來作亂的事件，負責淡水到新竹的淡水同知（負責行政工作的地方官）鄭元杰聘請查元鼎。他從後壟（現在苗栗縣後龍）出發，遭叛軍俘虜，幾乎無法保命，平生的著作也都被毀。同知鄭元杰與淡水的紳士林占梅（一八二一—一八六八）、鄭如梁分別派人從不同的道路尋訪他的下落，查元鼎最後倖免於難。

查元鼎畫〈竿笠跨犢圖〉，向同道徵求詩作，作爲紀念。晚年寄居在竹塹，生活境遇越來越窮困，但是堅守自己的原則不肯改變，每日與林占梅賦詩喝酒爲樂。著有《草草草堂吟草》四卷，現在僅存三卷，沒有公開刊行。查元鼎於八十三歲去世。兒子查仁壽，字靜軒，擅作詩，精於篆刻，在新竹過世。著有《靜軒詩稿》三卷，現已失傳。聽說刻有一百個壽字的圖章，由新竹人士收藏。

呂世宜／林靜宜

呂世宜（一七八四－一八五五），清代福建省泉州府同安縣人。同安縣包括現在的廈門和金門西村，呂世宜祖籍金門，移居廈門，字西村以表示不忘本。

浙江省富陽縣人周凱（一七七九－一八三七）擔任福建按察使分巡興（興化府）泉（泉州府）永（永春直隸州）海防兵備道時，重修廈門玉屏書院培育學生。當時呂世宜在玉屏書院中與莊中正（福建省漳州府平和縣監生）、林焜熿（同安縣廩生），都是地方官學（又稱「庠序」）擅長古文義法的名人。周凱對呂世宜廣博的學問、見識十分賞識，因此薦舉他爲舉人。[15]

呂世宜喜愛研究青銅器及石器上的文字銘刻及拓片，又擅長考證古代的經典與文物制度，精於書法技巧，所寫的篆書和隸書特別美好，家中收藏豐富的碑石刻版，只要碑刻或拓本不是假冒的眞跡，

15 其實呂世宜道光二年（一八二二）已經考上舉人，周凱道光十六（一八三六）年才與呂世宜、莊中正、林焜熿在玉屏書院互相切磋古文。呂、莊、林三人還參與周凱編纂《廈門志》的校稿工作。參見周凱〈自纂年譜〉，《內自訟齋文集》卷首。

就不惜花費去取得。

當時，臺灣府淡水廳的林平侯（一七六六－一八四四）創立商號「林本源」，以巨富知名於鄉里，林平侯的兩個兒子林國華與林國芳（一八二〇－一八六二）兄弟正在壯年，有意於文化和教育事業，他們敬慕呂世宜的書法，準備了豐厚的幣帛聘請呂世宜到家中擔任教師，且告訴呂世宜說：「先生您鑽研金石銘文及篆隸書法的志向十分令人敬佩，但從事這項事業所需要的財力卻有所不足，幸好我們家族相當富裕，如果您想要收藏更多古代的金石碑刻，我們一定會贊助並聽從老師您的指導。」於是呂世宜離開廈門，渡海到臺灣主持林家的教育工作。在林家的支持下，呂世宜收集夏、商、周三代刻於金屬祭器的文字、漢代及唐代碑文的拓片就日漸增加。他一方面親手臨摹古代文字，一方面用心神領會古人筆法，悠閒安適，一點都不覺得厭倦或疲累。

林家在枋橋（今新北市板橋區）建造亭園（今稱「板橋林家花園」），其中柱子上的直式對聯（楹聯）、門框上的橫式橫幅（橫批，門楣即橫木）、匾額題字，多數是呂世宜的書法作品。呂世宜又邀請專業的雕版工匠，鐫刻他所臨摹的篆書和隸書，準備印成書法範本流傳，但工匠還未完成，呂世宜就去世了，遺體被運回廈門安葬。[16]此時福建省漳州府詔安縣人謝穎蘇（字琯樵，一八一一－一八六四）也在林家擔任教席，以書法繪畫聞名。

---

16 其實呂世宜生前已返回廈門家中。咸豐四年（一八五四）撰〈呂西村自作墓記〉，刻於硯臺背面，準備死後以硯臺陪葬。翌年，在家中去世後，與硯臺同葬於廈門大厝山。

林豪／熊羿

林豪（一八三一—一九一八），字卓人，福建泉州廈門人。博覽歷史書籍，善於寫文章，文筆很好。在咸豐年間，曾中鄉試舉人[17]。在同治元年（一八六二）的秋天，來到臺灣後暫時寓居在艋舺。當時正逢彰化地區戴潮春叛亂事件爆發，林占梅奉命辦理地方團練事務，見到林豪後對他非常禮遇，並邀請他到自己的宅邸潛園擔任教師，更時常與他談論文史典籍。等到戴潮春叛亂平定後，林豪就到臺灣府（今臺南市）一帶遊歷，遂將途中見聞加以記述，寫成《東瀛紀事》二卷，用以記錄此次叛亂的過程。同治六年（一八六七）時，淡水廳同知嚴金清聘請林豪負責編修《廳志》。淡水廳自開設以來，還沒有專屬的地方志。之前曾有鄭用錫編輯的《淡水地方志》草稿二卷，但是非常粗略。因此，林豪與林占梅就開始一起商定編寫《廳志》的體例，並且開始到各處進行實地採訪，前後歷時九個月，編寫成書十五卷，可惜因故沒有正式刊印出版。後陳培桂就任淡水廳同知，又另外邀請侯官楊浚修撰淡水廳的《廳志》。楊浚雖是文人，但並不具備史學素養，對林豪版《淡水廳志》的記載進行許多竄改。林豪得知後非常氣憤，就撰寫《淡水廳志訂謬》一書，以糾正楊浚版本的謬誤。不久之後，林豪應澎湖人士之邀，前往澎湖文石書院講學，因此又在當地編寫了《澎湖廳志》，原稿後存放於臺南。光緒十八年（一八九二），臺灣省政府想要編修全省的《通志》，派人到各地廳縣去實地採訪。在中法戰爭之後，政府對澎湖一地大力建設，澎湖廳通判潘文鳳就再度聘請林豪編寫《澎湖廳志》，總共有十四卷，並上呈給臺灣省督撫。林豪雖出身金門卻長期旅居臺灣，對於國家政策的得失、民生

---

17 據林文龍先生考證，應是咸豐九年（一八五九），省會福州參加己未恩科補行戊午正科，領周慶豐榜鄉試舉人。出處：林文龍〈清末寓臺詩人林豪事略〉，《臺灣文獻》，一九七九—一二，第三〇卷（第四期），頁一二七—一三九。

經濟的利弊，都有所討論，而尤其關心澎湖的事務。林豪於《澎湖廳志》中論到：「福建外海有四座島嶼，金門、廈門、海壇、澎湖，四島的發展有富、貴、貧、賤的分別。其中廈門富，金門貴，而澎湖則以貧著稱。澎湖島的土地很貧瘠，農作物以地瓜、花生爲主。常年以來，澎湖的經濟發展都很拮据。如果遇到帶有鹽分的雨水，則農作物根本無法收成。至於要去海邊捕魚的話，也必須等到風平浪靜時才能夠撒網。而澎湖的天氣又常颳大風，往往大風一來就連颳二十天左右。雖然有人說澎湖可以種鹽，也是言過其實，並非眞的可以按照季節來收成。澎湖爲鹹鹼之地，到處都可以晒鹽，但是民間一般只能食用官鹽，每斤十幾文錢，或七、八十斤一百文錢。居民的漁獲收入，往往還不夠拿去買鹽，而除了捕魚之外又沒有別的行業可以從事，居民怎麼可能不貧窮呢？如果能開放民眾自己晒鹽食用，再徵收全額稅金，既可以充實國庫，民眾也可以獲利。每年增加數萬兩黃金的利潤，可以抽一部分出來，補貼書院學生的學費，如此大家就會積極讀書求學，即可帶動參加科考的風氣。如果能夠撥出一部分兵源，在澎湖當地召募，每年增加的數萬金軍餉，就可以互相挹注，則習武的人才，也有報效國家與晉升的途徑。如此一番改革之後，民間風氣就會大幅轉變，即使不能達到理想狀態，也已改善很多。清末名臣胡林翼（一八一二—一八六一）曾說：「以政府資源直接供養人民，不如創造良好就業環境讓人民可以自給自足。」就地召募澎湖人，就是以政府資源供養人民。開放民間晒鹽，就是讓人民自給自足。這都是可以長久造福百姓的政策。不然的話，政府不去創造良好的就業與生活環境，僅僅只靠民間種植地瓜、花生來勉強糊口，如此惡性循環下去，人民就只能一直生活在恐懼不安與貧窮困苦當中。」後來，林豪離開澎湖，輾轉回到故里金門，著書終老。

梁成枏／吳克

梁成枏，字子嘉，籍貫是廣東省南海縣人。年輕時仗恃有才氣不服於人，曾經因事得罪文宗，也就是咸豐皇帝（在位時間從一九五〇到一九六一），將要受到處罰，於是就離開朝廷，到江蘇、兩湖一帶擔任幕友（地方長官的行政助理），但是他的個性和其他人疏遠不合，一怒之下，渡海到臺灣，爲林朝棟所率領的棟軍掌管文書。那個時候，臺灣巡撫劉銘傳依賴棟軍治理原住民，私人與公務信件每天往來有好幾件，負責文書的人寫的信件辭不達意，但是由梁成枏負責後，文書信件內容面貌一新。劉銘傳感到非常驚訝，就詢問軍隊主將這些文稿是誰寫的。主將告訴巡撫，是梁成枏寫的，並推薦他是一個人才。

光緒十二年（一八八六），在東勢角（現臺中市東勢區）設置原住民撫墾分局，由梁成枏來負責。之前漢人和原住民彼此隔絕，原住民因事發怒的時候就會殺人，沒有發展窮途末路就來講和；講和之後又出來殺人，而且將責任推給其他原住民族部落。負責的地方官吏不能懲辦肇事的原住民，最後都不了了之。這些不同部落的原住民住在深山之內，彼此不相往來，經常好幾個部落才共用一位通事（翻譯）。翻譯所講的話可能帶來和平或者導致戰端。而通事經常靠著原住民的力量，抬高自己的地位，甚至替他們通風報信。所以地方政府花費很多吃飯喝酒、贈送牛隻作爲禮物的費用，但是原住民騷擾地方的情況卻越來越嚴重。梁成枏建議以利誘惑，以勢禁止的策略，嚴密設立障礙設施以爲防範，定下互相貿易往來的辦法。各個原住民部落如果不願講和，那麼即使一尺長的布和多餘的鹽都無法獲得。這樣一來，原民部落才慢慢願意接受政府招撫。

梁成枏又親自到各部落，了解他們生活的辛苦，並娶原住民的女子爲妾，並且學習原住民的語言。所以各部落都非常喜歡他，暱稱他爲阿公。光緒十三年（一八八七），萬社（在臺灣中部）的原住民殺人，當地居民紛紛避難。劉銘傳（一八三六—一八九六）來信要求梁成枏與地方駐兵合作擒拿。萬社這個部落爲原住民部落的領袖，人口眾多，所居之地的形勢又很險要，其他部落都接受他的指揮。大家商議覺得這件事很難處理，梁成枏毫不害怕，願意一個人前往招撫。到了當地就召見酋長，責備他說：「我過去和你們約定，不可以殺人；每年給予牛酒鹽布等物品，讓你們可以溫飽。如果殺人則需抵罪，如今違反約定，我也失信於長官，如果我承認罪狀而離開職位，後來的官員必然將所有的貿易活動全部斷絕，我會看到你們挨餓受凍，以致死亡很多人。」梁成枏講話的聲色非常嚴厲，酋長因此感到害怕而向他求救。梁成枏對他說：「你把殺人犯交給我則能免除罪過，否則討伐的軍隊將會來到。除掉一個殺人犯讓所有善良的人安居，沒有比這個計策更好的。」首領於是交出犯人，殺之以示眾。附近的部落聽到消息都受到震動而心服。

梁成枏既然與各部落相當熟悉，想要在這裡置產，於是開闢罩蘭（現在苗栗卓蘭鎮）這個地方，除草種樹，對待各部落如同家人，每年的收入可以高達千金，位處中央的泰雅族原住民也逐漸服從管理。

甲午戰爭（一八九五）割讓臺灣之後，梁成枏攜帶原住民的小妾倉皇回去大陸內地，他的財產都丟光了，詩文也散落各處。後來客死香港。隔了幾年他的學生林資修（一八八〇—一九三九）敘述他的事蹟，並且作評論。評論是這樣寫的：「臺灣的原住民從古就很難治理。過去臺北府曾經動兵，但是軍隊到了，原住民就躲到深山叢林裡，毫無蹤跡可尋。轉而攀著岸邊樹木，暗中偷襲運送的糧食。等到軍隊懈怠退兵，經常會中了原住民的埋伏。再度出兵征討也不順利，也多少會感到厭倦。以原住民的野蠻，沒有兵器，家裡也很少有多餘的糧食，如果不是有人暗中給予武器、糧食，他們哪裡敢逞凶？這些原住民往往自以爲是，認爲漢人與他們是平等的。如果負責翻譯的通事，能夠對他們說明利害，也能多少讓他們有所警惕覺悟。通事反而誇大他們虛有的聲勢，打擊地方政府的士氣，這也是木頭腐爛之後長出蟲來的結果。所以原住民並不難治理，只是沒有得到治理的方法。沒有考慮基礎的位置是否一致，只比較他的高低，將一寸大小的木頭放在高樓上，那麼木頭可以比高樓還要高（原文是『不揣其本而齊其末，方寸之木可使高於岑樓』，這句話出自《孟子．告子下》）；可惜梁先生沒有能夠完成任務。」

連橫說：古代稱之爲士的人，所作所爲是爲了國家，爲了人民而已，也是爲了自己所相信的原則。所以他所提出來的意見可能被採納，或者所提的意見沒有被採納，或者開始沒被採用而後來卻採用。研究他們的意見對國家是有幫助的。臺灣是新開闢的地方，在東南方占有地利。讀書做官的人來臺灣，都把臺灣視爲一個富裕藏有黃金的洞穴，賺飽了就離開，未能在地方建立功業，也沒有構思一個發展策略。規畫政策只看眼前，這種人沒有辦法經略遠方，拘泥於古代的思想，沒有辦法處理今天的問題，藍鼎元、陳璸等人苦心籌劃長遠的治理方針，可以稱之爲賢人。梁成枬更是其中表現優異的。

鄉賢列傳／吳克

連橫說：讀書人排在士、農、工、商四類人的第一位。讀書考察古代治理國家的方法，即使不能治國平天下，也應當在地方上做好事，被地方社會稱爲善人。如果寫的文章不合乎道的原則，事理不直，做人專橫奸詐，成群結黨，則是傳統講求道德原則社會的敵人。臺灣自移民開闢以來，社會風俗單純美好，讀書人出入學校的，多能專心地守住道德原則。能夠死後入祀鄉賢祠的有五位，這如同古代君子死後封土立社，受到祭祀。《詩經》說：「如果德行正直高尚，四方諸侯就會順服。」（這句話出自《詩經・大雅・抑》）。

王鳳來／吳克

王鳳來是臺灣府寧南坊（臺南）這個地方的人，字瑞周，號竹山。乾隆二十七年（一七六二），以歲貢名義（地方官推薦優秀人才到中央國子監讀書稱歲貢）補上漳平縣（在福建）縣學的訓導。到了漳平縣，整理學校的相關規定，每日展示給學生看，鼓勵他們篤行倫理，建立品格，讀書人都很樂於隨從。任期期滿後到北京，回臺之後，遇到臺灣發生變亂，上書建議臺灣設府，並提出征討變亂的策略。

變亂平定之後，又再度北上，奉命到雲南任官。可是碰上他的父親過世，服喪期滿之後，按例補爲蘇州都糧水利同知（協助知府處理鹽政、海防、盜匪等事務）。南北運輸經由大運河的漕運行之多年，所以有許多不合理的規定，多年累積許多弊端，負責這項工作的官吏包庇這些弊端，自己可以得到好處。王鳳來到任後，將這些弊端盡行革除。後又被任命採購建築海塘用的石頭，以防範海水倒灌陸地。然後又被任命去勘查太倉州（今江蘇省蘇州）的水災，再去監督漕運事務，再任命爲總捕頭的職位。雖然職位低下而且是小官，但他做事以利國便民爲原則。當時被稱譽爲善於處理公務的好官吏。

之後升任刑部安徽司員外郎（副長官），又任河南懷慶府的知府，任內政績良好，獲皇帝召見，並下旨褒獎他。再任兵部武選司（負責武職人員的考核）。任官三十餘年，六十五歲去世。嘉慶十一年（一八〇六），臺灣縣學教諭（臺灣最高教育機構的教師負責人）鄭兼才上書給皇帝，請將王鳳來入祀鄉賢祠（出生在當地，學識品格受人尊敬的人可以入祀），閩浙總督將公文轉呈給皇帝，最後皇帝許可入祀。

陳震曜／熊羿

陳震曜，字煥東，號星舟，臺灣嘉義人，後遷居臺南府。年少時非常聰明，遍讀經傳典籍。嘉慶十五年（一八一〇），因爲品行優良而被舉薦入太學，並受到皇上召見面試。嘉慶二十年（一八一五）時回到福建省，歷任建安、閩清、平和等各縣的教育官員。道光五年（一八二五），調回福州後，負責管理鰲峰書院，協助編修《福建通志》，並到處搜集整理當地儒生留下的各種典籍。一時之間，讀書人都對他讚譽有加。福州的科舉考場，因地處低窪且空間狹小，以致潮溼悶熱，每次大批考生應考時都很容易生病，陳震曜因此出面向當地仕紳募款來擴建考場，增加了一千多座考生專用的小屋，並且還親自監工，在一年之內就擴建完成。道光六年（一八二六），擔任同安縣的教育副官，開始倡議編修縣志。陳震曜曾說：「輔佐國君治理百姓，是行政官的職責；教化百姓培養人才，則是教育官的職責。即便官階不高，也是一方百姓的導師。豈能違背儒家的禮法呢？」道光十二年（一八三二），嘉義發生張丙叛亂，因此隨軍渡海來臺，辦理民兵的訓練與撫恤等事務。隨後朝廷任命他爲州同。叛亂平定之後，多次上書總督陳述利弊，強調戍守臺灣的軍隊，都是調自福建各旗軍營，士兵的語言風俗與臺灣當地百姓格格不入，時有摩擦，如果聚眾生事，官員也難以管束，有警戒時也不能夠發揮軍隊的戰鬥力。陳震曜建議官府應該減少調派的士兵並增加本地壯丁入伍的名額。他在上書中陳情：「各省的兵源都是從當地居民中召募，但臺灣島在開墾初期時，戶口只有幾十萬，還有大片適合耕種的土地，亟需大量勞動力投入農耕，那時的兵源很難從當地居民中去召募，再加上鄭氏政權剛被平定，後續仍有餘黨作亂，如果官兵組成中有當地居民，就會有與亂軍勾結、互通聲氣的疑慮。這就是爲何會一直調遣內地的官兵來臺駐守的用意。現在臺灣的行政區劃已有四個縣、三個廳，大約有三百多萬人口。在可耕地面積沒有增加的情況下，人口卻不斷成長，因此逐漸出現許多無田可種又缺乏其他就業機會的人。如果能夠將他們召募爲官兵，再加以嚴格訓練，轉化他們原本不聽號令的劣根性，平時就是維護治安的警衛，戰時就是抵禦外侮的軍隊。而且當地人自然熟悉當地情況，指揮起來也更有效率。經過調查，內地官兵調遣來臺者，只有漳州、泉州兩地人所操方言與臺灣相近，其他各地的方言則差異很大。在語言不通，對當地環境又陌生的情況下，平時維護治安都有問題，遇到大規模戰鬥時就更難發揮戰力。核查這些兵員的能力，大多只是在部隊中擔任閒雜職務，如清潔、打掃等，這只能算是充人數而已。這些人常常是在倉促之中徵召，大多只會拿武器守在城牆上，根本無法出城作戰，更不用說殺敵制勝。可以說是，徒有軍隊的形式，卻無軍隊該有的戰力。如此積習已數百年，輪換調遣，循環往復，卻從未檢討改善。既然常備部隊無法發揮應有的作戰能力，則盜匪就容易滋生事端，一旦聲勢蔓延就更難制止。偶然發生作亂的警報，部隊都沒法反應。今天的小亂就會變成明天的大亂，明天的大亂就變成難以收拾的動亂，最終變成常備部隊只能緊閉城門坐以待斃，放任城外的百姓遭受盜賊的洗劫。即便強制民間富人攤派出資，長久下來仍是成效不彰。如此下去，原本的烏合之眾就會逐漸團結起來，小股的盜賊也會慢慢成長爲大型的亂軍。如果發展到那個境地，就必須要請地方仕紳援助，募集足夠的資金裝備，並且召募當地民兵，更需要向官府的大部隊求援，不然根本無法平定叛亂。前後不同時期所遭遇的問題，竟然如此相似，實在令人痛心！經過考查，臺灣水陸軍隊合計超過二萬人，每年所需軍餉要二十多萬，軍隊的待遇已算優渥，遇到亂事竟然還是束手無策！從康熙年間到現在，民亂已發生過十幾次，每次都要依賴當地民兵的力量來平定。而最近的四十年內，乾隆五十一年（一七八六）的林爽文案，臺灣居民加入民兵以保衛家園者，南北合計就有幾十萬人。光是官府獎賞的民兵領袖，就有一千數百人之多。乾隆六十年（一七九五）的陳周全案、嘉慶十一年（一八〇六）的蔡牽一案，受到官府嘉獎封賞的民兵領袖，都不少於幾十人。由此可見，臺灣人民既然能加入民兵保衛家園，絕對可以入伍參軍報效國家。所以，想要謀求長治久安的政策，遇到官兵人員有出缺時，就可以在當地居民中徵募。每座軍營有數百位士兵，只要能挑出幾十名當地壯丁加入，用以維護治安、緝捕盜賊，甚至抵禦外侮，如此則海防部隊的編制，就能得到改善，不像以前只能死守在城牆上。」

此外，陳震曜在〈議添募屯兵書〉中論到：「臺灣島僻處海上疆域的邊陲，駐守的部隊都是內地士兵，彼此方言不通，對當地道路環境也不熟悉，對氣候水土也不適應，更不清楚地形險要之處。每次遇到要捉拿盜賊時，都必須藉助當地居民或原住民做嚮導。經調查，在乾隆五十二年（一七八七），未歸化的原住民叛亂，靠著已歸化的原住民來協助緝捕。乾隆五十三年（一七八八），福中堂入告，在沿著山脈地區有許多尚未開墾的土地，應開墾爲田地，平時屯田的壯丁，警戒時就可變爲士兵，還可以提拔地方居民的領袖，任命爲屯田區的民兵長官。自設立四十多年來，原住民都很安分，不僅聽從地方官的調遣，在保衛家園上也非常賣命，值得嘉獎。但是，屯田之地大部分仍然荒廢，因此糧餉並不充裕，無法召募太多屯田兵。竊以爲，既然全臺的陸上軍隊有九千七百九十七人之多，應可酌量減少一千多人，省下來的糧餉以及軍眷撫卹金，就可以再召募一千多名屯田兵，分別配給臺灣道府、四個廳以及四個縣的十個衙門，每月查驗一次，給予糧食犒賞。秋季時每月操練一次，冬季時則每月操練兩次。軍隊的服裝、武器、機械與彈藥，由官方購置。而操練犒賞、緝捕盜賊、飲食用度等，就可用在臺灣當地徵收的屯租款來支付。操兵演練之後，軍器裝備就存放在道府廳縣的府庫。每一季到各地去巡查時，由各地衙門安排固定的班兵，輪流調遣執勤。如果遇到緝捕盜賊時，則全部隊伍統一攜帶器械裝備，便於抵禦敵寇。如此克敵制勝的成效，會比從內地調來駐防的部隊高很多。」此書上陳後，總督相當認可。之後還建議省會應擴建城池、增設炮臺，皆被採納。

陳震曜先前在家鄉時，頗受鳳山縣縣長的賞識，遂聘請他去主持鳳儀書院。鳳山縣僻處於臺灣島最南端，文化風氣不盛。陳震曜開始主持鳳儀書院後，每日都召集讀書人來講授經典，也教導詩文寫作，鳳山縣的文化風氣由此振興。後來，陳震曜奉臺灣巡撫之命，與鳳山、嘉義兩縣的縣長於縣內各地實地採訪後造冊，上呈臺灣府以補修地方通志。陳震曜發現，臺灣府縣各地方志的地圖，有許多疏漏之處，山川地形與村莊社區的位置很多都有誤差，因此建議應該先繪製鄰里城堡的小範圍地圖，再繪製廳縣的中區域地圖，最後再繪製完整的臺灣全圖。並且還模仿國史館《大清一統天下圖》的繪製方法，在繪製地圖的底稿上先畫好方位隔線，橫豎各三十條線。從此以後，地圖繪製的精準度就大幅提升。繪製地圖事告一段落後，彰化縣縣長楊桂森聘請陳震曜去編修《彰化縣志》。當時鹿港一帶，有施、黃、許三大家族，三大家族皆男丁眾多，仗著在地方上人多勢眾，就違法亂紀，時常群聚械鬥，嚴重破壞地方治安。陳震曜遂上書奏請官府嚴加查辦。並加以說明，鹿港處在全臺灣濱海地區的中央位置，人口可達數萬人，是彰化縣的一大城鎮，卻至今仍未修建城池，這要怎麼保衛地方居民的安全？要怎麼鞏固險要的地形？因此上書請願，興建一座城池與木寨，以維護地方治安。此外，由於鳳山縣轄區非常廣闊，行政上常會鞭長莫及，因此建議將淡水南岸至琅璠一帶的地區，另外規畫成一個新的行政區。後來，欽差大臣沈葆楨（一八二〇—一八七九）巡視臺灣時，就採納這項建議，將該地區設置爲恆春縣。由此可見，陳震曜的論述對於臺灣的政務都有實際的幫助，並非紙上談兵。

道光十五年（一八三五），陳震曜被任命爲陝西甯羌州的州同。道光十七年（一八三七）九月方才到任。甯羌本是少數民族聚居的地區，民間讀書風氣並不盛行。陳震曜到任之後，每月都會召集地方上的仕紳耆老，對他們加以訓導勉勵，並且教導人倫禮儀以及誦讀經典。幾個月後，地方文風就大爲改善。甯羌州地處南北交通要道，是陝西、甘肅地區進入四川省的門戶，長久以來由於官府疏於管理，因此往來交通並不便利。陳震曜就親自探勘，並召集當地居民動工修築交通設施。在甯羌州州同任內的十年間，陳震曜爲官廉潔正直，待民如子，很受地方百姓的愛戴。道光二十四年（一八四四）七月，陳震耀奉命代理漢中地區城固縣的縣長。道光三十年（一八五〇），因病辭官回鄉，帶回家的行李十分簡單，只有十幾箱書籍與字帖，字帖大多爲拓自漢唐石刻。陳震曜還精通經學，尤其喜歡宋代的理學，治家遵循古禮，非常嚴謹。同時也研習中醫，晚年學醫更爲深入，到處搜集許多古今著名的藥方與醫書。陳震曜年少時，與同鄉的張青峰、陳廷瑜等十幾人，在寧南坊呂祖廟一起成立心文社，帶動當地讀書風氣，蔚爲風潮，後來文心社改爲文心書院。咸豐二年（一八五二），陳震曜在家中過世，享年七十四歲。他的著作有《小滄外史》四卷、《風鶴餘錄》二卷、《海內義門集》八卷、《歸田問俗記》四卷以及《東海壺杓集》四卷，但是都沒有正式刊印出版。同治十三年（一八七四），欽差大臣沈葆楨來臺時，曾四處尋訪搜集他的著作，全部都抄錄成冊後帶回。光緒八年（一八八二），臺灣本地人士奏請將陳震耀入祀鄉賢祠，朝廷下詔許可。

鄭崇和／熊羿

鄭崇和，字其德，號怡庵，金門人。十九歲時渡海來臺，在淡水廳的治所竹塹讀書求學，因此在竹塹定居。當時的淡水廳是新開發的土地，民間讀書風氣不盛，鄭崇和就多方鼓勵同齡人入學，許多富家子弟都受其影響而紛紛開始讀書求學，一時間禮敬教師蔚爲風氣，教師的待遇也因此提高。嘉慶十年（一八〇五），海盜蔡牽騷擾淡水廳沿海，導致地方上土匪作亂，鄭崇和當時人在後瓏，接到命令後就召募地方上的壯丁組成民兵來保衛家園。將盜賊平定後，受到當局的嘉獎。淡水廳的居民以福建、廣東兩省移民居多，兩地移民都會各自拉幫結派，常常互相械鬥，多年來一直嚴重影響地方治安。鄭崇和奉命鎮壓。他召集雙方的領袖加以勸解，極力陳述冤冤相報的利弊得失，至此仇怨才消解。竹塹地方多爲荒山野嶺，當地原住民常常出草殺人，平均每年有數十起命案。鄭崇和遂在當地召集壯丁並募集資金，在地勢險要的地方建設關隘，用以維護治安，對當地出門謀生者幫助很大。嘉慶二十年（一八一五），地方上因糧食歉收導致饑荒，鄭崇和就發放穀物來平衡物價，家中財富也因此漸有積累。當時，竹塹地方人士希望能蓋一間孔廟，鄭崇和慷慨解囊出資興建，並派他的次子鄭用錫監督蓋廟的工程。孔廟落成後，還特地舉行入學儀式的釋菜禮。竹塹地區的文化風氣由此開始興盛。鄭崇和喜歡研讀宋儒典籍，尤其服膺南宋朱熹的《紫陽朱子家訓》，門下弟子多有幹練通達的人才。鄭崇和於道光七年（一八二七）過世，享年七十二歲。道光九年（一八二九），鄉人奏請將其入祀鄉賢祠，在道光十二年（一八三二）時，朝廷下詔許可。他的次子鄭用錫，在當地也很有名望。

鄭用錫／吳昆財

鄭用錫，字在中，號祉亭。少年時就恪遵父訓，並以身體力行爲本。道光三年（一八二三）考中進士，卻選擇留在家鄉，以讀書爲樂。當時，淡水自開港以來的演變，尚缺乏史冊記載，他就集合弟弟和友人撰稿寫作，以作爲後代研究參酌和文獻保存之用。六年（一八二六），孫爾準（一七七二—一八三二）來臺巡察，到了竹塹，用錫向他提議應建置淡水廳城，建議獲用，建城時他親自督導工程事務。廳城完工後，用錫被授予同知一職，接著改授京官。十四年（一八三四）赴北京擔任兵部武選司。隔年，授予禮部鑄印局員外郎兼儀制司，用錫每逢祭典之時格外的恭敬。十七年（一八三七）春，辭官返回臺灣故里。爾後鄉里但凡有事，他總是出錢出力，所以被稱爲鄭善人。中英鴉片戰爭，英國艦隊想要攻擊大安港，用錫出資自募兵勇捍衛，並虜獲幾個英人。事後，清廷賞用錫頂戴花翎。其後，又俘得烏草洋匪，深受地方官員嘉許。咸豐三年（一八五三），林恭、吳磋分別起事，同時漳、泉又在進行分類械鬥，全臺騷亂。這時用錫奉旨和進士施瓊芳等人，籌辦團練和勸募捐款，同時倡議運送米糧以助官兵，再被加恩爲二品官職。當時，由於械鬥激烈異常，動輒蔓延數百里，殺人搶劫，交通受阻。用錫因而親自趕赴各地方，努力排解紛爭，並著有〈勸和論〉一文，以教導民眾：

「審視分類械鬥之危害，屬臺灣最慘烈，其中最令人無法理解的，以淡水廳的新莊、艋舺最誇張。臺灣是各方人馬雜處之地，自從林爽文之亂以後，就有福建人與廣東人的分類，有漳州人、泉州人的分類。閩與粵分類是因不同省，漳與泉則因不同府。

但大家都是從內地播遷來臺灣，就都是臺灣人。如今因不同省，不同府而彼此分類，這是法律所絕不容許。況且同源於一府，竟然又衍生出如秦國與越國那麼大的差異。這豈不是分類的變本加厲，奇中之奇，怪中之怪？世人無不先親愛自己的親人，進而能夠擴及親愛較疏遠者。本同居一府的人，就如同室的至親兄弟，竟還同室操戈，又怎能將親愛之情由親而疏的，擴及隔壁府隔壁省的同胞呢？淡水一向敦實而有古風，新莊、艋舺更是其中菁華區域，凡遊覽過這地方的人無不嘖嘖羨慕。但自從分類械鬥之後，元氣大傷，從未像去年的慘況。大動慘烈干戈的禍害，造成半數的村莊城鎮變爲廢墟。試問漳泉和閩粵究竟有何深仇大恨，需要相廝殺到這種地步？沒有啊！所以一切是咎由自取，禍起蕭牆，大概是漳泉閩粵彼此否定而已。

從來凡事都要走到盡頭，才會痛苦地知道後悔。上蒼有好生之德，人心終究也會有回轉之時。我是讀書人生長在這塊土地，自己感念是四民之首，但卻無法襄助諸多長官及父老們，對百姓善盡開化教導，奮力挽救與改變困境之責，深覺愧疚。但願從今而後，家家父親告誡兒子，兄長告誡幼弟，各自洗心革面，不要再懷著昔日的仇恨，也不要再犯了從前的錯誤。大家既可親愛親友，也能親愛關係疏遠的人，就是一視同仁，如此就不會有內患與外禍了。漳州、泉州，福建與廣東的械鬥習氣，也就會消失於無形。這就譬如人的身體，一旦體內血脈節節相通，自然就不會得病。幾年後，這裡仍然是人間樂土，這難道不是美事嗎？」

眾人看到這篇文章非常感動，械鬥因而停止。於是在後龍立碑銘刻，好讓後代有所訓誡。用錫既是地方有受眾望的人士，又盡力於農耕之事，家道殷實，每年可收入一萬石穀米。晚年，建築北郭園自娛，頗享山水園林之樂。他喜歡吟咏詩文，凡路過新竹的讀書人，都會因仰慕用錫，紛紛造訪北郭園與之相酬唱，從而風靡一時，至今北郭園的文風與成就，仍是居北臺之冠。咸豐八年（一八五八），用錫去世於家中，享壽七十一歲。他著有《北郭園集》，內容大部分是科舉考試制度的文體，詩也算是平實平淡。還有《周易折中衍義》一書，但未出刊，有人認爲這本書乃是他的老師所撰述，而由用錫編輯而已。同治十一年（一八七二），清廷下詔將用錫入祀於鄉賢祠，到今天用錫子孫仍然堅守家業。

鄭用鑒／熊羿

鄭用鑒（一七八九—一八六七），字明卿，號藻亭，爲鄭用錫的堂弟。道光五年（一八二五），被選拔入太學。鄭用鑒性格誠懇，非常守信，言出必行。他開設私塾講學，最重視德行品格的教育，其次再教導學生知識技能。門下弟子陳維英等人，都非常傑出。在明志書院主持講學將近三十年，教學認眞且極有耐心，一直教書到年老卻依然樂此不疲。鄭用鑒平素就樂於助人、熱心公益，曾捐款在淡水廳修建學校，還曾協助堂兄鄭用錫編修《淡水廳志》。咸豐三年（一八五三），因爲籌措運送津米的功勞，朝廷加贈「內閣中書」的頭銜。同治元年（一八六二），又被舉薦爲「孝廉方正」。其著作有《易經圖解易讀》三卷以及一些詩作、文章，可惜並未出版發行。鄭用鑒於同治六年（一八六七）過世，享年七十九歲。光緒二年（一八七六），福建巡撫丁日昌奏請將其入祀鄉賢祠，朝廷許可。鄭用鑒有八個兒子，次子鄭如城，被官府表彰爲孝順父母、友愛兄弟。

文苑列傳／吳昆財

連横說：美啊！臺灣！我的祖先開啓，我的族人居住。美好的事情不斷得到發展，景象宏偉絢麗，非常壯觀，因爲景象奇偉，自然成爲人文素材。遠眺遙望眾群山，彎彎曲曲綿延數百里，高峻的山峰，上極於天，高達海拔一萬三千多尺，泰山與它相較之下宛如是兒孫輩。而臺灣向東控制大洋，向西面臨大海，風浪洶湧激盪，水裡的蛟龍鳴嘯，空中飛禽翱翔，地上怪獸遊走，奇異花草樹木茂盛，燦爛光輝，眞是無法描述。天空蒼蒼茫茫，難道就是它本來的顏色？日、月、星三種光芒，照耀著歷朝歷代的興盛衰亡，能夠列舉出當前的變化而聚積起來，並散發於內心，再驅策手腕，從而形成自己的文章，這難道不偉大？二百多年來，莘莘學子們，競相爲了科舉考試，以求取功名。於是導致了天然的人文素材，委靡而無法整理。這豈是上天特別降下不尋常之事，準備有所等待？又或者是從古至今有尚未開啓的祕密，等待後人作牽強的解釋？連橫不聰明，自二十歲以來，雖勉力學習文章，但遙望大道卻仍看不見，也無法有所成就。不過勤勉誠懇的初心，堅定的未曾停息。曹丕曾說：「文章乃是經綸國家之偉業，永垂不朽之大事。」以曹丕這個人，都尚有這種志向，何況連橫遭遇此一時機？有才德的人被棄置不用，而無才德的平庸之輩卻居於高位，道術將被天下所割裂。假如不出來保護它，將只會見到一切都滅亡了。悲哀！文學氣運的衰敗，至此已到了極限啊！倉頡的文字，孔子的書籍，人們且將之唾棄，我又何閒暇整理文學呢？意志不夠堅定，喜愛不夠專一，這是奉承之士的技能；處於今世而懷著與古人之意相符之士，勤奮地專心向學。《詩經》說：「在黑暗的環境中，有識之士不改自己的節操。」在此文學氣運斷絕或延續的關鍵，情況萬分危急，責任甚爲重大。臺灣文學人士有奮起而承擔責任？這是連橫所大大期望。然而若沒有人開創它，則無人能繼承。譬如大甲溪的水，或奔騰流瀉，或停止不動，穿越山脈流過溪谷，奔向平原，侵奪廣大的河岸，壯闊地放流入於海洋。又譬如玉山的雲朵，興起於極小之處，接著蓬勃發展，向上騰衝到天空，不到一個早上就能雨水遍及南北。所以說：「累積久了力量就必然宏偉，吸取厚重了實質就巨大。」這就是我所知道的未來文學。這些文苑的秀異之士，所以依次爲他們作傳，我尤其盼望於後起的俊秀人士。

王璋／吳昆財

王璋，字昂伯，臺灣縣人。喜好文學。康熙三十三年（一六九四），通過了鄉試，考中舉人，這是鄉邑士人之中考上科舉的開端。臺灣剛剛開啓，《府志》也未能夠纂修，王璋事先在諸位藏家中徵求文獻。三十四年（一六九五），巡道高拱乾倡議修纂志書，聘任分修人士。王章與貢生王弼、生員張銓等十四人，進入修志局做事。《臺灣府志》完成，拱乾非常的高興。臺灣文獻的保存，王璋有功勞。後出仕雲南宜良縣（今雲南省宜良縣），潔身也愛民。因母喪準備回家鄉，百姓籲請他留下。王璋穿著喪服從旁邊離開。守喪期滿，擔任湖廣房縣（今湖北省房縣），不久調升爲主事，再晉升爲監察御史，以個性耿直而聞名。最後在任職內去世。

王喜／吳昆財

王喜，亦縣人，字不詳。康熙二十七年（一六八五）舉人。親自編輯《臺灣志稿》，搜求羅致非常的豐富。等到拱乾開創修纂《府志》，大多採納他的意見。

王之敬／吳昆財

王之敬，字篤夫，一字蓮峰，自號竹冠道人。居住在臺灣縣治，是爲太學生。擅長詩詞文章，兼及書法繪畫。每一篇文章都是美妙作品，頗受當權者的器重。

許遠／吳昆財

許遠，字程意，孫朱壼，字非叔，均爲秀才。徐元，字凱生，盧周臣，字不詳，都是縣治人。各別都精通書法繪畫。

張鈺／吳昆財

張鈺，字質堅，號彬園，臺灣縣治人。幼年攻讀科舉考試，考了幾次均不中，最後放棄改學武藝，雍正十三年（一七三五）中了武舉科考。他爲人心地無私，胸懷坦蕩，沒有任何骯髒之態。精通禮樂射御書數六藝，善寫草書，也精於書畫，尤其善畫龍虎。大幅字畫，蓬勃有生命力。懸掛在牆面，氣勢磅礴，受到許多人的珍藏。

陳必琛／吳昆財

陳必琛，字景千，自號一崖道人。居住在臺灣縣治，爲縣邑的武學學生。精熟隸書，畫山水人物也達到奧妙之處，繪畫尤其美好。不少在臺灣的官宦都向他求取輿地風俗圖畫，作爲考察參酌之用。喜愛青銅禮器，凡是有關古代金石篆刻，皆能鑑別無誤。親自製作琴箏簫管樂器，音律準確。當權者非常器重。七十二歲去世。

王克捷／吳昆財

王克捷，字必昌，諸羅人。乾隆十八年（一七五三）中舉人，二十二年（一七五七）考中進士，他是臺灣人士進入禮部參加科舉考試的第一人。喜好詩文辭章，精通各種典籍，著有《臺灣賦》。賦中說道：「遙想宇宙混沌時的瀛海，環繞著九州也是鞭長莫及。眺望臺灣的山川地貌，聳立在海洋之中。聚集的山岡籠罩著蒼翠的草木，大河流浮現在天空。向南到馬磯（今恆春半島），向北達雞籠。綿延長達二千多里，實在是宏大。至於來到了東寧，控制安平港，左側有連續相承的鯤身沙洲環繞，右側有鹿耳門盤繞相迎。海岸沙線下有礁石沉沒，紅色大波濤在彎曲的海港旋轉；顛簸的浪濤聲響，震撼著孤城赤崁。莫說長江的瞿塘城無法比擬，何況是蜀道和太行山又如何相較量？至於街市則是人聲吵雜，田地間小路縱橫交錯，田園繁盛。泉州、漳州幾個郡，臺灣能渡海運輸供應糧食；錦州、蓋州等幾個州（今遼寧省錦州市、蓋州市），臺灣也能分享剩餘的蔗糖。牡蠣文蛤魚鹽，處處富裕；瓜、果、蔥、薑、芥菜，各種都是早生植物。實在是海邦中的肥沃土地，大抵是財賦豐富盈盛。

回溯天地之始，萬物草創在混沌矇昧之際，臺灣位於荒遠偏僻之處，南北的原住民，居於洞穴與架屋而住。待到明朝宣德年間，派遣了太監乘船出海，途中遭遇颱風偶然停泊，方才認識這條路途。從此之後，懷著貪詐之心妄圖逞其陰謀，實在有不少這樣的人。海盜曾一本竊據澎湖群島，林道乾隱藏在安平四草湖。接著是顏思齊呼群聚眾，荷蘭人詭計圖謀。到了鄭氏，乃冒險而依恃險阻頑固抵抗。建立官署，開展軍權，自比擬是海外扶餘（扶餘即今中國大陸東北和朝鮮半島北部）。因為來往便利，順著風向長驅直入大陸。攻陷七個郡，攻下潮州和廣東，掠奪溫州、臺州，奪取東吳。軍隊所到之處，迅速聚集。惡熊蹲踞於四方，猛虎注視於四隅。唯我清聖祖，皇帝震動，下令將軍全權征伐，鄭克塽喪膽。於是按照圖象建築工事，接著設定賦稅計算土地。開闢了四千年的大地，安居了億萬個的人民。慶賀文化教育的遍布，人群入學讀書。或是坐車騎牛，或是操理船隻。開渡了千里阻隔的大洋，船帆首尾相連。喜樂的土地興起歌舞，百姓綿延不絕。這塊土地擴延散布，綿延伸展兼及至四個省分；作為國土南方的屏障，支撐著一個地區的奇異秀麗。

臺灣山脈的祖源出自於福建省會，五虎門的東邊，沿著閩江進入海洋，直接渡過關潼山，到了臺灣北部再突起為大雞籠山，陡峭高峻；經過南崁（今桃園市蘆竹區），龜崙山矗立，煙霧迷漫集結，雲彩聚集錯雜如繡；在大武兩座高山下設置城鎮（今彰化縣大武郡山、嘉義縣大武巒山），進入臺灣縣城（今臺南市）木崗山雄立而稱霸。更有那高大聳立瑩潔透明，如同冰雪，所以名爲玉山，特別具奇妙夢幻。跟隨著偶爾出現晴朗的藍色天空，忽然有雲霧將它封閉。玉山雄偉盛大曲折延伸，時而猶如龜龍在海上浮游，時而如鸞鳳在天邊飛舉，算一算三十六群島，看一看八十一高山，不是人民所能完全遍及的，也不是地圖、書籍所能鐫刻的。河水源頭又可分出百個支流，從東往西，九十九道水流，二十八條重要的河川，水流迴旋異常、迂迴曲折，等到流入到大海中才全部變成平整；水流清澈水勢洶湧，淵水深沉，水波聲浪浩浩漫流，流通田間小溝、流通大川。大甲、大安、大肚的溪水深邃廣闊，蚊港（今雲林縣臺西鄉）、笨港（今雲林縣北港鎮）、東港（今屏東縣東港鎮）的水流湍急迴旋。海翁窟風高浪湧（今臺中市大安區），虎尾溪流水湍急河沙四處流濺。何況是黑港與白洋，更是非常的奇異怪誕。其他如哈仔難產金，寒冷的潭水難以潛入；毛少翁出產硫磺（今臺北市士林區），煮沸磺土重複的熬煎。赤山點燃木頭就能煙霧生起（今屏東縣萬巒山），火山燒了整個晚上，火光依舊在燃燒。大岡諸山的高大山峰，連結著眾多的牡蠣；外海有異常的香味，浮出輕盈的龍涎。山朝支山腳下，溫泉沸騰（今新北市三貂角），水沙連的島嶼，水草浮在水面上的田（今南投縣日月潭）。茄荖網的石湖直接流入大海（茄荖網應是當時的茄荖網社，即今彰化縣社頭鄉。石湖是日月潭別名），八里坌的月窟湧出泉水。又如同鐵樹插入在樹林之間，樹木高大；藤橋懸掛在樹梢，如同一條線遙遙的牽動著。又是典籍上所沒有編撰。是樹林裡有鸛鳥而沒有鶴鳥，山中有豹而無虎。飛禽走獸，在這塊土地滋生眾多。畫眉和鵁鶄，以白色的爲珍貴；彩囊和翟雉，它們的羽毛是可以取用。鳩鳥（布穀鳥）鳴叫時是一年中第六節氣的穀雨，公雞啼叫時是一天裡第五更天的黎明。蝙蝠晚上在樹上倒掛休息，迅速地飛舞飄揚。獐鹿舒閒，麋鹿聚集。山馬和野牛，各自成群相互爲伍。另有爬蟲類，誠然也不容易全部舉出。風俗氣候的不同，也可以依附的。蟬兒還不到夏天就先行鳴叫，燕子到了秋天仍然不飛走。驚訝蜥蜴會發出聲音，惆悵鸚哥不說話。蝗蟲在夜晚親親地鳴叫，竟然是不按天道運行的常而有序。感受到萬物的得意，忽然對寄居他鄉而感到悲傷。於是海魚、海產複雜眾多，尤其是四處都有。難以了解全部的名稱，只能認識牠們的顏色。則是有暗灰色鯔魚、紅色鯉魚，紫色鱭魚、白色鰛魚，紅色赤海魚、金精魚，烏頰魚、黃翼魚，青鱔魚的特徵身上金光閃閃，烏賊會噴出黑色墨汁，錦鯉花鮗魚，金梭魚眾多。又有香螺和花蛤，魚蟹和虎鯊，白蟶和魟魠魚，虱目魚與龍蝦。臺灣澎湖所出產的，味道很佳美。既是捕撈自海洋，也砍伐於山林。楠竹筍剛一生出來就能被人環抱，蕭朗木高大可由幾個人合抱。屬於原住民所盤結據守，很可惜運送非常困難。至於山荔樹與埔柿樹，土杉樹與水松樹，亦鱗樹與黃目樹，交標樹與九芎樹。番樹與白樹的種植，都是混雜出自於山中。猴栗樹與象齒樹，是建房最好的材料。林茶樹與婆羅樹（林茶是林投樹），名稱與形狀都非常詭異。看見鐵樹開花，喜愛仙芝樹的結子（愛仙芝樹是破布子樹）。烏哉木經常被用作爲柴火煮食，綠玉樹普及種植在庭院與橋梁。竹子共有數種，刺竹緊密地排比在一塊。石竹有長長的枝，箭竹形狀如弓矢。痲竹柔軟不堅韌，琴竹的條紋整齊。草木之花，樣樣豔麗。荷花與菊花盛開迎接新年。刺桐花環繞府城而後鮮豔遍布，梅花午時盛放而後種子落下。繡球花聚集在一起，素馨花擴展延伸。貝葉花的名稱懷疑是假的，曇花的品種傳來很早，番茉莉花來自西域，七里香能夠消除煙癘瘴氣。扶桑花原自於東海，水仙花之名出自於臺灣。草木茁壯生長，一半皆可以做成藥材。早春就開花，到了冬天依然不凋謝。因爲都是內地少見到，於是遍訪各地不恥下問。堅韌的水藤可以代替獸皮，通草能夠製作成妖嬌的花朵。七絃草有白紋七畫，姑且作爲觀賞之玩樂；蘆花開一點點，就可以占卜颱風的變化。更有蕃茶作爲飲用，白麴做成酒。齒草洗擦牙齒，茜草染色爲獸毛；含羞草含羞，荖籐是貪吃的人所喜。割蒲草製作席子，絲茅可以編製成繩索，百姓聚集，對於飄蕩不定的風雨是不用顧慮的。瓜果果實，分支不一。番芒果在盛夏成熟，西瓜在正月初一成熟。香蕉結果子會有幾層，鳳梨的香氣充滿整個房間。又有如菩提果、波羅蜜、釋迦果、金鈴橘，尤其是在中國本土很少見到而不熟悉。如有檳榔，生長在這遠方，與椰子樹混雜種植，摻伴著扶留藤葉一起咀嚼，以取代糧食。餓了就吃飽了就咀嚼，分開嚼食一起品嚐。可以用來當作結婚時的禮品，有了口角後嚼食檳榔就忘記了怨恨。品嚐了它的滋味，大概會神志不清如同酒醉昏迷狀態。

考察了社會風俗，競逐奢侈淫靡。土地肥沃人民就會淫逸，大概都是如此。追逐工商末業的既然多，務實農業爲本的就會逐漸廢弛。擅長於刺繡而放棄草野工作，輕視日常食物而羨慕華麗絲織品。百姓崇向喜好巫與鬼，每每徵求歌曲比賽競技。思考如何移轉風氣，改良習俗，有賴於掌握政權之人的經營管理。蔣毓英安撫百姓具有大功，陳璸的恩澤在遠近流傳。處境困苦以率領部屬，則有林莈山的遵守履行。堅持嚴謹的取才，則有夏筠莊的造就人才。又或者留心於風俗文物，在法令制度上有所努力。孫元衡寫出富麗華美的文章，袁宏仁自購眾多書籍給臺灣的學宮。都是有成就於這塊土地，可稱爲是盛世時奉公守法的官吏。如穿著僧衣作賦，沈光文（一六一二）四處飄泊不定的坎坷；著名的夢蝶園，這是李正青參破紅塵之處。景仰寄居臺灣貴族的清峻脫俗，已足以使貪婪的人廉潔，懦弱的人立志。何況是寧靖王朱術桂（一六一七—一六八三）全家都殞命，陳丑感傷其兄陳澤而投水自盡。陳永華（一六三四—一六八〇）的女兒在其夫鄭克壓（一六六二—一六八一）棺柩旁懸吊布帛自盡，貞烈女配位的順序授予墓室。當天子的德化即將降臨，忠孝節義已經存在人心之中。所以前者有謝燦的妻子，矢志從一而死；繼之有方龔的妻子，不受脅迫而被姦淫。從此以來，志書記載的非常多。豈是只有五妃之廟宇應當顯揚，五忠之祠堂足以欽佩而已？記載與考察原住民習俗，約略可以記錄。不認識一年四季，不知天干地支的甲子。以月圓爲一個月，以稻子成熟爲一年。僅有在生時的名字，從未有姓氏。招贅女婿作爲繼承，跟隨妻子的行動。凡是砍柴與耕作，都是由婦女掌理。於是少者長者相互依存，位於一側伺候。年老生病無所依靠，則將每一位視同親人。家家戶戶親近和愛，大概就是仁者居住的地方。以編製成的藤索捆紮在腰上，伸展雙足競相比賽快速，耳洞貫穿嘴脣刺洞，以紋身爲俠氣。耳朵聽鳥叫聲音而占卜外出，身上佩戴大葫蘆以方便跋涉。偶爾有些細小不值得計較的仇恨，驚訝他們不順服的野性。趁著酒醉之際拔出刀子，就斷脖子砍臂膀。再有傀儡生番，連毛帶血飲食，蒙著頭露出雙眼，手裡拿著鋒利短小的武器，埋伏在叢林裡等候他人，以比賽誰擁有較多的死人頭骨稱爲豪傑。而且聽說遠方原住民的婦女，會施展咒法，侵犯則會遭受死亡，解除咒語則能起死回生。喝叫石頭，它就能行走，刺探樹林，它立即枯萎。散播這種令人懷疑的傳聞，難道是眞實的？接近城鎭的熟番，漸漸知曉禮儀制度。小孩子進入學校，也能理解文化藝術。壯年人服勞役，也能輪番代替奔波。如同混沌未開化之時，崇尙坦率眞誠而不虛僞。從前的吳越，正當周朝時代，還被稱作南夷，就算在我福建，正値漢朝之世，也是屬於邊遠的地方。既然歸服在國家的疆域，於是就有了城市名稱。況且臺灣的疆域，據有國土的腹地。平原與較低下的土地，平坦且肥沃。飲食往來，和樂自得。福建南部和廣東北部的人民，冒著違反嚴格的渡海禁令爭相來臺。聚眾守衛教導訓誨，急切依賴良好的策略。韓愈駐守在廣東潮州，柳宗元駐守在廣西柳州，以道德文教能感化人們，何必需要太久的時間。譬如瓊州，也是位於島上，文莊公丘濬忠誠耿介，前後人才輩出。假如風氣習俗不拘泥，則豈是人才與土地可以計算？不過臺灣經常有地震和海吼，談論的人都說是猛烈的風浪，洪水騰湧，幾乎把這塊土地視爲水上的浮泡。不知道臺灣土地廣闊而且厚實，海水深邃而幽靜，它的震吼，大概是陽氣不舒暢、陰氣太多所造成。只是因臺灣剛開闢不久，所以裁製調節尙不周延。如今風氣時尙已是宏大寬敞，天子的聖德遍及，長期倡導教化成功，各種不同的生物都能生長，海水平靜不起風浪，土地也能穩固安定，天降膏露，地出醴泉，山出器車，河出馬圖，一派盛世的象徵，美好的景象呈現祥瑞，人中豪傑順應時勢而齊備完整。恭謹就我所見所聞，按照方志，整理民間的俚語，協助博學廣記。慚愧自己沒有鑽研的才華，兼及採集摘錄不夠完備。姑且鋪敘陳述土地風俗，附錄登載在《邑志》。

在此之前有位陳輝，也撰寫〈臺灣賦〉一篇，詩文尤其精緻巧妙，舊《志》有記載。輝，臺灣府治人士，乾隆三年（一七三八）中舉人。

馬琬／吳昆財

馬琬，字琰伯，號梅村，臺灣縣人。祖父廷對是歲貢生，父親中萊是拔貢生（歲貢生與拔貢生都是秀才進入國子監就讀者），都是寄籍客居在諸羅。馬琬也是歲貢生。心境安然淡泊，不羨慕名利，喜好飲酒，喜好書法與歷史，毫無牽掛、自得自在。砥礪品德，發奮學習，頗受鄉里人士敬重。乾隆三十二年（一七六七），澎湖通判胡建偉帶頭創設文石書院，延聘馬琬作爲主講。居住澎湖八年，許多讀書人都獲益。善於事奉母親，高壽百歲的母親，還能夠繪製蘆雁水墨畫，馬琬也在學習繪畫。屢屢接受推薦參加鄉試均未能考中。晚年更是縱情於詩詞飲酒，偶爾創作水墨畫，以明述自己的志向。

莊敬夫／吳昆財

莊敬夫，號桂園，臺灣縣治西定坊人（今臺南市中西區），以水墨繪畫而聞名。舉凡山水、花鳥，心意所想到的，畫筆也跟著表現出來，均能達到精妙之處。每一有創作，擁有者都珍藏爲家中之珍寶，所以當時之人爭相仿效，然而卻無人能及於他的精緻巧妙。嘉慶初年去世。

徐恢纘／吳昆財

徐恢纘，字遜齋，也是西定坊人，邑增廣生（縣秀才）。專精於山水、人物繪畫。個性剛直耿介，不屑與人巴結。向來精熟醫術，幫助過許多人，鄉里人士稱讚不已。

林覺／吳昆財

林覺，字鈴子，也是縣治的人。曾經創作壁畫，觀賞的人讚譽有加，於是刻意商求。善於繪畫花鳥，人物尤其專精。嘉慶年間，出遊於竹塹，新竹人士爭相向他求字畫，現今仍然有保存的。

陳思敬／吳昆財

陳思敬，字泰初。父親鵬南，是爲臺灣縣歲貢生，出任連江訓導（今福建省連江縣）。思敬居家住在鎮北坊（今臺南市北區），等到長大後回歸祖籍，補上同安縣庠生（秀才）。乾隆十八年（一七五三）考中副榜（貢生）。向來繼承父親志向，樂於行善，喜好施捨、濟助他人，對於繼母也是盡孝事奉。頻繁往來臺灣。有一天趕赴鳳山，聽到莊舍有讀書的聲音，追問得知是廣東籍人士，每年捐助油米。思敬向來知曉醫術，自己設立藥鋪，作爲醫治貧民與流民，鄉里稱讚爲善人。著有《鶴山遺稿》。

林朝英／林靜宜

林朝英（一七三九—一八一六），字伯彥，臺灣府臺灣縣（今臺南市）人。乾隆五十四年（一七八九），他從府學生員（秀才）成爲歲貢，這是每年由各省學政選送優秀廩生升入國子監就讀的制度，也稱爲「貢成均」。由於清代對官員的授予有捐納制度，可以通過捐輸錢糧來獲得官銜，林朝英在嘉慶年間以貢生的資格，透過捐納獲得中書科中書的頭銜，這是一個沒有實職的官位，但林朝英用這個頭銜襄理贊助地方上的公益事業。嘉慶初年，他提倡維修縣學文廟（今臺南孔廟），不但用去自己許多錢財，更親自監督土木建築事務。完工後由官員向嘉慶皇帝（一七六〇—一八二〇）報告此事，得到朝廷下旨建立牌坊的獎勵，在旌表制度下，林朝英獲得朝廷頒發的「重道崇文」匾額，並在龍王廟前建造牌坊（在今臺南市南門路）。

嘉慶十八年（一八一三），天理教領導人林清（一七七〇—一八一三）率領教徒進攻紫禁城。教徒中有與林朝英熟識的人，寫信向林朝英暗示叛亂的圖謀。林朝英反對此事，回信加以規勸、阻攔，深切述說其中的壞處。天理教造反失敗後，朝廷搜捕叛亂的徒黨，林朝英勸阻武裝暴動的信因而被揭露，皇帝讚揚他的作爲，召請他入京會見。林朝英不自爲功，以生病爲理由堅決推辭。

林朝英擅長水墨畫，揮筆灑脫不受拘束，使畫風有超凡出俗的意趣。他的書法筆勢奇特秀麗，寫的草書稱爲鵝群體，行書稱爲竹葉體。他也擅長雕刻木竹，不完美的竹根或是樹木因病毒、蟲咬增生的贅瘤，只要經過林朝英的刻鏤，都會變成精美巧雕的器物。

林朝英在家中建造一座小亭子（在今臺南市湯德章紀念公園的西北邊），因朽木的材質穩定、不易裂開或變形，乃選製成匾額，在直徑一尺的匾額上，親自題寫「一峰亭」三個大字，筆畫秀美有力。聽說林朝英的「一峰亭」匾額在光緒十二年（一八八六）的某個夜晚被因中、法戰爭而入駐臺灣的淮軍偷走，[18]地方上的人士到今天仍然感到可惜。[19]

王士俊／吳昆財

王士俊，字熙軒，淡水竹塹樹林頭莊人（今新竹市）。始祖世傑因開墾而致富，到了士俊時代家庭運途衰敗。士俊勤奮勞力讀書，嘉慶年間進入學校。在家中設立私塾，鄭用錫之輩皆是出自他的門下。著有《易解》若干卷，現今已遺失，有傳說是他的友人偷走了。

郭菁英／吳昆財

郭菁英，字顯相，也是竹塹人，廩膳生。與弟弟成金都有名氣。成金字貢南，嘉慶二十四年（一八一九）中舉人。家庭富裕，擁有許多藏書，在明志書院主講，以振興文化教育爲念。其後授予連江教諭，未上任就去世。

---

18 咸豐十一年（一八六一）李鴻章建立淮軍。同治十三年（一八七四）發生牡丹社事件，有琉球宮古島人民因遇颱風，船漂至臺灣琅嶠附近的八瑤灣（今屏東縣滿州鄉），被牡丹社排灣族原住民殺害五十四人，日本以船難為藉口出兵攻打臺灣，淮軍第一次進入臺灣駐防。光緒十年（一八八四），清廷與法國交戰，淮軍再度駐防臺灣。

19 經學者謝忠恆調查，匾額藏於林朝英後代子孫屏東家中，並未遺失，匾額拓本則由臺南市延平郡王祠內的鄭成功文物館典藏。

黃驤雲／吳昆財

黃驤雲，字雨生，淡水頭份莊人（今苗栗縣頭份鎮）。父親清泰字淡川，原居住在鳳山（今高雄市鳳山區）。個性孝順友愛，從小就學習科舉考試，具有專精在爲文的聲譽。林爽文之役，曾召募鄉勇防守縣城；因平定琅璚有功，授補爲福州城守營把總。嘉慶十一年（一八〇六），擔任竹塹守備，暫代署理艋舺都司。總兵武隆阿（?—一八三一）非常器重他，提拔清泰作爲鎮標中營遊擊，再改授參將，於是定居淡水。清泰認爲自己以書生學習武藝，所以希望兒子能夠從文。驤雲從小時，就在福州鰲峰書院讀書，不到十年時間文章就日益精通。嘉慶二十四年（一八一九）中舉人，道光九年（一八二九）考取進士，分授至工部。十七年（一八三七）被分派負責京城的科舉考試，都能選拔出適當人才。張丙之亂，適逢驤雲返鄉省親，巡道平慶下令他寫信勸勉曉諭福建與廣東籍的莊民。等到叛亂平定，補授都水司主事，薦升爲營繕司員外郎。驤雲生有五子。長子延祐，舉人；次子延祺，從小聰慧，善於書法，曾經使用雙鉤繪畫技巧，書寫顏眞卿〈大痲姑壇記〉，筆力遒勁，編修何紹基對他推崇有加。二十多歲去世。

陳改淑／吳昆財

陳改淑，字以文，澎湖通梁社人（今澎湖縣白沙鄉）。性情平和純樸，說話非常謹慎。在科考場合失意落魄，自己主動教育孩童。晚年，尤其喜愛種植菊花，善於彈奏琵琶。時而在花叢之間彈奏，音調清新卓越。曾經遊覽江南，遍觀名山勝景。以善於下棋聞名。著有《槎客紀游》、《詩集》，書稿已經遺失。

呂成家／吳昆財

呂成家，字建侯，澎湖東衛社人（今澎湖縣馬公市）。從小聰明有智慧，善於古琴古箏，數次的科舉考試皆不中，於是斷絕功名的意圖。設置一個書齋，彈唱睡臥均在其內。花鳥繪畫，呼朋飲酒交談棋藝，無牽無掛，自由自在。晚年尤其喜愛吟誦詩歌，通判吳性誠時常與他唱和。分別後還會寄送詩詞相互問候，累積成爲書冊。平日操行敦厚素雅。有兄弟幾位，相處到老年，兄弟情誼彼此和悅。姪兒輩都是以儒學爲業。七十一歲去世。

蔡廷蘭／林靜宜

蔡廷蘭（一八〇一－一八五九），字香祖，號秋園，福建省臺灣府澎湖廳雙頭鄉人（今馬公市興仁里）。廷蘭的父親培華，字明新，由於專注治學且在鄉里教書，受到鄉親的頌揚。年幼的廷蘭聰明又喜愛學習，才十三歲就考入省級的官學，成爲「入泮」（泮為學宮前的水池，用以代指學官）的生員（秀才），以後更因爲成績考核優良，成爲可以領取公家廩米津貼的廩生。

道光十一年（一八三一）澎湖廳發生颱風災害，稻米無法種植收成，導致饑荒。當時擔任福建按察使，分巡興（興化府）泉（泉州府）永（永春直隸州）海防兵備道的周凱（一七七九－一八三七），從廈門到澎湖救濟災民，蔡廷蘭創作一首〈急賑歌〉進呈給周凱，周凱透過這首詩歌對廷蘭的文才留下好的印象，並詠〈撫卹六首答蔡生廷蘭〉回覆。之後周凱擔任澎湖、臺灣的學政，就拔擢蔡廷蘭，在道光十七年（一八三七）廷蘭以第一名取得每十二年才舉行一次考試的拔貢資格，進入國子監成為貢生。道光二十四年（一八四四）蔡廷蘭高中進士，出任江西省峽江知縣，[20]這是自有科舉考試以來，首位考取進士的澎湖子弟。以後蔡廷蘭又擔任江西省豐城知縣，[21]施政聲譽良好，在任內去世。

起初，蔡廷蘭乘船渡海參加秋天舉行的鄉試時，因遭遇颱風漂流到越南廣義省。越南廣義省官員按照遣回颱風遇難乘客的法律，贈送錢、米，由於蔡廷蘭是廩生，越南官方特別增給錢五十緡、米二十方。按照越南法律規定，風難乘客必須等到翌年南風吹時，才可在官方陪同下走海路回廈門，但蔡廷蘭得到阮朝皇帝的許可，可以直接由陸路返回中國，蔡廷蘭因此機緣而寫作《越南紀程》、《炎荒紀略》兩本書。我（連橫）曾得到蔡廷蘭《香祖詩集》的抄本，其中有長詩和短詩，總共一百十五篇。

魏宏／吳昆財

魏宏，臺灣府治西定坊人（今臺南市中西區）。學問淵博，文學寫作的能力非常敏捷，對於處理具體事情沒有什麼概念，世人都以書痴看待他。所以他的文章自成一格，就算參加科舉考試也是如此，因而經常被排除在外。道光二十七年（一八四七），南通徐宗幹（一七九六—一八六六）擔任臺灣道，兼任提督學政，獎賞提拔文學，對於有才能的士子尤其禮遇。每月在海東書院按時考察，魏宏屢次都是同曹當中最優秀之人。當時正值夏季天氣炎熱，靠在桌子讀書，苦於辮子問題，就將它們切

20 原文誤作「郟江知縣」。
21 原文誤作「江西知府」。

斷。不久，舉行考試，家裡人擔心魏宏遭到訓斥，就用假辮子塞在他的帽子裡，要他帶上。魏宏進入考場正襟危坐，等到試題發下來，提起筆來快速書寫。這時是五月分的盛夏時節，汗水在衣服裡流個不停，於是魏宏將帽子摘下，考生們見到此狀立即議論紛紛。宗幹正好出來巡視，到了魏宏面前，拿起文章觀看。魏宏說：「我的文章非常好，徐公了解嗎？」宗幹點頭。接著又指著頭髮詢問：「我為頭髮感到煩惱，已經剃掉了。徐公留著它不是更累嗎？」宗幹沉默不語。考生們則是大笑不止。邀請宗幹進入考場內。文章寫完後，宗幹十分高興，把他放在第一名。隔年舉行科舉考試，又是第一，補上了廩膳生。當時海上交通艱困危險，臺灣人參加鄉試必須在小暑之前渡海到內地，時常遭遇無法預料之事。往來既然艱辛，花費又重，所以老成博學的人大多數不願內渡。導致福建省的人輕視臺人，甚至加以侮辱蔑視，批評臺灣學子是「臺灣蟳」，以表示這是沒有料的蟹黃。魏宏聽了之後非常氣憤，造訪了書院，邀請與福建人較量孰優孰劣。彼此同意，就趕赴鳳池書院進行考核（今福建省福州市）。學政觀看了魏宏的文章，雖推崇為壓倒其他的最佳之作，但擔心有損福建省學子的顏面，所以評定為第二，但也非常褒獎他。省裡人士驚嘆不已，從此再也不敢輕視臺人。於是魏宏名聲大為提高。有人告訴魏宏：「您的這個舉動，壓倒了眾多的人才，有資格接受省裡推薦參加進士科考試。」魏宏高興地回答：「我不喜歡與省裡人士爭勝敗，只是想發洩臺灣人的憤怒而已。今天幸好不被羞辱，那麼接受推薦應試又有何用？」於是顧了船回家鄉，以貢生身分去世。

當時有位方春錦，也是府城人士，與魏宏同有名望。

彭培桂／吳昆財

彭培桂（一八〇三—一八五九），字遜蘭，泉州同安人。小時候隨父親來臺灣，居住在淡水槺榔莊（今新竹市）。咸豐六年（一八五六），成爲入學國子監讀書的恩貢生。在家鄉辦學，門下許多俊秀人士，竹塹大戶人家爭相聘請。著有《竹裏館詩文集》。兒子廷選（一八二四—一八六六）也能讀書寫文章，道光二十九年（一八四九）成爲拔貢生，殿試一等。請求降職爲教諭。巡道徐宗幹賞識他，曾經選用他的文章刊在《瀛洲校士錄》。著有《傍榕小築詩文稿》，未能刊行，現今全部散失了。

陳維英／吳昆財

陳維英，字迂谷，淡水大隆同莊人，年少入學時，就博覽群書，與堂兄維藻在學校中頗有名氣。個性友愛他人，內心敦厚篤實。咸豐初年，被推舉爲孝廉方正；九年（一八五九），又考中舉人。嗣後擔任福建閩縣教導，有不少興廢的舉措。閩縣有節孝祠，因年久失修毀壞，他捐出薪俸重新建修。不久，工部尙書廖鴻荃告老還鄉，聽到陳重修節孝祠事後，親自登門拜見，維英婉拒，但鴻荃仍然堅持要求入見，甚至打躬作揖準備下跪。維英一時不知所措。鴻荃說：「先生重新修建節孝祠，恩惠及於本鄉里，我應當親自拜謝。」因爲鴻荃的母親也在節孝祠內。教導任滿之後，再納捐進入內閣中書，任職六部學習。其後返回家鄉，主掌仰山和學海兩書院。同治元年（一八六二），戴潮春之役，震撼了淡水北部。維英與士紳乃合辦團練，因爲有功獲賞戴花翎。晚年在劍潭旁築室而居，名爲「太古巢」。著有《鄉黨質疑》、《偷閒集》，不過未出版。

當時，臺灣府城有位黃本淵，與維英是同年的孝廉方正，他以善寫書法聞名。我原本也同時想尋查他的事蹟，但卻未能找到相關文獻。

吳子光／吳昆財

吳子光，字芸閣，廣東嘉應人（今廣東省梅州市）。十二歲時，即讀完大大小小的經書，並開始學習科舉文章。試了幾次皆不中第，於是渡海來臺灣，寄籍在淡水。兵備道徐宗幹看到了他的文章，非常地期許他。同治四年（一八六五），考中舉人，於是在地方紳士之間交往。同知陳培桂倡議纂修《廳志》，聘任子光撰筆。其後住宿在三角仔莊（今臺中市神岡區）呂氏家。呂氏為彰化望族，家庭富裕好客，藏書非常多。子光喜好古人，又愛吸食鴉片，擁著群書閱讀，自得其樂。回顧子光的為人抑鬱不平，心中的怨氣，時常流露在筆墨文章之間。他的文章名為《一肚皮集》，表示是採用宋朝王朝雲戲弄蘇東坡的話語。呂氏為子光刊行文章，並附上《小草拾遺》一卷。又著有《三長贅筆》、《經餘雜錄》，原稿存在呂氏家。然而子光的文章交雜混亂，反而不如他的考據文章之佳。光緒初年去世，呂氏以老師之禮為他下葬。

陳肇興／吳昆財

陳肇興（一八三一—？），字伯康，彰化人。從小進入學校，鑽研文學與歷史。彰化城剛剛建置，詩學並不興盛，士子們就學，大多學習科舉考試的技藝，以求博取科舉的功名。道光末年，高鴻飛以翰林身分主掌縣府，聘請廖春波在白沙書院主講，開始以詩詞古文辭教導學子。鴻飛也時常蒞臨講學，教授《詩經》四始六義的意旨，還兼及唐、宋、明、清的各種詩體。一時之間風氣所到之處，彰化人士競相吟唱詩歌。而肇興與曾唯精、蔡德芳、陳捷魁、廖景瀛等尤其傑出。咸豐八年（一八五八），陳肇興考中舉人。居住的地方名為古香樓，以讀書詠歌為樂趣。戴潮春之變，彰化縣城被攻陷，肇興逃走到武西堡牛牿嶺（今南投縣集集鎮），謀求糾集鄉勇部隊，以援助清軍，幾乎讓他瀕臨於危險境地。集集為內山重要的險阻之地，漢人與原住民混雜在一起，民風強悍，不讀書。肇興身處在其間，以義理激勵他們，聽到的人非常感動。晚上則秉燭吟詩，追悼因戰鬥死亡的人，語句中多是淒涼悲痛，題名「咄咄吟」。事變平定後，返回家鄉，在鄉里設館教化，門下的學子們多能成才。著有《陶村語稿》六卷、《咄咄吟》二卷，集合出刊流傳於世上。

黃敬／吳昆財

黃敬（？—一八八八），字景寅，淡水干豆莊人。干豆或又喚作關渡，所以學者稱黃敬為關渡先生。從小是孤兒，母親潘氏守節。個性純樸孝順，勤奮艱苦讀書。安溪舉人盧春選來北部設館教育學子，黃敬追隨春選，學習《周易》。咸豐四年（一八五四）進入國子監就讀成為歲貢生，之後被授予福清縣教諭（今福建省福清市），之後因母親年老而歸鄉。利用干豆莊的天后宮作為學堂，先後與他學習者共計有數百人。當時，港仔墘曹敬也是聚集門生講學（今臺北市大同區），兩人都是以敦善勉勵為本，向他們學習的門生大多能成才。世人稱為二敬。北臺灣文學因此而日漸興盛。黃敬為嚴謹修飭，一言一行，都記載在日記，至老也不倦怠。所收的學費，全部用來購買書籍，有人勸他購置田產，他說：「我把書籍留給子孫，勝過良田十甲。」著有《易經義類存編》二卷、《易義總論》、《古今占法》各一卷、《觀潮齋詩》一卷，未能刊行。其序《易經義類存編》說；「我因占卜論斷吉凶而設想。聖人對於人事，審查能與不能，決定取捨，觀察吉凶，以便謹慎地歸附或避走，特別使用藉助的辭彙，表示會合變通的意思。在本體上則是兼備無所遺漏，在應用上則廣泛無窮無盡。無論是何許人，尊卑貴賤都可以就《易經》依從古人；無論何種事情，大小輕重都可以用《易經》判斷。豈能是受到一、二種文章事物的比義推類所拘泥？只是這本書廣大精微，擴大引伸，內容充實，有許多廣大遼闊的含義，再三研究，含義又是奧妙幽遠。先前聖人的話語，非必然是故意隱祕，乃是要等待後人深刻地探求。《易經》原本是脫離現實而描述現象，依據日月星辰的天象而占卜，所以道理都是虛空而無眞實憑據，文辭容易混淆而難以明白。如果想爲初學者講授，不從其義理而整編類別，則說法越繁複，意向旨趣就越晦暗不明。譬如登山，抬頭向上看徒然驚嘆它的高大，無法尋找到它的入徑道路。譬如進入海上，望著海洋只是驚嘆它的遼闊，無法看見它的邊際。手持經書時常接觸，反而不能察覺其中存在的問題，翻開書本卻茫然分辨不清。原本《易經》所以教導人們占卜，是想要啓發人的睿智，反而遺留下蒙昧，希望使人能具決斷，反而造成疑惑，每天談論《易經》而《易經》是不能用言語表達的。《易經》中的數，乃論事物的本質，原本來自之於天。天若不以人作爲驗證，是無法知曉天。《易經》的文辭，乃憑藉著理，理是事物發展的總規律。理如果不以事物爲證明，是無法看見理的。這本書所解釋的，全部遵照原本的含義，以天象爲主，再環繞占卜。而各個卦的含義，各爻的含義，再採用自古以來人事相同的作爲證明。或者根據前人，或者是自己的意見，都是黃敬閒坐在小窗前的閱讀，爲了無法推尋事物的本末終始而憂愁煩悶，想要考核虛空的，尋求實際的，希望能夠適當的堅持操守，謹記而不忘懷。書籍既已完成，若漠不關心地將它丟棄於心不忍，於是題書名爲《義類存編》，以便顯示給子弟後輩們，讓他們便於學習《易經》，從而能兼通其他史書，可能會稍微有所幫助。雖然所引用的著作，事情未必與義理相符合，但能觀察事物的表象，作爲參考觀摩，也足以懂得事物間類比的關係而通情達理。何況由此所得加以推演擴大引伸，將事物推至極處，比類推究以涵蓋其餘。感覺意義雖然只是列舉一、二個人的例子，卻可以作爲千萬人的想法，字義雖然只是列舉一、二件例子，卻可以作爲千萬事情的觀察。陰陽運化而裁成萬物，陰陽鼓動而流行，要眞正明白某一種高深的道理，何以會固執而不知變通，不能兼備且廣泛應用，乃辜負《易經》作爲占卜的書籍！」

吳鴻業／吳昆財

吳鴻業，字希周，淡水艋舺人。閱讀廣博，學識豐富，擅長古琴，專精秦漢時期的篆刻。自家題名爲「拜石山房」。爲人誠心誠意，言語雖不多，但風雅意趣。不過他善於繪畫，曾經繪過〈百蝶圖〉，用色生動逼眞，恣態容貌逼眞，如同具有生命力。當時的名士如臺灣黃本淵、淡水鄭用錫、陳維英等人，曾爲他的畫作詠詩題句，共有二十多人。淡水同知雲南李嗣業更爲他的畫作撰寫前言序文。而鴻業也在自序上說：「小時候讀唐人的詩，讀到了王維的宮詞，最初並不了解〈滕王蛺蝶圖〉，究竟要如何描摹。有一天，春天花朵燦爛地開放，倚靠在几案。突然看見隔壁圍籬敲打拍動，蛺蝶活潑躍動而來。於是拿起筆來臨摹，鬍鬚與眉毛間隱隱約約蠢蠢欲動。喊叫一聲絕妙，驚嚇了啓蒙老師而遭到斥責，頗爲感到敗興，並沒有成功。等到年紀稍長後，尤其是養成了繪畫的嗜好。舉凡山水、人物、花卉、禽蟲，只要見到是出於名家之手，必定要購買而感到快意。無論地方的遠近，價格的高低，全都不在乎。然而這只是給了喜好繪畫者借作畫稿而已，對於我積習已久的喜好，始終未能有什麼幫助。今年春天與黃友閱讀了《芥子園畫譜》，所詳細介紹的繪製蛺蝶訣竅，自信前輩不會欺騙我。但也驚訝於天地之間，一種顏色鮮豔，香氣濃郁，自然的趣味，如同等待按線索去尋找，是足夠畫出它的形狀與精神，窮究它的變化莫測，則假使滕王影摹本至今仍然存在，我不知畫作有古今，而蛺蝶是否也有古今之分別？而後悔昔日如此恐懼地想要求得書畫眞跡的影摹本，是愚痴？是夢幻？是迷惘？臨摹滕王原來就在我的眼裡了。我於是相互約定靠近蜂巢，牽拉蜘蛛網以招來蝴蝶，散布裝花的盆具，放置盛冰的空玉壺，等到裝滿了蛺蝶再抱入懷中，宛如穿著百摺裙子的仙女，在水晶瓶子裡，迎著風姿態柔美，婀娜多姿。沒有幾天，與之親近如同海鷗，依順如同籠中之鳥，偶爾把它們放出去，召喚就能隨之而來，身體輕柔可以作爲在手掌上跳舞，令人回想起漢代趙飛燕進入昭陽殿之時。我對此的領悟，漸漸地已經習慣了，忽然有一天超越尋常而抒發，則是陣陣地齊飛，排列成形而飛的雁群，安穩緩慢，妥適如同鶯啼樹梢，有外出遊賞春天景色的興致，距離雖近，不過很難相見，如同遠在天邊。我不知不覺狂呼大叫：「滕王告訴我了，滕王教導我了！」無奈向我索取蛺蝶圖的人，越來越多。作品才完成，立即就被取走，自己未曾留下參考。又豈能知道是否合乎要求？乃在吟歌篆刻之餘，編爲一冊，作成《百蝶圖》。自春天的三十一日起，到夏天的二十五日，共計一百七十四日，畫了蝴蝶大約一百多幅。其中以花草作爲襯托，以顏料滋潤，所有的畫作都仿效前人的筆法。這些雖然是小技巧，也足以醫治一方面的疏怠懶散。但王維以詩句入畫，米芾以書法入畫，至於想要結合詩、畫而稱三絕，則應以鄭板橋是尤其擅長的名家。我天資愚笨，潛心爲文，以求彌補所學不足的愧疚。幸虧依靠著當代的能手，不因書畫幼稚拙劣而擯棄我，文采華美的詠詩題句，爲我的序言增添了光彩。加上與一、二知心的好友，相互切磋，且在收藏界上略有些名聲，故能受益於各家所長，憑藉著親近改正一個字的老師與雙鉤的畫法。如此以身作則，能引發眾人的響應，這可說是我的大幸。若不如此，則用襯托和誇張的藝術手法，突出主題，一個畫工就能夠做得到。我自村裡而來，具有特別強的敏銳觀察力。」鴻業畫作蛺蝶，所傳授的門人，都缺乏他的精緻。而《百蝶圖》藏在家中，後來流落到他處，爲鄉里人士洪雍平所獲得。

王獻琛／吳昆財

王獻琛（一八二九—一八八九），字世希，號寶堂，臺南府治人。讀書赴科考，很多年都不考中，乃擔任臺灣鎮稿識一職。個性有守有爲，能畫作水墨畫，畫蟹尤其能得神韻，富有江河的趣味。書法也是不受拘束。光緒十五年（一八八九）去世，六十歲。

楊克彰／吳昆財

楊克彰（一八三六—一八九六），字信夫，淡水佳臘莊人（今臺北市萬華區一帶）。讀書精通大道理。跟隨貢生黃敬讀書，學習《周易》，能深思探求重要的義理，深得黃敬的精髓。尤其精熟科舉考試的八股文，盡除陳舊的言辭。每完成一篇，同輩們就會輾轉傳布誦讀。光緒十三年（一八八七），受朝廷封賞成爲國子監學生，幾次赴科舉考試，不中舉。侯官（今福建省福州市、閩侯縣一部分）楊浚看到了他的文章，感嘆地說：「克彰先生的文章如同古代祭祀的太羹玄酒，古樸淡雅，味道極爲深厚濃醇，不能夠進獻給群神群祀也是應當的。所以始終不得志。」在鄉里設館講學，門下有數十人，四方來拜他爲師的也有數十人。每次講課，修改學生的文章，一天有數十篇，也不會顯出倦怠感。艋舺黃化來致送千金禮金，敦請克彰至燕山宗祠講課（今臺北市萬華區）。克彰不接受。有人問起原因，他說：「我上面有老母親，足以孝順她，使她高興。下有妻子，足以和她說說笑笑。讀書教學生，足以快樂。假使我為了千金，必須遠離父母所居的地方，我是不會做的。」但化來還是堅定地再三促請，在新年敬送聘書，克彰感受到化來的誠意，於是答應。宗祠距離克彰家六、七里，他每天晚上必定返家，送上美味的食物，等到母親就寢才離開。風雨不間斷。沿途中就背誦所讀過的書，手上提了一盞燈，孤零零的獨自行走。鄉里人士看到他，就知道是楊先生回家了。克彰設館講課三十年，門下有許多成才的人；江呈輝、黃希堯、謝維岳、楊鼎尤其著名。其後擔任學海、登瀛兩書院監督。知府陳星聚聽聞克彰的文章與德行，想要推舉他為孝廉方正，他不接受。十六年（一八九〇），臺灣府倡議纂修《臺灣通志》，下令各縣開設館局進行採訪，與舉人余亦皋編撰《淡水縣志》。之後擔任臺南府學訓導。隔年，晉升苗栗縣學教諭。苗栗因為剛剛設縣，學風尚不興盛，乃盡全力獎勵。經過了幾年，調任臺灣縣學教諭。乙未之役（一八九五年甲午戰爭割讓臺灣，臺人奮力抵抗日軍的戰役），在梧棲躲避戰亂（今臺中市梧棲區），倉促渡船到內地。而因老母親在家，每每向東而望。等到戰事稍為平定，立即把母親迎回故鄉，奉養母親。母親已經八十歲，居於同安（今福建省廈門市、漳州市一帶），不久過世。克彰痛哭悲慟。過了幾個月也去世，六十一歲。著有《周易管窺》八卷，沒有出刊。五位兒子。順序為仲佐、維垣、潤波都會讀書，也能繼承父親的事業。

卷三十五　列傳七

孝義列傳

夫人肖天地之貌，懷五常（五常，仁義禮智信）之性，聰明精粹，有生之最靈也。然而人之所以為人者，以其有德慧術智，尤貴其有仁心。仁者何？愛也。能愛其親者謂之孝，能愛其群者謂之義。孝義之行，天下之大本也，是故朝廷旌之，里黨式之，亦欲以為人範而已。連橫曰：痛哉！吾少孤，又逢喪亂，煢煢（ㄑㄩㄥˊ ㄑㄩㄥˊ，孤獨無依）在抱，不能讚述先德，心良愧。始吾曾祖父以商富，嗣為匪人所構（陷害），家中落。先大父清貧自守，家有果園，歲入錢數十千。又一井，泉甘，汲者投一錢，日亦得數十文。衣食賴之。先君少純孝，承嚴志，不慕榮華。及長經商，守以信，勤苦刻勵，不十數年，家乃日殖。先大父耄耋（ㄇㄠˋ ㄉㄧㄝˊ，高壽的老人），美鬚眉，體健容睟（ㄙㄨㄟˋ，潤澤），冬不衣裘，夏不衣葛，雞鳴而起，誦古文辭數篇，琅琅若金石（發聲像金石相擊般響亮）。優游卒歲，無所苦。先君善色養，侍奉慇懃，故先大父年八十有三，無病而終。初，先伯父沒，遺孤僅數歲，撫之成人，為授室。而諸姑之寡者，贍（供養）其家，視甥如子，衣之食之。戚黨之貧乏者，靡不周之。顧自奉甚薄，而扶危濟困，殫（ㄉㄢ，竭盡）巨金不稍惜。粵人凌定邦為城守營，卸事後死，有巨款未能償。先君素與善，念其孥（ㄋㄨˊ，兒女），慨然出二千金與之，喪始得歸。同治六年，大歉，穀價踴貴，先君採洋米千石平糶（ㄊㄧㄠˋ。平糶，平價賣出米糧），窮者日以兩升恤之，耗財數千金。越年凶，又如之。城東舊社陂（ㄆㄧˊ，山坡），溉田多，奸人王國香謀據其利，諸佃譟而逐之。國香方交通（交通，勾結）官場，訟之縣，逮諸佃下獄。諸佃恐。先君聞其事，糜（耗費）

千金為營救，訟始息。芋仔埔為濱海之區，地瘠民窮，婦孺輩相率赴東門外拾遺穗，必過吾舖門。往反二、三十里，所得僅諸碎菜甲（菜甲，出生的葉芽），聊以果腹。先君見而嘆曰：「是無告之人也！」日以千錢頒之。受者或疑，曰：「持此以買粽可飽。」莫不歡呼而去。其任恤類如此。先君治家肅，持己恭，待人誠，處事謹。平居燕處，未嘗有疾言厲色，內外之人無不敬焉。光緒十九年，全臺採訪孝友，鄉人士列狀以聞。巡撫邵友濂題請旌表（旌音ㄐㄧㄥ。旌表，表揚），奉旨建坊，入祀孝悌祠。二十年六月二十有四日卒，壽六十有二。痛哉！橫年十三時，就傅讀書，先君以兩金購《臺灣府誌》授橫曰：「女（汝）為臺灣人，不可不知臺灣事。」橫受而誦之，頗病其疏。故自玄黃（玄黃，天地）以來，發誓述作，冀補舊《志》之缺。今吾書將成，先君音容如在其上，乃以學殖（學殖，學問）淺陋，不能追識十一，以告我後人，是橫之罪也夫！是篇所載，皆屬孝義之士，徽音（好名聲）芳躅（ㄓㄨˊ。芳躅，前賢名流的遺跡），沒世不亡。而人之所以翹然（特出）於萬物之上者，胥是道也。

蕭明燦

蕭明燦，泉州安海人。生踰歲而孤。永曆九年，鄭師伐泉州，墜安平鎮；安平即安海也。明燦方五歲，與母相失，號泣於塗（路）。叔祖某攜之來臺，居赤崁城。稍長，始知失母之故，行求漳、泉各屬，不能得。乃與家人訣別，曰：「此行不見母，不復還也。」渡海而往，遍歷閩南。嗣遇延平族人，諗（ㄕㄣˇ，知悉）其母依倚以居。大喜，趣（趣，通「趨」）迎歸，備極孝養。里黨稱之，比之朱壽昌云。

侯瑞珍

侯瑞珍，臺灣府治寧南坊人。性淳厚，少孤，事母孝。邑人稱之，舉為鄉飲賓，母沒時，瑞珍年六十矣，廬墓（墓旁築茅屋守靈）終喪。壽七十有四卒。乾隆十四年，奉旨旌表（旌表，表彰），建坊於上橫街。

陳仕俊

陳仕俊，字子慶，臺灣府治東安坊人。素好善。康熙五十七年，大旱，米價騰貴，窮民無所得食，即出穀二千五百石，分四坊以賑，存活甚眾。又嘗建橋施棺（施棺，捐棺）。五十九年，捐置園地為義塚。子應魁邑貢生，捐金四百，請修本縣學宮。人以為能繼善行。

劉日純

劉日純，字子安，嘉義查畝營莊人，籍平和。始祖茂燕為延平郡王部將，從伐南京，陣沒。王念其功，命其子求誠入臺，贍以田宅。及長，墾地於查畝營莊，數年，闢田數百甲，遂家焉。日純其四世孫也。性謹嚴，嗜學攻書。嘗作書自箴，其言曰：「士生世間，不可自慢。其處己也，當師孔子忠信篤敬之言，其處物也，當存曾子臨深履薄（臨深履薄，戒慎恐懼。見《論語・泰伯》）之懼；其接人也，當學莊子呼馬呼牛（呼馬呼牛，是非本無一定的標準，見《莊子・天道》）之意。與人無忤，克己自持，庶乎可以無過。」日純既席先人遺業，又善貨殖。創白糖廍（糖廍，製糖場所）於溫厝廍莊，販運南北洋，獲利豐，擁資百數十萬。顧性好施舍，濟人之急。里黨有事，必出而解之。嘉慶十四年，漳、泉械鬥，蔓延數十莊，殺人越貨，文武官且袖手，或以為利。日純憫之，與店仔口莊總理吳六秀、番社莊總理林光義、吉貝要莊屯弁段鐸約，躬赴鐵線橋各堡，集耆老，曉譬大義；眾從之。乃出其資，葬死殤，醫創病，存鰥寡，鬥始息。二十一年，大饑，米貴至千錢。日純發廩以濟。道光初，京、津凶，餓莩（ㄆㄧㄠˇ，餓死的人）載道。日純以白米千石往賑。直督奏聞，奉旨賜「惠及津門」之匾。日純好文學，重士，設家塾，聘名儒，以教子弟。並集英俊肄業，供膏伙（供給讀書費用）。有子六人，皆有聲庠序（庠音ㄒㄧㄤˊ。庠序，皆指學校）。次子思勳尤有名。

劉思勳

思勳，字景梅，少好學。以歲貢生（歲貢生，入國子監讀書的一種貢生）授福建將樂縣訓導，廉潔自持。時學官多貪貨，墜師道，思勳矯之。遇歲試時，謝其結禮，寒畯（ㄐㄩㄣˋ。寒畯，出身貧寒而具有才能的人）之子，獎以花紅（犒賞禮物獎金）。以是士林推重。歸里後，以身作則，事兄敬，字弟慈，躬行儉樸。士之出入其鄉者，無不禮而送之。里黨之人，無不惠焉。道光十二年張丙之變，嘉義各莊所在騷動，而鐵線橋堡當赴郡之衝，股首（勢力首領）張古擁眾數千謀北上，至莊外十里，不敢入。遣旗首（首領）以刀為贄（禮物），曰：「古將有事於嘉義，願假道，恐公有以督過之，謹待於境上，唯公命之。」思勳曰「可。我堡之一草一木，如有疏虞，不女（汝）貸（寬恕）也。」飭左右與百金。其人唯唯，古歛眾（歛眾，約束眾人）行。張丙之役，鐵線橋堡無敢擾者。二十四年，漳、泉復鬥，鹽水港為泉人互市之所，而大竹園莊亦族大丁多，數年不息。思勳集兩造解之，出數千金，為築鹽水港新街之橋以示睦。思勳既家居，勸農造士，鄉人有爭畔（邊界）者，齊趨門下，求斷曲直。一時無訟。咸豐九年卒，弔者數百人。葬之日，遠近至者數千。長子達元以誅嚴辦功，賞戴花翎（清代官品的冠飾。以孔雀翎為飾，故稱為「花翎」）。

丁克家

丁克家，福建晉江丹棣鄉人。年十三，來臺省父。父賈於鹿港，久違膝下，見之甚喜，遂居焉。已而父老，病偏枯，臥床不起，精神亦紊亂，飲食便溺需人護持，嘗穢染枕席。克家日夕侍左右，夜寐於旁，聞聲即起，莫敢懈。如是十數年。所居曰菜園，鄰人失火，左右皆燬。克家大驚，負父出，而火已阻門，不敢越，止於庭中。未幾火熄，所居獨存。人以為孝行之報。又數年，父卒，哀戚逾常。克家既授室生子，經營舊業，每以不得多讀書為憾。延師課授，禮之有加。六子壽泉以光緒十年登進士，餘子亦多入庠（ㄒㄧㄤˊ。入庠，考試及格入官學成為生員）。年六十餘卒。有子七人，孫二十有一人。明詩習禮，至今不替。初，光緒六年，彰人士以克家純孝，稟請有司旌表，奉旨建坊，入祀孝悌祠。

鄭用鈺

鄭用鈺，字檠亭，淡水之水田人，用錫從弟也。生數月，母卒，長嫂乳之。數歲知其事，每念母，輒流涕。故事父極孝，常依膝下。稍長，家漸裕，兄弟同財，待長嫂如母，別置田宅為養贍。嘉慶二十年，里中歲歉，發穀平糶。二十三年，淡廳初設學校，倡建學宮，捐巨款。道光六年，築城，課督尤力。每有義舉，輒樂襄（贊助）。咸豐三年卒，年六十。光緒十四年，全臺採訪總局彙報孝友。十五年，巡撫劉銘傳題請旌表，詔祀孝悌祠。

是時，新竹受表者三十人：曰鄭如恭，字堯羹，用鈺之長子也；曰鄭廷珪，字君達，北門街人，增生；曰鄭用謨，字訓廷，水田人；曰陳大器，字子圭，泉之惠安人，寄籍邑治；曰鄭如松，字友生，號蔭波，用錫之長子也，道光十七年優貢生（優貢生，每三年從各省生員考選之貢生），二十六年舉於鄉；曰鄭如城，用鑒之次子也，以監生（監生，入國子監讀書的學子）捐同知銜；曰鄭秉經，字貞甫，水田人，附貢生，戴潮春之役，以功奏保候選教諭；曰楊忠良，字森諒；曰陳紫垣，例貢生；曰陳廷榮，字石泉；曰吳士敬，字以讓，同治九年舉人；曰林文瀾，字澄波；曰陳清淮，字汝泗，同知銜；曰陳清光，字汝煌，清淮之弟也；曰高滄浪，字澄雅；曰陳敬義，均北門街人；曰高廷琛，字英甫，城內穀倉口街人；曰曾呈澤，樹林頭莊人；曰潘榮光，新埔街人，及子清漢。曰李聯超，錫金之子也；曰張首芳及子耀輝；曰陳緝熙，曰翁林萃及弟英，曰黃朝品，曰鄭如蘭，別有傳。

李錫金

李錫金，字謙光，泉之晉江人。年十四，來臺，居淡水之竹塹，傭於某商家。顧念父母俱沒，歲時乏祀，每風雨，泣告主人，請豫（預）給五年辛金（辛金，薪資），為親修墳。主人嘉其孝，許之。洎（ㄐㄧˋ，及）長，與昆弟營生，家漸裕。又以伯兄早死，撫姪如子，延師課讀，多成材。咸豐中，艋舺分類械鬥（分類械鬥，區分族群彼此械鬥），蔓延將及竹塹，與鄭用錫赴各莊，竭誠勸導，患乃息。已而歲歉，辦平糶。素好任卹，里黨稱之。同治四年卒。光緒六年，福建巡撫勒方錡題請旌表，入祀孝悌祠。八年，建坊於新竹北門外之湳仔莊。有子十人。

長聯超，字汝前，號華谷，少習禮儀，事親孝。母陳氏遘（遭逢）病，聯超適在外，心怦怦動。

驟歸，家人訝（一Y`，迎接）之。侍湯藥，莫敢稍違。及沒，喪祭盡禮；尤善事老父。有弟九人，偶有不合，曲意求全。父在時，曾給家產，悉以沃疇（沃疇，肥沃土地）讓諸弟，而自奉甚薄。課讀二十餘年，及門多成名。光緒二年卒。十七年，奉旨旌表。

子祖琛，字蔭亭，設教於鄉，以尊德性、勵風俗為本。故其治家肅，持身恭，男女皆知禮節。邑有義舉，輒任其事。乙未之役，避兵內渡。越數年沒於故里。子七人。希曾歲貢生，師曾舉人，餘皆讀書，為世用。

祖訓，字恢業，號警樵，聯超之從子也。少失恃怙（ㄏㄨ`。恃怙，父母），能自立。與鄉人士合設竹梅吟社，以事吟咏。光緒二十年，以歲貢生任臺灣府學訓導。子良臣。弟祖澤，字樹業，號鐵樵，素敦內行，博學能文，以優行貢成均，未幾卒。子濟臣、少福。

李氏自錫金以來，孝友傳家，子孫蕃衍，至今猶為望族。

張首芳

張首芳字瑞山，泉之同安人，為廈門巨商司記室。事親孝，凡可以說親者，無不先意承志。兄及兩弟皆賈大洋洲，久不歸，唯異母弟百川在家，遇之無稍別，故能成其業。父沒後，來臺，居艋舺，嗣移舊港，以商起家。子二人。長耀輝居里，年十四，欲東渡省父，謂弟安邦曰：「女在廈奉母，吾赴臺事父，各勤其職，毋稍懈。」遂侍父習經紀，力任艱鉅，貿易日進。素好善，樂施舍。安邦自廈來，招與同居。及死無後，以四子鴻聲承之。舅氏陳文欽老而無子，迎養於家，又為立嗣，奉禋祀。人稱其德。光緒十五年，首芳與子耀輝俱旌孝友，而繼室陳氏亦旌孝婦，里黨欽之。孫金聲，字迪吉，附生，曾掌明志書院，以文名。

陳緝熙

陳緝熙，字維禎，號沙莊，泉之惠安人，移居淡水中港街，後遷廳治。讀書明義理，靡有干謁（干謁，謀求祿位而請見當權的人）。道光二十五年恩貢（恩貢，恩詔加選之貢生）。父錫疇，附生，旌表孝友。沒時，母林氏哭之慟，遂致失明。緝熙善事親，跬（ㄎㄨㄟˇ，半步）步不離，時述故事，以承色笑。兩兄俱弱而病，後亦雙瞽（ㄍㄨˇ，眼盲）。弟少不更事，緝熙以一人扶持其間。治家有法，課督子姪，勉以孝弟，鄉里稱之。先是道光二十四年，漳、泉械鬥，居民紛紛謀避地。緝熙趣邀諸紳，出勸止，故無害。咸豐元年，艇匪犯竹塹，偕官紳設法防禦，地方以安。三年，漳、泉又鬥，與鄭用錫設局安撫。四年，閩、粵亦鬥，蔓延愈烈，請於淡水同知朱材哲，出為諭解。同治元年戴潮春之役，與林占梅合籌防堵。已而大甲被圍，即率鄉勇往救。隨克彰化，以功奏獎五品藍翎候選教諭。九年卒，年六十有四。光緒十五年，旌表孝友。

翁林萃

翁林萃，字雲史，淡水北門街人。父福幼育於林，故複姓，淡水廳志稱其孝。萃少失怙（失怙，喪父），善事母。長兄早世無出，事嫂盡禮，又以長子嗣之。性渾厚，好施與。每有義舉，輒有力焉。戴潮春之役，以功賞藍翎候選同知，卒年五十有五。弟英字史貞，亦孝友。以辦理腦務，家日殖。卒年四十有九。均蒙旌表。

黃朝品

黃朝品，字鏡堂，泉之晉江人。同治十三年，為臺灣城守營把總，嗣調竹塹，遂家焉。少失怙恃，事庶母維謹。伯兄主持家政，欺其少，輒促分家。力諫不可，僅得薄田數畝，良疇美屋，兄悉有焉。朝品遂入行伍，自食其力，勤苦刻勵，家漸裕。已而兄產蕩盡，父子相繼沒，寡嫂無依，迎歸奉養，以次子為嗣，仲嫂守節撫孤，子壯而殞，遺兩孫俱稚，亦育之成人，養生送死無憾，邑人稱之。初，竹塹陸恩官莊，委辦者每多索佃人自私。朝品獨照例徵收，無所擾。貧乏不能納者，且為墊完，故佃人德之。光緒十六年旌表，十八年卒，年六十有三。

鄭如蘭

鄭如蘭，字香谷，新竹水田莊人。父用錦，附生，早卒，母張氏育之。如蘭讀書知大義，事親孝。張氏有疾，延醫診視，方藥必證以醫書，嘗而後進。沒時喪葬盡禮。同治五年，奉旨旌表節孝，如蘭建坊以志。如蘭家固裕，又儉樸，然遇地方義舉，則出而義辦。家畜童婢，遇及笄（ㄐㄧ。及笄，女子十五成年）者必遣嫁之，故人多其德。光緒十五年，以辦團練功，由增生授候選主事，賞戴花翎，後加道銜，旌表孝友。子神寶亦有名。

洪騰雲

洪騰雲，字合樂，亦晉江人。道光四年，隨父渡臺，居淡水之艋舺，年十三。及長習賈，為米郊（郊商，商業公會）。淡為產米之地，艋舺適扼其口，帆船貿易，以此出入。而騰雲工籌算，與泉、廈互市，數年之間，產乃日殖。顧樂襄義舉，光緒七年，巡撫岑毓英議建大甲橋，命各屬紳商輸助，騰雲捐工七十名。橋成，大府嘉之。已而捐建艋舺義倉，置義塚。遇有災害，則出以賑。臺北初建，新築考棚，騰雲獻地，並捐經費。十三年春，巡撫劉銘傳奏請嘉獎，賜「急公好義」之匾，建坊北門。子五人，長輝東，納資為候選同知。輝東之子文光，廩膳生。又次以南，附生。

薛應瑞

薛應瑞，澎湖內垵社人。素好善，嘗築東衛、西嶼兩義塚。又以北山至中墩，中墩至潭邊，海港阻隔，涉厲維艱，自造兩石堤，費資數百兩，俗名蜈廣汐，語其形也，至今遂為通津。通判王䆉、副將葉相德各錫匾。

辛齊光

辛齊光，字愧賢，亦澎湖人，居湖西社，嘉慶六年歲貢生，十八年欽賜舉人。家富好善，事母孝，倡修文石書院及郡城試寓。又造湖東西溪兩石橋、港底尾書院崎兩石路，行人善之。先是應瑞所造蜈廣汐石隄，至是多損，齊光修之；建福德祠於旁，以為行旅止息。遇貧困者周之，貸而不能償者免之。以此義聲聞里中。嘗主講文石書院，訓諸生實踐，終日不倦。卒年七十有六。

方景雲

方景雲，字振青，號省齋，澎湖瓦硐港人，少補弟子員。家貧，性耿介，與人交，必盡誠，眾咸推之。遇不平事，得一言立解。故終其身，北山十四鄉無訟。素以維持風化為任，里有陋俗，必力革之。嘗集父老，禁淫戲、禁賭、禁盜、禁贅（多餘）營兵、禁澳甲濫受投詞，禁婦女入廟焚香。至今猶遵其約。女適同社儒家子呂某，少而寡，媒來議醮（婚禮儀節，代指婚禮）。景雲正色曰：「豈有為景雲女，而改事二姓者哉！」招女歸，令守節。其持正多類此。景雲既留心風教，又負膽力。同治初，有奸民夤緣（夤音ㄧㄣˊ。夤緣，攀附）武弁（武官），踞節孝祠，將設局捐派，眾莫敢抗。景雲入陳有司，請撤回。奸民懼，啗（ㄉㄢˋ，利誘）以重利。叱之去，竟罰其款三百緡，充祠費。眾呼快。而奸民以計不得行，甚恨。未幾景雲至郡，武弁覯（ㄍㄡˋ，遇見）之，佯為恭敬，飲以酒，歸而暴卒。景雲不事生產，喜涉獵說部，得錢輒購書，頗有任俠之風。卒年四十有九。

張仲山

張仲山，字次岳，籍晉江。少隨父來臺，居彰化。戴潮春之役，與眾守城，及平以功賞藍翎，任戴案抄封委員。兵燹（ㄒㄧㄢˇ。兵燹，戰亂所造成的災害）之後，繼以大疫，仲山捐款周恤，購藥以濟，人感其惠。顧為善益力，歲製棉襖百襲，以給貧民。彰化縣署自遭兵後，久廢弗治，暫假白沙書院辦事，官民不便。及同治十二年，知縣孫繼祖議築，而款絀，仲山出勸輸，並董工役，八月而成。清時監獄不潔，入者半病死，亦新建之，通水於井，以供盥沐，囚人喜之。光緒五年，山西凶，大府募賑，仲山輸米二百五十石，復集戚黨計得二千石。總督卞寶第手書「樂善好施」之額以贈。越二年卒。子晏臣、舜臣。

林全籌

林全籌，字備五，彰化林圯埔人。父新景業農，與陳集賢有怨。是時，林圯埔以林、陳為大族，各負勢力，不相下。既又爭牍（ㄆㄨˊ，租）抄封田，新景為佃首，集賢不敢褫（奪），潛告於官：以新景抗納官租，謀不軌；集賢族人希亮為保安局總理，亦稟新景不法。彰化知縣欲捕辦，命役，不敢往，乃命集賢圖之。集賢佯言曰：「文武官期以明日會林圯埔。」新景懼，夜逸，將入山，集賢預伏以待，開鎗擊之，斬其首。大呼曰：「吾奉官命，誅此賊，無與眾事。」翌日，以首解縣。林氏聞有官命，不敢出。時全籌年二十有一，訓蒙在家。弟碧瓜、次盧、次春生，春生方十有二歲。全籌既痛父死非命，指天誓日，謀復仇。而集賢自殺新景後，勢愈熾，弟若侄又以搢紳交（結交）官府，豪右（豪右，豪強）一方。全籌隱忍蓄志，日夜伺隙，不得逞。乃乞援於南北投之族，得二百餘人，期以元旦入林圯埔，襲集賢而屠之。除夕，碧瓜飲酒醉，語洩，集賢戒嚴。族人至，聞有備，不敢發。全籌大恨，指弟而哭曰：「仇不得報矣。」如是十年。里有老婦林氏者，嫁陳姓，性和睦，兩家子弟皆親之。咸豐四年八月朔，集賢過其家，婦留飲，談瑣事，命從者歸。兩家相距百餘武（步）。春生年已二十有三，頗有力。見集賢與婦語，而旁若無人者，大喜，走告母曰：「報仇之日至矣。」母驚詰，具以告，持一小刀出。母曰：「汝年少又弱，非敵也，不濟，汝必死。且俟汝兄歸。」不從。途遇全籌，曰：「報仇之日至矣」，復走。母追至，曰：「汝弟非老奴敵，將奈何？」全籌且驚且恨，曰：「事已至此，兒請往。其濟，父之靈也；不濟，即以死繼之。」行及義倉前，而春生已刺集賢倒地矣。

先是，春生值集賢將歸，伏路隅。集賢素負力，持一竹煙筒，揚揚而行。春生自後刺之。集賢反掖於地，春生堅抱之。保長陳文彩，集賢族人也，聞鬥聲出視，舉杖將擊春生；而全籌至。再以刀刺集賢，刃入於地。兄弟大喜，歸告父靈，乃各竄。全籌匿阿罩霧莊，為族人訓蒙。集賢死，其子籲（求）於官。是時鹿港林某為林圯埔抄封委員，深感全籌之孝，為請於官。以集賢素狡猾，且受戴潮春之命，盜賣倉穀，養奸徒，其罪不容於死。官納之，事始寢。

連橫曰：吾居臺中，聞林剛愍公復仇事，神為之王。既又聞林全籌者，手刃奸人，以報父怨，未嘗不為之起舞。夫復仇大事也，孝子仁人始能為之，而懦夫多以忍死，亦天下之無勇者。《禮》：君父之仇，不共戴天，是不願與同履此土也。若乃反顏事敵，以獵富貴，而猥（ㄨㄟˇ，鄙陋）曰：「智伯以國士待我（戰國刺客豫讓之事）。」噫！是誠犬豕之不如矣！

勇士列傳

連橫曰：縱橫之世（指戰國），士趣公仇，恥私鬥，故人多尚武，以捍衛國家，及漢猶承其烈。然而霸者忌之，法家禁之，芟夷蘊滅（消滅殆盡），俾無遺種。所以供禽獵者，一姓之鷹犬爾。若其眷懷私利，懸賞殺人，則正義之賊也，君子誅之。臺灣為海上荒島，我先民之來相宅者，皆抱堅毅之氣，懷必死之心，故能闢地千里，以長育子姓。而我延平郡王又策勵之，遺風鼓盪，至今未泯。以吾所聞黃蘗寺僧之事，尤其著者。而事多隱滅，莫獲示後，則舊史之罪也。今舉其知者，著於篇。

曾切

曾切，綠林（聚集山林間搶劫財物的集團）之豪也，出沒淡水間，或云彰化人。少失怙，事母孝，故尤敬節婦。聞有饑寒者，即分金與之。切為盜，每使人知，先以粉畫壁上為圈，夜即至。雖伏人防之，莫能免。然其所盜者，多土豪墨（貪墨，貪汙）吏，而濟困扶危，人多德之。里有少婦，夫死家貧，鄰人愛其色，議以五百金納為妾，婦不從，每夜哭。切聞之，嘆曰：「是當全之。顧安所得金？」當是時，大隆同陳遜言攬辦料館致富，切登其屋，抉（挖取）兩瓦，縋（ㄓㄨㄟˋ，以繩索懸綁物體往下墜送）而下。天寒夜黑，遜言方臥榻弄煙，一燈熒然。見切至，延之坐。切亦就榻弄煙。遜言徐問曰：「子此來，有何需？」曰：「然。」出鑰與之。切啓匱，出千金，復臥而弄煙。遜言曰：「夜深矣。我命人將往何如？」曰「無須。」即出口號，有一人自屋下，裹金去。切亦猱（ㄋㄠˊ，攀爬）之上。旦日至婦家，告其姑曰：「汝婦賢，胡可責？然汝為貧計，不得不如此。今吾以五百金贖汝婦，又以五百為衣食費。汝其善視之。」婦聞言，欲出謝。切不顧而去。越數夕，遜言獨坐，有物墜庭中，聲甚厲，急呼家人爇（ㄖㄨㄛˋ，焚燒）炬視之。見一布囊，上繫小箋曰：「前蒙厚惠，得了一事。今獲此物，敬以相酬。伏維笑納。」啓之，則煙土二十也，價可數百金。

切身頎（ㄑㄧˊ，身材修長、高大的樣子）而長，貌溫雅，目光炯炯，左手爪長寸餘。每為盜，以湯柔之，束以皮。嘗一日為官所捕，切跪地上，但搖左手曰：「小人文弱，何敢為盜？」官笑釋之。或告之曰：「以子之材，何不入行伍，取功名，而自屈若是？」切慨然嘆曰：「今之擁節（節指印信。擁節，即掌權者）者多昏瞶（ㄎㄨㄟˋ。昏瞶，糊塗昏亂，不辨是非），誰復能於風塵中識壯士哉？」自是忍不見。或曰，切葬母後，去之閩中。

莊豫

莊豫，嘉義人，疏財仗義，為綠林豪。顧犯法，懸捕急，人多匿之。遂潛居梅仔坑山中。里有紀彪者，子七人，均精拳術，每魚肉鄉閭，無敢語，語則被辱，雖訟亦不得直。彪之四子曰傻，見近村郭琬女美，欲妾之，命媒往。琬曰：「吾女欲嫁士流，且不為人妾。幸謝公子。」傻怒曰：「士流寧直一錢？且嫁吾，足以光門楣。今乃拒我，吾必得之。」集佃十數人，揚械至琬家，強奪之。琬倉猝不知所為，隨之哭，路人皆憤，顧無如何也。歸途遇一人，曰：「胡不愬（ㄙㄨˋ，訴）諸官？」琬曰：「官多昏瞶（ㄎㄨㄟˋ。昏瞶，愚昧糊塗），寧管人間事？苟愬，亦無如彪何也。」曰：「然則愬之莊豫爾。」琬曰：「豫何人？豈今之有大勢力者乎？」曰：「非也。豫俠士，能平不平。往必獲濟。」遂從之。入山可十數里，曰：「至矣。」時天已昏黑，茅屋中微露燈光，四圍多古木，境甚幽寂。其人先扣門，內應曰：「來者非阿摩乎？」曰：「然。」琬見一少年瘦峭，目光炯炯，而氣慨凜然，即伏地泣訴。豫怒曰：「是奴欲落吾手，吾赦之數矣。今若此，翁稍坐，吾取汝女歸。」即起入。是夜傻得女，欲犯之，女大哭，傻怒鞭之。忽聞屋上有人語曰：「傻今夕花燭，何不請而翁飲？吾來索喜酒也。」傻叱曰：「汝何人？賊乎？」彪聞驚曰：「豫也！」止家人勿聲。而豫已下立簷前。彪曰：「豚兒今夕納妾，妾遽別其家，作嬌啼爾；乃驚及足下。」曰：「恐非嬌啼，殆求死爾。」彪變色曰：「即死何干汝事？汝豈為郭來耶？」曰：「然。」彪曰：「我家非屈於人者。汝既來，能決一勝負乎？」豫笑曰：「可。」彪持刀擊之，七子並進。而豫已躍立案上，探丸中二紀（奴僕），傷目立仆。復呼曰：「新郎胡不進？」傻揚刃而躍。又探一丸中其陰，亦仆，餘莫敢進。豫乃語彪曰：「今日若出吾鏢，則汝家無噍類（無噍類，不再有活著嚼食的人）矣！今告汝，速以女歸！」彪知不敵，從之。豫負女於背，約以布，一躍而逝。夜半抵家，琬得女大喜，拜謝去。傻自負傷後，遂不能人，而彪亦不敢再暴於鄰里。

嘉義知縣某，素貪墨，罷官。歸裝數十具，中有小篋，以三人列械行。豫諗為珍寶，直前推三人，皆跌數十步外，奪篋行。護勇追之，莫能及。豫既得巨金，散窮民，惠者眾。

光緒八年春正月，巡道劉璈移鎮，派兵數營，分防鹿麻產、斗六門、半天寮、埔尾等處，四路併進。又飭知府袁聞柝會師梅仔坑，蓋豫已集眾將舉事矣。官軍一至，豫早遁，而搜捕甚急。每至一地，不敢留。朝止而夜行，如是數月。一日，至所狎妓許，妓飲之，醉就枕。偵者已入。豫欲起，酒毒不能興，探丸亦不得，蓋妓早受官賂也。至署自承，遂被戮。臨刑語人曰：「吾素未讀書，不知吾之所為，視古人何若也。」

詹阿祝

詹阿祝，粵族也，家住苗栗罩蘭莊。地近山，時與番鬥，故其人多勇。阿祝為木工，每單身入深林中，歷十數番社，番不敢害。既為馬臘邦社通事。數年，逋（ㄅㄨ，拖欠）番鐮（ㄌㄧㄢˊ，指吃食）頗多，番索之。阿祝憤，謀所以併其地。游說鄉里丁壯，得四百人，約共生死，皆曰「諾。」當是時，馬臘邦族大勢強，為一方雄，而地又險隘，乃議潛襲之。擇勇者十數人，藏短刀，佯為伐木者。阿祝固與番狎，既至，番款之。出牛酒以犒，番歡飲大醉，席地臥，阿祝與十數人者亦雜處其間。夜半突起，持一木杵，自擊殺番，斃七、八人，眾亦出刃。番驚寤，欲格鬥，而天昏月黑，多被殊（殺死），流血濺地上。計所殲番六十餘人，餘悉驚竄；阿祝遂併其地，召子弟開墾。馬臘邦社既破，乞援於白毛、阿冷、大小南勢諸社，眾可千人，謀恢復。阿祝陷圍數日，食漸盡，力又不敵，乃率眾出。番要之，互鬥，各死傷十數人。事聞，北路撫民理番同知以阿祝貪占番地，移彰化縣捕辦，下獄。其眾謀救之，賂知縣以免。當是時巡撫劉銘傳方行撫番之策，以棟軍統領林朝棟為中路營務處。光緒十一年，阿祝面求朝棟討番，而莊人之遭害者亦日來告訴，許之。四月，朝棟率棟軍千人至罩蘭，以鄭以金為副，統領柳泰和別率千人為後援。阿祝任偵探，出入番社，窺敵情。時群番合，勢頗振，朝棟諭降，不從。五月，分兵三道而入。八月初七日至馬臘邦，十二日進擊。番力抗，棟軍不利，且陷圍，得援始免。十二年，銘傳自率親軍一百、練勇三千、屯兵三千進討，九月破之，乃張隘路，以屯兵三百五十人扼守。自是番不敢出。是役也，阿祝尤勇敢，殺番特甚。軍中皆呼曰壯士。

阿蚌

阿蚌亦粵族，忘其姓，家住彰化龍眼林，地與番界。兄弟五人燒炭為生。一日，阿蚌病瘌，輒如廁。既歸，弟四人均為番所殺，馘（割取）首去。阿蚌撫屍大慟，哭欲死。顧念不報仇，非男子。攜短刀，尋血跡而行。數里，見前面有番十數人，行歌互答，甚自得也。乃走間道，越其前。已而日暮，番就谷底宿，各枕石臥，以布覆首，鼾聲大作。阿蚌從山瞰（ㄎㄢˋ，眺望）之，乃取一堅木，潛行至其間，力擊之。凡十二人，皆腦破，無一抵抗者。阿蚌亦馘其首及弟首以歸。會莊人來援，驚喜備至。阿蚌曰：「吾今雖殺番，得報弟仇，死無憾。吾且再入社，殲其族，以絕後患。公等其助我否？」眾曰：「可。」分為二隊，各佩刀持鎗，裹數日糧。至則屠之，阿蚌所殺尤多。番聞其名皆震伏。後卒於家。

貨殖列傳

連橫曰：臺灣為農業之國，我先民之來者，莫不盡力甽畝，以長育子孫，至今猶食其澤。而經營商務，以操奇贏之利者，頗乏其人。以吾思之，非無貨殖之材也，政令之所囿（ㄧㄡˋ，侷限）、官司之所禁，雖有雄飛之志，亦不得不雌伏國中，以懋遷（勸勉搬有運無，互相交易）有無而已。吾聞鄭氏之時，販洋之利，歲入巨萬。而茫茫南土，孰非漳、泉人之所闢者？堅苦逴（ㄔㄨㄛˋ，遠）厲（磨礪），積日纍年，故能握彼商權，以張勢力。然自鄭氏亡後，漳、泉人之出洋者，清廷且視之如寇，歸者有罪。海天萬里，北望咨嗟（ㄐㄧㄝ。咨嗟，嘆息），是無異自戕（ㄑㄧㄤˊ，傷害）其手足，而欲與人決鬥也！夫國雖以農為本，而無商以通之，則男有餘粟，女有餘布，利不足以及遠，物不足以相供，而貨殖之途塞矣。抑吾聞之，乾、嘉之際，郡中商務特盛。貿易之船，充積港內，北至津沽，南達嶺嶠，挹彼注茲，以增富裕，一時號稱百萬者十數人，而三郊（三郊，南郊、北郊、糖郊。見〈商務志〉）為之紐。三郊之中，而李勝興、蘇萬利、金永順又為之領袖。多財善賈，雄視市廛（ㄔㄢˊ。市廛，市集）。凡地方有大繇役（繇音ㄧㄠˊ。繇役，勞役），莫不出而輸助，可謂能知公義者矣。海通以來，外商日至，而臺人與之貿易。以吾所聞，非無一、二傑出之才，足與抗衡。而斗筲（ㄕㄠ。斗筲，才識器量狹小）之子，數典忘祖，遂不能悉舉其人而傳之。惜哉！

陳福謙

陳福謙，少名滿，鳳山苓雅寮莊人。莊瀕海，與旗後望，耕漁並耦，僅一寒村。福謙家貧，習刺舟（刺舟，撐船），勤苦耐勞。數年，積資數十金，乃販米，往來各村中，早作夜息。又數年，得數百金，兼販糖。糴（ㄉㄧˊ，買入米糧）賤糶（ㄊㄧㄠˋ，賣出米糧）貴，善相機宜；與人交，持以信，以是生意日大。設順和行於旗後，以經營之。鳳山產糖多，配至香港、上海，轉販東西洋。其利每為外人所握，而運費亦繁。福謙以日本消糖巨，派人查之，知有利。同治九年，自配至橫濱，與日商貿易。十三年，設棧於此，以張販路。其糖分消東京等處，歲約五萬擔。臺糖之直配日本自福謙始。已又分棧於長崎、神戶。郡治及東港、鹽水港亦各有其業，兼販布疋、五穀、阿片。當是時，通商口岸，輪船尚少，乃自贌（ㄆㄨˊ，租）夾板以行，不為外商所牽制。嗣以白糖三萬擔販英京。臺糖之直配西洋亦自福謙始。福謙既富，擁資百數十萬。凡中國新設公司，皆認巨股，故其產日殖。然雅善用人，各棧當事，畀（ㄅㄧˋ，給予）以大權，計其盈餘，賞賚（ㄌㄞˋ，贈送）極厚；而英偉之才足以任事者，則不次（不次，不按常規）擢之，故人爭效命，苓雅寮人尤受其惠，比戶（家家戶戶）殷庶。福謙好善，多義舉。行旅之道其鄉者，解衣推食，濟其窮乏。故終歲無盜賊之警，亦無爭鬥之患，遠近感其德。卒年四十有九。

李春生

李春生，福建廈門人。少入鄉塾，家貧不能卒業，改習經紀。年十五，隨父入耶蘇教，信道甚篤。遂學英語，為英人役。間讀報紙，因得以知外國大勢。同治四年來臺，為淡水寶順洋行買辦。淡水為臺北互市之埠，出口之貨以煤、腦、米、茶為大宗，而入口則煤油、布疋。春生懋遷其間，商務日進。先是英人德克以淡水之地宜茶，勸農栽植，教以焙製之法。以是臺北之茶聞內外，春生實輔佐之。既而自營其業，販運南洋、美國，歲率數萬擔，獲利多。光緒十三年，臺灣建省，巡撫劉銘傳暫駐臺北。乃於城外大稻埕，新闢市廛（ㄔㄢˊ。市廛，市集），而規模未備。春生與富紳林維源合築千秋、建昌二街，略仿西式，為民倡，洋商多僦此以居。十六年，設蠶桑局，以維源為總辦，春生副之，種桑於觀音山麓。未成而銘傳去，其事遂止。十七年，臺北鐵路成，以功授同知，賞戴花翎。春生雖居闤闠（ㄏㄨㄢˊ　ㄏㄨㄟˋ，市場），而盱衡（盱音ㄒㄩ。盱衡，觀察分析）時局，每以變法自強之說寄刊各報，至今猶矍鑠（矍音ㄐㄩㄝˊ。矍鑠，老而強健）也。

黃南球

黃南球，字蘊軒，淡水南莊人，今隸苗栗。苗栗近內山，群番伏處，殺人為雄。南球集鄉里子弟數十人討之，番害稍戢（ㄐㄧˊ，止）。會巡撫岑毓英視臺，聞其事，召見，委以撫番。及劉銘傳至，尤亟亟於番政，檄募鄉勇二百，從征大嵙崁。嘗一夜連破十八處，威震番界，以功賞戴藍翎，授五品銜。南球既出入番地，知其土腴，請墾南坪、大湖、獅潭等處，縱橫數十里，啟田樹藝（樹藝，種植作物），至者千家。已復伐木熬腦，售之海外，產乃日殖。而番地亦日闢矣。

連橫曰：外舅沈德墨先生為臺灣商界巨子，慘澹經營，以興腦業，其勞多矣。先生名鴻傑，泉之安溪人。年十三，隨父赴廈門學賈。稍長，習航海，貿易東南洋，至則習其語。凡日本、越南、暹羅、爪哇、呂宋、新嘉坡，遠至海參崴，靡不游焉。漳、泉人多習水、狎（熟悉）波濤、冒瘴癘，以拓殖南嶠，故輒瀕危險，而志不少挫。數來臺灣，販運糖、茶，賈於天津、上海，而獲其利。同治五年，寄籍郡城，遂家焉。素諳英語，與英人合資建商行。既又與德人經營，採辦洋貨，分售南北，而以臺貨赴西洋。嗣為紐西蘭海上保險代理店，臺南之有保險自此始。初，臺灣產糖多，製法未善，乃自德國購機器，擇地新營莊而試辦焉。集集為彰化內山，自匪亂後，腦業久廢。先生知其可為，入山相度，建寮募工，教以熬腦。既成，配歐洲，歲出數萬擔，大啓其利。至者愈多，而集集遂成市鎮。當是時，歐洲銷腦巨，市價日昂，臺邑林朝棟，方以撫番握兵權，亦起腦業，謀合辦，不成，遂雍遏（阻塞）之。然各國以腦歸官辦，有阻通商，群向總署詰責。奉旨改制，許民經營，而先生遂以腦業起家。暮年稍替。

列女列傳

列女之名，始於劉向（西漢劉向編有《列女傳》）。蔚宗《後書》（范曄編撰《後漢書》），乃入正史。其所記載，非盡貞節，而劉知幾刺之，誤矣。夫蔡琰之才，猶是文苑之選。若班昭之學、少君之賢、曹娥之孝、龐娥之勇，揚徽（美善）閨閫（ㄎㄨㄣˇ。閨閫，女子所居內室，代指女子），足為女師，固非僅以貞節著也。臺灣為新闢之土，間靈之氣，雖不盡鍾婦人，而掞藻（掞音ㄕㄢˋ。掞藻，發抒詞藻）揚芳，衡金式玉，豈無一、二秀出之媛，足以蜚聲（蜚音ㄈㄟ。蜚聲，揚名）彤管（紅管的筆。古代皇宮內的女史，以此記錄后妃的事蹟）？惜乎史多闕文，而懿德遂不傳爾。

延平郡王為臺烈祖，夫人董氏勤儉恭謹，日率姬妾婢婦紡績，並製甲冑諸物，以佐軍用。王之治戎，有功必賞，萬金不吝。而家中婦女不令少怠，故長幼皆敬命。永曆八年，王赴廣南，次平海衛（此事當在永曆四年）。清軍猝入廈門（此事當在永曆五年），鄭芝莞無設備，師驚而潰，董夫人獨懷神主以奔，珠玉寶貨悉棄不顧，王以此賢之。每與軍事，多所匡輔。王薨之後，時誡子孫，撫卹民庶，厚養將士，毋墜先業。故臺人咸受其惠。嗚乎！豈非所謂女宗（女宗，女子表率）者歟？

陳參軍夫人洪氏，小字端舍，亦同安人，賦質幽閒，有齊眉舉案（齊眉舉案，夫妻相互敬愛）

之風；尤長詞翰。參軍治國，日不暇給，文移（公文）批答多出其手，頃刻而就，措語用筆，與參軍同，受者至不能別。季女某幼秉母教，習文史，年十八為監國世子克壓夫人。克壓治國，明毅果斷，有乃祖風，親貴皆憚。及遇害，夫人欲殉，董夫人勸之，不從。兄夢緯亦勸曰：「女娠未震（懷孕未產），盍存孤以延夫祀，不猶愈於死乎？」夫人對曰：「他人處常，可毋死，妹所處者變也，縱生孤，孰能容之？」遂縊於柩側，與監國合葬洲仔尾。臺人哀之。是又從容就義，百折不移，可以貫金石而泣鬼神者矣！

明亡之際，諸鄭議降。寧靖王以身殉國，五妃偕死，合葬於承天郊外桂子山，至今猶傳其烈。嗚乎！東都撮土（撮土，小）爾，而賢婦、才媛、烈女、義妃，一時併萃。謂非間靈之氣，多鍾於婦人歟？

夫夫婦之道，人之大倫。男子治外，女子治內，古有明訓。臺灣三百年來，旌表婦節，多至千數百人，雖屬庸德之行，而茹苦含辛，任重致遠，固大有足取焉者。夫人至不幸而寡，家貧子幼，何以為生？而乃躬事縫紉，心凜冰霜，日居月諸，照臨下土。卒之老者有依，少者有養，以長以教，門祚（家運）復興。其功豈不偉歟？又或變起倉卒，不事二夫，慷慨相從，甘心一殉，貞烈之氣，足勵綱常，斯又求仁得仁者矣。昔子輿氏謂「可以託六尺之孤，可以寄百里之命，臨大節而不可奪者，是為君子。」（曾參此語見《論語．泰伯》）余觀節婦所為，其操持豈有異是？惜乎其不為男子，而男子之無恥者且愧死矣。是傳所載，多取舊《志》，及其所知；其不詳者則闕訪焉。

魯王公主

明魯王女朱氏，聰慧知書，工刺繡，適南安儒士鄭哲飛，生一男三女。哲飛沒，姑挈子東入臺灣，依寧靖王以居。及清軍克澎湖，寧靖王將死，朱氏欲自裁。王曰：「姑存子幼，胡可死？興滅繼絕，事固有重於死者矣。」朱氏涕泣從命，奉姑別居。衣食不贍（ㄕㄢˋ，豐厚），勤操女紅，深夜始息。含辛茹苦，垂十餘年。女嫁姑亡，子且繼沒，遂持齋獨處，節操尤堅。卒年八十餘。邑人欽之，以為女師。

懷安侯夫人

懷安侯沈瑞之妻鄭氏，禮官斌女也。三藩之役，延平郡王經伐潮州，瑞降，疏封懷安侯，移之東寧，居永康里，以斌女妻之。經薨，克壓幼，行人傅為霖謀叛。侍衛馮錫範睨（ㄋㄧˋ，覬覦）瑞富，謂與謀，欲籍其家，逮瑞及弟於理。瑞曰：「馮虛之言，何可為獄？唯瑞生死出自藩恩，夫何言？」而錫範必欲殺之。斌請赦其女，逆（迎回）於家，告以故。女曰：「父母愛兒，深恩罔極。然兒已為沈氏婦，非父母所得而專愛也。況當此存亡之際，夫叔被罪，姑妯（ㄓㄡˊ。姑妯，婆婆與兄弟之妻）在堂，豈可安居外家，為人所笑乎？」為霖既磔（ㄓㄜˊ，分裂肢體之刑），瑞亦將死，以一巾繫荷包，飭人持歸，曰：「此物為夫人所繡，歸以為念。生死異路，永將此辭！」遂與投繯（投繯，上吊）死。鄭氏既歸，見祖姑金氏、姑滿氏皆經於堂，瑞之妹及妾于氏、崔氏亦已死，跪哭曰：「老夫人與夫人先行，媳婦請相從也。」遂請斌乞收屍，克壓許之。鄭氏引禮治喪，停柩於堂，別市一棺。父母咸勸之，對曰：「無亂人意。兒已許之矣，豈可負於地下？」遂絕粒（絕粒，絕食）。布奠（向死者致祭）三日，謝別眷屬，從容自縊。臺人聞之，莫不感嘆。閩浙總督姚啓聖上其事，誥封一品夫人，歸諸柩於北京，以禮葬之。

傅璇妻

黃氏棄娘，天興州人，堂壯之女。年十九，適傅璇。璇父為霖為行人，以叛被逮，父子俱受極刑，家屬發配。棄娘兄銓為之營救，獲免。當璇繫獄時，棄娘猶望其生。及正刑，決意以殉。銓多方慰之，泣對曰：「今日之事，子為父死，妻為夫亡，不再計矣！」遂自縊。

謝燦妻

鄭氏宜娘，天興州人。年十八，適謝燦。燦遠賈三載始歸，尋病卒。宜娘旦夕哭，將以身殉。鄰嫗（ㄩˋ，婦女）慰之曰：「姑老家貧，且無兄弟。何可死？不如自計。」宜娘曰：「未亡人唯知從一而已。」遂投環死。天興知州嘉其節，建坊於禾寮港街。

王曾儒妻

鄭月娘，泉之南安人。年十九，適萬年縣儒士王曾儒，逾年而曾儒卒。翁以貧，欲速葬。月娘請稍緩。越數日，告其翁，請附葬。翁勸止之。對曰：「吾夫病劇時，吾既以死許之，義不可易。」遂自經。翁從其言。

同縣王尋妻阮氏名蔭娘，籍漳州，年十六來歸。尋隸行伍，常在外，未幾病沒。仲兄至，蔭娘請以姪為嗣。仲微知其意，防之甚密。越數日，從容自縊。時永曆三十七年也。歸清之後，有司上其事，奉旨旌表。均祀節孝祠。

不從，曰：「吾忍死十餘年，為翁姑爾。今大事已畢，吾可無憾。」遂不藥而卒。

同縣黃研妻王氏，夫亡無子，持喪至大祥（大祥，喪滿二年時，所舉行的祭禮），自縊以殉，年方十六。黃尚妻吳氏，年十八，夫沒無出，殯殮方畢，赴水而死。陳某妻顏氏，為強暴所逼，不從而死，人以為烈。其後均蒙旌表。

大南蠻

大南蠻，諸羅目加溜灣社番大治之妻也。嫁後，治家勤儉，事姑相夫，克盡厥職。年二十，夫死。社番聞其美，爭議婚。大南蠻欲變番俗，誓不再適（出嫁），引刀而語曰：「婦髮可刲（ㄎㄨㄟ，割），婦臂可斷，婦節不可移也！」躬耕食貧，以養其子，守節三十七年。有司上其事，奉旨旌表。

連橫曰：嗟乎！大南蠻一番婦爾，而守節不嫁，以全其身，謂非空谷之幽蘭也歟？其志潔，其行芳，皭（ㄐㄧㄠˋ，潔白）然而不可浼（ㄇㄟˇ，汙染）。夷（蠻夷）也而進於道矣！

陳清水妻

李氏，嘉義元長莊人。年十八，適陳清水，生三子。越三載而清水沒，守節撫孤。長子紹華入庠，猶勉以砥行立名（砥行立名，磨礪德行，建立功名），人稱其德。卒年五十有四。

同縣王氏，下洋厝莊人。年十八，適陳必快，數歲而寡。撫育遺孤，翁姑賢之，委以家政。王氏善處理，內外整然。卒年七十有五。

又有吳慶榮妻高氏、劉源由妻江氏、蕭世華妻李氏、蔡天照妻吳氏、陳仲卿妾王氏，均以守節撫孤，奉旨旌表。

汪劉氏

劉氏，彰化汪某之妻也。雍正九年，大甲西番亂，焚殺居民，眾多走避。事急，告其婦余氏曰：「義不可辱，各自為計。」遂自刎。余氏方抱屍哭，番猝至，亦觸垣（ㄩㄢˊ，牆）死。乾隆三年，奉旨旌表，樹碑東門，題曰「汪門雙節」。

傅氏

傅氏，彰化水沙連堡車寮莊人。年二十六失偶，子泉基方五歲，悉心撫育，眾欽其節。莊近林圯埔，俗強悍，睚眥必報（睚眥音ㄧㄚˊ ㄗˋ。睚眥必報，瞪眼看人這樣的小怨，也一定要報仇）。而傅氏以德感人，鄉里有事，輒聽曲直，幾無訟，盜賊未有入其莊者。同治四年九月三日卒，年五十有七。眾念其德，立碑紀事。舉人林鳳屯題曰：「賢德可嘉」。

楊邦重妻

李氏，彰化人。年二十，適楊邦重。越四載夫沒，矢志守節。家貧子幼，勤操女紅，以為衣食。含辛茹苦，四十餘年，始終不渝。鄰里稱之。同治元年卒，年六十有九。十二年，紳士蔡德芳稟請旌表。有司據以入告，詔可。是年，彰化請旌節婦凡百二十人，皆祀節孝祠。

陳玉花妻

鄭氏，彰化人，崇本之女也，適陳玉花。賦性柔婉，伉儷甚篤。玉花入邑庠，未久病沒。鄭氏大慟，遂以身殉。邑人士咸欽其烈，出殯之日，衣冠而送者百數十人。同治十二年，與鹿港施林氏、犁頭店莊徐九宣妻林氏、布嶼堡張廷煥妻沈氏、林圯埔街李捷三妻張氏、布嶼堡張源忠妾黃氏，均題准旌表。皆烈婦也。又有貞婦黃氏、鹿港施衍忠妻，呂氏、縣治李嫣基妻，方氏、下坂莊楊舒益妻，亦蒙旌表。

楊舒祖妻

洪氏，彰化縣治人。八歲，為楊舒祖養媳，及笄合巹（ㄐㄧㄣˇ。合巹，交杯酒，此指結婚），克諧克順。已而夫沒，翁姑亦逝，撫育幼子，備嘗困苦。幸有妯娌（妯娌，兄弟之妻相互的稱呼）相依，得藉女紅以活。及子長授室，家亦稍康，人以為苦節之報。光緒十二年，邑人訪採其行事，與王陳氏等百五十有九人，均題請旌表。

吳茂水妻

石錦娘，彰化沙連堡林圯埔街人。年十四，為里人吳茂水養媳。性和順，克孝翁姑，翁姑愛之。

俟其及笄，將卜吉成婚，而茂水忽病沒，錦娘年方十六也。慟不欲生。翁姑勸之，乃勉強治喪，旦夕哭，聞者墜淚。一日歸寧（歸寧，女子出嫁後，回娘家向父母請安），母念其少，欲嫁之。錦娘慨然對曰：「生為吳氏之人，死為吳氏之鬼。何嫁為？」不辭而返。同治元年戴潮春之役，各地俶擾（俶音ㄔㄨˋ。俶擾，騷亂）。有賊入其家，見錦娘美，欲犯之。同行叱（責罵）之曰：「是貞婦也。胡可侮？」賊乃掠其物而去。未幾交綏（交綏，交戰），即中彈斃，人以為報。群賊相戒不敢再入其門，一家無害。光緒十二年，鄉紳陳上治等上其事，奉旨旌表，久祀節孝祠。其後雲林知縣謝壽泉亦表其閭（ㄌㄩˊ，鄉里）。是年，列婦陳氏並蒙旌表。

陳氏，大肚西堡人。年十七，許字牛罵頭莊蔡懷選，未聘（婚聘）而沒。訃至，家人秘莫知。陳氏微聞之，一慟而絕。家人救之，誓不欲生。入夜，即仰藥死。

郭榮水妻

洪阿嬌，彰化縣治人，許字郭榮水，未聘而沒。阿嬌聞訃哭，絕粒三日，遂以身殉。彰人士嘉其貞烈，為作詩歌，以示於世。光緒十五年，題請旌表，入祀節孝祠。

縣人施氏，生員林錦裳之妻也。夫死之後，亦以身殉。十六年，題請旌表。

吳氏女

吳氏女，彰化人，為韓嫗嗣子康論養媳。嫗故娼家，得女美，將居為奇貨。女不從，輒箠（ㄔㄨㄟˊ，鞭打）之。歸家泣告。母劉氏亦再醮（再醮，再婚）婦，遂以迫媳作娼訟於官，而嫗亦以嫌貧奪婚訴之。官集兩造，仍以女屬嫗，嫗益無忌憚。有差夥吳水者與嫗通，時宿其家。見女少艾，屢挑之。不從。一夕闖入女室，女號救，眾至始得脫。水自是恨女，與嫗謀所以虐之之法。夜持刑具來，嫗以鐵梏女手，褫其衣褲，繫髮於椿，各持棍擊。女抵死不從。水怒，以棍椓（ㄓㄨㄛˊ，本指宮刑，此似用以指棍棒）入陰中，又以刃剸（ㄊㄨㄢˊ，割截）其腹，女遂死。時道光七年春正月二十有一日亥刻也。是夜劉氏夢女被髮流血來告，覺而異之。昧爽（天明）奔視，果見屍，請官詣（ㄧˋ，前往）驗。拔其椓，噴血數尺，見者慘目。事聞，知府鄧傳安為白其冤，並請旌。而水棄市（於鬧市執行死刑，並將屍體棄置街頭示眾），嫗論絞。聞者稱快。

何子靜妻

林氏，福建侯官人，性端莊，姿容妙曼。年二十，適何子靜。子靜來臺，為棟軍前營司會計，遂居彰化。年少好色，出入勾闌（勾欄，妓院）中。林氏婉諫，不聽。已而果病，侍奉湯藥，不稍懈。子靜遂死。撫屍大慟，即飲阿芙蓉膏以殉，年二十有四。時光緒十五年八月某日也。棟軍統領林朝棟上其事於巡撫，題請旌表。十九年，奉旨入祀節孝祠。

林楊氏

楊氏，彰化縣治人，歲貢生春華之女也。性端莊，讀書習禮。年十六，許字（許嫁）臺邑阿罩霧莊林資鍠，棟軍統領朝棟之長子也。未聘而卒。楊氏聞訃，大慟。春華率以奔喪，遂不歸。翁姑憫之，為擇靜室以居。問省之外，未嘗一出閫門。裙布荊釵，不施膏澤，澹如也。乙未之役，朝棟謀內渡，楊氏拜辭曰：「未亡人不即從夫於地下者，以繼嗣未立爾。今猝遭變故，蒙犯霜露，何可以弱少為堂上憂？」是夜自經於床。僕婦林氏，頂橋仔頭莊人，嫠（ㄌㄧˊ，寡婦）也，亦從死。里黨聞之，咸為嗟嘆。朝棟乃以三子資鏗之子正熊嗣之。

余林氏

林春娘，淡水大甲中莊人。父光輝業農，為余榮長養媳。榮長年十七，赴鹿港經商，溺死。時舅沒姑在，無他子，哭之慟。春娘年十二，未成婚，願終身奉事，不他適；姑痛稍殺（減輕），進飲食。佐理中饋（職司家中飲食烹飪等事），早作夜息，奉命維謹。已而姑目疾，翳（ㄧˋ，眼為白膜所蒙蔽，以致無法看清東西）不能視。春娘以舌舓（ㄕˋ，以舌舔物）之，焚香虔禱，未半載而愈。顧復患拘攣（拘攣，手腳抽筋的病症），侍床蓐，躬洗濯，或徹夜不寐。姑勸之息，春娘從之，猶時起省視。姑顧而嘆曰：「得婦如此，老身不憂無子也。」及卒，哀毀逾常。家貧，日事紡織，撫族子為嗣；旋沒，再立之。娶婦復沒，乃偕育幼孫，平居燕處，未嘗有疾言厲色，里黨之人靡不敬之。道光十三年，奉旨旌表。及戴潮春之役，同治元年夏五月初六日，王和尚糾眾攻大甲，斷水道，城人無所汲食，洶洶（動亂不安）欲走。乃請春娘禱雨，雨隨降。眾大喜，嬰城（環城）固守。二十一日，和尚又合何守、戴如川、江有仁等來攻，眾可萬人，環圍數匝，水道復斷，城中絕汲數日。春娘復出禱雨。時和尚壓城而軍，居上風，轟擊幾不支。忽大雨反風，濠邊茅舍發火，眾驚潰。義勇開門出擊，破之，圍始解。當是時，兩軍相爭，以大甲為扼要之地。淡北安危，繫於此城，故輒遭圍困，而守禦益堅。十一月，林日成以眾來攻，勢張甚，連戰旬日，水道屢斷。二十六日，春娘三出禱雨，雨降，士氣倍奮，圍復解。事平，城人禮之如神。三年卒，年八十有六。婦巫氏亦以節稱。

連橫曰：吾讀《東瀛紀事》，載大甲林氏禱雨之事，甚奇。吾以為藉作士氣爾。繼而思之，至誠之道，可以格天。桑林之禱，豈虛語哉？是故愚者可以生其智，弱者可以振其勇，訥（言語遲鈍）者可以伸其辯，昧（昏昧）者可以張其明。補天（女媧神話）浴日（羲和神話）之勳，固人所能為也；然非林氏之貞孝，則不可以對鬼神，況可邀倖萬一哉？

李聯城妻

曾氏，淡水竹塹人，適李聯城，年二十有五而寡。李氏為竹塹望族，子弟多習禮，卒年八十有五。聯城之弟聯春，娶邱氏，總兵鎮功之女也，亦寡，卒年六十有四。聯青妻何氏，年二十有二寡，卒年三十有一。祖仁妻王氏，年二十有八寡，卒年三十有八。祖澤妻鄭氏，年二十有四寡，卒年三十有三。開廷妻蘇氏，年十八來歸，而開廷多病，越二年沒；蘇氏矢志殉之。光緒十六年十二月，均蒙旌表。里人以為李門六節。

王家霖妻

黃氏，淡水人，嫁艋舺士人王家霖。夫死守節，卒年七十有四，奉旨旌表。光緒八年冬十月，建坊於城內東門街。而王大權妻謝氏，大隆同街人，亦守節旌表。

陳周氏

周氏，淡水人，嫁芝蘭二堡北投頂莊陳某。夫死奉姑，撫育幼子，克勤克儉，里黨稱之。道光三十年旌表。咸豐十一年，其孫文華建坊莊內。

鄭、徐二氏

鄭氏，淡水人，大佳臘堡大隆同街陳某之繼室也。夫死自經。其姊徐氏亦殉夫。光緒十六年，均奉旨旌表，建坊街隅。里人稱為陳門雙烈。

徐、陳氏

陳氏，淡水大稻埕人，適徐某。某業儒，家貧，數年病卒。陳氏拮据（ㄐㄩ。拮据，經濟困難）以葬。既畢，更衣，仰藥殉。知縣葉意深聞之，赴奠於家，邀其族人，為之立後；殯之日，邑人士執紼（執紼，送葬）者數十人。意深之言曰：「婦女守節，國有旌典，況此為烈婦，尤可以勵薄俗。」為上其事。

呂阿棗

阿棗姓呂氏，新竹北門街人。父障生三女，皆美，而阿棗尤麗，性貞潔，不苟言笑。母劉氏，倡（ㄔㄤ，娼妓）也，家雖中貲（ㄗ。中貲，小康），猶以二女為錢樹，富人大賈，出入其門，酣飲恆歌，自暮達旦。阿棗心弗善也，獨處一室。邑有魏某見而說之，以巨金賂劉，欲為梳櫳（梳櫳，娼家處女第一次接客）。阿棗泣諫曰：「女子雖愚，孰無廉恥？其忍為此態者，為衣食爾。今吾家幸得稍溫飽，奈何猶為此事，以貽（ㄧˊ，遺留）鄰里羞？必欲兒效兩姊，雖死不從。」劉怒鞭之，又陰與魏謀，欲強之。阿棗微知其計，防之甚密，然猶恐被辱，剪髮毀容，茹齋奉佛，屏（遮掩）不見人。一日，有尼自遠方來，狀貌魁偉，使人謂阿棗曰：「聞汝有志修行，而苦無師。倘能從吾游，密授秘法，則成佛不難也。」阿棗正色曰：「吾守吾身爾，何行之修？又何法之授？寄語（轉告）野尼，無詐吾也。」其人慚而去。劉見其志堅，務必挫之，誘之以利，臨之以威，終不動。阿棗慮難免，遂以光緒十九年二月二十有六日，沐浴更衣，焚香禮佛，夜深自縊，年二十有三。葬之日，鄰翁李祖琛，世家也，令子弟具瓣香送之，且揚言曰：「女子守貞，國有旌典。而今出自倡門，尤足以為坊表。所謂出淤泥而不染者也。」眾聞之，執紼者數百人，墓在治東蜂窠山。

許裕妻

林氏，澎湖人，許裕之妻也，年二十而寡，遺孤翰沖、翰賓。食貧撫育，備嘗辛苦。翰沖及長從戎，以平朱一貴功，加都司。翰賓亦克自成立。鄉里以為母教。雍正十三年覃恩（覃音ㄊㄢˊ。覃恩，廣布恩澤），貤封（貤音ㄧˊ。貤封，罝官贈爵）恭人，卒年九十有四，祀節孝祠。

蔡欽妻

謝氏，澎湖奎壁澳人，適蔡欽，年十八寡，遺腹生一子又殤，家貧屢空。里婦以其少，多勸之醮。謝氏不從，指天而誓曰：「婦人不幸夫亡，命也；有子守之，無子死之，亦命也。吾處今日，有死而已。」里婦知不可奪，始止。後立一子，以存夫祀。人欽其節。

郭克誠妻

林氏，澎湖東西澳人，年十九適郭克誠，姑李氏性嚴厲，子婦四人，唯林氏得其歡心。克誠兄弟析居（析居，分居）後，姑以林氏孝順，仍就養。克誠亦仰體母意，澳中咸以孝稱，內外無間。及克誠死，林氏年方三十，遺孤僅十齡。勤操女紅，以供衣食。姑年老，多病善怒，諸婦少有近者，林氏奉事益謹。疾革（病癒），執其手曰：「爾事我如此，可謂孝矣。我無以報汝，唯願爾婦事爾亦如此，我心始慰。」林氏能以婦職而兼子職，以母道而兼父道，可謂賢矣。

吳循娘

吳循娘，澎湖港尾鄉人。少為蕭春色養媳，已而春色病沒。翁姑以家貧，欲配少子。循娘正色曰：「媳婦平日與小郎以嫂叔相呼，名分已定。今若此，是亂倫也，寧死不從。」而翁姑持之堅，至加箠楚（箠楚，鞭打）。卜日備物，將強合之。循娘見事急，中夜仰藥而死，年二十。時光緒十二年某月日也。

劉正娘

劉正娘，澎湖水按澳人。幼字許天俊，及長喪明（喪明，失明）。天俊守約，介媒議婚禮。正娘不可，依母以居。徹其環珥（環珥，耳環裝飾），守貞至老。卒年七十有六。人稱孝女。

高悉娘

高悉娘，澎湖東衛社人。少為呂旺養媳，未婚而旺死。喪葬既畢，翁姑憐其稚，欲嫁之。悉娘惻（ㄘㄜˋ，悲痛）然對曰：「吾為呂氏婦，不為呂氏女。儻（ㄊㄤˇ，如果）不見諒，當從亡夫於地下。」家人悲其志，許為立嗣。辛勤執婦道，鄰里稱孝。卒年五十有七。

黃廣生妻

林氏，澎湖赤崁澳人，字黃廣生。未聘而廣生死。遂告父母，至其家，躬視含殮（含殮，喪葬事宜），孝事翁姑。三年之喪既畢，自縊以殉。

劉氏女

劉氏，臺灣鎮總兵廷斌之女也，隨任臺陽。父沒，眷屬十七人，以道光八年春，買舟內渡。至海遇盜，盡殺之，女以麗免。一客附舟哀求，盜擠（推擠墜出）於岸。虜女及橐（錢袋），至安海，買巨宅居之，凡十餘年，生四子，無有知者，盜亦不疑。一日，女赴觀音寺禮佛，儀從烜赫（烜音

ㄒㄩㄢˇ。烜赫，盛大），僧以富家婦也，躬自獻茶。女顧之，輒眙（ㄔˋ，盯著看）。及歸，省遇害事，知為附舟客。越日復往，命僧導觀寺內，屏人與語，即授一牒（ㄉㄧㄝˊ，文書），戒毋洩。僧夜走數十里，入泉州，投牒知縣，且告群盜聚飲期。遣役捕之，盡得。一鞫（ㄐㄩˊ，審訊）而服，悉誅之，並縶（ㄓˊ，捆綁）四子。問何以處之。女曰：「吾忍辱十數年，為仇未報爾。若豈子哉？」遂手刃之，而後自經。有司以聞，奉旨旌表。

連橫曰：吾讀史，每至復仇之事，未嘗不慷慨起舞。豫讓之義，聶政之武，人多稱之。而求之巾幗，則龐娥以後數人而已。嗚呼！若劉女者，可謂能智、能勇者矣。身陷盜穴，從容不驚，卒能親報大讎，而刃其孽。何其烈耶！世之懦夫，可以立矣。

譯文

吳昆財、黃美玲・注譯

孝義列傳/吳昆財

人和天地的面貌相同，懷有著仁義禮智信五常，聰明精細與淳美，是萬物之中最有靈氣的。然而人之所以爲人，乃是因爲有品德、智慧、本領、知識，尤其可貴的是具有仁心；仁是爲何物？就是愛。能愛自己的雙親就是孝，能愛群眾就是義。孝義的行爲，就是天下的大根本啊；所以朝廷會表揚，鄉里當作楷模，把他們視爲做人的規範。連橫說：痛啊！我少年就成爲孤兒，又遭逢時局變動，心中總感覺孤苦無依，不能撰述有德性的前輩，感到十分愧疚。最初我曾祖父因經商致富，後來爲奸人所搆陷，家道中落。先祖父自守於清貧，家中有果園，每年有數萬收入。又有一口井，流出甘泉，凡是前來水井取水的人會投一文錢，每天也會有數十文錢。衣食都依賴它。先父從小純孝，秉承祖父的志向，不愛慕榮華富貴。長大後經商，堅守誠信，勤勞刻苦自勵，不到十多年，家中日益富裕。先祖父年老時，有著漂亮鬍鬚與眉毛，身體強健面容溫潤光澤，冬天不穿皮衣，夏天不穿粗布葛衣，早晨雞叫就起床，朗誦數篇古文辭，朗朗聲音像極了鐵打的。如此優哉優哉的一整年，沒有什麼煩惱。先父善於奉養父母，侍奉非常殷勤，所以先祖父享年八十三歲，無疾而終。當初，先伯父去世，留下年僅數歲的孤兒，先父將之撫養長大，並爲他成立家庭。諸位姑姑有守寡的，也贍養她的家庭，視外甥如己出，供給衣食。親戚當中有貧苦者，無不接濟他們。先父自己非常節儉，但凡有扶危濟困的事，總是不惜巨資捐獻。廣東人凌定邦爲府城守營，退職後去世，欠下巨款無法償還。先父素來與他交好，顧念他的子女，慷慨給了二千金，才使得定邦能歸家安葬。同治六年（一八六七），糧食大歉收，穀價急漲，先父採購外國米以平抑米價，窮人家每天提供兩升米，耗資數千兩。越到凶災之年，也都會如此。城東舊社陂塘，灌溉田畝非常多，奸人王國香圖謀占據取利，佃農們鼓噪把他驅逐。國香當時與官場有關係，於是向縣府提出訴訟，把佃農逮捕入獄。佃農非常恐懼。先父聽到這件事，花費千金進行營救，訴訟才告結束。芊仔埔原本是濱海地（今臺南市安南區），土地貧瘠人民貧窮，婦孺輩相約到東門外撿拾剩下來的穗子，都經過我家的商店門口。來回二、三里，所採得的不過是番薯、小葉芽菜等，用來塡飽肚子。先父看見了不禁嘆口氣：「都是哀哀無告的人！」每天拿一千錢給他們。拿到錢的人感到疑惑，雅堂先父說：「拿這些錢去買粽子吃飽。」所有人無不歡呼離去。其他的撫恤都類似如此。先父治家嚴肅，對自己恭謹，待人誠懇。平常日子，不曾有任何的疾言厲色，裡裡外外的人沒有不尊敬他。光緒十九年（一八九三），全臺採訪孝友，鄉里人士推薦他。巡撫邵友濂奏請表揚，並且奉旨建牌坊，入祀孝悌。二十六年（一九〇〇）六月二十四日去世，享壽六十二歲。哀痛啊！橫十三歲時，就跟隨老師讀書，先父以兩金買了《臺灣府誌》給橫說：「你爲臺灣人，不可不知臺灣事。」橫接受後誦讀，非常不滿意該書的疏漏。自有天地以來，就發誓撰述寫作，希望匡補舊《志》的疏漏。今天我的書將要完成，先父的音容宛如在上面，乃因自己學識淺陋不足，記述也達不到十分之一，告訴我的後代，這實在是我的大罪過啊！這篇所記載，皆是孝義之人，先賢的足跡，永遠留存。而人之所以昂首立足在萬物之上，都是這個道理。

蕭明燦

蕭明燦，泉州安海人。一多歲就成爲孤兒。永曆九年（一六五五），鄭成功（一六二四—一六六二）攻伐泉州，明燦在安平鎮走失了；安平就是安海。明燦當時才五歲，就與母親失散，在街上哭泣。某位叔公將明燦帶來臺灣，住在赤崁城。等到稍爲年長，才知道與母親失散之事，乃在漳泉各族群裡尋找母親下落，皆無法如願。最後與家人訣別，說：「這趟若見不到母親，就不再回來。」於是渡海回內地，在閩南地區遍尋母親。其後在延平遇到族人，告知其母此時正依靠著他。明燦大喜，乃前往迎回母親，極盡孝親之能事。鄉里人士皆表讚許，將之比喻成宋朝的朱壽昌棄官尋母。

侯瑞珍

侯瑞珍，臺灣府城寧南坊人。性情淳厚，從小是孤兒，非常孝順母親。鄰居們都稱讚，推薦他參加鄉裡敬老尊老的宴樂活動，母親去世時，瑞珍已六十歲了，瑞珍守在母親的廬墓，一直待到終喪爲止。享壽七十四。乾隆十四年（一七四九），奉旨在上橫街建一座牌坊表揚他。

陳仕俊

陳仕俊，字子慶，臺灣府城東安坊人（今臺南市東區）。素來喜好行善。康熙五十七年（一七一八），發生大旱災，米價非常貴，窮苦百姓無飯可食，仕俊就捐出二千五百石米，分別在四坊賑災，讓許多人活了下來。他又曾建橋梁捐棺木。五十九年（一七二〇），捐出土地作爲免費墓園。他的兒子應魁是國子監貢生，捐了四百兩，建請修建本縣的學官。人民都認爲應魁能夠延續父親的善行。

劉日純

劉日純，字子安，嘉義查畝營莊人（今臺南市柳營區）。祖籍平和（今福建省平和縣）。他的始祖茂燕是延平郡王的部將，追隨成功北伐南京，因戰而亡。郡王感念他的戰功，命令茂燕之子求誠來臺，贈以田宅。求誠長大後，在查畝營莊開墾，幾年之內，開闢了百甲田地，於是成家了。日純是四世孫。個性嚴謹，喜好文學善寫書法。曾經繕寫書法自我勉勵：「讀書人生於世間，不可自我傲慢。對待自己，應當學習孔子忠信篤敬之言；對待事物，應存有曾子臨深履薄的恐懼之心。對待他人，當應學習莊子是非本無一定的標準，毀譽隨人而定，不加計較的本意。不與人爭吵，以克己自持，這樣就不會有過錯了。」日純一方面繼承祖先的家業，另一方面，他又善於做生意。在溫厝廍莊（今臺南市柳營區）創立了白糖廍，從事南北方國際貿易，獲利非常豐富，財產多達一百多萬。他的個性樂善好施，救他人之急。鄉里有事情，他必出面排難解紛。嘉慶十四年（一八〇九），漳州、泉州械鬥，蔓延數十個村莊，殺人越貨，文武官員因利益關係，個個袖手旁觀。日純憐憫這種情況，乃與店仔口莊總理吳六秀、蕃社莊總理林光義、吉貝要莊小吏段鐸約，親自趕赴鐵線橋各個寨堡（分別為今臺南市白河區、東山區、新營區），集合耆老，曉以大義；群眾們紛紛表示贊同。乃出資下葬死者，醫治傷者，安頓鰥寡者；械鬥因而停止。二十一年（一八一六），發生大饑荒，米價貴到一千錢。日純開倉施糧賑濟。道光初年，北京天津也有災情，滿街都是餓死之人。日純捐出千石白米賑災。直隸總督奏請賜予日純「惠及津門」匾額。日純喜好文學，看重讀書人，設立家塾，聘請有名的儒生，教導子弟。並集合才智出眾的人讀書，提供金錢與伙食。日純有六個兒子，皆是讀書有成之人。次子思勳尤其有名。

劉思勳

劉思勳，字景梅，小時喜歡讀書。以國子監貢生身分授予福建將樂縣訓導，他以清廉乾淨自持。當時許多學官貪財好貨，有損師道，思勳將之導正。遇到每年考試時，拒謝任何禮物；寒門的子弟，給予禮物作爲獎賞。所以士林推重他。返回故里後，以身作則，以敬事兄，以慈愛弟，自奉儉樸。讀書人出入思勳的家鄉，他都會送禮給他們。鄉里的人無不受其恩惠。道光十二年（一八三二）發生張丙之變，嘉義各村莊發生騷動，鐵線橋堡位居郡的要衝，股首張古率領數千群眾企圖北上，到莊外十里處，不敢進入莊裡。他派遣旗首以刀爲禮物，說：「古將到嘉義起事，想要借道鐵線堡而過，不過擔心先生正在督導，所以謹愼地待在莊外，唯遵從先生的命令。」思勳說：「可以。我堡的一草一木，若有損壞，絕不寬貸你。」下令左右給張古百兩銀子。張古恭敬地率領徒眾離開。張丙之役，鐵線橋也沒有遭受任何的騷擾。二十四年（一八四四），漳、泉械鬥，鹽水（今臺南市鹽水區）是爲泉州人互市買賣的地方，大竹園莊是族大壯丁多。幾年的械鬥不曾停息。思勳乃邀集兩造調解，出資數千兩銀子，更是修建立一座鹽水港新街之橋，以表示敦睦。思勳既居住在家，勸導農業種植培養讀書人，鄉內若有發生爭吵，都會聚集在思勳的家中，請求判斷是非曲直。爭訟都能解決。咸豐九年（一八五九）去世，弔唁者多達數百人。出殯之日，數千人從遠近各處趕赴而至。長子達元因誅殺戴潮春之亂的黨羽嚴辦有功勞，被賞戴花翎。

丁克家

丁克家，福建晉江丹棣鄉人，十三歲時，來臺找父親。父親在鹿港做生意，因久未在父親跟前，內心歡喜，乃定居下來。之後父親逐漸老化，因病消瘦，臥床起不來，精神跟著迷亂，飲食上廁所都需要人扶持，曾經將糞便汙染了枕頭。克家日夜隨侍父親左右，晚上就睡在一旁，聽到聲音立即起床，一點都不敢懈怠。十多年來如一日，他所住地區名為菜園，鄰居失火了，左右房子都燒毀。克家大為驚恐，準備背著父親逃出來，但火已阻擋在門前，克家不敢衝出，只能留在庭裡。不久火熄了，只有克家的房子倖存下來。人們認為這是因為克家孝行的回報。又過了數年，父親去世，克家哀傷逾恆。克家娶妻生子，經營父親事業，每每以未能多讀書為遺憾。乃聘請老師授課，並對老師有禮。六子壽泉在光緒十年（一八八四）榮登進士，其餘兒子也有多人進入學校。六十多歲去世。有七位兒子，孫子二十一人。明詩書學禮儀，至今不曾改變。當初，光緒六年（一八八〇），彰化人以克家純孝，建請朝廷表揚，奉旨建牌坊，入祀於孝悌祠。

鄭用鈺

鄭用鈺，字棨亭，淡水水田人（今新竹市），用錫的堂弟。生下來數個月，母親去世，由長嫂哺乳。數歲時知道這件事，每每思念母親，就流眼淚。所以非常孝順父親，經常承歡膝下。年紀稍長，家裡漸漸富裕，兄弟共同擁有財富，對待長嫂如母親，另外建置田宅來贍養她。嘉慶二十年（一八一五），鄉內收成不好，拿出稻穀平抑米價。二十三年（一八一八），淡水廳剛設立學校，倡議建學宮，他捐巨款。道光六年（一八二六），建城時，他督促特別盡力。每遇到義舉之事，經常慷慨解囊。咸豐三年（一八五三）去世，享年六十。光緒十四年（一八八八），全臺採訪總局彙報他爲孝悌之人。十五年（一八八九），劉銘傳（一八三六—一八九六）奏請表揚，下詔入祀孝悌祠。

當時，新竹接受表揚有三十人：鄭如恭，字堯龔，用鈺的長子；鄭廷珪，字君達，北門街人，秀才；鄭用謨，字訓廷，水田人；陳大器，字子圭，泉州惠安人，寄籍在淡水廳治；鄭如松，字友生，號蔭波，用錫的長子，道光十七年（一八三七）優異國子監貢生，二十六年（一八四六）中舉人；鄭如城，用鑒的二兒子，以國子監貢生身分捐款爲同知一職；鄭秉經，字貞甫，水田人，國子監貢生，戴潮春之役，因功獲取得候選教諭之職；楊忠良，字森諒；陳紫垣，國子監貢生；陳廷榮，字石泉；吳士敬，字以讓，同治九年（一八七〇）舉人；林文瀾，字澄波；陳清淮，字汝泗，同知頭銜；陳清光，字汝煌，清淮的弟弟；高滄浪，字澄雅，陳敬羲，都是北門街人；高廷琛，字英甫，淡水城內穀倉口街人；曾呈澤，樹林頭莊人；潘榮光，新埔街人，以及他的兒子清漢；李聯超，錫金的兒子；張首芳和其子耀輝；陳緝熙，翁林萃和弟弟英，黃朝品，鄭如蘭，各另有傳記。

李錫金

李錫金，字謙光，泉州晉江。十四歲，來臺灣，居住在淡水的竹塹，在某個商家爲雇傭。因眷念父母雙亡，乏人祭祀，每遇風雨，則告主人哭泣，請求預先借支五年的薪資，爲雙親修墳。主人嘉許他的孝心，允許了。等到長大後，兄弟一起做生意，家境漸漸富裕。又因堂兄早死，撫養他的兒子，聘請老師教導，多能成材。咸豐年間，艋舺發生分類械鬥，快要蔓延到新竹，李錫金與鄭用錫趕赴各莊，竭盡誠意勸導，災患才得以平息。之後，收成不佳，辦理平準工作。個性喜好幫助他人，鄉里稱頌。同治四年（一八六五）去世。光緒六年（一八八〇），福建巡撫勒方錡（一八一六—一八八〇）奏請表揚，乃進入孝悌祠。八年（一八八二），在新竹北門外的湳仔莊建置牌坊。他育有十位兒子。

長子聯超，字汝前，號華谷，小時候學習禮儀，事奉雙親盡孝。母親陳氏生病，聯超剛好在外面，心裡感覺一陣的怦怦跳。急忙到家時，家人非常驚訝。侍奉湯藥，不敢稍有急促。等到母親去世，盡禮儀以祭母喪；尤其善於事奉老父親。有弟弟九人，偶爾有不合，總是委曲求全。父親在世時，曾經給予家產，都將肥沃的土地讓給弟弟們，而自己保留的卻是一分薄產。他傳授知識二十多年，門生成名非常多。光緒二年（一八七六）去世。十七年（一八九一），奉旨表揚他。

子祖琛，字蔭亭，在家鄉開設教化事業，以尊崇德性、獎勵風俗爲本。所以他治家嚴謹，也以恭敬治身，男女都明瞭禮節。街坊有任何義舉之事，總是親力親爲。乙未割讓臺灣之役，他到大陸內地避難。過了幾年在祖籍故里去世。兒子七人。希曾是國子監貢生，師曾是舉人，其餘皆能讀書，都是有用之人。

祖訓，字恢業，號警樵，聯超的堂姪。少年時雙俱亡，但能自立。與家鄉人士合作創立竹梅吟社，吟咏詩文。光緒二十年（一八九四），以國子監貢生身分擔任臺灣府學訓導。兒子良臣。弟弟祖澤，字樹業，號鐵樵，個性喜好詞章，博學能寫文章。以優良品行保送國子監讀書，不多久去世。兒子有濟臣、少福。

李氏自從錫金以來，以孝順和友愛傳家，子孫繁衍綿延，至今仍然是望族。

張首芳

張首芳，字瑞山，泉州同安人，作爲廈門大商人的文書紀錄。事奉父母盡孝，凡是可以取悅雙親的，不等父母表明意願，就能順應他們的心意先做。哥哥和兩位弟弟都在海外做生意，許久未歸；唯有異母弟弟百川在家，對待他也沒有任何差別。父親去世後，首芳來臺灣，居住在艋舺，之後移居舊港（今新竹市），以商業起家。有二個兒子。長子耀輝居住在內地故鄉，十四歲時想要東渡來臺找父親，他告訴弟弟安邦：「你在廈門事奉母親，我去臺灣事奉父親，各盡其職，不要懈怠。」之後隨侍父親學習經商，肩負許多艱難，貿易日漸進展。個性樂喜好施。安邦自廈門到臺灣，耀輝找來同住一起。弟弟去世無後代，過繼第四兒子鴻聲。舅舅陳文欽老而無子，耀輝把他迎來奉養，又再爲他立繼承人，並祭祀供奉他。眾人稱頌他的德行。光緒十五年（一八八九），首芳與子耀輝都被表揚孝順父母友愛兄弟，而後妻陳氏則爲孝婦，鄉鄰稱頌。孫子金聲，字迪吉，是位附學生員，曾主持明志書院，以文采出名。

陳緝熙

陳緝熙（一八〇六—一八七〇），字維禎，號沙莊，泉州惠安人，移居淡水中港街，其後再遷至淡水廳治。讀書明白義理，沒有任何的目的。道光二十五年（一八四五）成爲國子監貢生。父親錫疇，也是附學生員，受表揚爲孝順父母友愛兄弟。過世時，母親林氏慟哭不已，導致失明。緝熙善於事奉母親，寸步不離，經常講故事，以讓母親高興。兩位哥哥都體弱多病，接著雙雙失明。弟弟年紀小不懂事，緝熙以一人之力支撐家族。治家有方法，督導子姪們讀書，勉勵他們要存孝悌之心，鄉里人士稱讚他。之前道光二十四年（一八四四），漳、泉械鬥，居民紛紛尋求避難之地。緝熙邀請仕紳們，出面勸止，所以未受到危害。咸豐元年（一八五一），海賊進犯竹塹，他偕同官紳設法防禦，讓地方得到安全。三年（一八五三），漳、泉又械鬥，他與鄭用錫（一七八八－一八五八）出面安撫。四年（一八五四），閩、粵也發生械鬥，蔓延的非常激烈，緝熙乃請求淡水同知朱材哲（一七九五－一八六九），出面教導調解。同治元年（一八六二）戴潮春之役，他與林占梅（一八二一－一八六八）合力籌劃防堵。之後大甲被圍堵，他立即率領鄉勇前來營救。接著攻克彰化，以功績授獎為五品藍翎候選教諭。九年（一八七〇）去世，得年六十四歲。光緒十五年（一八八九），受表揚為孝順父母友愛兄弟。

翁林萃

翁林萃，字雲史，淡水北門街人。父親翁福從小為林氏收養，故取名為複姓，《淡水廳志》稱他是孝子。翁林萃少年時父親去世，事奉母親非常孝順。長兄早世無後代，翁林萃事奉兄嫂盡禮儀，又將長子過繼。性情渾厚，樂善好施。只要有公益的事情，經常出力幫忙。戴潮春之役，以功賞賜藍翎候選同知，五十五歲去世。弟弟翁林英字史貞，也是孝順之人。翁林英從事樟腦事業，家庭越來越富裕。四十九歲去世。都受到表揚。

黃朝品

黃朝品（一八二九－一八九二），字鏡堂，泉州晉江人。同治十三年（一八七四），成為臺灣城守營把總，之後調到竹塹，乃定居下來。少年時雙親皆亡，朝品謹愼地事奉後母。堂兄主持家務，欺負朝品年紀小，要求快快分家。朝品力勸不可如此，最後僅得到薄薄數畝田地，堂兄卻能分得良田美屋。朝品於是投身軍旅，自食其力，刻苦自勵，家中乃逐漸富裕。之後，堂兄散盡家產，父子相繼去世，寡嫂無依無靠，朝品將她迎歸回家奉養，並將次子過繼，二嫂守節撫養小孩，兒子成年後去世，留下了二個孫子，朝品也將之養大成人，養生送死沒有任何遺憾，家鄉人人稱讚。當初，竹塹準備向佃農們收取官租田稅，受委託辦理的人每每超收以自肥。只有朝品獨獨一人照規定徵收，不會騷擾佃農。若有貧困繳不起的，甚至幫忙先墊款，所以深受佃民感念。光緒十六年（一八九〇）接受表揚，十八年（一八九二）去世，享年六十三歲。

鄭如蘭

鄭如蘭，字香谷，新竹水田莊人。父親鄭用錦，附學生員，去世很早，母親張氏撫育他。如蘭讀書知道大義，事奉母親盡孝。張氏生病時，聘請醫生看診，所開的藥方，如蘭必定拿醫書以驗證，先行嘗過後再給母親服用。母親過世的喪葬也遵從禮儀。同治五年（一八六六），奉旨表揚他的孝行，如蘭建置牌坊記錄這段故事。如蘭家庭固然富裕，卻儉樸；不過每逢地方上有公益之事，就會出面協助辦理。家中的童婢，達到適婚年齡者一定讓他們出嫁，所以眾人都稱許他的德行。光緒十五年（一八八九），因辦理團練有功，從國子監改授候選主事，賞戴花翎，其後再加道銜之職，接受表揚爲孝友。如蘭的兒子神寶也是有名望之人。

洪騰雲

洪騰雲，字合樂，也是晉江人，道光四年（一八二四），隨著父親渡海到臺灣，居住在淡水艋舺，當年十三歲。長大後學做生意，成為米商。淡水原就是生產稻米之地，艋舺正好位在港口之地，帆船貿易，由此進出。而騰雲善於籌劃，與泉州廈門等地貿易，數年之間，生意越做越大。騰雲樂於公益之事，光緒七年（一八八一），巡撫岑毓英（一八二九—一八八九）建議興建大甲橋，下令各界仕紳捐款協助，騰雲捐出七十名工人。大橋峻工，他受到巡撫嘉勉。之後捐建艋舺糧倉，又設置墓地。遇到災害，就是出錢賑濟。臺北設置之初，為蓋一座新的考棚，騰雲不但獻出土地；並且捐錢。十三年（一八八七）春，巡撫劉銘傳奏請嘉獎騰雲，賜「急公好義」匾額，並在北門建牌坊。他有五位兒子，長子輝東，捐錢為候選同知。輝東的兒子文光，是位有俸祿的生員。另有一位兒子以南，是位附學生員。

薛應瑞

薛應瑞，澎湖內垵社人（澎湖縣西嶼鄉）。喜好行善，曾經建置東衛、西嶼兩處公益墓地；又因北山到中墩，中墩到潭邊，受到海港阻隔，不利於通行，所以自己建造了兩條石堤，花費了數百兩，俗稱為蟳廣汐，意指地形如同蟳，至今已成為四通八達的津渡。通判王飌、副將葉相德分別賜送匾額。

辛齊光

辛齊光，字愧賢，也是澎湖人，居住在湖西社（澎湖縣湖西鄉），嘉慶六年（一八〇一）國子監貢生，十八年（一八一三）欽賜為舉人。家族素好行善，事奉母親盡孝，倡議修建文石書院和郡城考試場所。又建造湖東西溪二座石橋、港底尾書院兩條石路，行人稱讚他。之前應瑞所造的蟳廣汐石堤，多有損壞，齊光接著整修；建一座福德祠在旁邊，以便讓過路人休息。遇到貧苦人家則幫忙，向他借貸而無法償還者也免除債務。以此公義行為名聞於鄉里之中。曾經在文石書院主講，訓示學生實踐，終日不覺疲倦。享年七十六歲。

方景雲

方景雲，字振青，號省齋，澎湖瓦硐港人（澎湖縣白沙鄉），小時候就補上縣學。家裡貧窮，性情正直光明；與朋友交往，必然以誠相待，眾人都推舉他。遇到不平的事，他是一句話就能排解。所以終其他的一生，北山十四鄉沒有訴訟。向來以維護社會風俗為自任，鄉里有任何陋習，他必然盡力革除。曾經集合鄉親父老，嚴禁他們觀看淫穢的戲劇，禁止賭博、禁止竊盜、禁止多餘的士兵、禁止澳甲甲長浮濫接受訴訟狀子。至今鄉里仍遵守約定。他的女兒嫁給同社區讀書人的兒子呂某，早早守寡，有媒人來說親事。景雲端正臉色說：「豈有作為景雲女兒的，而再改嫁二姓！」招女兒回到娘家，命令她守節。其他事情也多類似如此堅定。景雲既是留心於風俗教化，又兼具膽識。同治初年，有奸民攀附武官，占據了節孝祠，準備設局捐派銀兩，眾人都不敢反抗。景雲乃向官府陳情，請求撤回此事。奸民害怕，想要以重利誘惑景雲。被他大聲責罵離開，並罰款三十萬文，作為節孝祠之用。眾人大聲叫好。而奸民因計無法得逞，甚為怨恨。不多久，景雲到了郡府，武官遇到他，假裝恭敬，和景雲喝酒，回來之後竟突然死亡。景雲不事生產，喜歡涉獵小說、戲曲、說唱文學等著作，只要有錢就會購買，頗為崇尚氣節有擔當樂於助人。去世時四十九歲。

張仲山

張仲山（？—一八八一），字次岳，祖籍晉江。小時候隨父親來臺灣，居住在彰化。戴潮春之役，他和眾人防守縣城，等到平亂之後因功受賞頂戴藍翎，並擔任戴潮春案抄封委員。兵災之後，彰化再遭逢大瘟疫，仲山捐款幫助民眾，買藥品救濟百姓，眾人都感念他的恩惠。他為善盡力，每年製作百套棉襖，給予貧苦人家。彰化縣衙門自從遭受兵災後，荒廢許久未能整修，暫時借用白沙書院辦公，官民非常不便。到了同治十二年（一八七三），知縣孫繼祖倡議修建，但缺少經費；仲山乃出面勸告捐輸，並且自己雇工協助，八個月完工。當時監獄裡面不乾淨，入監犯人半數非病即死，仲山也將它重新修建，打通水井，供給盥洗，囚犯們非常高興。光緒五年（一八七九），山西有災難，高官募款賑災，仲山捐米二百五十石，再集合親戚們捐獻二千石米。總督卞寶第贈送親手書寫的「樂善好施」匾額。二年後去世。仲山有兒子晏臣、舜臣兩位。

林全籌

林全籌，字備五，彰化林圯埔人（今南投縣竹山鎮）。父親新景從事農作，與陳集賢有恩怨。當時，林圯埔林、陳各為大族，各有勢力，不相上下。接著雙方又爭奪官租田，新景為佃首，集賢不敢爭奪，就暗中向官方告狀：新景抗拒繳納官租，圖謀不軌；集賢的族人希亮是保安局總理，亦表示新景有所不法。彰化縣知縣準備緝拿新景，但捕役們不敢執行命令，於是命令集賢想辦法對付。集賢假裝說：「文武官員約定明天會合於林圯埔。」新景害怕，晚上準備逃入山裡；集賢則預先埋伏等待，開槍射殺他，砍下他的首級。大聲呼喊：「我是奉命而來，誅殺此賊，與眾人無關。」隔天，將首級拿到縣府。林氏家族聽說是有官府命令，不敢出面。當時全籌是二十一歲，在家教育幼童。弟弟是碧瓜、盧、春生。春生才十二歲。全籌因悲痛父親死於非命，向天發誓，必圖謀報復殺父之仇。而自從集賢殺了新景之後，聲勢越來越旺盛；弟弟若侄又以仕紳身分結交官府，勢力權傾一方。全籌都隱忍以培養鬥志，日夜等待機會，但皆無法得逞。然後向南北投（今南投縣草屯鎮）族人求援，得到二百多人的響應，約定元旦進入林圯埔，偷襲集賢將他屠殺。除夕，碧瓜因喝醉酒，洩露了機密，集賢嚴加戒備。全籌族人來到，發現對方有所準備，不敢動手。全籌大恨，指著弟弟哭道：「父仇不能報了。」如此過了十年。里裡有位林氏老婦人，嫁給姓陳的，個性和睦，兩家弟子都與她親近。咸豐四年（一八五四）八月一日，集賢來到她家，老婦留他用餐，也談談瑣細之事，集賢乃命令隨從先行回家。全籌與老婦兩家相距大約百餘步。春生當時已經二十一歲，頗有力氣。看見集賢和老婦講話，旁邊也沒有人，非常興奮，走去告訴母親：「報仇之日來了。」母親非常驚訝地詰問，春生把事情講出來；持一小刀出去。母親說：「你年紀輕又弱小，不是他的對手；若不成功，你必死無疑。且等你哥哥回來。」春生不同意。中途遇到全籌，說：「報仇之日來了」；接著離開，母親追趕而至，說：「你不是那老奴的對手，能怎麼辦？」全籌且驚且恨，說：「事已至此，兒子自請前往。如果事成，這是父親在天之靈；如果不成功，我立即以死追隨父親。」走到紳民捐贈設置的糧倉前，春生已經將集賢刺倒在地上。

在此之前，春生曾遇到集賢要回家，埋伏在路旁。集賢素來孔武有力，手持一竹煙筒，洋洋得意地走著。春生從後面刺殺。集賢反而把他壓到在地，春生奮力抱住。保長陳文彩，集賢的族人，聽到打鬥聲出來一看，乃舉起棍棒準備打春生；全籌趕到，再以刀刺集賢，刀刃直接插入地裡。兄弟倆大大興奮，回家上告父親之靈，接著各自逃亡。全籌藏匿阿罩霧（今臺中市霧峰區），為族人教育幼童。集賢死亡，他的兒子向官府訴請呼喊。當時鹿港林某爲林圯埔抄封委員，深受全籌孝行的感動，也向官府請求。以集賢素來狡猾，且接受戴潮春的命令，盜賣倉米，豢養奸徒，就算判處死刑也抵償不了他的罪。官府接受建議，事情才告結束。

連橫說：我居住在臺中，聽到林剛愍公復仇的事（霧峰林家林文察手刃殺父仇人），認爲他是不平凡的人。再又聽到林全籌這個人，手刃奸人，以報殺父之怨，未曾不爲他起舞。復仇大事，唯有孝子仁人才會做的，而儒夫大多是忍死不敢行動，是爲天下無勇之人。《禮記》說：「君父之仇，不共戴天，誓不願與仇人同存。」若是反轉面孔來伺奉敵人，以搏取富貴，卑鄙地說這是春秋時期晉國的智伯以國士對待我，悲哀！眞是豬狗不如啊！

勇士列傳／黃美玲

連橫說：在合縱連橫的戰國亂世當中，士人趨向報公仇而以私鬥爲恥，所以一般人大多崇尚武力，以捍衛國家爲重，到漢朝還是延續這樣的功業。然而想稱霸天下的人害怕這種風氣，法家也禁止，因此捍衛國家的風氣消滅，後世再也沒有人繼承此風。所以後來供人指使爲非作歹的人，就好像打獵時用以追逐禽獸的鷹和獵犬，只是幫一個家族做壞事而已。如果是那些懷著個人利益來懸賞殺人的，就是傷害正義的壞人，有志的君子都可以誅殺他。臺灣是海上的一座荒島，我們祖先來此擇地而居，都抱著堅定的毅力，懷著必死的心志，所以能開闢千里荒地，養育後代子孫。再加上延平郡王鄭成功的督責勉勵，前人遺留的風範鼓動激盪，到今天都還沒消失。就以我所聽到的黃蘗寺僧人的故事，尤其顯著。但這些事情大多被埋沒，沒有讓後代得知，是以前史書的罪過，所以現在我就把我所知道的勇士事蹟寫出來。

曾切

曾切，是聚居山林反抗統治者的豪傑，在淡水間出沒，也有人說他是彰化人。小時候父親就去世，曾切非常孝順母親，所以對守貞節的寡婦尤其敬重，只要聽說寡婦飢餓或寒冷，就會給她金子。曾切盜取財物時，都會先讓對方知道，用粉筆在牆壁上畫圈圈做記號，晚上就來盜取，對方雖埋伏人馬防止曾切來犯，還是無法阻止。但他所盜取的對象多是鄉里間恃勢橫暴的土豪與貪官汙吏，而救濟困苦幫助危難的百姓，大家都很感恩他。鄉里間有一個年輕的婦人，丈夫去世後家裏窮困，鄰居看上她的美色，商量要用五百金納她爲妾，少婦不願意，每天晚上都痛哭。曾切聽說這事後嘆息道：「我應該要成全她守寡的心願，但要去哪裡弄錢給她呢？」當時大龍峒陳遜言靠著進口木材致富，曾切就去陳遜言家，掀開兩塊屋瓦，以繩索懸綁身體往下墜送。天氣寒冷的晚上，陳遜言剛剛躺在榻上吸鴉片，燈光光潔明亮，看到曾切來，邀請他坐下，曾切也就躺在榻上吸煙。陳遜言婉轉的問說：「你到我家來是有需求嗎？」曾切說：「是的。」陳遜言就拿鑰匙給曾切。曾切打開櫃子，拿一千兩金子出來後，又躺在榻上吸煙。陳遜言說：「夜深了，我叫別人幫你拿去如何？」曾切說：「不用。」就發出口頭暗號，有一個人從屋頂墜下，裹著金子離開，曾切也攀緣上屋頂離開。隔天到寡婦家，跟她婆婆說：「你的媳婦很賢慧，怎麼可以把她賣掉？但你因爲家裡貧困，不得不如此。現在我用五百兩金子幫妳媳婦贖身，再給你五百兩金子當生活費，你要善待她。」寡婦聽到曾切的話，想要出來答謝，曾切頭也不回的離開。過幾天陳遜言自己在家坐的時候，有東西掉落在中庭，發出巨大聲響，遜言急忙叫家人點燃火把，看見一個布袋，上面繫一張紙條：「上次承蒙您豐厚的恩惠，成全了一件好事。今天我得到這件東西，恭敬得拿來酬謝您，希望您笑納。」遜言打開來看，是二十幾捲鴉片，價值數百兩金子。

曾切身形修長，相貌溫文儒雅，炯炯有神，左手指甲有好幾寸長，每次去盜取東西，就用熱水反覆摩擦使彎曲，再用皮革束起來。曾有一次被官府逮捕，曾切跪在地上，搖著左手說：「小人溫文怯弱，哪裡敢當強盜？」官員笑著就放走他。有人告訴曾切說：「以你的資質才能，爲什麼不去從軍獲取功名，卻如此委屈自己？」曾切感慨嘆息道：「現在擁有兵權的人多昏庸無能，誰還能在這世俗中慧眼拔擢壯士呢？」從此忽然不見蹤影，有人說，曾切埋葬母親後，離開臺灣到福建去了。

莊豫

莊豫，嘉義人，秉持公理正義，施捨錢財助人，是聚居山林反抗統治者的豪傑。因爲犯法被懸賞捕捉，百姓多藏匿他，於是他就躲在梅仔坑山中。鄉里中有個叫紀彪的人，生了七個兒子，都精通拳術，在鄉里中恣意欺凌百姓，剝取民膏民脂，沒人敢說話，說的話就被侮辱，即使告到官府也無法討回公道。紀彪第四個兒子叫紀傻，看到鄰村郭琬的女兒很漂亮，想要納她爲妾，叫媒人去提親。郭琬說：「我女兒想要嫁讀書人，而且也不想當人家的妾，謝謝公子抬舉。」紀傻生氣的說：「讀書人哪裡值錢？而且嫁給我是光耀門楣的事，你今天還敢拒絕我，我一定要娶到你女兒。」於是叫了十幾個佃農，拿著武器到郭琬家，強奪她女兒。郭琬倉促中不知道如何反應，只能跟著女兒一路走一路哭，路人知道都很憤慨，但也不知道如何是好。郭琬回家的路上遇到一個人，問：「你爲什麼不去官府告紀家呢？」郭琬說：「官員多昏庸無能，哪裡會管百姓的閒事？就算告官，也對郭彪無可奈何吧！」那人說：「不然去告訴莊豫。」郭琬說：「莊豫是什麼人？難道是現在有大勢力的人嗎？」那人說：「不是的，莊豫是俠士，能夠弭平不公義之事。你去跟他說一定會有幫助。」於是就跟著那人去找莊豫。入山十數里後，那人說：「到了。」那時天色已晚，茅屋中微微露出燈光，四周圍許多古木，環境非常清幽寂靜。那人先敲門，門內回應說：「來人是阿摩嗎？」答曰：「是。」郭琬看到一位消瘦的年輕人，目光炯炯有神，態度正直頗有氣勢，於是趴在地上哭訴。莊豫氣道：「這個奴才這麼想落入我手中啊，我已經赦免他好幾次了。現在如果還幹這樣的事，您稍坐，我去把您女兒帶回來。」立即起身。那晚紀傻得到女子後，想侵犯她，女子大哭，紀傻生氣的鞭打她，忽然聽到屋頂上有人說：「紀傻你今晚洞房花燭夜，怎麼不請你岳父喝喜酒呢？我來要喜酒喝的。」紀傻罵道：「你是什麼人？賊人嗎？」紀彪聽到聲音吃驚的說：「是莊豫。」阻止家人發出聲音，而莊豫已經下地站在屋簷前面。紀彪說：「小犬今晚納妾，妾忽然離開娘家，撒嬌啼哭而已，所以驚嚇到您。」莊豫說：「恐怕不是撒嬌啼哭，應該是希望不要被打死。」紀彪臉色一變說：「就算打死關你什麼事？你難道是爲了郭琬來的？」莊豫說：「是。」紀彪說：「我家不會屈服於別人。你既然來了，能夠決一勝負嗎？」莊豫笑著說：「可以。」紀彪拿起刀攻擊莊豫，七個兒子也一起圍攻過來，莊豫跳到桌上，拿出彈丸射中兩個奴僕的眼睛，兩人馬上摔倒，又呼喊：「新郎爲什麼不來進攻？」紀傻拿刀跳了過來，莊豫又拿出一顆彈丸射中他的陰部，紀傻也摔倒，其他人就不敢再進攻了。莊豫就跟紀彪說：「今天你再射鏢的話，你們家就絕後了。我告訴你，趕快把人家女兒送回去。」紀彪自知不是對手，不再抵抗。莊豫背著女子，用布綁好，跳上屋頂就離開了。半夜抵達郭琬家，郭琬迎回女兒大爲歡喜，再三拜謝。紀傻自從被射傷陰部後，失去生育能力，紀彪也不敢再欺負鄰里百姓。

嘉義某知縣，向來貪汙不廉潔，辭退官職時，回家行李有數十箱，當中有一個小箱子，三人拿著武器跟在旁邊走。莊豫知道一定是珍寶，向前推倒三個人，都跌到數十步外，莊豫就搶奪箱子逃跑。護勇去追趕他時，已經來不及。莊豫得到許多錢財後，分給窮困的民眾，許多人都受惠。

光緒八年（一八八二）春正月，巡撫劉璈（？—一八八九）調任，派軍隊防守鹿麻產、斗六、半天寮、埔尾等地，四支軍隊一起調派，又命令知府袁聞柝（一八二一—一八八四）到梅仔坑會合，因為莊豫已集合眾人即將要舉兵發事。官兵一到，莊豫早已逃跑，但搜捕行動更加迅速。莊豫每到一個地方，不敢久留，白天躲起來，晚上才敢行動，這樣經過幾個月。有一天莊豫到他以前熟悉的妓女那裡，妓女讓莊豫喝酒，喝醉睡著的時候，偵探敵情的人已經進門來，莊豫想起身，酒醉無法站起，想拿出彈丸也找不到，因為妓女早已被官府收買。到官府後莊豫自己承認所作所為，於是被處死。行刑前莊豫跟人說：「我沒讀過書，不知道我的所作所為，跟古人相比如何？」

詹阿祝

詹阿祝，廣東人，住在苗栗罩蘭莊。此地靠近山區，常常要跟原住民爭鬥，所以廣東人大多生性勇猛。阿祝是木工，每次單槍匹馬進入深林中，經過十幾個原住民社區，原住民不敢傷害他。後來阿祝成為馬臘邦社的通事，負責掌管山區內原住民相關事務，幾年下來，拖欠原住民糧餉頗多，原住民跟阿祝索討，阿祝生氣了，就謀劃要吞併原住民的土地，遊說鄉里的壯丁四百人，約好大家同生共死。當時馬臘邦人多勢眾，稱霸一方，居地又危險狹隘，於是阿祝他們就商量要偷偷潛入襲擊，挑了十數名勇士，藏著短刀，假裝是伐木工人。阿祝本來就跟原住民熟稔，到社裡原住民熱情款待他，拿出牛肉跟酒慰勞，原住民歡喜暢飲大醉，睡在地上，阿祝跟十數名勇士也雜處在原住民當中。半夜阿祝突然起身，拿一木杵擊殺七、八個原住民，其他人也出刀，原住民從夢中驚醒，想格鬥反擊，但天色昏暗，大多被殺死，血流濺到地上，總計殲滅六十多個原住民，其他則都驚醒後逃竄。阿祝就併吞這塊土地，號召其他子弟來開墾。

馬臘邦社既被攻破，向白毛、阿冷、大卜、南勢諸社乞求援助，聚集一千多人，計畫奪回土地。阿祝陷入重圍好幾天，食物漸漸吃光，武力又無法勝過原住民，於是率領眾人準備離開，原住民要眾人交出阿祝，互相格鬥，各自死傷十數人。事情傳揚開來後，北路撫民理番同知認定阿祝因貪念占領原住民土地，移交彰化縣捕捉他，關到監獄中，他的親友謀劃營救，用錢賄賂知縣免除牢獄之災。當時巡撫劉銘傳剛剛實施撫番政策，讓林朝棟（一八五一—一九〇四）統領中路營務，光緒十一年（一八八五）阿祝當面請求林朝棟討伐原住民，罩蘭莊遭受傷害的民眾也每日都來投訴，於是林朝棟答應討番。四月，朝棟率領一千人到罩蘭，鄭以金爲副將，統領柳泰和另外率領一千人爲後援部隊，阿祝擔任偵探，出入番社窺視敵人狀況。當時原住民團結，情勢頗爲振作，朝棟命令原住民投降，原住民不聽從。五月，朝棟軍隊分成三路進入原住民區，八月七日到馬臘邦，十二日進攻，原住民奮力抵抗，棟軍情勢不佳且陷入重圍，得到援助才脫險。十二年（一八八六），劉銘傳親自率領一百名親軍、練勇三千名、屯兵三千名進攻，九月才攻破。於是擴張狹隘的道路，用三百五十名屯兵駐守，從此原住民不敢出山。這場戰役，阿祝尤其勇敢，殺了許多原住民，軍中都稱呼他爲壯士。

阿蚌

阿蚌也是廣東人，忘記其姓氏，家住彰化龍眼林，土地跟原住民區爲界。兄弟五人以燒煤炭維持生活。一日阿蚌腸胃不舒服患了痢疾，就到屋外上廁所，回家時四個弟弟都被原住民殺死，頭也被割去。阿蚌撫著屍體大爲傷痛，哭到快死掉，回想此仇不報非男子，於是帶著短刀，尋血跡走了數里，看到前面有十數個原住民，唱歌互答，非常自得其樂。於是阿蚌抄小路走到他們前面。不久太陽下山，原住民在谷底休息，各自找石頭躺著睡覺，用布蓋住頭，鼾聲大作。阿蚌從山上往下看，拿了一塊堅硬的木頭，暗中走到谷底，用力敲擊原住民，十二個原住民都腦袋破裂，沒有一個可以抵抗。阿蚌也割下他們的腦袋，帶著弟弟們的頭一起回家。正好莊人來支援，大家又驚又喜。阿蚌說：「我今天殺死原住民，報了殺弟之仇，死而無憾。我想再攻進番社，殲滅其族，杜絕後患，你們要幫我嗎？」大家都說：「可以。」於是分成二隊，各自佩刀拿槍，帶數日糧食，到番社後屠殺族人，阿蚌所殺的原住民尤其多。原住民聽到阿蚌的名字，都畏懼其威望而屈服。後來阿蚌是在家中去世的。

貨殖列傳／黃美玲

連橫說：臺灣是農業之國，我們祖先來到臺灣，沒有不盡力耕種來養育子孫，到現在我們還享受這恩澤。但經營商業，操縱市場上貨物多寡與過剩情況以獲取利益的人，則頗爲缺乏。以我來看，並非沒有商業人材，而是政治的侷限，官府的禁止，雖然想要奮發有爲，也不得不在臺灣退藏隱遁，搬有運無互相交易而已。我聽說鄭成功時期，國際貿易的利益一年可收入很多萬，而廣闊的南方土地，到處都是漳州泉州人所開闢，經年累月堅苦卓絕，所以能掌握商業利潤，擴張勢力。然自從鄭成功去世後，漳州泉州人到國外，清廷視之如盜賊，回國就是有罪，大海與天空雖相連萬里，但向北遙望只能歎息，跟自己斬斷手腳而想跟人決鬥一樣。國家雖然以農業爲根本，但沒有商業互通有無，則男子所生產的多餘米粟糧食，女子所生產的多餘布料，無法送到遠方獲取利益，物品也不能夠互相供應，商業貿易的途徑就阻塞了。還有我聽說乾嘉年間，臺灣商務特別興盛，貿易船隻充塞港內，最北到達天津，南邊抵達廣東一帶，取有餘以補不足來增加財富，一時間號稱百萬富翁的有十多人，商業公會組織「三郊」就是樞紐。三個商業公會組織當中，李勝興、蘇萬利、金永順是領袖，錢財多又善於買賣，傲視商場。凡地方上有修牆、鋪路、防衛鄉里等勞役，「三郊」都會出面贊助，可稱得上是能施行公義的團體。自從海運暢通以後，每天都有外商到臺灣，而臺灣人跟外商貿易，以我所聽到的，也有二、三位傑出的人才，足夠跟外商相互抗衡。而見識淺短的人，對本國歷史或自己祖先歷史非常無知，所以已經無法完整敘述這些優秀貿易人才的事蹟，流傳後世讓臺灣子孫知曉，眞是可惜啊！

陳福謙

陳福謙（一八三四—一八八四），年輕時叫做陳滿，鳳山苓雅蓁莊人。苓雅蓁莊接近海邊，跟旗後互相眺望，所以耕田與捕魚工作並行，莊中僅有一個貧寒的村子。福謙家裡貧困，所以去學習划船，刻苦耐勞，幾年下來存了數十兩金子，開始買賣米糧，在各村莊間往來做生意，早出晚歸，又幾年得到數百兩金子，兼販售糖。陳福謙擅長買低賣高，察看當時情況尋找有利商機，跟人來往買賣也都非常守信用，因此生意越來越好，在旗後開設「順和行」經營貿易。鳳山產許多糖，配送到香港、上海，再轉賣到東西洋，利潤每每被外國人所掌握，運費也多。陳福謙看到日本消費非常多糖，派人調查後，認爲有利可圖，於是在同治九年（一八七〇）自己配送糖到橫濱，跟日本人做買賣。十三年（一八七四），在橫濱設立商行以開拓銷售管道，臺糖分別銷售到東京等地，每年約可賣出五萬擔，可說臺糖直接配送日本是從陳福謙開始。不久又在長崎、神戶開設分店，臺南、東港、鹽水港也都有他的分店，兼買賣布匹、五穀、鴉片。當時通商口岸還沒有很多輪船進出，陳福謙就自己租兩層木造的航海大帆船航行，不被外商牽制。後來又把三萬擔白糖賣到英國，臺糖直接配送西方國家也是從陳福謙開始。陳福謙成爲富翁後，擁有數百萬資產，凡是中國新設的公司，他都認購非常多股份，所以產業每天增值。他非常善於任用屬下，各分店的主管都授以大權，結算後若有盈餘，賞賜極爲豐厚。如果是傑出人才足以擔任主管的，馬上就會得到提拔，所以大家爭相爲他賣命。苓雅寮人尤其受惠，每家都非常富庶。陳福謙喜歡做善事，舉止多符合正義。經過其鄉里的旅人，他都會慷慨的贈與衣食以紓解其窮困，所以終年沒有盜賊，也沒有爭鬥，無論遠近的民眾都感念他的恩德。陳福謙四十九歲去世。

李春生

李春生（一八三八―一九二四），福建廈門人，小時候讀過鄉里的私塾，因家裡貧困沒有完成學業，就改學做買賣。十五歲跟隨父親信仰基督教，是很虔誠的信徒，於是也學英語，爲英國人服務，偶爾也讀報紙，因此得知國外大勢。同治四年（一八六五）來臺灣，成爲淡水寶順洋行交易媒介的代理人。淡水是臺北貿易的港口，出口貨物以煤、樟腦、米、茶爲大宗，進口煤油和布匹。李春生在當中搬有運無，商務蒸蒸日上。英國人德克因淡水土地適合茶葉生長，勸農夫栽種並教導焙製茶葉的方法，因此臺灣茶聞名國內外，李春生就是輔佐德克之人。後來李春生自己經營茶業貿易，販售到南洋、美國，一年數萬擔，獲得很多利潤。光緒十三年（一八八七），臺灣建省，巡撫劉銘傳暫時駐紮在臺北，於大稻埕新闢市集，但規模尚未完備，李春生跟富商林維源（一八四〇－一九〇五）合資建築千秋、建昌二條街，稍稍模仿西式建築，爲民眾提供典範，洋商多聚居在此。十六年（一八九〇），設立蠶桑局，以林維源爲總辦，李春生爲副辦，在觀音山麓種桑樹，還沒成功劉銘傳就離開，這件事就中止。十七年（一八九一），臺北鐵路完成，李春生因功被授予同知之職，賞戴清朝官員的花翎冠飾。李春生雖然是民間人士，但觀察時局頗有見識，每每以變法自強的論點投稿各報，到現在雖年老但身體還很健壯。

黃南球

黃南球，字蘊軒，苗栗人。苗栗靠近內山，是許多原住民潛伏之地，以殺人爲英雄好漢。黃南球召集鄉里子弟數十人去報仇，原住民的殺人風氣才比較收斂。正好巡撫岑毓英到臺灣訪視，聽到這件事，召見黃南球，並委託他安撫原住民。等劉銘傳來臺灣之後，對治理原住民尤其急切，黃南球公告召募二百名鄉里勇士，征討大嵙崁（今新北市三峽區至桃園市復興區一帶），曾經一夜連續攻下十八個地方，威名響震原住民，因戰功賞戴清朝官員的藍翎冠飾，授予五品官職。黃南球經常出入原住民地區，知道當地土地肥沃，申請開墾南坪、大湖、獅潭等處，縱橫數十里，開闢田地種植，有千戶人家來此居住。後來又砍伐樹木提煉樟腦，銷售到海外，產業蒸蒸日上，而原住民土地也逐漸開墾。

連橫說：「我的岳父沈德墨先生（一八三七－一九〇六），是臺灣商界鉅子，盡心盡力規畫，經營樟腦事業，非常辛勞。先生名鴻傑，泉州安溪人，十三歲隨著父親到廈門學做生意，年紀稍長又去學習航海，至東南洋從事貿易，到當地後就學習當地語言，凡日本、越南、泰國、爪哇、呂宋、新嘉坡，最遠到俄國海參崴，幾乎都遊歷過。漳、泉人多會游泳，習慣海浪波濤，冒著染上瘴癘的危險，來拓展南洋的貿易。所以沈德墨常常面臨危險，志氣卻不會喪失。數度來臺灣買糖跟茶，賣到天津、上海而獲得利潤。同治五年（一八六六），將戶籍設在臺南，於是就在此定居。平常就精通英語，跟英國人合資開商行，後來又跟德國人一起經營，採辦洋貨，分別賣到南方跟北方，又把臺灣貨物運到西洋販售。後來成為紐西蘭海上保險代理商，臺南有保險就從這時候開始。起初臺灣多產糖，但製造方法不好，於是沈德墨自己從德國購買機器，選擇新營這個地方嘗試用機器製造。集集在彰化深山內，自從郭百年事件後，樟腦業衰敗已久，沈德墨知道這行業大有可為，入山考察後，搭建工寮召募工人，教他們熬製樟腦，製好後配送到歐洲，一年出貨數萬擔，收取豐厚的利潤，因此到集集的人越來越多，此地遂成為新興的市鎮。當時歐洲消費樟腦非常多，價格每天上漲，林朝棟剛因為招撫原住民而掌握兵權，也想插足樟腦業，想跟沈德墨合資辦理，但沒有談成，就阻止樟腦私熬私銷。但各國認為樟腦歸清朝官府辦理，會阻礙民間貿易，一起向總署質問抗議，清廷才取消專賣制度，允許民間經營。沈德墨於是以樟腦業興家立業，直到晚年樟腦業才稍微沒落。」

列女列傳／黃美玲

列女的名稱，開始於西漢劉向所寫的《列女傳》，但要到南朝宋范曄的《後漢書》才將一般女性傳記放入正史中。《後漢書．列女傳》所記載的女性也不是完全以堅定不移的節操為取向，因此唐代史學家劉知幾加以諷刺，認爲不守節操再嫁的女性是不能列入史書中，但劉知幾這種觀念是不對的。蔡文姬（雖三嫁）的才華，還是文學界的首選，像班昭寫《漢書》的學問、鮑宣妻子少君克勤克儉的賢惠、曹娥殉父的孝順、龐娥報殺父之仇的勇敢，都爲女性揮舞大旗，足以成爲女性的導師，原本就不是只用堅定不移的節操顯揚名聲。臺灣是塊新開闢的土地，天地間神靈之氣雖不完全聚積於女性，但以發抒詞藻傳播美名來評斷這些女子，難道沒有二、三位傑出的女性，足以用筆墨揚名嗎？可惜歷史多缺漏，女性的美德無法流傳。延平郡王鄭成功是對臺灣有貢獻的祖先，夫人董氏勤儉恭謹，每天率領姬妾女婢紡織，並縫製盔甲等物，來幫忙製造軍事用品。鄭成功用兵作戰，有功必賞賜，再多錢都不吝惜，但家中婦女卻不讓她們有所懈怠，所以家中上至長輩下到孩童，都非常敬重聽命於董氏。永曆四年（一六五〇，原文誤為永曆八年）鄭成功到廣南，平定海上衛兵，清軍突然攻入廈門，鄭芝莞沒有防備，軍隊驚嚇潰散，董夫人獨自抱著神主牌逃跑，珠玉寶藏都丟棄不顧，鄭成功以這件事認定她的賢慧。每次跟夫人商量軍事，都得到匡正與幫忙。鄭成功去世後，董夫人時常告誡子孫，要安慰並幫助民眾，以優厚的待遇供養將士，不要喪失祖先的基業，臺灣人都接受過她的恩惠。唉！這難道不是所謂的模範婦女嗎？

陳參軍永華（一六三四—一六八〇）的夫人洪氏，小名端舍，也是同安人。天性資質幽靜閒雅，夫妻舉案齊眉互敬互愛，尤其擅長寫詩詞文章。陳永華治理國家，事情繁重而時間不夠用，奏疏呈文的批示或答覆多半出自洪氏之手，且她馬上就可以寫出來，措詞用語跟陳永華一模一樣，拿到回覆的人也無法分辨。小女兒（世子妃，一六六一—一六八一）自幼承受母親的教誨，熟習文史，十八歲就嫁給世子兼監國鄭克壓（一六六二—一六八一），鄭克壓治理國家明快果斷，有鄭成功的風範，親戚或親信都很怕他。鄭克壓被馮錫範（？—一六八三）害死時，陳氏也想一起殉死，鄭成功妻子董太妃勸諫她，陳氏不聽，哥哥陳夢緯也勸她說：「你懷孕不能過分激動，為何不把小孩生下來延續你丈夫的後代，不是比死更好嗎？」母親洪氏就跟兒子陳夢緯說：「其他人在常理下是可以不死的，但你妹妹卻處於變局中，就算把小孩生下來，誰能收留她呢？」於是陳氏就自己吊死在棺材旁邊，後來跟丈夫一起合葬在臺南洲仔尾，臺灣民眾都為這對夫妻感到悲哀。這就是為維護正義或道義，一點也不害怕的安然赴死，屢遭挫折亦不改變其操守，這種風骨可以穿透堅硬的金石，讓鬼神都為之感動。

明朝滅亡的時候，鄭氏家族商量要投降，明朝後裔寧靖王（一六一七—一六八三）則決定為維護明朝最後的尊嚴而自殺奉獻生命，他的五位妃子也跟他一起自殺，死後合葬在臺南城郊外的桂子山，至今都還流傳著他們的事蹟。唉！臺灣是小小的一塊土地而已，而賢慧的婦女、有才華的名媛、守節操的女子、為正義犧牲的妃子，一時之間都聚集於此地，所以說天地間神靈之氣聚積於女性身上啊！

夫婦之道，是封建禮教規定的人際關係中最重要的，男子出外工作賺錢，女子在家操持家務，是古代流傳下來的明確訓誡。臺灣三百年來官府所表揚的節婦，多到千數百人，雖然屬於一般道德規範的行為，但受盡千辛萬苦、長期肩負重大任務，本來就有許多足以效法之處。人不幸而成為寡婦，家裏貧窮孩子年幼，要如何維持生活？於是親自從事縫紉，心如冰霜一樣高潔嚴寒，如太陽和月亮一樣照耀土地，終於使得家中老者有所依靠、幼者得到教養成長，家運從衰落到興盛，這份功勞不是非常偉大嗎？以前曾參說：「可以託付未成年的孤兒，可以託付整個江山，生死關頭臨危不懼的人，就是君子。」我看節婦的作為，她們的堅持與操守跟曾參所言一樣，只可惜她們不是男子。而沒有羞恥心的男子，看到節婦也會慚愧而死吧！這篇列女傳所記載的，多取材於舊有的府縣志以及我所知道的人物，那些事蹟不詳細的我就沒有再進行訪問了。

魯王公主

明朝魯王的女兒朱氏，聰明有智慧而且熟讀詩書，擅長刺繡，嫁給南安學者鄭哲飛，生下一男三女。哲飛去世後，朱氏帶著兒女到臺灣，依靠親戚寧靖王生活。後來清軍攻下澎湖後，寧靖王決定自殺以維護明朝王室的尊嚴，朱氏也想要自殺，王勸他說：「你還是好好活著，你的孩子還小，怎麼可以死呢？扶助被滅亡的家族，復興被斷絕的血脈，這些事本來就比你一個人死還重要。」朱氏哭著遵從王的命令。帶著婆婆另居一處，衣食不豐盛，只好勤勞的做刺繡、縫紉賺錢，往往到深夜才能休息，受盡千辛萬苦十多年，後來女兒都嫁人，婆婆去世，兒子也去世，就持守戒律自己一個人居住，節操始終堅定不移，八十多歲才去世。鄉里的人都欽佩她，認為是女子的典範。

懷安侯夫人

懷安侯沈瑞之妻鄭氏，是明鄭時期禮官鄭斌的女兒。平西王吳三桂（一六一二—一六七八）、靖南王耿精忠（？—一六八二）、平南王尚可喜（一六〇四—一六七六）之子尚之信（一六三六—一六八〇）三位藩王進行反清戰役，鄭經舉兵響應，討伐潮州時沈瑞投降，封為懷安侯，移居到臺灣，住在臺南永康，就將鄭斌的女兒嫁給他。鄭經（一六四二—一六八一）去世時，鄭克塽（一六七〇—一七〇七）年紀還小，擔任行人（外交官）之職的官員傅為霖謀圖造反，侍衛長馮錫範認為沈瑞有錢，就誣陷沈瑞跟傅為霖是同夥，想要去除沈瑞的職位並沒收家產，所以用這理由逮捕沈瑞跟他弟弟沈珽。沈瑞說：「莫須有的罪名，怎麼可以讓我下監牢呢？但我的性命是鄭經所賜予的，有什麼好說的。」馮錫範一定要殺掉沈瑞，鄭斌請求赦免她的女兒，迎回鄭氏後告訴她事情的來龍去脈。

鄭氏說：「父母親深愛我，這份恩德如蒼天廣大無以回報。但我已經是沈家的媳婦，不是父、母親能專門寵愛的了。況且在這種危急存亡的時刻，小叔身披罪名，婆婆跟小叔的妻子也都還在家裡，我怎能安心住在娘家，被別人嘲笑啊！」傅爲霖被處死後，沈瑞也將被處死，他用一條汗巾繫著荷包，叫人拿回家並傳話給鄭氏說：「這汗巾是你繡給我的，還給你讓你做紀念。生死相隔，告別了！」於是跟弟弟沈珽上吊自殺。鄭氏回家後，看到祖母金氏、婆婆滿氏都在大廳上吊自殺，沈瑞的二妹跟妾于氏、崔氏都死了，鄭氏下跪哭道：「老夫人跟夫人你們先走一步，媳婦請求跟你們同行。」於是請鄭斌轉達自己想收屍，鄭克塽答應了，鄭氏就根據禮制辦理喪事，在大廳中停放棺材，又另外買了一付棺木，父母親都勸她，鄭氏說：「不要擾亂我的心意，我已經嫁給沈瑞，怎麼可以在地下辜負他。」於是絕食，舉辦家祭三天酬答賓客跟眷屬，辦完後自己才從容上吊自殺。臺灣人聽說此事，都非常感嘆。閩浙總督姚啓聖（一六二三—一六八三）上書給皇上，陳述這件事，皇上封鄭氏爲一品夫人，把所有的棺材運到北京，爲他們家舉辦隆重的喪禮。

傅璇妻

黃棄娘，天興州人（大約位於臺南市），是黃堂妝的女兒，十九歲時嫁給傅璇。傅璇的父親傅爲霖擔任行人（外交官）之職，因爲意圖背叛被逮捕，父子兩人都被處死，家屬被判流放或改嫁。棄娘的哥哥銓設法救她，才免除刑罰。傅璇被關在牢裏的時候，棄娘還期望他能活著，等到他被處死，棄娘下定決心要殉身。黃銓想盡辦法安慰她，黃氏回答：「今天是兒子因爲父親而死，妻子因爲丈夫而亡，不要再做其他的打算了。」於是也自殺了。

謝燦妻

鄭宜娘，天興州人（大約位於臺南市），十八歲嫁給謝燦。謝燦到遠方做買賣三年才回來，不久就生病去世。宜娘早晚哭泣，想要殉身，隔壁鄰居的婆婆安慰她說：「你婆婆年紀大，家裡又貧困，而且你丈夫沒有兄弟，你怎麼能死呢？不如自己好好打算。」宜娘說：「寡婦只知道從一而終。」於是上吊自殺。臺南知州嘉許宜娘的節操，在禾寮港街樹立鄭氏的貞節牌坊。

王曾儒妻

鄭月娘，泉州南安人，十九歲嫁給萬年縣儒士王曾儒，一年多曾儒就去世了。公公因為家裡貧困，想要趕快安葬，月娘請求慢一點。過幾天後告訴他公公說，她也要一起安葬，公公勸她不要，月娘回答：「我丈夫病重時，我就答應他一起死，不能隨便改變自己的諾言。」於是上吊自殺。公公就把她跟曾儒一起安葬。

同縣王尋妻子阮蔭娘，漳州人，十六歲出嫁。王尋是軍人，常在軍中，沒多久病死。王尋二哥來了之後，蔭娘請二哥把兒子過繼給她，二哥略微猜到她的意圖，密切防範，但過了幾天，蔭娘還是從容自殺了。那年是永曆三十七年（一六八三）。清朝統一中原後，官員上奏兩位女子的事蹟，奉皇上的旨令表揚，都入祀於節孝祠。

辜湯純妻

林氏，臺灣臺南人，二十歲嫁給辜湯純，住在東安坊。結婚沒多久，湯純去世，沒有後代。林氏撫養妾所生的兩個孩子，視如己出直到成人。事奉婆婆非常孝順，宗族都稱讚。她死後官員上奏請求表揚，雍正五年（一七二七），入祀節孝祠。鄉里人感念她的德性，在她居處附近建廟，叫「辜孝婦廟」，後來還和黃寶姑一起接受奉祀。

黃寶姑也是東安坊人，與某位鄉里人士訂婚，還沒嫁過去。未婚夫在嘉義做生意，戴潮春事件時無法回家，就在嘉義客死他鄉。死訊傳來，家人保密不使寶姑知道。寶姑暗中聽到，生活起居還是跟平常一樣。過幾天凌晨，換了衣服外出，到法華寺，在佛祖面前磕頭，默禱祝壽後，自己跳入寺外的半月池，屍體浮出水面時，臉色跟生前一模一樣。城中官員和鄉紳多前往弔祭，以表揚她的節烈。

楊茂仁妻

余氏，臺灣臺南人，嫁給楊茂仁，生三個孩子，丈夫去世時她才二十二歲，悲痛到昏厥又醒來。環視三個孩子還在屍體旁，哇哇哭泣，最大的剛剛可以自己走路不用背，小的出生還不滿二十天，於是撫著丈夫的屍體哭道：「與其捨棄生命跟你一起死去，還不如撫養孤兒保存你的後代。」但家裡非常貧窮，無法供給衣食，織布縫紉來維持生活，歷經千辛萬苦卻甘之如飴。過了二十多年，所有小孩都長大娶妻，有孫子五人，都進學校學習。余氏六十三歲時去世。雍正五年（一七二七）跟林氏一起接受表揚。

當時祭祀於節孝祠的有八位：張氏，洪之廷妻子；陳氏，鄭斌昇妻子，都是臺南人，堅守節操撫育孤兒。袁順娘，魯定甫妻子，十六歲；郭益娘，曾國妻子，十八歲；趙氏，李宋妻子，二十二歲；都是丈夫死時一起殉身。紀險娘，惠之女兒；許配給吳使，還沒嫁過去吳使就死了，她上吊自殺殉身，十八歲。

陳守娘

陳守娘，臺灣臺南人，嫁給張氏，丈夫死後堅守節操。張氏的妹妹年輕貌美，當妓女接客。縣署某位幕僚常到她家，看到守娘爲之驚豔，吩咐小姑代他傳達誠摯殷勤的追求之意。小姑收取客人許多錢財，用錢引誘守娘卻無法得逞，威脅她也不成，於是用各種方法欺負守娘，任由她挨餓受凍，而守娘沒有改變心志，越發堅絕的守住節操。有天晚上婆婆跟小姑一起把守娘綁在椅凳上，用尖銳的錐子刺她的陰部，守娘大哭而死。守娘的弟弟來了之後，看到屍體覺得怪異，鄉里人士也覺得不平，於是去官府鳴鼓申冤。知縣王廷幹因爲幕僚的緣故，想要私下擺平這件事，知道的人都喧嘩躁動起來，拿石頭丟到官府中，廷幹狼狽逃走，於是把案子上呈到臺灣府，把守娘的婆婆跟小姑論罪處死。守娘最初草草埋葬在昭忠祠後面，大家欽佩她的節操，常常前往祭祀，屢次發生靈異事件，官員以爲這樣會迷惑民眾，所以遷移到其他地方安葬。

李時燦妻

王賈娘，鳳山人，嫁給李時燦，五年後就守寡。時燦沒有兄弟，只有一位年老的婆婆，孤苦無依。賈娘勤勞刺繡縫紉，非常孝順，守寡五十多年，鄉里人士都稱讚她，在乾隆年間得到表揚。

又有李鳳妻董氏、黃忠妻成氏、黃獎妻李氏、盧從妻曾氏、張元魁妻黃氏，都是臺灣縣人，堅守節操奉養公公婆婆，也都受到表揚。

金仁妻

黃明娘，鳳山人，十七歲嫁給金仁。過三年丈夫去世，沒有子嗣，丈夫的弟弟年紀很小，公公婆婆年老，於是忍住死亡的念頭奉養全家大小。過七年婆婆去世，公公又生病，明娘事奉公公極爲周全，時間雖長也不懈怠。等到公公去世，丈夫的弟弟稍微長大些，公公的葬禮結束，明娘就生重病。娘家想要請醫生治療，明娘不肯，說道：「我忍著不死十多年，是因爲要奉養公公、婆婆而已。現在公婆都走了，我也沒有遺憾了。」於是不吃藥而去世。

同縣黃研妻王氏，丈夫去世沒有子嗣，守喪二年後上吊自殺，才十六歲。黃尙妻吳氏，十八歲，丈夫死後沒有子嗣，喪禮剛結束，就投水自盡。陳某妻顏氏，被強盜逼迫，不順從而死，大家認爲是個節烈女性。後來這些女子都受到表揚。

大南蠻

大南蠻，諸羅目加溜灣社原住民大治的妻子。處理家務勤勞節儉，事奉公婆幫助丈夫，都能謹愼認眞的做好本分工作。二十歲時丈夫去世，社裡原住民聽聞她的美貌，爭相來求婚。大南蠻想要改變原住民的習俗，發誓不再嫁，拿起刀子說：「女子的頭髮可以剪掉，女子的手臂可以砍斷，女子的節操卻不可以動搖。」親身耕種甘於貧苦來養活她的孩子，堅守節操三十七年，官員上奏其事蹟，奉旨接受表揚。

連横說：「唉，大南蠻是一位原住民婦女而已，但堅守節操不再嫁，以保全貞操，不就是空谷中的幽蘭嗎？她的志向高潔，行爲幽雅，堅決不受汙染。雖然是原住民，但在道義上非常先進。」

陳清水妻

李氏，嘉義元長莊人，十八歲嫁給陳清水，生了三個兒子。過三年先生去世，堅守貞節撫養孤兒。長子紹華進學校學習，也勉勵他要砥礪行爲立下功名，大家都稱讚她的德行，五十四歲去世。

同縣王氏，下洋厝莊人，十八歲嫁給陳必快，過幾年就成爲寡婦。她撫育留下來的小孩，公婆都認爲她很賢慧，把家務都交給她。王氏擅長管理，家內外的事務都井井有條，七十五歲去世。

又有吳慶榮妻高氏、劉源由妻江氏、蕭世華妻李氏、蔡天照妻吳氏、陳仲卿妾王氏，都能堅守貞節撫養孤兒，奉旨表揚。

汪劉氏

劉氏，彰化汪某的妻子。雍正九年（一七三一）發生大甲西原住民之亂，居民被殺住處被燒，大家多逃走。危急之際，汪某跟妻子說：「正義不可被侮辱，我們各自打算。」於是自殺。余氏才剛抱著屍體痛哭，作亂的原住民突然來了，余氏自己撞牆而死。乾隆三年（一七三八）奉旨表揚，在東門樹碑題爲「汪門雙節」。

傅氏

傅氏，彰化水沙連堡車輋寮莊人，二十六歲時丈夫去世。兒子泉基才五歲，她全心養育，大家都欽佩她的節操。輋寮莊靠近林圯埔，民風強悍，像瞪眼看人這樣的小怨，也一定要報仇。而傅氏以恩德感化人們，鄉里發生事情，往往請她判別是非眞相，幾乎不曾打官司，盜賊也不敢到她村莊。同治四年（一八六五）九月三日五十七歲時去世。大家感念其恩德，立碑記載她的生平，舉人林鳳池題字「賢德可嘉」。

楊邦重妻

李氏，彰化人。二十歲嫁給楊邦重，過四年丈夫去世，下定決心堅守節操。家裏貧窮孩子年幼，就努力做縫紉刺繡以維持生活，歷經千辛萬苦四十多年，始終沒有改變，鄰里都稱讚。同治元年（一八六二）去世，享年六十九。同治十二年（一八七三），士紳蔡德芳請上司表揚她，官員把事蹟上奏，皇上允許。那一年，彰化請求表揚的節婦有一百二十人，都入祀節孝祠。

陳玉花妻

鄭氏，彰化人，崇本的女兒，嫁給陳玉花。生性溫柔婉約，夫妻感情很好。玉花進學校學習，沒多久就病死，鄭氏非常悲痛，於是也自殺。鄉里人士都欽佩她的貞烈，出殯的時候，穿喪服送行的有一百多人。同治十二年（一八七三），鄭氏跟鹿港施林氏、梨頭店莊徐九宣妻林氏、布嶼堡張廷煥妻沈氏、林圯埔街李捷三妻張氏、布嶼堡張源忠妾黃氏，都獲得貞烈婦女的表揚。又有貞婦黃氏、鹿港施衍忠妻子呂氏、縣治李媽基妻方氏、下坂莊楊舒益妻，也受到表揚。

楊舒祖妻

洪氏，彰化縣治人，八歲成爲楊舒祖的童養媳。等十五歲成年結婚，非常和諧順從。不久丈夫去世，公婆也去世，撫養年幼的小孩，非常窮困辛苦，幸好有兄弟的妻子互相依賴扶持，藉著縫紉、刺繡維持生活。等到兒子長大成家，家境也比較小康，大家以爲是辛苦守貞節的回報。光緒十二年（一八八六），鄉里人士收集洪氏的事蹟，跟王陳氏等一百五十九人，都提請接受表揚。

吳茂水妻

石錦娘，彰化沙連堡林圮埔街人，十四歲成爲吳茂水童養媳。個性和順，非常孝順公婆，公婆都很寵愛她。等到十五歲成年後，要占卜好日子準備結婚，茂水突然病死。錦娘才十六歲，悲痛到不想活，公婆勸她堅強，她才勉強準備喪禮，早晚都哭，聽到的人也感同身受掉眼淚。有一天回娘家，母親想錦娘年紀還輕，打算幫她找對象，錦娘激動得回答：「我活著是吳家的人，死了也是吳家的鬼，爲什麼要再嫁？」氣得沒有告別媽媽就回去。同治元年（一八六二）戴潮春之役，各地紛擾，有盜賊進到她家，看到美麗的錦娘，想要侵犯她，同行的盜賊罵道：「這是貞節的女性，怎麼可以欺侮！」那賊於是搶了財物就離開，沒多久交戰時中彈斃命，大家都認爲是報應。盜賊就互相告誡提醒，不敢再進她家，因此沒再遭到傷害。光緒十二年（一八八六），鄉紳陳上治等上奏其事蹟，奉旨表揚，入祀節孝祠，後來雲林知縣謝壽昌也在鄉里中表揚她。

那年烈婦陳氏也獲得表揚。陳氏大肚西保人，十七歲嫁給牛罵頭莊蔡懷選，還沒訂婚蔡懷選就去世，收到訃聞的時候，家人保密不讓陳氏知道，陳氏暗中聽聞，非常悲痛差點斷氣，家人急救才甦醒。陳氏發誓不想活，晚上就吃毒藥殉死。

郭榮水妻

洪阿嬌，彰化縣治人，許配給郭榮水，還沒訂婚榮水就去世，阿嬌聽到死訊大哭，絕食三天，也跟著去世。彰化人士嘉許她的貞烈，爲她寫了詩歌，來向世人表揚。光緒十五年（一八八九），上奏請求表揚，入祠節孝祠。縣人施氏，學生林錦裳的妻子，錦裳死後也殉身自殺。光緒十六年（一八九〇），上奏請求表揚。

吳氏女

吳氏女，彰化人，是韓婆過繼的兒子康論的童養媳。韓婆以前是妓女，看吳氏很漂亮，以爲奇貨可居，想要叫她接客，吳氏不要，就鞭打她。吳氏回娘家哭著跟母親說，母親劉氏也是再嫁的女性，於是到官府提告韓婆逼迫媳婦當妓女，韓婆也以吳家嫌家裡貧困不履行婚約提告，官府聚集兩方申辯，仍然把吳氏判給韓婆，韓婆更加沒有顧忌。有個在衙門擔任職務叫吳水的人跟韓婆交好，常常住在她家，看到吳氏年輕貌美，屢次挑逗她，吳氏都不理會。一晚闖到吳氏的房間，吳氏大叫救命，大家來才得以脫身，吳水因此非常痛恨吳氏，跟韓婆商量如何虐待她。一晚拿刑具來，韓婆用鐵銬銬住吳氏雙手，脫掉她的衣褲，把頭髮綁在木樁上，各拿著棍棒打她，吳氏還是抵死不從，吳水非常生氣，用棍棒插到陰部當中，又用刀刃割她的腹部，吳氏就被弄死，當時是道光七年（一八二七）春正月二十一日亥時。那晚劉氏夢到女兒披頭散髮七孔流血而來，覺得事情不對，一大早急忙去探視，果然只看到屍體。請官府查驗死因，拔掉棍棒時血噴濺數尺，看到的人都覺得悽慘。事情傳播開來後，知府鄧傳安爲吳氏申冤，並請求表揚。吳水被處死，韓婆被絞殺，知道消息的人都覺得痛快。

何子靜妻

林氏，福建侯官人，個性端莊，容貌美麗身材曼妙，二十歲嫁給何子靜。子靜來臺灣，擔任林朝棟軍隊的會計，於是就移居到彰化。子靜年輕喜歡美色，常到妓院，林氏婉轉勸諫，丈夫不聽，過不久果然得病。林氏侍奉他喝藥，從來不懈怠，子靜還是死了，林氏撫摸屍體極爲悲痛，就吞鴉片殉身，當時二十四歲，這是光緒十五年（一八八九）八月某日的事情。林朝棟向巡撫呈報林氏事蹟，請求表揚。光緒十九年（一八九三）奉旨入祠節孝祠。

林楊氏

楊氏，彰化縣治人，歲貢生春華的女兒，個性端莊，讀書學習禮儀。十六歲許配給臺邑阿罩霧莊林資鏗，就是林朝棟的長子，還沒訂婚丈夫就去世。楊氏聽到死訊，非常悲痛。春華帶著她參加喪禮完，楊氏就不回娘家了。公婆憐憫她未婚守寡，替她選了一間安靜的房間讓她居住，楊氏除了早晚向公婆請安，不曾出過房門。穿著樸素的布裙，戴著素雅的木釵，不抹粉擦口紅，恬靜寡慾。乙未之役，林朝棟想要移居中國，楊氏辭謝道：「寡婦沒有馬上跟著丈夫一起死，是因爲繼承的後代還沒有找好。今天突然遭到變故，如此危險、惡劣的時局，怎麼還能因爲我的弱小來讓父親您擔憂呢？」當晚自己在床上上吊自殺。女婢林氏，頂橋仔頭莊人，寡婦，也一起吊死。鄉里的人聽說這件事，都爲之嘆息。朝棟於是以第三個兒子資鏗（一八七八—一九二五）的小孩正態（一八九九—一九九三）過繼給林資鍠這一房。

余林氏

林春娘（一七七九—一八六四），淡水大甲中莊人，父親光輝是農民，後來成爲余榮長的童養媳。榮長十七歲到鹿港經商，溺死，公公去世婆婆還健在，沒有其他後代，婆媳痛哭。春娘才十二歲，沒有跟丈夫完婚，但她願意終身事奉婆婆不再改嫁，等婆婆稍微不那麼悲痛，願意吃東西，春娘就開始煮飯，白天做家事晚上休息，非常恭敬的遵從婆婆的命令。不久婆婆眼睛長白膜看不清楚，春娘用舌頭舔眼睛，焚香虔誠禱告，還沒半年就痊癒。後來又得了手腳抽筋的病，春娘在床邊侍奉，親自幫婆婆洗澡，有時整晚不睡覺，婆婆勸她休息她才停止，但還是常常醒來照顧她。婆婆嘆息道：「能得到這樣的媳婦，我不用擔心沒有兒子了。」婆婆去世時春娘比常人更加哀傷。家裡貧困，每天紡織刺繡，又收養家族裏的小孩傳承，不久小孩去世，又找別的小孩，長大成人娶媳婦後兒子又去世，於是跟媳婦一起養育幼孫。平常生活閒適，不曾言語急迫，神色嚴厲，鄉里的人都很敬重她。道光十三年（一八三三）奉旨表揚。

等到戴潮春之役，同治元年（一八六二）夏，五月六日，王和尚糾集眾人攻大甲鎮，切斷水源，城中人民無法煮食，動亂不安想要出走，於是請春娘禱告求降雨，雨水馬上降落，大家驚喜，圍繞著城牆守護。二十一日，王和尚又聯合何守、戴如川、江有仁等人進攻，有上萬人，環繞城牆數圈，水源又被切斷，城中好幾天打不到水，春娘又出來禱告求降雨。當時和尚率領軍隊轟擊，位處上方，像要把整個城壓毀似的，城內幾乎無法對抗，忽然下大雨風向倒轉，濠溝邊茅舍發生火災，大家驚嚇潰散，義勇軍開城門出去攻擊王和尚軍隊，才解開重圍。當時兩軍相爭，大甲是扼要之地，淡北的安危就靠此城，所以屢屢遭受圍困，而防守更加堅固。十一月，林日成又率領群眾來攻打，形勢甚爲張揚，連戰了十天，水源屢次中斷。二十六日，春娘第三次出面禱告求降雨，士氣加倍振奮，被包圍的情況又再度解除。亂事平定後，大甲城民眾禮遇春娘如同神明一樣。同治三年（一八六四）去世，享年八十六歲。媳婦巫氏也以貞節著稱。

連橫說：我讀《東瀛紀事》，記載大甲林氏祈雨之事，非常奇特，我認爲是藉此振作士氣而已。後來思考，眞誠是可以感動上天打動人心的，祈雨一事，難道只是虛無嗎？因此愚者可以產生智慧，弱者可以激發勇氣，口拙者可以伸張辯論，糊塗的人可以彰顯英明。像女媧補天、羲和浴日甘淵這種力挽狂瀾的大功勞，本來就是我們一般人所能做到的啊！但要不是像林氏一樣忠貞孝順，是無法與鬼神接應的。何況這是一萬次當中才會發生一次的僥倖啊！

李聯城妻

曾氏，淡水竹塹人，嫁給李聯城，二十五歲就守寡。李家是竹塹有名望的家族，子弟多學習禮儀，曾氏八十五歲去世。聯城弟弟聯春，娶了邱氏，是總兵鎮功的女兒，也守寡，六十四歲去世。聯青妻子何氏，二十二歲守寡，三十一歲去世。祖仁妻王氏，二十八歲守寡，三十八歲去世。祖澤妻子鄭氏，二十四歲守寡，三十三歲去世。開廷妻子蘇氏，十八歲出嫁，開廷常生病，過二年去世，蘇氏堅定志向要殉身。光緒十六年（一八九〇）十二月，接受表揚。鄉里人士稱爲李門六節。

王家霖妻

黃氏，淡水人，嫁給艋舺士人王家霖。丈夫死後堅守節操，七十四歲去世，奉旨接受表揚。光緒八年（一八八二）冬天十月，在城內東門街樹立貞節牌坊。王大權妻子謝氏，大龍峒街人，也因堅守節操接受表揚。

陳周氏

周氏，淡水人，嫁給芝蘭二堡北投頂莊陳某，丈夫死後事奉婆婆，撫養年幼的孩子，非常勤勞節儉，鄉里人士稱贊。道光三十年（一八五〇）接受表揚。咸豐十一年（一八六一），其孫陳文華在莊內樹立牌坊。

鄭、徐二氏

鄭氏，淡水人，大佳臘堡大龍峒街陳某的後妻。丈夫死後自己吊死。姊姊徐氏也自殺殉夫。光緒十六年（一八九〇），都奉旨接受表揚，在街角樹立牌坊，鄉里稱爲陳門雙烈。

徐、陳氏

陳氏，淡水大稻埕人，嫁給徐某。徐某教書，家裡貧困，過幾年病死。陳氏沒錢下葬，葬禮結束後，換了喪服服藥自殺。知縣葉意深聽說此事，到他家奠祭，邀請族人爲他們家找後代。出殯那天，鄉里人士有數十人手執繩索牽引靈柩來送葬。意深說：「婦女堅守節操，國家都有表揚的儀式，何況這是貞烈的婦女，尤其可以鼓勵不淳厚的風氣習俗。」為陳氏上奏此事。

呂阿𥠄

呂阿𥠄，新竹北門街人，父親呂障生了三個女兒，都很漂亮，而阿𥠄尤其美麗。個性貞烈高潔，嚴肅不隨便說笑。母親劉氏是妓女，家裡經濟雖然中等，還是把二個女兒當搖錢樹，有錢人、大商人都出入他家，從早到晚喝酒唱歌，阿𥠄心裡不喜歡，就找間房間自己一個人住。鄉里有魏某人看到阿𥠄很喜歡，用許多錢賄賂她母親，想要跟她過夜。阿𥠄哭著勸諫母親：「女子雖然愚笨，誰能沒有廉恥？放下廉恥當妓女的，只是為了維持生活而已。現在我們家僥倖能溫飽，為什麼還要做這種事讓鄰里嘲笑？如果一定要我效法兩位姊姊，即使死掉我也不肯。」母親生氣的鞭打她，又暗中跟魏氏謀劃，想要強暴阿𥠄。阿𥠄略微知道他倆的意圖，非常嚴密的提防，但還是怕被羞辱，於是剪掉頭髮毀掉容貌，吃素唸佛，不見其他人。有天有位尼姑從遠方來，形狀樣貌非常雄壯魁武，派人告訴阿𥠄說：「我聽說你有志修行，但因沒有師父帶領而苦惱。如果能跟著我遊歷四方，我會傳授你密法，那麼成佛就不難了。」阿𥠄態度嚴正的說：「我堅守我的節操而已，要修行什麼？你又能傳授我什麼密法？告訴這個不知從哪來的尼姑，不要想騙我。」這尼姑慚愧離開。母親看阿𥠄志向堅定，一定要讓她挫敗屈服，以利益誘惑她，用威勢恐嚇她，都不為所動。阿𥠄想來想去難逃母親的魔掌，於是光緒十九年（一八九三）二月二十六日那天，洗完澡換好衣服，焚香拜佛後，在深夜上吊自殺，才二十三歲。出殯那天，鄰翁李祖琛是顯貴家族，叫子弟拿瓣香禱祝送別，且揚言道：「女子守貞操，國家都會有表揚的儀式，阿𥠄出身於妓女戶，尤其值得表揚，正所謂出淤泥而不染啊！」大家聽到這話，拿繩索牽引靈柩送葬的有數百人，墓在臺南東邊蜂窠山。

許裕妻

林氏，澎湖人，許裕的妻子，二十歲就守寡，小孩有翰沖、翰賓。生活貧困還是努力撫養兩個小孩，嘗盡辛苦。翰沖長大從軍，因爲平定朱一貴亂事建功，升到都司。翰賓也長大成人。鄉里認爲母親教育成功。雍正十三年（一七三五）廣布恩澤，贈給恭人的稱號，九十四歲才去世，入祀節孝祠。

蔡欽妻

謝氏，澎湖奎壁澳人，嫁給蔡欽，十八歲就守寡，丈夫亡故後肚子裡的孩子也夭折，家裡貧困缺乏食物，鄉里的婦女因爲她年輕，多勸她再嫁。謝氏不聽，指著天發誓：「女性嫁人後不幸丈夫死亡，這是命運。有後代就守節，沒有後代就殉死，也是命運。我處在今天的局勢，只有殉死而已。」鄉里的婦女知道無法改變她的心志，才停止規勸。後來過繼一個孩子來保存丈夫的血脈加以祭祀，其他人都欽佩她的貞節。

郭克誠妻

林氏，澎湖東西澳人，十九歲嫁給郭克誠。婆婆李氏個性嚴厲，媳婦四個人，只有林氏能討她歡心。克誠兄弟分家後，婆婆因爲林氏孝順，仍然跟著克誠讓他奉養。克誠也能揣摩母親的心意，澳中都說克誠是孝子，家裡內外沒有疏遠感情融洽。後來克誠去世，林氏才三十歲，小孩也才十歲，林氏勤勞做刺繡、縫紉來維持生活。婆婆年紀大了以後，常生病生氣，其他媳婦很少來親近，林氏事奉更加謹慎小心。病重時婆婆牽著林氏的手說：「你這樣子事奉我，可稱得上孝順。我沒有什麼可以回報你，只希望將來你的媳婦也能這樣對待你，我才得到安慰。」林氏能以媳婦兼兒子的身分對待婆婆，又以母親兼父親的身分對待兒子，可以稱得上賢慧。

吳循娘

吳循娘，澎湖港尾鄉人，小時候成爲蕭春色的童養媳，不久春色生病去世，公婆因爲家裡貧窮，想把循娘許配給小兒子。循娘臉色嚴肅的說：「媳婦平常和小叔以嫂叔相稱，名分已經定下。現在如果改嫁給小叔，就是亂倫，我寧可死也不聽從。」而公婆更加堅持，甚至加以鞭打，占卜日子準備東西，將強力舉辦婚禮。循娘看到事情緊急，半夜服藥自殺，才二十歲，當時是光緒十二年（一八八六）某月某日。

劉正娘

劉正娘，澎湖水按澳人，小時候許配給許天俊。正娘長大後失明，天俊遵守婚約，請媒人去商量舉行婚禮，正娘不答應，跟母親一起居住，把耳環等裝飾都拿掉，到老都守貞操不嫁，七十六歲去世，人稱孝女。

高悉娘

高悉娘，澎湖東衛社人，小時候成為呂旺的童養媳，還沒成親呂旺就死了。喪禮舉行完畢，公婆憐惜她還年輕，想要幫她再找對象。悉娘悲傷的回答：「我是呂家的媳婦，不是呂家的女兒。如果公婆不原諒我，我只好跟隨亡夫到地下。」家人憐惜她的心志，答應幫她找後代。她辛苦實踐婦道，鄰里都稱她孝順。五十七歲去世。

黃廣生妻

林氏，澎湖赤崁澳人，許配給黃廣生，還沒成親廣生就去世。於是稟告父母，到黃家探視，將珠玉放入廣生口中後將其下葬，事奉公婆非常孝順。守喪三年後自殺殉夫。

劉氏女

劉氏，臺灣鎮總兵廷斌女兒，跟著父親來臺灣。父親去世後，十七個眷屬在道光八年（一八二八）春天，買船票回中國。在海上遇到強盜，殺光其他眷屬，劉氏因為漂亮而沒有被殺。有位順道搭船的旅客一直哀求，強盜把他丟到岸邊，劉氏跟錢袋一起擄走。到安海，買下豪宅居住，過十幾年後，已經生下四個孩子，沒有人知道當年的事，強盜也沒有懷疑劉氏有二心。有天劉氏到觀音寺拜佛，排場浩大，師父以為她是貴婦，親自來獻茶，劉氏看到師父覺得眼熟而驚訝，回家路上仔細回想當年遇害的事，才知道師父就是當年順道搭船的旅客。過幾天又前往寺廟，命令師父導覽寺內，屏除眾人跟師父談話，就給他一個訟狀牒文，告誡他不要洩露消息，師父連夜趕路走了數十里，到泉州把訟狀投給知縣，並且告知強盜們聚餐的時間，知縣派差役捉拿，全數逮捕，審訊後都認罪，全部處死，並用繩索捆綁四個小孩，問劉氏要如何處理。劉氏說：「我忍辱十多年，因爲仇恨還沒報而已，這哪裡是我想生的小孩啊！」於是親手拿刀殺死他們，然後自己上吊自殺。官員聽到此事，上奏奉旨表揚。

連橫說：我讀史書，每次看到復仇的事情，都會氣概壯烈、意氣風發的手足舞蹈。像豫讓的義氣（主人知伯為趙襄子所滅，豫讓把全身塗黑，吞燒紅的炭成為啞巴，使人不認識他，易容後想刺殺趙襄子為主人復仇，事不成而死）、聶政的勇敢（嚴仲子重金禮聘聶政刺殺仇人俠累，聶政以母親尚在而不答應。待母逝姊嫁，因感恩於知己，於是刺殺俠累，替嚴仲子復仇。事成之後，恐連累其姊，乃毀容自盡），大家多稱讚。但女性復仇的事蹟，龐娥之後只有幾個人而已。唉！像劉氏這樣，可說有智慧又勇敢，身處於強盜巢穴，從容策劃而不驚恐，最後親身報了滅家大仇，又親手把強盜後代殺死，何其壯烈！世間懦弱的人，看到劉氏的事蹟也會有所啓發吧！

卷三十六　列傳八

丘逢甲列傳

丘逢甲，字仙根，又字仲閼（ㄜˋ），彰化翁仔社人，後隸臺灣。社處大甲溪之旁，土番部落也，粵籍居之，故其俗尚武負氣；而逢甲獨勤苦讀書，年十三入泮（ㄆㄢˋ，學校）。時吳子光設教呂氏之筱雲山莊，藏書富。逢甲負笈從，博覽群籍，遂以詩文鳴里中。灌陽唐景崧以翰林分巡臺灣道，方獎掖風雅，歲試文生，拔其尤者讀書海東書院，厚給膏火（供給讀書費用），延進士施士浩主講。於是逢甲與新竹鄭鵬雲，安平汪春源、葉鄭蘭肄業其中。未幾，聯捷成進士，授兵部主事，為崇文書院山長。及景崧陞布政使，邀其至，時以文酒相酬酢（ㄗㄨㄛˋ。酬酢，應酬）。臺灣詩學為之一興。

光緒二十年，朝鮮事起，沿海籌防，景崧署巡撫。二十一年春三月，日軍破澎湖，北洋亦師熸（ㄐㄧㄢ，潰敗）艦降，議割臺灣以和。時臺灣舉人會試在北京，上書都察院，請止。不聽。紳士亦群謀挽救，逢甲為首，函電力爭，皆不報。四月，和議成，各官多奉旨內渡。而景崧尚留，誓與臺灣共存亡。逢甲乃議自主之策，眾和之。五月朔，改臺灣為民主國，建元永清，旗用藍地黃虎，奉景崧為大總統，分電清廷及沿海各省，檄（ㄒㄧˊ，文書通報）告中外，語甚哀痛。當是時義軍特起，所部或數百人、數千人，各建旗鼓，拮抗（拮音ㄐㄧㄝˊ。拮抗，頑抗）一方。而逢甲任團練使，總其事，率所部駐臺北，號稱二萬，月給餉糈（ㄒㄩˇ，糧食）十萬兩。十三日，日軍迫獅球嶺，景崧未戰而走，文武多逃。逢甲亦挾款以去，或言近十萬云。

連橫曰：逢甲既去，居於嘉應，自號倉海君，慨然有報秦之志。觀其為詩，辭多激越，似不忍以書生老也。成敗論人，吾所不喜，獨惜其為吳湯興、徐驤所笑爾。

吳、徐、姜、林列傳

吳湯興，粵族也，家於苗栗，為諸生。粵人之居臺者，多讀書力田，負堅毅之氣，冒危難，不稍顧。而湯興亦習武，以義俠聞里中。

乙未之役，臺灣自主，各鄉皆起兵自衛。湯興集健兒，籌守禦。及聞臺北破，官軍潰，禡旗（禡音ㄇㄚˋ。禡旗，出師前祭旗）糾旅（集合部隊），望北而誓曰：「是吾等效命之秋也！眾皆起。」遂與生員邱國霖、吳鎮洸等，募勇數營，就地取糧。富家多助餉，架一櫓（瞭望樓），置大鼓其上，有事擊之以聞，立法嚴明。當是時，徐驤起於苗栗，姜紹祖起於北埔，簡精華起於雲林，所部或數百人，數千人，湯興皆馳書合之。

徐驤者，苗栗諸生也。紹祖世居北埔，家巨富，為一方豪，年方二十，散家財募軍，得健兒五百，率以赴戰。夏五月二十日，日軍略新竹；至大嵙崁，莊民伏險擊，退據娘仔坑。棟軍統領林朝棟援臺北，次新竹，知縣王國瑞請以前隊衛城，而湯興亦集提督首茂林、總兵吳光亮、棟軍傅德陞、謝天德所部，各調五百，與紹祖北進。二十有三日，次楊梅壢，途遇日軍。併力攻之，日軍稍卻。二十有五日，邱國霖以七百人戰於大湖口，無援而歸。日軍追之，迫新竹。王國瑞逃，紹祖力戰不屈，所部多死傷，被俘。日軍囚諸庭，問：「誰姜紹祖？」其家人猝應曰：「余。」推出斬之，故紹祖得生。驟歸北埔，再集佃兵，又赴戰。遂死。日軍既得新竹，將南下，苗栗知縣李烇（ㄑㄩㄢˊ）與湯興謀戰事，遣徐炳文赴臺中告急。而徐驤力守頭份，故日軍不能進。

閏五月初五日，日軍分三路而下：一由新竹大道，一出安平鎮，一援三角湧。新埔人邱嘉猷扼守竹圍，迴環重疊，炮不能擊，死傷百數十人。其援三角湧者，又為黃曉潭、蘇力、蔡國樑、黃國添、張龍安等沿途伏擊，掘地窟以陷馬足。日軍苦戰，又沒百數十人，得援始免。降將余清勝道由小路以攻，拒戰數日，而三角湧始破。日軍至老嵙崎，徐驤之兵又伏擊之，追至新竹城外數里而回。

當時是，蒼頭（指兵卒）特起，士氣頗盛。臺灣府知府黎景嵩遂欲進規新竹，以副將楊紫雲率新楚軍二營、傅德陞一營、鄭以金一營，會師往戰。而葫蘆墩人陳瑞昌亦募勇五百，願為前鋒。富家助以餉械，踴躍而進，分攻新竹。環其三門，炮及城中。徐驤所部尤奮勇。日軍力守，故不陷。

初，湯興以餉事與李烇齟齬（ㄐㄩˇ ㄩˇ，不合），且互詰（責問）。幫辦軍務劉永福命苗紳解之，不從。前敵又告急，永福不能往，命幕僚吳彭年率黑旗兵七百名，副將李維義佐之，至彰化。景嵩請以維義援頭份，而彭年亦趣（趨）赴苗栗。六月十八日，日軍大隊至新竹，合攻筆尖山。二十日，又由香山、頭份之後夾擊。徐驤力戰，紫雲陣沒，維義敗回。日軍乘勢攻苗栗。苗栗無城，不足守。黑旗管帶袁錦清、幫帶林鴻貴皆戰沒。彭年收餘兵，退大甲。湯興、徐驤俱入彰化。

七月初五日，日軍涉大甲溪，破葫蘆墩，略臺中。揀東堡莊豪林大春、賴寬豫設國姓會，集子弟千人，拒戰於頭家厝莊。莊人林傳年少，精火器，潛伏樹上，應彈而踣（ㄅㄛˊ，倒斃）者二十餘人，終被殺，放火焚莊。彭年檄彰化知縣羅樹勳赴援。相持一日夜，日軍復至，臺中遂破。初七日，彭年誓師，分署各隊，以湯興、徐驤合守八卦山。越二日黎明，日軍攻山，別以一隊撲黑旗營。湯興拒戰，徐驤亦奮鬥，而炮火甚烈，不能支。湯興陣沒，其妻聞報，亦投水死。徐驤奔臺南，彭年戰死山麓，黑旗將士多殲焉。

先是雲林知縣羅汝澤募簡精華、黃榮邦、林義成援彰化。方至而城破，遂歸故里。初十日，日軍陷雲林，進據大莆林，鋒銳甚。永福檄副將楊泗洪往取，清華、義成各率所部助。日軍卻，泗洪追之，中炮死，管帶朱乃昌奪屍歸。酣戰至夜，榮邦、義成伏蔗林中以擊，遂奪大莆林，殺傷過當。乃昌亦血戰死，永福以都司蕭三發代領其眾。又檄簡成功統義軍。成功，精華之父也，驍勇能戰，遂合官軍克雲林。日軍入山，遇覆殲焉；其由大道者退據北斗。十六日，三發趣諸軍取彰化，阻於日炮。分駐樹仔腳，連戰俱捷。而餉絀（ㄔㄨˋ，不足）。請濟，永福無策，僅括千五百兩以與之。附近莊民多蒸飯供軍，故不餒。

方彰化之陷，徐驤走臺南。永福慰之，命入卑南募兵，得七百人，皆矯健有力者。趣赴前敵，駐斗六溪底。十五日，日軍大隊猛攻樹仔腳，諸軍開壁出，互殺傷。徐驤復從間道夾擊，乃退據北斗。以是不能越溪而南。方是時風雨暴作，山水汎濫，黑旗諸軍輒乘夜奇襲。海豐崙人陳戇番謀內應，以防備嚴，未敢動。彰化諸軍攻圍久，彈藥將罄。八月初六日，榮邦誓師決戰，中彈死。義成再進，亦殊傷。十三日，日軍大舉，以擊三發之營。徐驤、精華援之，相戰數日，彈丸盡，退於他里霧。日軍復迫之。徐驤方食，趣諸軍出，回顧曰：「今得彈丸千，猶足以持一日夜。顧安所得者？」奮刃而前。左右數十人從之，欲伏險以擊。中彈踣，躍起而呼曰：「丈夫為國死，可無憾！」諸皆受傷莫能興，雲林復陷，嘉義亦破，而林崑岡起焉。

林崑岡列傳

崑岡字碧玉，漚洪莊人，嘉邑諸生也。設教鄉中，素好義，能為人排解。至是聞前敵疊敗，集曾文溪以北莊人而告之曰：「臺灣亡矣！若等將何往？吾欲率子弟衛桑梓，若等能從吾乎？」應者百數十人。推新營莊生員沈芳徽統之，而己為佐。遣人赴臺南，請軍器，僅得舊銃數十桿。邀戰於鐵線橋。崑岡持棉牌，握利刃，勇士數人從之，踴躍而進。日軍稍卻。復戰於溝仔頭，殺一中尉。沿途莊民亦持械拒戰，忽合忽逝。二十有三日，日軍大進。崑岡指天而誓曰：「天苟不欲相余，今日一戰，當先中彈而死。」眾皆感泣。鳴鼓出，彈貫其胸，握刃坐。長子亦戰死。越五日，莊人乃收其屍，倔強如生，年四十有五。

連橫曰：乙未之役，蒼頭（青頭巾裹頭的兵卒）特起，執戈制梃（ㄊㄧㄥˇ。制梃，提著木棍），受命疆埸，不知其幾何人。而姓氏無聞，談者傷之。昔武王克殷，殷人思舊，以三監叛，周公討之。讀史者以為周之頑民，即殷之義士，固不以此而泯其節。晉文定王（周襄王），王賜陽樊，陽人不服，晉師圍之。倉葛大呼曰：「德以柔中國，刑以威四夷，宜吾之不服也。」晉師乃去。讀史者以為倉葛之知義，而晉文之秉禮，復不以此而諱其言。夫史者，天下之公器，筆削之權，雖操自我，而褒貶之旨，必本於公。是篇所載，特存其事，死者有知，亦可無憾。後之君子，可以觀焉。

吳彭年列傳

連橫曰：乙未之役，臺人建國，奉巡撫唐景崧為大總統，布告內外，一時豪傑並起，枕戈執殳（ㄕㄨ，兵器），慨然有衛桑梓之志。洎（ㄐㄧˋ，及）景崧逃，臺北破，南中又奉劉永福為主。永福固驍將，越南之役，以戰功著，至臺以後，碌碌（平庸）未有奇能。唯其幕僚吳彭年，以一書生提數百之旅，出援臺中，鏖戰數陣，竟以身殉，為足烈爾。

彭年，字季籛（ㄐㄧㄢˇ），浙江餘姚人。年十八，為諸生，工詩文，賦氣豪邁，欲追傅介子（傅介子，西漢外交官）、班定遠（班超，東漢將領、外交官）之志。流寓廣州，遂家焉。乙未春，以縣丞需次臺北。劉永福聞其才，延為幕客。當是時，軍書旁午（旁午，繁雜），彭年任記室，批答文移（文移，公文），多出其手，暇又為詩歌，與士大夫唱和，多慷慨悲壯之語。及臺北破，永福持殘局，所部曰黑旗，以善戰聞。夏五月，臺灣府知府黎景嵩集北歸散勇，編為新楚軍，與苗栗義民吳湯興、徐驤力戰圖恢復，而餉絀，電請永福接濟。永福困無以應。既而湯興以爭餉事，與苗栗知縣李烇齟齬，兵愈敗，且互詰。永福慮臺中有失，議提兵往，彭年慨然請行，率七星旗兵七百，副將李維義佐之。閏五月二十九日，至彰化。景嵩以維義統新楚軍，分舊部之半，赴苗栗。六月十五日，彭年亦從苗栗人之請，率屯兵營管帶徐學仁、黑旗兵管帶袁錦清、幫帶林鴻貴提兵往。翌日，駐大甲。十八日，新楚軍前統領楊紫雲在頭份莊戰死，維義敗回。時部下兵薄，方召募未成。日軍猝至，不能戰，又不得不戰。彭年騎馬略陣，馬悲鳴不行。易馬再出，躬自陷陣，吳湯興、徐驤助之，奮呼力戰，彈如雨下。袁錦清、林鴻貴皆戰死。彭年收兵，歸大甲。二十三夜，苗栗破，吳、徐率勇入臺中。彭年回彰化，電臺南告急。永福檄堅守，援且至。

初，鹿港紳商議籌餉助軍。及聞苗栗破、臺中危，恐彰化難守，遂多走避。亡何（沒多久），敗兵索餉，環府門而譁（ㄏㄨㄚˊ，喧鬧）。景嵩不能解，請彭年兼統之。彭年張軍幄（ㄨㄛˋ。軍幄，軍帳），朝將校，曉譬大義，軍心稍定。再電臺南，不應。復哀之，復曰：「氣盛即勝。」八月初，日軍已渡大甲溪。募勇亦多至，然悉無餉械，不能戰。城僚議棄城走，彭年力止之，曰：「公等固無恙，其如土地何！且吾又何面目以見臺人乎？」遂誓死。疊電告。永福疑懼，復曰：「兵來禦之，死守無恐。」彭年嘆曰：「吾與臺事毫無責守，區區寸心，實不忍以海疆重地，拱手讓人。今劉帥諭我死守，誠知我也。」是日移營，負險面溪。附近莊民日蒸飯供軍。次日，放兵巡哨，遇日軍結筏渡，卻之。而臺南援兵踵至，氣稍振。已而諜報葫蘆墩危。初五日，日軍繞溪而至。捒東堡莊豪林大春、賴賓豫設國姓會，集子弟千人，拒戰於頭家厝莊，互殺傷。彭年聞警，調彰化知縣羅樹勳趨救，相持一日夜。日軍復至，樹勳退走，臺中遂破。初六日，駐牛罵頭。越日，以兩隊攻彰化。彰城小如斗，八卦山當其東，俯瞰城中，山破則城亦破，故守禦多重此山。晚，旱雷兵二百自南至，欲布雷於大肚溪畔。而旱雷由海運鹿港，越兩日始至，而城已失矣。初七日，彭年誓軍，以王得標率七星旗兵三百守中寮，劉得勝率先鋒營守中莊，孔憲盈守茄苳腳，李士炳、沈福山各率所部守八卦山。初九日黎明，日軍以一中隊涉溪攻黑旗營，又以一中隊擊其背。彭年出禦。而大隊已從間道直搗八卦山矣。吳湯興、徐驤扼守，開炮擊，多不中。日軍冒險登山。吳、徐不能支，遂敗走。當是時彭年大戰於大肚溪，遙望八卦山已樹日旗，急率全軍回救。至南壇巷，手刃逃卒二人。眾奮勇奪山，至麓，中彈墜。親兵四人翼之，亦死。李士炳、沈福山俱歿於東門外，死者幾五百人。日軍入城。景嵩、樹勳各微服逃。

初，彭年將赴彰化，介其宗人吳敦迎為理軍糈。及城破，敦迎出，途遇彭年屍，命其傭阿來瘞（ㄧˋ，埋）之，密識其穴。安邑庠生陳鳳昌，義士也，聞彭年戰死，甚壯之，灑酒為文以祭。越數年，為之負骨歸鄉。發穴時，衣帶猶存，血痕尚斑斑也。至粵，其家居順德，唯一老母，髮已白。妻前逝，遺二孤，俱幼。家無餘資，但依親友以存。吁！又可哀也！

連橫曰：如彭年者，豈非所謂義士也哉？見危授命，誓死不移，其志固可以薄雲漢而光日月。夫彭年一書生耳，唐、劉之輩苟能如其所為，則彭年死可無憾。而彭年乃獨死也！吾望八卦山上，猶見短衣匹馬之少年，提刀向天而笑也。嗚乎壯矣！

唐、劉列傳

唐景崧，字維卿，廣西灌陽人，以編修轉部。性豪爽，飲酒賦詩，遨游公卿間。光緒九年，法蘭西謀併越南，中朝出師救之。而黑旗兵捍禦尤武。黑旗者，欽州劉永福也，少為太平軍部曲（部曲，軍隊）。敗後，逃黔桂間，糾集黨徒，闖入越南，官不能制。當是時，法人在越，狼瞻虎噬，侮慢子女。越南君臣拱手唯命，日恐社稷之不血食。永福憤之，起兵與戰，大勝於紙橋，禽（擒）其渠帥；又勝於諒山，越王大喜，封義良男，授三宣提督，威名大震。清廷以兵部尚書彭玉麟督師兩廣，提督王德標、馮子材出關援之。景嵩以永福義士，上書政府，請說之效命。既往，造軍門，握手道平生。曰：「淵亭勞苦。公如肯歸國，當以專閫（閫音ㄎㄨㄣˇ。專閫，主掌京師以外權事的大臣）相待。朝廷望公切也。」永福亦念宗邦，深欲建功自贖，許之。十一年，和成，入京，溫旨嘉慰，授南澳鎮總兵，記名提督。景崧亦以功任臺灣兵備道。

臺為海中奧區（奧區，腹地），人材蔚起。景嵩雅好文學，聘進士施士浩主講海東書院。庠序（庠音ㄒㄧㄤˊ。庠序，學校）之士，禮之甚優。道署舊有斐亭，葺而新之，暇輒邀僚屬為文酒之會。又建萬卷堂，藏書富。太夫人能詩，每一題成，主評甲乙。一時臺人士競為詩學。十七年，陞布政使，駐臺北。臺北新建省會，游宦寓公，簪纓（高官）畢至。景崧又以時最之，建牡丹詩社，飭纂《通志》，自為監督，未成而遭割臺之役。

二十年春，日本以朝鮮之故，進兵漢城，布告開戰。清廷以臺灣為東南重鎮，命永福率師防守，幫辦軍務。六月，至臺南，巡視沿海，駐旗後。八月，上省，與景崧議戎機。清廷以奉省各軍疊敗，召之北上。永福以所部力弱，不足赴戰，上書總理衙門，略曰：「福越南勁旅，實有數萬。入關之初，祇准帶來千一百人，此皆揀選於平時者也。到粵以來，頻遭裁撤，今僅存三百人。奉旨渡臺，始募潮勇數千名，分為二營。烏合之眾，倉卒成軍，以之言戰，何能禦侮？法人之役，實為前車。到臺以後，極力籌商；而臺灣孤懸海外，口岸紛多，防不勝防。必須南北聯為一氣，始可言守。福有舊部三千，皆經歷戰之士，又有裨將數人，足寄心膂（ㄌㄩˇ。心膂，親信）。意欲招之至臺，扼守南隅，兼為北援。前曾咨商閩粵督憲（督憲，督撫大臣），懇切哀求，繼復商之臺撫，均不允准。當此之時，既無糈餉，何能募軍？興言及此，不禁痛哭。今兩奉特旨，命福北上，非敢遲延赴敵，實因所部無人，自請罷斥，又近規避，非夙志也。福一介武夫，荷蒙優渥，位至方面（道臺知府皆稱為「方面官」）。誓命報國，萬死不辭。為今之計，請回粵中，招集舊部，然後北行。並以福交與北洋大臣節制，一切軍情，不至阻隔。」詔以永福仍駐臺灣。

九月，邵友濂奏請辭職，以景崧署巡撫。既受事，整剔軍政，以永福守臺南，棟軍統領林朝棟守臺中，而福建水師提督楊岐珍亦率軍駐北。土客新舊凡三百數十營，每營三百六十人，需餉孔巨，奏請協濟。旋奉部撥五十萬兩，南洋大臣張之洞許助一百萬兩，以次劃匯，而戰守急矣。二十一年春二月，日軍破澎湖，守將周振邦逃。奉省亦軍敗艦降。詔以北洋大臣李鴻章為全權議和。日廷索割臺灣。臺人聞之，奔走相告，哀籲請止。三月二十有二日，景崧電奏曰：「三次電奏，一次電詢，總署和議情形，均未奉復詳行。紛傳割遼、臺並派某爵率兵船即日來臺簽押，李鴻章希圖（希圖，企圖）了事，斷不可行。必不得已，查外國近年聯二、三國為同盟密約，我可急挽英、俄或請外國，從公剖斷。不可專從李鴻章辦法。割臺，臣不敢奉詔。且王靈已去，萬民駭憤已極，勢不可遏。朝廷已棄之地，無可撫慰，無可約束。日人到臺，臺民抗戰，臣不能止。臣忝權臺撫，臺已屬日，即交繳辦法仍用臺撫之銜，不特為臺民笑，更為日人笑也。如必割臺，唯有乞請迅簡大員來臺辦理。此外尚有一線可冀挽回，伏乞聖照熟思。揆今時勢，全局猶盛，尚屬可為，何至悉為所索？列聖在天之靈，今日何以克安？臣不勝痛哭待命之至。」不報。臺人遂議自主。各官多送眷回，行李塞途。無賴見之，以為盜餉，遏（止）而奪之。中軍參將方元良聞報，馳往彈壓（彈壓，鎮壓），睹敗箱，又以為餉被劫也，亟鳴鎗，應彈而踣（ㄅㄛˊ，倒斃）者十數人。眾大譁（ㄏㄨㄚˊ，喧鬧），持械鬥，元良被殺，蜂擁至撫署。署兵開鎗，踣者又十數人。景崧聞變出止。撫標管帶李文魁自外入，握刀進，歷階而上。景崧驚喝曰：「胡為者？」刀未離鞘旋納入。對曰：「來護大帥。」應聲間已迫近身側。景崧以令授之曰：「速召六營來。」文魁持命出，大呼曰：「大帥令我兼統六營矣。」躍馬去。提督楊歧珍率兵至，眾始散。四月，煙臺換約，詔飭守土官撤回。歧珍率所部歸廈門。景崧電詢永福去就，復曰：「與臺存亡。」而自主之議成。

五月初二日，紳士丘逢甲率人民等公上大總統之章，受之，建元永清，檄告中外。景崧亦分電各省大吏曰：「日本索割臺灣，臺民不服。屢經電奏，不允割讓，未能挽回。臺民忠義，誓不服從。崧奉旨內渡，甫在摒擋之際，忽於光緒二十一年五月初二日，將印旗送至撫署，文曰『臺灣民主國總統之印』，旗用藍地黃虎。不得已允暫主總統，由民公舉，仍奉正朔，遙作屏藩，商結外援，以圖善後。事起倉猝，迫不自由。已電奏，並布告各國。能否持久，尚難預料。唯望憫而助之。」翌日，又以大總統之銜告示臺民曰：「日本欺凌中國，大肆要求。此次馬關議款，賠償兵費，復索臺灣。臺民忠義，誓不服從，屢次電奏免割，本總統亦多次力爭，而中國欲昭大信，未允改約。全臺士民不勝悲憤。當此無天可籲，無主可依，臺民公議自主，為民主之國。以為事關軍國，必須有人主持，乃於四月二十二日，公集本衙門遞呈，請余暫統政事。再三推讓。復於四月二十七日，相率環籲。五月初二日，公上印信，文曰『臺灣民主國總統之印』，換用國旗藍地黃虎。竊見眾志已堅，群情難拂（ㄈㄨˊ，違逆），故為保民之計，俯如所請，允暫視事。即日議定改臺灣為民主之國。國中一切新政，應即先立議院，公舉議員，詳定律例章程，務歸簡易。唯臺灣疆土，荷大清經營締造二百餘年，今雖自立為國，感念舊恩，仍奉正朔，遙作屏藩，氣脈相通，無異中土，照常嚴備，不可疏虞。民間如有假立名號、聚眾滋事、藉端仇殺者，照匪類治罪。從此清內政、結外援、廣利源、除陋習。鐵路兵船，次第籌辦，富強可致，雄峙東南，未嘗非臺民之幸也。」

初六日，日軍登鼎底澳，越三貂嶺。景崧檄諸軍援戰不利，基隆遂失，迫獅球嶺。臺人請駐八堵，為死守計，不從。李文魁馳入撫署請見，大呼曰：「獅球嶺亡在旦夕，非大帥督戰，諸將不用命。」景崧見其來，悚然（悚音ㄙㄨㄥˇ。悚然，恐懼）立，而文魁已至屏前。即舉案上令架擲地曰：「軍令俱在，好自為之。」文魁側其首以拾，則景崧已不見矣。景崧既入內，攜巡撫印，奔滬尾，乘德商輪船逃。炮臺擊之，不中。文魁亦躡景崧後至廈門，謀刺之。事洩，為清吏所捕，戮於市。

臺南聞景崧逃，臺北破，議奉永福為大總統，不從，強之，始移駐臺南。設議院，籌軍費，行郵遞，發鈔票，分汛水陸，訓勵團練。各地魁桀（魁桀，才能俊異特出的人）收而用之，以援助前敵。於是告示於民曰：「日本要盟，全臺竟割，此誠亙古未有之奇變。臺灣之人髮指（髮指，頭髮上指，形容盛怒的樣子）眥裂（眥音ㄗˋ。眥裂，眼眶裂開。形容極端憤怒），誓共存亡，而為自主之國。本幫辦則以越南為鑒，迄今思之，追悔無窮。頃順輿情，移駐南郡。本幫辦亦猶人也，無尺寸長，有忠義氣，任勞任怨，無詐無虞。如何戰事，一擔肩膺；凡有軍需，紳民力任。誓師慨慷，定能上感天神，慘澹經營，何難徐銷敵焰。」六月，日本臺灣總督樺山資紀寓書永福，勸解兵，復書不從。於是日軍破新竹，取宜蘭，進迫苗栗，又輒以戰艦窺臺南。命幕僚吳彭年率七星旗兵趣援，方至而苗栗陷，大戰於彰化，彭年陣沒，將弁（ㄅㄧㄢˋ，軍官）多死。臺南餉械已絀，再命幕僚羅綺章渡廈門，陳援各省，辭甚哀痛。七月，日軍破雲林，別以一軍略埔裏社，鋒銳甚。沿途民軍據守力戰，相持三十餘日，殺傷略當，嘉義始陷。永福深自悲痛。八月二十有三日，日軍登枋寮，入恆春，取鳳山。南北俱逼，所距不過百里，而接濟久絕。永福知事不可為，介英領事歐思納致書樺山資紀求成。是時日艦大集於澎湖。歐思納往見副總督高島鞆之助，不許。約永福至艦議款，否則開戰。終不往。而日軍又破旗後矣。九月初二日，黑旗兵在白沙墩獲英人間諜二，解至署，永福邀入內，商出亡，其人則爹利士船主柁（柁，通「舵」）師也。入夜，永福視安平炮臺，乘之以去。日艦八重山追之，至廈門，搜其船，不得。初四日，日軍入城。

景崧既歸，遂居桂林；而永福嗣為碣（ㄐㄧㄝˊ）石鎮總兵。

連橫曰：世言隨、陸（西漢文人隨何、陸賈）無武，絳、灌（西漢將領周勃、灌嬰）無文，信乎兼才之難也。夫以景崧之文、永福之武，並肩而立，若萃一身，乃不能協守臺灣，人多訾（ㄗˇ，詆毀）之。顧此不足為二人咎也。夫事必先推其始因，而後可驗其終果。臺灣海中孤島，憑恃天險，一旦援絕，坐困愁城，非有海軍之力，不足以言圖存也。且臺自友濂受事後，節省經費，諸多廢弛，一旦事亟，設備為難。雖以孫吳之治兵，尚不能守，況於戰乎？是故蒼葛雖呼，魯陽（戰國楚國魯陽公）莫返，空拳隻手，義憤填膺，終亦無可如何而已。《詩》曰：「迨天之未陰雨，徹彼桑土，綢繆牖戶。」為此詩者，其知道乎！

譯文

張崑將、張溪南、潘朝陽、李文容．注譯

丘逢甲列傳／張崑將、張溪南

丘逢甲（一八六四—一九一二），字仙根，又字仲閼，彰化縣「翁仔社」（今臺中市豐原區東北部的傳統聚落名。清領時期，臺灣未建省前，今臺中市仍屬於舊彰化縣轄區）人，這地方後來劃歸「臺灣縣」（臺灣在光緒十一年〔一八八五〕建省之初，曾經規畫省城設在臺中，並將中部地區劃為臺灣府，下轄臺灣縣、彰化縣、埔裏社廳、雲林縣、苗栗縣），翁仔社位處大甲溪附近，屬原住民部落，當地還有許多客家籍的漢人在此落腳定居，所以居民會勤練拳腳、民風好勇鬥狠；獨獨丘逢甲認眞辛苦讀書，十三歲的時候被遴選進入縣學就讀。當時吳子光（一八一七—一八八三）在臺中神岡呂炳南的「筱雲山莊」（筱雲山莊為臺中市神岡區呂炳南先生於同治五年〔一八六六〕興建的宅第，山莊內有號稱全臺藏書最豐的「筱雲軒」）講學，筱雲山莊內的藏書非常豐富，丘逢甲曾到此求學，廣博閱讀增長學識，於是他的詩詞文章在地方上頗有名聲。祖籍灌陽縣（今廣西省桂林市轄下灌陽縣）的唐景崧（一八四一—一九〇三）以「翰林院庶吉士」（清代翰林院內的短期職位，由科舉進士中選擇有潛力的人先在翰林院內學習，之後再授予官職）派任福建分巡臺灣道（清代臺灣未建省前最高行政長官），正獎勵提倡儒雅學風，每年會親自典試參與科舉考試的學子們，選拔優秀的學子到海東書院（海東書院初創於康熙五十九年〔一七二〇〕，地點在今臺南孔廟旁的忠義國小，已不存）就讀，並給予相當優渥的生活津貼（「膏火」原意是點燈的香油材料，後借用為書院或府縣學給予學生的生活補貼），聘請進士出身的施士洁（一八五三－一九二二）擔任書院講席。於是丘逢甲和新竹鄭鵬雲（一八六二－一九一五）、安平（今臺南市）汪春源（一八六九－一九二三）、葉鄭蘭等人同時在海東書院修習研讀。不久，丘逢甲在科舉考試中接連及第中進士，朝廷授予兵部主事的官職，（但他以侍親的理由回臺灣）並擔任崇文書院山長（崇文書院初創於康熙四十三年〔一七〇四〕，地點在臺南臺灣府署東側，約在今臺南市青年路一百五十三號左巷以東至興華街十三巷間，現遺址已被列為暫定古蹟。「山長」即書院負責人，猶今之院長）。直到唐景崧升任臺灣布政使後，時常邀請丘逢甲到官邸，舉辦詩文酒會和文友唱和應酬，臺灣的詩文風氣一時之間大爲興盛。

光緒二十年（一八九四），朝鮮動盪（日本出兵占領漢城），清廷開始對臺灣的海防加強戒備，唐景崧擔任臺灣省巡撫（當時臺灣已建省，故有派任巡撫）。光緒二十一年（一八九五）春天三月，日軍攻占澎湖，清廷的北洋艦隊也潰敗投降，正計畫要割讓臺灣給日本來求和，當時臺灣的舉人正在北京參加中央舉行的考試，所有臺灣舉人聯名向都察院（清代監察文武百官的機關，相當於今之監察院）上呈陳情書，請求取消這個議案，朝廷並沒有採納。臺灣仕紳們也群起謀求挽回補救的策略，由丘逢甲帶頭發起，接連上陳情書或拍電報極力抗爭，但都沒有得到回音。四月，中日訂定合約（《馬關條約》），臺灣各地的官員大多接受朝廷諭旨渡海回大陸內地，但是唐景崧還留下來，決心要和臺灣共存亡。丘逢甲於是提議要有自立自強的計畫，大家都贊同。五月一日，臺灣獨立國號爲「臺灣民主國」，年號爲永清，國旗採用「藍地黃虎」圖案，大家擁護唐景崧爲民主國大總統，分別拍電報給清廷和大陸沿海各省，發布文書向海內外各國宣告，文告內容語氣非常哀傷悲痛。當時各地民情激憤大量義軍興起，各路義軍的人數從數百人到數千人不等，各自創建以壯軍威或發號令的旗幟和器具，據守一方頑強抵抗。而丘逢甲則擔任義軍總團練使，總管義軍的所有事務，並率領所屬部隊駐防臺北，號稱有二萬人之多，每月撥給糧餉十萬兩。（五月）十三日，日軍（從貢寮澳底登陸後）進逼「獅球嶺」（位於基隆港南方，海拔約一百五十公尺，因其地勢高可環視基隆港，成為基隆港的重要軍事要點），唐景崧沒有正面交戰就逃走，許多文武官員跟著逃離，丘逢甲也捲款離開臺灣，有人說被他挾帶出去的錢將近有十萬兩之多。

連橫說：丘逢甲逃離臺灣後，回到廣東省嘉應州（今廣東省梅州市）定居，晚年自號「滄海」，頗有忍辱負重、慷慨復國的雄心壯志。審視他的詩作，文辭多爲激揚高亢，似乎對自己只能以文人抒發亡國情懷而終老一生有所不甘心。當然用事件的成敗來評論一個人的功過，我也不樂意，只是爲他會被吳湯興（一八六〇—一八九五）和徐驤（一八六〇—一八九五）這些烈士取笑感到惋惜罷了。

吳、徐、姜、林列傳／潘朝陽

吳湯興，祖籍是粵東的客家人，其家族居住苗栗，他有生員的身分。祖籍粵東而在臺開墾、定居、繁衍的客家人，大多數秉承先人的讀書力田的傳統家訓，且多負有堅毅不屈的精神，能冒險犯難，大義所在，絕對奮勇向前，投身而爲毫不顧慮安危。吳湯興也熟習武術，是允文允武的鄉邦青年志士，所以早已以義俠的盛名傳揚苗栗地區。

乙未割臺，抗日的戰役興起，臺灣仕紳團結創立「臺灣民主國」，以臺灣自身的力量籌組義軍抗拒日夷，許多地方也都各自集合子弟爲鄉勇自衛。吳湯興亦會集召募了壯士成立地方義軍籌劃並進行防禦的軍事。直到聽聞臺北城淪陷，清朝駐臺的官兵皆已潰逃，乃建樹軍旗，糾合部旅，行祭祀軍旗的誓師大禮，他領導大眾面北而慷慨發誓說：「此際是我們爲國爲鄉而效命殺敵的時候了，各位同志，大家都要奮發向前！」於是就會合同鄉生員邱國霖、吳鎮洸等人，持續召募兵員，達到數營之多，而就苗栗地區獲取軍糧。當地有錢之家紛紛支援糧餉。吳湯興在營中設置一個大架櫓，把一個大軍鼓置在上面，有狀況發生或有要事宣告，則敲擊這個大鼓提醒部眾。而他所立的軍法嚴明，軍士皆能嚴守軍規。這個時候，又有一客家人士徐驤也率眾起義抗日於苗栗的頭份，而另有客家人士姜紹祖則起義於新竹的北埔，雲林地區有閩人簡精華募勇起事，他們有些領導數百人，也有領導數千人。吳湯興都修撰專函呼籲他們將義軍匯聚爲指揮行動爲一的抗日大軍。

徐驤的身分也是苗栗的生員；紹祖則世居北埔，姜家是當地巨富，他當時只是一位二十歲的青年，乙未慘變，他慨然散發家財，召募抗日義兵，集聚了五百名壯士，他率領著這批義軍前往前線抗日。夏五月二十日，日軍已經開始從桃園入侵新竹地區，他們推進至大嵙崁（今桃園市大溪區）時，遭到當地民眾埋伏在險要之處襲擊，因此退據娘仔坑（在今桃園市大溪區）。「棟軍」統領林朝棟（一八五一——一九〇四）率軍從臺中出發支援北臺地區，抵達新竹，預備繼續往北反攻日軍，新竹縣知縣王國瑞請求林朝棟命其前鋒部隊護衛新竹城，而吳湯興則會集了提督首茂林、總兵吳光亮（一八三四——一八九八）、棟軍軍官傅德陞和謝天德等人的軍士，各調五百名集聚而爲一隊人馬，與吳湯興一起領軍向北前拒來犯日軍。五月二十三日，義軍抵達楊梅壢（今桃園市楊梅區），在路上突然遭遇日軍，義軍全力進攻，日軍稍有挫敗而暫時退卻。到二十五日，邱國霖率領七百人在大湖口（今新竹縣湖口鄉）對日軍展開攻擊，由於沒有後援，無法取勝，只好退回。這時日軍就趁勢追來，逼近新竹城，知縣王國瑞棄城遁逃，姜紹祖在新竹城中力戰日軍，他的部隊死傷甚重，而他被日軍俘虜，日軍將俘獲的包括姜紹祖在內的義軍囚在一個屋宇的院子裡，高聲問：「哪一個是姜紹祖？」此時姜家的一個家僕立刻應聲說：「我就是！」日軍就將他推出院外用武士刀砍殺了。因爲忠僕的犧牲，姜紹祖得以活著，他趁隙逃走，趕回北埔，再召募佃農爲兵，又再去抵禦日軍，終於戰死。日軍拿下新竹城，準備南攻，苗栗縣知縣李烇與吳湯興討論戰局，派遣徐炳文急赴臺中警報日軍就將南下，此時，徐驤堅守頭份，日軍暫時沒能攻入苗栗。

閏五月初五日，日軍分三路而來：一由新竹大道直攻；一則彎一條路去側擊桃園地區的安平鎮（今桃園市平鎮區），另一則去軍援臺北地區的三角湧（今新北市三峽區）。新埔人邱嘉猷扼守竹圍，將防禦工事準備得一圈又一圈，而且將土石層層疊置堆高，日軍發炮轟擊但無法擊破，卻死傷一百數十名。日軍援助三角湧的部隊，又受到黃曉潭、蘇力、蔡國樑、黃國添、張龍安等人帶著人馬沿路伏擊，他們事先在路上掘了許多地窟且加以掩蓋，日軍騎兵甚多大意，馬蹄陷落窟中，人馬都因此摔傷，在此情形之下，義軍展開突擊，日軍死傷甚重，又陣亡了一百多名。日軍大隊來援，才阻住義軍的攻殺。義軍中有投降日軍的漢奸，其中有一個名叫余清勝的降日漢奸，擔任日軍嚮導，從小路拐過來直攻三角湧，義軍堅守苦戰數日，最後沒辦法終於失守。日軍又繼續南進而攻打老科崎（大約在今新竹縣新埔鎮、竹東鎮），徐驤的義軍在這裡伏擊，一直追擊日軍到新竹城外數里才撤回防禦地點。

在這個時候，志士們紛紛站出來參加義軍，抗日的士氣甚強，臺灣府知府黎景嵩因此就想要反攻新竹城，乃以副將楊紫雲（？一一八九五）率領新楚軍兩營、傅德陞一營、鄭以金一營的兵馬會師一起前往攻打新竹城的日軍，而臺中的葫蘆墩人陳瑞昌也募集五百名義勇，自願擔任攻城的前鋒部隊，同時，不少富有的家族也捐助軍餉和槍械，於是新楚軍、義軍和義勇會師爲一個壯盛部隊，展開了對新竹城的攻勢，他們兵分三路，環攻新竹城的三個城門，大炮都轟擊到城裡。而徐驤率領的義勇更是奮勇攻擊。日軍據城堅守，所以抗日我軍一時無法攻克新竹城。

在一開始的那個時候，吳湯興曾經因爲需取得足夠的軍士糧餉而與苗栗縣知縣李烇齟齬爭執，而且嚴重到互相詬詈吵架，幫辦軍務劉永福（一八三七－一九一七）聽聞此事，就特別囑咐委請苗栗士紳從中排解，但相鬥爭的情況並無消解。可是北邊戰事卻又危急，劉永福須坐鎮南臺灣，自己不能親自領軍北上，於是命令幕僚吳彭年（？－一八九五）率領七百名黑旗兵前往抗敵，同時派令副將李維義（？－一九〇一）同行來協助吳彭年，黑旗軍北上駐守彰化。黎景嵩請李維義帶一些兵馬去增援頭份，而吳彭年也儘速領兵北上苗栗防守。到六月十八日，日本的主力部隊已抵新竹城，對筆尖山的義軍展開合攻，二十日，日軍更從香山、頭份的背後夾擊義軍，徐驤奮力抵禦，楊紫雲陣亡，李維義則敗陣而逃。於是日軍乘勝利之勢對苗栗展開攻擊，苗栗沒有城牆，根本無法防禦，結果黑旗軍管帶袁錦清、幫帶林鴻貴兩位將領都戰歿犧牲了，吳彭年收集餘兵，撤退到大甲，而吳湯興、徐驤也無法守住苗栗，帶義軍向南撤入彰化城。

七月五日，日軍渡過大甲溪，破破了葫蘆墩，直接攻略臺中。捒東堡莊的豪傑林大春、賴寬豫設立「國姓會」，會集了子弟兵千名，在頭家厝莊拒戰日軍。莊人林傳正值青年，精用火槍，先爬到大樹上躲在茂葉之中，在上面開槍射殺二十幾個日軍，遺憾他最後還是被日軍發現加以射殺了。日軍入莊放火燒莊，莊民死傷甚慘。吳彭年急檄彰化縣知縣羅樹勳率軍赴援臺中，雙方對峙攻防了一日夜，日軍主力湧至，臺中無法固守，終被攻陷。七日，吳彭年誓師，分別布署義軍防地，以吳湯興、徐驤共同守禦八卦山。過了兩天的黎明時分，日軍猛攻八卦山，同時又派一隊兵馬直撲黑旗營，吳湯興在山上抗敵，徐驤也奮搏殺寇，但是日軍炮火非常猛烈，義軍無法阻擋，吳湯興不幸中炮陣亡，他的妻子聽到噩耗，就在家鄉投水殉夫而死。徐驤帶著餘勇撤退到臺南。同一戰役，吳彭年也陣歿在八卦山山麓，黑旗軍將士大多數都壯烈犧牲。

在此之前，雲林縣知縣羅汝澤也召集了簡精華、黃榮邦、林義成軍援彰化。他們率兵才抵彰化，日軍卻先一步占據彰化了，於是他們就返回故鄉雲林堅守等待日軍來攻，十日，日軍攻破雲林縣城斗六，而且進據大莆林（今嘉義縣大林鎮），它的火力甚強。劉永福檄令副將楊泗洪前往對陣，簡精華和林義成則率領自己的義軍一起前去助戰。日軍一時無法應付，被黑旗軍和義軍的聯軍擊退，楊泗洪乘勝奮勇追敵，不幸中了日軍的炮火陣亡，管帶朱乃昌在猛烈炮火之中冒死將楊泗洪的遺體背負回來。雙方一直劇烈交火到晚上，黃榮邦、林義成帶著義軍埋伏在甘蔗園裡，襲擊日軍，日軍潰退，於是義軍重新奪回大莆林，殺死殺傷日軍甚多，己軍也傷亡很重。朱乃昌在此役中血戰日寇，也壯烈犧牲了，劉永福以都司蕭三發代領朱乃昌的部隊，又再檄令簡成功統領義軍，成功就是簡精華的父親，驍勇善戰，義軍在他的率領之下，與黑旗軍共同合擊日軍而取回了雲林。大隊日軍潰敗退入山林中又遇埋伏而全軍被殲滅掉，剩下的敗兵就從大道退回北斗。十六日，蕭三發率領眾軍直攻彰化，但受到日軍猛烈的炮火阻擋，於是抗日軍分別駐紮在樹仔腳莊（今彰化縣溪湖鎮）一帶，遇到附近一些日軍就攻擊之，都能殲滅或擊潰日軍，但是卻缺乏軍餉，發不出薪資，請臺南的總部支援，但劉永福也非常困難，只能盡力籌措了一千五百兩銀子送去前方軍中，聊表心意而已，幸好附近莊民時時蒸飯煮菜勞軍，所以黑旗軍和義軍才沒有挨餓。

在彰化城陷落時，徐驤帶著餘勇奔赴臺南，劉永福特加撫慰，且命他到卑南一帶召募兵員，得到七百名新兵，大多數都是矯健孔武的壯士。於是徐驤又帶著這批新來的義軍開赴前線，駐於雲林斗六溪岸邊禦敵。十五日，日軍大隊兵馬猛攻樹仔腳莊，抗日軍打開防禦壁壘的大門出去迎戰，雙方互有死傷。徐驤又繞去小路捷徑對日軍發動夾擊，日軍敗退北斗，於是一時之間無法渡溪南攻。就在這個時候，當地颳起大風且降下暴雨，山洪泛濫而下，黑旗軍就趁風雨大作的黑夜去奇襲日軍，海豐崙莊（今彰化縣田尾鄉）有名爲陳贛番的人與義軍謀劃在日軍駐地的村莊來個裡應外合襲擊日軍，但是日軍的守備甚嚴，所以無法成事。而抗日軍對於彰化城的圍攻也久攻不破，可是彈藥就將用完，且又無後援，一直僵持到八月初六日，黃榮邦就誓師決戰，展開攻城，卻不幸中彈陣歿，林義成接在後面率眾續攻，也身受重傷。十日，日軍的增援部隊趕到，大隊兵馬齊聚猛攻蕭三發陣地，徐驤、簡精華帶著自己的兵士去援助蕭三發。雙方激戰數天，黑旗軍義軍都已彈盡，可是又無後援，只好撤退到他里霧（今雲林縣斗南鎮），而日軍卻已節節逼近。當日軍打到眼前之時，徐驤等人正在用餐，急忙帶著部下迎擊，而且回頭嘆氣說：「今天如果能夠得到千發子彈的補充，還可以拒敵一天一夜，但是我們能從哪裡才可以得到充足支援啊！」他只得率眾奮勇向前，追隨的義軍只剩數十名而已。他們本想先占有險要地勢來依據高處伏擊日軍，但是行動太遲，來不及布陣就被日軍攻擊，徐驤中彈倒地，又掙扎著挺立了身體，大呼：「大丈夫爲國戰死，我徐驤死而無憾！」他壯烈殉難犧牲了，而他的數十名部眾也都中槍、中炮，倒臥地上，死傷殆盡。雲林又被日寇占領，而且連著嘉義也淪陷了，後面集合義軍奮起抗日的就是林崑岡。

林崑岡列傳／李文容

林崑岡，字碧玉，漚汪堡人，爲嘉義縣武科秀才。在鄉里中教授學生，平素喜好公義，能夠爲他人排紛解難。到此時聽聞前方抗敵屢遭挫敗，召集曾文溪以北鄉中百姓，向大家宣告：「臺灣要滅亡了！你們將要往何處投奔呢？我要率領鄉里後輩保衛家鄉，你們願意跟隨我前去嗎？」響應的人達到一百幾十個人。推舉新營莊秀才沈芳徽統領眾人，而自己擔任副手。派遣人前往臺南府城，請求提供武器，只到得幾十桿舊火銃。在鐵線橋正面迎戰。林崑岡手持棉織盾牌，手握利刀，幾名壯勇義士跟隨他，奮力前進。日軍稍稍退卻。再於溝仔頭交戰，殺死一名日軍中尉。沿途鄉民也提起兵械抵禦戰鬥，時而聚集交戰，時而隱沒藏躲。二十三日時，日軍大舉進冰。崑岡指著上天而咒誓說：「上天如果不願相助我等，今天這一戰，就讓我最先中槍彈而死。」眾人全都激動落淚。首發攻擊時，槍彈直接貫穿他的胸膛，手握刀刃趺坐。長子也在其間戰死。過了五日，鄉人才收斂他的屍身，硬挺不屈如同還活著一般，享年四十五歲。

連橫曰評論道：乙未抗日之戰，百姓奮然起兵，手提兵器、木棍、在戰場上接受指揮抗敵，不知有多少人。但是姓名無人知曉，論及此事的人都為之傷痛。昔日周武王戰勝殷商，殷商人懷念舊朝，連結武庚、管叔、蔡叔等三監勢力叛亂，周公出兵討伐。後世讀史的人認為這些周朝治下不願順服的人民，其實便是殷商的節義之士，本就不因此次事變而否定他們的節操。晉文公協助周襄王平定王子帶之亂，周襄王賜予晉文公陽樊之地，陽樊百姓不服，晉國軍隊前往圍攻。倉葛大聲呼喊說：「王者的德性用以柔和安撫中國之地，王者的刑殺用以威懾四方外族，而我們本就不該屈服在晉國的兵威之下。」晉國軍隊於是退去。後世讀史的人肯定倉葛通曉國族大義，而晉文公遵守禮法，復不因此而隱諱這段紀錄。所謂歷史，是天下共有的器物，著作史籍評論功過之權柄，雖掌握在自我，然而褒獎、貶斥之宗旨，必然要依循公正的心念。本篇所記載，特別要留存忠義事蹟；死去者如尚有覺知，也應該能夠無所遺憾。後代有見識者，也能了解這代義士的表現。

吳彭年列傳／潘朝陽

連橫說：乙未割臺，臺灣人民群起抗日，建立抗日的「臺灣民主國」，推尊臺灣巡撫唐景崧擔任大總統，且將建立民主國奮勇抗日的大義公告島內外，[1]一時豪傑全臺並起，集合義軍，枕戈執戟，備齊軍械，慨然而有保衛鄉土誓死抗擊日寇之志。但是不久景崧畏死而遁返大陸，臺北城淪陷。臺灣中南部則推舉黑旗軍統領劉永福為主帥，繼續抗日之戰。永福雖然是名驍勇善戰的大將，在中法戰爭時，於越南著有大捷戰功，但他到臺灣之後，於抗拒外寇方面，卻碌碌而沒能有傑出的表現。然而唯有他的幕僚吳彭年，卻能以一介書生的身分而率領數百名兵士，前往支援臺中（今之臺中市、彰化縣地區）義軍抗敵，衝鋒劇戰數回，親身進出戰陣之中，最後在彰化八卦山下壯烈犧牲，確實是一位為國殉難的忠烈士君子！

吳彭年，字季籛，本籍浙江餘姚。十八歲時就已是生員，所作詩文甚佳，其文章特富豪邁勇毅的浩然正氣，心中具有上追傳介子[2]、班定遠[3]的拓邊之大志。彭年後來遷移並定居於廣州。乙未春季

---

1 摧生「臺灣民主國」並且撰述其相關文章者是乙未抗日詩人丘逢甲。唐景崧非常欣賞丘逢甲的才華，所以視之為門生，而收丘氏為其幕僚。

2 此處所提到的傳介子（？—西元前六五年），是西漢北地郡義渠（今甘肅省慶陽市）人。漢昭帝時，西域大國龜茲、樓蘭兩國因受匈奴指使和控制，多次殺害漢朝使者和官員，於是元鳳年間，傳介子以駿馬監的官位請准出使西域，周旋於樓蘭和龜茲兩國，並且用計擊殺了駐留在龜茲的匈奴人，不久他又前往樓蘭以計而殺了叛變漢朝依附匈奴的樓蘭王安歸，另立了與漢朝友好的樓蘭新王，即一直留在漢朝的尉屠耆，他是安歸的弟弟。由於傳介子的大功，漢昭帝特別封他為義陽侯。

3 此處所提到的班定遠，就是班超（西元三二—一〇二年），東漢右扶風平陵縣（即今陝西省咸陽市）人，他是史學家班彪之子，班

以縣丞之候補人才派來臺北等待補位，劉永福聽聞彭年的才華，乃延聘爲入幕之賓。在那個時候，軍務和戰役繁重，彭年擔任書記官，他負責批答公文，大多數文件皆出自他的批示回覆，稍有閒暇，就作詩詞而與同在的儒士們互相唱和，他所創作的吟唱的作品大多數是慷慨悲壯的內容和聲氣。此際臺北城被日軍入據，劉永福在中南部獨撐殘局，他的部隊稱爲「黑旗軍」，素以善戰而聞名。到乙未夏季，臺灣府知府黎景嵩努力將從南部北上的散兵遊勇，重編爲「新楚軍」，與苗栗義軍領袖吳湯興、徐驤合師而共同抗拒日軍，力圖恢復失土。然而卻缺少糧餉，乃發電報要求劉永福接濟。可是劉永福本部也非常困頓，無法作任何實質支援，而在同時，吳湯興也向苗栗縣知縣李烇爭取軍餉，卻因爲意見不和以及取不到軍餉，雙方發生爭吵齟齬，因而戰事日敗，而又互相攻訐，無法團結一致抗日。劉永福很擔心臺中地區無法抵禦日軍攻勢，就與部屬幕僚會商，想要派兵前往前線支援，此時，吳彭年慨然主動請纓，願率援兵前去，永福應允，於是彭年受命領「七星旗兵」共七百名迎敵拒寇，而由副將李維義擔任副指揮官。彭年領軍從臺南北上，閏五月二十九日，軍抵彰化。而黎景嵩又命李維義統帥「新楚軍」，將此原來的兵員之一半人數，開赴苗栗防禦。六月十五日，吳彭年也答應了苗栗人士的請求，也率領屯兵營管帶徐學仁、黑旗兵管帶袁錦清、幫帶林鴻貴一起帶領著兵士北上。次日，兵

固之弟，班昭之兄。班超本為一個官府抄寫吏，日子一久，心生憤慨，乃擲筆停寫，並且嘆道：「大丈夫當效傅介子、張騫立功異域，以取封侯，安能久事筆硯乎！」永平十六年（七三），他終於投筆從戎，追隨「奉車都尉」竇固出擊匈奴，且出使鄯善國，並在該國擊殺匈奴使節團數百人。於是鄯善國歸服漢朝，後來，班超又出使于闐，且率兵推翻龜茲國在疏勒國所立的傀儡政權，重立疏勒故王之兄的兒子接承王位，於是疏勒遠匈奴而親漢朝。自此之後，班超繼續在西域施展其恩威並濟的外交策略，取得了輝煌的成功。至永元六年（九四），班超已經收服了西域五十餘國，它們都服從於漢朝。次年，班超被封為定遠侯。

駐大甲。十八日，北上苗栗抗拒日寇的義軍之新楚軍前統領楊紫雲在苗栗頭份莊戰歿，李維義也戰敗而回。此時，抗敵之軍員不足，正在進行召募。在這個關頭，日軍又猝然襲來，我軍其實是無力應戰，卻又不得不勉力迎敵，彭年騎馬指揮兵士對陣，可是那馬卻懼怕悲嘶不前，彭年換馬再出，親自攻入雙方戰陣之中，而吳湯興和徐驤在旁奮力護陣殺敵，他們奮勇在如雨而下的子彈飛竄中忘卻害怕而不畏死地對抗日軍，非常遺憾，袁錦清和林鴻貴都在此役中陣亡捐軀了。吳彭年收兵撤退，回到大甲。二十三日夜晚，苗栗失守，吳湯興、徐驤率領義勇退至臺中，彭年則回彰化，並且發電文臺南急告兵敗之軍情，劉永福下令必得堅守，援兵就將從臺南北上助防。

先前，彰化鹿港的紳商協議大家來爲抗日義軍、黑旗軍和新楚軍籌募軍需糧餉，以助拒寇。然而到了聽聞苗栗失守而臺中危急，他們都害怕彰化也會很難守住，所以都紛紛逃難去了。不久，那些逃歸的敗兵群聚在臺中的臺灣府大門口追討積欠的餉銀，喧嘩洶洶而情勢緊張，知府黎景嵩不知所措，無法解決，乃請吳彭年來全權處理。於是彭年就設置軍帳，豎起軍旗，請軍士們都來集聚，他對著示威嘩變的軍士，曉諭國亡家敗軍武有責的大義，軍士們受其愷切言語的感召，軍心才稍微安定下來。彭年又再致電臺南劉永福，請求支援餉金以及軍械，但卻得不到回覆。彭年又再懇切請求，卻回電說：「我軍有浩然正氣就必會勝利。」八月初，日軍已渡大甲溪，持續南攻臺中、彰化。抗日的募勇此時也多已來齊，但卻缺乏餉銀、武器，根本無法作戰。守臺中城的幕僚建議放棄臺中城撤走，彭年全力阻止，勸說：「若是不戰就棄城而逃，您們固然都可保命，可是怎忍心土地人民遭殃？而且我們又有什麼面目可以面對臺灣庶民百姓？」於是就發誓堅定死守。同時不斷地電告臺南劉永福求援，永福又疑且懼，只知再三回電說：「若日軍攻來，你們就要誓死守城不要懼怕。」彭年慨嘆說：「我本來跟臺灣這場劇變毫無關係，也無任何守護臺灣的職責，只是區區方寸，身爲中國人，實在不忍臺灣如此海疆重要領土，卻拱手割讓給強寇，今日劉總司令期望且要求我死守臺中，實在是了解我的用心和爲人。」當天，他就移軍北往，背倚險要地勢而對著溪面布陣。附近村民每天都蒸飯、烹菜供給義軍食用，次日，巡哨在河岸發現有日軍用竹筏渡溪，於是開槍將他們擊退。此時，臺南派來的援兵也到了，士氣稍有提升。接著諜哨回報說臺中葫蘆墩很危急，初五日，日軍繞過溪床，已經迫近。揀東堡莊[4]的領袖林大春、賴寮豫設立了「國姓會」，會集了子弟兵千人，抗拒日軍而激戰於頭家厝莊，[5]雙方都互有傷亡。吳彭年聽聞戰訊，就調派彰化知縣羅樹勳領兵增援，我軍與日軍相對峙攻守一日夜，更多日軍攻來，樹勳及其軍隊敗仗而退，臺中城因此被日軍攻破。初六日，日軍進駐臺中牛罵頭（今之臺中市清水區），過了兩天，派出兩隊人馬攻擊彰化。彰化城就如斗一樣甚狹小，而在它東邊緊靠著八卦山，在山上恰可俯瞰城內情勢，若是山被攻占，則城也就一定被攻破。因此，抗日義軍的守禦甚重視八卦山，所以駐重兵在山上。晚上，劉永福派遣的兩百名「旱雷兵」[6]才從臺南抵達彰化，本來想及時將「旱雷」布置在大肚溪南岸，然而，「旱雷」是用船走海運，運到鹿港登岸，過了兩天才送到彰化，但是彰化城卻已陷入日軍之手。初七日，吳彭年誓師，派王得標率「七星旗」軍的三百名兵守禦中寮，劉得勝率先鋒營守禦中莊，孔憲盈守禦茄苳腳，李士炳、沈福山各率部屬守禦八卦山。初九日黎明，日軍派出一中隊渡大肚溪對黑旗軍展開猛攻，又以一中隊繞到黑旗軍背後由

---

4 揀東堡有上下兩個堡，其範圍大致在今臺中市，亦包括了今之苗栗縣卓蘭鎮一小部分。

5 頭家厝莊，在今日臺中潭子一帶，上注的揀東堡的莊頭，亦應該是在頭家厝莊附近，換言之，戰事就大約在今潭子豐原神岡地區展開。

6 「旱雷」相對於「水雷」而言，就是今之所稱的「地雷」。

後襲擊。吳彭年出馬應戰，但是日軍主力已經從偏僻的小路偷偷登上八卦山展開大規模攻勢了。守備在山上的義勇領袖吳湯興、徐驤領眾堅拒，雖開炮轟擊日軍，卻都沒有擊中，日軍冒死強登八卦山，吳、徐無法阻扼日軍，義軍終於敗陣撤走，在這個時候，彭年苦戰於大肚溪邊，遙望八卦山上已經豎立日本旗了，大急之下趕忙率領全部軍隊回去搶攻，走到南壇巷時，手刃了兩員逃兵，彭年的部隊奮勇奪山，在前進中，彭年攻到山下，被炮彈擊中，他和四名親兵，一共五人一起壯烈殉國。李士炳、沈福山也同役而戰歿在東門外，在戰場上陣亡了幾近五百人。日軍進彰化城，臺灣知府黎景嵩、彰化知縣羅樹勳各自換裝偷偷渡海逃回大陸。

一開始的時候，吳彭年前往彰化，曾推薦他的同宗吳敦迎負責籌理軍糧，直至城破了，吳敦迎逃出城外，在路上發現彭年的遺體，就命他的傭工阿來找了一個地方掩埋，而且心中記住了埋葬彭年的這個地點。有泉州安溪庠生陳鳳昌，是一位行俠仗義的豪傑，聽聞吳彭年的壯烈犧牲之死訊，非常感佩，乃擺下香案，恭敬臨空灑酒焚香唸誦祭文而祭之。過了幾年，事已平息，陳鳳昌特別擇日而去吳彭年埋骨處開挖壙穴，見義士彭年遺體的衣帶猶存，身上濺流而染的血跡依然斑斑清楚，陳鳳昌將遺骸整理安頓好，特別背送返回吳彭年居家的廣東順德，到達其家一見乃知彭年尚有白髮蒼蒼老母親，但其妻早已亡故，遺留兩個年幼孤兒，其家了無資財，生活陷入困境，平日都賴親友鄰居的周濟，一老兩小才得以存活。唉呀！忠烈之家的慘境，眞令人傷痛！

連橫說：像吳彭年這樣的君子，難道不是世上稱呼的義士嗎？他見國家危難而情願犧牲性命，誓死不改變自己效命國家的意志，他的高貴志節眞可高如雲漢而光明如日月一般。彭年只是一介書生而已，像大官唐景崧、大將劉永福如果能像彭年這樣地忠肝義膽，不怕死不貪生，全力來保土抗敵，那麼彭年也就死而無憾，可是彭年卻孤獨地犧牲了！我眺望八卦山，似乎看到了短衣匹馬的青年志士吳彭年，提著大刀仰天豪邁而笑！嗚呼！壯士！

唐、劉列傳/張崑將、張溪南

唐景崧，字維卿，廣西灌陽（今廣西壯族自治區桂林市灌陽縣）人，從編修（清代翰林院官職名）轉任吏部。性格豪爽，喜歡飲酒、唱詩，逍遙自在地與公卿士人往來。光緒九年（一八八三），法國圖謀併吞越南，清廷於是出兵救援。其中黑旗軍作戰甚為勇武。黑旗軍的首領為欽州（今廣西壯族自治區欽州市）劉永福，他年少時期曾加入太平軍。太平軍起義失敗後便逃往黔（今貴州省）、桂（今廣西壯族自治區）地區，糾集黨羽，攻入越南，越南本地官員皆不能有所節制。當時，法國人在越南有如狼虎般暴虐，又輕慢欺凌當地百姓。越南君臣皆束手無策，恐國家滅亡，只能唯法國人是從。劉永福對此情形相當憤慨，起兵與法國人作戰，在紙橋（今越南河內市紙橋郡）取得大勝，一舉擒獲法軍主帥（安鄴，Marie Joseph François Garnier，一八三九－一八七三），之後又在諒山（今越南諒山省諒山市）取得勝利，越南國王（嗣德帝阮福時，一八二九－一八八三）甚為歡喜，冊封劉永福為義勇男爵，加授「三宣提督」（指管理越南山西、興化、宣光三省的統領將軍），聲勢使人敬畏。清廷則派遣兵部尚書彭玉麟（一八一六－一八九〇）掌管兩廣（廣東、廣西）兵權，並派遣提督王德標（？－一八九五）、馮子材（一八一八－一九〇三）出關（鎮南關，今越南諒山省諒山市）馳援。唐景崧認為劉永福為仗義之人，於是上書給朝廷，請求說服劉永福為清廷效命。唐景崧前往劉永福軍隊駐紮處，在軍門前握手談論軍旅生涯說道：「淵亭（劉永福字號）軍旅勞累辛苦，如果重新回歸清國，當使你能夠專主統兵在外的權事，你的歸來，對朝廷可說是至關重要。」劉永福同時也念及宗主之國，急著要建立功業以贖舊罪，於是答應下來。光緒十一年（一八八五），（中法）和議既成，劉永福進入京城，皇帝下了溫和懇切的詔諭予以嘉獎撫慰，並授予南澳鎮（今廣東省汕頭市深澳鎮大衙口）總兵，負責提督（高階武官）的軍務。唐景崧同樣有功而赴任臺灣兵備道（臺灣未建省前的最高行政長官）。

臺灣為海上的樞軸之地，人才紛紛於此崛起。唐景崧平素愛好文學，於是延聘進士施士浩（一八五三—一九一二）來海東書院（位於今臺南市）主講。唐景崧對於在學校教學的士人皆十分禮遇。臺灣兵備道舊築有一處斐亭（今日臺南市永福國小校園東側永昕樓一帶），唐景崧亦重新修葺，閒暇之時則邀請幕僚與部屬到此飲酒、會文酬唱。另又新建萬卷堂，以豐富藏書。此外，唐景崧之母能作詩，詩詞每一完成，唐景崧隨即評述等第。一時之間，臺灣士人競相創作詩文。光緒十七年（一八九一），唐景崧升任布政使（掌管一省財政賦稅等事務之主官），駐在臺北（今臺北市）。臺北省會（臺北城，一八八四年竣工）剛新建完成，當地聚集的多是寄居他鄉之官吏與顯宦。唐景崧便順應最佳時機籌組牡丹詩社，飭令修纂《臺灣通志》，並親自監修，但《臺灣通志》還未完成即遭逢割讓臺灣的戰役（乙未戰爭，一八九五）。

光緒二十年（一八九四）春天，日本藉朝鮮發生東學黨起義的緣故，發兵占領漢城（今首爾），宣告與大清開戰。朝廷以臺灣為國家東南方的軍事重鎮，命令劉永福率領軍隊防守，並協助當地主官籌辦軍事防務。同年六月，劉永福到臺南巡視沿海防備部屬，駐防在旗後（今高雄市旗津區）。八月，北上赴臺北省會，與唐景崧商議祕密軍事行動。朝廷以奉天各省軍隊接連敗戰為緣由，詔令劉永福率軍隊北上。劉永福則以其部屬力量孱弱，不足以奔赴戰場，因而上書總理衙門（清朝後期對外國事務機構），該文提到：「永福於越南時期作戰的勁旅，其實有數萬人之多。但在北上歸附朝廷、入關之時，只准帶來千餘人，都是平時挑選出來的。但自從到廣東以來，軍隊卻頻繁地遭到裁撤，現今只剩下三百人。後來奉旨來到臺灣，才又召募潮州（今廣東省潮州市）出身的鄉勇（清代臨時召募的地方武裝輔助部隊）數千名，分爲兩個軍營管理。這些人都是烏合之眾，在倉促之間成軍，沒有戰力可言，如何能夠禦敵？在與法國人的戰役，就可以當作前車之鑑。到臺灣以後，雖然極力計畫商議，但臺灣畢竟孤懸於海外，港口居多，對外來之敵防不勝防。因而必須將南部和北部的軍隊連成一氣，才能有效進行防守。永福舊有部屬有三千餘人，都是有戰鬥經歷的兵士，另外又有偏將數人，皆能交負重要任務。現在想將他們召募來臺灣，防守南方，並兼顧北方的支援。之前曾諮詢過閩粵總督（清代統轄一省或數省行政、經濟及軍事的官員職稱），懇切地哀求，後又和臺灣巡撫（清代統籌地方行政、軍事、司法權力的官員職稱）商議，兩人均不同意召募一事。眼下沒有軍糧，如何能召募軍隊？每每想到此事，便止不住淚水。如今又兩次奉朝廷特派旨令，命令永福北上，並不是敢於延遲行軍速度以奔赴戰場對敵，實在是因爲部屬皆非善戰之人，因而請求自我免職，但又面臨即將到來的任務卻又逃避責任，並非我平素志願。永福只是一個武人，承受朝廷優厚的俸祿，又擔任鎮守一方的將領。發誓要付出生命報效國家，即使冒著生命危險也絕不推辭。眼下的計謀，只有請求朝廷批准我回到廣東地區，在那召集舊有的部屬，再北上支援。之後再將永福的軍隊交由北洋大臣（全稱：北洋通商大臣，負責管理直隸、山東、奉天等三省通商、洋務，辦理有關外交、海防、關稅及官辦之兵工廠等事宜）節制，如此，一切的軍情彙報，將不至於有所阻隔。」朝廷仍下詔劉永福駐守臺灣。

九月，邵友濂（一八四〇—一九〇一，時任臺灣巡撫）上奏朝廷請求辭職，朝廷命唐景崧暫攝臺灣巡撫一職。既然受命爲臺灣巡撫，唐景崧便開始整飭軍事與政務，令劉永福鎮守臺南，棟軍統領林朝棟（一八五一—一九〇四）鎮守臺中，福建水師提督楊歧珍（一八三六—一九〇三）率領軍隊駐守臺北。土（指廣東人）客（指客家人）等族群、新來及舊有駐臺的軍隊共計有三百多營，每營有三百六十人之多，所需的軍費甚爲巨大，因而上奏請求朝廷協助。兵部不久便撥出五十萬兩，南洋大臣（全稱：辦理江浙閩粤內江各口通商事務大臣，負責總理廣州對外各國事務）張之洞（一八三七—一九〇九）則允諾贊助一百萬兩，分次給付，但此時戰情已趨緊迫。光緒二十一年（一八九五）春天二月，日本軍隊攻破澎湖（今澎湖縣），守將周振邦敗逃。奉天（清代東北三省之一，與吉林省、黑龍江省合稱東三省，省會在今瀋陽市）各省同樣兵敗，北洋水師被擊潰。朝廷詔令北洋大臣李鴻章（一八二三—一九〇一）全權處理與日本議和之事，日本要求割讓臺灣。臺灣百姓聽聞此一消息，紛紛奔相走告，哀求呼籲地請求朝廷停止割讓臺灣。三月二十二日，唐景崧發電報上奏朝廷提到：「三次以電報上奏、一次以電報詢問總理衙門有關和議情形，都沒有得到詳細的回覆。有消息傳出朝廷割讓遼東、臺灣，並派遣官員率兵船，不久便會來臺灣畫押簽字，李鴻章企圖以割讓了事，此事絕不可行。在此不得已的情勢之下，請從外國近年來聯合二、三國締結同盟密約，我方可緊急請求英國、俄國或其他外國勢力，從公理方面介入。不可以只從李鴻章的割讓辦法。割讓臺灣一事，臣不敢奉詔令行事。況且，如果清廷的威德喪失，百姓的驚駭與憤慨將達到極點，屆時民怨將不可阻擋。朝廷已然放棄治理之地，將會無可撫慰，同樣亦無法約束。日本人若到臺灣接收，臺灣民眾與之抗戰，臣不能阻擋。臣愧對臺灣巡撫一職，臺灣已然歸屬日本，如果移交辦法仍使用臺灣巡撫的職銜，不正會被臺灣百姓嘲笑嗎？更會遭致日本人取笑。如果割讓臺灣爲必要舉措，只有乞求速派專責的高官來臺灣辦理。除此之外，還有一絲機會可以寄望挽回，乞求皇上深思熟慮。根據現今的時勢，整體發展對朝廷而言尚屬正向，仍有可待之處，何以淪落到全應日本的索求而割地？歷代的先王在天之靈，今日如何能夠安心？臣忍不住痛哭地等待命運的到來。」唐景崧的電奏沒有獲得朝廷的批覆，臺灣的百姓於是開始商議自主因應割地一事。各級官員紛紛將眷屬遣送回鄉里，行李的數量龐大到使道路都堵塞。一些品性不良、游手好閒的人撞見，以爲是盜來的軍餉，盡相竭力搶奪。主管中軍的參將（清制高階武官）方元良得知此一情報，迅速前往鎮壓，看到滿地破敗的箱子，以爲軍餉都被無賴洗劫一空，於是急切地使用洋槍掃射，中彈倒地不起者約有十多人。群眾受到驚嚇，大肆喧嘩，並手握持刀械與官兵戰鬥，方元良被殺，群眾又蜂擁到臺灣巡撫官署前。官署士兵同樣開槍震懾群眾，又有十多人中彈倒地不起。唐景崧聽聞群眾暴動，出官署門以制止。撫標（全稱：巡撫標，清代巡撫直轄的綠營兵）管帶（清代綠營統領稱謂）李文魁從外持刀進入官署，循著階梯往上走，唐景崧驚嚇大喝：「你就是胡作非爲的人嗎？」李文魁的刀還沒離開刀鞘就馬上收回，並對唐景崧說：「我是來保護大帥的。」在李文魁應聲的瞬間，人已然走到唐景崧身邊。唐景崧於是將軍令授予李文魁，並說道：「快召集六個營的兵力前來。」李文魁帶著命令出官署，並大喊著：「大帥命令我兼管六個營的兵力。」之後便策馬離去。福建水師提督楊岐珍率領兵馬趕到，群眾才紛紛散去。四月，清廷與日本在煙臺（今山東省煙臺市）換約（《馬關條約》），朝廷飭令駐守在臺灣本地的官員撤回。楊岐珍率領部屬回到廈門（今福建省廈門市）。唐景崧發電報詢問劉永福去留打算，劉永福回覆：「與臺灣共存亡。」於是臺灣自主獨立以因應割地一事遂告成立。

五月二日，臺灣仕紳丘逢甲率領人民等上呈大總統之印信給唐景崧，唐景崧接受，宣告改年號爲「永清」，並起草檄文布告臺灣內部與外國。此外，唐景崧更分別發派電報給各省的官員提到：「日本求索割讓臺灣，臺灣人民心中不服。我屢次經由電報上奏朝廷，勸說朝中官員不要輕易割地，但未能挽回頹勢。臺灣人民性格忠義，誓死不服從日本統治。我雖然奉旨要撤回內陸，但心中正在抗拒此道命令之時，忽然於光緒二十一年五月二日，收到民眾將印信與旗幟送到巡撫官署，上面題到『臺灣民主國總統之印』，旗幟則使用藍地黃虎。不得已只能允諾民眾暫時擔任總統一職，主持政事。總統一職雖由民眾公開推舉，但仍然奉清廷為正統，遠遠地當個藩屬國，然後商議結合其他外國勢力以為後援，來試圖善後割地一事。建國一事倉促而成，實在是受迫於時勢。目前已經通過電報布告外國，國祚能否持久，尚且難以預料。現在只希望各省的大官員可以憐憫臺灣現在的處境，並幫助我們。」隔天，唐景崧又以大總統的身分曉諭臺灣百姓說：「日本欺凌中國，對清廷大肆要求。這次在馬關（今日本山口縣下關市）商議賠款，日本除了要清廷賠償軍費外，又索求臺灣。臺灣百姓性格忠義，發誓絕不服從日本人，因而屢次通過電報上奏，請朝廷豁免割讓臺灣，本總統也多次極力爭取，但因清廷為了昭示公信，所以並未允諾修改和議條約。全臺灣的軍士、百姓都承受不了如此巨大的悲憤。現今正逢割地之時，已無上天可以呼籲，也沒有主人可以依靠，所以臺灣百姓公開議決，決定獨立自主成立一個民主國家。因為事關軍務與國家，必須有要人主持，所以在四月二十二日，群眾才公開聚集在臺灣巡撫衙門遞呈相關信物，請我暫時總理政事，我再三推讓。又於四月二十七日，群眾和仕紳一起來官署呼籲。五月二日，群眾呈上印信，題上『臺灣民主國總統之印』，又改用藍地黃虎式樣的國旗。我個人認為群眾的意志已然堅定，且群情難以違背，所以為了眼下保全民眾的計策，決定接受民眾與仕紳的請求，答應他們暫時視事。並從當天議定，改臺灣政體為民主之國。」國家中一切新式的政治制度，理應馬上成立議院，公開推舉議員，並詳細制定律例章程，務求簡易可行。但臺灣的疆土，承蒙清廷開闢與經營有兩百多年之久，現今雖然獨立成一個國家，為感念清廷舊有的恩惠，因而仍尊奉清廷為正統，在遠處作為帝國的屏障，彼此還互通氣脈，和過去中國本土的關係沒有兩樣，對外國窺伺照常嚴密戒備，不敢有任何疏漏和疑慮。在此過渡期間，民間如果有假立朝廷名號、聚集群眾滋事、藉事端復仇殺人者，同樣比照匪類以法律治罪。此後當使內政清明，同時又可以結交外國勢力以爲援助，並擴充財政來源，革除舊有陋習，鐵路與軍艦等則可依序籌辦，富強指日可待，屆時可以昂然屹立於清廷東南方，未必不是臺灣人民良善的機緣啊！」

五月六日，日本派來接收臺灣的軍隊從澳底（今新北市貢寮區）登陸，越過三貂嶺（今新北市瑞芳區、雙溪區之間的三貂嶺古道）。唐景崧徵召各軍支援作戰，皆未能收到效果，基隆（今基隆市）丟失，日軍已進逼獅球嶺（今基隆市仁愛區）。臺灣百姓請求進駐八堵（今基隆市暖暖區），以作爲死守的計謀，但唐景崧不答應。李文魁則奔入臺灣巡撫官署請求唐景崧接見，並大聲呼喊說：「獅球嶺丟失只是早晚的事，若沒有大帥親自監督，則前線的將領不能拚命作戰。」唐景崧見李文魁衝迎上來，害怕地站起來，但李文魁已經站到屛幕前面。唐景崧隨即拿起桌上的軍令牌丟到地上說：「如今軍令都在，自己妥善安排。」李文魁彎下身子撿起軍令牌，但已不見唐景崧人影。唐景崧進入內房，帶走臺灣巡撫印信，逃到滬尾（今新北市淡水區），乘坐德國籍商船離開臺灣。炮臺曾對該商船進行射擊，但未能擊中。李文魁也緊隨著唐景崧之後逃往廈門，密謀要刺殺唐景崧。但事情敗露，被清朝的官吏擒獲，並在街市上遭受行刑處死。

臺南方面聽聞唐景崧逃離臺灣，且臺北城被日軍攻破，群眾與仕紳遂商議要遵奉劉永福爲大總統，但劉永福不答應。強加劉永福大總統的頭銜，他才將軍隊移防駐守臺南。劉永福設立議院，籌措軍費，開辦郵遞，發行鈔票，又分水陸兩軍來訓練地方民兵。將各個地方人才都收爲己用，以此來對抗日軍。並發出告示曉諭百姓：「日本強行簽訂和議，臺灣竟全數割讓，這正是千古以來從沒看過的變事。臺灣的百姓都非常憤怒，發誓要與這塊土地共存亡，所以獨立自主建國。我作爲主事官員以此前的越南戰役爲借鑑，現在想起來，眞是無限懊悔。所以馬上順從民意所向，將軍隊移駐南部。我作爲主事官員亦如同作爲常人一般，並無比別人魁梧高大，但有忠義氣節，不辭勞苦，不怕嫌怨。不欺騙他人亦不勾心鬥角。不論未來戰事如何，都一肩扛起，如果有軍事需要，仕紳和民眾都可以協力承擔。在軍隊出征前，我將展現軍隊激昂堅決的抗戰意志，定能使天神有所感應。只要辛苦地盡心規畫，對於漸漸消除敵軍氣焰，這又有何困難呢？」六月，日本駐臺灣總督樺山資紀（一八三七—一九二二）寄送書信給劉永福，勸說他解除武裝，然後投降；劉永福回信拒絕。日軍遂攻破新竹（今新竹市），奪取宜蘭（今宜蘭縣），並進逼苗栗（今苗栗縣），又每每派遣軍艦窺視臺南。劉永福命令幕僚吳彭年率領七星旗兵（指劉永福慣用的北斗七星黑旗）馳援，才剛到苗栗不久，苗栗即被日軍攻陷，雙方又在彰化（今彰化縣）展開大戰，吳彭年和許多武官均戰死。臺南的軍餉和兵械已快用盡，於是劉永福再次命令羅綺章內渡到廈門，向內陸各個省分乞求協助，所用的言辭甚爲哀痛。七月日軍攻破雲林（今雲林縣），又另分派一支軍隊進攻埔裏社（今南投縣埔里鎮），軍隊氣勢正盛。沿途的軍士、民眾雖然據地防守，和日軍接戰，雙方相持三十多日，死傷大致相當，嘉義（今嘉義縣），才告淪陷。聽聞此消息，劉永福感到悲痛萬分。八月二十三日，日軍登陸枋寮（今屏東縣枋寮鄉），侵入恆春（今屏東縣恆春鎮），又占領鳳山（今高雄縣鳳山區）。日軍從南北兩處一同進逼，距離臺南不過百里之遠，且後勤補給已斷絕許久。劉永福深知不可再負隅抵抗，於是請英國領事歐思納（一般音譯為胡力穡，Richard W. Hurst，時任英國駐安平領事）擔任中介，致書信給樺山資紀以求議和事成。當時日本的軍艦聚集在澎湖（今澎湖縣）外海。歐思納（胡力穡）前往面見臺灣副總督高島鞆之助（一八四四—一九一六），被拒於門外。後又約定在日軍艦上商量議和，否則將開啓戰端，但劉永福最後並沒有赴約。日軍於是攻破旗後（今高雄旗津區）。九月二日，劉永福的黑旗兵在白沙墩（今臺南市後壁區白沙屯）尋獲英國間諜二人，將之押至官署，劉永福則邀請英人入內，商議出逃臺灣之事。這位英國人即是爹利士船（Thales）的掌舵者。當天夜晚，劉永福巡視安平炮臺（位於今臺南市安平區），趁機搭上英國商船逃走。日軍聞訊，派遣軍艦八重山追捕，等追到廈門，搜查該船，卻未能尋獲劉永福。九月四日，日軍進入臺南城。

唐景崧既回到中國，選擇在桂林（今廣西壯族自治區桂林市）定居。劉永福則承繼碣石鎮（今廣東省汕尾市陸豐市碣石鎮）總兵。

連橫說：「世人都說漢代初年的隨何、陸賈（西元前二四〇—西元前一七〇）能言善辯，但不會帶兵打仗；周勃（？—西元前一六九）、灌嬰（？—西元前一七六）則會帶兵打仗，但卻沒有任何文采。確實，要找到文武兼備的人，本來就是一件難事。若以唐景崧之文采，劉永福之武略，將兩者匯聚於一身，竟然不能協防臺灣，也難怪引來世人諸多批判。但不足以守住臺灣並非兩人過錯。事情發生必要先往前推溯發生的原因，之後才可以驗證最終結果。臺灣爲海中孤島，憑藉天險，一旦援助斷絕，等於坐困孤城，如果沒有興辦海軍，則不能談得上是謀劃國家生存的大計。況且臺灣自邵友濂擔任巡撫以來，頻繁地節省經費支出，許多應該繼續的建設都被廢置。因此，一旦戰事急迫，則軍備缺乏難以解決。縱使有如同孫武（西元前五四四—？）的軍事才能，尚且不能論及防守，更遑論與敵軍交戰呢？就如同周代的蒼葛大聲疾呼地不服割地給晉國，戰國時代的楚國魯陽公與韓國激戰時，曾揮舞著戰戟要太陽逆升而力挽頹勢一樣。他們如赤手空拳般，雖有出於正義的憤怒，終究不能有所作爲。《詩經》上說：『就如同一種叫鴟梟的貓頭鷹一樣，牠會趁著天陰、雨還未來臨時，趕快啄取桑樹根上的皮，把窗戶緊緊纏縛。』作出這首詩的人，是知道未雨綢繆這個道理啊！」

卷三十七　附錄

後序

雅堂夫子既作《臺灣通史》，將付剞劂（ㄐㄧ　ㄐㄩㄝˊ，雕版、刊印），璈讀而喜之。已而嘆曰：「嗟乎！夫子之心苦矣！夫子之志亦大矣！」始璈來歸之時，夫子方弱冠，閉戶讀書，不與外事。既而出任報務，伸紙吮毫（吮音ㄕㄨㄣˇ。吮毫，動筆），縱橫議論。又以其餘力網羅舊籍，旁證新書，欲撰《臺灣通史》，以詔（告示）之世，顧時猶未遑（未遑，無暇、未及）也。越數年，去之廈門，游南嶠，鼓吹擯（ㄅㄧㄣˋ，排斥）滿，瀕於危者數矣。事挫而歸。歸而再任報務，復欲以其餘力撰《通史》。每有所得，輒投之篋（ㄑㄧㄝˋ，箱子），而時又未遑也。中華民國既建之年，夫子矍然（矍然，驚視狀）起，慨然行，以家事相屬，長揖而去，遂歷禹域（禹域，中國），入燕京，出萬里長城，徘徊塞上，倦游而歸。歸而復任報務。茶餘飯後，每顧而語曰：「吾平生有兩大事，其一已成，而《通史》未就；吾其何以對我臺灣？」於是發篋出書，積稿盈尺，遂整齊（整齊，整理）之，每至夜闌始息。如是三年而書成，又二年而後付梓。嗟乎！夫子之心苦矣！夫子之志亦大矣！臺自開闢以來，三百餘載，無人能為此書；而今日三百餘萬人，又無人肯為此書。而夫子乃毅然為之。抱其艱貞，不辭勞瘁（ㄘㄨㄟˋ，勞累），一若冥冥在上有神鑒臨之者。而今亦可以自慰矣。然而夫子之念未已也，經綸（規畫、治理）道術，煥發文章，璈當日侍其旁，以讀他時之新著。

民國九年（庚申）元夜，歸連門沈璈少雲氏敘於稻江之棠雲閣。

連雅堂先生家傳

我始祖興位公，生於永曆三十有五年，越二載而明朔亡。少遭憫凶，長懷隱遯。遂去龍溪，遠移鯤海，處於鄭氏故壘之臺南，迨先生已七世矣。守璞（保持純真之性）抱貞（懷抱高潔的情操），代有潛德，稽古（考察古事）讀書，不應科試，蓋猶有左衽（左衽，典出《論語》，指被蠻夷統治）之痛也。故自興位公以至先祖父，皆遺命以明服殮。故國之思，悠然遠矣！

先生諱橫，字武公，號雅堂，又號劍花。生於光緒四年正月十六日亥時，先祖父永昌公季子也。少受庭訓，長而好學；秉性聰穎，過眼成誦。先祖父痛愛之。嘗購《臺灣府誌》一部授之曰：「汝為臺灣人，不可不知臺灣歷史。」後日先生以著《臺灣通史》引為己任者，實源於此。

甲午中日戰役，清師敗績，訂《馬關條約》，割臺灣以和。臺人不服清廷之命，遂於光緒二十一年五月朔，獨立為臺灣民主國。是年六月，先祖父去世，先生時年十八。奉諱家居，手寫《少陵全集》（《杜甫集》），始學詩以述家國淒涼之感。當是時，戎馬倥傯（ㄎㄨㄥˇ ㄗㄨㄥˇ。戎馬倥傯，軍務迫切、繁忙），四郊多警，縉紳避地，巷無居人，而先生即以時蒐集臺灣民主國文告，後竟成《臺灣通史》中珍貴史料。越二年，先母沈太夫人來歸。

沈太夫人，外祖父德墨公長女也，明詩習禮，恭淑愛人。上奉姑嫜（姑嫜，丈夫的父母），旁協妯娌（ㄓㄡˊ ㄌㄧˇ，兄弟之妻相互的稱呼），一家稱賢。於先生之著作，尤多贊助。是年先生主臺南新報漢文部，寫作之餘，學日文焉。

馬兵營在臺南寧南坊，為鄭氏駐兵故地，古木鬱蒼，境絕清閟（ㄅㄧˋ，幽深）。自興位公來臺，即卜居於此。割臺前七年，先祖父擴而新之。割臺後，日人在此新築法院，全莊被遷，吾家亦遭毀。

危牆（高牆）畫棟（華美的住宅），夷為平地。從此兄弟叔姪，遂散處四方，故先生有〈過故居詩〉云：

「海上燕雲涕淚多，劫灰零亂感如何！馬兵營外蕭蕭柳，夢雨斜陽不忍過！」

日俄戰後，先生憤清政之不修，攜眷返國，在廈門創福建《日日新報》，鼓吹排滿。時同盟會同志在南洋者，閱報大喜，派閩人林竹癡先生來廈，商改組為同盟會機關報。嗣以清廷忌先生之言論，飭（ㄔˋ，下令）吏向駐廈日本領事館抗議，遂遭封閉。先生不得已又攜眷歸臺，復主《臺南新報》漢文部。越三年，移居臺中，入《臺灣新聞》漢文部，因與林癡仙、賴悔之、林幼春諸先生創櫟社，以道德文章相切劘（ㄇㄛˊ，切。切劘，切磋）。《臺灣通史》亦經始於此時。

先生久居東海，鬱鬱不樂。辛亥秋，病且殆。癒後，思欲遠遊大陸，以舒其抑塞憤懣（ㄇㄣˋ，煩悶）之氣。時中華民國初建，悲歌慷慨之士，雲合霧起。先生亦由東瀛蒞止滬濱，與當世豪傑名士相晉接，抵掌譚天下事。縱筆為文，論當時得失，意氣軒昂，健康恢復矣。於是西溯長江，至於漢皋（漢皋，漢水水邊）；北渡黃河，而入燕京。時趙次珊先生長清史館，延先生入館共事，因得盡閱館中所藏有關臺灣建省檔案，而經其收入臺灣通史。未幾，去館遨遊。出大境門，西至陰山之麓，載南而東，渡黃海，歷遼、瀋，觀覺羅氏之故墟（指滿清的發源地），弔日俄之戰跡。甲寅冬，倦遊而歸，仍居故里。翌年，先祖母逝世。

家居時，先生將其征途逆旅所作之詩，編為一卷，名曰《大陸詩草》。集中〈有至南京之翌日登雨花臺弔太平天王詩〉曰：

「龍虎相持地，風雲變態中。江山歸故主，冠劍會群雄。
民族精神在，興王事業空。荒臺今立馬，來拜大王風。
漢祖（漢高祖劉邦）原英武，項王（西楚霸王項羽）豈懦仁？顧天方授楚，大義未誅秦。
王氣驕朱鳥，陰風慘白燐。蕭蕭石城下，重見國旗新。
早用東平策，終成北伐勳。畫河師不進，去浙敗頻聞。
同室戈相鬩，中原劍失群。他年修國史，遺恨在湘軍。
玉壘雲難蔽，金陵氣未消。江聲宣北固，山影繪南朝。
弔古沙沈戟，狂歌夜按簫。神靈終不閟，化作往來潮。」

又有〈柴市謁文信國公詩〉曰：

「一代豪華客，千秋正氣歌。艱難扶社稷，破碎痛山河。
世亂人思治，時乖將不和。秋風柴市上，下馬淚滂沱。
宏範（張宏範，從伯顏南下攻滅南宋）甘亡宋，思翁（鄭思肖，以大宋遺民自居）不帝胡。忠奸爭一瞬，義節屬吾徒。
嶺表（嶺南，在今廣東省。此指南宋最終在廣東對蒙古的反抗之處）驅殘卒，崖門（崖門之役，陸秀夫揹着少帝趙昺投海自盡）哭藐孤（幼小）。西臺晞髮客（指南宋末年的謝翱，號晞髮子，有〈登西臺慟哭記〉，入元不仕），同抱此心朱。
忠孝參天地，文章自古今。紫雲留故硯，夜雨寄孤琴。

景炎（南宋端宗年號）中興絕，臨安（南宋首都）半壁沉。巍巍瞻廟宇，松柏鬱森森。
我亦遘（ㄍㄡˋ，遭遇）陽九（困厄的時運），伶仃（ㄌㄧㄥˊ ㄉㄧㄥ，孤獨無依）在海濱。中原雖克復，故國尚沉淪。
自古誰無死，寧知命不辰。淒涼衣帶語，取義復成仁。」

章太炎先生讀之，漢曰：「此英雄有懷抱之士也。」

先生歸臺後，即孜孜矻矻，潛心述作。旋移居臺北，越五年而《臺灣通史》成。刊行時，日本朝野頗為重視。祖國人士則因隔閡，反有漠然之感。唯章太炎先生以為民族精神之所附，謂為必傳之作，先生亦頗以此自許。《通史》既刊，復集古今作家之詩，刺其有關臺灣歷史山川者，編而次之，名曰《臺灣詩乘》，凡六卷。是書之成，沈太夫人與有力焉。陳藹士先生近讀其稿，為題四詩，其一曰：

「難得知書有細君，十年相伴助文情。從來修史無茲福，半臂虛誇宋子京。」

先生作史時，蒐集先民有關臺灣著作甚豐。其中三十餘種，均係海內外孤本，極足珍貴，乃編為《雅堂叢刊》。筆墨餘閒，頗事吟咏，因集大陸詩草以後之作，都為一卷，名曰《寧南詩草》，誌故土也。其〈登赤崁城〉曰：

「七鯤（七鯤鯓，早期安平以南的七座沙洲）山色鬱蒼蒼，倚劍來尋舊戰場。地剪牛皮成絕險，潮迴鹿耳（鹿耳門）阻重洋。

張堅尚有中原志，王粲寧無故國傷（三國時王粲著有〈登樓賦〉，其中表達對故國家園的哀傷）？落日荒濤望天末，騎鯨何處弔興亡！」

民國十二年春，先生以《通史》已刊，《詩乘》亦纂成，思欲暫息其著作生活，因偕沈太夫人東遊，以詩自寫其心境曰：

「五嶽歸來已七秋，又攜仙眷上蓬洲（指日本）。此行為愛櫻花好，料理詩篇紀俊遊。」

時震東適留學東京，隨侍先生及沈太夫人漫遊於鎌倉、箱根間，天倫之樂，莫過於是。回憶海濱白沙，湖上青松，猶歷歷在眼前也。

先生嘗曰：「余嘗見古今詩人，大都侘傺（ㄔㄚˋ　ㄔˋ，失志）無聊（空虛、愁悶），淒涼身世。一不得志，則悲憤填膺，窮愁抑鬱，自戕（ㄑㄧㄤ，傷害）其身，至於短折，余甚哀之。顧余則不然。禍患之來，靜以鎮之；橫逆之施，柔以報之。而眷懷家國，憑弔河山，雖多迴腸盪氣之辭，絕無道困言貧之語。故十年中未嘗有憂，未嘗有病。豈天之獨厚於余，蓋余之能全於天也。」其善養生也如此。故體雖清瘦，而絕少疾病。先生與沈太夫人感情極篤，對震東姊弟尤為慈祥。御下寬，待人恕，數十年未嘗見其稍有慍色（慍音ㄩㄣˋ。慍色，怨怒的容色）。性嗜茶而遠酒，以茶可養神，酒能亂性也。親朋至，必親汲泉瀹（ㄩㄝˋ，浸漬）茗，暢談古今，而議論新穎，以是人咸親之。

民國十五年春，攜眷游杭州，住西湖。蓋欲了其「他日移家湖上住，青山青史各千年」（《大陸詩草》）之宿願也。是年暑假，震東由日來杭省親，朝夕侍先生，優遊於六橋、三竺間。每至一處，先生必為震東說明其歷史。未幾，北伐軍興，江南擾動，因又返臺。是時，日人在臺已厲禁國文，且不許學生使用臺語矣。先生為保存臺語計，復賈其餘勇，作有系統之分析。舉凡臺灣方言，無不博引旁證，窮其來源，遂成《臺灣語典》四卷。嘗謂：「臺灣文字傳自中國，而語言則多沿漳、泉。顧其中既多古義，又有古音，有正音，有變音，有轉音。昧者不察，以為臺灣語有音無字，此則淺薄之見耳。夫所謂有音無字者，或為轉接語，或為外來語，不過百分之一、二耳。以百分之一、二，而謂臺灣語有音無字，何其慎耶？」

先生性喜遊，所至輒有吟咏，尤多弔古傷時之作。晚年好學佛，其〈遊臺北觀音山〉詩，讀者謂其深得佛家之玅（玅，通「妙」）諦。詩曰：

「我家在城陰，觀音日對門。我來此山中，觀音寂無言。
色相雖可參，妙法不得聞。譬如掬水月，水去月無痕。
又如觸花氣，花謝氣何存？我身非我有，萬物同其源。
萬物非我有，天地分其根。天地非我有，大造闡其元。
大造非我有，佛法轉其輪。上窮億萬劫，下至億萬孫。
唯佛心無畏，唯佛道獨尊。湛然觀自在，一洗眾生喧。」

民國十八年，震東畢業東京慶應大學經濟學部，歸佐家務。趨庭之際，並為講授國文焉。越二載，先生諭震東曰：「欲求臺灣之解放，須先建業祖國。余為保存臺灣文獻，故不得不忍居此地。汝今已畢業，且諳國文，應回祖國效命。余與汝母將繼汝而往。」震東奉命，攜先生函回國，進謁張溥泉先生於南京。溥泉先生見函，深為感動，因命留國內工作。

二十二年，先生以震東已在國內服務，家姊亦在滬上，舍妹又已畢業高等女學校，因決意攜眷返國，居滬上，蓋欲遂其終老祖國之志也。時震東居西安，聞訊來滬省親。多年違侍，一旦相聚，骨肉之情，倍覺深切。因將回國後，至京、赴平、入陝之經過，詳為稟聞。先生與沈太夫人均極喜慰，並諭震東曰：「余自臺灣淪陷，吾家被毀，三十餘年靡有定處。而對於汝姊弟之教育，尤煞費苦心。今余之著作已次第告成，而汝輩亦皆有所造就；且一家均居國內，余心稍慰矣。余雖年事漸高，而精神尚健；此後當繼續著作，以貢獻於國家也。」

二十四年春，先生偕沈太夫人來遊關中，終南、渭水，足跡幾遍。是年夏返滬。

二十五年孟春，先生在滬患肝臟病，經中西名醫診治，而藥石罔效，遂於六月二十八日上午八時逝世，享壽五十有九。彌留之際，諭震東曰：「今寇燄迫人，中日終必一戰。光復臺灣即其時也，汝其勉之！」震東俯首涕零而對曰：「敢不遵命！」翌日，依佛教式典，將遺體謹付荼毗（荼毗，火葬），從遺命也。二十八年三月一日，沈太夫人棄養於西安，享壽六十有六。

先生有子一，即震東也，娶瀋陽趙氏。孫一，名戰。女三：長夏甸，畢業臺北靜修高等女學校，適林；次春臺，早殤；三秋漢，畢業淡水高等女學校，適黃。

先生畢生盡瘁於保存臺灣文獻，冀維民族精神於不墮，其精神思想流露於著作間，讀者無不嘆為三百年來海上之傑作也。

今春震東在重慶中央訓練團受訓，適徐旭生先生自昆明來團講學，告震東曰：「臺灣收復在即，國人多欲明臺灣歷史。先德遺著，急須在國內重版。頃已商之於商務印書館王雲五先生，君其速攜書往訪。」震東遵囑修謁雲五先生。嗣得來書謂：「臺灣為我國最早淪陷區，而《臺灣通史》一書，油然故國之思，豈僅結構之佳已哉？敝館亟欲將其重版，藉廣流傳，以彰先德。」讀之心喜。顧震東自奉命回國，於今十五年矣，雖兢兢業業，未敢自廢，而對祖國、對臺灣，殊少貢獻，愧無以仰承先志。今經旭生先生之介紹，蒙雲五先生之雅意，於吾父逝世十年後，得在國內將其遺著重印，震東雖不肖，庶幾稍慰吾父在天之靈乎？中華民國三十四年六月四日，震東謹述於重慶李子壩。

連雅堂先生年表

光緒四年（一八七八年）	正月十六日下午十時生於臺南府馬兵營。
光緒二十年（一八九四年）	中日開戰。
光緒二十一年（一八九五年）	三月二十三日中日簽和約，五月一日臺灣獨立爲民主國。先祖父永昌公逝世。手抄杜詩，始學吟咏。
光緒二十三年（一八九七年）	赴上海，南京，擬入某學堂；旋奉先祖母命回臺，與沈太夫人結婚。與陳瘦雲、李少青等十人結浪吟詩社。
光緒二十四年（一八九八年）	入臺澎日報社（後改為臺南新報）。生長女夏甸。
光緒二十七年（一九〇一年）	生次女春臺。
光緒二十八年（一九〇二年）	赴福州、廈門。
光緒三十年（一九〇四年）	日俄開戰。生震東。
光緒三十一年（一九〇五年）	赴廈門，創辦福建《日日新報》；不久該報被封，回臺，又入《臺南新報》。
光緒三十二年（一九〇六年）	與趙雲石、謝籟軒等十餘人創南社。
光緒三十四年（一九〇八年）	移居臺中，入臺灣新聞社漢文部，開始撰寫《臺灣通史》。秋，赴日本。
宣統元年（一九〇九年）	入櫟社。
宣統三年（一九一一年）	武昌起義。生三女秋漢。秋大病，冬癒。
民國元年（一九一二年）	三月赴日本，轉上海，遊南京、杭州等地。主編華僑聯合會發行之《華僑雜誌》。
民國二年（一九一三年）	春，赴北京參加華僑選舉國會議員。遊張家口及平漢鐵路沿線，暨漢口、九江、蕪湖、安慶等地。秋，赴牛莊，轉奉天、吉林，入新吉林報社。次女春臺殤。

民國三年（一九一四年）　春，回北京，入清史館。冬回臺南，再入臺南新報社，發表《大陸遊記》。

民國四年（一九一五年）　編完《大陸詩草》。

民國五年（一九一六年）　《臺灣贅談》完成。

民國七年（一九一八年）　《臺灣通史》告成。

民國八年（一九一九年）　移居臺北。

民國九年（一九二〇年）　十一月，《臺灣通史》上冊出版。十二月中冊出版。

民國十年（一九二一年）　四月《臺灣通史》下冊出版。六月《大陸詩草》出版。《臺灣詩乘》告成。長女夏甸結婚。

民國十二年（一九二三年）　與沈太夫人同遊日本。

民國十三年（一九二四年）　二月，發刊雜誌《臺灣詩薈》；發表《臺灣漫錄》、《臺南古蹟志》；校訂泉南夏琳著《閩海紀要》。

民國十四年（一九二五年）　六月，《閩海紀要》出版。十月《臺灣詩薈》停刊，凡出二十二號。編完臺灣叢刊三十八種。

民國十五年（一九二六年）　夏，移居杭州西湖。編完《寧南詩草》。

民國十六年（一九二七年）　春，回臺北。

民國十七年（一九二八年）　開辦雅堂書局。

民國十八年（一九二九年）　停辦雅堂書局。開始寫作《臺灣語典》。

民國二十年（一九三一年）　回臺南。《劍花室文集》完成。在三六九文藝小報發表《雅言》。九一八事變發生。

民國二十二年（一九三三年）　《臺灣語典》編至第四卷。春，移居上海。

民國二十三年（一九三四年）　震東結婚。

民國二十四年（一九三五年）　三女秋漢結婚。與沈太夫人遊關中。

民國二十五年（一九三六年）　六月二十八日上午八時在上海逝世。

臺灣通史　下
原文＋白話文注譯

作　　者──連　橫
校　　閱──魏千鈞
發 行 人──楊榮川
總 經 理──楊士清
總 編 輯──楊秀麗
主　　編──蘇美嬌
封面設計──姚孝慈
出 版 者──五南圖書出版股份有限公司
地　　址──台北市大安區 106 和平東路二段 339 號 4 樓
電　　話──02-27055066（代表號）
傳　　真──02-27066100
劃撥帳號──01068953
戶　　名──五南圖書出版股份有限公司
網　　址──https://www.wunan.com.tw
電子郵件──wunan@wunan.com.tw
法律顧問──林勝安律師
出版日期──2024 年 1 月初版一刷
定　　價──（全套三冊）2500 元

國家圖書館出版品預行編目資料

臺灣通史：原文 + 白話文注譯 / 連橫著；（上中下・三冊）. --
初版 . -- 臺北市：五南圖書出版股份有限公司 , 2024.01
冊；　公分
ISBN 978-626-366-445-6（全套：平裝）

1.CST: 臺灣史

733.21　　112012939